公共管理硕士（MPA）系列教材

公共管理学原理

（修订版）

陈振明 等 ／ 著

PUBLIC MANAGEMENT
AN INTRODUCTION

中国人民大学出版社
·北京·

公共管理硕士（MPA）系列教材

编审委员会

作者简介

陈振明，哲学博士，厦门大学公共事务学院院长、公共政策研究院院长，教授、博士生导师，厦门大学学术委员会、学位评定委员会、教学委员会委员；教育部“长江学者”特聘教授，中组部“万人计划”首批哲学社会科学领军人才，全国宣传文化系统“四个一批人才”（“文化名家”）。兼任国务院学位委员会公共管理学科评议组联合召集人，全国公共管理专业学位研究生教育指导委员会委员，全国公共管理类本科专业教学指导委员会委员，全国政策科学研究会副会长，福建省人民政府顾问、立法咨询专家等诸多社会职务。长期从事公共管理与公共政策及政治学理论等领域的教学与研究工作。主要学术代表作品为《国家治理转型的逻辑》《理解公共事务》《竞争型政府》《政府改革与治理》《公共管理学》《政策科学》等；主编“公共管理与公共服务系列”“公共管理与政治学系列”“公共管理学科前沿丛书”“厦门大学公共事务学院文库”“厦门大学公共管理系列”“公共政策经典译丛”“公共管理名著译丛”等丛书。

内容简介

由我国知名公共管理学者陈振明教授领衔著述的《公共管理学原理》一书，是一部经典的公共管理导论性教材，全面系统、深入透彻地阐述了公共管理学的概念、原理和方法。

本书首先梳理了公共管理及其相关概念，考察了西方公共管理学的范式变化和中国公共管理学的研究现状，并从公共管理学的研究对象与性质、学科主题范围、研究途径等不同角度为公共管理学科划界。在此基础上，本书分析了公共组织及其结构与体制、过程与行为、环境与变革，并依次对政府改革与治理、政府间关系、政府作用、政府工具等四个领域进行了重点研究和探讨，进而从公共政策、人力资源管理、公共预算与财政、第三部门管理、战略管理、绩效管理、公共管理伦理等角度论述了公共管理学的主要分支领域。

与2003年出版的《公共管理学原理》首版相比，本书进行了较大幅度的修订和更新。增加了阐述政府工具的一章（第6章），对政府工具这一当前公共管理研究领域的新热点及其理论脉络进行了介绍和梳理，并对市场化工具、工商管理技术、社会化手段等当代政府治理的新工具进行了重点论述。此外，本书对导论、政府改革与治理、政府间关系、公共预算与财政、第三部门管理等章节也做了较大幅度的修改。

出版说明

公共管理硕士（Master of Public Administration，MPA）专业学位研究生教育是以公共管理学科及其他相关学科为基础的研究生教育项目，其目的是为政府部门及非政府公共机构培养高层次的应用型专门人才。

我国的 MPA 教育始于 1999 年。1999 年 5 月，国务院学位委员会第 17 次会议审议通过了《公共管理硕士（MPA）专业学位设置方案》；2001 年 10 月，我国进行首次 MPA 招生考试；2002 年 3 月，首批 MPA 研究生正式入学。经过十多年的发展，我国的 MPA 培养院校从最初的 24 所发展到 2014 年的 200 余所；截至 2015 年 7 月，全国 MPA 培养院校累计招收 MPA 研究生 15 万余人，授予 MPA 学位 8 万余人，MPA 教育成为我国公共部门人才培养的重要渠道。

为了满足国内 MPA 教育对教材和教学参考资料的需要，不断探索和回应公共管理实践中的各种问题，同时反映国内外公共管理研究的最新成果，自 2001 年起，中国人民大学出版社组织有关专家编写“公共管理硕士（MPA）系列教材”。本套教材涵盖国务院学位办确定的《公共管理硕士专业学位培养方案（试行稿）》（2000 年发布）和《公共管理硕士专业学位研究生指导性培养方案》（2012 年发布）中规定的各门 MPA 核心课程教材，也包括公共管理各领域的专业方向必修课程教材及部分选修课程教材。本套教材不仅适合 MPA 学生使用，同时也可供公共管理学科的研究生及各级行政管理人员作为参考和培训资料使用。

“公共管理硕士（MPA）系列教材”力求体现如下特色：第一，系统完整，基本涵盖公共管理专业教育的主要知识领域；第二，反映国内外公共管理研究领域的最新成果，为公共管理领域的教育者、学生、实际工作者提供该领域的最新信息、资料及多视角思考空间；第三，反映 MPA 专业教育的特点，重视应用性，注重能力的培养，教材中除讲授一般理论知识外，还提供丰富的案例分析素材；第四，将中国传统的行政管理思想、国外先进的公共管理理论与中国政府的管理实践紧密地结合起来，理论联系实际。

在“公共管理硕士（MPA）系列教材”策划出版之初，中国人民大学出版社邀请国内公共管理领域有关专家成立了阵容强大的教材编审委员会。同时，本着将国内公共管理领域有影响的学校和有影响的学者都吸收进来以博采众家之长的原则，我们广邀全国各地公共管理知名学者，使得本套教材的作者突破了一个学校和一个区域的界限。参与本套教材编写工作的有中国人民大学、北京大学、清华大学、复旦大学、中山大学、厦门大学、南开大学、上海交通大学、北京师范大学、华中科技大学、国防科学技术大学、国家行政学院、中国社会科学院等国内知名高校及科研院所的学者，他们都是公共管理教育领域的专家，具有丰富的教学经验，同时又注重公共管理实践，能够较好地将理论和实践结合起来。

自 2001 年首本教材出版以来，“公共管理硕士（MPA）系列教材”受到了国内公共管理学界的广泛好评，被誉为“与中国 MPA 共同成长”的一套高质量的 MPA 教材。国内众多高校将本套教材选为 MPA 相关课程教材，“十二五”初期，本套教材的累计销量突破百万册，成为广受读者欢迎的 MPA 教材品牌。

随着公共管理教育和实践的不断发展，公共管理学科的研究和教育也在不断发展与完善，这就要求 MPA 教材也要不断修订和更新。在国内公共管理学界的热情支持下，我们编写的这套教材取得了一定的成绩。今后，还请广大读者，特别是在教学一线的 MPA 任课教师继续给我们反馈意见，对这套教材提出批评和建议，以帮助我们不断对相关教材进行修订和完善，实现这套教材“服务中国 MPA 教育事业，与中国 MPA 共同成长”的目标。

中国人民大学出版社

目　录

第1章

导　论

公共管理学以公共事务管理和国家治理的实践作为研究对象。自20世纪70年代末80年代初以来，国内外公共管理的实践发生了深刻的变化，出现了声势浩大的公共部门改革或政府改革浪潮。这场改革既改变了公共部门管理的实践模式，也改变了公共部门管理的理论形态以及知识体系；最近一二十年，又出现了以公共治理与公共服务为核心的公共管理研究的新知识形态。较之于传统的公共行政学，今天公共部门管理的研究领域无论是学科基础、研究视野、理论主题、学科分支，还是学科框架、研究方法、知识体系等都出现了新的变化。在“导论”中，我们将解释公共管理的概念，描述公共管理学的范式变化，探讨公共管理的学科定位与学科发展。

1.1　公共管理及其相关概念①

“公共行政”（public administration）、“公共政策”（public policy）、“公共事务”（public affairs）、“公共管理”（public management）、“公共物品”（public goods）、“公共部门”（public sector）、“治理”（governance）和“善治”（good governance）是公共管理学科的几个基本概念。下面，我们将对这些概念加以简要分析。

1.1.1　“公共管理”与“公共行政”

无论是在英文还是在中文中，“administration”（行政）和“management”（管理）这

① 参见陈振明：《什么是公共管理（学）——相关概念辨析》，载《中国行政管理》，2001（2）。

两个词都是近义词，且词义丰富，前一个词更是如此。有学者曾区别“administration”的14种含义。[①] 人们经常将这两个词互换地加以使用，例如，“business administration”被译成“商业管理”，赫伯特·A. 西蒙的 *Administrative Behavior* 这一名著的中译本叫作《管理行为》。“public administration”有时也被译成“公共管理”，我国近些年兴办的“公共管理硕士专业学位”所用的英文名称是“Master of Public Administration”（MPA）。然而，近义词不等于同义词，详细的语义分析可以显示出其中的差别，而且在实践中，“manager”（管理者或经理）与“administrator”（行政官员或行政人员）所扮演的角色也明显不同。

《牛津英语词典》对“行政”一词的解释是：一种行政的活动，这种活动又被解释为“处理事务”“指导或监督执行”“运用或引导”；“管理”一词则被定义为“通过自己的行动引导、控制事务的过程”“照料或看管”。《韦伯斯特词典》对“行政”一词的解释与《牛津英语词典》的解释大同小异，但它对“管理”一词做了更全面的解释，将其界定为“管理的行动或艺术”“引导或监督商业一类的事务，特别是指商业活动项目中的计划、组织、协调、指导、控制等执行功能，以对结果负责”“为达成目的而明智地使用各种手段”。从这两个词的拉丁词源也可以分辨出它们的差别，“administration”源自拉丁词语“minor”和“minstare”，意思是“为……服务”“控制或统治”；“management”源自拉丁词“manus”，意为“用手控制”。从词典的解释以及词源看，这两个词的主要区别在于：“行政”是“为……服务”，“管理”则是“控制或获得结果”[②]。

学科专业词典和教科书对这两个词的解释更详尽，其含义差别也更明显。例如，威尔逊（Woodrow Wilson）和古德诺（Frank I. Goodnow）等人将“行政”看作“政策与法律的推行”；“行政”的内涵还有“与保持记录相关的活动，文件工作”和“与应用由他人所决定的规则、程序和政策相关的活动”。而“管理”则被界定为“保证大量的活动得以进行，以完成预定任务的执行过程或活动，特别是创造和维持各种条件，以便通过一群人的共同努力来完成既定目标的执行过程和活动”[③]。另一种“管理”的定义是：“一种履行某种功能，使人力、物力和资源得到有效配置，以达成目标的活动。”由此可见，“行政”本质上包含着遵从指示和服务的含义；而“管理”首先意味着获得结果，以及管理者为获得结果负个人责任。

也有学者试图从层次的高低来区分这两个概念。但何者为高何者为低，看法有时正好相反。正如比尔特（William Byrt）在《管理教育：国际调查》一书中所指出的，人们往往对“管理”和“行政”做出区分，然而所做出的区分不同：在一些场合，“行政”被当作高层管理者的活动，“管理”则被当作低层次的活动；而在另一些场合，却正好反过来。[④] 显然，要从层次的高低来区分“行政”与“管理”是很困难的。

我国学者往往从组织实体或管理主体的角度（即以国家、政府等政治组织，还是工商

① Andrew Dunsire, *Administration: The World and the Science*, London: Martin Robertson, 1973.

② Owen E. Hughes, *Public Management and Administration: An Introduction* (2nd ed.), New York: St. Martin's Press Inc., 1998, p. 5.

③ Derek French, Heather Saward, *Dictionary of Management* (2nd ed.), Aldershot: Gower, 1983.

④ William Byrt (ed.), *Management Education: An International Survey*, London: Routledge, 1989.

企业组织的不同）来区分这两个概念。“行政”一般被当作国家或政府的活动、政务的推行或与公共事务相关的活动［这也许就是为什么“public administration”被译为“公共行政（学）”的原因］；而“管理”则一般被当作与工商企业组织相关的活动，即与计划、决策、指挥、协调、控制一类相关的功能活动。这种区分在过去有一定的合理性，但已不适应于当代变化着的公共的与私人的组织与管理的现实，特别是不适应于当代政府改革实践对公共部门管理理论所带来的新变化。

基于“行政”和“管理”的含义上的差别，加上定语“公共”后的“公共行政”与“公共管理”也应有所不同。“公共行政”是政府特别是执行机关为公众提供服务的活动，行政官员或行政人员在这种活动中主要是执行由别人（政治家）所制定的政策和法律，关注的焦点是过程、程序以及将政策转变为实际的行动，并以内部定向，关心机构和人员以及办公室的管理（传统的公共行政学以及公共行政学院主要是培养政府的职业文官的学科及机构）。尽管“公共管理”的确也包含了“行政”的许多内涵，但有以最低的成本达到目标以及管理者为取得结果负责的内涵。所以，公共管理是公共组织提供公共物品和服务的活动，它主要关注的不是过程、程序和遵照别人的指示办事以及内部取向，而更多的是关注取得结果和对结果的获得负个人责任。在过去的20多年，西方公共部门的管理实践发生了深刻的变化，过去被称为“公共行政”的活动，现在更经常地被称为“公共管理”活动；过去那些有着“行政官员”头衔的人，现在更多地被称为“管理者（或经理）”。正如英国学者波立特（Christopher Pollitt）所说：“在以前他们被称为‘行政官员’‘资本官员’‘财政官员’‘主任助理’，现在人们称他们为‘管理者’。”[①]“行政官员”一词的过时和“管理者”一词的流行也许只是时髦不时髦的问题，但实际上反映了公共部门管理的理论与实践的深刻变化：一种以传统的“行政”概念为基础的公共服务（“公共行政”）肯定有别于一种以“管理”概念为基础的公共服务（“新公共管理”）。名称或头衔的变化是相关职位占有者的角色、地位、期望、行为方式以及他们与政治家和公民关系变化的一种体现。

1.1.2 “公共部门”和“公共物品”

人们习惯将经济领域划分为公共部门和私人部门。公共部门是公共事务的管理者和公共服务的提供者，广义上的公共部门包括政府机构、公用事业、公共事业、非政府公共机构等部门以及各种不同组织的公共层面；狭义上的公共部门仅包括政府机构以及依据政府决策产生的机构和部门，是最纯粹的公共部门。政府以公共利益为导向，其职能是对社会公共事务进行管理，无偿占有社会公共资源，并为社会提供公共物品和公共服务。

除政府机构外，还存在公用事业、公共事业、非政府机构等“准公共部门”组织，也称为第三部门或非营利组织，但因其具有如下鲜明的“公共”特性，也将其归入公共部门

① Christopher Pollitt, *Managerialism and the Public Service: Cuts or Cultural Change in the 1990s* (2nd ed.), Oxford: Basil Blackwell, 1993, p. Ⅷ.

之中：第一，第三部门主要是一些从事公益事业的组织，其生产或活动带有公益性，即为公共利益服务，这与政府机构即“纯粹的”公共部门的目标是一致的；第二，第三部门市场化程度较低或非市场化，其生产、活动的内容和方式往往由政府实行控制或必要的行政管制，因此它与政府组织存在着十分密切的关系，甚至被当作政府组织用来实现其目标的一个重要工具；第三，第三部门为社会提供的产品也往往是一种公共物品或“准”公共物品，这与政府为社会所提供的物品是一致的，至少基本是一致的；第四，投资主体或提供资源的主体也主要是政府。

将政府的基本职能概括为提供公共物品（public goods），这几乎成为当代西方经济学家的共识。公共选择学派的奠基者布坎南把公共物品界定为，“任何由集体或社会集团决定，为了任何原因，通过集体组织提供的物品或服务”。两本著名的美国经济学教科书以及世界银行 1997 年的发展报告下了更通俗的定义。

萨缪尔森等著的《经济学》认为：“与来自纯粹的私有物品的效益不同，来自公共物品的效益牵涉到对一个人以上的不可分割的外部消费效果。相比之下，如果一种物品能够加以分割，因而每一部分能够分别按竞争价格卖给不同的个人，而且对其他人没有产生外部效果的话，那么，这种物品就是私人物品。公共物品常常要求集体行动，而私有物品则可以通过市场被有效率地提供出来。”①

斯蒂格利茨的《经济学》认为：“公共物品是这样一种物品，在增加一个人对它分享时，并不导致成本的增长（它们的消费是非竞争性的），而排除任何个人对它的分享都要花费巨大成本（它们是非排他性的）。”②

世界银行发布的《1997 年世界发展报告：变革世界中的政府》认为：“公共物品是指非竞争性的和非排他性的货物。非竞争性是指一个使用者对该物品的消费并不减少它对其他使用者的供应，非排他性是指使用者不能被排除在对该物品的消费之外。这些特征使得对公共物品的消费进行收费是不可能的，因而私人提供者就没有提供这些物品的积极性。”③

由此可见，公共物品是指具有消费的非竞争性和非排他性、自然垄断性以及收费困难等特征的物品；与公共物品相对应是的私人物品（private goods），即具有消费上的竞争性和排他性等特征的物品。公共物品的上述特征以及规模效益大、初始投资量大的特点，使得私人企业或市场不愿意提供、难以提供或提供难以做到有效益，因而一般由政府或其他公共部门提供。私人物品的效用边界清楚，市场是提供此类物品的最佳方式。

公共物品可以从不同的角度来加以划分。一种划分方法是将之分为纯公共物品和准公共物品。凡是能严格满足消费上的非排他性等特征的物品都是纯公共物品。国防是一种典型的纯公共物品，其消费没有排他性。国防服务被供给，其消费便是全社会性的。公共安全、外交、法规政策、环境保护、基础研究、空间技术等也是纯公共物品。凡是不能严格满足消费上的非排他性等特征的物品都是准公共物品。道路是准公共物品的典型例子，它

① ［美］保罗·A. 萨缪尔森、威廉·D. 诺德豪斯：《经济学》（第 12 版），1194 页，北京，中国发展出版社，1992。

② ［美］J. E. 斯蒂格利茨：《经济学》，147 页，北京，中国人民大学出版社，1997。

③ 世界银行：《1997 年世界发展报告：变革世界中的政府》，26 页，北京，中国财政经济出版社，1997。

具有某种程度上的消费非排他性特征，在一定限度内，你上路不影响别人上路；一旦超过一定限度，出现拥挤或堵塞现象时，你上路就妨碍别人上路。能源、交通、通信、城市公共服务、教育、广播电视、社会保障等都是准公共物品。

另一种划分方法是将公共物品划分为有形的公共物品（硬公共物品）和无形的公共物品（软公共物品）。有形的或“硬”的公共物品是指看得见、摸得着的公共物品，如公共设施；无形的或“软”的公共物品主要是指政府所提供的法律、政策和制度一类的服务。

还有一种划分方法是将公共物品划分为全国性的公共物品和地方性的公共物品。全国性的公共物品是指由国家或中央政府提供的物品和服务，如国防、外交、全国性的法规、政策等；地方性的公共物品是指由地方政府所提供的物品或服务，如城市基础设施、地方性法规、政策等。

关于公共物品及服务的供给方式，福利经济学家（以萨缪尔森为代表）认为，由于公共物品具有非排他性和非竞争性的特征，所以通过市场方式提供公共物品，实现排他性是不可能的或者成本是高昂的，并且在规模经济上缺乏效率。在福利经济学家看来，政府提供公共物品比市场方式即通过私人提供具有更高的效率。20世纪60年代末70年代初，新自由主义经济学思潮兴起，它怀疑政府作为公共物品唯一供给者的合理性。戈尔丁、布鲁贝克尔、史密兹、德姆塞茨以及科斯等人从理论和经验两方面论证了公共物品私人供给的可能性。德姆塞茨和戈尔丁则从技术的角度讨论了私人提供公共物品的可能性，即如果存在排他性技术，则私人可以很好地供给某些公共物品（例如，高速公路作为一种准公共物品，在入口处可以设置收费站，因此高速公路可以通过私人投资、私人收费的方式来兴建）。

1.1.3 “公共管理”与“私人管理”

“公共管理”由“公共”和“管理”两个词组成。“公共”与“私人”相对，但它们之间的界限很难准确界定。沃尔多（Dwight Waldo）在《公共行政学研究》（1955）中归纳了“公共”三个方面的含义：一是从哲学、法学和政治理论层次上，即从国家或政府的角度给“公共”下定义，这里涉及的是主权、合法性、福利一类的问题；二是从经验层次上，即从公共职能和公共活动的范围上来界定；三是从政府执行活动或职能的角度来下定义。因此，“公共”作为与“私人”相对的概念，表示国家、政府及其他公共组织的职能、活动范围；与多数人的利益相关，有较多的社会公众参与；表示一个众人的事务领域。

通过与私人管理（或商业管理）的比较，可以说明公共管理尤其是政府管理的特点。沙雷（Wallace Sayre）的名言——商业管理与公共管理在所有其他不重要的方面上是相似的——已被人们广泛地引用。的确，私人管理与公共管理有许多相似之处。所有组织的管理都包含了合作团体的活动，而且所有的大组织（不管是政府部门、医院、大学、工会，还是工厂、商业企业）都必须履行一般的管理职能如计划、组织、人事、预算等。但是，公共管理在许多重要的方面是与私人管理存在着差别的。按照西方学者的概括，这些差别主要表现在如下几个方面：

第一，公共管理与私人管理的使命不同。公共管理为公众服务，追求公共利益，而私人管理以营利为目的。公共管理的服务导向来自这样一种需要，即行政官僚要向由选举产生的政治家反映公众对政府服务所提出的愿望与要求；私人管理以利润为导向，是因为私人部门或组织最终要依靠获利生存。这是人们经常强调的两种管理的区别。

第二，与私人管理相比，公共管理的效率意识不强。这与第一点密切相关。因为政府部门的资金大部分来自财政拨款，政府官员不必为利润担忧，他们并没有太多的削减开支和有效运作的诱因；而商业组织以有效的运作为动机，因为它们必须在市场中靠竞争获得生存与发展的机会。政府提供的是公共物品，而商业组织提供的是私人物品。我们在下文中将看到，公共物品的特征使得政府活动难以实现高效率。

第三，与私人管理相比，公共部门尤其是政府管理更强调责任。在私人组织中，权威和责任的划分是比较清楚的；而在政府中，诸如运作的规模和复杂性，对官僚机构加以政治控制的要求，对一致性和协调的寻求等一类的因素导致了责任机制的扩散，这种扩散使得公共决策的过程复杂化。

第四，就人事管理方面而言，公共组织尤其是政府中的人事管理系统比私人组织中的人事管理系统要复杂和严格得多。一般而言，政府工作人员的雇用和解雇要困难得多。在公共部门，雇用和提拔雇员的功绩系统，包含了几种标准，这往往超越了技术效率的观点。

第五，与私人部门的管理不同，公共管理包括了广泛而复杂的政府活动，而且公共管理的运作是在政治环境中进行的，因而它具有明显的政治性或公共性的特征。

1.1.4 “治理”和“善治”

“治理”及“善治”日益成为公共管理的核心概念。治理问题是20世纪90年代以来国际社会科学界尤其是公共管理界研究的热点之一。世界银行1992年的报告就以“治理与发展”为标题，经济合作与发展组织（OECD）1996年度公共管理发展报告的题目是“转变中的治理”，《国际社会科学杂志》1998年有一期专门探讨了治理问题。治理概念的定义繁多，可泛指任何一种活动的协调方式。有最小国家的治理、公司治理、新公共管理、善治、社会—控制系统和自组织网络等六种不同的用法。

世界银行在20世纪80年代末用“治理危机”来概括非洲国家在发展过程中面临的主要问题。在这里，治理被等同于单个国家的可统治性，是“为了发展而在一个国家的经济与社会资源的管理中运用权力的方式”。20世纪90年代后，世界银行提出了“善治”的口号，合法、法治、负责、透明、有效的政府构成了善治的基本要素，成为规范政治权力的主要标准。有人把治理视为社会的“自组织的组织间网络”，认为这是一种没有政府的治理，在公共池塘资源管理、社区服务和跨国的地区性政策网络中普遍存在。全球治理委员会也认为：“治理是或公或私的个人和机构管理共同事务的诸多方式的总和。它是使相互冲突或不同利益得以调和并采取联合行动的持续过程。”

1.2 西方公共管理学的范式变化①

在百余年的发展历程中，西方公共部门尤其是政府管理研究领域经历了多次“范式”的变化——从传统的公共行政学到“新公共行政学”与政策科学再到“新公共管理”以及公共治理的转换。

1.2.1 传统的公共行政学

西方公共行政学与政治学、法学和财政学等学科渊源颇深，其思想基础则是由伍德罗·威尔逊和马克斯·韦伯（Max Weber）等人所奠定的。

威尔逊在1887年所发表的《行政（学）之研究》一文是西方公共行政学诞生的标志。这篇文章对公共行政学的对象、性质、方法以及发展方向等问题做出规定，是该学科的纲领性文献。该文涉及三个主题：（1）说明行政研究领域的历史；（2）确定这个领域的研究主题；（3）决定这一领域的最好的研究方法。在威尔逊看来，“行政研究首先要发现政府能恰当而成功地做什么事情，以及如何以最高的效率和最低的成本来做好这些恰当的事情”②。威尔逊的行政学思想是建立在政治与行政划分的基础上的。

马克斯·韦伯的官僚制（科层制）理论构成西方公共行政学的另一个思想基础。“官僚制”（bureaucracy）被用来表示一种特殊的组织结构安排，也被用来表示一种特殊的行为模式。韦伯刻画了官僚制度的三个最重要的特征，即劳动分工、层级结构和对事不对人的法规。③ 韦伯的官僚制度理论对于传统公共行政学注重正式政府组织及其结构形式的研究产生了重要的影响。

此外，公共行政学的形成也受到了（工商）管理学的强烈影响，即受到20世纪一二十年代的科学管理学派的示范性影响。早期的公共行政学者将泰勒（Frederic W. Taylor）的科学管理的原理、方法和技术应用于公共部门，并利用和发挥了法约尔（M. Fayol）等人的管理职能和管理原则的思想。美国的泰勒在《科学管理原理》（1911）中提出管理的四类责任或条件。④ 法国的法约尔在《工业管理与一般管理》中提出行政管理活动包含了

① 参见陈振明：《从公共行政学、新公共行政学再到公共管理学》，载《政治学研究》，1999（6）；《评西方的“新公共管理”范式》，载《中国社会科学》，2000（6）；《公共管理范式的兴起与特征》，载《中国人民大学学报》，2001（1）。

② Woodrow Wilson，“The Study of Administration”，in Jay M. Shafritz，Albert C. Hyde（eds.），*Classics of Public Administration*，Oak Park，Illinois：Moore Publishing Company Inc.，1978，p. 3.

③ 参见［德］马克斯·韦伯：《论官僚制度》，见［美］R. J. 斯蒂尔曼主编：《公共行政学》（上册），84～135页，北京，中国社会科学出版社，1988。

④ Frederic W. Taylor，“Scientific Management”，in Jay M. Shafritz，Albert C. Hyde（eds.），*Classics of Public Administration*，Oak Park，Illinois：Moore Publishing Company Inc.，1978，pp. 17-20.

五种职能（计划、组织、指挥、协调和控制）和行政管理的十四条原则。

到了20世纪二三十年代，在美国，由于政府改革、科学管理运动和政治学中的新学科方向的推动，公共行政学作为政治学中的一个独立学科开始出现。其典型的标志是1926年同时出版的两本教科书：怀特（Leonard D. White）的《行政学研究导论》和威洛比（William F. Willoughby）的《公共行政学原理》。这两本教科书为我们了解当时公共行政学的理论体系以及公共行政学的传统提供了一个概貌。1937年由古利克（Luther Gulick）和厄威克（Lyndall Urwick）主编的《行政科学论文集》收入了这一时期行政学的代表性论文，可以说集公共行政学传统的大成。与此同时，公共行政学的制度化建设尤其是研究生教育逐步发展，从20世纪20年代末30年代初开始，出现了第一批公共行政学的研究生教育项目以及公共行政学院。

在20世纪二三十年代所形成的并在60年代中期以前一直居于支配地位的传统公共行政学范式是建立在科层制理论和政治—行政二分法的基础上的，其研究对象主要集中于行政组织或官僚体制，注重组织的内部取向，以及机构、过程和程序和行政原则的研究，并将行政效率作为追求的最高目标。古利克在《行政科学论文集》中将公共行政学的基本原则概括为著名的“POSDCORB”，即计划（planning）、组织（organizing）、人事（staffing）、指挥（directing）、协调（coordinating）、报告（reporting）和预算（budgeting）七个原则或原理。①

传统的公共行政学主要以狭义政府（行政机关）及其行政管理活动作为研究对象。公共行政学的传统或“范式”的特征有以下几个方面：

第一，公共行政学研究对象及主题涉及组织原理、官僚体制、人事行政、财务行政、行政法规、行政职能、行政原则、行政方法、行政效率等主题。早期的公共行政学者特别执着于所谓行政管理的一般或普遍原则的探索，并强调以效率原则作为最高标准。他们相信，在行政管理领域，有一些与其他学科相类似的普遍原理或一般原则，行政学的任务就是发现它们。威洛比断言：“在行政管理过程中，有着某些可以一般地加以应用的基本原理，这类似于那些使科学之所以为科学的原理。”② 厄威克说得更干脆：“存在着一些支配人类有意识的、联系的原理，正如存在着一些支配桥梁建设的工程学原理一样。”③ 在这些学者看来，通过对行政现象的研究，可以推出这些基本原则，如统一指挥、控制、协调、功能部门化等；这些原则既是行政学的理论成就，又为有效的行政管理提供了种种准则。

第二，公共行政学主要采用制度或法理的研究方法或途径，并以正式的政府组织（官僚体制）作为研究的主要领域。早期的行政学学者遵从政治学母体的研究方法，注重对官僚机构及法律的研究，而不重视非正式组织和行政行为的研究。

第三，就其理论基础来说，传统行政学坚持政治—行政二分法观点，国家或政府的职

① Luther H. Gulick，Lyndall Urwick，*Papers on the Science of Administration*，New York：Institute of Public Administration，1937，p. 13.

② Jay M. Shafritz，Albert C. Hyde（eds.），*Classics of Public Administration*，Oak Park，Illinois：Moore Publishing Company Inc.，1978，p. 123.

③ Ibid.，p. 123.

能及过程被一分为二：一种是政治领域，即政策和法律的制定；另一种是行政领域，即政策和法律的执行，后者所包含的机构及程序才是行政学研究的对象。这种政治—行政二分法观点在威尔逊的行政理论中已有所体现，而古德诺在《政治与行政》一书中做了系统的阐述。传统的行政学者后来都倾向于把自己的学科与行政机构和程序联系起来，并相信这一学科具有政治和政策制定中所缺少的过程特质。

第四，公共行政学强调以效率原则作为最高标准。公共行政学学者认为，通过对行政现象的研究，可以推出的基本原则中最重要的就是效率标准，即以最小的投入获得最大的效果。这种效率原则又与官僚体制的等级体系密切联系，要使政府的行政管理既有效率，又负责任，就必须建立起权力集中、指挥统一、体系完整、分工明确、职责分明的政府系统。因此，所有的管理原则都可以概括为“效率标准”。正如古利克所说：“效率是行政管理的价值尺度中的头号公理。”①

1.2.2 “新公共行政学”与政策科学范式

以上信念构成了公共行政学的基本“范式”或“研究纲领”，它既反映了早期公共行政学研究的理论成就，又充分显示了其缺陷或局限性。它采取一种形式主义的或静态的研究方法，只注重对官僚体制（正式政府组织机构）的分析，忽视了对非正式组织和行政管理过程的研究；它将政治与行政截然分开，忽视了政治因素对管理过程的影响；它将丰富多彩的行政管理现象或活动仅仅抽象为若干的原理及原则；效率的标准则被不恰当地过分推崇（价值因素如公平标准则被忽视）。公共行政学的传统由于学科本身的发展与时代的变迁必然招致批评，并促使其转变。

第二次世界大战后，传统的公共行政学途径受到了来自各个方面尤其是政治学行为主义的批判。在这些批判者中有西蒙（Herbert A. Simon）、达尔（Robert A. Dahl）、阿普尔比（Paul H. Appleby）、朗（Norton E. Long）和沃尔多等。行为主义革命从对体制（官僚机构）的研究转向对政治行为的研究，使公共行政学失去了在政治学的中心地位。然而，传统行政学的根基并未真正动摇，新的范式并未确立。尽管西蒙猛烈地抨击传统行政学的政治—行政二分法和所谓的行政原则，并提出一种以决策为中心的行政理论，但他最终并未摆脱传统行政学框架的束缚。

20 世纪 60 年代中期以后，出现了两种取代传统公共行政学的尝试：一种是以弗雷德里克森（H. G. Frederickson）等人为代表的“新公共行政学”（New Public Administration），它强调一种民主取向的公共行政学。“新公共行政学”是 20 世纪 60 年代末 70 年代初一批青年行政学学者对传统行政学提出挑战而形成的“新”理论。它强调公共行政学以公平与民主作为目标及理论基础，主张政治与行政、事实与价值关联；重视人性和行政伦理研究，倡导民主主义的行政模式以及灵活多样的行政体制研究，反对把行政学固定在“预算”“人事管理”“组织与管理”一类的“组织内部”的研究，要求拓展行政学的研究范

---

① Jay M. Shafritz, Albert C. Hyde (eds.), *Classics of Public Administration*, Oak Park, Illinois: Moore Publishing Company Inc., 1978, p. 123.

围；主张采用新的研究方法，从公共组织中存在的分配、整合、边界交换、社会动机四种作用过程来理解和改善公共行政学。然而，由于“新公共行政学”缺乏概念和理论上的连贯性，未能最终成型并取代传统的公共行政学“范式”，但 20 世纪 90 年代之后，“新公共行政学”理论又有“复活”的势头，其倡导者之一的弗雷德里克森在公共管理学界非常活跃。

另一种是政策分析（Policy Analysis）或政策科学（Public Sciences）。其根源可以追溯到 1951 年拉斯韦尔（H. Lasswell）等人主编的《政策科学》一书，它在 20 世纪 60 年代末 70 年代初迅速成长，在七八十年代成为与传统公共行政学相抗衡的学派。① 政策科学力图克服传统行政学的一系列弊端，要求将科学知识、方法与公共决策过程密切联系起来，提倡一种以政策实践、政策系统及过程作为研究对象，以端正人类社会发展方向、改善公共政策系统、提高政策质量为目标的公共部门或政府研究领域的新“范式”。政策科学提倡跨学科、未来研究，提倡以问题为焦点而不是以学科为焦点的知识产生方式，并以行动为取向，体现理论与实践、知识与行动的高度统一。这种新范式吸引了大批的研究者，在 20 世纪七八十年代极为盛行，导致传统的公共行政学院的衰落，许多著名大学将原来的公共行政学研究所或学院改名为公共政策研究所或学院，或新开办公共政策研究所或学院（研究生院）；即使保留公共行政学名称的研究所或学院也大量增设公共政策方面的课程或在公共行政学课程中大量增加公共政策方面的内容。

1.2.3 “新公共管理”范式

自 20 世纪 70 年代开始，随着全球化、信息化以及知识经济时代的来临，西方公共管理的理论与实践发生了深刻的变化，特别是出现了声势浩大的公共部门改革或政府改革浪潮（“新公共管理”“管理主义”“重塑政府”或“企业化政府”运动）。这场改革不仅改变了西方公共部门管理的实践模式，而且也改变了公共部门管理的理论形态以及知识体系。用《公共管理导论》一书的作者欧文·E. 休斯的话来说：“新公共管理的采纳意味着公共部门的研究领域中新范式的出现。”②

“新公共管理”（New Public Management）范式是 20 世纪 70 年代开始在美国大学的公共政策学院和商学院中发展起来的。当然，也有学者将“公共管理”这一新学派的渊源追溯到威尔逊的《行政（学）之研究》一文。例如，佩里（James L. Perry）和克雷默（Kenneth L. Kraemer）在《公共管理：公共的和私人的观点》（1983）一书中界定什么是公共管理时宣称，他们关于公共管理的灵感来自威尔逊的这篇经典论文，并将威尔逊的思想基础归纳为如下四个方面：（1）以政府作为主要的组织脉络背景；（2）以执行功能作为合适的焦点；（3）以发现有效管理的原则和技术作为发展管理能力的关键；（4）将比较作为该领域研

---

① 关于政策分析或政策科学范式，可参见陈振明：《政策科学的研究纲领》，载《中国社会科学》，1997（4）；《是政策科学，还是政策分析》，载《政治学研究》，1996（6）；《政策科学》，北京，中国人民大学出版社，2003；《公共政策分析导论》，北京，中国人民大学出版社，2015。

② Owen E. Hughes，*Public Management and Administration*：*An Introduction*（2nd ed.），New York：St. Martin's Press Inc.，1998，p. 1.

究取得进展的方法。[①] 这样的话，威尔逊的论文强调的也就是"公共管理"而非只是"公共行政"的东西了。无论是政策分析途径还是公共管理途径，都可以看作对传统的公共行政学途径的过时或失效所做出的一种反应，是作为它的竞争或替代途径而出现的。

20世纪七八十年代，公共管理途径在美国大学的公共政策学院和商学院逐渐成长起来。波兹曼（Barry Bozeman）和凯特尔（Donald F. Kettl）等学者对此做了清楚的说明。波兹曼在《两种公共管理概念》[②] 一文中说：在70年代末的美国大学中，几乎同时出现了两种明显不同的公共管理途径：一种是来自公共政策学院的"政策途径"（the policy approach），简称为"P-途径"；另一种是来自商学院并受传统公共行政学影响的"商业途径"（the business approach），简称为"B-途径"。

经过20世纪七八十年代的孕育和发展，公共管理的P-途径和B-途径逐渐汇合，形成公共管理的新范式。1991年9月20日至21日，来自全美的73位学者汇集于MPA项目发源地的雪城大学（Syracuse University）麦克斯韦学院，举行第一次全美公共管理研讨会（The National Public Management Research Conference），这可以说是公共管理新范式诞生的象征性标志。那么，作为公共管理研究第三种途径，公共管理"新"在何处？它有什么样的基本特征？凯特尔认为，公共管理运动所发展起来的公共管理途径是一种全新的途径，它既不同于传统的公共行政学途径，也不同于政策分析中的执行研究途径。它在公共政策学院中成长，并在公共政策分析与管理学会中结出果实。它的倡导者试图从案例分析和个人经验中汲取可以广泛应用的经验教训，并且该途径的发展很少借助于公共行政学和执行研究的成果。

凯特尔综合了20世纪80年代公共管理学的代表性著作，将公共管理途径的特征归纳为如下几个方面：（1）拒斥公共行政学和政策分析中的执行研究。公共管理从一开始就明确拒绝公共行政学和政策分析中的执行研究这两种传统，更多的是从商学院的战略研究中成长起来。（2）一种乐观的规范研究领域。与政策分析中的执行研究致力于研究取得项目或政策目标的不可能性不同，公共管理致力于研究如何产生结果。（3）以顶层管理者的战略决策为焦点，分析的单位是公共机构的高层管理者的行为。（4）通过案例研究来发展知识，通过与商学院相类似的决策案例和公共管理者的个人经验来寻找真知灼见。（5）为管理研究取得与决策研究相同的立足点而奋斗。[③]

波兹曼则力图将P-途径和B-途径加以综合，认为公共管理途径应具有如下特征：（1）既关心战略，又关心过程，但有一种外部的焦点取向；（2）在强调"硬"知识（管理方法、技术尤其是定量分析技术）的同时，继续关注"软"知识（管理的政治环境、价值等）；（3）以资深公共管理者（中层和高层管理者）为研究方向；（4）给公共管理中的"公共"下更广泛的定义，以便将非营利组织、私人企业的公共方面包含于其中；（5）关

---

① James L. Perry, Kenneth L. Kraemer, *Public Management: Public and Private Perspectives*, Palo Alto, CA: Mayfield, 1983, p. 1.

② Barry Bozeman, "Two Concepts of Public Management", in Barry Bozeman (ed.), *Public Management: The State of the Art*, San Francisco: Jossey-Bass Publishers, 1993, pp. 1-6.

③ Donald F. Kettl, "Searching for Clues about Public Management: Slicing the Onion Different Way", in Barry Bozeman (ed.), *Public Management: The State of the Art*, San Francisco: Jossey-Bass Publishers, 1993, pp. 55-68.

注理论和规范研究。[1] 他在该书的结论中，总结书中所收入的各篇论文的观点，认为对于什么是公共管理，大家有如下共识：(1) 关心规范研究和规范理论；(2) 焦点集中在公共管理和公共组织的明确特征尤其是政治影响上；(3) 问题焦点甚于过程焦点；(4) 强烈主张脉络背景和经验知识；(5) 关注战略和多元组织问题。[2]

佩里认为，公共管理理论提供关于公共管理者在不同场合应如何作为的有用和实际的概括或知识（“有用的和实际的”是说公共管理理论必须是关联的和以问题为方向的）。公共管理理论要做到这一点就必须提供行动理论和规范理论：前者有助于公共管理者了解或解释他们所处的脉络背景和潜在干预的功效；后者则给予公共管理者思考和认识他们应该如何行动的能力。公共管理研究应将这两种理论有机地加以结合。[3] 至于公共管理理论与公共管理实践的关系，则可以恰当地采用沃尔多所使用过的“医生和病人”的比喻来说明：医治病人的过程典型地包含了诊断、治疗和疗效观察，并依赖于最初的疗效来决定是停止治疗还是再来一个疗程。如同医生一样，公共管理者寻找各种情形的一般规律，确定因果关系模式，辨别出恰当的干预，选取一种干预措施加以实施。对于公共管理者来说，这个过程所遇到的不确定性比医生遇到的要多得多。重要的是，理论对于管理绩效的取得有作用，但这种作用不是以完全预言的方式发生。

对于公共管理学的主题和内容问题，学者们也提出了各自的见解。波兹曼和斯特劳斯曼的《公共管理战略》被认为是第一部较完整的公共管理教科书。在谈到该书为什么使用“公共管理”而非“公共行政”的概念时，他们说原因在于公共管理涉及传统的公共行政学所无法包含的两个核心问题：一是战略问题，即关于公共组织的外部环境和它们更广泛的使命和目标问题；二是公共管理不仅在政府机构中出现，而且也在其他公共机构的背景中出现（而公共行政总是与官僚机构相联系）。[4] 他们还认为，公共管理注重组织的外部管理，而公共行政着眼于内部管理。

瑞尼（Hal G. Rainey）则认为，公共管理学应着重研究如下三个重要问题[5]：第一，公共组织和管理者的类型之间存在什么样的区别？以往的关于公共官僚体制的文献的讨论过于一般化，往往集中在公共组织和管理者的共同性质上，低估了它们的不同，也很少加以区别。公共管理已有这方面的尝试性研究，但还必须大力加强。第二，公共管理所要研究的“政治环境”指的是什么？这些脉络背景如何影响公共组织及其管理？这些脉络背景的关键因素和变项又是什么？既然公共管理被假定是在一种明确的政治和制度的背景下发生的，那么关于背景，这几个问题就必须弄清楚。第三，说公共部门的管理目标是“模糊不清的”是什么意思？目标模糊又是如何影响公共组织进行及其管理的？人们往往将公共

---

① Barry Bozeman (ed.), *Public Management: The State of the Art*, San Francisco: Jossey-Bass Publishers, 1993, p. 5.

② Ibid., p. 362.

③ James L. Perry, “Public Management Theory: What Is It? What Should It Be?”, in Barry Bozeman (ed.), *Public management: The State of the Art*, San Francisco: Jossey-Bass Publishers, 1993, pp. 16–19.

④ Barry Bozeman, Jeffrey D. Straussman, *Public Management Strategies*, San Francisco: Jossey-Bass Publishers, 1990, p. 4.

⑤ Hal G. Rainey, “Important Research Questions”, in Barry Bozeman (ed.), *Public Management: The State of the Art*, San Francisco: Jossey-Bass Publishers, 1993, pp. 9–12.

组织和私人组织比较而得出前者目标模糊的结论，但有几个调查表明，对于目标清晰和绩效期望问题的回答，公共管理者与私人管理者的答案并没有什么大的不同。所以，对这个问题必须进一步研究。1991 年，瑞尼写了一本在美国很有影响的公共管理著作，书名叫《理解和管理公共组织》①。书中宣称：公共组织履行各项关键职能，必须对它们进行有效管理，而本书讨论的正是公共部门的卓越管理问题。该书以组织为焦点，是一本关于公共组织及其管理的综合性教科书。

林恩（Laurence E. Lynn）在《公共管理中的理论》一文中着重讨论公共管理所使用的新的概念框架或理论，包括代理关系（委托—代理理论），市场、等级和小集团，有限理性和认知风格，集体行动的逻辑和博弈论，组织重构，网络模式，垃圾桶模式，管理工具，等等。② 他也写了一本很好的公共管理（学）入门书——《作为艺术、科学和职业的公共管理》③。该书对公共管理的兴起、内容及特征做了较好的分析，值得一读。

英国的“新公共管理”学者对公共管理学科研究主题也有类似的看法。例如，弗利耶（Ewan Ferlie）等人在《行动中的新公共管理》（1997）一书中列举了新公共管理必须研究的四个重要的且有争论的主题：（1）公共部门与私人部门之间的差别和相似性；（2）组织变迁；（3）正在变化着的公共管理主体的角色与关系；（4）公共服务组织的战略顶层。④ 由此可见，英国学者所强调的新公共管理（学）的主题与美国的公共管理学的主题是相似的。⑤

20 世纪末，“新公共管理”与公共行政学派、政策分析学派已取得并驾齐驱的地位。欧文·E. 休斯在《公共管理与行政》一书中认为，公共行政、公共政策和公共管理都是对公共部门的研究，是三种不同的研究范式或途径，它们之间也是相关的。然而在美国的公共部门研究中，这三个学派的学者之间的学术联系很少，它们有各自的追随者，有各自的学术会议和杂志。⑥ 并且由于上述的特点以及更适应当代公共管理实践的要求，公共管理被人们看作代表了公共部门管理研究领域的发展方向。

在过去的一二十年，全球公共部门尤其是政府改革继续深化的动因，不仅在于全球化、信息化、技术进步、经济社会的发展、财政危机、传统官僚制的无效率等一类的客观因素，而且在于公民对政府的不满与信任危机以及对政府与日俱增的期望，公民对政府提出了更高的要求——要求更好更快的公共服务以及更多的公共事务参与，公共管理的实践进入了所谓“后新公共管理”的时代。在这种背景下，发端于 20 世纪末的“公共治理”“新治理”“网络治理”和“新公共服务”一类的理论及研究视角或途径流行起来，以至于

---

① Hal G. Rainey, *Understanding and Managing Public Organizations*, San Francisco: Jossey-Bass Publishers, 1991.

② Laurence E. Lynn, “Theory in Public Management”, in Barry Bozeman (ed.), *Public Management : The State of the Art*, San Francisco: Jossey-Bass Publishers, 1993. pp. 13-15.

③ Laurence E. Lynn, *Public Management as Art*, *Science and Profession*, New Jersey: Chatham House Publishers, 1996.

④ Ewan Ferlie etc., *The New Public Management in Action*, Oxford: Oxford University Press, 1997.

⑤ 关于新公共管理，可参见陈振明：《评西方的“新公共管理”范式》，载《中国社会科学》，2000（6）。

⑥ Owen E. Hughes, *Public Management and Administration: An Introduction* (2nd ed.), New York: St. Martin's Press Inc., 1998, p. 7.

可以说出现了“公共治理”及“公共服务”的新范式。

1.3 中国公共管理学的研究现状

中国具有悠久的政府管理或公共行政的研究传统，至少可以追溯到夏商周的国家或政府的形成之时，而作为近现代科学意义上的公共行政学在中国的出现也几乎与西方同步。在19世纪末20世纪初西方行政学诞生之初，该学科就被引进到我国，并逐步生根和发展。20世纪50年代初到70年代末，该学科作为完整学科专业在大陆曾一度中断。1979年3月30日，邓小平在理论工作务虚会上的讲话中指出：“政治学、法学、社会学以及世界政治的研究，我们过去多年忽视了，现在也需要赶快补课。”① 响应邓小平的号召，20世纪80年代初中期，我国恢复了公共行政学的教学与研究。

经过了30多年的发展，公共管理学科逐步成长为一个独立的研究领域，成为我国社会科学及管理科学大家庭中的重要一员，并成为我国大学教育的热门专业以及党政干部培训的新支柱。近10年来，随着我国市场经济体制的建立和行政体制改革的深化，公共管理一级学科的设置和我国公共管理硕士（MPA）专业学位研究生教育的启动，以及高校公共管理本科专业的大量开设，公共管理学科业已成为当代中国社会科学及管理科学中充满生机活力和具有远大前景的学科。

——学科发展的机遇。巨大的现实与理论需求促进了我国公共管理学科的迅速发展。我国全面深化改革和经济社会的快速发展，对公共管理研究提出了更高的要求。党的十八届三中、四中全会分别发布了《中共中央关于全面深化改革若干重大问题的决定》和《中共中央关于全面推进依法治国若干重大问题的决定》，对我国在新的历史起点上全面深化改革和依法治国做出了战略部署，提出了“完善和发展中国特色社会主义制度，推进国家治理体系和治理能力现代化”以及依法治国的改革总目标。党的十八届五中全会提出实施网络强国战略，实施“互联网＋”行动计划，发展分享经济，实施国家大数据战略；国务院发布的《促进大数据发展行动纲要》也提出加快政府数据开放共享，推动资源整合，提升治理能力。这为中国公共部门尤其是政府的改革与发展提供了新的巨大空间，也对公共管理理论与方法的研究提出了更高的要求，为该学科的发展提供了前所未有的历史机遇。

——学术研究的进展。对国内外相关重要期刊和思想库在该学科领域所做研究工作的统计分析表明，近10年来，本领域发表的论文和其他研究成果数量有了显著增加。公共管理与公共政策选题是近几年出版行业的一个热点，有大量的译著、论著及教材问世，如中国人民大学出版社和北京大学出版社的有关公共管理与公共政策的丛书、译丛及系列教材。而研究的进展依靠的是人才，近10年来，本学科和其他学科的人才不断加入本领域，公共管理学科的研究及师资队伍逐渐壮大。

① 《邓小平文选》，2版，第2卷，180～181页，北京，人民出版社，1994。

——学科社会建制的成熟。学科社会建制即学科的制度化建设。教学科研机构与学术组织的建立，专业设置以及教学培训的普及，基金资助来源的增加，出版渠道的多样化。特别是公共管理一级学科的设置和我国公共管理硕士（MPA）专业学位研究生教育的启动，在高校中数以百计的公共管理学院的建立，公共管理学科的博士点、硕士点和本科专业的大量开设与招生规模的扩大，各级党校和行政学院日益把公共管理作为干部培训的主要课程领域等。

——成果应用的加强。目前，我国公共管理研究机构以及学者活跃在党和政府决策的各个领域，尤其是公共事务管理以及经济社会发展的方方面面，充分发挥智囊团和思想库的作用，为我国的改革开放及经济社会发展政策的制定与执行做出了重要的贡献。

然而，目前我国公共管理学科的教学与研究仍然比较落后，存在着学科边界模糊，视野狭窄，基础不牢，知识体系不完整，研究方法陈旧，知识创新不足，理论研究落后于实践发展，针对性、应用性不强，对国外公共管理领域的新思潮、新流派、新理论和新方法的跟踪研究与批判分析尚待加强等方面的问题。国家自然科学基金会《宏观管理与政策学科“十一五”发展战略与优先资助研究报告》的数据表明，21%的专家认为我国公共管理及公共政策学科在基础理论研究上比较薄弱，缺乏系统性、原创性和理论前瞻性，在研究方法上与国际通用的规范方法脱节；同时，我国公共管理学科正处于创始和形成期，存在大量的理论空白需要填补。

较为突出的问题包括：第一，学科研究范式的不成熟。学科的研究对象不够明确，定位较模糊，研究范围宽泛；未能梳理出核心的研究领域和提炼出重要主题，缺乏有效的研究路径、基本分析框架和牢固的理论基础。第二，严谨研究方法的缺乏。学科研究没有得到应有的重视；实际研究中缺乏多样化的研究方法，并存在重质的研究而轻量的研究、重概念推演而轻经验分析、重宏观而轻微观的研究倾向。第三，理论建构及学术创新不足。有学者指出：“许多研究根本没有一个明确的研究问题，没有文献评估，没有深入地研究因果关系，没有构建出具有说服力的理论，更没有进行理论检验，或者理论观点没有经验事实支持。”① 第四，学科的本土化有待加强。有学者认为，过去10余年，相当一部分行政学者扮演了西方行政学理论的“输入者”以及“无意识的思想家”的角色，而对于理论构建的本土化研究却一直较为薄弱。

1.4 为公共管理学的学科划界

1.4.1 对作为一个学科的公共管理学的三种不同理解

在英语中，“public administration”和“public management”既表示一种活动、一种

① 马骏：《中国公共行政学研究的反思：面对问题的勇气》，载《中山大学学报》（社会科学版），2006（3）。

职业，也表示一个学科或研究领域；在汉语中，表示学科往往会加上一个“学”字，因此，比较容易区别一种活动或职业与学科。在西方，特别是美国的文献中，对作为一个学科的“public management”（公共管理学）主要有如下三种不同的理解：

一是将“公共管理学”等同于“公共行政学”，这种用法常见于日常公共部门管理活动中，也来自坚持传统的公共行政范式或途径的学者们。这些学者反对将“公共管理”一词看作新术语的说法，认为公共行政学早就使用“公共管理”一词，其含义与“公共行政”并无二致。例如，早在1940年，马克斯（F. M. Marx）就出版了一本名为《新民主中的公共管理》的著作；20世纪30年代国际城市协会所出版的杂志就叫《公共管理》；1955年，一本由哈德森（Cathery Seck Hudson）主编的关于公共行政学的经典书名叫《公共管理研究中的基本概念》。[①] 当然，一些公共行政学派的学者现在力图将当代公共部门管理的理论与实践的新变化纳入公共行政学的框架中。例如，我国学者很熟悉的戴维·H. 罗森布鲁姆（D. H. Rosenbloom）的《公共行政学：管理、政治和法律的途径》这本教科书就是一例。在该书中，他认为，公共行政是管理的、政治的和法律的理论的应用和为全社会或社会的一部分履行规制和服务职能而执行立法的和司法的政府法令的过程。[②] 这是一种相当广泛的定义，涵盖了所有的公共部门及其管理活动，这就与新公共管理学派所理解的“公共管理”没有实质上的不同，基于这种理解建立起来的“公共行政学”与新公共管理学也不会有根本的区别。

二是把公共管理学当作公共行政学的一个分支学科，是关于公共行政的项目设计、组织结构化、政策和管理计划，经由预算系统的资源配置、财政管理、人力资源管理、项目评估和审计的应用方法论方面的总的看法。这以奥特（J. Steven Ott）、海德（Albert C. Hyde）和沙夫里茨（Jay. M. Shafritz）所主编的《公共管理精华读物》（1991）为代表。他们在该书的序言中明确指出：“公共管理是更广泛的公共行政领域的一个主要部分……公共管理的焦点是作为一种职业的公共行政和作为这种职业实践者的公共管理者……公共管理集中关注那些可以用来将思想和政策转变为行动的管理工具、技术、知识和技巧。这些工具的能力包括职位分类、招募和选择程序、影响管理、预算分析和规划、监督技巧、长期或战略计划、项目和组织评估、反馈和控制机制（特别是通过信息管理系统的反馈和控制机制）、合同管理、项目管理和组织重构等。”[③] 该书选入的由格雷厄姆（Cole Blease Graham）和海斯（Steven W. Hays）所写的《管理功能和公共行政的POSDCORB再考察》一文宣称：公共管理是公共行政学中一个涉及技术和方法的子领域，公共管理学者“关注的是效率、责任制、目标的获取和大量的其他管理方法与技术问题”[④]。

三是将公共管理学看作一种不同于传统的公共行政学和政策分析的一种新途径、新范

---

① Laurence E. Lynn, *Public Management as Art, Science and Profession*, New Jersey: Chatham House Publishers Inc., 1996, p. 38.

② David H. Rosenbloom, et al., *Public Administration: Understanding Management, Politics and Law in the Public Sector*, New York: The McGraw-Hill Companies Inc., 1998, p. 6.

③ J. Steven Ott, Albert C. Hyde and Jay M. Shafritz (eds.), *Public Management: The Essential Reading*, Chicago: Lyceum Books/Nelson Hall, 1991, p. Ⅸ.

④ Ibid., p. 13.

式或新的学科框架。有许多学者持这种看法。20 世纪 80 年代初期，就有学者将公共管理看作一个新的学科框架。例如，加森（G. David Garson）和奥弗曼（E. Samuel Overman）所写的《美国的公共管理研究》一书基于对美国公共管理研究广泛的调查研究，提及“公共管理的声望与日俱增”，他们认为原因也许是这个词比公共行政有更充满活力的内涵。① 佩里和克雷默在《公共管理：公共的和私人的观点》（1983）一书中宣称：“作为一种现代公共行政的特殊焦点的公共管理是新的东西。”② 他们的这种观点后来得到瑞尼的回应，他在 1990 年一篇题为《公共管理：最近的发展和现在的前景》的文章中说：“在过去的二十年，公共管理的话题已经强有力地提上了那些对政府行政管理感兴趣的人的议事日程。”他认为这也许是因为政府的名声越来越不好。第一本为“公共管理”确立基本学科框架的教科书，可能要算波兹曼和斯特劳斯曼的《公共管理战略》（1990）。他们在该书中说：“本书所用的概念是‘公共管理’而不是‘公共行政’……这里使用‘公共管理’一词有两个理由：第一，本书关心战略问题，涉及公共组织的外部环境和它们更广泛的使命和目标。‘公共管理’一词似乎也正是按照这种方式进化的，这使得它所关心的东西比内部行政要多得多。……第二，公共管理不必只是在政府机构的背景上出现，而‘公共行政’一词总是或最终在整体上与政府官僚机构相联系。‘公共管理’这一新术语可能更具弹性。”③ 在另一处地方，他们又说：“当代公共管理是某种不同于传统的公共行政的东西。……我们并不简单地反对传统的公共行政。我俩都仍对公共行政感兴趣，我们教公共行政的各种课程，我们也曾经是公共行政学者。但公共管理则不同，不同的主要方面是：如果它要成功地运转的话，那么它就必须要有战略的轮子。与公共行政相比，公共管理更广泛、更综合和更少受功能专门化的限制。在很大程度上可以说，公共管理是对组织外部环境的管理，公共行政则存在于组织的脉络当中。”④

20 世纪 80 年代末 90 年代初以来，西方出版了大量的第三种意义上的公共管理学论著及教科书。在美国，较有影响的著作除了波兹曼和斯特劳斯曼的《公共管理战略》之外，还有林恩的《作为艺术、科学和职业的公共管理》（1996）、纳特（P. C. Nutt）和巴可夫（R. W. Bakkoff）的《公共和第三部门组织的战略管理：领导手册》（1992）、瑞尼的《理解和管理公共组织》（1991，1998）等。这些只是美国的文献，要是算上英国、新西兰、澳大利亚、加拿大、荷兰等国的“新公共管理”文献，可以说目前已有大量的公共管理学文献了。

1.4.2 公共管理学的对象与性质

按照唯物辩证法和科学哲学的观点，任何一个学科都是以客观世界的某一类事物、

---

① G. David Garson，E. Samuel Overman，*Public Management Research in the Unite States*，New York：Praeger，1983，p. 275.

② James L. Perry，Kenneth L. Kraemer，*Public Management*：*Public and Private Perspectives*，Palo Alto，CA：Mayfield，1983.

③ Barry Bozeman，Jeffrey D. Straussman，*Public Management Strategies*，San Francisco：Jossey-Bass Publishers，1990，p. 4.

④ Ibid.，p. 214.

现象或过程作为自己的研究对象。它要探讨这类事物或现象及过程的本质联系或规律性，从而形成学科的概念、范畴、定理、原理和方法的理论体系。公共管理学的研究对象是公共事务管理，即国家治理或治国理政的实践，它是一种客观的社会活动及过程。与传统公共行政学一脉相承，公共管理学要研究作为公共事务管理主体的公共组织，特别是政府组织的结构、功能及其与环境的关系，研究公共管理活动的过程及其环节（如组织、决策、沟通、协调、监控、评估等）。然而，作为一种有别于公共行政学的新"范式"，公共管理学的研究更注重如何应用人类所创造的各种科学知识及方法来解决公共事务的管理问题，以促进政府及其他公共组织更有效地提供公共物品或公共服务。正如英国著名行政学者胡德所说："公共管理，这门国家的艺术，大致可以定义为如何设计和提供公共服务和政府行政的具体工作。"① 从这个意义上说，从静态的政治组织结构和制度研究导向动态的公共服务需求与供给问题，正是传统公共行政学向公共管理学变革的重要标志之一。

如果说传统公共行政学把抽象的官僚制行为与结构作为研究焦点的话，公共管理学则把关注点放在满足公众的服务需求上，寻求有效的公共管理方式来提供广泛而优质的公共服务。美国著名行政学者文森特·奥斯特罗姆指出：作为传统公共行政理论的核心概念，官僚制结构是必要的，但它对于富有生产力、富有回应性的公共服务经济并不是充分的。正因如此，政治经济学家已把公共物品和服务的供给看成公共行政的核心组织性概念，研究如何超越特定政府管辖的限制，通过协作行为来共同提供特定的公共物品和服务。② 可以说，20 世纪 70 年代中期以来，公共服务已经成为政府为公众提供的一切公共事物的代名词，成为公共管理替代传统公共行政的核心所在。而西方国家之所以出现声势浩大的政府改革运动，与其将政府的基本职责定位于提供公共服务也有着密不可分的关系。

综上所述，作为一门研究公共事务管理活动或公共管理实践的学科，公共管理学可以被界定为一门综合地运用各种科学知识和方法来研究公共事务管理，即公共组织和公共管理过程及其规律性的学科。公共管理的目标是促使公共组织尤其是政府组织更有效地提供公共服务。或者说，公共管理学是一门研究公共组织（主要是政府）如何有效地提供公共服务的学问。

从当代公共管理或政府改革与治理的实践需求来看，从公共服务供给的角度来定义公共管理学有其合理依据。正如马克·霍哲所说："自 20 世纪 70 年代以来，市民对改进政府绩效的关注推动着公共组织机构逐渐将注意力转移到提供更好的服务上来。于是，当代公共行政改革的一项根本任务便是提升公共服务的质量和绩效。"③ 丹尼斯·A. 荣迪内利指出：全球化、技术创新和通信技术的发展给政府带来巨大的压力，接踵而来的便是本国公民向其政府提出更高的要求，公民对政府与日俱增的期望常常引起公民对政府的不满和对政府信任的流失，这增加了改革的压力。而西方新公共管理改革运动正是西方各国政府

---

① ［英］克里斯托弗·胡德：《国家的艺术》，3 页，上海，上海人民出版社，2004。

② 参见［美］文森特·奥斯特罗姆：《美国公共行政的思想危机》，26～27 页，上海，上海三联书店，1999。

③ ［美］马克·霍哲等：《勾勒公共服务质量改进的疆域：美国 25 年来的趋势和实践》，见《国际行政科学评论》（第 2 辑），北京，国家行政学院出版社，2010。

为回应日益蔓延的公民对政府的不满以及对政府提出的更高要求而展开的。①

公共管理学的学科性质可以归纳为：第一，就研究对象与范围来说，公共管理学并不像传统的公共行政学那样，将自己主要局限于政府行政机关特别是官僚机构的研究上，而是把研究对象扩大到其他政府机关（立法机关和司法机关）和非营利组织或第三部门甚至私人部门的公共的方面。

第二，公共管理学更具跨学科、综合性的特点。传统行政学主要建立在政治学的基础上，尤其是将官僚体制理论和政治—行政二分法作为其理论基础；公共管理学的研究者来自广泛的不同的学科，他们充分吸收了当代各门学科的理论和方法，特别是更多地依赖于经济学的理论和方法，并日益与工商管理学相融合。因此，它的基础更扎实，并具有更广泛的学科知识框架。

第三，公共管理学将研究焦点由传统公共行政学的“内部取向”转变为“外部取向”，由重视机构、过程和程序研究转到重视项目、结果与绩效的研究，这使得战略管理、公共管理的政治环境、项目执行、绩效评估、公共责任制及公共管理伦理这样一些在传统公共行政学中没有的或被不受重视的主题成为公共管理学的核心主题。

第四，公共管理学也涉及大量的公共行政学没有涉及的其他主题，如公共物品、公共选择、集体行动的逻辑、委托—代理、产权、交易成本、交换范式、制度安排与创新、政府失败、准市场、学习型组织、多元组织、认知风格、管理网络、管理工具、成本核算、信息管理系统等。

第五，公共管理学既是实证的（重视经验研究，从经验中汲取知识），又是规范的（提倡研究“应该不应该”的问题，用以规范公共管理行为）。因此，案例分析成为公共管理的一种核心研究方法，这就有别于传统公共行政学过多地局限于规范研究，囿于普遍适用的“行政原则”的探讨。

第六，公共管理学将自身建立在当代公共部门管理的实践尤其是国家或政府治理变革的实践基础上，是从这种实践中产生的新理论范式，反过来成为指导这种实践的模式。因此，与传统行政学相比，它更具现实性。

1.4.3 公共管理学的主题范围

当代公共管理学科分支或主题领域及专业如何划分？这是一个复杂而有争议的问题。从二级学科或专业设置的角度，1996 年公布的我国公共管理一级学科下设行政管理、社会保障、教育经济与管理、社会医学与卫生事业管理、土地资源管理五个二级学科或专业（2012 年修订曾考虑增加一个二级学科，即“公共政策”，但迄今没有正式公布）。美国的公共管理特别是公共管理硕士（MPA）设有城市管理和城市政策、环境政策和管理、卫生政策和管理、信息和科技管理、非营利管理公共财政与预算、公共行政、公共政策分析、社会政策等专业（近年《美国新闻与世界报道》以这 8 个专业来对美国的公共管理学

---

① 参见［美］丹尼斯·A.荣迪内利：《为人民服务的政府：民主治理中的公共行政角色的转变》，载《经济社会体制比较》，2008（2）。

科及 MPA 院校进行排名）。

《中国大百科全书》第三版首次增加了“公共管理”学科。近一两年中国大百科全书出版社就学科框架进行了专家咨询并组织了多次研讨会。最初考虑基于中国公共管理学科的二级专业设置，并参考美国公共管理学科专业设置的有益经验，整合为 15 个分支：公共行政理论、政府组织、非营利组织、公共政策、公共财政与预算、社会保障、土地资源管理、城市管理与政策、电子政务、公共安全与应急管理、公共事业管理、教育经济与管理、社会医学与卫生事业管理、科技管理、环境政策与管理。2015 年 12 月在北京召开的《中国大百科全书》第三版公共管理学第一次编委会会议讨论了第三版公共管理学卷的学科框架，拟定了 16 个分支：综论（学科基本概念、理论、人物和事件）、公共组织理论、政府改革与治理、政策科学、比较公共管理与全球治理、公共部门人力资源管理、公共财政与预算、电子政务、公共伦理与法治、风险与危机管理、经济政策与管理、社会治理、社会保障、公共服务管理、资源环境政策与管理、城市与区域治理（也可包含乡村治理）。

多年来，笔者主张将公共管理划分为公共组织理论、政府改革与治理、公共政策分析、财政预算与管理、公共部门人力资源管理、公共部门战略管理、公共部门绩效管理、公共部门管理伦理、非营利（第三部门）管理、领导科学、危机管理（应急管理）、社会管理（社会政策）、公共服务管理、公共管理与法律、比较和国际公共行政、数据管理与研究方法、政府间关系、政府工具、司法行政、政治管理等相对独立的主题领域或分支。

我们曾对中国公共管理的四个重点领域——政府改革与治理、公共政策的理论与实践、公共组织理论、政府工具做出分析与说明。①

1.4.4 公共管理学的研究途径

公共行政学在其发展的不同阶段，采取了不同的研究途径或研究方法。早期的公共行政学者主要采用制度或法理的研究途径（形式主义的研究方法），侧重于对政府制度、机构、法规方面的研究；20 世纪 20 年代，受“科学管理革命”的影响，公共行政学都采用了所谓的“原则”研究途径，注重对一般的行政管理原则的探索和概括。20 世纪三四十年代，受政治学“行为主义革命”的影响，公共行政学推崇经验科学的研究方法，把观察、实验、模拟、抽样、访谈、调查一类的方法用于对行政行为的研究；第二次世界大战后尤其是五六十年代之后，公共行政学者广泛地运用运筹学、系统分析、损益分析、案例研究、计算机模拟等新的研究方法及手段。

公共管理学是一个跨学科、综合性的研究领域，它可以有不同的研究途径、方法或观点。首先，公共管理学可以从不同的社会科学学科的框架中来加以研究，在西方（美国）公共管理学的发展中，形成了较有影响的学科途径，主要有管理学途径、政治学途径、法学途径和经济学途径。其次，可以从某些社会科学的理论、假设或模型出发来研究公共管

① 参见陈振明、薛澜：《中国公共管理理论研究的重点领域和主题》，载《中国社会科学》，2007（3）。

理过程，由此形成的研究途径更是多种多样。研究途径、方法的不同，导致对公共管理过程做出不同的描述或解释，从而形成不同的公共管理理论。

美国学者戴维·H. 罗森布鲁姆在《公共行政学：管理、政治和法律的途径》一书中认为，公共行政学的研究有三种主要的研究途径，即管理途径（包括传统的管理途径和新公共管理途径）、政治途径和法律途径。他说："公共行政的研究有三条相对分明的途径，各自对公共行政有不同的阐述。一些人把公共行政视作一种管理行为，与民营部门的运作相类似；另外一些人则强调公共行政的公共性，从而关注其政治的层面；还有一些人注意到了主权、宪法和管制实践在公共行政中的重要性，从而将公共行政视为一种法律事务。三种不同的研究途径对于公共行政的运作，倾向于强调不同的价值和程序、不同的结构安排，也用不同的方法看待公民个人，而每一种途径对于如何发展公共行政的知识也有各自不同的主张。更为复杂的管理途径又可以分为两派，即传统（正统）的管理途径，以及当代以改革为导向的'新公共管理'。"① 罗森布鲁姆把这几种研究途径的内容与特征做了归纳（见表1-1）②。

表1-1　　公共行政的不同视角

特征	视角			
	传统管理途径	新公共管理途径	政治途径	法律途径
价值	效率、效能及经济（3E）	成本—效益，顾客的回应性	代表性、回应性及责任性	宪法的诚实和公正、正当法律程序、实质权利、平等保护、公平
组织结构	理想官僚模型	充满竞争的、企业化模型	组织多元主义	行政裁决制（抗辩模式）
对人的认识	非人性化个案，理性人	顾客	群体成员	完整个体，特定阶层之组成成员，理性人
认知模式	理性—科学主义的	理论推理，经验观察，指标测量，实验	协议，民意，政治争辩	归纳性案例分析，演绎式的法律分析，反复辩论程序
预算	理性（成本—收益）	以绩效为基础，市场驱动	渐进主义（福利分配和负担）	以权利保护为基础（rights funding）
决策观	理性—全面	分散化，降低成本	渐进模式，凑合着过	程序性渐进主义
政府职能特征	执行	执行	立法	司法

公共管理学更多地以经济学为基础，因此，经济学途径已成为公共管理学研究的一个重要途径。它采用经济学的理论假定、概念框架、分析方法及技术来看待公共管理问题。在当代公共管理及公共政策学科中，最有影响力的经济学途径是公共选择理论和新制度学

① ［美］戴维·H. 罗森布鲁姆等：《公共行政学：管理、政治和法律的途径》，16页，北京，中国人民大学出版社，2002。

② 同上书，40～41页。

派。英国学者莱恩（Jane Erik Lane）在《公共部门：概念、模型与途径》一书中认为，公共部门中的政策制定与执行的过程是通过来自公共选择、新制度经济学、政策执行、管理与评估等不同领域的模型或途径来进行研究的。①

公共选择理论是20世纪70年代发展起来的一种“新政治经济学”或“政治的经济学”理论，80年代以后被广泛地应用于公共管理和公共政策领域。公共选择理论将“经济人”假说、交换范式和方法论个人主义应用到政治和公共政策领域。作为一种公共政策的研究途径，公共选择理论假定：政治行动者个人（不管是决策者还是投票者）都被自利的动机所引导而选择一项对其最有利的行动方案。

新制度主义或新制度学派是一种很有影响力的公共管理与公共政策研究途径。它强调制度在政治生活中的决定性作用，认为制度自身是人类设计的产物，是工具性指向的个人的合目的结果；制度之所以在社会中存在，是因为它们可以克服社会组织中的信息障碍和减少交易成本；在社会中，两种能最小化交易成本的组织是市场和等级制（官僚制）；作为持续不断的正式或非正式的规则，制度规定行为角色、约束行为和形成期望，因而它们不仅增加或减少交易成本，而且也形成偏好。

治理网络或政策网络是一种新的、影响在不断加强的公共管理与公共政策研究途径。20世纪七八十年代，西方社会发生深刻变化，私人部门迅速发展，政府角色逐渐减弱，公共部门与私人部门之间相互依赖，国家机构和社会的不同部门共同参与公共治理过程。治理网络或政策网络被视为一种新的国家治理模式——“一种与科层制、市场相对应的治理模式”②。R. 罗兹（又译“罗茨”）将其界定为：“政府和其他社会行动者之间的一系列正式制度性联系以及非正式联系，如果不懈地进行磋商的话，这些联系基于公共决策和政策执行的共同理念和利益而形成。”③

1.5 公共管理学科发展前瞻④

目前，公共管理学科的成熟程度及科学性如何？判断一个学科及研究范式是否成熟的基本依据或主要标准是：学科范围和边界的确定、学科知识的增长或累积、研究方法的适用性和独特性以及学科社会建制的相对完善。用这些标准来衡量，公共管理学（公共行政学）虽然早已是一个独立的研究领域，但还不能满足主流社会科学所要求的标准，很难说已成为一个成熟的学科（或托马斯·库恩所说的“常规科学”）。由于不能充分满足这些评价标准，所以，在公共行政学百余年的历史发展中，几乎一直伴随着学科身份与合法性问

① 参见［英］简·埃里克·莱恩：《公共部门：概念、模型与途径》（第3版），“序言”，北京，经济科学出版社，2004。

② David Marsh, *Comparing Policy Networks*, Buckingham: Open University Press, 1998, p. 8.

③ R. A. W. Rhodes, How to Manage Your Network Discussion, Paper prepared for the Commonwealth Secretariat, 15th, February 2013.

④ 参见陈振明：《中国公共管理的学科发展的下一步》，载《中国社会科学院院报》，2009-03-10。

题的争论，并屡屡出现学科的身份危机或认同危机。

迄今为止，无论在国内还是在国外，学科定位与性质的模糊性一直困扰着公共管理学或公共行政学的研究。詹姆斯·W.费斯勒在《公共行政与社会科学》中认为，研究者被强求在基础研究和应用研究之间选择、在理论建构和数据收集与分析之间选择、在处方性和描述性之间选择、在纯理论研究与实验研究之间选择。而学科范围和主题过于宽泛使得公共管理学的研究呈现出分散而庞杂的图景，缺乏主导性的分析框架，无法建立起一个为多数人所接受的累积性知识基础。胡德在《国家的艺术》一书中说：虽然近年来公共管理引起了大量的讨论，在世界上有许多关于“范式转变”的谈论。但是，还没有形成关于分析公共管理的普遍认同或接受的基本知识。

公共行政的科学研究由于不能发展出可以与自然科学及主流社会科学（经济学、政治学、社会学和心理学）相媲美的积累性知识体系而屡受批评。“大量的公共事务和行政的研究都在当代问题中跳来跳去，无视过去的经验和研究，这导致了今天积累的成果大部分都是乱七八糟的大杂烩。”① 大量的研究及成果被判定为是前科学的，只是对问题或变量所做的概念界定或描绘，并未对假设进行检验；许多研究是问题导向或实践导向的，是“应用性的”而非“基础性的”，往往囿于对政策或行政经验的描述，因而对学科知识的积累没有贡献。造成这种状况的一个基本原因是缺乏严谨的研究方法，尤其是对经验—实证研究方法应用不足。“除了缺乏方法严谨性外，公共行政研究不能识别出对该领域最为重要的中心议题。”（理查德·C.鲍克斯语）公共管理学科发展中存在的这些问题，制约了学术研究质量的提升和学科发展的突破。因此，明晰学科边界，引入多样化的研究方法，形成规范的研究范式，加强理论建构，拓展或深化相关主题领域研究，促进知识增长，就成为目前公共管理学科发展必须着手解决的关键问题。

1.5.1 为公共管理学“划界”

为公共管理学“划界”就是要弄清公共管理的学科性质，限定研究范围，梳理核心的研究领域和提炼重要主题。公共管理学或公共行政学与主流社会科学不同，前者被认为是一个为知识而知识的领域（纯科学和经验科学），后者被认为是一门具有实践性和应用性的学科，基本上与法律、教育、管理、规划、建筑等属于同一类型的学科。在沃尔多看来，公共行政不同于社会学和政治学，它既是一种研究，也是一种实践。

公共管理学或公共行政学是一个跨学科而又分散的知识领域，许多学科为其发展做出贡献。它自身要成为一个真正独立的学科而不是政治学、经济学等学科的附庸，需要发展出自己的严谨的研究方式。为此，必须弄清公共管理学与相近学科的关系，聚焦本学科的核心问题，梳理出的基本的研究领域或分支学科，并提出值得研究的学科问题。

有学者认为，有两个核心议题贯穿公共行政学发展历史的始终：一是公私部门的异同

---

① ［美］杰伊·D.怀特、G.B.亚当斯主编：《公共行政研究：对理论与实践的反思》，Ⅹ页，北京，清华大学出版社，2005。

以及公共行政区别于工商管理的特点；二是政治—行政的分界。以这两个问题为焦点，可以把公共行政学的知识集中起来；搞清楚这两个问题也有助于确定公共行政学与前述相邻学科的边界。同时，要梳理并划分公共管理学的主题领域或分支学科，提炼出重要的学科问题，并加强对这些分支学科及重要主题的研究。聚焦并推进这些主题领域的研究，必将大大夯实公共管理学科的知识基础。

1.5.2 引入多样化的研究方法

《公共行政研究：对理论与实践的反思》一书探讨了公共行政学的学科“身份”和地位问题，特别是从方法论构建的角度对如何实现公共行政知识增长的问题进行了探讨，分析了美国 20 世纪 90 年代以前公共管理领域研究的现状及存在的问题，并评估了公共行政博士论文的质量。该书的编者认为，研究方法的差距是造成公共行政学的知识及其应用与其他学科存在显著差距的根本原因。在该书中，G. B. 亚当斯指出，技术理性导致了公共行政持续的非时间性，即存在忽视和贬低历史及背景的倾向，窄化了公共行政的研究途径，加重了对公共行政合法性的质疑。因此，公共行政的研究不仅需要定性方法，也非常需要批判性的、以历史为基础的研究。丹勒克对逻辑实证主义进行批判，认为定量研究和定性研究应走向平等和整合的“高阶系统理论”；鲍克斯则指出，在没有对其他实践导向的领域如法律、规划和工商管理进行对比的情况下，得出公共行政学劣于主流社会科学的结论无疑是草率而缺乏支撑的。

针对缺乏严谨研究方法的问题，学界应该加强公共管理研究方法论的探索，引入多样化的研究方法和分析技术，这包括从问题或假说的提出到理论的形成、检验和发展的整个研究过程所使用的基本方法及技术。当前我国的公共管理研究特别需要加强对经验的研究或对实证分析方法及技术的研究、引进和应用，补好经验分析方法及技术的这一课；同时，20 世纪 70 年代之后发展起来的后实证主义以及后现代性、诠释性和批判性的分析方法也值得关注，还必须借鉴并应用当代科学方法论（如系统分析）和数学、统计学、经济学等学科所发展起来的、行之有效的定量分析方法以及计算机技术，从而奠定研究方法论基础，由此推动我国公共管理学的科学化、学术化水平的提升。

当前，要特别关注大数据和智能化时代来临及其所引起的思维方式与认知方式的革命性变化。大数据时代开创了科学研究的“第四范式”——数据密集型科学发现或数据驱动的知识增长。这是吉姆·格雷在 2007 年首先提出的观点。他认为，在科学研究及其范式的演进历程中，最初是实验科学——几千年前科学以实验为主描述自然现象；接着在过去的几百年有了理论研究分支（理论科学），利用模型和归纳科学，得到了开普勒定律、牛顿运动定律和麦克斯韦方程式等；然后，在过去的几十年，科学出现了计算分支（模拟科学），对复杂现象进行仿真；到了今天的数据爆炸时代，出现科研信息化（e-Science），将理论、实验和计算仿真统一起来。①

---

① 参见［美］Tony Hey、Stewart Tansley、Kristin Tolle：《第四范式：数据密集型科学发现》，10～11 页，北京，科学出版社，2012。

大数据时代人类行为的可预测性大大增强。巴拉巴西在《爆发：大数据时代预见未来的新思维》一书中指出：在大数据时代，人类行为的数据终于可以被系统地、规模化地掌控了，研究和预测人类的行为变为可能，大数据时代产生如此多的电子踪迹让研究每个人、每个群体，甚至整个人类的习惯成为可能。[①] 这对以人类集体行动以及决策与管理行为作为研究对象的公共管理学将产生极为深刻的影响。MIT 人类动力学实验室主任阿莱克斯·彭特兰等人致力于建立一门基于大数据的人类行为计算的科学——计算社会科学或社会物理学。他说："近年来，社会科学持续经历着遗产数字革命，其标志就是正在兴起的计算社会科学。"社会物理学则被定义为大数据与社会科学理论的结合，研究思想或想法的交换如何驱动人类行为——人们如何合作以发现、选择和学习策略并协调行动。[②]

1.5.3 推动公共管理的理论创新

中国公共管理学应立足于我国及当代世界的公共管理实践的研究，着力进行理论建构和学术创新，形成中国学派与中国风格，促进公共管理知识的增长和积累。中国公共管理的学科发展及理论构建需要世界眼光，既要突出本土化及其传统，采取中国立场，解决中国问题，发出中国声音；又要具有全球视野，面向世界、开放包容、兼容并蓄、海纳百川，彰显中国特色。习近平总书记在 2014 年 2 月 17 日省部级主要领导干部学习贯彻十八届三中全会精神全面深化改革专题研讨班上的讲话中指出："中华民族是一个兼容并蓄、海纳百川的民族，在漫长历史进程中，不断学习他人的好东西，把他人的好东西化成我们自己的东西，这才形成我们的民族特色。"公共管理的学科发展及理论构建必须具备开放的心态，继续紧跟国外公共管理学科研究的发展、演变、动态与学术前沿，注意借鉴和吸收全人类包括西方公共管理的理论和方法的成果，立足于我国的国情及现实的公共管理实践进行深入研究，批判、改造、消化和吸收其中的科学成分以及合理因素，进而形成有中国特色的公共管理学。

有多种理解公共管理和公共政策的方式，因而也就存在多种知识增长及理论建构的途径。一般认为，当代公共管理研究有三种主要的研究模式或知识增长的途径——解释性（实证性）研究、诠释性（历史—解释）研究和批判性（辩证—批判）研究。在杰伊·D. 怀特看来，解释性或实证性研究固然重要，但诠释性研究和批判性研究也同等重要，诠释和批判应该被看作公共行政知识增长的合法贡献者，公共行政学的大量知识正是这样得以发展的；玛丽·R. 施密特认为，与科学的研究（通过演绎、理论检验和受控制的实验进行的研究）不同，直接的、亲自参与的知识类型同样十分重要。它们仅仅是我们对丰富和复杂现实的不同理解方式。

正如怀特和亚当斯等人所指出的，公共管理的知识和理论发展应该以多种方式进行，包括假设检验、案例研究、比较分析、行政和政策过程分析、资料（内容）分析以及对该

---

① 参见［美］艾伯特-拉斯洛·巴拉巴西：《爆发：大数据时代预见未来的新思维》，13 页，北京，中国人民大学出版社，2012。

② 参见［美］阿莱克斯·彭特兰：《智慧社会：大数据与社会物理学》，17 页，杭州，浙江人民出版社，2015。

领域的整体或部分的历史诠释（历史研究）、演绎论证、哲学批判和对行政经验的个人反思。

要注重后学科时代的公共管理研究。近现代人文社会科学学科走过从整体（或总体）到分化或专门化的历程——从政治经济学、精神科学（道德哲学）和国家学（官房学）到统计学、经济学、政治学、社会学、人类学、（新）史学等。而当代人文社会科学发展则由专门化向整体化演变——知识产生方式由学科导向转入问题导向，跨学科、交叉学科和综合性研究以及知识融合与学科统一成为主导趋势，进入所谓“后学科时代”。公共管理是一个典型的跨学科、交叉学科和综合性的专业领域，必须关注后学科时代的人文社会科学发展的这一新趋势。

1.5.4 促进公共管理的知识应用

处于国家治理转型时代的中国公共管理学科有大量的理论与实践问题需要研究与解决。当前，有如下主题领域需要更多关注：政府改革与治理、公共政策分析、公共组织理论、政府工具研究、公共预算与财政管理、公共服务管理、社会管理及社会政策、非营利与第三部门管理、应急管理（危机管理）、全球治理与国际合作、公共管理的研究方法尤其是大数据方法等。因此，全面深化改革，国家治理现代化，依法治国，建设法治国家、法治政府和法治社会，决策的科学化民主化等，都迫切需要公共管理理论的指导及其知识的更广泛应用。

总之，30多年来，随着全球化、信息化、网络化、数据化和智能化时代的来临，公共部门改革尤其是政府治理变革的新浪潮席卷全世界，公共管理的理论范式和实践模式都发生了新的变化，学科呈现种种新的研究途径与知识形态；而我国改革开放和现代化建设尤其是国家治理转型急需公共管理的创新研究。因此，必须顺应当代社会科学及管理科学的发展趋势和我国经济社会发展的现实需要，推动我国公共管理学科的进一步发展。

第2章

公共组织

现代社会是一个高度组织化的社会，组织在国家和社会生活中的作用日益突出。公共管理活动也离不开组织，公共组织是公共事务的管理者和公共服务的提供者。从某种意义上说，公共管理学就是关于公共部门的组织与管理理论。公共组织理论研究的是公共组织的性质、结构、设计方式、组织过程或组织行为、组织环境、组织变革与发展一类的组织问题。它不是关于事实的罗列与汇总，而是关于公共组织及其管理的一种思维方式。因此，掌握公共组织理论是有效实施公共管理的重要基础。本章将从公共组织的内涵、结构、组织过程与行为、组织环境与组织变革等方面介绍公共组织理论。

2.1 了解公共组织

组织是人类社会最普遍的现象，是人类活动协调、合作的形式，目的在于克服人类个体体能和智能的限制，达成群体的共同目标。在一定意义上，没有组织，就没有社会。彼得·德鲁克说："社会已经成为一个组织的社会。在这个社会里，即便不是全部也是大多数的社会任务是在一个组织里和由一个组织完成的。"① 本节我们将讨论公共组织的定义、构成要素和类型等问题。

---

① ［美］彼得·德鲁克：《后资本主义社会》，52页，北京，上海译文出版社，1998。

2.1.1 公共组织的特征

1. 组织与公共组织的内涵

人们对“组织”一词有不同的理解。在中文里，“组织”的原意是纺织，如“树桑麻，习组织”。在英文里，“组织”（organization）一词源于器官（organ）。1873年，英国哲学家斯宾塞将“组织”一词引入了社会科学领域，他在论述“社会有机体”概念时，将组织看成组合起来的系统或社会。20世纪二三十年代，组织理论兴起，“组织”一词被赋予了更广泛的社会含义。现代组织理论奠基人之一的切斯特·I. 巴纳德给组织所下的定义是：“一个有意识地协调两人或两人以上活动与力量的系统。”① 赫伯特·A. 西蒙认为，组织的实质是一个人类群体当中的信息沟通与相互关系的复杂模式。理查德·H. 霍尔说：“组织是有相对明确的边界、规范的秩序（规则）、权威级层（等级）、沟通系统及成员协调系统（程序）的集合体；这一集合体具有一定的连续性，它存在于环境之中，从事的活动往往与多个目标相关；活动对组织成员、组织本身以及社会产生结果。”② 在公共管理学研究中，组织被定义为，“追求一定目标的人的集合体”或“为了实现共同目标分配工作的任何结构和过程”③。

通过对各种组织的研究，人们发现它们都具有一定的共性：（1）组织是人们在相互交往中形成的一定行为关系的集合；（2）组织有着某种特定的目标；（3）组织有一定的结构和行为方式；（4）组织有其内在的精神意识，这种精神意识并非自发形成，而是有意养成的，最终系统化为组织文化；（5）组织是一个开放系统，随着组织环境的变化而有机发展。

根据上述特征，我们可以将组织定义为：组织是指在一定的社会环境中，人们通过相互交往而形成的具有共同心理意识，并为了实现某一特定目标而按一定的方式联合起来的有机整体。在组织的若干特征中，组织目标与行为是组织的本质性特征，尤其是组织目标往往被许多学者作为对组织进行系统研究的逻辑起点。

公共组织是社会组织中一种重要而独特的类型，尤其是在与私人组织的对比中更能彰显公共组织的特色。人们用不同的标准区分公共组织与其他组织，尤其是私人组织，以求给公共组织找到一个贴切的定义。“最基本的问题就是所谓‘边界问题’（demarcation problem），其中包含对‘公共’与‘私人’的概念区分，用以指导选择哪些组织属于公共组织、私人组织或公私混合组织，以及这些决策如何执行等问题的思考”④。

组织有公共组织（公共部门）与私人组织（私人部门）及第三部门之分。社会科学家往往把社会活动划分为三大领域，即政治活动领域（公域）、经济活动领域（私域）和社会活动领域（第三域）。相应地，社会中存在三个部门：在政治活动领域主要是公共部门

---

① 转引自［美］尼古拉斯·亨利：《公共行政与公共事务》（第8版），94页，北京，中国人民大学出版社，2002。

② ［美］理查德·H. 霍尔：《组织：结构、过程及结果》（第8版），35页，上海，上海财经大学出版社，2003。

③ 彭和平编：《公共行政管理》，61页，北京，中国人民大学出版社，1995。

④ ［英］简·埃里克·莱恩：《公共部门：概念、模型与途径》（第3版），15页。

或政府组织（第一部门）；在经济活动领域主要是营利部门或私人组织（第二部门）；在社会活动领域主要是非营利性组织（第三部门）。第一部门进行宏观调控和制定重大方针政策；第二部门从事生产、运输、贸易等经济活动，以营利为目的；第三部门是非政府非营利组织的集合。

“公共（的）”（public）是相对“私人（的）”（private）而言的。“公共（的）”一词表示大家的、公众的或与某民族、国家内的人民相关的事务；“私人（的）”表示个人的或私人的事务，与公共的或政府事务相分离。本（S. I. Benn）与高斯（G. f. Gauss）两人把公共和私人之间的区别分为三个方面：受影响的利益是团体的还是个人的；获得服务、信息、资源的途径；组织是作为个体存在还是为整个社会服务。沃尔多归纳了“公共（的）”的多方面的含义：从国家、政府的角度看，“公共的”涉及主权、合法性、福利等问题。从经验层次上，即从公共职能和公共活动的范围上来界定，以及从政府执行活动或职能的角度分析。作为与“私人的”相对的概念，“公共的”就表示国家、政府及其他公共组织的职能和活动范围；与多数人的利益相关，有较多社会公众参与的事务领域。

缘于“公共（的）”和“私人（的）”这两个概念的差异，对公共组织和私人组织的区分也就有多种标准。有学者以组织目标是公益还是私利（或为大众服务还是为私人服务）为区分标准。例如，杜威认为公共组织是对公共利益产生巨大影响作用的组织；布劳和司格特把它们看成公社型组织和商业性组织，认为公社型组织是为全体公民服务的，商业性组织则是只为其所有者个人服务的；本和高斯用收益和损失是公共的还是个人的，以及组织作为为社会而不是为某个人服务的机构的程度来区分公共组织与私人组织。有学者则把“公共物品”的生产作为区分公共组织和私人组织的标准（或者把所有权与财产权的归属作为区分公共组织和私人组织的标准）。经济学家希克斯（John Richard Hicks）认为，公共部门是指其所提供的服务和产品的范围与种类不是由消费者的直接愿望决定，而是由政府决定，或者由公民代表决定的。这就揭示了公共部门是公共的或政治的结果，而不是市场运作的结果。另一位经济学家斯蒂格利茨认为，公共部门的负责人所拥有职务的合法性是直接或间接从政治选举中产生的，政府有一定的强制力，而私人部门是没有这些权利的。

由于采用的标准及理解的不同，对公共组织有不同的界定：“公共组织，从广义而言，是所有不以营利为目的，服务社会大众，以提高公共利益为宗旨的组织；从狭义上看，乃是行使行政权，达成公共目的的组织。”① 公共行政组织是“一个基于合作而组成的公共团体；其范围涵盖了行政、议会、司法三个政府部门与相关组织；在公共政策的制定方面发挥重要作用，因而是政治过程的组成部分；与民营部门管理在许多重要方面存在明显差异；与民营部门或个人亦有密切之关系”②。

我们可以将公共组织界定为以管理社会公共事务、协调社会公共利益关系为目的的组织，主要指国家或政府组织（广义的公共组织包含第三部门组织）。

我们曾在《公共组织理论》（上海人民出版社，2006）一书中将公共组织的基本特征

① 张成福、党秀云：《公共管理学》，130页，北京，中国人民大学出版社，2001。

② ［美］戴维·H. 罗森布鲁姆等：《公共行政学：管理、政治和法律的途径》，5页。

概括为六个方面：一是公共组织以追求公共利益为其价值取向；二是公共组织的活动受法律法规的限制并具有强制性；三是公共组织受到高度的公共监督；四是公共组织具有明显的政治性；五是公共组织的目标大多模糊不清且不易测量；六是公共组织具有独占性或非竞争性。

2. 公共组织与私人组织的关系

关于公共组织和私人组织的关系，大致有三种基本观点：一种认为公共组织与私人组织都属于组织，它们之间没有本质的差别，因此工商管理的“最佳实践”同样适用于公共组织的管理与改革。另一种观点认为，公共组织与私人组织之间有本质差别，“它们在次要的方面是相似的，在重要的方面是不同的”；还有第三种观点，认为这两种组织有同有异，难以截然分开。瑞尼在《理解和管理公共组织》一书中认为，要对公共和私人领域进行清楚地分界是不可能的，简单机械地将组织区别为公共和私人组织有可能造成思维混乱的危险：“它简化、混淆、误导和阻碍了正确的理论和研究。”① 这样的话，又如何提供证据并确定公共组织的特性呢？他从公共组织存在的目的、公共组织和公共管理的意义和性质的角度指出了公共组织不同于私人组织的特点——不存在产品市场，产品和服务不存在市场价格，对责任、公平和公开化、诚实和工作表现的评估都受到价值观的影响。

保罗·C. 纳特、罗伯特·W. 巴可夫在《公共和第三部门组织的战略管理：领导手册》一书中将公共组织、第三部门与私人组织的差异在表 2-1 中做了归纳。

表 2-1 公共组织、第三部门与私人组织的差异

因素		部门		
		公共组织	第三部门	私人组织
环境	市场	市场由监督机构构成	市场由监督机构和委托人的购买行为构成	人们的购买行为决定了市场
		提供同一服务的组织相互合作	相互默认或谈判而达成各自只为某一特定市场区域提供服务的协议	为提供某项服务相互竞争
		资金来源依赖预算拨款（免费服务）	资金来源既依赖预算拨款，又依赖服务收费和税金	资金来源依赖收费
		缺乏数据	合作以提供数据并且共享数据	数据充分可用
		市场信号弱	有的市场信号清晰，有的模糊	市场信号清晰
	制约	指令和义务限制了自主权和灵活性	签约限制了自主权和灵活性（例如，医院的医生，表演艺术中心的用户）	自主权和灵活性只受到法律和内部多数人意见的限制
	政治影响	需要缓冲装置以应对外部影响和帮助谈判	需要缓冲装置以应对签约方	政治影响被当作例外处理，没有特别的安排
		政治影响源于权威网络和用户	政治影响源于权威网络和签约方	政治影响是间接的

① ［美］海尔·G. 瑞尼：《理解和管理公共组织》，60 页，北京，清华大学出版社，2002。

续前表

因素		部门		
		公共组织	第三部门	私人组织
交易	强制力	人们必须资助和消费组织的服务	对服务的资助和使用依赖于对此做出规定的合同及安排	消费是自愿的，依据所用情况付费
	影响范围	具有较大社会影响的大范围问题	协议的指令限制了社会关注的范围，不受立法干预	具有较小社会影响的窄范围的关注
	公众审查	不能将计划保密或暗地里制订计划	定期检查计划及其活动，并将此作为一项任务	可以隐蔽地制订计划并将计划保密
		公民经常以所有者身份向组织活动及其执行提出期望和要求	所有权属于促进了他们利益的使用者（如医院的医生）	所有权属于股东，他们的利益可以用财务指标来衡量
	所有权	无所不在的利益相关者	许多利益相关者	除了股东之外，几乎没有利益相关者
组织程序	目标	长期和短期目标不断变化、复杂、相互冲突且难以界定	多重长期目标，很难将它们按照优先顺序排列，使得短期目标不清	清楚的、大家认同的目标
		最关注公平	既关注公平，又关注效率	最关注效率
	权力限制	执行依不受权威领导控制的利益相关者而定	执行依赖于获得关键的签约方（如医院的医生）的同意	执行被授权给有权利行动的权威人物
		政府控制下的机构管理	权威结构下的机构管理	基本不受外界影响的机构管理
		公共行动所带来的限制	传统所带来的限制	没有限制
	绩效期望	模糊并处于不断变化中，随选举和政治任命的变化而变化，鼓励无所事事	在共同的看法出现之前，对紧迫感有多种解释	清楚，在长时间内稳定不变，因而使人产生紧迫感
	激励	稳定的工作、赞同、任务和角色	专业标准创造了对工作的期望值	金钱

资料来源：［美］保罗·C. 纳特、罗伯特·W. 巴可夫：《公共和第三部门组织的战略管理：领导手册》，23～24页，北京，中国人民大学出版社，2001。

3. 公共组织的构成因素

公共组织的构成因素主要包括以下12个方面：

组织人员。任何组织都是以人为核心的，组织首先不是物质关系的体现，而是人际关系的体现。现代公共组织理论的奠基者之一切斯特·I. 巴纳德就试图把物质手段系统从组织概念中剔除掉，使之变成组织的“物理环境”。

组织目标。组织都是为了实现某个目标而建立起来的，它决定着组织行为的方式和组织发展的方向，是组织成员认为可以追求达到的某种未实现的状态或条件。公共组织的目标是实施对公共事务的管理和协调公共利益关系。

职能范围。围绕组织目标，组织必须对其职能范围进行界定，明确组织的工作任务与活动领域。职能范围是组织目标的具体化，它决定着组织规模、内部职位设置等方面的内容。

机构设置。机构设置指承载组织权力的一系列特定的机构的确定，它是组织内部分工的结果，公共组织通过一定的机构体现出来。

职位设置。职位设置指机构内职位（包括职级、职数、职责等）的确定。职位是公共组织运行最基本的要素之一，职位设置保证了组织权力的流动和组织资源的整合与分配。

权力与职权。权力指影响他人的能力，职权是指被组织正式承认的权力，它主要来自组织的认可，与职位密切相关。

权责划分。权责划分指公共组织中各个部门、层次、成员之间若干从属、并列等相互关系的确认。权责划分是保证组织角色明晰化的基本手段。

规章制度。规章制度是指以书面文件等形式对组织构建、组织行为、运行程序等方面的严格规范。规章制度需要足够的相容性，以与其他组织和社会规则相适应。规章制度对组织成员具有普遍约束力，是正式组织与非正式组织最明显的区别之一。

团体意识。团体意识是形成组织目标的共同心理基础。缺乏团体意识，难以组织集体行动。公共组织往往需要比私人组织统一程度更高的团体意识。

组织设计。组织设计主要指组织结构的分化和整合及组织目标的修正，它是公共组织构成诸要素中最为复杂的部分。组织是一个开放系统，因而必须依靠组织设计来进行调整，以适应客观环境的变化。

支持硬件。组织尽管是人际关系的体现，但不能离开物质硬件的支持，硬件包括公共组织赖以存在的载体，如场地、房屋、办公设备、经费等。

技术和信息。公共组织构成因素中的技术不仅指组织活动过程中所采用的科学技术，也包括组织决策原则、方式在内的“政治技术”。信息是组织活动不可缺少的因素，信息传递的途径和方式，也是组织各部分相互协调的途径和方式，组织过程在一定意义上是一个信息收集、整理、制造、传递、反馈的过程。

2.1.2　公共组织的类型

公共组织是一个多样化的组织系统，依据不同的分类标准，可以划分出多种类型。如根据组织权限范围大小，可分为中央公共组织和地方公共组织；根据组织公共程度高低，可划分为政府组织和第三部门组织；根据管理公共事务的不同，可分为管理文化、科技、教育、国防、公安、外交等事务的各种公共组织。在这里，我们介绍三种主要的分类。

1. 按财务—会计标准分类

对公共组织按财务—会计标准分类，有利于加强审计和对公共组织的监督。政府或非营利组织的会计准则与营利性公司的会计准则是不同的，在政府或非营利组织中也存在着一定的会计差异。例如，同样是非营利组织，有的服务于组织外人员，有的则既服务于组织外人员又服务于组织成员；有的免费提供服务，有的则收取较低的服务费或向成员收取会费，这些不同决定其所采用的会计核算方法也不相同。按照美国注册会计师协会 1978 年发布的会计准则，美国的非营利组织包括国家、州和地方政府，医院、高等院校、志愿健康和福利组织、主要为其成员或股东的经济利益经营的企业型的非营利组织，以及公募组织、公民组织、互助会组织、图书馆、博物馆、其他文化机构、艺术表演组织、政党、私人或社区基金会、私立小学或中学、职业协会、宗教组织、科研机构、联谊会、行业协会、动植物保护协会等在内的其他非营利组织。总体上，公共组织大体可分为六种类型：政府机构、教育组织、健康和福利组织、宗教组织、慈善组织、基金会。①

2. 按公共权力标准分类

公共事务管理指向的是多元的利益关系，仅靠说服、动员等手段难以达到目标，事实上，更多的公共事务管理是依靠公共权力的强制性来完成的。按照公共权力的强制性大小，公共组织可分为三种类型：

(1) 强制型公共组织。这类公共组织主要是指政府部门。强制型公共组织的主要特点之一就是根据宪法和法律的授权，依靠公共权力对公共事务实行强制性管理。它对某一事务做出裁决，有关组织和个人必须遵从，否则将受到惩罚。例如，纳税人必须接受税务管理部门的管理，逃避管理必将受到处罚。

(2) 半强制型公共组织。在市场经济条件下，政府管理是"有限管理"，即在市场失灵的一定范围内实施管理。但是，市场功能的内在缺陷又需要这样一些公共组织的存在：这些公共组织实施管理更多地依靠市场手段而不是行政手段，它们的管理行为对当事人有一定的强制性，要求当事人遵守。但这类公共组织的强制性在一定程度上是可对抗的，当事人也可拒绝裁决。这类公共组织典型的如各种形式的仲裁委员会。通常情况下，委员会的裁定要求当事方遵守；但若当事人对裁决结果持异议，他不一定要照章执行，而可以向法院起诉，法院裁定才是最终的裁定。此外，消费者权益保护委员会、各种行业协会等也是现实生活中人们最常接触到的半强制型公共组织。

(3) 非强制型公共组织。除上述两类公共组织外，还有一类公共组织不仅数量多，而且同时担负着重要的公共事务管理任务。这类公共组织的最大特点是非强制性和服务性，其中多数是非营利组织。非强制型公共组织主要是各类院校、社区学校、研究所、基金会、医疗保健机构、文化和科学技术团体、各种咨询服务机构等。

3. 按权威与等级结构标准分类

组织理论的发展直接推动了组织结构的选择及组织形式的变化。科学管理理论因更多地与车间或作业层的微观管理相关而对公共组织分类产生的影响相对间接，随后发展起来的行政管理理论、官僚制理论、公共管理理论以及系统与权变理论都对公共组织的形式产生了较大且直接的影响。这些理论成果沉淀于现实社会的主要公共组织之中，并将公共组织划分为三种模型，这三种模型的共同点在于它们都涉及组织的权威与等级结构，只是各自的着重点不太一致。

(1) 古典模型。

古典模型建立在行政管理等古典组织理论的基础上，这一理论在20世纪30年代进入鼎盛时期，至今仍有比较大的影响。1937年，美国管理学家古利克和厄威克在《行政科学论文集》中提出了古典模型八项标准：1) 使人员适应于组织结构；2) 承认一个高层经理为权威的来源；3) 坚持统一指挥；4) 使用专业人员和一般工作人员；5) 按照目的、方法

① 参见［美］罗伯特·J.弗里曼、克雷格·D.肖尔德斯：《政府及非营利组织会计理论与实务》(第4版)，1～2页，北京，清华大学出版社，1999。

和领域进行部门划分；6）授权并使用例外原则；7）要使职责与职权相称；8）考虑适当的控制幅度。古典组织理论强调在最高职位中建立权威和明确责任管辖范围，再依次往下对各个行政级别职位进行权限的划分与再划分。效率是组织追求的首要价值，专业化与协作是组织的基本要素。

经过当代公共管理专家的综合，古典模型包括以下特点①：1）组织具有四个基础，即目标（如国防、教育、犯罪控制）、过程（如会计、管理、打字、采购）、顾客（如印第安人、小孩、老人、退伍军人）、地域（如田纳西流域、新英格兰、拉丁美洲）；2）对于每个组织而言，上述基础中必须有一个被赋予优先地位；3）行政部门在最高层次上按主要目标组建，每个部门包含一切有助于实现组织目标的活动；4）任何上级仅能有效监督数量有限的直接下属，即存在“控制范围”；5）行政权威和责任授予单一行政人员而非董事会或委员会这样的多成员机构；6）垂直领导活动与参谋活动被严格加以区分。

（2）官僚模型。

与古典模型密切相关的是官僚模型，官僚模型的理论基础是马克斯·韦伯创立的官僚理论。官僚理论与古典组织理论在许多认识上是一致的，但官僚理论更加坚信稳定的服从模式必须依靠合法性的信念和对系统命令的服从。韦伯认为，官僚模型是最适合复杂组织的形式。官僚模型在20世纪50年代后的美国得到了充分的应用。

官僚模型组织的基础是理性—合法权威，即根据在组织内所处地位而产生的职权，行政人员的职权按照通过理性建立的标准、法律和规章制度来确定，也就是说，组织不是靠服从个体而是靠非人格化的规则来管理的，理性意味着效率。

总体上，纯粹官僚模型具有以下特点：1）基于职能专业化的劳动分工；2）有明确的职权等级制；3）有与任职者和职责相关的规章制度；4）有处理工作的程序系统；5）人与人之间关系的非人格化；6）雇员的选择与职位晋升以其技术能力为基础。

（3）第三部门行政模型。

古典模型和官僚模型都强调组织的权威结构与组织边界的清晰性，但实际上，行政组织在处理公共事务时其权威结构不一定都能导致服从（在组织内部除外），且公共组织的边界也不像私人公司那样清晰，许多公共事务或本属政府的工作由其他公共组织、公共和私人混合组织甚至私人组织去完成。现实中，第三部门行政模型向古典模型和官僚模型提出了挑战，系统方法和权变方法在组织理论中的应用则支持了这种挑战。

第三部门行政模型具有以下特点：1）公共事务往往由多人的董事会或委员会进行管理，代表多元利益的候选人遍布其中，古典模型和官僚模型所要求的职权和责任授予单一行政人员的原则受到挑战；2）在很多方面政府成为“代理人政府”，许多政府工作通过合同委托给第三部门完成，政府官员在处理这些事务时再也用不上自己的等级权力；3）政府不可能轻而易举地监督组织之外的代理商，除非损害了该项目和所服务的公众利益，政府不能随意利用等级命令来取消与代理商之间的合同；4）行政组织不是孤立地处理公共事务，它们往往与其他公共组织形成一个网络，通过组织互动来实现目标。“许多政府组织

① 参见［美］詹姆斯·W.费斯勒、唐纳德·F.凯特尔：《行政过程的政治》（第2版），54～55页，北京，中国人民大学出版社，2002。

的绩效要依赖它们与私人非营利承包商的联系。”①

2.1.3 公共组织理论概观②

长期以来，公共组织理论并没有得到国外学界应有的重视（在我国，公共管理研究更是一个薄弱而亟待加强的领域）。公共组织与私人组织相似，公共组织理论是一般的“组织理论”的一部分。在过去，关于公共组织的论述主要散布于“讨论公共官僚机构的政治学和经济学著作”中，这些著作“通常把公共官僚机构描述得与私人领域相当不同……都没有给予内部管理——设计组织结构、激励并领导雇员、发展内部交流和团队合作——高度重视”③。现在，人们在理解公共组织方面已形成了许多重要的主题，并做了详细的研究，将这些主题整合在一起，有可能建立起一个公共组织理论。④

传统公共组织（行政组织）理论源于 20 世纪初期的韦伯和 F. W. 泰勒等人的著作，它们以“官僚制”（科层制）作为主要的研究对象，将官僚制当作公共组织的最佳表现形式，视规则、精确性和专业分工为组织结构和生产力的关键。从 20 世纪 60 年代开始，官僚制从理论到实践都受到了人们的质疑和批判。美国组织理论家沃伦·本尼斯（Warren Bennis）在《官僚制的灭亡即将到来》一书中说：（从 60 年代开始算起的）20～50 年间，人们将目睹并亲自加入官僚制的送葬队伍。⑤ 不仅官僚制的实践发展遇到了严峻挑战，以官僚组织理论为基础并囿于“行政原则”探索的传统公共行政学也面临困境。

20 世纪 60 年代末 70 年代初，乔治·弗雷德里克森等人提出了“新公共行政学”研究范式，把“政府的目的从政体价值的保护范围扩大到所有的公民”⑥，赋予公共组织更为宽泛的含义以及更为任重道远的社会服务使命。弗里德里克森指出，传统的公共行政学研究局限于“预算”“人事管理”“组织与管理”一类范畴，过于狭窄，过于“组织内部”取向，理论上过于空洞；新公共行政学要求一种新的组织理论，认为在公共组织中存在着四种基本的作用过程，即分配过程、整合过程、边界交换过程和社会动机过程，这四种过程适用于理解和改善旧的公共行政学。⑦ 但是，“至少对于公共组织的人来说，新公共行政学者有待于提出更加紧迫的问题，他们提出的解决方案也太少”⑧。

从 20 世纪 70 年代开始，经济学范畴的“理性人假设”“交换范式”“公共选择”等概念逐步融入了公共行政的话语体系，将公共行政的组织理论引向了公共管理的组织观。与以往公共行政学相比，公共管理更注重公共组织的政策目标选择和公共服务运作的方法、

---

① [美] 詹姆斯·W. 费斯勒、唐纳德·F. 凯特尔：《行政过程的政治》（第 2 版），68 页。

② 参见陈振明、薛澜：《中国公共管理理论研究的重点领域和主题》，载《中国社会科学》，2007（3）。

③ [美] 海尔·G. 瑞尼：《理解和管理公共组织》，8～9 页。

④ 参见 [美] 罗伯特·丹哈特：《公共组织理论》，12 页，北京，华夏出版社，2002。

⑤ Jay M. Shafritz，Albert C. Hyde（eds.），*Classics of Public Administration*（2nd ed.），Chicago：The Dorsey Press，1987，p. 325.

⑥ [美] 乔治·弗雷德里克森：《公共行政的精神》，42 页，北京，中国人民大学出版社，2003。

⑦ H. George Frederickson，“Toward a New Public Administration”，in Jay M. Shafritz，Albert C. Hyde（eds.），*Classics of Public Administration*，Oak Park，Illinois：Moore Publishing Company Inc.，1978，p. 395.

⑧ [美] 罗伯特·丹哈特：《公共组织理论》，122 页。

效率和回应性等现实层面，由静态的组织机构、过程和程序研究转到动态的项目、结果与绩效的研究，并探讨公共组织如何高效率地运用公共资源为社会提供更有效的公共服务，强调用私人组织的管理技术来改进政府绩效。

经过一个多世纪的发展演变，传统狭义的行政组织管理已经向更为广泛的公共部门组织管理发展，它的理论与实践呈现出系统化的公共部门组织变革、重视公共组织的绩效和文化、基于公共服务的组织再造和公共组织研究途径的多元化等方面的特征。

近期我国公共组织理论研究的重点是构建中国公共组织理论的基本知识框架。这必须立足于我国公共组织尤其是国家（政府）组织的现实，在借鉴国内外公共组织理论研究成果的基础上，探讨公共组织的类型、特征及其与私人组织的关系，公共组织体制与结构及其变革、公共组织中的权力运作，公共组织的管理过程或管理功能（决策、领导、协调和控制等）、公共组织的管理方式（尤其是流程再造、绩效管理和战略管理）、公共组织文化、公共组织发展等方面的主题。

目前，公共组织领域需要研究的若干理论问题包括以下几个方面：

（1）公共组织的特征、类型及其与私人组织的关系。关于公共组织的特征及其与私人组织的关系，一直是有争论的问题，对这一问题的回答也涉及对公共部门改革实践中的战略与战术的选择以及对改革的评价（对当代西方的“新公共管理”或“企业化政府”改革的评价就是一个典型的例子）。针对这些理论与实践上的争论，需要研究公共组织的特征及其与私人组织的关系这个基础性问题。与此同时，公共组织（或公共部门）范围很广，包括政党组织、政府组织和非营利组织或第三部门等在内；在我国，党政机关、群众团体、社会组织、中介组织、社区组织、相当部分的事业单位甚至国有企业都属于公共组织的范畴。因此，有必要研究公共组织的一般分类方法，研究现阶段我国各类公共组织的特点和性质及其相互关系，研究各类公共组织（尤其是政府机构和事业单位）的改革、发展与管理等方面的问题。

（2）公共部门战略管理研究。这是一个必须引起国内学界高度重视的研究领域。战略管理着眼于公共组织与外部环境的相互作用，系统考虑组织的愿景、长期目标和近期目标，将关注的焦点由内部转向外部，从注重日常管理、常规管理转向未来的发展管理和风险管理。由于当代公共管理的实践环境以及当代公共组织自身的结构、职能、流程和关系等都发生了深刻的变化，因此，考虑组织所面临的环境（优势、劣势、机遇和威胁），考虑组织的长远发展目标和未来，增强组织灵活性、能动性和适应性，提高自身竞争力，已经成为公共部门管理者最基本的管理任务及内容。这就需要立足于我国公共管理的发展及其环境，研究我国公共部门战略管理的系统与过程，尤其是研究战略思维、战略分析、战略制定、执行和评估的方法及技术。

（3）公共部门人力资源管理研究。人事管理从一开始就构成组织理论的一个重要组成部分。在当代西方尤其是美国，工商企业管理领域首先出现了从传统的人事管理到当代人力资源管理的革命性转变，并逐步推广和应用于公共部门特别是政府的人事管理之中。公共部门人力资源管理已成为当代公共部门（政府组织及非营利组织等）人事管理的新模式。在我国的组织人事管理实践中，人力资源管理的新理念和新模式也得到越来越普遍的应用。公共部门人力资源管理的研究应立足于当前我国行政体制与组织人事制度改革的实践，研究公共部门人力资源管理的新模式、干部人事管理体制创新和管理方式的转变、公务员制度的完善，以及我国公共部门人力资源的规划、开发和培训等问题。

（4）公共部门的绩效管理研究。加强和完善公共部门绩效评估，无疑是提高公共部门管理绩效的一个有效的途径。在西方，随着“新公共管理”改革的兴起，绩效评估以及绩效管理在公共部门尤其是政府管理中得到广泛的应用。在我国，随着行政体制改革的深入和政府机关效能建设的展开，作为改进公共部门尤其是政府管理的一种有效工具，绩效评估及绩效管理越来越受到人们的重视，并逐步在我国政府管理中得到应用和推广。当前，为了实现我国公共组织持续的变革与创新、政府管理效率与绩效的提高，既需要研究如何构建科学的绩效评估体系和方法，测量政府自身的效率、廉洁性和回应性程度，测量政府产出——公共服务的数量、质量和公正性程度，还需要研究如何在科学发展观的指导下建立健全领导干部的政绩评价指标体系。

（5）公共组织的变异和权力制约研究。在公共组织中，权力的运用是组织过程的核心，几乎所有组织都是在权力与政治活动的规则下运行的。组织权力运作的动态过程实际上与决策的动态过程相一致，因此，组织过程就是一个决策过程，而决策是一个“权力角逐”的游戏。[①] 公共组织的变异主要表现为内在性的膨胀，即公共部门及其官员运用公共权力追求自身组织目标或自身利益而非公共利益或社会福利的现象。在我国市场化改革过程中，权力的寻租和出租已经成为侵蚀公共组织正当性基础的异化现象。因此，需要研究公共组织权力变异的表现、原因与根源，公共组织维护公共利益的制度约束、权力约束和监督机制构建，特别是研究如何完善教育、制度和监督并重的惩治与预防腐败体系问题。

（6）公共组织领导行为的研究。领导是公共组织管理的一个核心职能，它对于公共组织发展与变革方向的把握、组织运行效率的提升等都有着举足轻重的作用。必须对我国公共组织的领导行为进行认真研究，以丰富中国公共组织理论和领导科学理论。当前特别需要研究如何提高党的执政能力和政府行政执行力，研究党和国家如何坚持从国情出发和以人为本、执政为民的理念，实现党的领导、人民当家作主和依法治国的有机统一等问题。

此外，需要研究公共部门改革的系统配套，特别是研究构建和谐社会和建设创新型国家视野中的公共组织（主要是政府）改革的系统战略设计，将组织重建、体制变革、机制创新、职能转变、流程再造和管理方式更新以及相互关系的调整有机地结合起来，以全方位推进我国的公共组织变革。

2.2 公共组织的结构与体制

公共组织理论认为，结构是使组织实现其目标的基本管理工具，是组织躯体的骨架，

① 参见［美］林布隆：《政策制定过程》，53页，北京，华夏出版社，1988。

它可表现为工作分工的几何图式及其等级上的排列。不同的组织结构对组织的过程与行为会产生不同的影响，并且，不同的组织结构对组织效率也具有较为直接的影响，我们很难想象一个结构不合理的组织能有高效率。

2.2.1 公共组织结构的复杂性

公共组织结构实际上可以理解为各种构成因素的联系方式，任何一个构成因素都具有两种基本联系方式：纵向联系和横向联系。组织结构的复杂性指的是公共组织中的差异性，即横向差异性和纵向差异性。

1. 横向差异：部门化和专业化

组织结构的横向差异是指一个组织内成员之间受教育和培训的差异程度，专业方向和技能、工作的性质和任务等方面的差异程度，以及由此而产生的组织内部部门与部门之间或单位与单位之间的差异程度。

组织成员间的上述差异以及组织活动的复杂性必然会影响组织内的部门化和专业化。所谓部门化，实际上就是按照工作的性质分设部门，从而将繁杂的工作分别归类到各个部门，并使各部门皆有明确的职责及权限关系。部门化由古利克和厄威克提出，并一直在组织中得到广泛采用。

与部门化相对应，专业化就是指一个组织把它的总任务分成最小而又有机相连的部分，并据此形成专业化系统或部门。早在200多年前，亚当·斯密在他的《国富论》中就提出了“劳动分工”的基本概念，它与现在人们通常说的专业化概念是基本相同的。在高度复杂的组织中，高度部门化与专业化是一个必然趋势。

部门化与专业化之间的关系密切。劳动分工必然导致专业化，而专业化又必然产生对从事某一专门或相类似工作的人的活动和行为进行协调或管理的部门，即部门化。部门化是解决相同或相类似的专业分工（横向协调）的一种有效的方法。专业分工越细，专业化程度越高，部门化就越广泛，其协调功能就越重要。公共组织的专业分工越细，部门就会越多，同时对部门之间进行协调的难度也就越大，其组织结构中的横向复杂性程度自然也就增加。①

2. 纵向差异：管理层次和管理幅度

组织结构的纵向差异是指组织结构中纵向垂直管理的层级数及层级之间的差异程度，这就是管理层次和管理幅度及其关系。

管理层次是指公共组织内部纵向划分的等级数。公共组织划分层次，目的在于区分工作任务和职权的轻重。一般而言，公共组织具有三个层次，即高层、中层、基层。高层侧重于决策，基层侧重于执行，中层起承上启下的作用。

管理幅度是指一名上级管理者或一个组织有效管理的下级人员单位或部门的数量。管理幅度是衡量管理工作复杂性的重要标志，一项工作愈复杂，管理幅度一般也愈宽。管理幅度多宽为宜并没有一个普遍适用的标准，只能因人、因事而定。

---

① 参见陈振明、孟华主编：《公共组织理论》，70页，上海，上海人民出版社，2006。

研究表明，管理层次与管理幅度在一定规模的组织内成反比例关系。管理层次越多，管理幅度越小；管理层次越少，管理幅度越大。

管理层次多、管理幅度小的组织结构，其形态类似底宽上窄的“金字塔”，因此这种形态的组织结构被称为“尖形结构”，尖形结构中管理层次分明，上级对下级控制严格、影响力强。其优点是权力集中，分工明确，便于统一行动，但因其层次多，信息传递途径长，容易造成信息失真，使高层决策被“走样”执行。此外，上级对下级的严格控制，在一定程度上反而阻碍了下级积极性、主动性的发挥，工作缺乏灵活性，容易走向僵化。

管理层次少、管理幅度大的组织结构，其形态扁平，因此被称为“扁形结构”。扁形结构管理层次少，信息传递迅速，不易失真，决策执行时间短，下级执行人员拥有较大的自主权，决策、执行面广，也较灵活。不过，由于上级对下级的控制不强，扁形结构组织相对比较松散，集体行动难度较大。

因此，在组织结构设计上，人们总是力图把尖形结构与扁形结构的长处结合起来，尽量克服两者的缺点，以求设计出令人满意的结构。

2.2.2　公共组织的结构形式

随着人们对公共组织认识的不断加深，人们根据不同需要设计出多种组织结构形式，但绝大多数都是在“科层组织”基础上发展起来的，科层组织是现代组织结构的主导形式。前面我们提到的古典模型和官僚模型都是科层组织。

1. 直线结构

直线结构的特点是单一垂直领导，其结构简单，领导隶属关系明确，结构中每一个层级的个人或组织只有一个直接领导，不与相邻个人或组织及其领导发生任何命令与服从关系。其结构如图 2-1 所示。

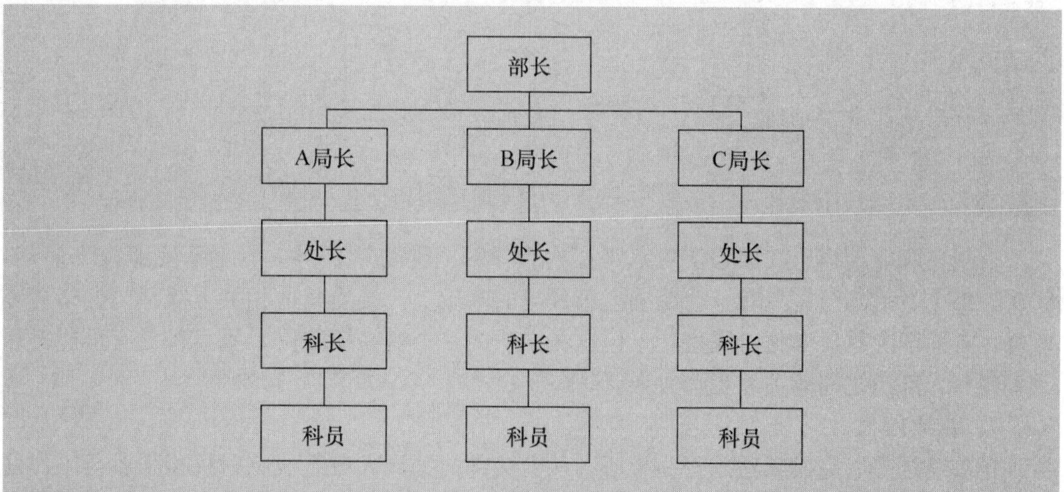

图 2-1　直线结构图式

直线结构具有信息传递途径单一、传递速度快等优点，但基层自主性小，且由于各职位工作程序固定，容易导致僵化。直线结构主要为规模不大、工作较为简单的公共组织所采用。

2. 职能结构

职能结构是相关部门在水平方向依职能不同进行分工，再分别对下级部门实施领导的结构。在职能结构中，每个上级部门并没有单一服从自己的下级部门，同样，每个下级部门也不只服从一个上级部门。其结构如图 2-2 所示。

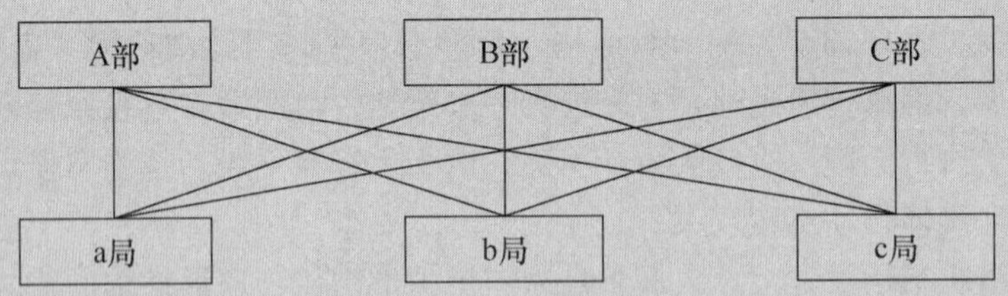

图 2-2　职能结构图式

职能结构依靠水平分工领导，拓展了各层管理事务的范围，适宜于相对较复杂的管理工作，但下级部门由于多头领导，容易出现政出多门的情况，而领导部门如果相互缺乏协调，反倒会造成执行混乱的局面。

3. 直线—职能结构

直线—职能结构是在综合直线结构和职能结构基础上形成的一种组织结构形式。各级部门间既有垂直领导关系，又有水平领导关系。其结构如图 2-3 所示。

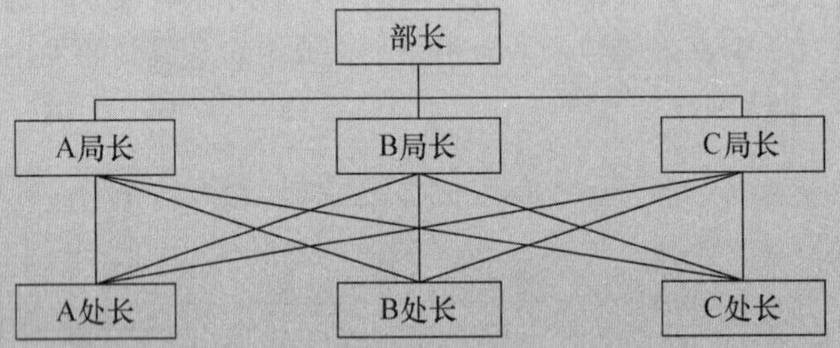

图 2-3　直线—职能结构图式

直线—职能结构形式加强了对水平层次领导部门的协调领导，有助于克服政出多门，同时，每个下级部门在只有一个明确上级领导的基础上，接受其他相关上级部门的指导和监督，有助于决策科学化、民主化。但这种结构的一个潜在缺陷是，垂直领导有可能排斥水平领导，部门之间的关系更加复杂。

4. 矩阵结构

矩阵结构是以完成某项工作为核心，从有关部门抽调人员组成临时机构来履行工作任务的结构。与直线—职能结构不同的是，矩阵结构中垂直领导与水平领导是并重的。其结构如图 2-4 所示。

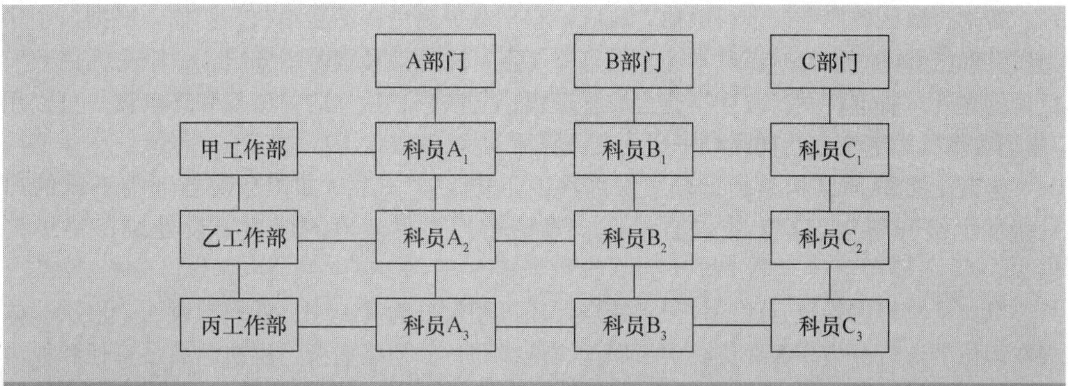

图 2-4 矩阵结构图式

矩阵结构既保持了组织成员构成的稳定性，又有助于充分发挥组织成员的综合优势，组织效率相对较高。与前述三种结构形式相比，矩阵组织更加灵活，适应能力也更强，因此也有人把矩阵组织称为适应性组织。矩阵组织由于较能适应复杂工作的需要，已被很多规模较大的公共组织采用，特别是在行政组织中，矩阵结构非常普遍。不同时期政府设置的临时办公机构就是以矩阵形式组织起来，如各种工作领导协调小组及其办公室等。

与矩阵结构相似的还有一种被称为旁系组织（collateral organization）的结构。旁系组织是从科层结构的正式成员中抽出一部分人，按自由联合方式组成某一特定的常设机构来解决特定问题。与矩阵结构不同的是，旁系组织成员在完成旁系组织任务时，并不与自己本职工作完全脱离，也就是说，旁系组织成员是“不脱产”或“半脱产”的。生活中常见的“经济学会”“行政学会”“专业技术职称等级评审委员会”，以及高校“学术委员会”等都是典型的旁系组织。

2.2.3 我国政府组织的结构

1. 纵向结构

纵向结构也被称为层次结构，它反映了行政组织内若干层次中特别是上下层次之间的领导与服从关系。纵向结构有宏观与微观之分。宏观上的纵向结构是指各级行政组织间的层级关系，我国的行政组织可分为中央行政组织和地方行政组织两大层次。中央层次即指中央人民政府一级，地方行政组织的层次划分有三种类型：

（1）两级制。只有一种情况，即直辖市—区。

（2）三级制。包括四种情况：直辖市—区—乡、镇；直辖市—县—乡、镇；省、自治区—地级市—区；省、自治区—县、县级市—乡、镇。

（3）四级制。包括四种情况：省、自治区—地级市—县—乡、镇；省、自治区—地级市—区—乡、镇；省、自治区—自治州—县级市—区；省、自治区—自治州—县、县级市—乡、镇。

在地方行政组织中，我国设有特别行政区一级，包括香港特别行政区和澳门特别行政区。特别行政区政府不同于一般地方政府，它享有更高更多的自治权。例如，根据《中华人民共和国香港特别行政区基本法》的有关规定，除外交和国防事务统一由中央人民政府负责管理外，香港特别行政区享有行政管理权、立法权、独立的司法权和终审权，可以用“中国香港”的名义进行国际经济文化交流等活动。

微观上的纵向结构是指行政组织内部的工作层次关系，如国务院各部委下设的司局级、处级和科级层次，省（自治区、直辖市）人民政府的厅局下设处级、科级等层次。

纵向结构根据行政管理的权限和特点，还可相对分为高、中、低和初级四个层次，体现在职位上，可分为高级职位、中级职位、低级职位和初级职位。层次越高，责任和权力越大，工作的方式也相应不同。

2. 横向结构

横向结构又称分部结构，它反映的是同级行政组织之间和各行政组织构成部门之间分工协作的来往关系。横向结构中的各部门都有明确的工作范围和相应的权责划分，各部门之间是一种平行关系。

行政管理活动需要通过行政组织内履行不同职能的部门按一定的工作程序、原则相互协作而实现，这些部门一般可分为决策部门、执行部门、反馈部门、监督部门等。按照职能来划分部门，是最普遍的分部方式，政府机关成立时大都采用这种方式。

我国的行政管理部门按职能大体可分为业务部门和辅助部门。业务部门如国家发展和改革委员会内设的产业司、投资司、外资司、地区司、基础司、价格司等机构，辅助部门如各级政府内设的负责日常事务保障的机关事务管理局（办公室）等机构。

但是，行政组织活动的复杂性决定了仅仅按职能方式划分设置部门是不够的，还应结合其他方式来进行划分。主要有：按地区划分、按服务对象划分、按行业和产品类型划分。

（1）按地区划分。对于行政组织活动分散在一个广阔的区域，中央中枢机关不易统一指挥的行政组织，这种划分较为有效。如公安系统按省、市、县、乡等区域分别设立相应部门，处理辖区内相关事务；其他如铁路系统、工商行政管理、税务、邮政等情况大致相同。

（2）按服务对象划分。如国家外国专家局、老干部局、军队转业干部安置办公室、知识分子工作处等。

（3）按行业和产品类型划分（这曾经是我国行政组织的一种划分方法）。

行政组织的纵向结构与横向结构并不是相互脱离的，二者相互交织形成行政组织的结构网。在我国，行政组织中的横向结构服从于纵向结构。

2.2.4 行政组织体制的基本类型

行政体制改革是第3章将要讨论的主题，在这里，我们仅仅介绍行政组织体制的基本类型，作为第3章的理论准备。

行政组织体制类型可以按不同的标准来划分：根据行政组织中最高决策权所属人数，

可分为首长制与委员制；根据行政组织构成单位的功能和性质，可分为层级制与职能制；根据行政权力的使用特点，可分为集权制与分权制；根据行政组织中同一层级各部门受指挥和控制的程度，可分为完整制与分离制。

1. 首长制与委员制

首长制又称一长制或独任制，是指行政组织的法定最高决策权归一个行政首长执掌的组织体制。首长制历史十分悠久，古代君主制便属首长制。现代国家中首长制仍然是一种重要的行政组织体制，美国的总统制是典型的首长制，总统享有总揽一切内政、外交、军事等重大事务的决策权，其他行政人员只向总统一人负责。我国行政组织实行“首长负责制”，从国务院总理到省长、市长、县长、区长、乡长、镇长都是相应级别行政组织的“首长”。

首长制的优点是：权力集中，责任明确，指挥灵敏有力，易于保守秘密，减少不必要的摩擦和损耗，能迅速完成任务。缺点是：由于行政决策大权由首长一人独揽，容易导致滥用权力，独断专行，压制民主，营私舞弊而无人牵制监督。而且，首长个人在精力、体力、知识、智慧、才能方面的局限，也不利于对行政事务的周密考察与恰当处理。

委员制又称合议制，是指行政组织的法定最高决策权由两个以上的委员通过委员会议集体执掌的组织体制。早在古罗马时代，委员制便已产生。今天，瑞士联邦委员会是典型的委员制。瑞士联邦委员会由议会选举七位委员组成，每届任期四年，联邦委员会主席由议会从委员中选举，任期一年，不得连任，不管是主席还是委员，其地位完全平等。我国在新中国成立初期曾在最高行政机关政务院实行过委员制。政务院各政务委员的权力平等，最高决策权不属于总理一人，而属于全体政务委员，行政决策遵循少数服从多数的原则。

委员制的优点是：能够集思广益，容纳多方面的意见，处事考察周全，委员互相牵制，有利于权力监督。缺点是：责任不明确，容易造成争功诿过的问题，委员间相互协调不易，力量难以集中，决策迟缓，并且容易泄露决策机密。

首长制与委员制各有优势，现实中应结合实际选用，扬长避短。美国著名行政学家伦纳德·D. 怀特认为首长制适合于执行与指导事务，委员制适合政策寻求与决定的事务。中国古代行政管理思想认为：“天下之事，虑之贵详，行之贵力，谋在于众，断在于独。”［(明) 张居正：《陈六事疏》］因此，有人提倡集首长制与委员制为一体的混合制。

1954年《宪法》颁布后，我国大体上采取首长制与委员制相结合的体制。由于“文化大革命”的干扰，委员制的优点并未正常发挥出来，集体负责变成无人负责，行政效率极为低下。第五届全国人民代表大会第五次会议针对这种情况规定我国国家行政机关实行首长制，1982年《宪法》对此加以确认。我国目前实行的是首长制，同时也吸收了委员制的长处。在国务院，实行了国务委员会议制度和常务委员会议制度；地方各级行政组织实行政府会议制度。一般情况下，重大问题都要经过会议集体讨论，最后才由首长集中。行政首长要向人大及其常委会负责，受其监督。这样，尽可能克服了单纯首长制与委员制的弊端，发挥了两者的长处。

2. 层级制与职能制

层级制又称分级制，指行政组织纵向分为若干层次，上下层业务性质相同，但有隶属关系，业务范围由上至下逐层缩小的组织体制。如全国分为中央、省、县、乡四级，部队有军、师、团、营、连的分级。

层级制的优点是组织系统业务相通，便于沟通领导；权力集中，从上到下辐射开来，有助于统一指挥。缺点是：上级任务繁杂，往往顾此失彼；缺乏专业分工，工作弹性小；各层级行政首长权力集中，要求下级对上级的绝对服从，容易造成独断专行。

职能制又称分职制，指行政组织横向依据不同的业务性质、职能而平行划分若干部门，每个部门所管业务内容不同，但所管范围大小基本相同的组织体制。如国务院所分的各部委，各省所分的各厅局就属于此。

职能制的优点是：分工明确，有助于工作专业化，提高行政效率，行政首长也有精力进行组织的宏观管理。缺点是：分工单位无力进行全局协调，责任不明，过细的分工还促使部门主管过多，政出多门，使下级部门无所适从。

现代行政组织大都是将层级制与职能制有机结合起来，以层级制作为基础，在每一层级进行职能分工。我国的行政组织也是实行层级制和职能制相结合的双重体制。在层级方面，从中央到地方，分为国务院、省（自治区、直辖市）、市（州）、区、县、乡（镇）。在职能方面，国务院分设若干部委，省、自治区政府分设若干厅、局、委，市、州、县政府分设若干局，区政府分设若干分局，乡、镇政府分设若干所。国务院的各部、委与地方各级行政组织相对应的厅、局、分局、所之间，也还存在着纵向的领导关系。

随着社会发展，横向分工变得越来越细，这在一定程度上加剧了组织体系内部门林立、层次重叠的情况，破坏了组织的全局性，组织管理难度增加，造成指挥混乱。为了既加强组织的整体性和原来垂直领导的稳定性，又协调指挥，提高行政效益，就需要建立为实现特殊目标而从不同的分工部门选派人员组成的临时组织，以增加组织体系的灵活性。

3. 集权制与分权制

集权制是指行政权力集中在上级机关，下级机关仅有有限的裁量权，须依靠上级机关的指令办事的组织体制。在这种体制之下，高层的机关往往包揽较多的事务决策。

集权制的优点是：政令统一，可在行政组织系统内实行一致标准，便于集中力量，发挥优势，统筹兼顾。缺点是：层级节制过严，下级的行为带有被动性，积极性得不到发挥，不能因地制宜，及时处理行政事务，也容易导致机关及个人的独裁和长官意志。

分权制是指下级组织在其管辖范围内有较大裁量权，上级组织不予干涉的组织体制。在联邦制国家中，分权制的行政组织体制最为普遍。

分权制的优点是：各级行政组织可以因地制宜发挥自己的特长处理事务，行政措施紧贴实际，能适应客观环境的变化；各层级有自己的权力和责任，容易激发行政人员的工作积极性，还可防止上级组织和个人的独断专行。缺点是：权力过于分散，上级组织的目标、意图难以实现，上级反受下级牵制；下级组织机关彼此分离，中央无力调控，容易形成地方势力，相互冲突，发生纠纷，造成行政组织的分裂。

合理的行政组织体制，就是结合集权制与分权制优势的体制，不能太偏于集权制，也不能太偏于分权制。孙中山先生曾认为：凡事务有全国一致之性质者，划归中央；有因地制宜之性质者，划归地方；不偏于中央集权或地方分权。

4. 完整制与分离制

完整制又称集约制或一元统属制，是指行政组织中同一层级的各个机关受一个机关或一位行政首长指挥、监督的组织体制。完整制下的组织实行分工协作，以取得协同一致的效果。中国实行完整制。

完整制的优点是：权责集中分明，组织结构简单统一，机构之间分工合作好，有利于领导机构的全局统筹和行政命令的贯彻执行，并能人尽其用，发挥专业优势。缺点是：行政首长权力过分集中，下属单位缺乏自主性，容易造成因循守旧的工作作风。

分离制又称独立制或多元统属制，是指同一层级的各机关，受两个以上的机关或行政首长的指挥、监督的组织体制。在分离制之下，各机关彼此独立，不存在隶属关系。美国是实行分离制的典型国家，美国各州州长以下的各部门工作，一般由民选的委员会来主持，州长很难对这些民选的委员会大量行使指挥监督权，联邦政府的独立委员会也可摆脱总统的某些控制。

分离制的优点是：行政机关独立性大，措施灵活，通过发挥专业部门优势，对某些局部事务能够采取有力的措施。缺点是：机构间协调合作有一定难度，个别部门的独自行动可能造成整个行政组织的工作混乱，降低行政效率。在实践中，分离制迎合了多元化社会的需要，然而行政组织各部门密切合作，是提高行政效率的基本前提，因而完整制更多被采用。

以上我们介绍了行政组织体制的几种主要类型，在同一国家里，情况往往很复杂，常常是几种类型同时并存。

2.3　公共组织的过程与行为

公共组织结构反映了组织静态的图景，公共组织过程和行为则要揭示其动态的一面。按照美国学者海尔·G. 瑞尼的观点，组织过程包括“确定权力关系、决策、评价、沟通、冲突解决方案，以及改变和革新”[①]。我们认识公共组织过程的要素是信息与权力。从信息的流程看，人们通常把公共组织过程分为政策制定、执行、反馈等过程，这些问题，我们将在本书其他部分讨论。本节将着重从权力视角来分析公共组织的过程与行为，并引出组织过程的基本问题：冲突与协调。之后，我们要考察个人行为与组织行为的关系。

2.3.1　组织权力及其运作

在公共组织中，权力的运用是组织过程的核心，几乎所有组织都是在权力与政治活动的规则下运行。组织权力运作的动态过程实际上与决策的动态过程相一致，因此，组织过程就是一个决策过程，而决策是一个“权力角逐”的游戏。[②]

---

① ［美］海尔·G. 瑞尼：《理解和管理公共组织》，17 页。

② 参见［美］林布隆：《政策制定过程》，53 页。

1. 权力的来源

权力在本质上是一种影响能力，“它表示一种潜能，而不是现实的现象”①。权力是一个组织中的个人或部门影响他人以达到预期结果的能力。权力是影响组织中其他成员的潜在力，但其目标是达到权力拥有者的预期结果。② 组织中的权力具有结构性特征，仅存在于两个或多个部门与个人之间，反映着纵向或横向的组织关系，它从属于职位而不是个人。

权力的来源可分为纵向来源与横向来源。纵向权力体现了组织层级制的特征，因而权力来源因所处职位高低而不同。

对于组织高层管理者而言，权力来源主要有四个方面：（1）正式的职位。高层职位拥有相当多的权力、责任和特权，组织的规则确定所有组织成员都要接受高层管理者设定目标、制定决策、领导组织活动的法定权力。（2）所控制的资源。高层管理者控制大量的组织资源（如经费、薪水、补贴等）用于层层往下分配，资源分配创造出一定的依赖关系。（3）对决策前提和信息的控制。高层管理者对决策提出指导原则和要点，对下层参与者的决策加以限制，并且，高层管理者掌握更多更重要的信息，在关键时刻进行释放以对决策施加关键性影响。（4）居于组织中心位置。高层管理者可以将自己置于组织中心，在周围形成一个忠诚的网络或联盟来加强对组织的控制。

中层领导的权力来源主要取决于组织设计时对他们的定位。在有些情况下，中层领导只被当作一种过渡环节，并没有被赋予特定的权力。影响中层领导权力的主要因素是具体任务和组织网络的相互作用。当一项工作任务不是像平时一样按部就班，而是突发且急需解决，中层领导的权力就容易得到集聚与扩大；当下层成员与高层管理者相互沟通渠道不畅而急需沟通时，中层领导的权力也会增加。

低层成员所处职位基本属于初低级职位，但他们常常表现出拥有相当大的权力，并有能力向上施加影响。例如，我们常常可以看到高层管理者做决策时经常会征求低层成员的意见，一名局长有可能调走下属处室的领导而不愿让办事员走人。低层成员的权力来源可分为两大类，一类与个人资源有关，一类与职位资源有关。与个人资源有关的如专业技能、个性等，如果一名办事员成为完成某种困难、复杂工作的专家，他对上级管理者的依赖性就会很小，此时他便处在影响决策的位置上。与职位资源有关的如在组织网络中所处的位置、信息流量等对权力的大小有影响。例如，高层管理者的秘书因所处位置特殊，他能获取可以控制他人的信息，从而增加了个人的权力。

2. 权力的运行

组织中权力的运行不是单纯自上而下的，个人的权力可以流向任何方向，因此，可以将权力划分为自上而下的权力、自下而上的权力和横向权力。

自上而下的权力运行的目的是控制下属，主要包括六个方面③：上级直接或间接监督下级并给予反馈；对下层单位投入的资源进行控制；上级直接或通过组织程序、绩效标准

---

① ［美］安东尼·M. 奥勒姆：《政治社会学导论》，178页，杭州，浙江人民出版社，1989。

② 参见［美］理查德·L. 达夫特：《组织理论与设计精要》，214页，北京，机械工业出版社，1999。

③ 参见［美］尼古拉斯·亨利：《公共行政与公共事务》（第8版），158页。

以及技术、个体、群体活动的结构化对下级进行行为控制；实行产出控制即对组织产出进行监督和评估；当某种规范和价值类型内化于组织时，进行选择与社会化（selection-socialization）控制；改变任务环境来进行环境控制。

自下而上的权力运行的目的是控制上级。在古典组织理论中，这种观点是离经叛道的，但自从赫伯特·A. 西蒙革命性地指出组织中下属能够比其上级拥有更多的权力后，人们不再讳言组织中这一客观现象。最早质疑下级绝对服从上级观点的是美国著名组织理论家切斯特·I. 巴纳德，他在 1938 年出版的名著《经理人员的职能》中指出，上级的命令在被下属接受之前，存在着一个“无差别领域”，上级的命令必须先进入这一领域，否则下属不一定在乎上级的指令。巴纳德强调“权威由作为下级的个人来决定”①。西蒙进一步发展了巴纳德的理论，指出下属拥有比上级更多的权力。上级只有三种权力：雇用和解雇、晋升和降级、某种激励性的奖励，下级却有辞职、罢工、怠工、只履行最低表现、只照字面意义执行工作（或者只做所列举出的工作）以及履行职责等权力。②

横向权力运行的目的是控制处在左右的同级成员或部门。在科层制结构设计中，不会确定同级部门的权力相等，横向权力在不同部门中的分配主要取决于这个部门是否处在权力流与信息流交换的中心位置，是否掌握着组织资源（如经费拨付、人事安排等），是否是不可替代的以及是否具有处理复杂、突发任务的能力。

在组织权力运作过程中，随时都会遇到逆向的“反权力”，组织成员或部门使用反权力的目的是削弱权力影响，以便在“权力角逐”中居于有利位置。

3. 组织授权

授权已成为当代组织管理的重要趋势。组织授权包括外部授权和内部授权。外部授权指组织间的授权，如中央对地方的授权、政府通过合同授权企业提供公共产品与服务等。内部授权指上级把权力委派给下属，让下属更加自主地完成任务。

事实表明，授权有利于提高组织效能，增强下属的工作积极性、主动性和适应性，增进组织活力。不过，授权也面临着很大的障碍，特别是上级组织或高层管理者们害怕失去权力后自己的地位受到影响。这种观点把授权当作一种零和博弈，即他人权力的增加以自己权力的减少为代价。目前已有许多研究表明这种观点是错误的，授权可以增加组织中的权力总量，高层授权的结果是下级更好地完成了任务，这意味着高层权力的增加。在一些高级管理人员眼中，只有把权力分配给那些与自己相比处在更合适的工作职位上的人，才能带给自己真正的权力。

2.3.2　组织冲突与协调

组织之间（组织内的部门、机构之间）的冲突与协调问题，是组织过程中所遇到的最基本的问题之一。各个组织都具有自己的特性，因此组织冲突无法避免，但为了实现组织目标，组织之间必须消除冲突，实现相互协调。

---

① ［美］丹尼尔·A. 雷恩：《管理思想的演变》，352～353 页，北京，中国社会科学出版社，2000。

② 参见［美］尼古拉斯·亨利：《公共行政与公共事务》（第 8 版），157 页。

1. 组织冲突

当一个组织认为其他组织的行为对自己构成阻碍时，组织冲突便产生了。在多数情况下，组织冲突不是指组织间存在你死我活的斗争，仅仅指组织间行为的“不合辙”。组织冲突可能因组织目标、过程、顾客、领域等因素的不相适应而引发。詹姆斯·W. 费斯勒和唐纳德·F. 凯特尔认为最常见的组织冲突主要有三种形式①：

（1）目标与顾客的冲突。有一些组织是目标导向型的，如美国卫生及公众服务部，它的主要职能是管理公共卫生及福利项目和对食品与药品加以管制。另有一些组织是顾客导向型的，如退伍军人管理局、印第安人事务管理局，它们以维护特殊群体的利益为己任。当这两类组织发生关系时就可能产生冲突。由于特殊群体的利益受到相关组织的保护，卫生及公众服务部就无法实行统一的卫生或福利政策。此外，组织内部的目标与顾客因素也会产生冲突，组织可能为了目标而忽视顾客因素。例如，原子能发展机构可能忽视对大众健康的保护，这就需要建立新的机构来管制核能的发展。

（2）功能与领域的冲突。与领域不同，目标、过程、顾客这些因素都可以体现组织的功能，多数组织以功能为起点，而不以领域为起点，这就造成不同功能的组织在不同领域中的冲突。例如，中央可能要求对其在地方的下属部门加强管理，但地方则希望对其实行属地管理，这也就是我们常说的“条条”与“块块”的冲突。

（3）目标间的冲突。目标导向型的组织常发生冲突。组织目标的每一次调整变动，都会引起组织边界的变化，从而引发组织冲突。而不同组织的目标发生交叉，则更容易引起冲突。一个典型的例子是1988年美国纽约的警察与消防员发生的冲突。由于火灾的减少，纽约消防部门的雇员数被迫削减，为了不失去工作，消防部门因此试图承担新的责任，参与处理危机事故，并承诺会比警察局做出更快的反应。由此，消防部门与警察产生了冲突，以致一次在河中寻找直升机事故幸存者的救援行动中，警察阻止佩戴潜水工具的消防员参与营救。

2. 组织协调

组织协调是组织运作的重要环节，也是组织管理者的基本任务之一。组织协调可分为水平协调与垂直协调两类。

（1）水平协调。水平协调是指组织间水平方向上的合作。主要的方式包括：一是利益相关的组织通过协商达成协议，以明确相互间的边界；二是在共同参与的领域，成立诸如机构间委员会这样的组织进行协调，推动合作；三是根据组织领导准则，指定某个机构来协调特定范围内所有组织的活动；四是建立一定的决策程序，使利益相关组织都有机会对其中任何组织的提议进行审议。不过，由于平等的组织在重大问题协商时不会轻易做出让步，水平协调无法克服所有的组织冲突。

（2）垂直协调。垂直协调不同于水平协调，它依靠组织的等级权威来完成协调，是上级对下级组织冲突进行的协调。通常，水平协调无法解决的冲突都会自动交给相关组织的共同上级来进行垂直协调。但是，垂直协调也有局限性，当同一水平层次上的组织数量众多时，冲突的范围将超出上级的仲裁能力，并且，每个组织与它们的共同上级的沟通将大

① 参见［美］詹姆斯·W. 费斯勒、唐纳德·F. 凯特尔：《行政过程的政治》（第2版），128～135页。

大减少，冲突问题也会变得庞大而无法解决。

3. 组织合作模型

过去，高级管理者们鼓励组织冲突与竞争，认为冲突可以使组织目标更加清晰，增强组织活力，但如今越来越多的组织管理者认识到了组织合作的重要性，进而拥护组织合作模型。

组织合作模型的主要特征包括：实行小团体控制；发展具有高参与性质的组织文化；竞争以时间为基础，是效率的竞争；成立自我管理团队；等等。

组织合作模型可以有效克服冲突导致的精力分散和资源浪费，增强组织成员的团结，避免因激烈冲突引起的对组织问题判断力的减退，消除不主动承担责任反而积极寻找替罪羊的失败者效应，增进组织间协调，提高组织的创新能力和适应性（见表 2-2）。

表 2-2　组织合作的益处和冲突带来的损失

合作的益处	冲突带来的损失
1. 提高工作效率	1. 精力的分散
2. 雇员的团结和满意	2. 改变了判断力
3. 组织目标的实现	3. 失败者效应
4. 创新和适应	4. 协调不佳

资料来源：［美］理查德·L. 达夫特：《组织理论与设计精要》，243 页。

2.3.3　个体行为与组织行为

随着行为科学的发展，个体行为与组织行为成为组织理论研究的重要内容。早期人们认为个体行为在组织内部是整齐划一的，只要有严厉的制度，就能保证个体按照组织目标行动。但后来人们发现组织内个体的行为往往需要通过激励而不是惩罚来引导，个体的尊严与追求往往是实现组织目标的关键因素。亚伯拉罕·马斯洛的需求层次论提出后，真正拓展了对个体行为的认识空间。从 20 世纪 50 年代起，组织理论的人际关系学说逐渐兴起。受生态力学思想的影响，许多学者把组织行为解释为个体行为合力的结果。

1. X 理论与 Y 理论

在关于个体行为与组织行为关系的理论中，X 理论与 Y 理论产生过重大的影响。

X 理论和 Y 理论由美国管理学家道格拉斯·麦格雷戈总结提出。① 他指出，根据人的本性的假定，人们倾向于采取两种不同的组织管理方式。第一类假定称为 X 理论，它所代表的是“关于指挥与控制的传统观念”。X 理论的假定：第一，人一般生来厌恶工作，只要有可能就想逃避工作；第二，对大多数人必须动用惩罚措施进行强迫、控制、指挥与威胁，以鞭策他们努力实现组织目标；第三，人一般愿意受人指挥，希望逃避责任，相对而言没有进取心，把安全看得重于一切。

---

① 参见［美］丹尼尔·A. 雷恩：《管理思想的演变》，480～483 页。

另一类假定称作Y理论。Y理论假定：第一，工作与休息实质上消耗的体力与脑力是一样的，一般人并非天生不喜欢工作；第二，外界的控制与惩罚并非导致向组织目标努力的唯一手段，人只要做出承诺去完成一件事，他就会自我控制、自我指挥；第三，对任务所做出的承诺和完成任务后所得到的回报成正比，这将产生献身于组织目标的努力；第四，人一般都明白，在恰当条件下，不仅仅是接受责任，而且要寻求责任，逃避责任、丧失进取心、强调安全感通常是后天经验的结果，并非人的本性；第五，在多数情况下，解决组织问题需要员工相对较高水平的想象力、发明和创造能力；第六，在现代工业生活条件下，一般人的智力潜能只是部分得到了利用。因此，麦格雷戈认为Y理论表明个人目标可以与组织目标达成一致。

X理论被认为解释了古典模型组织中人的行为，Y理论则奠定了社会心理学的人性论。赫伯特·A.西蒙进一步描述了社会心理学意义上的个体行为模型。西蒙在他的《人的模型》一书中提出了三种模型。一是“心理学的人”或“弗洛伊德人”，这个模型下的人受到不安全、怪僻、动机及情感需要的影响；二是“理性人”或“经济人”，这个模型下的人在追求个人利益最大化的前提下，每个人的理性行为在目标相同的情况下，都是可被预测的；三是“行政人”，行政人不但有个人理性，而且也理解组织的目标与理性，他知道个人利益与组织利益以某种方式相联系，但组织选择的结果不一定有利于个人选择。行政人的行为是不可预测的。

2. 公共行政人员行为

公共组织尤其是行政组织中的人的行为方式有其特别之处，有三种基本模型可以帮助我们认识公共行政人员的行为。①

第一种是“成人发展模型”。成人发展模型基于社会心理学关于人生发展阶段特征的观念，认为行政人员在20岁左右开始工作时，主要特征是工作满足感较低，因不现实的期望导致过多的现实冲击，承受能力差。30多岁时经过组织内的社会化与个人成长期后，能克服现实冲击及对工作的不满意感，这个阶段可称为“安定期”或“职业稳固期”。30岁晚期和40岁中期面临中年危机，工作满足感急速下降。40岁末期至50岁期间，工作满足感又会重新恢复。接近退休时工作满足感又开始下滑。20多岁的行政人员急于学习，而50多岁的又乐于传授，因而在组织中20多岁的与50多岁的行政人员彼此需要互动，这也符合组织的利益。

第二种是“文化行为模型”。在不同的民族文化背景下，行政人员的行为各不相同。民族文化包括五个维度：权力距离，指社会接受组织机构权力不平等分配现实的程度；避免不确定性，指文化受到不明确性威胁的程度；个人主义—集体主义；刚性气质—柔性气质；长期取向—短期取向。例如，美国文化的权力距离较小，人们不易接受权力不平等的安排，个人参与决策的热情较高；而法国和意大利的权力距离较大，人们很少对美国式的决策参与表现出兴趣，下级愿意依赖上级。同样地，这也影响到对集权式组织或分权式组织结构的选择。

第三种是“政治行为模型”。政治行为模型通过政治因素来描述个体行为。一种划分

① 参见［美］尼古拉斯·亨利：《公共行政与公共事务》（第8版），198～214页。

方式是把行政人员分为乡下型与都市型。乡下型人员忠诚于组织整体，满意组织中的每件事情，可根据组织需要到任何位置，他们怀疑组织外面的人，经常缅怀过去；都市型人员只忠诚于所服务单位而非组织整体，他们倾向于接触组织的外部关系，成员间关系不如乡下型那么紧密。另一种主要的划分方式是将行政人员分为制式型官僚、专才型人员和混合型人士。制式型官僚有些类似于乡下型，他们追求组织声望，对工作不以任务为导向，看中的是工作带来的效益，他们的大部分职业生涯都在同一组织中度过。制式型官僚普遍存在于公共机构的中层官员中。专才型人员则类似于都市型，处于制式型官僚的对立面。他们不在乎个人在组织内的升迁，只在乎组织能否让其自由发挥专长。混合型人士又称“政治化专家”，具有前两种类型人员的双重特征，不过，混合型人士的目标是外在的和个人的，不在乎组织声望但希望能升到高级职位。相比之下，这类行政人员对组织稳定的威胁最大，必须加强监督。

3. 公共选择理论与组织行为

用以解释组织行为的理论非常多，如控制论、系统论、政治理论、交换和技术理论、博弈论、决策理论等，但大多数分析家用来解释组织行为的主导理论是公共选择理论或理性选择理论。公共选择理论假定组织中的个体是“经济人”，个体行为具有“经济人”的特征：其一，经济人是理性的，总是做出有利于自身利益的选择；其二，经济人追求的是自身利益的最大化。因而人们加入组织，目的同样是要通过组织实现自身利益的最大化。传统的理性选择理论由此认为，组织行为的目的乃是增进其成员的利益，在此基础上，个体行为与组织行为在行动上取得了一致。也就是说，个体行为的目标与组织目标是一致的，个体所追求的目标也是组织的目标，组织利益的扩大意味着个体利益的扩大。

但进一步的研究发现，正是由于个体“经济人”的性质，个体行为与集体行为更不容易达成一致。这是因为，组织行为产生的收益是公共物品，其典型特征之一是消费上的非排他性，组织中任何个人都有平等的消费权，因此，每个人所能享受到的只是组织整体收益的一小部分。假定某人的活动使组织产生了收益，并且这个人活动所付出的成本与组织取得的收益是等价的，从效用最大化的角度看，这个人应享受组织收益相等的份额，但事实上他做不到，因为组织收益具有非排他性，其他人也能不付成本就参与享受，“搭便车”问题也就产生了。组织越大，分享公共物品的人越多，每个人的份额就越少，因此，经济人或理性人都不会为组织的共同利益而主动采取行为，反而会指望能“搭便车”。

当然，这不是否认集体利益的存在。奥尔森把集体利益具体分为两种：相容性集体利益和排他性集体利益。相容性是指个体在追求集体利益时，相互利益不发生冲突，是相容的。排他性是指个体在追求集体利益时，相互利益会竞争与冲突，相互排斥。比如，同一行业的公司为追求更高的行业价格而采取限制产出的行动，这个集体利益就是排他的，因为任何一个特定公司多生产了，就要求别人少生产，这必将导致利益冲突。与利益是排他性的组织相比，相容性利益的组织更有可能实现集体目标。①

---

① 参见［美］曼瑟尔·奥尔森：《集体行动的逻辑》，5～42页，上海，上海三联书店、上海人民出版社，1995。

值得注意的是，相容性利益组织也不能避免“搭便车”的难题。因此，对于组织设计者来说，如何采取有效手段，激励组织成员为实现组织目标而一致行动是十分有意义的。

公共选择理论关于政府行为的一个非常有影响力的重要论点，便是政府及其官员是预算最大化者。政府作为经济人，倾向于谋求自身利益的最大化。由于政府被要求追求非金钱目标，并且处于垄断的环境中，自身又没有提高效率、降低损耗的激励机制，过分增加政府产出不但没有被指责浪费的危险，反而可提高在公众中的声誉和威望，增加官员的薪水与特权，这完全符合自身利益最大化原则，因此，政府总是想尽一切办法来增加预算，扩大支出。这也解释了政府规模一直膨胀的现象。①

2.4 公共组织的环境与变革

公共组织环境是公共组织之外所有能够直接或间接对组织存在与发展产生影响的因素的总和。公共组织只有不断地与其环境进行能量、信息交换，把投入转变为产出，才能生存发展，实现组织目标。因此，从这个意义上说，公共组织是一个开放的系统，是范围更广的超系统的分系统，即环境的分系统。“由于社会变得越来越复杂，动态性越来越大，组织就需要对环境力量给予更多的注意。”②

2.4.1 公共组织的生态环境

对公共组织进行生态学的考察始于 20 世纪 40 年代左右。1947 年，美国哈佛大学约翰·高斯教授对行政生态进行了研究，并认为了解生态环境的各种因素是解释行政行为的唯一途径。10 年后，美国夏威夷大学东西文化研究中心教授里格斯的行政生态学研究取得重大进展，首次区分了三种主要行政生态模型——农业社会（融合）型、过渡社会（棱柱）型、工业社会（衍射）型，他于 1961 年出版《行政生态学》一书。在行政生态学的视野中，公共组织如同人在生物圈中处于食物链的一个环节，既受生态环境影响，同时又影响生态环境。公共组织是一个有机体。

有的行政生态学家认为，公共组织的生态环境包括三个方面：微观环境、中介环境和宏观环境。微观环境是指组织系统本身，包括组织的目标、结构、人员、权力系统、规章、政策等因素。宏观环境是组织运行的外部环境。由于公共组织并非在任何情况下都能直接与外部环境因素发生关系，因此，那些方便组织与环境联系的环节因素就构成中介环境。为便于把握组织的界限及分析组织与环境的关系，我们认为公共组织的生态环境主要是指组织运行的外部环境，即宏观环境，同时也包括存在于组织之外的中介环境。公共组

① 参见［美］丹尼斯·C. 缪勒：《公共选择理论》（第 2 版），307～309 页，北京，中国社会科学出版社，1999。

② ［美］弗莱蒙特·E. 卡斯特、詹姆斯·E. 罗森茨韦克：《组织与管理：系统方法与权变方法》（第 4 版），158 页，北京，中国社会科学出版社，2000。

织环境就是指公共组织之外所有能够直接或间接对组织存在与发展产生影响的因素的总和。

按照现代组织理论，组织环境可分为一般环境和具体环境。一般环境影响社会中一切组织；具体环境则直接地影响个别组织，指那些与具体组织活动过程相关的特殊环境因素。但是，一般环境与具体环境间不存在清晰的分界线，并且一般环境因素总是在不断突破到具体环境中去。一般环境包括九个方面因素：文化、技术、教育、政治、法制、自然资源、人口、社会、经济。[①] 也有的组织理论家认为，除一般环境和具体环境外，还应包括国际环境，现代组织无时无刻不受国际因素的影响，比如，国际政治格局的变化、经济文化的全球化、自然生态环境的恶化都会影响组织的目标及其所采取的行动。我们认为，一个完整的公共组织环境结构应至少包括以下子系统环境：政治环境、经济环境、文化环境、科技环境、人力环境、教育环境、法制环境、资源环境、社会环境。每一个子系统又包括若干下层环境系统，国际环境因素分别渗透于这些子系统环境及其下层系统中。

2.4.2　公共组织环境的要素

在公共组织一般环境中，政治环境、经济环境、文化环境和技术环境是最重要的环境构成因素。

1. 政治环境

政治环境直接对公共组织产生影响，对公共组织行为加以规范和引导。政治环境的基本要素主要包括政治体制、政治权力、国家结构、政府机构、政治制度、公共政策等方面。

政治环境对公共组织的影响主要表现在以下几个方面：第一，政治体制决定了公共组织在社会政治生活中的地位和作用；第二，政治权力划分赋予公共组织或多或少的影响力和约束性，并勾勒出不同组织间的政治关系；第三，国家结构形式决定了各类公共组织的活动范围；第四，政府机构的设立意味着行政组织拥有超越其他公共组织的权力，在组织生态圈中属于强者；第五，政党制度使部分公共组织能够以强有力的集体行动参与公共决策；第六，公共政策是组织政治活动的结果，也是公共组织施加影响的工具，公共政策为公共组织与公共组织、公共组织与其他组织之间提供了相互施加影响、进行妥协和解的通道。

2. 经济环境

经济环境对公共组织动机和行为有着重要的决定作用。任何公共组织的利益，归根到底都是经济利益，不同的经济利益是各种公共组织动机和行为的基础性动力。经济环境的基本要素主要包括经济体制、经济利益、经济实力、产业结构等方面。

经济环境对公共组织的影响主要表现在以下方面：第一，经济体制决定公共组织的行为方式。在计划经济体制下，行政组织能够在更大范围内干预社会；在市场经济体制下，

① 参见［美］弗莱蒙特·E.卡斯特、詹姆斯·E.罗森茨韦克：《组织与管理：系统方法与权变方法》（第 4 版），166 页。

行政组织只能在有限范围内干预社会。第二，经济利益决定公共组织目标。不同组织都以维护自身经济利益为根本目的，因此，介入社会生产链的公共组织更侧重于效率目标，介入社会分配链的公共组织更侧重于公平目标。第三，经济实力为公共组织提供权力来源。一般来说，经济实力越强，组织对公共决策的影响就越大。第四，产业结构影响公共组织的发展。产业结构每一次调整，都会带来社会资源的重新配置、社会财富的重新分配，由此产生新的公共利益和领域，迫使公共组织进行结构的重建或目标的重塑。

3. 文化环境

文化是公共组织行为方式的凝固化表现，文化环境对公共组织的影响相对政治环境和经济环境而言较迟缓，但作用时间更长，组织变革必须在文化延续过程中进行。文化环境的基本要素主要包括认知、价值、意识形态、行为规范、道德传统等方面。

文化环境对公共组织的影响主要表现在以下方面：第一，认知水平决定公共组织对公共问题的确定和处理问题的方式；第二，价值左右公共组织对待社会事务的态度；第三，意识形态使公共组织的政治、经济利益目标更加鲜明；第四，行为规范决定公共组织如何与其他组织以合法合理的方式进行沟通交流；第五，道德传统使公共组织能够不依靠国家强制力而自愿扮演特定社会角色，发挥角色功能。

4. 技术环境

技术本身是组织因素之一，制约着组织管理和活动的方式方法。技术环境的基本要素是经验技术、实体技术与知识技术。农业技术支持着农业型组织，工业技术则支持着工业型组织。在今天，信息技术的发展则从多个方面影响着公共组织的结构和行为，技术环境在组织环境子系统中的地位达到前所未及的高度。下面，我们主要考察当代主要的技术环境，即信息技术环境。

信息技术环境对公共组织的影响主要表现在以下方面：第一，信息技术的应用使组织结构模式出现“去中心化”的趋向。相对于传统大规模的集权化层级结构而言，“去中心化”组织是指那些结构松散、内部部门彼此之间直接控制程度非常小的组织。组织最底层与最高层通过电子化沟通即可及时、方便地进行信息交流，不再需要传统上过多的管理层次，各级管理者的权力在缩小，基层的自主权得到扩大，“去中心化”的结果是大规模的集权化层级结构让位于扁平化网络。① 第二，计算机网络的出现使公共组织管理方式发生了变化，科层制的上级控制管理正逐步转向下级自我管理，质量小组、自发工作小组以及以项目为导向的组织日渐增多，并且出现了一种特殊形式的组织——虚拟组织，来自不同地区的成员通过计算机网络连接起来以达到共同目标，组织管理者不得不实施“远程管理”，其工作主要是协调而不是直接下指令，甚至直到目标实现，管理者也未曾亲眼见过成员一面。第三，信息技术以及其他新技术的运用，改变了组织运作的物质依靠条件，组织过程得到缩短，组织效率大幅提升，适应性不断增强。第四，技术开发与创新的内在动力使组织内部分化出专门进行技术创新的新部门，创新、追求卓越成为组织管理者的职责，组织管理者具备越来越多的企业家精神。

---

① 参见［美］加里斯·摩根：《驾御变革的浪潮：开发动荡时代的管理潜能》，86页，北京，中国人民大学出版社，2002。

在理解公共组织环境方面，公共舆论环境长期以来没有得到应有的重视。公共舆论因素渗透于上述各种环境因素之中，并形成了相对独立的公共舆论环境。公共舆论有时在很大程度上左右着公共组织的目标和行为，“公共组织需要来自政治科学家所说的公众（或者说是广泛的、遍布的群众）——特别是关注事态的公众（他们更有组织，对某些机构也更感兴趣）——的支持”①。由于公共舆论的这种重要性，许多政府组织不得不重视与媒体的关系和公共宣传战略，例如，许多城市的政府定期出版时事通讯并对某些重要会议进行电视转播，尽可能树立政府在媒体中的良好形象。

2.4.3 公共组织的持续变革

公共组织是一个不断与其环境发生作用的开放系统，处于持续不断的变革过程之中。正如弗雷德里克森所说：“变革始终是公共管理者所面临的严峻挑战。公共组织环境是动态的。我们经常遇到这样的悖论：组织的环境瞬息万变，难以预料，而秩序性和可预见性恰恰又是组织的本质所在。我们的组织一般倾向于秩序性、稳定性和可预见性——的确，它们一般是静止的和抗拒变革的。但是我们必须要有回应变革的能力。”② 公共组织持续变革的主要原因在于：其一，开放使公共组织能够建立起完善的新陈代谢机制。公共组织越开放，其与组织环境的关系越密切，对社会需要越敏感，也越能提高自己的适应能力。其二，开放的公共组织具有再生功能，能够实现组织的再生产。开放的公共组织能够适应环境变化及时调整自己，通过自身适应性程序来化解外界冲突，保持组织系统稳定，提高生命力。因此，面对组织环境变化，公共组织必然要进行持续的变革。

1. 组织的生命周期

生命周期是探讨组织成长与变化的一个有用的概念，它说明组织的产生、成长和最终衰落的情况。③ 公共组织在其环境中完成每一个生命周期。公共组织生命周期的发展阶段主要有四个：

（1）产生（创业）阶段。在这个阶段，组织规模较小，组织结构处于非规范化的状态，科层结构也不健全，组织管理以个人创造性方式为主，组织与环境间物质、信息、人员交换活跃。主要的问题是缺乏有效管理者和管理机制，组织目标不够清晰，组织驾驭内部规模扩张和外部环境变化的能力不够强，提供的公共产品或服务种类单一。

（2）集体化阶段。在这个阶段，组织规模迅速扩大，组织形成了有力的管理层并提出明确的目标方向，科层结构健全，垂直和水平领导关系成型，组织管理的规范制度形成，进入“非人格化”管理，但分工协作使组织成员的集体归宿感大大加强，组织提供的公共产品或服务出现多样化，并对主要产品或服务与辅助产品或服务进行了区分。主要的问题是高层管理者的强大领导权与基层管理者希望的自主权相矛盾，组织出现冲突。

（3）规范化阶段。在这个阶段，组织规模处于相对稳定状态，科层结构更加完善，组

① ［美］海尔·G. 瑞尼：《理解和管理公共组织》，105 页。

② ［美］乔治·弗雷德里克森：《公共行政的精神》，201 页。

③ 参见［美］理查德·L. 达夫特：《组织理论与设计精要》，88 页。

织管理具有一整套规范化的程序，出现新的专业化分工，开始大量采用授权管理方式来取代直接管理方式，更注重所提供公共产品或服务的质量，并与相关组织进行协调生产，组织应对环境挑战的能力较强。主要的问题是严密的规章制度导致官僚习气的形成，组织过程中的繁文缛节降低了组织效率，使创新受到限制。

（4）精细阶段。在这个阶段，科层结构应用可能达到极限，管理者开始尝试改变结构以提高组织效率，组织内部进一步细化，出现项目小组和跨部门团队，管理权进一步向基层下放，能够提供多种公共产品或服务。主要的问题是官僚习气日趋严重，导致组织僵化，对环境挑战反应迟缓。

当一个组织进入成熟期后，随之有可能进入一个暂时的衰退期。有些组织通过创新与变革，能够摆脱衰退，继续走向成熟。而有些组织不能处理危机，将逐渐衰退。因此，组织变革是组织发展的必然选择。

2. 组织的变革过程

组织变革及组织发展是组织理论的主要议题之一。① 公共组织的变革及发展是公共组织管理者主动适应环境变化而对组织原有的状态加以改变，重新确定战略目标，设计组织结构，制定规章制度，有效利用组织的人、财、物和信息资源，以便更好地实现组织的目标的过程。20 世纪八九十年代，一些与组织变革相关的概念流行开来（见表 2－3）。

表 2－3　　组织变革的相关概念

概念	含义
学习型组织	学习是成功和有效性的核心所在，管理者必须学会看“大图画”，理解这个体系各部分之间的微妙关系
再造工程	一个对体系和过程根本的重新思考和重新设计，工作应该围绕结果而不是任务和功能来组织
关键能力	组织需要找出它们能够做得最好的事情，并围绕它来建设，而战略应建立在这些关键的能力上而不是建立在产品或市场上
组织建筑	管理者需要从工作、人和设计如何能磨合在一起的宽角度的组织思路
基于时间的竞争	时间就是金钱。时间是可以驾驭的，能够成为影响生产力、质量和创新的竞争优势的源泉之一

资料来源：［美］唐·荷尔瑞格等：《组织行为学》，501 页，大连，东北财经大学出版社，2001。

组织变革不是一个自发适应的过程，而是一个有组织有计划的过程。所有变革都与整个组织目标紧密相连，公共组织的变革至少应实现如下几个目标：一是提高组织适应环境的能力，即公共组织为了生存和发展，要随环境的变化而变化；二是提高公共组织的工作绩效，在提高适应能力的基础上，促进公共组织及其人员的知识、技能、行为方式等的更新，提高工作绩效；三是使公共组织承担更多的公共责任，或更好地完成公共事务管理的任务。

① 与“组织变革”密切相关的概念是“组织发展”，意指将行为科学知识广泛应用于计划发展、改进和加强那些促使组织有效性的战略、结构和过程。组织发展理论与人际关系理论和团体动力理论有很深的渊源，它汲取了心理学、社会学和人类学的诸多营养。（参见［美］托马斯·卡明斯等：《组织发展与变革精要》，4 页，北京，清华大学出版社，2003）

组织变革的过程主要包括以下环节：(1) 对危机的感知，即组织成员意识到组织变革的必要性。(2) 对变革方向的确定，即通过分析环境变化，确定组织变革的目标及方案。(3) 变革，即变革方案的实施，对变革所影响到的成员进行沟通，推行新的组织观念、制度和行为模式。(4) 监督调整，即根据变革进程调整相关措施，并将变革成果固定下来，实现新行为模式的“内在化”。

20世纪90年代以来，最引人注目的公共组织变革理论当数“政府再造”论。1992年，美国学者戴维·奥斯本和特德·盖布勒的《重塑政府》(又译《改革政府——企业精神如何改革着公营部门》) 一书将矛头直指官僚制，提出应该用企业家精神来改革公共部门。

“政府再造”论认为，在今天大多数政府机构要完成的任务日益复杂，所处的环境充满竞争，变化迅速，顾客（公众）要求质量更高且更有选择余地的服务。传统的官僚制已不能适应这种变化，反而成为沉重的包袱。因此，必须发动一场革命，彻底打破官僚制。政府再造是指对公共体制和公共组织进行根本性的转型，以大幅提高组织效能、效率、适应性以及创新的能力，并通过变革组织目标、组织激励、责任机制、权力结构以及组织文化等来完成这种转型过程。简单地说，政府再造就是用企业化体制来取代官僚制，即创造具有创新惯性和确保质量持续改进的公共组织和公共体制，而不必靠外力驱使。① 政府再造要分别从目标、激励、责任、权力、文化五个方面入手，采取“五C战略”与之对应，进而通过变革途径完成再造。

与此同时，20世纪90年代开始出现公共组织变革的三大趋势：一是着眼于知识经济时代组织特征及内部个体作用的变化，典型的理论如“学习型组织”论。二是着眼于组织结构的变化，如“无缝隙组织”论以及“网络组织”论、“虚拟组织”论等。三是着眼于组织功能的变化，重塑政府的结构与职能。

① 参见［美］戴维·奥斯本等：《摒弃官僚制：政府再造的五项战略》，14页，北京，中国人民大学出版社，2002。

第3章

政府改革与治理

政府（政治组织）与市场（经济组织）是人类社会的两种最基本的组织形式，也是推动、控制和影响社会发展的两股强大的力量。各国的实践表明，一个民主、灵活、高效和廉洁的政府，对于一个国家或地区社会经济发展的作用至关重要。从理论上看，政府改革与治理是公共管理学的核心领域。从某种意义上说，公共管理学（或公共行政学）就是对政府治理与改革实践的研究。而从实践上看，改革是政府管理的永恒主题。为适应变化着的社会经济环境、有效地履行职能，政府自身总是处于不断的改革与变化之中。在过去的三四十年里，政府治理变革已经成为波及全球的巨大浪潮，不管是发达国家、转轨国家还是发展中国家，政府治理与改革都处在激烈的变化之中，并逐步形成不同的模式。

3.1 治理理论

20世纪90年代以来，“治理”（governance)或“公共治理”（public governance）及“善治”（good governance）的概念日益成为公共管理的核心概念，治理理论是在西方学术界日渐崛起的“显学”，形成了不同的研究途径，而合作网络途径则是其在90年代中后期出现的新进展。本节侧重从合作网络途径的角度探讨治理理论。

3.1.1 治理理论的研究途径

英文中的“governance”，源自拉丁文的“gubenare”，有掌舵、导航的意思，常被用来指称有关指导（guiding）的活动，组织引导（steer）自身的过程。在汉语中，“governance”被翻译成“治理”，最早出现在市政学中，用来研究如何有效地解决城市和地方的种种问题。自20世纪90年代以来，这一概念不再局限于政治学领域，而是被广泛地应用于经济社会领域。

有关治理的研究是近年来社会科学关注的焦点，今天的国际多边、双边机构和学术团体以及志愿组织关于发展问题的出版物很难有不以它为常用词汇的①。在学术研究中，也已出现一些代表人物的代表作，如詹姆斯·N.罗泽瑙的《没有政府的治理——世界政治中的秩序与变革》、罗兹的《新治理：没有政府的统治》、盖伊·彼得斯的《政府未来的治理模式》、吉尔斯·佩奎特的《通过社会学习的治理》和沃尔特·基克等人的《管理复杂网络：公共部门的行动战略》等等。在公共管理领域，治理一词也逐渐获得了话语权，在很多地方取代了“公共行政”和“政府管理”。

然而，由于分析角度和对象的不同，学者们对治理的内涵有着不同的理解，在定义上远未能达成一致的看法。在罗兹看来，治理可用于指代任何活动的协调方式，至少有六种不同的用法：作为最小国家治理的治理、作为公司治理的治理、作为新公共管理的治理、作为“善治”的治理、作为社会—控制系统的治理和作为自组织网络的治理。② 罗兹也将“治理”等同于“政策网络”，认为两者都是关于“政府与其他国家行动者和社会行动者之间的联系和依赖的概念”，表示“政府和其他社会行动者之间的一系列正式制度性联系以及非正式联系”③。

我们认为，可以将治理一般地理解为一个上下互动的管理过程，它主要通过多元、合作、协商、伙伴关系、确立认同和共同的目标等方式实施对公共事务的管理，其实质在于建立在市场原则、公共利益和认同之上的合作。它所关注的主要问题是，如何在日益多样化的政府组织形式下保护公共利益，如何在有限的财政资源下以灵活的手段回应社会的公共需求。通过对政府治理与改革实践的总结与反思，各国学者开始更加关注公共服务的结果取向、倾向于公共治理结构的多元化发展、通过责任分散的治理手段来构建一个“服务型政府”。

治理理论体系有着不同的研究途径，主要有如下三个：

1. 政府管理的途径

这一途径将治理等同于政府管理，侧重从政府部门的角度来理解市场化条件下的公共管理改革，主要包括“最小国家治理”“新公共管理”“善治”等用法。

新公共管理是对20世纪70年代末80年代初以来西方政府改革运动的总结，被许多学者和政府官员视为政府治理的新模式。随着西方各国由工业化社会向后工业化社会转变，科层制这一传统行政模式的有效性大打折扣，变得机构林立，创新乏力，难以适应迅速变化、不稳定的社会环境，甚至日益成为社会经济进一步发展的障碍。一场质疑官僚行政有效性、以追求“3E”（economy，efficiency and effectiveness，即经济、效率和效

① 辛西娅·休伊特·德·阿尔坎塔拉、黄语生：《“治理”概念的运用与滥用》，载《国际社会科学杂志》（中文版），1999（1）。

② R. A. W. Rhodes，“The New Governance：Governing Without Government”，*Political Studies*，XLIV，1996，p. 653.

③ ［英］R. A. W. 罗兹、王宇颖：《如何管理政策网络？》，载《中国行政管理》，2015（11）。

益）为目标的改革运动在西方国家的公共管理部门迅速蔓延开来，成为一种国际性潮流。不难看出，新公共管理以“经济人”为行为假设，以市场化和管理主义为政策取向，强调结果导向和顾客导向，关注了公共部门的微观经济问题，是新自由主义在国家问题上的表现。

1989年，世界银行用“治理危机”来概括非洲国家在现代化进程中面临的主要问题。在世界银行看来，治理等同于单个国家的可统治性，指的是“为了发展而在一个国家的经济与社会资源的管理中运用权力的方式”①。非洲国家由于缺乏必需的法律制度和权力规范，无法为处理公共事务提供一个可靠而透明的框架而面临着“发展的危机”。90年代后，世界银行又提出“善治”的口号，合法、效率、负责、透明、开放构成善治的基本要素，成为规范政治权力的根本要求。

在新自由主义者看来，“善治”与新公共管理是联系在一起的。世界银行、国际货币基金组织等国际经济组织在开展资金扶助、贫困开发等国际援助项目时，均要求发展中国家按照“善治”标准进行变革，采用由它们提出的效率主张，如财政紧缩、鼓励竞争、市场化、私有化、分权和发展非政府组织。这种将政治与行政因素纳入发展视野的做法有其合理之处和现实意义。因为发展是全方位的、系统的，考虑与经济社会现代化相关的政治行政问题，才能实现政治与经济的良性互动，实现社会的协调发展。问题在于国际经济组织能否对症下药，能否避开“意识形态的考虑”来思考发展所需的政治条件。发展中国家大多认为，国际经济组织开出的药方不符合它们的社会、历史和文化情景，忽视了对其面临的棘手问题的具体分析，尤其是对社群冲突、官僚机构不发达、国际贸易与技术依附等重大问题的关注；“善治”只不过是发达国家将新自由主义意识形态强加于人的婉转做法，是西方国家将发展模式（尤其是政治制度）全球化的理论工具；在国际政治经济秩序不平等的环境中，“善治”塑造了一个“市场万能”的神话。

20世纪90年代中后期，国内学者也开始从政府管理的角度关注治理理论。最早一篇有关“治理”的文章出现在刘军宁等编的《市场逻辑与国家观念》一书中。智贤在《Governance：现代“治道”新概念》中将“governance”翻译成“治道”，认为“治道”是关于治理公共事务的道理、方法和逻辑，是对市场经济条件下的国家管理经济职能提出的基本要求，主要涉及运用公共权力的方式，旨在提高发展中国家管理公共事务的效能，驾驭经济发展的能力。② 撇开翻译上的差异，不难看出，当时国内学者对治理的理解源自世界银行等国际经济组织对“善治”的用法，治理被等同于明确政府在现代市场经济中的角色、改革公共部门的管理、建立可预知的法律框架、健全责任制度和规范公共权力等。徐勇进一步发挥，认为治理不仅涉及公共权力的运作，而且涉及权力的配置，是“统治者或管理者通过公共权力的配置和运作，管理公共事务，以支配、影响和调控社会”③。

在《西方政府的治道变革》一书中，毛寿龙也将“governance”翻译成“治道”，认

① World Bank，*Governance and Development*，Washington，D. C.：World Bank，1992，p. 3.

② 参见智贤：《Governance：现代“治道”新概念》，见刘军宁等编：《市场逻辑与国家观念》，55～56页，北京，三联书店，1995。

③ 徐勇：《GOVERNANCE：治理的阐释》，载《政治学研究》，1997（1）。

为“治道是在市场经济条件下政府如何界定自己的角色，如何运用市场方法管理公共事务的道理。治道变革指的是西方政府如何适应市场经济有效运行的需要来界定自己的角色，进行市场化变革，并把市场制度的基本观念引进公共领域，建设开放而有效的公共领域”①。大体上，毛寿龙采用了治理的新公共管理的用法，强调企业经营技巧及市场导向的激励机制在公共管理中的运用。

2. 社会组织的途径

与将治理等同于政府管理的用法不同，在社会组织途径看来，治理是社会的“自组织网络”，是社会组织部门（或称第三部门）在自主追求共同利益的过程中创造的秩序，在公共池塘资源管理、社区服务与发展、同业协会和跨国性的问题网络中普遍存在。埃莉诺·奥斯特罗姆通过对大量案例的分析证实，一群相互依赖的当事人在管理公共池塘资源时的确可以建构自己的网络，“把自己组织起来，进行自主治理，从而能够在所有人都面对‘搭便车’、规避责任或其他机会主义行为诱惑的情况下，取得持久的共同收益”②。

社会的自组织网络是一种“没有政府的统治”，是独立于国家体制之外、由个人组成的多元且自主的领域。在东欧，这一领域被认作“一度被国家剥夺的而现在正力争重新创造的东西，即一个自治的社团网络，它独立于国家之外，在共同关心的事务中将市民联合在起来，并通过他们的存在本身或行动，对公共政策施加影响”③。在西方国家，这一领域具有更宽泛的意义，被视为由自愿追求公共利益的个体、群体和组织组成的公共空间，涉及非政府组织（NGO）、志愿性社团、协会、社区组织、利益团体和公民自发组织的社会运动等第三部门，即莱斯特·M. 萨拉蒙等人所说的“社会组织部门”。他们认为，大量的社会组织是 20 世纪最伟大的社会创新，自治、自愿、私人、非利润分配是社会组织部门的基本特征。

可见，在这一途径看来，自治的社会是共同利益的自愿结合，通过不受国家支配的公民团体或社会组织，社会的各个部分完全可以自我建设、自我协调、自我联系、自我整合和自我满足，从而形成一个制度化的、不需要借助政府及其资源的公共领域；组织成员也完全可以在这一领域中通过公共讨论和公共对话，自主地治理生活领域中的公共事务。这既是保护公民权利、促进社会参与的途径，也是制衡政治权力、防止国家威胁的机制。正如罗伯特·达尔所强调的，相对独立的自治组织或社团有助于防止政府通过等级制对公民实行单向控制，这是实施民主制度的先决条件和必然结果。④

“自组织的网络”主要从社会组织部门的角度来分析治理，将治理看作横向联合的“公民参与网络”，是一种“社会中心论”的治理观。但由于它将国家视为一种潜在的威胁，有将国家边缘化的倾向，所以也受到了很多学者的批判。他们明确反对将国家和社会对立起来的观点，认为在解决集体问题和提供公共产品方面，社会和国家可以相互补

---

① 毛寿龙等：《西方政府的治道变革》，7 页，北京，中国人民大学出版社，1998。

② ［美］埃莉诺·奥斯特罗姆：《公共事物的治理之道》，51 页，上海，上海三联书店，2000。

③ 汪晖等主编：《文化与公共性》，171 页，北京，三联书店，1998。

④ 参见［美］罗伯特·达尔：《多元主义民主的困境》，34～38 页，北京，求实出版社，1989。

充，形成良好的合作关系，社会的组织利益可以融合进国家的决策结构中。[①]

国内学者俞可平也从社会组织部门的角度来关注治理理论，认为由社会组织独自行使或它们与政府一道行使的社会管理过程，便不再是统治，而是治理……治理和善治的本质特征是社会组织对社会公共事务的独立管理或与政府的合作管理……社会的发展必然直接地或间接地要影响治理的变迁[②]。不难看出，俞可平以社会组织部门为分析中心，不仅将自治的社会组织视为对政府行为强有力的外部制约，而且将社会组织看作沟通政府与公民的重要桥梁，以及影响政府决策和改革的重要因素。这种发展后的社会组织途径已经接近下面所定义的治理的本质属性。

3. 合作网络的途径

这一途径试图在"网络管理"的框架内整合上述两种研究途径。它认为，20 世纪 90 年代以来，私人部门、第三部门以及各种社会运动出现在管理公共事务的大舞台上，这些非政府部门与政府部门联结起相互依存的合作关系（即网络关系），就共同关心的问题采取集体行动。因此，"治理是政府与社会力量通过面对面的合作方式组成的网状管理系统"[③]。一方面，它继承"自组织网络"的主要观点，将治理看作相互依存状态下的管理，将社会组织部门看作治理的主体，并用它来解释公私部门分享权力、合作治理的新型关系，从而脱离了"社会中心论"的窠臼，确立了多中心的公共行动体系论；另一方面，它也吸收了"政府管理"途径的重要观点，承认一个负责、高效、法治的政府对有效治理的重要意义，认同"掌舵而非划桨"等新公共管理的思想精华，并认为在网络中，政府与其他主体是平等的关系，需要通过对话、建立伙伴关系和借助其他主体的资源来实现依靠自身无法实现的目标。这就在公共管理中建立了新的工具箱，而不仅仅是市场竞争机制和工商企业的管理方法。

可见，合作网络途径综合考虑了政府层面和非政府层面有关治理的用法，用它来描绘相互依存时代公共管理的新模式，对当代公共管理的环境变迁及其发展趋势具有很强的解释能力，所以日益得到学者们、官员们、国际组织和其他社会团体的承认，大有成为主导范式的趋势。全球治理委员会也认为："治理是或公或私的个人和机构管理共同事务的诸多方式的总和。它是使相互冲突或不同利益得以调和并采取联合行动的持续过程。"[④] 本书主要从这一角度来理解治理，并展开对治理理论和实践的分析。

我们认为，治理就是对合作网络的管理。合作网络管理又可称为网络管理或网络治理，指的是为了实现与增进公共利益，政府部门和非政府部门（私人部门、第三部门或公民个人）等众多公共行动主体彼此合作，在相互依存的环境中分享公共权力，共同管理公

---

① 实际上，这标志着社会组织研究从多元主义取向到法团主义取向的转变。有关多元主义与法团主义在社会组织与政治国家关系上的区别，参见张静：《法团主义》，北京，中国社会科学出版社，1998。

② 俞可平主编：《治理与善治》，328～329 页，北京，社会科学文献出版社，2000。

③ D. Kettle, *Sharing Power: Public Governance and Private Markets*, Washington, D. C.: Brookings Institution, 1993, p. 22.

④ Commission on Global Governance, *Our Global Neighbourhood*, Oxford: Oxford University Press, 1995, p. 2.

共事务的过程。对政府部门而言，治理就是从统治到掌舵的变化[①]；对非政府部门而言，治理就是从被动排斥到主动参与的变化。这是“一种以公共利益为目标的社会合作过程——国家在这一过程中起到了关键但不一定是支配性的作用”[②]。由于该途径强调多中心的公共行动者通过制度化的合作机制，可以相互调适目标、共同解决冲突、增进彼此的利益。所以，从这一意义上讲，治理实质上是一种合作管理。

这一概念也表明，治理与统治追求的目标相通，都需要借助公共权力维持社会秩序和处理公共事务，以促进公共利益的最大化，但二者在实现公共利益的过程中又具有明显的区别，这表现在：(1) 管理的主体不同。统治是政府垄断公共事务管理的活动，而治理是政府、企业、社会团体和个人等公共行动者共同处理公共事务的活动。(2) 管理的客体不同。与统治相比，治理的对象更多、范围更广。治理除了要处理公共问题、管理公共资源（与统治一样）外，还要解决涉及人群较少的集体事务（如公共池塘资源）。(3) 管理的机制不同。统治主要依靠政府的权威，由科层官僚制组织对公共事务进行自上而下、单向度的管理；治理则依靠网络的权威，由公共行动者在互动过程中运用非强制性权力进行协作。统治的机制是控制，治理的机制是信任。(4) 管理的手段不同。统治的手段主要是强制性方式，如行政手段和法律手段，甚至是军事手段；治理则开发出新的管理工具，如合同外包、内部市场、公共哲学、政策社区等。(5) 管理的重点不同。统治以满足统治阶级的整体利益为出发点，强调国家的作用、官僚组织的能力；而治理以满足公民的需求为出发点，强调国家与社会、政府与市场、私域与公域的合作。可以预见，随着历史的发展，统治将随着国家的消亡而消亡，而治理将成为“自由人的联合体”中管理共同事务的社会协调模式。

在治理的诸多用法中，“只有网络治理才有新的特征”[③]。治理理论的三种研究途径如表 3-1 所示。

表 3-1　治理理论的三种研究途径

分析的角度	政府管理的途径	社会组织的途径	合作网络的途径
分析的对象	政府部门与市场力量的关系	社会组织（第三部门）与政治国家的关系	多中心的公共行动体系
关系的特征	掌舵与划桨	自治与认同	相互依存
行为假设	理性的、自利的	利他的、人道主义的	具有反思理性的“复杂人”
政策方案	私有化；工商业的管理手段	授权社团和公民；自我管理和自我服务	建构公共服务供给的合作网络
政策过程的特征	运用市场机制执行政府的决策	通过公共讨论发展自己的政策	通过信息、资源和目标的互动共同规划执行政策；共同学习

---

① 在经典的政治学和行政学文献中，“government”一词指的是垄断强制性权力的国家或政府维护公共秩序和管理公共事务的活动。“government”可翻译成“统治”或“政府管理”，本书在这一意义上理解“government”。

② [英] 托尼·麦克格鲁：《走向真正的全球治理》，载《马克思主义与现实》，2002 (1)。

③ Beate Kohler, Rainer Eising, *The Transformation of Governance in the European Union*, London: Routledge, 1999, p. 5.

续前表

分析的角度	政府管理的途径	社会组织的途径	合作网络的途径
成功的标准	政策目标的实现	自组织的自由	联合行动的实现
失败的原因	模糊的目标；缺乏资源；监控不力等	缺乏资源；沟通渠道的阻塞；得不到政治上的认可	缺乏集体行动的动机；利益、目标和策略上的冲突
补救的措施	加强协调和监控	提高公民组织的动员能力和管理能力	加强网络管理：优化公共行动者互动环境

网络治理的新特征有以下几个方面：

（1）多中心的公共行动体系。合作网络途径认为，我们生活在一个相互依赖的环境中，没有哪个机构拥有充足的资源和知识可以独自解决所有的问题；在处理公共事务时，相互依存的行动者通过交换资源、共享知识、谈判目标，采取有效的集体行动。的确，在公共管理领域，并非只有政府一个主体，私人部门、志愿团体、社区互助组织和各种社会运动蓬勃发展，在"社会经济"领域内积极活动，并依靠自身的资源参与解决公共问题。公共管理已经成为由政府部门、私人部门、第三部门和公民个人等参与者组成的公共行动体系。在这一过程中，各种主体相互依赖，网络治理因此成为"公共管理在相互依赖状态下的表现……是在现存的跨组织关系网络中，针对特定问题协调目标与偏好各异的行动者的策略的活动"①。正如格里·斯托克所说的："治理指公私机构和志愿社团的相互依存。"② 行动者之间的相互依存关系体现在制度、组织、物质、信息、人力资源和时空环境等多个方面。

（2）反思理性的"复杂人"。这是合作网络途径的行为假设。它认为，公共行动者在不确定的社会条件下，不可能获得有关公共问题的所有信息，不可能拥有处理信息的完全能力，也不可能绝对理性地进行选择；而且，行为主体有着复杂的动机，既有逐利的一面，也有追求社会效用（包括公共利益）的一面，既有利益分歧，也有共同利益。但是，由于行为者能够通过不断的对话交流信息，克服有限理性的先天不足；能够通过各种形式的合作，将行动者锁定在利害相关的网络中，从而减少机会主义行为的动机；能够通过持续的学习，积累经验，改进过去的行为模式，进而提高适应社会的能力；更重要的是，通过这种反思，政府部门与非政府部门学会了约束自己的不合理要求，可以在相互尊重对方利益的基础上采取合作行动来实现共同利益。这使得行动者可以通过持续的对话调整各自的行为，追求大家都可以接受的结果。这与建立在完全理性、"道德人"假设基础上的传统行政科学形成了鲜明的对比。

（3）合作互惠的行动策略。在网络治理中，每个行动者所做的事几乎都会对其他行动者产生影响，所以行动者在考虑个人的行动策略时都会考虑其他行动者的选择。最近的研究表明，在许多重复出现的博弈中，合作策略是最有利的利己战略；经过多次博弈，行动者之间倾向于建立面向长远的互动关系。用博弈论的话说，"当博弈各方协调一致去寻找有利于共

① Walter J. M. Kickert, Erik-Hans Klijin, *Managing Complex Networks: Strategies for the Public Sector*, London: Sage Publications, 1997, p. 10.

② ［英］格里·斯托克：《作为理论的治理：五个论点》，载《国际社会科学杂志》（中文版），1999 (1)。

同赢利的战略时，就会出现协同性均衡状态了”[①]。正如罗伯特·艾克斯罗德所认为的，在基于互惠以及存在互动的群体中，合作会发生演化，并且一旦建立，就可以防止其他不太合作的战略的侵入。[②] 也就是说，为了扩大从集体行动中获利的空间，行动者在不断的互动中会逐渐放弃“单独行动”策略，转而采取合作策略。相互依赖的公共行动者由于利害相关、信息共享，更有动机和条件采取合作行动，以创造“多赢”博弈的机会。

吉尔斯·佩奎特认为：“网络是合意或动机导向型的组织和制度。”[③] 这表明，合作策略的实现离不开有效的制度安排。制度是一种“合意”，体现着行动者的共同理解和价值取向，并有要求行动者遵守的压力，能使行动者认同组织目标，进而采取合作行动。而且，在多主体的治理环境下，行动者能否摆脱集体行动的困境而实现合作，不仅取决于行动者和制度环境本身，还取决于双方发生联系的中间媒介——社会资本。社会资本是合作网络运作的深层机制。它塑造了网络成员对外部环境的共同认识和对政策问题的共同看法，有助于解决成员之间的冲突，规范合作伙伴关系，从而使个人理性与集体理性趋向一致。这要求行动者达成互惠的共识，培育相互信任、彼此尊重和具有宽容精神的“合作型文化”。

（4）共同学习的政策过程。在合作网络途径看来，治理与统治的实质一样，都在于做出有约束力的决策，将行动者的不同偏好转化成具有“分配价值”的政策。集体行动的确需要通过政策产出来实现公共物品和服务的供给。不过，网络治理中的政策是公共行动者共同学习的产物，而不是中央政府自上而下的安排。这意味着集体行动变成一种自下而上的过程，成为“涉及特定政策问题的行动者（包括行政官员和目标群体等在内）的集合”[④]，即由参与特定政策领域的相互依存的公共、准公共和个人行动者所组成的政策网络。在政策网络中，各种治理主体通过对话和协商，在各种集体选择的论坛中交流信息，谈判目标，共享资源，减少分歧，并努力地增进合作，在改善互动关系的同时达成各方都可以接受的政策方案。这就是公共行动者集体学习以产出政策的过程。同时，这也是公共行动者通过政策设计共同管理网络的过程，具体表现为：一是通过冲突管理、优化行动环境等手段来干预网络的运行，改善网络中的互动关系，这是对“网络游戏”的共同管理；二是在现有网络无法解决问题的情况下重建网络的制度安排，即共同商讨如何改变“网络的游戏规则”，如重新分配权力和资源，改变成员的价值观念，对组织之间的关系施加影响等。“这种共同学习的过程在培育社会资本、防止社会制度和价值碎片化时发挥着关键性的作用。”[⑤]

3.1.2 网络治理的实践类型

提供公共物品和公共服务是网络治理的根本任务。布坎南认为：“任何由集团或社会

---

① ［美］保罗·A. 萨缪尔森、威廉·D. 诺德豪斯：《经济学》（第 14 版），上册，385 页，北京，北京经济学院出版社，1996。

② Robert Axelrod, *The Evolution of Cooperation*, New York: Basic Books, 1984, p. 21.

③ Gilles Paquet, *Governance through Social Learning*, Ottawa: University of Ottawa Press, 1999, p. 10.

④ B. Guy Peters, F. K. M. Van Nispen (eds.), *Public Policy Instruments: Evaluating the Tools of Public Administration*, Cheltenham, UK: Edward Elgar Publishing, 1998, p. 69.

⑤ Steven A. Rosell, *Renewing Governance: Governance by Learning in Information Society*, New York: Oxford University Press, 1999, p. 60.

团体决定……通过集体组织提供的物品或服务，都被定义为公共的。"① 然而，任何组织在提供公共物品和服务时都面临着集体行动的困境。合作网络为解决这一困境提供了一种新的途径，按照网络涉及的对象和作用的范围，网络治理可以分为以下几种基本的类型：

1. 全球治理

全球治理是对国际合作网络的管理。在国际政治领域，全球治理有很多称谓，如"国际治理""世界秩序的治理"等，一般用来指为了维持正常的全球秩序，国际社会通过有约束力的制度安排，对全球生活中出现的生态、移民、毒品、地区冲突、贫富差距和国际共同财产等公共事务的合作管理。

国际合作网络的兴起是20世纪80年代以来国际政治经济系统结构性变动的产物。冷战结束后，一个新的稳定的世界秩序并没有自动形成，相反，大规模的地区冲突接连不断，以联合国为主体的集体安全机制行动能力有限，而全球化进程也并非"世界福音"，南北差距不断拉大，国际金融市场不时失控，并引发新的社会矛盾。在这些问题面前，各国的政府不再垄断一切合法的权力，各种非政府组织、跨国公司、私人企业、利益集团和社会运动在国际层面上也承担起了维持秩序、调节经济和促进社会发展的职能，民族国家将管辖权授予了区域的、跨国的和全球的机构，或与它们一起分享权力，这些机构与国家逐渐形成合作网络，通过制定和实施全球性或跨国性的国际制度来解决共同的问题。

这种合作网络不同于以"霸权"为基础的合作。以"霸权"为基础的合作是冷战时期的集体行动方式，是单个国家或国家集团通过霸权力量，主导国际政治和经济机制，为成员提供安全和福利等公共物品，从而达到促进合作和维持秩序的目的。全球治理则是多中心权威的合作，"通过多国之间、多种行为体之间的协调、沟通与达成共识，进而通过集体行为的方式促成多领域合作，已成为当今世界政治的主流"②。而且，詹姆斯·N.罗泽瑙将全球治理看作"没有政府的治理"，认为这是"一种缺乏中央权威却仍能在全球范围内强制实施某些决定的秩序"③。它具有以下特点：

(1) 治理的主体是世界范围的公共行动者。在詹姆斯·N.罗泽瑙看来，除了政府以外，世界政治中至少还存在10个治理单位，包括"非政府组织、非国家行动者、无主权行为体（sovereignty-free actor）、问题网络、政策网络、社会运动、全球社会组织、跨国联盟、跨国游说团体和知识共同体"，这些治理单位是新的"权威空间"（spheres of authority）。④ 安东尼·麦克格鲁也认为："全球治理不仅意味着正式的制度和组织——国家机构、政府间合作等——制定（或不制定）和维持管理世界秩序的规则和规范，而且意味着所有其他组织和压力团体——从多国公司、跨国社会运动到众多的非政府组织——都追求对跨国规则和权威体系的目标和对象产生影响。很显然，联合国体系、世界贸易组织以

① ［美］詹姆斯·M.布坎南：《民主过程中的财政》，13页，上海，上海三联书店，1992。

② ［美］詹姆斯·N.罗泽瑙：《没有政府的治理——世界政治中的秩序与变革》，"译者的话"第2～3页，南昌，江西人民出版社，2001。

③ 同上书，7页。

④ Martin Hewson, Timothy J. Sindair, *Approaches to Global Governance Theory*, Albany: State University of New York Press, 1999, pp. 295-296.

及各国政府的活动是全球治理的核心因素，但是，它们绝不是唯一的因素。如果社会运动、非政府组织、区域性的政治组织等被排除在全球治理的含义之外，那么全球治理的形式和动力将得不到恰当的理解。”①

（2）治理的客体是正在影响或有可能影响全人类的跨国性问题，包括公益问题和公害问题，可分为：1）生态环境问题，包括国际公财的合理开发、珍稀动植物的有效保护和有毒废物等污染物的控制等等。2）政治军事问题，如治理核生产和核扩散、地区冲突、国际恐怖主义活动、国际安全问题等。3）社会生活问题，如维护基本人权，控制疾病传播，关注种族平等，打击互联网犯罪、非法移民和毒品交易，等等。4）国际经济问题，包括全球经济安全、南北贫富差距、国际债务、世界经济秩序等问题。由于这些问题是人类社会的共同问题，它们的解决需要多边的联合行动，更多地依靠合作基础上的全球政策规划和制度安排。比如，跨国流动的沙尘暴已经成为重要的国际生态问题，正日益引起东北亚国家的高度重视。治理沙尘暴离不开国际合作，中国、蒙古国、韩国和日本的政府部门、企业和社会组织正在开展多项合作，加快治理沙尘暴的步伐。

（3）治理的机制是一系列用以解决跨国性问题和管理全球公共事务的制度安排，包括一系列有关全球秩序的共同原则、规范、协议、程序、组织和机构。有了全球性的公共问题后，并不会自动引发全球集体行动。“全球公共问题的管理需要国际制度，离不开国际制度的作用。”② 国际制度在全球治理中处于核心地位，它树立了要求全人类共同遵守的行为规范，通过规范的约束，国际制度可以稳定国际行为主体的预期，降低交易成本，进而使相互依赖关系处于可控状态，为全球集体行动提供制度支撑；而且，通过众多世界组织的努力，在管理全球性公共事务的过程中正出现“多中心”的合作局面。

当然，全球治理虽是一种“没有政府的治理”，但它并没有否认民族国家政府或次国家政府的重要作用，而只是强调大量的非政府组织也处在权威空间之内。正如迪尔克·梅斯纳所强调的：“在全球结构变化的时代，民族国家的行动绝不会失去意义。没有高效率的和有行为能力的国家，就不可能实施全球性政策；没有国家政策和全球政策的结合，全球治理就不可能成功。”③ 民族国家在全球治理中能否发挥主导作用，将从根本上取决于参与国际合作的能力和利用这一合作提升国家竞争力的能力。

2. 民族国家的治理

这里特指在民族国家的范围内对政府主导的公共物品供给过程的管理。在现实生活中，民族国家并非白板一块，并非威斯敏斯特意义的政体。它不是宪法研究传统所强调的，国家是边界范围内拥有最高权力或绝对主权的主体，有且只有一个权力中心，政府垄断着公共决策的政治权力。相反，当代民族国家具有复杂的结构，地方、中央以及国际层面的政府及其部门构成了多层级、多主体的决策体制。并且，越来越多的私人部门和第三部门的机构参与到提供公共服务和战略性决策的行列中。众多权威交叠共存构成了多中心

---

① 转引自［美］戴维·赫尔德等：《全球大变革：全球化时代的政治、经济和文化》，70页，北京，社会科学文献出版社，2001。

② 苏长和：《全球公共问题与国际合作：一种制度的分析》，97页，上海，上海人民出版社，2000。

③ 转引自沈红文：《德国学者谈全球化和全球治理》，载《国外理论动态》，2000（5）。

的合作网络，成为当前西方发达国家的治理结构。正如罗伯特·里奇等所指出的："治理涉及中央政府、地方政府和其他公共权威，也涉及在公共领域内活动的准公共行动者、志愿部门、社区组织甚至是私人部门。"①

通过授权和分权，通过转变和让渡职能，西方国家重新调整政府与社会、政府与市场的边界，将多中心的制度安排导入了公共产品和公共服务的生产与供给中，使政府部门与非政府部门形成了紧密的相互依赖关系。彼得·伯加森认为，对政府部门而言，这种转型标志着"后官僚组织"范式的确立，即"从公共利益转变到市民重视的结果；从效率转变到质量和价值；从行政转变到生产；从控制转变到对规则的服从；从区分功能、权威和结构转变到明确使命、服务、消费者和产出；从加强责任转变到加强工作关系；从行政系统的运作转变到分散控制的服务，增强对规则的认可，扩大顾客选择，鼓励集体行动，提供激励，衡量与分析结果和反馈"②。

众所周知，政府供给的公共物品和公共服务不仅包括纯公共物品，如国防、社会秩序、法律法规，而且包括准公共物品，如道路、桥梁、高速公路等收费物品和草原、地下水等共有物品。在考虑供给公共物品和服务时，政府有很大的选择余地，不一定要事必躬亲，自己生产，而是可以根据公共物品的特征、服务对象的需求和自身的供给能力选择介入的方式、时机和程度。有的公共物品可由政府部门直接提供，如政府可以通过发布命令、直接投资和实行管制等方式做出供给决策，来满足社会的公共需求；政府在某些事关人们生活水平和国民经济发展的基础性领域可以成立公共企业。这些领域由于投资大或利润少，私人部门不愿介入，公共物品一般供给不足；由政府成立公司进行经营，实行公共定价和用者付费，可以较好地满足公众基本的生活需求。在更多的情况下，政府由于自身资源条件的约束，不得不动员和利用各种社会力量来组织公共物品和服务的生产。在这一过程中，政府部门与各种参与公共物品供给的非政府行动者形成了相互依存的合作关系，政府的任务在于借助合作网络来"保证服务提供得以实现"③。通过分析，我们发现，这些合作网络主要有三种表现形式。

（1）政府间合作网络。

很多公共事务不是单一的行政辖区所能解决的，像污水处理、废物排放、公共交通和供水供电等公共事务的管理就需要多个辖区政府的共同努力和联合行动。这些努力和行动使政府间关系逐渐由原先的纵向权力划分演变为一种高度复杂的共同承担责任和共同解决问题的政府间合作体系。正如保罗·R. 多梅尔所指出的："许多政策性和行政性的事务今天不只涉及单个社区及其官员，还会产生上下左右纵横交错的官员或政府部门之间正式和非正式关系的复杂网络。"④

在美国，政府间合作网络有三种主要的类型。第一种是政府协商会，由来自政府主要

① Robert Leach，Janie Percy-Smith，*Local Governance in Britain*，New York：Palgrave，2001，p. 6.

② Peter Bogason，*Public Policy and Local Governance*：*Institutions in Postmodern Society*，Cheltenham，UK：Edward Elgar Publishing，2000，p. 75.

③ ［美］戴维·奥斯本、特德·盖布勒：《改革政府——企业精神如何改革着公营部门》，7 页，上海，上海译文出版社，1996。

④ 转引自［美］理查德·D. 宾厄姆等：《美国地方政府的管理》，167 页，北京，北京大学出版社，1997。

职能部门的行政官员和专家就相关的地区性公共事务和问题进行商讨，达成政府间合作的意向，但一般没有决策权。第二种是特区。特区是能够跨越各个分割的行政辖区来提供市郊公共服务的政府机构，是 20 世纪以来发展最快、变化最大的政府组织形式。特区政府是根据州的法律而建立的特定的“地方政府”，可以为单一行政区提供服务，也可以为若干行政区、整个城市地区甚至是州际地区提供服务。当特区跨越不同的社区并由代表各个社区的成员组成委员会在运输、供电等职能领域做出决策时，就在政府间关系中形成了横向的合作关系。第三种是地方政府之间在特定领域的合作。比如，明尼阿波利斯市和圣保罗市就联合设立了非营利的家庭住房基金，来改善这两个地区低收入家庭的住房状况。

(2) 政府项目执行网络。

集体行动需要通过政策产出来实现公共物品和服务的供给。供给决策是政府的首要职责，但政府并不一定要通过科层制来亲自提供产品，而可以通过服务网络来执行供给项目。政府要先确定某种公共服务的供给数量、质量和服务标准，然后向执行机构、私人部门或非营利部门招标，再由中标的承包商按照与政府签订的合同来执行供给项目，提供公共服务。在这一过程中，政府已经越来越依赖其他行动主体——政府的其他层次、非营利组织和私人组织——来执行项目，执行过程已经成为处理政府部门和非政府部门之间相互依赖关系的复杂过程。在当代国外行政改革中，合同外包是建构政府项目执行网络的主要方式。

从 20 世纪 70 年代开始，英国在公共服务中推行竞争招投标制，并在 80 年代初以立法的形式在地方推行强制竞争招投标制。杜姆伯格等人在 1987 年发现，将项目承包出去的地方政府比其他地方政府的成本降低了 22%，那些实行招投标制又签订机构内部合同的地方政府也降低大约相等的成本。① 同时，英国还成立了执行机构，将部内中下层组织转变为具有独立性质的单位，实行经理负责制，将政府部门传统的上下级隶属关系转变成以共识为基础的合同关系。这些执行机构就政策执行向部长和议会负责，并在执行服务项目的过程中与发包方形成了密切的合作关系。到 1997 年，英国的执行机构已经从 1990 年的 33 个发展到 124 个，共雇用原职业文官总数的 76%。② 在美国，联邦、州和地方政府也积极推行公共服务合同外包，依靠非政府部门来执行公共项目，其范围已从过去的机关后勤事务扩展到政府的职能工作，包括公共设施维护、环境保护、公园管理与经营、污水处理、消防和救护服务、监狱管理、工作培训、决策咨询、公共项目的论证与规划、公共部门的绩效评估等方面。据美国行政管理和预算局统计，1992 年美国联邦政府共花费 2 100 亿美元购买承包商按合同生产的公共服务，几乎占联邦总开支的 1/6。③ 同期，“非营利机构提供了政府资助的所有社会服务的 56%，就业和训练服务的 48%，保健服务的 44%”④。

(3) 公私合伙网络。

这主要是指政府通过吸纳社会力量和社会资源来共同从事公共基础建设，一起承担公共事业责任。在有关西方行政改革的案例中，我们经常可以看到，政府采取各种方式积极

① 参见于军编译：《英国地方行政改革研究》，48 页，北京，国家行政学院出版社，1999。

② 参见周志忍：《当代国外行政改革比较研究》，100 页，北京，国家行政学院出版社，1999。

③ 参见宋世明：《美国行政改革研究》，133 页，北京，国家行政学院出版社，1999。

④ [美] 戴维·奥斯本、特德·盖布勒：《改革政府——企业精神如何改革着公营部门》，22 页。

鼓励私人资本投入原先由其大包大揽的公共事业中，以弥补政府供给能力的不足，如廉价住房建设、公路桥梁建设、社会保障、医疗保险和中小学教育。其中，常见的方式包括以下几个：

1）财政补助。这是指为了支持某些与公共利益相关的项目及其群体，政府部门在财政上给予帮助，如对重大科研项目的拨款，最低生活保障政策的给付和对教育机构、在读学生、医疗机构等的补助。财政补助包括现金给付、低息贷款、借贷担保、免税和出口退税等众多形式。

2）特许经营权。政府可以将某些特殊物品的经销权交给社会经营。比如，在城乡基础设施建设方面，政府可以引入BOT（建设—经营—转让）模式，提供优惠政策引导社会资本投入基础设施的建设，并允许投资者拥有对该基础设施在一定期限内的所有权，等期限结束后再将所有权转归政府。这在收费物品的供给中正得到广泛的采用。1995年，美国政府提交了一个“统一交通基础设施投资项目”，扩大州政府在这一领域的负担和决策自主权。在该举措中，由州政府承担的93%的基础设施费用中，可吸引到占总比例高达91%的私人资本作为补充。① 同样，这种方式在共有物品的开发和保护中也得到运用。例如，国家在赋予开发者对一定矿产资源的使用权的同时，也相应地要求开发者交纳对等的环境补偿费。

3）公私合营企业。20世纪80年代以来，公私伙伴关系在美国迅速发展开来。美国的大部分城市在进行房地产开发与交易时，都与开发商、基金会或非营利组织合作经营，成立公私合营企业。

3. *社区治理*

社区治理是对社区合作网络的管理。社区合作网络的兴起与公共服务的社区化进程是联系在一起的，随着“大政府”模式的失败和社会组织部门的迅速发展，一度萎缩的社区部门又重新崛起，不断扩展公共职能，成为公共服务供给网络中的重要力量，在社会治安、学校教育、幼儿教育、废品回收、环境保护、社会救济、医疗保健、工作培训、物业管理和保护消费者权益等领域发挥着重要作用。诚如罗伯特·里奇等所言：“志愿社区部门是地方治理博弈的重要参与者。而且，它的作用已经从几年前法定部门拨款的末端接受者演变成现在的社区治理中的伙伴。”②

社区部门是相对自治的，是一种源自社区群体内的合作需要而产生的以自助为基本特征的组织。社区部门之所以再度兴起，成为治理公共事务的一种重要模式，是因为它在提供公共服务方面有独到的优势，能够解决政府、市场难以解决的众多复杂的公共问题，能够填补政府部门难以介入的空间，这表现在：一方面，各种社区组织更关心其服务对象，更强调自下而上的参与，更了解社区自身面临的问题，因而更能制定符合成员需求的政策，更有优势立足本土来解决这些问题，在提供公共服务时也比政府部门和市场机制更有弹性、更有效率、更有创意和更具关怀精神；另一方面，通过整合社区资源，社区组织能够推动社区成员参与制订社区的发展计划，参与解决社区内的公共事务，并使公共服务直

---

① 参见宋世明：《美国行政改革研究》，148页。

② Robert Leach，Janie Percy-Smith，*Local Governance in Britain*，New York：Palgrave，2001，p. 95.

接处于社区民众的监督和控制下。这能使个人融入社会，减少对社会的疏离感，萌生社区意识，产生对社区的认同感、归属感和责任感。这是西方国家“参与式民主”的重要表现。例如，在1964年，美国联邦政府就曾推行“社区行动方案”，要求给予接受公共服务的区域住民及其团体成员拥有最大可行的参与渠道。① 在1993年，又成立社区事业委员会，以期在联邦政府和州政府的资助下，将社区自下而上的创造力加以整合和协调。目前，美国联邦政府部门正在执行“行政授权区域立法”，将90个社区作为授权区，将95个社区作为事业社区，帮助它们获得联邦基金和其他方面的补助，由社区来提供公共服务。②

社区部门经常通过以下几种方式来提供公共服务，促成公民与政府合作：

一是志愿服务，即由社区发动公众参与公共物品和服务的供给。这种活动在日常生活中随处可见，如慈善捐赠、无偿献血、认领树苗、民众将垃圾分类后放在政府指定的地点、警察局出面组织的防治犯罪的守望相助组织，以及社区文化中心、残疾人服务中心、图书馆、养老院中的义工活动。例如，20世纪70年代后期，在对付刑事犯罪方面，旧金山通过社区委员会由志愿调解人员来平息那些常常引发暴力事件的日常争端，现在这些社区委员会处理解决的案子比旧金山市法院的还多。③ 在这些志愿服务中，公众并不只是公共服务的一般享受者，也是公共服务的共同提供者。

二是利用各种非营利组织或私营机构来整合社区的公共服务资源。常见的方式有组建农民合作社、信托联盟、住宅公社、社区学院和社区发展公司。比如，美国的明尼阿波利斯市把公共服务的所有权和管理权交给社区，促成建立了一系列包括社区组织和企业在内的街坊网络，让当地的公司企业雇用低收入的居民，并由一名由企业界支付工资的市政府雇员来担任协调员和解决合作中的实际问题。④

三是消费者控制。这常常发生在俱乐部产品的供给中。当政府统一提供的公共服务难以满足不同社群的不同需求时，这些社群就可能自己组织起来，自行寻找有效的供给方式。前面提到的治理公共池塘资源就是“消费者控制”的很好例证。然而，在公共池塘资源管理中，政府并非毫无作用。正如埃莉诺·奥斯特罗姆所指出的，政府对组织权最低限度的认可是成功的自组织活动的重要设计原则，并且，“地区的和全国的政府在为增强地方占用者进行有效制度设计而提供设施方面可以起积极的作用”⑤，如美国地质调查局和加利福尼亚州自然资源部在地下水使用方面提供的专业信息服务、州法院在水权分配上的公正裁决等。

事实上，在很多情况下，社区治理并不是自发生成的，而是政府部门主动建构的结果。在英国，地方当局就扮演着“社区领导者”的角色，要引导社区部门、社区成员共同参与制订社区发展计划，在执行社区项目时与其他行动者结成合作伙伴关系。而且，即使政府把公共服务的所有权和控制权交给社区后，政府的责任也并非就此结束。保证社区部门满足社区民众的公共需要，仍是掌舵型政府的主要职责。

---

① 参见江明修：《公共行政学》，58页，台北，五南图书出版公司，1997。

② 参见宋世明：《美国行政改革研究》，255页。

③ 参见［美］戴维·奥斯本、特德·盖布勒：《改革政府——企业精神如何改革着公营部门》，33页。

④ 参见上书，322页。

⑤ ［美］埃莉诺·奥斯特罗姆：《公共事物的治理之道》，312页。

公共服务的社区化是一股世界性的潮流。在新加坡，李光耀也大力提倡建立“新加坡人的社区”，以使社区所有成员，包括政府、民意代表、市民等，在公共论坛中都能理性地表达自己的意见，耐心地倾听他人的意见，并在社会系统中彼此增加充分的理解。社区治理正成为培植政治国家与社会之间信任关系的重要渠道，成为推动政府与社会进行合作的主要途径，这有利于整合国家与社会的总体资源以创造“双赢”的局面。

综上所述，我们可以用图 3-1 来表示网络治理的实践模式。

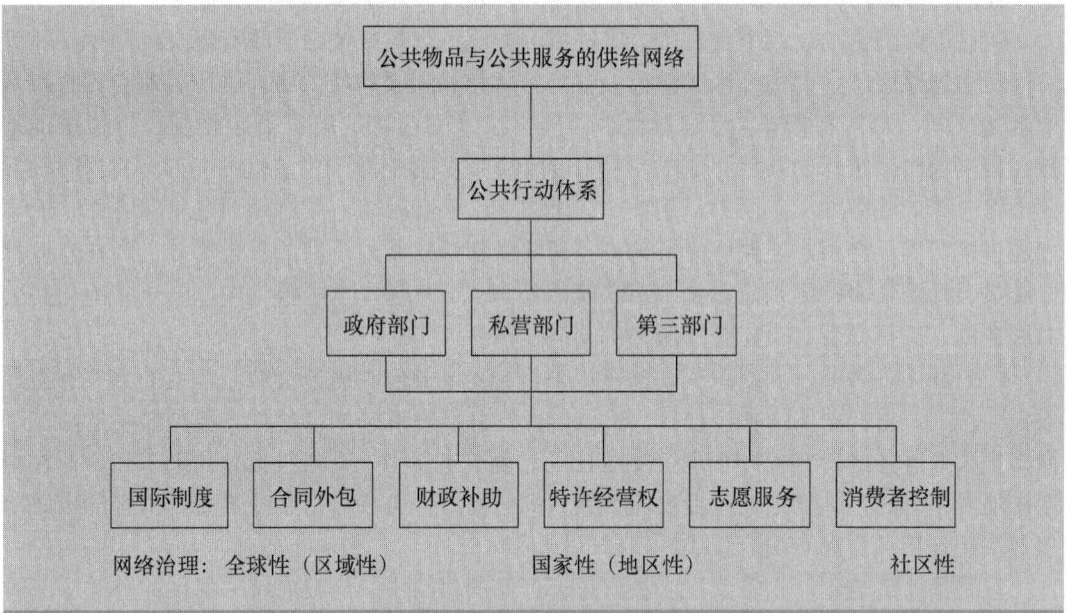

图 3-1 网络治理的实践模式

从图 3-1 中不难看出，网络治理的根本任务是提供各种类型的公共物品和公共服务；网络治理的主体是由三大部门以多种合作方式组成的公共行动体系；网络治理的工具是多元的，包括国际制度、合同外包等，这些工具是将公共目标转化为联合行动的重要途径，采取何种工具取决于不同的问题情景；网络管理包括全球治理、国家治理和社区治理等基本类型。在实践中，这些治理类型交叉重叠在一起。

3.1.3 网络治理的多重困境

相互依赖关系是一把双刃剑。一方面，随着相互依赖关系的加强，合作网络所强化的共同利益为解决依靠单个组织无法解决的事务提供了可能，对众多国家和地区的治理变革产生了深刻的影响，成为推动公共管理民主化、社会化、分权化和竞争化的重要力量。另一方面，随着相互依赖关系的发展，合作网络也面临着多重困境，直接影响着治理的能力和绩效。治理的困境表现在以下几个方面：

1. 可治理问题

并非任何社会问题都可以通过合作网络来解决，在市场和政府起不了作用的地方，合作网络也不一定能有效地发挥作用。这就向合作网络提出了可治理性问题。例如，市场失败大都是资本主义社会矛盾运动的结果，用合作网络的力量并不能真正消除影响经济顺利运行的深层因素；政府失败大多是体制性的原因，需要进行改革，这也是合作网络所无能为力的。在这些情况下，导入合作网络不仅于事无补，反而可能恶化问题。就算是可以用合作网络加以解决的问题，在具体实施时却又可能面临多种矛盾：一是合作与竞争的矛盾。合作是共同治理的基础，但过度强调合作，会造成对变化反应太慢和适应力的退化。二是开放与封闭的矛盾。合作网络要求保持一定的封闭性，控制网络的成员，但这会排除一些潜在的成员，丧失新的合作机会。三是原则性与灵活性的矛盾。原则性要求成员遵守共同的网络治理规则，形成稳定的互动关系，但日益增长的相互依赖关系会随时改变成员之间的互动方式，破坏治理规则。这些矛盾都可能引发治理失败现象。

要想避免治理失败现象的出现，我们就必须先明确，解决复杂问题的方案是在不完善的市场、不完善的政府和不完善的网络之中以及三者的各种结合之间进行的选择。复杂社会问题的有效解决通常需要综合运用科层、市场和网络等多种机制的力量。然后，在认真分析具体社会问题的基础上，选择最具比较优势的解决方案。一般来讲，合作网络在解决城市复兴、社会排斥、犯罪与社区安全、可持续发展和环境保护等棘手问题上较有优势[①]，这些问题具有以下特征：比较复杂，涉及方方面面、有关行动者能够以平等身份进行磋商的公共事务；比较区域化、多样化的公共需求；单个层面的政府难以解决，需要有多个行动者特别是有第三部门成员的主动参与。最后，在网络治理的过程中，要使治理机制在合作与竞争、开放与封闭、原则性与灵活性之间保持动态的平衡和适当的张力，用权变的策略来解决管理中各种不断浮现的问题和矛盾。

2. 合法性问题

这主要是指在相互依赖的环境下，社会公众对民主政治的认同危机。哈贝马斯认为，合法性危机是一种直接的认同危机，它是由于“履行政府计划的各项任务使公共领域失去政治意义的结构受到怀疑，从而使确保生产资料私人占有的形式民主受到质疑”[②] 而造成的。这种观点对分析合作网络与代议制之间的紧张关系同样有用：一方面，许多公众认为由政府部门和非政府部门联合提供公共物品和服务是不合法的，提供公共物品是且只能是政府的职责，他们强烈要求由他们选举产生的官员来组织和控制公共服务。这种认识必然破坏公众对合作网络的信心，削弱网络治理的合理性。另一方面，由于许多公共物品由社区部门自行组织或由第三部门来提供，不再由政府部门来供给，很多公众也因此认可合作网络，这或多或少转移了公众对政治系统的认同，减少了对政府的“忠诚投入”。

公众的这些认知是造成二者紧张关系的直接原因。要想将政治系统的合法性和合作网络的合理性有机地结合在一块，就必须改造公民文化，引导公众立足相互依赖的社会环境去认识和评判政治系统与合作网络之间的关系。

公众必须认识到，合作网络的有效运行并非以削弱国家的行动能力为前提，国家依然

① Robert Leach, Janie Percy-Smith, *Local Governance in Britain*, New York: Palgrave, 2001, p. 186.

② ［德］尤尔根·哈贝马斯：《合法化危机》，65页，上海，上海人民出版社，2000。

是身份认同的象征者、统治秩序的维护者、社会价值与资源的（再）分配者和使用暴力等强制性手段的垄断者。合作网络的权威从根本上来源于政治权威的认同，是政治系统以法律或默认的方式将公共权力赋予了其他行动主体。而且，合作网络离不开政府的支持和参与。大多数网络都是政府主动建构的，在国际制度等合作网络中，政府是最主要的行动者。最重要的是，网络疏于通盘权衡，仅代表网络成员的利益，无法代替政治系统代表公共利益的角色。当政治系统无法将大众认同维持在必要水平时，社会的碎片化也将使合作网络无法有效地运行。另外，还要认识到，政府的资源是有限的，在相互依赖的环境下，合作网络的确可以依靠自身资源解决共同关注的问题，其存在很大程度上是功能性的和实用性的。

合作网络的有效运作是提高政治系统合法性的一种途径和工具，以这样的方式去理解代议制与合作网络的关系，也许是弥合公众认知鸿沟的第一步。在这方面，政府、大众媒介、学校、学者和社会精英负有重要的责任，应通过意识形态、宣传报道、学校教育、思想交流、实践机会等各种途径来塑造公众的情感、人格、知识和技能。这是社会的共同学习过程，也是个人的终身学习过程。正如安东尼·吉登斯所强调的："问题并不在于要更大的政府或更小的政府，而是要认识到目前的治理方式必须适应全球化时代的新情况；而且，权威，包括国家的合法性，必须在一种积极的基础上得到重构。"①

3. 有效性问题

治理能力与治理需求之间的差距是产生有效性问题的直接原因。产生这一问题具有其必然性：从需求来看，变动不居的治理环境和日益增多的社会团体产生了层出不穷的公共需求，可能向合作网络提出不尽相同甚至是相互对立的政策主张，并强烈要求合作网络予以解决，这无疑向网络施加了压力；从能力来看，合作网络不是全能的，其解决问题的资源总是有限的，况且影响网络运行的因素是多方面的，某一方面或某种条件的缺失都可能影响网络治理的效果，甚至使合作网络面临解体的危险。在现代政治生活和公共生活领域中，相对合作网络有限度的治理能力而言，治理的需求量有无限增长的趋势，这就是网络中必然存在有效性问题的原因。

为了提高合作网络的有效性，我们必须：（1）明确网络的能力限度。必须从可治理问题出发，使合作网络承担的职能与其能力相匹配，所采取的行动与其权力相一致。在此基础上，才可能通过恰当的制度框架来安排网络中的管理规则、互动模式和行为规范，引导互惠合作伙伴关系的形成与巩固。同样，一个"有所为有所不为"的网络，才是一个有效的网络。（2）开发新的管理工具。对公共管理而言，首要的问题是"使传统的纵向体制适应全球化与分权化的挑战，实现新型的横向合作体制与传统的纵向官僚体制的完美结合"②，使政府部门学会运用合作网络的力量来处理公共事务，保证公共利益的实现。这需要公共行动者开发新的工具，如战略性会谈、公共论坛、电子布告栏、合同管理、绩效管理、内部市场和公共哲学等，来提升合作网络的行动能力。（3）培养网络的管理者。这种管理者不能依靠控制和命令来履行职责，而必须学会倾听和磋商，在与其他行动者的对

① ［英］安东尼·吉登斯：《第三条道路：社会民主主义的复兴》，76页，北京，北京大学出版社、三联书店，2000。

② ［美］唐纳德·F.凯特尔：《治理的转型：全球化、分权化与政府的作用》，载《北京行政学院学报》，2001（5）。

话中发挥核心作用。这种管理者必须具备四种能力：一是应对不确定环境的能力；二是处理社会关系、营造合作氛围的能力；三是制定和调整网络管理条例的能力；四是培育网络共同价值与信念的能力。(4) 从需求看，网络中的行动者要有这样的行动意识——不能各执己见、互不退让，甚至针锋相对，而要在重视共同利益的基础上，学会在对话中相互理解，在互动中彼此尊重，并约束自己的不合理要求。

“治理能力是管理需要和管理能力之间的持续平衡过程。”① 所以，提升合作网络的有效性，只能是一个动态、长期的过程。

4. 责任性问题

通过合作网络，政府可以在避免扩大规模的同时管理更多的公共项目。然而，也正如众多研究者所担心的，由于合作网络建立在政府部门与非政府部门共享权力、分担责任的机制上，带来了公私界限模糊、责任认定困难的问题，这为公共行动者互相推诿、转嫁责任提供了可能。具体而言，这种责任性问题表现在：私人部门中的企业很少认为自己是社区的“居民”，对社区负有任何责任；第三部门的组织希望自己可以更广泛地参与公共政策的制定和社会事务，但这些组织也有不足的地方，如低效的管理，与其他类型的组织缺乏联系和交流，仅代表局部利益；更严重的是，这会弱化政府的公共责任，引发行政伦理问题和政府缺位现象，甚至滋生腐败现象，正如司徒基曼所说的，“政府雇员采用的商业中的做法在政府中却是不符合伦理的……而过度的个人自治可能导致伦理无序状态……回应性、效能并不是政府伦理的内容”②。在美国，社会资本愈来愈多地卷入了政府项目，联邦政府在州、地方政府、营利性机构与非营利机构中的“影子雇员”远远超过了联邦雇员，比例为 9∶1，责任性问题显得尤为突出。

合作网络要想进一步发展，就必须通过认真建构和完善责任机制来增强网络的责任性和回应性。这可以从以下几个方面来强化：

第一，加强行政伦理建设，重塑职业主义精神。职业主义是公务员的组织文化，关系到公务员队伍的整体道德水平，也直接影响政府的运行效率与规范。在合作网络中，当务之急是重塑这种日益被侵蚀的职业操守，在公务员系统中充分孕育忠诚、奉献、公正、负责与合法的职业主义氛围，保证政府雇员为公共利益而工作，这对提升政府的合法性、加强政府内部的集体决策能力具有重要的意义。

第二，完善公共责任制度，确保公民权利的实现。政府将部分职责转移给私营机构和非政府组织后，就必须使这些私营实体和非政府组织遵循必要的公共伦理规范，考虑将这些组织纳入政府的诚信建设体系。只有这样，才能缓和公共利益与私人利益的摩擦，才能减少整体利益与局部利益的冲突，才能防止这些组织在提供公共服务时不致滥用资源和以权谋私。在这方面，香港廉政公署的做法具有借鉴意义，廉政公署要求企业界制定与政府和通用的法律法规相衔接的服务规范，并免费为团体和个人提供诚信审计。而且，随着公共服务被委托给非政府部门，政府就应该逐步扩展公共审计职能与质量认证职能，以确保对纳税人的税金进行政治上的控制，保证公民得到服务的正当权利，使私人部门和第三部

---

① [美] 詹·库伊曼：《治理和治理能力：利用复杂性、动态性和多样性》，见俞可平主编：《治理与善治》，231页。

② 司徒基曼：《公共机构伦理与政府重塑》，载《国家行政学院学报》，2001 (3)。

门更具公共责任意识。这也是政府管理合作伙伴关系的重要方式。

第三，在合作网络中，政府也有特殊的责任定位。越是碎片化的社会越需要联合行动，越需要确立社会合意。确立合意，保持社会的凝聚力是政府的重要职责。网络中的不同主体拥有不同的资源，具有不同的行动能力和话语权。保护网络中的弱势群体，回应他们的利益需求，也是政府的职责所在。在社会子系统治理失败的地方，政府还扮演着“元治理”的角色，有责任采取最后的补救措施来重塑合作网络。

各国政府必须意识到，它们在转移某些责任的同时，必须自觉地承担起新的责任。在这个问题上，发展中国家比发达国家承受着更多的煎熬，面临着现代性与后现代性的双重考验。对于广大发展中国家而言，增强责任机制首先意味着加强国家的制度化建设，增强政府的动员能力、稳定能力和制衡能力。只有这样，发展中国家的政府才有能力承担起公共责任，回应社会的不同需求。其次，发展中国家在建设市场经济的同时，还承担着培育社会组织的责任。在这些国家，社会组织发育先天不足，需要国家的推动，为社会组织的发展创造一个多元化的制度框架。最后，发展中国家还需要培育合作能力与学习能力，在联合行动中共同解决环境、贫困、移民等全球或区域性问题。

总之，任何一种治理模式都是独特的，都必须与当地的历史传统、社会习惯、政治制度和经济条件相一致，正如吉尔斯·菲利普所说的：“治理既是政治文化的产物，也是制度结构的结果。”① 不存在建构合作网络的最好方法，也不存在“放之四海而皆准”的治理模式。在分析与借鉴任何一种合作网络时，都应该尽力防止盲从的移植和盲目的学习，而要认真分析问题，对症下药，创造性地加以利用，实现网络建构的本土化。只有具有治理的独特性，才有治理的多样性。这是网络治理具有强大生命力的根源。

3.2 当代国外的政府改革

当代世界性的公共部门治理变革起源于西方“新公共管理”或“管理主义”改革以及包括中国在内的转轨国家的政府改革，并扩展至全世界。正如著名公共管理学者胡德（C. Hood）所说，新公共管理并不是由英国单独发展起来的，而是 70 年代中期以后公共管理领域中出现的一种显著的国际性趋势。② 可以说，政府治理变革浪潮席卷了西方乃至全世界。“代表这一股潮流、全面推进行政改革的既有君主立宪制国家，也有民主共和制国家；既有单一制国家，也有联邦制国家；在政府制度上，既有内阁制政府，也有总统制政府；在市场体制上，既有自由型市场经济，也有政府导向型经济；高举改革旗帜的，既有右翼政党，也有左翼政党。”③

① 转引自杨雪冬：《要注意治理理论在发展中国家的应用问题》，载《中国行政管理》，2001（9）。

② C. Hood, “A Public Management for All Seasons”, *Public Administration*, 69 (Spring), 1991, pp. 3-19.

③ 国家行政学院国际合作交流部编译：《西方国家行政改革述评》，“序”（方克定作），4 页，北京，国家行政学院出版社，1998。

3.2.1 全球性的政府治理变革浪潮

在过去的30多年里，公共部门改革已经成为波及全球的巨大浪潮，不管是发达国家、转轨国家还是发展中国家，政府改革与治理都处在激烈的变化之中。尽管各国所采取的战略和策略、深度和广度、进度和成效不一，但是这场改革却从广阔的领域——从解除管制到执行机构的自主化，从流程再造到变革文官制度，从绩效评估到顾客服务导向——对以官僚制为基础的传统行政管理模式产生了强大的冲击。

1. 全球性政府治理变革的动因

全球性政府治理变革浪潮兴起的背景及动因主要有如下几个方面：

一是经济和政治因素在将改革提上议事日程的过程中起决定性作用。例如，20世纪70年代石油危机之后的经济衰退，导致西方各国高额的财政赤字，福利国家不堪重负，并面临一系列新的社会与政治问题，这是引发政府改革的直接原因。按照奥斯本和盖布勒在《改革政府——企业精神如何改革着公营部门》一书中的说法，解决财政赤字问题从原则上说有三种办法：一是限制开支和公共任务的终结；二是增加岁入尤其是税收；三是用较少的开支来实现公共使命，即“少花钱多办事”。只有第三条途径才是现实的可供选择的出路，“新公共管理”改革所选择的正是这条道路。

二是经济全球化的出现是当代政府治理变革的一个推动力。全球化趋势使各国对本国经济竞争力高度重视；政府能力是一国综合国力和竞争力的主导性因素之一，政府如何引导和调控国民经济运作，参与国际经济竞争，促进经济发展，自然成为人们关注的焦点。经济全球化对政府的公共管理提出了更高的要求。经合组织把政府改革当作其成员国在国际市场上进行有效竞争的一个重要途径，认为顺应经济的全球化和保持国际竞争力的内在需要，为公共部门改革提供了新的强大动力；处理国际问题不再是传统的涉外部门的专门职责，所有政府部门以及地方政府都必须具有跟踪、理解和处理国际问题的能力；经济资源的稀缺和为避免不稳定而保持经济竞争力，是推动现有公共部门改革的重要因素。

三是新技术革命尤其是信息革命是政府治理变革的一种催化剂。信息技术的快速发展为建立起灵活、高效、透明的政府创造了可能性。信息时代的来临以及“数字化生存”方式要求政府对迅速变化着的经济做出反应，它打破了长期以来政府对公共信息的垄断，新通信技术以及接触政府信息的便利使公民和社会团体更容易参与公共管理活动。这要求对政府组织及其运作过程做出变革与调整。

四是传统的官僚体制（科层制）的失效以及商业管理模式的示范性影响。传统的官僚体制曾在公共管理中发挥过重要的、积极的作用，但是，随着人类社会由工业化社会向后工业社会或信息社会的转变，传统的公共行政管理模式越来越不适应，它的基本原则受到了严峻的挑战，并在实践中逐渐失效或过时。作为传统的公共行政模式基石的官僚体制（科层制）已被证明是一种过时、僵化和无效率的政府体制模式，正如奥斯本、盖布勒在《改革政府——企业精神如何改革着公营部门》一书中所说：工业时代发展起来的官僚体制，专注于各种规章制度及其层级的指挥系统，已不能有效运转；它变得机构臃肿、浪费严重、效率低下；它在变化迅速、信息丰富、知识密集的90年代已不能有效地运转了。[①]而商业管理模式市场竞争机制的效率及最佳实践也被公共部门的管理者所效仿。

五是公民对政府的信任危机以及对更好生活的期望。他们对政府提出了更高的要求——更好更快的公共服务以及更多的公共事务参与。美国学者丹尼斯·A.荣迪内利指出：全球化、技术创新和通信技术的发展给政府带来巨大的压力，接踵而来的便是本国公民向其政府提出的更高要求，公民对政府与日俱增的期望常常引起公民对政府的不满和对政府信任的流失，这增加了改革的压力。[②] 例如，西方新公共管理改革运动正是西方各国政府为回应日益蔓延的公民对政府的不满以及对政府提出的更高要求而展开的。澳大利亚学者欧文·E.休斯则说：在全球化蓬勃发展的现代社会，政府的角色也许比以往任何时候都显得更为重要，对竞争的日益关注意味着政府的工作必须更出色。

从全球视野看，政府必须在保持经济活力、减少贫困、提高生活水平方面承担新的角色或职能。联合国《千年宣言》和其他人类发展的宣言规定的发展目标是实现平等、持续、参与性的经济和社会发展。它规定的政府职能是实现经济和社会的可持续发展，最终提高全体人民的生活水平。政府通过自身职能的履行，特别是通过治理改革，提升机构能力，有效制定和实施公共政策（尤其是向穷人和弱势群体倾斜的政策）等来实现经济和社会的可持续发展，满足公众日益增长的公共服务需求。

2. 政府改革与治理的不同类型或模式

当代全球性的政府改革与治理有不同类型或模式。即使被冠以“新公共管理”名称的当代西方政府治理变革浪潮，严格说来也并没有统一的改革与治理的模式。方克定则根据西方学者的论述，将当代西方政府改革实践分为三种类型：“一是地处北大西洋和南太平洋的英国、美国、加拿大、澳大利亚和新西兰在不同程度上推行‘新公共管理的改革’（其中，英国、澳大利亚和新西兰堪称系统化的改革，美国属于渐进主义的改革，加拿大居于两者之间）；二是欧洲大陆的法国、德国、荷兰、瑞典等实行连续或不连续性的渐进主义改革，它们都受到新公共管理的影响（其中，有合作主义传统的瑞典有时被列入第一类，而德国则具有最明显的渐进主义特征）；三是南欧半岛国家意大利、希腊的为争取行政合法性或强制性制度化的改革，西班牙似乎兼有二、三类改革的特点。”[③] 而“无论哪一种改革类型，都无例外地贯穿着韦伯式的传统的公共行政与标志行政现代化的‘新公共管理’两种基本取向的争论”[④]。

我们认为，就区域而言，当代西方形成了如下几种有典型意义的政府改革与治理模式：一是英国或英联邦国家模式，即英国、新西兰和澳大利亚等国的“新公共管理”运动；二是北美模式，主要包括美国的“企业化政府”或“政府再造”运动和加拿大的公共服务改革（或更准确地说，美国和加拿大有各自不同的模式，尤其是在公共服务领域）；

① 参见［美］戴维·奥斯本、特德·盖布勒：《改革政府——企业精神如何改革着公营部门》，12～13页。

② 参见［美］丹尼斯·A.荣迪内利：《为人民服务的政府：民主治理中的公共行政角色的转变》，载《经济社会体制比较》，2008（2）。

③ 国家行政学院国际合作交流部编译：《西方国家行政改革述评》，“序”（方克定作），3～4页。

④ 同上书，8页。

三是欧洲大陆模式，德国、法国、意大利、西班牙等国的行政现代化运动；四是北欧模式，斯堪的纳维亚各国的政府改革，尤其是福利国家及社会保障制度改革等。

在西方（地域意义上的）之外，世界其他地区的政府治理也处于变革之中，并且形成了不同于西方的有区域与国家特色的改革与治理类型及模式。较有典型意义的有：东欧模式——原苏东地区尤其是俄罗斯、波兰、匈牙利等国的体制转轨与改革；拉美模式——巴西、阿根廷、智利等国的治理改革（尤其是近十年摆脱“拉美陷阱”的努力）；东亚（及东南亚）模式——以日本、韩国、中国台湾、中国香港和新加坡等国家和地区为代表的亚洲工业化国家或地区的政府治理与改革；南亚模式——以印度和不丹等为代表的政府改革。

3. 研究国外政府改革与治理实践的意义

国外政府改革与治理的实践为其理论研究提供了丰富的素材，推动了政府治理与改革的理论发展。政府治理与改革的理论也逐步成为公共管理研究的主流，受到学界和政界的共同关注。在政府治理与改革的理论研究中，既有学者借助公共选择和新制度主义等经济学流派的理论和方法，对公共部门加以深入的分析，用市场理念和市场机制重塑政府管理体制和过程；也有学者以民主政治理论为依托，强调政府管理和公共服务的公平公正，关注公共精神的实现。不同的研究路径推动了当代政治学、经济学、管理学和社会学等学科的理论结构的重塑和理论重心的转移，为公共行政或公共管理的跨学科、多视角的研究提供了平台。可以说，无论是理论进展还是实践变迁，国外的公共治理体系和政府改革模式都呈现了多元化的发展趋势，为我国政府改革与治理的实践提供了丰富的理论研究素材和实践的经验教训借鉴。

3.2.2 西方的“新公共管理”运动

20世纪最后的二十余年，西方掀起了一场所谓“新公共管理”改革运动。它以采用工商管理的理论、方法及技术，引入市场竞争机制，强调顾客导向以及提高服务质量为特征，被称为“管理主义”（managerialism）或“新公共管理”，也被人们描述为一场追求“3E”目标的管理改革运动。进入新世纪，尤其是2008年的国际金融危机发生之后，西方政府改革与治理出现了若干新趋势，进入所谓“后新公共管理”时代。

1. “新公共管理”运动的兴起

英国是“新公共管理”运动的发源地之一。1979年撒切尔夫人上台以后，英国保守党政府推行了西欧最激进的政府改革计划，开始这种以注重商业管理技术、引入竞争机制和顾客导向为特征的新公共管理改革。商业管理技术在英国公共部门的引入始于1979年，并以雷纳（Rayner）评审委员会的成立为标志。出身于私人部门的雷纳在内阁中主持一个项目小组，负责对公共部门的绩效进行调查评估。1983年，“财政管理创议”启动，建立起一个自动化的信息系统来支持财政管理改革。1988年，著名的报告“下一步行动方案”（全称是《改善政府管理：下一步行动方案》）提倡采用更多的商业管理手段来改善执行机构，提高公共服务的效率。该报告指出：长期以来，缺乏真正的压力迫使政府机构改善绩效，提高工作效率；以往所重视的是标准化的程序而忽视公共服务的提供；政府注重的是高级文官的政策咨询功能而非管理功能。为了解决这些问题，该报告建议把整体的部（委）分解成若干机构，这些机构在主管的部（委）的政策指导下，履行公共服务和有效管理的职责；以管理主义的技术和程序培训职员，并且所有活动都是在一位高级主管的领导下进行。“下一步行动方案”机构的创立一开始是零碎的，但发展迅速。到1995年，英国75%的文官都被纳入这种“下一步行动方案”机构。“新公共管理”的顾客导向和改善服务的特征，特别明显地体现在1991年梅杰政府的“公民宪章”的白皮书中，而引入市场竞争机制这一特征则明显地体现在1979年以来英国公共公司以及公共机构的私有化浪潮之中，也反映在1992年梅杰政府的“为质量而竞争”的政策文件中。这些措施促使提供公共物品和服务的公共部门接受市场检验；各公共部门之间、公共部门与私人部门之间围绕公共物品和服务的提供展开竞争，尤其是通过公开投标赢得竞争并提供优质服务的单位才能生存与发展。

美国是现代管理科学的摇篮，20世纪的美国文化是以信奉管理为特征的。美国的“新公共管理”改革尽管不像英国那样有明确的起点和目标，但似乎开始得更早（可以从1978年卡特政府的《文官制度改革法案》的实施算起），并且带有更明显的管理主义或“新泰勒主义”倾向。里根政府大规模精简政府机构和收缩公共服务范围，当时负责推行改革的格雷斯（Grace）委员会的基本职责是将私人部门成功的管理方法（“最好的实践”）引入公共部门管理领域之中，以提高政府效率。格雷斯委员会诊断出的美国公共部门的低效及失败的主要原因是：(1) 国会对联邦政府机构的日常管理的过多干预；(2) 人事尤其是高层人事缺乏连续性；(3) 缺乏追求高效和经济的诱因；(4) 会计和管理信息系统不完善；(5) 缺乏强有力的中央财政和会计管理。布什政府则推行全面质量管理。1993年，克林顿上台，开始了大规模的政府改革——“重塑政府运动”(reinventing government movement)，其目标是创造一个少花钱多办事的政府，并坚持顾客导向、结果控制、简化程序和一削到底原则；改革的基本内容是精简政府机构、裁减政府雇员、放松管制、引入竞争机制以及推行绩效管理。这场改革的一个纲领性文献是戈尔所领导的国家绩效评估(National Performance Review，NPR) 委员会的报告《从过程到结果：创造一个少花钱多办事的政府》(简称《戈尔报告》)；其先导则是奥斯本和盖布勒的《改革政府——企业精神如何改革着公营部门》一书。

《戈尔报告》指出：从20世纪30年代到60年代，美国建立起庞大的、自上而下的、集中化的官僚体制来处理公共事务，这种体制以那时的公司结构为模式，采用分等级的科层制形式——它将任务加以分解，落实到不同层次的雇员，而这些雇员及机构则由严格的规章制度所约束。由于对标准化程序的先入之见、垂直的指挥链条和标准化的服务，这些官僚机构是稳定的，但是也造成机构臃肿和反应迟缓。当代迅速变化着的世界、闪电般的信息技术、全球性竞争和需求式的顾客，使得庞大的、自上而下的、集中化的官僚体制(无论是私人的，还是公共的) 已经失效。该报告提出，政府改革的四项主要原则为：(1) 消除繁文缛节，由注重过程的系统转变为注重结果的系统；(2) 把顾客放在首位；(3) 授权雇员以取得成果；(4) 一削到底，并创造出一个少花钱多办事的政府。《戈尔报告》还引用了英国、新西兰和澳大利亚的改革经验，指出美国在发展新公共管理方面已经落后了。

新西兰、澳大利亚与英国一起被人们视为新公共管理改革最为迅速、系统、全面和激进的国家。特别是新西兰，它因改革的深度、广度、持续时间和成效而被许多西方国家奉为典范。在新西兰和澳大利亚，旧的公共行政传统以管制经济和由政府部门提供一切公共服务（福利国家）为特征。20世纪70年代末80年代初，两国面临相同的问题与压力。80年代初期与中期相继开始了全面的行政改革（澳大利亚从1983年开始，新西兰从1984年开始）。尽管两国改革在总体框架、制度设计、改革进程和管理实践等方面存在着差别（尤其是新西兰的改革先有总体框架，而澳大利亚是在改革进程中逐步形成总体框架的），但是，这两个国家与其他经合组织成员国相比，更多、更明确地采用了管理主义的模式。在公共部门引入私人部门的管理方式以及市场机制，是公共管理方式的根本性转变。改革几乎涉及所有公共部门以及公共部门的组织、过程、角色和文化等方面；改革的具体措施包括结构变革、分权化、商业化、公司化和私有化等。按照波斯顿（J. Boston）在《转变着的新西兰公共服务》一文中的说法，新西兰的公共部门管理改革有三个基本趋向：一是政府已使许多由公共组织履行的功能商业化；二是只要可能就将商业活动与非商业活动分开，并将交易活动转移到公共公司；三是人力资源管理政策上的变化（尤其是引入合同制、绩效工资制和新的责任机制）。

欧洲大陆各国（德国、法国、荷兰、瑞典等）的行政改革有所不同，它不具有英、美、新西兰和澳大利亚等国的行政改革的那种系统、全面、连续和激进的特点。但是欧洲大陆的行政改革同样带有明显的管理主义色彩，或多或少以“新公共管理”为取向。例如，在德国，20世纪70年代末到90年代初的行政改革采取了非连续性渐进主义模式，即改革具有非连续性、渐进性和零碎性特点，但其改革的基本内容——调整公共事业、“给国家减肥”（或“苗条国家”）、精减公共服务人员、压缩公共人事开支、变革公共组织结构等——在某种程度上是管理主义取向的。特别是90年代开始的地方政府改革，推行从荷兰借鉴而来的“地方治理模式”，它与英美等国的“新公共管理”模式十分相似，特征是：产出与结果控制、项目预算和绩效指标、服务和顾客导向，康采恩式的权责划分，责任委托给商业单位等。又如，在荷兰，尽管改革没有更新政治—行政体制，改革具有渐进和零碎的特点，但改革是管理主义取向的，即改革的目标是改善政府组织的运作，提高行政效率与效能，方法是放松管制、分权、私有化和引入商业管理模式及市场机制等。1982年发起的“大手术”改革（以分权、放松管制、私有化、裁员和文官制度改革为主要内容）、1989—1994年推行的“社会更新活动”（核心是提倡和鼓励公民及社区积极参加公共事务管理活动）、1990年开始的“大效率运作”改革（目的是提高文官系统的效率和削减预算）都具有明显的新公共管理特征。

2. “新公共管理”改革的内容及措施

作为一种正在成长并且日益取代旧的公共行政模式的公共部门管理的新模式，“新公共管理”有不同的名称，如“公共管理主义”（或“管理主义”）、“企业化政府”、“后官僚体制模式”、“市场导向的公共行政”等。

休斯认为，20世纪80年代中期以来，西方发达国家公共部门的管理方式已发生了变化，以官僚制为基础的传统行政管理模式正在转变为一种以市场为基础的新公共管理模式。尽管这种模式有各种各样的名称，但它们都表示同一种现象，即传统的官僚制已被一种以市场为基础的模式所取代。现在，改革公共管理、削减预算、公共事业的民营化成为普遍的现象；官僚制组织已不再是直接提供商品和服务，许多国家采用了私人部门首创的灵活的管理系统，政府可以通过补贴、管制和合同的形式进行间接运作，而不一定是直接的提供者。

休斯认为，西方公共部门管理改革是全球化、技术革新、私有部门变革的示范以及对政府能力的要求等方面挑战的结果。在这种20世纪最大规模的公共管理改革中，存在着两种密切联系的趋势：一是公共部门向市场化发展；二是不断地脱离官僚体制（不再把官僚制作为公共部门组织原则）的趋势。

经合组织1991年的《公共管理发展报告》指出，经合组织国家的管理主义改革强调"在各个（政府）层级之间、在监督机构与执行机构之间、在公共的与私人的各生产单位之间引入一种更加契约化、更多的参与和更大的选择自由的关系"。大多数国家已不再通过法规和等级权威来管制行政行为，而是通过如下的两个主要途径来提高生产力和增强提供公共物品与服务的能力：

一是提高公共组织的生产绩效，目的是加强对员工个人的激励因素，测量组织绩效，提高人力资源管理水平，并改善与顾客的关系。具体措施有：让员工参与决策与管理过程，在推行严格的绩效目标的同时放松管理控制力度；运用信息技术；改善顾客反馈渠道并强调服务质量；将供给与需求决策相结合（如采用用者付费方式）。

二是充分利用私人部门建立一个可靠的、有效的、竞争性的和公开的采购体制，将原来由公共部门提供产品和服务的生产承包出去，通过合同形式购进中间形态的产品和服务，并终止供应的垄断现象和其他保护形式。这一途径能够较有效地缩小政府规模。

美国学者英格拉姆把当代西方政府改革的内容概括为四个方面或四类："（1）预算和财政改革；（2）结构改革；（3）程序或技术层面的改革；（4）相互关系方面的改革。每一类改革都涉及公共组织的内部运转及其与外界的关系；每一类改革都试图从不同的角度解决公共管理和公务员中的问题。"①

另一位美国学者彼得斯则从组织结构、人事管理、政策制定和公共利益四个方面来讨论当代西方行政改革的走向及内容。② 我国学者周志忍把当代国外（西方）的行政改革的基本内容归纳为三方面：第一，社会、市场管理与政府职能的优化（包括非国有化、自由化、压缩式管理等）；第二，社会力量的利用和公共服务社会化（包括政府业务合同出租、以私补公、打破政府垄断、建立政府部门与私营企业的伙伴关系、公共服务社会化）；第三，政府部门内部的管理体制改革（包括建立与完善信息系统、分权与权力下放、部门内部的组织结构改革、公共人事制度改革、提高服务质量以及改善公共机构形象、公共行政传统规范与工商企业管理方法的融合等内容）。③

概括来说，当代西方政府改革的主要内容及措施有：

（1）政府职能的优化。当代西方发达市场经济国家的政府改革的重点之一是重新界定

① 国家行政学院国际合作交流部编译：《西方国家行政改革述评》，48页。
② 参见上书，2页。
③ 参见周志忍：《当代国外行政改革比较研究》，30～37页。

政府职能。在“新公共管理主义”的视野中，政府从大量社会事务中解脱出来，将这些职能交给或归还给社会，由社会经济组织或中介组织去承担，政府则制定法律和规章制度，监督和执行法律和法规。当代西方各国政府优化政府职能、减少政府干预的基本途径是通过采取民营化、放松管制以及压缩式管理等途径将政府兴办和管理的大部分公共企业交给市场和社会，尽可能地将公共部门承担的社会服务出租和承包出去。经过职能调整，西方发达国家政府的经济社会管理职能仅限于：建立全面而系统的经济立法体系，把社会经济活动纳入法制轨道；通过计划、财政、金融干预等手段，加强对经济的宏观调控；提供公共物品以及公共服务。

（2）竞争机制的引入。引入竞争机制的目的就是确立公众的顾客选择权，通过顾客对服务方式和内容的选择来影响甚至促使政府机构提高服务质量和顾客满意度。一般来说，这种创新主要有以下三种：一是把能由市场和社会提供的物品和服务交由市场和社会提供，政府只承担必要的监管职责；二是注重引入与私人生产者、非营利组织的服务竞争机制，激励政府组织提高效率；三是增加公众的选择权，例如，通过把政府对生产者的补贴转移给消费者，给予消费者更多的服务选择权。西方行政改革或者说新公共管理运动的一个重要经验，就在于运用了大量的合同形式来管理公共服务，或者说，它创造了一个“合同制国家”。合同制使某些具体公共服务的供给过程按照市场逻辑运作，其实质在于政府通过合同的形式在公共领域引入市场机制，通过投标者的竞争和制约行为完成公共服务提供的“准市场化”。例如，在美国，合同的规模和影响力非常之大。“联邦政府每年通过合同花费约 2 000 亿美元，而州和地方政府花费更多，大约 2 750 亿美元。”①

（3）分权及权力下放。当代西方国家行政改革的目标之一在于分散政府管理职能，缩小政府行政范围，因而必然要实行分权与权力下放。分权既涉及中央与地方的关系，又涉及中央政府内部上下级关系。中央政府内部上下级关系的改革更是当代西方国家行政改革的热点。在西方政府的机构改革中，许多政府经济部门被改为准政府机构或独立出去。其中最激进的要算是英国的“下一步行动方案”和新西兰的公司化改革，两者的共同之处是旨在把原部门内的中下层组织转变为具有独立性质的单位，实行经理负责制——经理被赋予了机构、编制、人事管理和财务等方面的极大自主权。这一改革实现了上下级由直接隶属到合同关系的转变、上级对下级的控制由着眼于工作过程到着眼于工作结果的转变，体现了决策与执行分离和分权制度化的趋势。实践表明，实行合理分权，把公共服务让由独立机构、社会和非政府组织去承担有很大的好处，这些组织比集权的机构拥有更多的灵活性，它们对于新情况和公共需求能迅速地做出反应，而且效率更高、责任性更强、更具有创新精神。

（4）采用现代管理技术。当代政府内部公共管理体制改革的最显著特征是公共行政中的管理主义倾向，即引进现代化管理技术尤其是私人部门的管理技术来“重塑政府”，实现政府管理的现代化，建立一个“市场化”“企业化”政府。被广泛用于政府管理的工商管理方法有：战略管理、全面质量管理、顾客管理、成本管理、标杆管理等。例如，全面质量管理在行政审批部门和行政执法部门得到了广泛的应用。全面质量管理这一概念最早是由美

① ［美］菲利普·库珀：《合同制治理：公共管理者面临的挑战》，12页，上海，复旦大学出版社，2007。

国通用电气公司总裁费根鲍姆于1961年在其出版的著作《全面质量管理》中提出的。而根据美国公共管理学者史蒂文·科恩与罗纳德·布兰德的定义，“全面”指把追求质量应用于工作的方方面面，其范围包括从界定顾客需求到积极主动地评估顾客满意与否；“质量”则意味着满足、超过顾客的期望值；“管理”指发展及保持组织力量以便不断地提高质量。同时，利用信息技术，发展电子政府。电子政府不是一个单纯的技术概念，而是一种以信息技术为基础的政府治理新模式。西方各国的行政改革广泛应用了信息技术尤其是网络技术。

（5）人力资源管理改革。在公共人事管理改革方面，西方发达国家采取的主要措施有：第一，放松管制，增强灵活性。西方各国在录用、报酬、职位分类、培训等方面放松管制，增强灵活性，举措包括消除烦琐的规则、减少繁文缛节以及防止办事拖拉等。美国的做法是废除过多过滥的法律法规，欧洲大多数国家采用内部市场一类的办法来代替原先的层级控制。两者的做法不一样，但都是要增强灵活性。第二，公共管理者的非职业化。文官终身受雇受到改革的猛烈冲击，强制性裁员和日益增多的短期合同侵蚀了职位和永久性原则，以引入市场机制和工商管理技术以及强调顾客导向的管理主义改革，加强公共部门与私人部门管理者之间的交流。合同雇用制和临时聘用已经成为公共部门以及政府机构用人的常见方式。公共结构职位专属性以及文官制度永业制的终结，已经在政府常任文官中引起震动。第三，绩效评估以及灵活的付酬制度。西方公务员制度改革的另一个基本取向是注重结果而非过程控制，重视绩效评估，并采取灵活的付酬与奖励措施。美国的改革力求建立一个“以结果为本”的新的公务员体制模式，在其他经合组织国家，绩效评估、付酬的灵活性和业绩奖励同样成为最普遍的改革措施之一。

（6）机构的重组。按照克里斯托夫·波利特等人在《轨迹与选择：芬兰公共管理改革的国际透视》（*Trajectories and Options: An International Perspective on the Implementation of Finnish Public Management Reforms*）中的观点，传统性重构表示的是：在试图实现对权力和功能更合理配置的过程中，政府部门和机构的合并与撤销行为。机构的重组是对公共部门组织图进行实质性的调整，其目的是使政府活动更有计划性和协调性。用批判的眼光看，这个方面可以被视为“机构清理”，或者说是通过一系列努力，使公共部门的组织图更简洁一些。这类改革之所以被称为“传统性的”，是因为这些做法在20世纪60年代和70年代十分流行；它之所以被称作“重构”，是因为它的含义不同于那些系统化的做法，如采用市场机制或者将大量集权的官僚组织分解为更多的小型、独立的机构。由于市场机制和分权这些做法受到新古典经济理论和代理理论影响较大，因此我们把这方面的改革措施放到“市场机制”或“分权”的名下，而不当作“传统性重构”方面的例子。在传统性重构方面，两个北欧国家与英国、新西兰两国略有不同。实行威斯敏斯特体制的国家在组织机构重建方面所做的大部分工作，被放在市场化机制的使用和有计划的分权名下，所以在这些国家中，传统性重构并不多见。而在芬兰，传统方式的机构重构始终占据着相当大的比重：1993—1995年重组了中央机构，1996年重建了省级政府。

3. 对“新公共管理”运动的评价

西方“新公共管理”改革取得了一定的成效及经验。作为传统公共行政模式——一种与西方工业社会的政府管理相适应的实践模式（加拿大学者唐纳德·萨维称之为“工业社会的政府组织模式”“19世纪的行政技术”）——的替代物，“新公共管理”模式是公共部门管理特别是政府管理中出现的一次重大突破或一次深刻的变化。用澳大利亚学者约翰·哈里森的话来说，它体现了公共管理方式的根本性、方向性的调整。

然而，当代西方政府改革的“新公共管理”取向及实践模式远非完善，它有其内在的缺陷或局限性。对于这种改革是否成功以及在多大程度上取得成功，人们的评价不同；对于新模式的有效性，人们也提出了种种批评，这些批评涉及“新公共管理”改革取向及模式的理论基础、意识形态倾向、改革的总方向以及各种具体的改革措施等方面。

首先，人们批评“新公共管理”的理论基础和意识形态倾向，波利特认为，“新公共管理”是一种意识形态的思想体系，是一种新保守主义或新自由主义的公共管理哲学（甚至有人称之为右派政府的公共管理纲领）；说这种公共管理新模式以公共选择理论和新制度经济学为其理论基础，滥用经济学的假设、理论和方法，是经济学帝国主义向公共部门管理领域的扩张。①

其次，人们批评“新公共管理”改革的市场化和管理主义的总方向，说市场化取向的改革体现了改革者对“市场价值”和市场机制的崇拜，是一种新的“市场神话”；而“管理主义”的改革取向则忽视了公共部门与私人部门的本质差别，照搬私人部门管理模式，实质上是一种“新泰勒主义”。美国学者汉森（S. Hansen）认为，推崇和效仿私人部门的管理方式，是把教科书中对私营企业的理想描述与现实混为一谈；英国学者格伦伍德（J. Grenwood）等人从公共责任、公平、合法性和多样性四个方面论证公共部门与私人部门之间的差别，指出不能照搬私人部门的管理方式。② 英格拉姆在《公共管理体制改革的模式》一文中则批评“管理主义”片面追求效率，说“最重要的一条是，对许多公共组织来说，效率不是追求的唯一目的，还存在其他目标”③。

再次，人们还对“新公共管理”改革的各种具体措施（包括市场导向、私有化、分权、放松管制、结果控制、绩效评估、顾客至上等）提出批评。例如，合同出租是市场导向的主要原则，它有利于提高效率与效益，但却缩小了公共责任范围，也妨碍了公共官员与民众的联系与沟通；分权有利于增强自主性和灵活性，但也带来了分散主义、本位主义、保护主义，并增加了公共开支；私有化有助于精简政府机构，增强公共部门的活力，但也损害了公民参与，妨碍了政治导向，并产生了公共责任方面的问题；放松管制为各部门机构松绑，增加灵活性，但也带来了新的控制问题；结果导向等企业化管理方式提高了效率，但也产生了如何与公共职能有机结合的问题；顾客至上提供了回应性、多样性的服务，但却把公民降低为一般的消费者。

最后，人们还揭示了“新公共管理”模式的内在价值冲突及矛盾。例如C.贝伦（C. Bellon）等人揭示了“企业化政府”模式内所包含的四大价值冲突和价值矛盾：一是企业自主与民主负责之间的价值冲突；二是公共企业图景与公民参与价值之间的冲突；三是企业运转的隐蔽性与民主所要求的开放性之间的冲突；四是企业管理要求敢于承担风险

---

① C. Pollitt, *Managerialism and Public Service: The Anglo-American Experience*, Oxford: Basic Blackwell, 1990. pp. 126, 121.

② J. Greenwood, D. Wilson, *Public Administration in Britain Today*, London: Unwin Hyman, 1989, pp. 7-10.

③ 国家行政学院国际合作交流部编译：《西方国家行政改革述评》，62页。

与公共财政处置责任之间的矛盾。① 它在实践中所遇到的难题有：人员精减问题，规章制度废除问题，权力下放问题，等级问题，政治与行政分离问题，是公民还是顾客问题，谁来负责问题，价值取向问题，改革的力度与持久性问题，等等。②

进入新世纪，随着改革实践的推进，人们提出各种新的政府改革与治理的实践模式与理论范式以取代“新公共管理”，其中包括“新公共服务”“新治理”“公共治理”“合作治理”“政策网络”“整体政府”“府际治理”等，进入所谓的“后新公共管理”时代。例如，罗伯特·登哈特夫妇提出以民主公民权理论、社区和公民社会理论、组织人本主义和新公共行政、后现代公共行政为理论先导，建构起所谓“新公共服务”模式。新公共服务模式的基本内容及特征是：服务于公民而不是服务于顾客；追求公共利益（认为公共利益是目标而非副产品）；重视公民权胜于重视企业家精神；思考要有战略性，而行动要有民主性；承担责任并不是简单的；“服务而非掌舵”；重视人而不只是重视生产率。登哈特夫妇还用表 3-2 来说明传统公共行政、新公共管理与新公共服务的区别。

表 3-2　　传统公共行政、新公共管理与新公共服务的比较

	传统公共行政	新公共管理	新公共服务
主要的理论基础和认识论基础	政治理论，早期社会科学提出的社会和政治评论	经济理论，基于实证社会科学的更完善的对话	民主理论，包括实证的、诠释的、批判的和后现代的等不同的知识途径
主导理性和相关的人类行为模式	抽象理性，“行政人”	技术和经济理性，“经济人”或自利的决策人	战略理性，对理性的多种检验（政治的、经济的、组织的）
公共利益的概念	在政治上加以界定，由法律来表述	表示个人利益的集合	是共商共同价值观的结果
公务员回应的对象	委托人和选民	顾客	公民
政府的作用	划桨（设计和执行政策，关注政治上界定的单一目标）	掌舵（充当催化剂、释放市场力量）	服务（协商和协调公民和社区团体的利益，构建共同的价值观）
实现政策目标的机制	通过现存政府机构来实施项目	创造机制和激励机构，通过私人和非营利机构来实现政策目标	建设公共、私人和非营利机构的联盟，满足相互一致的需求
责任的途径	等级制——行政官员对经由民主程序选举产生的政治领袖负责	市场驱动——自我利益的汇集会产生令诸多公民（顾客）团体满意的结果	多样化途径——公务员必须关注法律、社会价值观、政治规范、职业标准和公民利益
行政自由裁量权	允许行政官员掌握有限的自由裁量权	有更大的余地去实现企业家似的目标	自由裁量权是必要的但应是受限制的和负责任的

① 参见周志忍：《当代国外行政改革比较研究》，586～587 页。

② 参见经合组织 1997 年度公共管理发展报告：《公共管理的问题和发展：1996—1997 美国概况》（网上信息）；张梦中、杰夫·斯特劳斯曼：《美国联邦政府改革剖析》，载《中国行政管理》，1999（6）。

续前表

	传统公共行政	新公共管理	新公共服务
假定的组织结构	官僚组织以机构内自上而下的权威和对委托人的控制或管制为特征	分权的公共组织，机构内仍保持基本的控制	合作型结构，由内部和外部共同领导
假定的公务员和行政官员的激励基础	工资和收益，公职保障	企业家精神，理念上压缩政府规模的愿望	公共服务，期望对社会有所贡献

资料来源：[美] 罗伯特·B. 丹哈特、珍妮特·V. 丹哈特：《新公共服务：服务而非掌舵》，载《中国行政管理》，2002 (10)；[美] 珍妮特·V. 登哈特、罗伯特·B. 登哈特：《新公共服务：服务而不是掌舵》，25～26 页，北京，中国人民大学出版社，2004。

3.2.3　西方政府改革与治理的新进展

2008 年美国次贷危机引发了一场全球性的金融危机，造成各国经济陷入衰退，社会问题不断产生；同时西方各国政府财政赤字大幅上升，公共开支急剧增加。化解危机，促进经济复苏，维护社会稳定，加强自身建设已成为各国政府刻不容缓的任务。对此，西方各国根据自身的实际情况，进行了新的改革，呈现出新的趋势。

1. *推进政府内部改革，提高政府治理能力*

(1) 建立强有力的政府改革实施机构，制订改革计划。澳大利亚组建政府机构改革咨询小组，重新审视澳大利亚政府机构运行状况，强化政府管理。2010 年 3 月，总理内阁部发布了《捷足先登：澳大利亚政府机构改革蓝图》，围绕如何提供高效能的公共服务制定四个具体行动领域的改革议程。英国为了提高政府效能与减轻政府财政赤字，进行了全方位的行政改革，首先加强内阁办公室，强化其改革地位和协调能力，使内阁办公室真正成为一个强有力的改革中心。

(2) 削减公共支出，减少政府财政赤字。面对欧债危机，欧盟内部改革的重点就是公共支出改革，其主要手段是裁撤公共部门、减少公务员岗位、降低公务员薪酬待遇、延长退休年龄、缩短失业救济领取期限等。①

(3) 提升政府管理能力，增强政府的弹性。澳大利亚政府为了提高政府机构的能力和效用，确保政府机构的灵活性，开展政府机构能力评估，实现跨部门之间的信息与成果共享，减少政府内部的文牍主义。② 新加坡政府积极推行人事管理改革，改组政府机构和部门，建立具有一定灵活性的法定自治机构。

(4) 整合政府职能机构，提高政府运行效率。澳大利亚政府首先审视当前已有措施的有效性，完善政府管理结构，重组和调整政府机构，建立“小机构”以充分发挥其整体性功能。③ 英国政府积极进行政府部门之间的职责整合和调整。例如，将儿童、学校与家庭

① 参见田德文：《欧洲社会模式的深刻困境与未来方向》，载《人民论坛·学术前沿》，2012 (16)。

②③ Ahead of the Game: Blueprint for the Reform of Australian Government Administration, http://www.dpmc.gov.au/reformgovernment/index.cfm.

部更名为教育部；将负责举办奥林匹克运动会和残疾人奥运会的职责由内阁办公室调整到文化、奥运、媒体和体育部等。通过机构的合并完善政府的职能分工，提高政府的工作效率，减少不必要的政府开支。为适应IT技术发展，构建电子政府，在有关的行政程序和办事原则方面进行了创新。①

2. 推动政府规制改革，给予市场更大的发展空间

（1）精简管制法律法规，减少政府繁文缛节。欧盟在政府规制改革上推行“更好的规制”战略，通过精简法律和减少繁文缛节，给予企业更大的发展空间。定期检查政策领域的全部法律体系，辨别重叠的、有差距的、不一致的、过时的政策法规，对其进行精简、修改或废除。新加坡管制机构也积极审核政府的管制规章制度，消除官僚主义，将政府从原来的管制者转型成创新的推动者。

（2）简化管制流程，消除企业不必要的行政负担。欧盟通过关税立法的现代化、无纸化环境的建设、增值税指令修改计划以及利用工具包等方式简化管制程序。新加坡政府在明智管制的原则下，政府只在必要的时候实施管制，尽可能地使用间接的管制方式，而且要简化管制流程。加拿大政府根据自己的实际情况，专门成立了“减少文牍主义委员会”，把减少对企业的文牍主义和过度的行政规制作为首要目标，并提出了多种的解决措施，包括：第一，实行政府规制的零增长措施。确定“增一减一”原则要求，即联邦政府要提出一项规制，必须至少同时减少一项现行的规制和相应的费用，以保证规制的零增长和企业遵守规制的总成本不增加。第二，减少、合并和规范政府对企业的信息需求。解决政府对企业过多的信息填报要求和政府不使用信息化手段获取信息的问题。第三，建立部门间沟通协调管理机制。要求规制相同领域的相关政府部门建立协同治理机制，减少“累积性的管制负担”。第四，建立相关部门对企业规制的共享信息电子窗口。厘清共享信息资源的障碍，形成考虑部门不同需求的信息共享方式。第五，修改《用者付费法案》，减少收费程序和非主观故意的惩罚程序。②

3. 强化公共服务职能，提升公共服务质量

（1）简化公共服务流程，提供高效服务。澳大利亚政府改革的核心定位于如何为公民提供高效能的公共服务，通过调整公共服务供给机制，为公民提供自动化和简洁的服务供给流程；减少对公共服务领域中的监管，减少对私人部门不必要的审批，减轻其负担。

（2）推进公共服务信息化，增强服务便捷性。澳大利亚政府鼓励州、地区与地方政府建立紧密的伙伴关系，不同层级政府间实现信息共享，并增强信息的可获得性。加拿大政府十分重视政府的公共服务职能，每年都针对公共服务的发展情况撰写报告，建立开放数据平台，充分利用社会媒体，增强公共服务信息的可得性。③

（3）实行公共服务标准化，提升公共服务质量。美国、澳大利亚、加拿大以及英国等国家都积极实施公共服务标准化，在公共部门以及公共服务领域实施全面质量管理标准，

---

① 参见毕瑞峰：《论新加坡政府治理的成效与经验借鉴》，载《中共珠海市委党校、珠海市行政学院学报》，2011（8）。

② 参见左然：《金融危机以来英美澳加四国行政改革主要举措》，载《机构与行政》，2013（6）。

③ Wayne G. Wouters, Twenty-First Annual Report to the Prime Minister on the Public Service of Canada, 2014.

提高公共服务的供给效率。在公共服务标准化过程中，加强与其他主体的合作，政府通过社会组织与私人部门的合作提供更有弹性的服务。

（4）建设电子政务，提供无缝隙服务。新加坡通过电子政务的建设提供高效的公共服务。依据服务对象的不同需求，新加坡的电子政务可以区分为面向政府工作人员的服务、面向居民及非居民的服务、面向企业的服务，分别为政府工作人员、居民、非居民、企业提供有针对性的、便捷的、高效的公共服务。特别是其中的电子公民政府网站，公民可以每天24小时在此获得不间断的在线服务，实现网上缴费、提出各项公共服务请求等，真正做到了无缝隙服务供给。①

（5）实施社会保护政策，确保基础性服务供给。面对金融危机后严重的社会问题，欧盟通过实施一系列社会保护政策，强化公共服务职能，包括保护就业、鼓励劳动参与、支持灵活就业，特别是发挥灵活就业在应对危机中的短期功效；实施收入支持计划，通过失业补贴、最低工作保障计划保证失业者和灵活就业人员的生活，同时加强对妇女、儿童、少年的支持和帮助；防止给个人和家庭造成财政危机，采取措施保护房屋抵押贷款的房屋不被收回，发展公共住房，解决无家可归人员问题；医疗方面，加大医疗基础设施建设投资，建立医疗方面的基金，改革医疗服务体系。②

4. 增强政府的开放性，鼓励社会主体参与

（1）促进政府信息公开，建立开放透明的政府。在透明政府方面，几乎所有的欧盟国家都主动地公开了某些类型政府信息，例如，公开出版行政数据库，包括预算文件、年度部委报告和审计报告，还有少数国家（英国、意大利、爱尔兰、荷兰等）公开公务员的工资情况。2009年，美国奥巴马政府将“政府透明、开放政府”作为政府改革议程。2009年12月8日，总统办公室、行政管理和预算局联合发布了《开放政府指令》，其第一条就强调公布信息，要求各政府部门在自己的网站上发布一个专用的或开放式网页，至少向市民提供三个富含高价值信息的数据库，并制定发布更多有价值信息的时间表。

（2）创新参与渠道，吸引社会主体参与。美国在《开放政府指令》中，强调公众参与，邀请市民在互联网交互平台上提交反馈意见。澳大利亚政府首先通过创新参与方式（web2.0，在线论坛和平台）和增强信息的可获得性（在线数据系统）确保公民、企业和社会组织参与到公共政策制定与公共服务设计中；其次，不同层级政府广泛开展公民调查，了解公民对政府项目与服务的满意度。欧盟通过质量改进计划、一站式服务（如电子化）、流程简化与再造以及广泛使用信息技术等，推动公共部门现代化，使行政机构更贴近公民。

（3）广泛开展合作，真正实现协同治理。美国政府要求各级政府部门之间，以及政府与非营利组织、企业、个人、私营组织之间开展合作，行政部门和机构还必须征求市民反馈意见，以此来评估和改善它们的合作。同时还强调跟踪与问责。政府数据网站除了公开

---

① “The Future of Government Lessons Learned from around the World”, Global Agenda Council on the Future of Government, 2011 World Economic Forum, pp. 29-31.

② European Commission, “Joint Report on Social Protection and Social Inclusion 2010”, http://ec.europa.eu/social/main.jsp? catId=757&langId=en.

数据，还允许公众追踪各部门数据所反映的执行绩效。

3.3 我国的行政体制改革

我国目前正处于由计划向市场的转轨时期，市场经济的发展要求转变政府职能，建立起一个灵活、高效、廉洁的政府，形成新的政府管理模式。现阶段正在进行的行政体制改革以及新一轮的机构改革的目标也正在于此。当代西方政府改革的“新公共管理”取向及模式对于我国市场经济的发展和行政改革的深化，对于在市场经济条件下处理好政府与市场、企业和社会的关系，完善宏观调控机制，形成新的管理模式，提高政府行政效率具有一定的参考价值。

3.3.1 历次机构改革的简要回顾

新中国的行政体制脱胎于战争年代革命根据地的政权体制，并受到了苏联集权模式的影响，加之任何一种新的行政管理体制都有一个从不成熟、不完善到逐步成熟、完善的过程，因此，新中国成立以来，尤其是党的十一届三中全会以来，党和国家为建立一个办事高效、运转协调、行为规范的行政管理体制而不断地进行改革。改革开放前，我国曾在1952年、1956年、1960年进行三次政府机构改革。“文化大革命”期间，政府机构改革中断。改革开放后，为适应现代化建设与市场经济发展的需要，政府机构改革重启，迄今为止已进行了七轮（次）的政府机构及行政体制改革。

1\. *前五次机构改革*

改革开放以来，我国先后于1982年、1988年、1993年、1998年、2003年进行了五次政府机构改革（见表3-3）。经过改革，政府职能转变取得重要进展，机构设置和人员编制管理逐步规范，体制机制创新取得积极成效，行政效能显著提高，基本适应经济社会发展的需要，为改革开放和社会主义现代化建设提供了重要的制度保障和支持。特别是近两三次改革，围绕政府职能转变，推行了政企分开、行政审批制度创新、政府机构改革、科学民主决策机制建设及国有经济布局和结构战略调整、行政法制建设等一系列改革，开始了政府行政管理体制的重大转变。

表3-3　改革开放以后的前五次机构改革

第一次政府机构改革（1982年）：这次改革明确规定了各级各部的职数、年龄和文化结构，减少了副职，提高了素质；在精简机构方面，国务院各部门从100个减少至61个，人员编制从原来的5.1万人减少至3万人。 第二次政府机构改革（1988年）：通过改革，国务院部委由45个减少至41个，直属机构从22个减少至19个，非常设机构从75个减少至44个。在国务院66个部、委、局中，有32个部门共减少1.5万多人，有30个部门共增加5 300人（总人数减少了9 700多）。 第三次政府机构改革（1993年）：改革实施后，国务院组成部门、直属机构从原有的86个减少至59个，人员减少20%。国务院不再设置部委归口管理的国家局，国务院直属事业单位调整为8个。

第四次政府机构改革（1998年）：国务院不再保留的有15个部委，新组建的有4个部委，更名的有3个部委。改革后除国务院办公厅外，国务院组成部门由原有的40个减少至29个。全国各级党政群机关共精简行政编制115万个。

第五次政府机构改革（2003年）：这次改革是在加入世界贸易组织的大背景之下进行的。设立国资委、银监会，组建商务部、国家食品药品监督管理总局、安监总局，将国家发展计划委员会改组为国家发展和改革委员会。改革后，除办公厅外，国务院由28个部门组成。

但是，与我国经济社会的迅速发展和人民群众的要求相比，与贯彻落实科学发展观、构建社会主义和谐社会的基本要求相比，我国的政府管理仍然存在着诸多不相适应的方面。

一是政府职能转变未完全到位，政府仍然管了一些不该管、管不好、管不了的事，直接干预以及行政审批的事项仍然较多；而有些该由政府管的事却没有管到、管好。例如，规范市场秩序，虽经多年努力，仍不能令人满意；社会管理和公共服务职能也相对薄弱。

二是存在着部门职能交叉重复，职能分工权责脱节，部门之间相互推诿掣肘，协调配合不力，职能过于集中与过于分散同时并存的现象。决策、执行、监督职能配置不够科学，有些管理职能又过于集中，决策、执行和监督集中在一个部门，权力缺乏制衡，不利于廉政建设，政府机构设置仍需要进一步调整和优化。

三是政府部门数量太多，公务员数量庞大，政府管理成本高。国内学者的研究指出，我国中央政府的部门数量超过某些国家的2～3倍；按照公务员与GDP的比例指标来看，中国公务员数量大大超过发达国家，“超标”近20倍（从财政供养人员与GDP之比看，中国为39人/百万美元，美国为2.31人/百万美元，日本为1.38人/百万美元）；而政府管理成本是许多西方强国的数十倍。还有研究表明，1999—2005年，我国行政成本对经济增长所起的作用为－1.73％。

2. 第六次机构改革①

为了适应经济社会发展的新形势、新任务和新要求，必须对行政体制进行新的改革。要解决上述问题，必须采取综合配套的改革措施，着力转变职能、理顺关系、优化结构、提高效能，形成权责一致、分工合理、决策科学、执行顺畅、监督有力的行政管理体制；必须制定行政管理体制改革总体方案，健全政府职能体系，加快推进政企分开、政资分开、政事分开、政府与市场中介组织分开，精简和规范各类机构，规范垂直管理部门与地方政府的关系，减少行政层次，降低行政成本。

进入新世纪以来，我国对行政管理体制改革进行了新的探索。2002年3月，朱镕基总理在第九届全国人民代表大会第五次会议上所做的《政府工作报告》中，首次明确提出政府职能转变的新定位，即“切实把政府职能转到经济调节、市场监管、社会管理和公共服务上来”。党的十六届六中全会明确提出了建设服务型政府的任务。党的十七大将建设服务型政府、提高政府的公共服务水平确定为深化行政体制改革的重要目标。党的十七届二中全会强调，深化行政管理体制改革是发展社会主义市场经济和发展社会主义民主政治的

① 参见陈振明：《深化行政体制改革　加快服务型政府建设》，载《福建行政学院学报》，2008（4）。

必然要求，是政治体制改革的重要内容。

深化行政体制改革与建设服务型政府是全面推进中国特色社会主义建设的需要。按照中国特色社会主义总体布局的要求，政府机构的设置和运行，要有利于经济、政治、文化和社会建设的全面推进。在继续进行经济建设的同时，要更加重视政治、文化、社会建设，确保实现党的十七大报告所提出的发展社会主义民主政治、推动社会主义文化大繁荣大发展和加快推进以改善民生为重点的社会建设的要求。

党的十七届二中全会通过的《关于深化行政管理体制改革的意见》和《国务院机构改革方案》，贯彻了党的十七大关于加快行政管理体制改革、建设服务型政府的要求，着眼于推动科学发展、保障和改善民生，在加大机构整合力度、探索职能有机统一的大部门体制等方面迈出重要步伐。要深刻认识深化行政管理体制和政府机构改革的重要性与紧迫性，贯彻精简统一效能的原则和决策权、执行权、监督权既相互制约又相互协调的要求，着力转变职能、理顺关系、优化结构、提高效能，做到权责一致、分工合理、决策科学、执行顺畅、监督有力，按照到 2020 年建立起比较完善的中国特色社会主义行政管理体制的总目标，坚持统筹兼顾、突出重点、积极稳妥、分步实施，坚定不移地把行政管理体制改革推向前进，推动构建充满活力、富有效率、更加开放、有利于科学发展的体制机制，为改革开放和社会主义现代化建设提供重要制度保障。

关于这次改革的战略，2008 年 2 月 22 日召开的中共中央政治局会议认为，行政管理体制和机构改革要统筹兼顾、突出重点、积极稳妥、分步实施。当前行政管理体制改革面临的矛盾错综复杂，改革进程既慢不得，也急不得；既要“摸着石头过河”，又要有“路线图”；既必须统一部署，又不能“一刀切”。此次同时制定《关于深化行政管理体制改革的意见》和《国务院机构改革方案》，反映了分步实施的战略。“前者反映了行政管理体制必须要有长期目标和总体规划，以明确改革的路径与方向。后者说明一个时期有一个时期的改革重点，一个阶段有一个阶段的改革任务。”① 这次改革的突破口和切入点，就是建设服务型政府，按照服务型政府的要求来总体规划行政体制改革。实际上，改革开放以来的几次政府机构改革，都没有很好地解决改革的定位问题，对于改革往哪里走、去往何方，都没有清楚的认识。改革往往成为“拆庙赶和尚”的代名词，很容易走上“放乱收死”的老路。因此，行政管理体制改革，必须明确要建立一个什么样的政府。而服务型政府的提出解决了我国行政管理体制改革要塑造何种政府模式的问题。建设服务型政府是深化行政体制改革所要达成的基本目标。胡锦涛同志在中共中央政治局第四次集体学习时指出，建设服务型政府，首先要创新行政管理体制，要把政府主要职能转变到经济调节、市场监管、社会管理、公共服务上来，把公共服务和社会管理放在更加重要的位置。

本轮改革的另一个着力点是推行“大部制”改革。党的十七大报告提出探索实行职能有机统一的大部门体制，健全部门间协调配合机制。所谓大部门体制，是指把业务相似、职能相近的部门进行合并，集中由一个大部门统一管理。实行大部制的本意在于减少政府

① 《十七届二中全会今召开　讨论国务院机构改革方案》，见 http://dwz.cn/3XFDJx，2008-02-25。

部门之间由于职能交叉而造成的效率低下，解决“九龙治水”的问题，也是为了能让我国更好地应对金融、能源、环保等方面的挑战，有助于建立统一、精简、高效的符合市场经济和民主法治要求的现代化政府体制。

在实施本轮改革前，仅国务院部门之间就存在80多项职责交叉。建设部门与发改委、交通部门、水利部门、铁道部门、国土部门等24个部门存在职责交叉。食品安全管理涉及卫生部、农业部、工商总局、质检总局、食品药品监督管理总局等部门。文化管理涉及文化部、广电总局、新闻出版总署、版权局、文物局以及中宣部等部门。能源管理体制至少涉及石油、煤炭、电力三大领域，上有一个国务院总理挂帅的国家能源办，但管理实体是发改委内设的能源局。十一届全国人大一次会议通过的改革方案，涉及调整变动的国务院机构有15个，减少正部级机构4个。2008年国务院机构改革情况见表3-4。

表3-4　2008年国务院机构改革情况一览表

调整后的部委名称	合并或包含的原部委	新增下级机构	隶属关系调整
国家发展和改革委员会	发改委（部制不变）	国家能源局	
工业和信息化部	国防科工委、信息产业部、国务院信息化工作办公室、国家烟草专卖局	国家国防科技工业局	国家烟草专卖局改由工业和信息化部管理
交通运输部	交通部、民航总局、国家邮政局	国家民用航空局	国家邮政局改由交通运输部管理
人力资源和社会保障部	人事部、劳动和社会保障部	国家公务员局	
环境保护部	国家环境保护总局		
住房和城乡建设部	建设部		
卫生部	卫生部、国家药监局		国家食品药品监督管理局改由卫生部管理

大部门体制有利于转变政府职能、理顺政企和政事关系，优化政府组织结构、提高行政效能。大部门体制的重点在于职能的有机统一，切忌分散、交叉和多元。一些业务相近、职能交叉的部门合并为一个大部门，使许多相关联的行政事务，首先在大部门内部进行协调，节省办公经费和行政协调成本。大部门体制有利于强化政府的社会管理和公共服务职能。大部制改革不是单纯的裁撤机构，更为重要的在于政府职能的整合。特别是在建设服务型政府方面，进一步整合与社会管理和公共服务相关的机构，使组织更加综合、全面，与统筹的机构可以更好地进行集中决策、统一标准并增强执行力度。大部门体制可以减少机构数量，实现职能整合，减少议事协调机构，并在此基础上加快推进政企分开、政资分开、政事分开、政府与市场中介组织分开。① 对于大部制的构建，有很多问题并没有解决，其中怎样平衡决策、执行和监督三权，是大部制改革所面临的最大问题。如果由原来的几个部委组成新部门，权力和财力势必更加集中，怎样防止因权力过度集中而产生的腐败问题，成为影响大部制改革顺利实施的一大关键因素。

① 参见熊文钊、张伟：《大部门的设立，主要依据协调和效能两大原则》，见 http://dwz.cn/3XGKW4，2007-12-11。

3.3.2 深化行政体制改革的思考

综观我国行政体制改革的历程，我们认为，深化行政体制改革应注意处理好如下几个关系：

1. 处理好机构改革与其他配套改革的关系

行政体制改革（政府改革）是一个系统工程，它不仅与经济体制、政治体制和社会体制等方面的改革密切相关，它自身也包含了机构、职能（角色）、过程（流程）和技术（方法）等方面的改革。行政体制改革必须全方位、多层次推行，单靠某一方面、某一层次或领域的改革是不能奏效的（许多学者认为，局限于机构精简和人员精减以及预算削减的政府改革的效果有限）。撇开行政体制改革与其他体制改革的关系不谈，行政体制的各个方面和层次领域的改革应该同步进行。

以往历次机构改革的效果不理想的一个重要原因就在于，改革往往局限于机构精简和人员的裁减，忽略了其他方面的配套改革。正如张成福所说，以往的政府改革视角偏狭。多年以来，人们一提起政府改革，便将其等同于机构改革，政府改革的视角是在机构、人员的调整上。这给人一种印象，似乎政府改革就是撤并机构，精减人员。事实上，政府改革或再造涉及多个方向和维度。从一般意义上而言，政府改革最少会涉及以下几个方面的变革：一是结构性变革，如组织结构的重组，层级的简化，人员的精减；二是工具层面的变革，它涉及政府治理方式、方法以及公务员做事的方式；三是价值层面的变革，涉及政府人员的心灵改革。显然，仅仅改变政府的组织结构，是无法达到改革目的的。

根据国外尤其是西方政府改革的经验，组织重建（体制创新）仅仅是政府改革的一个方面，必须辅之以流程再造、职能转变和管理方式的更新以及相互关系的调整。因此，在转轨时期，必须重视改革的系统配套，将组织重建、职能转变、流程再造和管理方式更新以及相互关系的调整有机地结合起来，全方位推进行政体制改革。特别是要加大政府体制创新的力度，并通过管理方式更新来推动政府职能的转变。

2. 处理好实质理性（价值层面改革）和工具理性（工具层面改革）的关系

在以往的行政体制改革以及机构改革中，人们重视改革的价值理念和价值目标（例如，提出建立民主、法制、公正和廉洁的政府），并达成行政体制改革必须抓住职能转变这一关键的共识。这是十分正确的，因为改革必须以正确的价值理念来引导，追求合理的价值目标。但是，人们往往有意或无意地忽视工具理性或工具层面的改革，未能将管理方法、方式和技术的更新放在同等重要的位置上。须知价值理念和价值目标要靠一定的方法和技术手段来实现，职能转变也要靠管理方式方法的更新来保障。

现阶段我国行政管理水平不高的一个重要原因是管理手段单一、管理方式落后，即缺乏现代化的管理方法、方式和技术。用旧的计划手段（行政干预、行政审批）来管理市场经济是当前政府管理中存在的一个普遍问题。这就迫切需要引进现代化的管理方法、方式和技术，尤其是引入市场竞争机制、工商管理方法及信息技术，更新管理方式，保障职能转变以及价值理念和价值目标的实现。因此，在今后的行政体制改革中，要重视工具层面的改革，引入现代化的公共管理方法和技术（政府工具），全面更新政府管理方式，以便降低行政成本，提高行政效率，优化行政质量，实现管理绩效的最大化，促进改革的价值理念和价值目标的实现。

3. 处理好中央政府改革与地方政府改革以及自上而下改革与自下而上改革的关系

以往的历次机构改革往往要求机构设置及职能上下对口，各地的精简比例与数量也往往趋于一致；改革的方式基本上是采取自上而下、逐级推行的方式。中央政府（国务院）改革与地方政府改革不同步，往往是中央政府已开始了下一轮的改革，地方基层政府的上一轮改革才刚刚完成，时间相差2～3年。

这种改革的方式当然有其理由和优点，但是其局限也是明显的：一是不能充分考虑各地的实际情况，尤其是经济发展、市场化和政府管理水平的差异，容易造成“一刀切”“一个号码适应所有人”的状况；二是中央与地方的改革不同步，容易造成中央政府改革力度大，地方政府改革力度小，改革层层打折扣，到了基层政府甚至不了了之的局面；三是单靠自上而下的改革方式不利于充分调动地方、部门、单位和个人改革的积极性和创造性。

新一轮的行政体制改革应该处理好中央政府改革与地方政府改革以及自上而下改革与自下而上两种改革方式的关系。首先，由于目前全国各地的社会经济发展不平衡和市场体制发育程度有较大差异，因而它们对政府管理的体制、职能、过程和方式的要求也就不同。因此，新一轮的行政体制改革特别是机构改革应尽量避免“一刀切”，并淡化机构设置及职能上下对口的色彩。其次，中央政府与地方政府的改革时间差应尽量缩短，可以考虑地方各级政府的改革同步推进，以避免改革层层打折扣的状况。最后，将自上而下和自下而上两种改革方式有机地结合起来，更多地采用自下而上的改革方式，让每个地方、部门、单位和公务员都成为改革的主体和推动者，充分发挥其改革的积极性和创造性，尤其是在涉及职能转变、流程再造和管理方式更新等层面的改革上，自下而上的改革方式可能更有效。

3.3.3　我国政府改革与治理的新趋势①

2012年11月，党的十八大召开，这标志着我国新一轮（第七次）行政体制改革的开始。2013年3月，根据党的十八大和十八届二中全会精神，国务院颁布了《国务院机构改革和职能转变方案》，这标志着我国第七轮行政体制改革的正式启动。2013年11月，党的十八届三中全会通过了《中共中央关于全面深化改革若干重大问题的决定》，勾画出我国国家治理现代化及政府改革与治理的蓝图。之后，党中央和国务院部署并启动了全方位多层面的改革，出台了一系列改革的方案，并采取了大刀阔斧的改革举措；地方政府按照中央的部署也展开了改革及进行自主探索。这是一场以理顺政府与市场和社会关系为核心、以简政放权和职能转变为着力点、以建设现代（化）政府②为目标导向的全方位的政府治

① 参见陈振明：《简政放权与职能转变：我国政府改革与治理的新趋势》，载《福建行政学院学报》，2016（1）。

② 2013年3月17日上午，李克强总理在十二届全国人大一次会议闭幕之后与中外记者见面并回答记者提问时说，要用法治精神来建设现代经济、现代社会和现代政府，建设创新政府、廉洁政府和法治政府。在2014年12月12日的国务院常务会议上，李克强总理强调，必须转变政府职能，建设现代政府。

理变革，改革的深度、广度和力度以及已取得的成效都是前几轮的改革所无法比拟的。那么，新一轮行政体制改革的顶层设计、改革的内容和措施是什么？改革是如何展开的？已取得哪些进展与成效？我们将通过对这些问题的探讨来透视当前我国政府改革与治理的新进展与新趋势。

1. 我国政府改革与治理的顶层设计

党的十八大报告《坚定不移沿着中国特色社会主义道路前进　为全面建成小康社会而奋斗》、党的十八届三中全会通过的《中共中央关于全面深化改革若干重大问题的决定》以及党的十八届四中全会通过的《中共中央关于全面推进依法治国若干重大问题的决定》，从国家战略高度勾勒了国家治理或政府治理与改革的大政方针；而国务院颁布的《国务院机构改革和职能转变方案》以及 2014 年和 2015 年的《政府工作报告》等提出政府治理与改革的思路与措施。这些指导性文件为我国政府新一轮改革与治理勾画出路线图，指明了新方向。

——党的十八届三中全会通过的《中共中央关于全面深化改革若干重大问题的决定》，提出全面深化改革的总目标是“完善和发展中国特色社会主义制度，推进国家治理体系和治理能力现代化”。这对政府治理与改革提出了全新的要求。

——中央政治局 2013 年 8 月 27 日召开会议，审议通过了《关于地方政府职能转变和机构改革的意见》，该文件以中发［2013］9 号下发，作为指导和规范地方政府改革的重要文件。2013 年 11 月，国务院召开“地方政府职能转变和机构改革工作电视电话会议”，对地方政府职能转变和机构改革进行安排部署。李克强总理发表讲话，强调中央政府改革是上篇，地方政府改革是下篇，需要整体构思、通盘考虑、上下贯通，把政府改革的整篇文章做好。

——理顺政府、市场与社会关系。党的十八大提出，按照建立中国特色社会主义行政体制目标，深入推进政企分开、政资分开、政事分开、政社分开，建设职能科学、结构优化、廉洁高效、人民满意的服务型政府。《中共中央关于全面深化改革若干重大问题的决定》特别强调市场在资源配置中起决定性作用，体现政府和市场关系的重新定位，即更加强调市场作为资源主要分配者的地位。与此同时，理顺政府与社会关系，改革社会组织管理制度，政府向社会放权，激发社会组织、公民等社会主体的参与活力，更好发挥社会力量在管理社会事务中的作用。

——以简政放权为着力点，放管结合，推动政府职能转变。党的十八大报告明确提出要深化行政体制改革，深化行政审批制度改革，继续简政放权，推动政府职能向创造良好发展环境、提供优质公共服务、维护社会公平正义转变。《中共中央关于全面深化改革若干重大问题的决定》指出要全面正确履行政府职能，进一步简政放权，深化行政审批制度改革。全面深化改革，进一步激发市场活力，深入推进简政放权、放管结合，加快转变政府职能，是 2015 年国务院历次常务会议的重点议题之一。

——推进法治政府建设。党的十八大确定把法治政府建设作为 2020 年全面建成小康社会的基本目标；十八届四中全会通过了《中共中央关于全面推进依法治国若干重大问题的决定》；2015 年 12 月，中共中央、国务院印发了《法治政府建设实施纲要（2015—2020年）》。所谓法治政府，就是行政主体自觉按照合法行政、合理行政、程序正当、高效便民、诚实守信、权责统一的要求，管理国家事务、经济文化事业和社会事务，做到主体合格、行为法定、程序正当和权责一致。推进法治政府建设的目标任务是坚持依法治国、依法执政、依法行政共同推进，坚持法治国家、法治政府、法治社会一体建设。

李克强总理在2013年9月11日于大连召开的夏季达沃斯论坛上表示，本届政府开门做的第一件大事，就是以转变政府职能为核心，大力推进行政管理体制改革。通过简政放权，把该放的权放开、放到位，把政府该管的事情管好、管到位，为各类企业创造公平竞争的环境，激发市场主体创造活力。① 简政放权是政府的自我革命，要有壮士断腕、开弓没有回头箭的决心和啃“硬骨头”的精神。在2013—2015连续三年的全国“两会”与记者见面会上，简政放权问题都被媒体提问。李克强总理每每回答都表露了“壮士断腕”的决心。2013年，总理称简政放权“是自我革命，会很痛，甚至有割腕的感觉，但这是发展的需要，是人民的愿望”。2014年，总理表示“开了弓哪还有回头箭?”，要继续啃“硬骨头”。2015年，李克强总理继续表态，称必须继续下更大力气来推进简政放权，“不能松了手刹还踩着脚刹”，“忍痛也得下刀”②。

中央与地方政府在前期改革的基础上，以理顺政府、市场与社会关系为核心，以简政放权和职能转变为着力点，以建设现代化政府为目标导向，进行了全方位、多层面的改革——包括政府自身的改革、围绕政府与市场关系的改革以及围绕政府与社会关系的改革等。改革要着力解决政府职能的转变滞后于企业改革和市场体系建设的突出问题，包括职能的越位、缺位、错位并存；审批事项过多、效率低、不透明，缺乏约束监督，创造竞争有序的市场秩序和政策环境不到位，有法不依、执法不严以及缺乏问责机制；等等。这些实践形成我国政府改革与治理的新趋势，并取得新进展。从三年改革的结果看，政府职能在加快转变，政府机构数量在减少，结构也逐步在优化。

2. 政府自身的改革

政府自身改革旨在通过政府内部结构优化、权力配置、职能转变、流程再造、机构重组和调整等方式，提高政府运行效率，增强政府治理能力。党的十八大报告与《中共中央关于全面深化改革若干重大问题的决定》对深化政府机构改革提出了指导性意见：第一，优化政府机构设置、职能配置、工作流程，完善决策权、执行权、监督权既相互制约又相互协调的行政运行机制；第二，创新行政管理方式，提高政府公信力和执行力，严格绩效管理，突出责任落实，确保权责一致；第三，统筹党政群机构改革，理顺部门职责关系，积极稳妥实施大部门制，健全部门职责体系；第四，优化行政区划设置，有条件的地方探索推进省直接管理县（市）体制改革，深化乡镇行政体制改革；第五，严格控制机构编制，严格按规定职数配备领导干部，减少机构数量和领导职数，严格控制财政供养人员总量，推进机构编制管理科学化、规范化、法制化；第六，推进事业单位分类改革，加大政府购买公共服务力度，推动公办事业单位与主管部门理顺关系和去行政化，创造条件，逐步取消学校、科研院所、医院等单位的行政级别。

如前所述，党的十七大报告要求加大机构整合力度，探索实行职能有机统一的大部门

---

① 参见《李克强在第七届夏季达沃斯论坛上的致辞》，见新华网，2013-09-12。

② 《KCIS看总理答记者问：“谁都不能在法外用权”》，见网易（财经频道），2015-03-15。

体制，健全部门间协调配合机制。党的十八大报告继续提出稳步推进大部门制改革，健全部门职责体系。党的十八届二中全会讨论通过了《国务院机构改革和职能转变方案》，会议公报指出："贯彻党的十八大关于建立中国特色社会主义行政体制目标的要求，以职能转变为核心，继续简政放权、推进机构改革、完善制度机制、提高行政效能，稳步推进大部门制改革"①。这说明在今后一段时间内，我国政府机构改革的基本方向仍然是大部制。大部制改革的核心就是促进政府职能转变，它是指政府各级部门在机构设置上加大横向覆盖的范围，整合职能和管辖范围相近、业务性质类似的政府部门，在此基础上组建一个更大部门的管理体制，其管辖范围较宽，侧重于横向的宏观管理，制定战略和大的政策。

2013年3月，国务院颁布了《国务院机构改革和职能转变方案》，按照大部制改革的基本思路，对相关部门进行整合与重组，组建国家卫生和计划生育委员会、组建国家食品药品监督管理总局、组建国家新闻出版广电总局、重组国家海洋局、重组国家能源局等，改革后正部级机构减少了4个，组成部门减少了2个，国务院组成部门降为25个。

与以往机构改革相比，《中共中央关于全面深化改革若干重大问题的决定》还提出：一是要统筹党政群机构改革，理顺部门职责关系；二是优化行政区划设置，有条件的地方探索推进省直接管理县（市）体制改革；三是严格控制机构编制，严格按规定职数配备领导干部，减少机构数量和领导职数，严格控制财政供养人员总量；四是推进机构编制管理科学化、规范化、法制化。

我国地方政府不断完善大部制改革，形成了以"行政三分"为特征的深圳模式、以"党政机构联动"为特征的顺德模式、以"城乡统筹管理"为特征的成都模式、以"合并同类项"为特征的随州模式、以建立"专委会"制度为特征的富阳模式等。

以深圳的大部制改革为例。该市大部制改革围绕所谓的"行政三分"——决策、执行和监督的三种职能的分离与协调——来进行。改革涉及如下四个方面的内容：一是调整机构与职能，部门"同类项合并"，转移政府的部分职能，大力培育和扶持社会组织，强化社会管理和公共服务职能，将行政资源向社会管理和民生服务领域倾斜。二是创新体制机制，建立委、局、办管理格局——委是承担制定政策并执行监督的大部门，局是承担执行和监督职能的机构，办是协助市长办理专门事项，不具有独立行政管理职能的机构。三是推行"大部制升级版"，市规划国土委从2014年7月1日起推行"大科室"综合改革试点，从基层管理的角度切入，加快从审批型政府向服务型政府的转变，打造大部制的升级版。四是简化办事流程，推行"一站式"服务，推行"一个窗口"对外，推行"电子窗口"办事，试行预约服务、网上预审、网上年检、网上申报和审批代码证等服务。

3. 围绕政府与市场关系的改革

政府与市场关系改革的实质就是政府向市场放权，发挥市场在资源配置中的决定性作用。当前，我国政府主要通过深化行政审批制度改革、探索清单式管理模式以及工商登记制度改革等，实现政府简政放权。从2013年5月开始，国务院按照党的十八大和十八届

---

① 《中国共产党第十八届中央委员会第二次全体会议公报》，见新华网，2013-02-28。

二中、三中全会的精神和全国人大批准的《国务院机构改革和职能转变方案》，把进一步简政放权、加快政府职能转变作为本届政府的一件大事，取得了重要的进展。

（1）行政审批制度改革。深化行政审批制度改革是党的十八大和十八届二中、三中全会部署的重要改革。新一届政府把深化行政审批制度改革作为转变政府职能、简政放权的重要抓手和突破口。《国务院关于深化行政审批制度改革加快政府职能转变工作情况的报告》指出，从2013年5月到2014年8月的一年多时间，国务院先后取消和下放7批共632项行政审批等事项，一批涉及企业投资项目核准、企业生产经营活动许可以及对企业、社会组织和个人的资质资格认定的事项被取消或下放。①

2015年1月7日，国务院召开2015年第一场常务会议，针对群众反映较多的审批"沉疴"，重点讨论规范和改进行政审批的措施，会议提出"一口受理""限时办理""规范办理""透明办理""网上办理"五个要求，用便捷、高效、透明的行政审批打造政府服务品牌。

2015年1月，国务院印发了《关于规范国务院部门行政审批行为改进行政审批有关工作的通知》，强调加快转变政府职能，坚持依法行政，推进简政放权、放管结合，规范行政审批行为、提高审批效率，激发市场社会活力、营造公平竞争环境，减少权力寻租空间、消除滋生腐败的土壤，确保行政审批在法治轨道运行，进一步提升政府公信力和执行力，建设创新政府、廉洁政府和法治政府。通知还提出了规范行政审批行为的六个方面的具体举措：全面实行"一个窗口"受理；推行受理单制度；实行办理时限承诺制；编制服务指南；制定审查工作细则，严格规范行政裁量权；探索改进跨部门审批。②

2015年5月12日，国务院组织召开全国推进简政放权、放管结合职能转变工作电视电话会议，李克强总理在会上强调，行政审批制度改革是国务院机构职能转变的突破口和抓手。有评论指出："推进简政放权、放管结合，加快转变政府职能，是政府自我革命的'当头炮'，是理顺政府与市场关系的突破口，是激发市场活力、调动社会创造力的'先手棋'。"③

在中央政府行政审批制度改革的大力推动下，地方政府纷纷开启新一轮行政审批制度改革，并不断进行创新，成效显著。表3-5列举了若干地方行政审批制度改革的典型案例及做法。

表3-5　若干地方行政审批制度改革的典型案例及做法

地方	特点	主要内容
广东省	减、放、转、管	2012年11月印发的《广东省"十二五"时期深化行政审批制度改革先行先试方案》，提出围绕"减""放""转""管"四个方面深化改革：（1）"减"，包括取消审批、压缩审批。（2）"放"，把该由下一级审批的权限下放，面向基层。（3）"转"，不该由政府管的，交由有资质的社会组织承担管理职能。（4）"管"是切实加强监管，推动政府部门工作重心向制定规则和强化监管转移，管理方式由重审批、轻监管转为宽准入、严监管

① 参见杨晶：《国务院关于深化行政审批制度改革加快政府职能转变工作情况的报告——2014年8月27日第十二届全国人民代表大会常务委员会第十次会议上》，见中国人大网，2014-08-28。

② 参见方烨：《国务院部署深化行政审批制度改革》，见人民网，2015-02-05。

③ 王静宇：《让简政放权与加强监管并行》，见中国政府网，2015-06-03。

续前表

地方	特点	主要内容
江苏省	长效规范监管	2013年9月，强调新一轮行政审批制度改革要将清理精简与长效规范监管结合起来，省本级一般不新设行政许可和非许可行政审批事项，并按照“谁审批、谁负责”原则建立违法设定或实施行政审批责任追究制度，定期评价和动态清理相关审批事项；取消审批后，要切实强化后续监管，防止管理脱节
浙江省义乌市	审批提速，精简事项，规范过程，优化服务	2013年7月，新的行政审批制度改革有四个核心内容：（1）清理和缩减一批审批项目。贯彻“能减则减，能放则放”的原则；能下放给镇街的审批管理事项，坚决下放；确需保留的审批事项，要在分类科学管理基础上提速提效。（2）投资项目审批和市场贸易类项目审批提速。抓好项目审批首尾两端环节的提速；继续推进工商商事登记制度改革，放宽市场准入门槛；开展与市场贸易相关的审批制度改革试点。（3）清理规范中介机构审批环节。开放中介服务市场，加强中介机构评价管理，实行市场退出机制。（4）推行网上审批，延伸服务网点，提高服务效率
黑龙江省牡丹江市	精简审批事项，公开行政审批权力	2013年12月，新一轮行政审批改革采取四项措施：（1）清理全面彻底，不留死角，“拉网式”地梳理出全市1 100余项审批事项。（2）精简力度大，“动真刀”，取消了一批“含金量”较高的行政审批事项。（3）下放实惠到位，凡县、区政府能够承担的事项，予以下放。（4）建立了权力清单制度，制定了保留和取消下放审批事项目录，通过媒体向社会进行了公示
福建省泉州市	提高审批效率，简化审批流程	2013年，新一轮行政审批制度改革有三个亮点：（1）将通过建设全省电子证照试点，实现证照资料电子化和部门无缝共享，简化材料提交，推进全流程电子运转，实现审批无纸化。（2）有条件的地方要推行“一审一核”制改革，对不需要现场勘查、集体讨论、专家论证、技术检测等的简易审批项目，授权窗口即收即办。（3）全面落实“马上就办”精神，进一步优化审批流程、削减审批环节、压缩审批时限

（2）清单式管理模式。2014年1月8日，李克强总理主持召开国务院常务会议，要求公开国务院各部门全部行政审批事项清单；在2月11日举行的国务院第二次廉政工作会议上，他提出，在公开的审批事项目录清单之外，一律不得实施行政审批或新设审批事项。2月18日，在省部级主要领导干部专题研讨班上，他再次强调，要逐步建立各级政府的权力清单制度。

2015年9月15日，中央全面深化改革领导小组第十六次会议审议通过了《关于实行市场准入负面清单制度的意见》，提出坚持社会主义市场经济改革方向，把转变政府职能同创新管理方式结合起来，把激发市场活力同加强市场监管统筹起来，放宽和规范市场准入，精简和优化行政审批，强化和创新市场监管，加快构建市场开放公平、规范有序，企业自主决策、平等竞争，政府权责清晰、监管有力的市场准入管理新体制。对应该放给企业的权力要松开手、放到位，做到负面清单以外的事项由市场主体依法决定。实行市场准入负面清单制度要通过试点积累经验、逐步完善。①

① 参见《盘点：2015年经济领域中央重大改革部署》，见人民网（微博），2016-01-01。

2015年12月9日，中央全面深化改革领导小组第十九次会议审议通过了《国务院部门权力和责任清单编制试点方案》，决定推行国务院部门权力和责任清单编制试点，按照简政放权、放管结合、优化服务、转变政府职能的要求，以清单形式列明试点部门行政权责及其依据、行使主体、运行流程等，推进行政权责依法公开，强化行政权力监督和制约，加快形成边界清晰、分工合理、权责一致、运转高效、依法保障的政府职能体系。要把约束和规范权力、服务人民作为试点工作的出发点，把社会关注度高、群众反映强烈、能够很快显现效果的重点领域或权责事项摆在优先位置，着力解决权力运行中的突出问题。①

在2013年9月上海自贸区试点启动“负面清单”制之后，“清单式管理”成为国内政府治理与改革的一个重要方向。此后，各地政府纷纷引入“清单式管理”思维，探索出权力清单、负面清单以及监管清单等不同的模式，实现行政审批事前、事中与事后的链条式管理。我国地方政府“清单式”管理模式的探索见表3-6。

表3-6　我国地方政府“清单式”管理模式的探索

类型	具体分类	主要目标	核心内容	典型探索
清单式管理模式	权力清单制	将行政审批为代表的权力事项置于社会监督之下，促进政府行政审批权力的公开化与透明化，督促政府部门依法行政	“权力清单”是将政府行政权力和政府服务事项、处理办法与处理流程，并将实施主体、权力依据等要素向社会公布	2002年，河北省部分单位试点行政权力公开透明运行改革；2009年，成都市政府法制办公布市级行政权力清单；2011年，宁夏编制县委书记“权力清单”；2011年，顺德梳理出了全国县级政府最完整的“权力清单”；2013年，北京市西城区曝光“权力清单”
	负面清单制	将主动权交于市场，最大限度激发市场活力，进一步优化产业投资环境，提升行政效率和资本效率	“负面清单”是政府以清单方式明确列出禁止和限制企业投资经营的行业、领域、项目等，除此之外，按照“非禁即入”和“内外资一致”原则，实施国民待遇	2013年10月，上海自贸区出台《中国（上海）自由贸易试验区外商投资准入特别管理措施（负面清单）（2013年）》；2013年，顺德公布了全国首份《企业经营审批事项目录汇编》，成为全国首份市场准入的负面清单；2014年2月，浙江省决定率先试点负面清单制，舟山群岛新区、嘉善县、海宁市、绍兴市柯桥区四地作为试点；2014年，陕西省将“负面清单”管理列入省政府工作报告，并将其作为2014年重点工作任务
	监管清单制	明确行政审批后的监管责任，加强行政审批后的监管力度	“监管清单”重在厘清部门监管职责，界定政府各部门之间权力运行的界限，解决政府职能缺位、越位和错位等问题	2013年12月，佛山市南海区出台“监管清单”，列明政府职能部门各种审批后续监管措施，包括分级分类管理措施、黑名单管理措施；2014年2月，顺德制定《顺德区企业经营行业监管分工目录》，出台“监管清单”

1）权力清单制。权力清单制，是指政府（包括各部门）按照法定职责和“三定”方案，梳理和界定政府权力边界，并按照行权基本要素，将梳理出来的权力事项进行规范化，以列表清单形式公之于众，主动接受社会监督、自觉促进依法行政的实践活动。权力

① 参见《习近平主持召开中央全面深化改革领导小组第十九次会议》，见新华网，2015-12-09。

清单管理模式旨在将以行政审批为代表的权力事项置于社会监督之下，促进政府行政审批权力的公开化与透明化，督促政府部门依法行政。在行政审批管理系统中，“权力清单”是基础性管理工具，规定了行政审批制度改革的框架和结构。

2014 年 3 月 17 日，国务院审改办在中国机构编制网公开了国务院各部门行政审批事项汇总清单。公开的汇总清单涵盖了 60 个有行政审批事项的国务院部门，各部门目前正在实施的行政审批事项共 1 235 项。国务院审改办有关负责人表示，公开国务院各部门行政审批事项清单，是中央政府加快权力清单公布，大力推进职能转变的重要举措。今后，各部门将不得在公布的清单之外实施行政审批，不得对已取消和下放的审批项目以其他名目搞变相审批，坚决杜绝随意新设、边减边增、明减暗增等问题，努力做到让市场主体“法无禁止即可为”，让政府部门“法无授权不可为”。①

上海市发展和改革委员会 2014 年 6 月 29 日正式对外公布了 2014 年版行政审批和政府定价事项清单。这是上海市政府工作部门公布的首份权力清单，纳入清单的共有 41 项权力事项，包括行政审批事项 24 项和政府定价事项 17 项。24 项行政审批事项包括“工程咨询单位的资格初审转报”“石油天然气管道保护范围内特定施工作业审批”“创业投资企业备案”等。清单中列明了各审批事项的名称、设定依据、审批条件、申请材料、办理程序、办理期限、审批对象、责任处室等，对行政审批权力的行权要素进行了标准化。17 项政府定价事项包括制定医疗服务收费标准、制定养老服务收费标准、制定游览参观点门票价格等，清单中注明了各定价事项的名称、设定依据、定价范围、定价形式、实施对象、定价程序、责任处室等。②

2）负面清单制。负面清单管理模式是政府以清单方式明确列出禁止和限制企业投资经营的行业、领域、项目等，除此之外，按照“非禁即入”和“内外资一致”原则，将主动权交予市场，最大限度激发市场活力，进一步优化产业投资环境，提升行政效率和资本效率。在行政审批管理系统中，“负面清单”是核心性工具，是行政审批行为实施的基础和参照。

3）监管清单制。监管清单管理模式旨在解决行政审批改革后的监管事项，杜绝政府职能缺位、越位和错位等问题，其重在厘清部门监管职责，界定政府各部门之间权力运行的界限，通过清单形式公布不同行政事项的监管主体与责任。在行政审批管理系统中，“监管清单”是保障性工具，是保持行政审批制度改革持续性的关键。

（3）工商登记制度改革。党的十八届二中全会明确提出，要推进工商登记制度改革。推进工商登记制度改革，是为了进一步激发市场和社会的创造活力，增强经济社会发展的内生动力，更好地促进市场主体平稳健康发展。之后，《国务院机构改革和职能转变方案》提出工商登记制度改革的三方面内容：一是将“先证后照”改为“先照后证”，市场主体向工商部门申请登记，取得营业执照后即可从事一般生产经营活动；对从事需要许可的生产经营活动，持营业执照和有关材料向主管部门申请许可。二是将注册资本实缴登记制改为认缴登记制。三是放宽工商登记其他条件。

2015 年，国务院办公厅发布了《关于加快推进“三证合一”登记制度改革的意见》

① 参见《国务院审改办公开各部门行政审批事项汇总清单》，见新华网，2014-03-17。

② 参见《上海市政府工作部门首份权力清单公布》，见新华网，2014-06-29 。

(国办发［2015］50号)，决定从2015年10月1日开始，在全国全面实行“三证合一、一照一码”登记模式。“三证合一”登记制度改革是指将原来企业、农民专业合作社登记时依次申请，分别由工商行政管理部门核发工商营业执照、质量技术监督部门核发组织机构代码证、税务部门核发税务登记证，改为一次申请、由工商行政管理部门核发一个加载统一社会信用代码的营业执照的登记制度。统一社会信用代码，是每一个法人和其他组织在全国范围内唯一的、终身不变的法定身份识别码。

2014年8月的《国务院关于深化行政审批制度改革加快政府职能转变工作情况的报告》对一年多以来的改革进展做了如下描述：“改革工商登记制度，放宽市场准入，将‘先证后照’改为‘先照后证’，注册资本实缴登记制改为认缴登记制，将126项工商登记前置审批事项改为后置审批，约占改革前前置审批事项的五分之三，将企业年检制度改为年度报告公示，推进工商注册制度便利化。”①

在中央政府精神的指导下，各个地方积极展开探索。例如，吉林省2012年率先探索工商登记制度改革，在改革市场主体登记审批流程、放宽市场主体登记条件、强化市场主体后续监管等方面效果显著，逐步破解了企业在工商登记时面临的种种难题，最大限度释放了改革红利。② 又如，2014年4月，《青海省人民政府关于改革工商登记制度促进全省市场主体发展的意见》颁布执行，工商登记制度改革充分贯彻“宽进＋严管”原则，从12个方面改革登记制度，实现便捷高效、规范统一、宽进严管的目标，以优化营商环境，激发了社会创业热情，促进了经济发展，备受各界瞩目。

4. 围绕政府与社会关系的改革

处理好政府和社会关系，改革社会组织管理制度，更好发挥社会力量在管理社会事务中的作用，这是新一轮我国政府改革与治理的另一个重要内容。政府与社会关系改革的实质就是政府向社会放权，激发社会组织、公民等社会主体的参与活力。我国当前的政府购买社会服务就是主要着眼于削减或转移职能，实现政府职能向社会领域分权。

(1) 政府购买社会服务。2013年7月31日，李克强总理主持召开国务院常务会议，研究推进政府向社会力量购买公共服务，提出将适合市场化方式提供的公共服务事项交由具备条件、信誉良好的社会组织、机构和企业等承担。2014年11月，财政部和民政部联合下发《关于支持和规范社会组织承接政府购买服务的通知》，支持和规范社会组织承接政府购买服务。

政府购买社会服务是政府利用财政资金，采取市场化、契约化方式，面向具有专业资质的社会组织、企业、事业单位购买社会服务的一项重要制度安排。建立健全政府购买社会服务制度，深入推进政府购买社会服务工作意义重大。上述的《关于支持和规范社会组织承接政府购买服务的通知》指出：充分发挥社会组织在公共服务供给中的独特功能和积极作用，有利于加快转变政府职能，创新公共服务供给方式，提高公共服务供给水平和效率；有利于培育和引导社会组织，加快形成政社分开、权责明确、依法自治的现代社会组织体制；有利于推动整合利用社会资源，增强公众参与意识，激发社会发展活力。政府购

① 杨晶：《国务院关于深化行政审批制度改革加快政府职能转变工作情况的报告——2014年8月27日第十二届全国人民代表大会常务委员会第十次会议上》，见中国人大网，2014-08-28。

② 参见孟含琪、林宏：《吉林改革工商登记制度 最大限度释放“改革红利”》，见新华网，2014-06-26。

买社会服务的相关方式见表3-7。

表3-7　　政府购买社会服务的相关方式

购买方式	购买范围	运作方式	监督方式
1. 合同出租 2. 公私合作 3. 用者付费 4. 补贴制度	养老服务、医疗服务、社区服务、教育服务、救助无家可归者等	1. 政府与私营机构、非营利组织签订购买服务合同 2. 由政府提供资金，社区非营利组织承包服务，社区委员会监督服务 3. 竞争机制，营利组织与非营利组织并存 4. 服务承诺制，政府部门制定标准，通过投标和合约的方式交由志愿者机构或者私立服务机构承担	1. 政府采用分期付款，监督重点不在预算上，而在项目质量上 2. 政府行政监督的制约和全面的信息公开机制，由一些行业协会或者自律委员会作为第三方参与管理，监督双方 3. 规定具体的服务指标，定期进行服务质量评估

2008年，广东省率先出台《关于开展政府购买社会组织服务试点工作的意见》。2014年4月30日，厦门市出台《关于推进政府购买服务工作的实施意见》，全面推广政府购买服务试点工作，凡社会能提供的服务，各部门都应尽量通过政府购买服务交由社会力量承担。2014年5月，甘肃省出台《关于政府向社会力量购买服务的实施意见》，制定6类50款购买服务事项。2014年6月，石家庄市出台《关于政府向社会力量购买服务的实施意见》，指出在全市内开展试点工作，提出短期、中期以及长期目标，明确购买主体和承接主体，制定19类154项购买服务事项。

（2）扶持社会组织发展。壮大社会组织的力量，提高社会组织的能力是完成社会转型的重要条件，是政府职能转变和权力下放的基础。表3-8列举了地方政府扶持社会组织发展的几个典型实践案例。

表3-8　　地方政府扶持社会组织发展的实践案例

地方政府	具体实践
广东省	推出《关于进一步培育发展和规范管理社会组织的方案》，对广东省社会组织发展的速度、队伍、数量、能力、发挥作用、监管、党建等提出具体目标，提出到2015年，建立与广东省经济社会发展相协调的现代社会组织体系。从2014年7月1日起，广东省内除特别规定、特殊领域外，社会组织的业务主管单位改为业务指导单位，社会组织直接向民政部门申请成立，无须业务主管单位前置审批后再向登记管理机关申请登记。社会组织的培育发展迈出重要一步
成都市	推出《关于加快培育发展社会组织的实施方案》，提出如下措施：成立社会组织发展基金会；建立社会组织孵化园；大力推进向社会组织购买服务；加强对社区社会组织的扶持；深化社会组织登记管理体制改革；编制发布《社会组织设立导向目录》；建立社会组织信息网；加强社会组织党的建设；规范社会组织运行管理；等等
青岛市崂山区	为培育和促进社会组织发展，2014年崂山区出台了《培育扶持社区社会组织经费管理办法》，每年安排35万元专项经费，以开办补助、公益创投、奖励先进的方式给予社会组织相应经费扶持。此次首批扶持经费发放，将进一步激发社会组织发展活力，促进社会组织在参与社会管理和提供公共服务方面发挥积极作用

续前表

地方政府	具体实践
厦门市海沧区	一是加大社会组织培育力度。特别是针对村（居）自治的“四民家园”“乡贤理事会”等社会组织进行积极引入，充分发挥它们在社区建设中的作用。二是举办社会组织工作者培训班。组织 50 家社会组织参加培训，见缝插针开展“美丽厦门·共同缔造”主题宣传，引导社会组织树立品牌意识，提高社会公信力。三是开展社会组织评估，激发社会组织活力，评估结果向社会公开、接受社会监督，将评估结果与社会组织承接政府购买服务、享受政策优惠等挂钩

（3）探索社区自治模式。各地积极探索“党委领导、政府负责、社会协同、公众参与、法制保障”五位一体的基层治理模式，力求形成政府综治、社区共治和居民自治三个体系交融互动的治理机制，探索居民自治新模式。①

总之，我国新一轮行政体制改革已开始。这是一场以理顺政府与市场和社会关系为核心，以简政放权和职能转变为着力点，以建设现代化政府为目标导向的政府治理变革，无论是改革深度、广度和力度，还是改革已取得的成效都是前几轮改革所无法比拟的。新一轮的行政体制改革能否顺利推进并达成目标，将影响甚至决定我国未来经济社会能否持续健康发展以及国家治理现代化的进程。

① 参见《探索居民自治新模式，走出基层善治新路径》，见人民网，2015-11-28。

第4章

政府间关系

政府间关系或称"府际关系"，是指中央政府与各级地方政府之间纵横交错的网络关系，它既包括纵向的中央政府与各级地方政府之间的关系，也包括同级地方政府之间以及不存在行政隶属关系的非同级地方政府之间的关系。改革开放以来，我国地方政府的独立性和自主权迅速扩大，已经成为具有独立经济社会利益和独立发展目标的利益主体。它不仅改变了传统中央与地方之间单纯的控制与服从的关系，还深化了地方政府之间的对策博弈关系，使得政府间关系研究成为一个备受关注的公共管理的理论与实践课题。

4.1 政府间关系研究概述

4.1.1 什么是政府间关系

"Intergovernmental relations"（IGR），在公共行政与公共政策的相关英文文献中是个出现频率较高的词组，其中文意思就是政府间关系。

1. "政府间关系"的词源

按照美国学者赖特在《理解政府间关系》一文中的说法①，作为一个术语，IGR源于美国20世纪30年代新政的实施和联邦政府为克服大萧条时期的经济社会恐慌所做的全面的努力。因此，IGR与公共政策密切相关，即选择行为方向并评估其实际效果。罗斯福总

① Deil S. Wright, "Understanding Intergovernment Relation", in Jay M. Shafritz and Albert C. Hyde (eds.), *Classics of Public Administration* (4th ed.), Fort Worth, Texas: Harcourt Brace College Publishers, 1997, pp. 578-594.

统为了各种社会福利计划同最高法院展开了一场争论，他为规避法院的立法障碍而采取的实用主义技巧证明了 IGR 的政策本质。因此，该术语的起源同自由、进取和富有活力的政府观念和偏好联系在一起。

IGR 这一术语在官员和学者当中被长期有效地使用。然而，它的起源没有被发现，并且一直没有一个正式的定义。最早在文献上使用这个术语的是克莱德·F. 斯奈德（Clyde F. Snider），他在 1937 年发表《1935—1936 年的乡村和城镇政府》一文（载《美国政治科学评论》1937 年第 31 期）；威廉·安德森（William Anderson）对这个概念的发展也有贡献。但是，斯奈德和安德森都没有得到发明这一术语的荣誉，因为他们两人都不能说明这个术语的来源。安德森的同代人 W. 布鲁克·格雷夫斯（W. Brooke Graves）是一个年鉴杂志的编辑，他将该年鉴 1940 年第 207 期直接冠之“美利坚合众国的政府间关系”的名称，收入的 25 篇文章覆盖了联邦—州、联邦—地方、州际关系。然而，令人惊奇的是，编辑和作者都没有认识到界定 IGR 或将它同联邦主义、新联邦主义、合作联邦主义及在文章中使用的其他类似术语区别开来的必要。25 年后，格雷夫斯造就了该领域的“美国政府间关系”。

在 20 世纪 50 年代，当 IGR 成为美国国会法定语言时，该术语广泛使用的大道就铺就了。1953 年，美国国会成立了政府间关系临时委员会，随后创立了永久性的政府间关系委员会，它包含了一流的官员，涵盖联邦、州和地方的关系。在监控政府间走向的过程中，这个机构产生了大量研究成果以及 IGR 的政策建议书。在六七十年代，IGR 概念的正式使用得到拓展，并在联邦、州和地方层级上使用。例如，1968 年美国国会通过政府间合作法案授权项目。到 1970 年，几乎所有的州建立了一个执行机构或有专门官员负责处理有关 IGR 的问题。1969 年的一份调查报告指出，16%的超过 1 万人的城市有全职的政府间关系的协调者，52%的超过 10 万人的城市有全职的政府间关系的协调者；到 1975 年，这个比例分别上升到 39%和 76%；到 1980 年，每个州都有一个机构和全职人员专门承担 IGR 责任。在 80 年代，IGR 成了一个被广泛使用和受到普遍认可的术语。

IGR 的一个简化的定义是：政府之间以及它们的机构之间的联结、互动、相互依存以及公共官员之间的相互影响。这些官员包括民选的和任命的，他们占据着各层级政府的位子。在那儿，突出的待办公共项目是财政、政策和政治问题。IGR 代表了一个相对新的有特色和重要的方法去评估政策及项目的特征和内容，它改变了 20 世纪治理的方式。为了更好地理解治理过程，需要利用 IGR 的概念。

在美国，IGR 的发展经历了八个阶段，对每个阶段来说，有三个主要的因素要考虑：什么政策问题支配着公共议程？主要参与者有什么支配性的洞察力？什么样的定位或思维定式指导着他们的行为？在理解各阶段的说明含义和它们的简短描述时，有两种分类是重要的。一是，对每个阶段来说，描述并没有包含所指时期的政府间行为的所有方面；二是，应当强调每个时期的日期是大概的，所以每个阶段实际上是重叠的。

2. “政府间关系”的本土化理解

国内学者对“政府间关系”或“府际关系”的理解有别，兹举几例：

林尚立在《国内政府间关系》一书中将政府间关系界定为“各级政府间和各地区政府

间的关系，它包含纵向的中央政府与地方政府间的关系、地方各级政府间关系和横向的各地区政府间关系”①。他还认为，政府间的横向关系虽然主要指地方政府间关系，但由于我国传统的政府间关系模式是以条块关系为基础的，所以横向关系有时也包括政府内部各部门之间的关系。② 简言之，政府间关系的主体主要是指中央政府和各级地方政府，但在我国条块分割的传统模式下，政府内部各部门有时也成为政府间关系的主体。

谢庆奎在《中国政府的府际关系研究》一文中说，府际关系即政府之间的关系，它包括中央政府与地方政府之间、地方政府之间、政府部门之间、各地区政府之间的关系。他强调政府部门是“府际关系”的十分重要的主体，因而将部门之间的关系直接纳入了研究的范围。在政府之间垂直和水平上的纵横交错关系中，谢庆奎认为“府际关系”在改革前后“发生了很大的变化，由单一性走向多样性，由垂直联系为主发展为横向联系为主”③。

“台湾大学”赵永茂教授等人在《府际关系》一书中强调府际关系的动态性特征——府际关系是一种国家内部不同政府间的相互运作关系。狭义的府际关系指各层级政府之间的垂直互动关系；广义的府际关系其实更涵盖同级政府间的水平互动关系、特定政府机关内部各部门间协调管理及政府同民间组织的公共关系等。④

杨宏山在《府际关系论》一书中区分府际关系的三层含义，突出其网络关系特征，并将主权国家间关系包括在府际关系之中。在他看来，狭义的府际关系仅指不同层级政府之间的垂直关系网络；广义的府际关系不仅包括中央政府与地方政府之间、上下级地方政府之间的纵向关系网络，而且还包括互不隶属的地方政府之间的横向关系网络，以及政府内部不同权力机关之间的分工关系网络；更宽泛的府际关系不仅包含国内政府间关系，而且包括主权国家间关系。⑤

蔡英辉、胡晓芳撰文认为林尚立、陈振明原来的政府间关系定义并未将政府部门与地方政府间关系以及中央政府与中央部门间关系列为府际关系，这矢之偏颇。政府间关系的简明定义是：政府之间以及它们的机构之间的联结、互动、相互依存以及公共官员之间的相互影响。⑥

显然，学者们对政府间关系的主体及主导脉络的理解存在分歧，那么，应该如何界定政府间关系呢？首先，中央政府与各级地方政府是政府间关系的主体已毫无疑义，而政府间关系到底应不应该包括部门之间的关系呢？部门是构成各级政府的机构，是次于“政府”的行政主体，是“政府部门之间关系”，因而应该包含在“政府之间关系”之中。其次，在政府间关系的主导脉络上，学者们一般认为政府间关系的脉络应该包括纵向和横向两个方面。林尚立认为，纵向关系尤其是中央政府与地方政府间关系始终是政

① 林尚立：《国内政府间关系》，14 页，杭州，浙江人民出版社，1998。

② 参见上书，313 页。

③ 谢庆奎：《中国政府的府际关系研究》，载《北京大学学报》（哲学社会科学版），2000（1）。

④ 参见赵永茂等：《府际关系》，6 页，台北，元照出版公司，2001。

⑤ 参见杨宏山：《府际关系论》，2 页，北京，中国社会科学出版社，2005。

⑥ 参见蔡英辉、胡晓芳：《府际关系的重新梳理与界定：中国省（部）级政府层面府际关系探究》，载《甘肃行政学院学报》，2007（4）。

府间关系的中轴；谢庆奎则认为，政府间关系已由垂直联系为主发展为横向联系为主。改革开放30多年来，政府间横向关系不仅得到了扩展，而且正发挥着越来越重要的作用，反过来又对政府间的纵向关系产生了深刻影响，大大改变了旧体制下的政府间关系的原有格局，使政府间关系超出了纵向与横向的简单脉络，朝向复杂的网络体系发展。

综上所述，政府间关系是指中央政府与各级地方政府之间纵横交错的网络关系，它包括纵向的中央政府与地方政府、各级地方政府之间的关系，同级地方政府之间以及各级政府部门之间的互动关系。这种关系具有多层次、多主体、网络状和动态性等特征。

4.1.2 政府间关系研究的进展

1. 国外的政府间关系研究

在国外，政府间关系一直以来都是公共行政与公共政策领域的重要研究课题。与政府间关系演变的实践相呼应，政府间关系的研究也经历了一个发展的过程。20世纪80年代以前的研究主要关注中央与地方的关系，沈立人在《地方政府的经济职能和经济行为》一书中①，列出了一系列西方学者关于中央与地方关系的著述，包括：英国中央政策检查组的《中央政府与地方政府的关系》，琼思的《中央与地方政府关系研究的新方法》，罗兹的《英国中央与地方的关系研究：一种分析模式》和《中央政府与地方政府关系中的控制与权力》，埃利奥特的《中央与地方关系中的法律作用》，佩奇的《中央政府对地方政府施加影响手段》，桑德斯的《为什么要研究中央与地方的关系?》，里根的《英国中央与地方的关系：实力—依赖关系论的应用》，艾伦的《中央与地方的关系》，赖特主编的《西欧国家中央与地方的关系》，日本村松岐夫的《地方自治》，等等。

20世纪80年代以来，政府间关系的实践出现了许多新情况，西方学界逐渐意识到了政府间管理问题的重要性，关注点由制度规范转到动态运作，由政府间纵向关系扩展到政府间横向关系。这大大拓展了政府间关系研究的视野，使其更为系统化，出现横向关系网络化的新趋势。此间有关政府间关系的研究文献十分丰富，核心内容是中央与地方政府的关系研究以及地方政府间横向关系研究。

中央和地方政府间关系的研究有两个焦点方面，一是中央和地方权力关系。例如，罗兹在《中央政府与地方政府关系中的控制与权力》(*Control and Power in Central-Local Governmental Relations*，1981，2000）一书中认为，中央和地方政府的关系已不是原来的控制与被控制的关系，它们具有各自的资源，是一种相互依赖的关系，强调要通过中央政府下放地方权力以增强地方的自治权，建立中央与地方的伙伴关系。二是中央和地方财政关系。20世纪80年代开始的世界性财政分权浪潮催生“财政联邦主义”的分权理论，包括财

① 参见沈立人：《地方政府的经济职能和经济行为》，71页，上海，上海远东出版社，1998。

政分权的依据、分权的模型、分权引致的问题及其与治理的关系等问题的研究。①

在地方政府横向关系方面，有些学者分析地方政府间竞争，强调联邦政府与次级政府、次级政府之间相互存在竞争而获得发展。例如，蒂布特（Charles Tiebout）在《地方支出的纯粹理论》一文中提出了地方政府竞争的所谓“蒂布特模型”（Tiebout Model），认为居民以“用脚投票”的方式选择公共产品的质量和数量符合其偏好的区域来居住；布雷顿（Albert Breton）在《竞争性政府：一个关于政治和公共财政的经济理论》（*Competitive Governments*：*An Economic Theory of Politics and Public Finance*，1998）一书中认为竞争是政府间关系的内在特征，政府之间、政府内部和政府内外均存在竞争。另一些学者研究地方政府间合作尤其是政府间合作的动因、机制、方式及困境等，提出了“伙伴关系”“网络治理”“协同治理”“整体型政府”“城市联盟”等种种理论。例如，英国学者海伦·沙利文（Helen Sullivan）和克里斯·斯凯奇（Chris Skelche）分析影响地方政府间合作的主要因素（包括财政、操作和政治等），认为契约、伙伴关系和网络三种形态可以被采用以使政府间合作的问题得到很好的解决。

2. 国内的政府间关系研究

在我国，政府间关系尤其是中央与地方关系一直是国家或政府管理的一个重大的理论与实践课题，从古至今积累了大量的文献。但是，政府间关系作为国内的一个相对独立的学术领域的历史并不长。林尚立的《国内政府间关系》（1998）则是国内首部以“政府间关系”为题的著作。该书不仅构建了政府间关系的一般理论基础，考察了主要西方国家政府间关系的演变过程与发展的总体特征，而且对中国政府间关系的历史选择、传统模式、改革实践与总体发展进行了较为系统的分析。

改革开放前二十来年，随着分权化和市场化改革的展开，中央与地方关系的研究备受学者们的重视，研究的重心是中央与地方的权力关系和财政关系（1994 年开始了分税制改革，中央与地方财政关系成为研究焦点）。1991—2001 年，这十年的论著中有薄贵利的《中央与地方关系研究》（吉林大学出版社，1991），王绍光和胡鞍钢的《中国国家能力报告》（辽宁人民出版社，1993），魏礼群的《市场经济中的中央与地方经济关系》（中国经济出版社，1994），吴俊培的《论中央与地方的财政关系》（《经济研究》，1994 年第 4 期），辛向阳的《大国诸侯：中国中央与地方关系之结》（中国社会出版社，1995），董辅礽等人的《集权与分权：中央与地方关系的构建》（经济科学出版社，1996），潘小娟的《中央与地方关系的若干思考》（《政治学研究》，1997 年第 3 期），中国财政学会编的《中央与地方财经改革探索》（经济科学出版社，1999），沈立人的《地方政府的经济职能和经济行为》（上海远东出版社，1998），薄贵利的《集权分权与国家兴衰》（经济科学出版社，2001），等等。政府间关系的博弈分析是这些年研究的一个重要方法论维度。例如，王绍光和胡鞍钢在《中国国家能力报告》（1993）一书中，将中央政府与省级政府的关系看成一种博弈关系。他们认为，改革开放以来，省级地方政府

① Geoffrey Brennan, James M. Buchanan, *The Reason of Rules*: *Constitutional Political Economy*, The Library of Economics and Liberty, 1985; QianYingyi, Roland, “Federalism and the Soft-Budget Constraint”, *American Economic Review*, 1998 (10), pp. 1143-1162; Wallace E. Oates, “An Essay on Federalism”, *Journal of Economic Literature*, 1999 (9), pp. 1120-1149.

的独立性和自主权迅速扩大，成为具有独立经济社会利益和独立发展目标的利益主体。这引发了央地关系的重大转变，即由过去以行政组织为主要基础的行政服从关系转向以相对经济实体为基础的对策博弈关系。

进入21世纪，随着我国地方及区域经济的发展，地方政府竞争成为一个重要的政治经济现象，地方政府间关系特别是地方政府竞争成为政府间关系研究的一个焦点。有一批经济学、政治学与行政学学者研究地方政府竞争关系，涉及竞争的特点、模式与机制，竞争与合作，地方政府竞争与经济发展，恶性竞争的危害等问题。这方面的论著有：周业安和赵晓男的《地方政府竞争模式研究》(《管理世界》，2002年第12期)，周业安的《地方政府竞争与经济增长》(《中国人民大学学报》，2003年第1期）及其新作《地方政府治理：分权、竞争与转型》(《人民论坛·学术前沿》，2014年第4期)，刘汉屏、刘锡田的《地方政府竞争：分权、公共物品与制度创新》(《改革》，2003年第6期)，谢晓波的《地方政府竞争与区域制度转型》(《财经论丛》，2004年第2期)，中国地方政府竞争课题组的《中国地方政府竞争与公共物品融资》(《新华文摘》，2003年第1期)，刘祖云的《政府间关系：合作博弈与府际治理》(《学海》，2007年第1期)，祝小宁和刘畅的《地方政府间竞合的利益关系分析》(《中国行政管理》，2005年第6期)，张紧跟的《当代中国地方政府间横向关系协调研究》(中国社会科学出版社，2006)，陈剩勇和马斌的《区域间政府合作：区域经济一体化的路径选择》(《政治学研究》，2004年第1期)，张明军和汪伟全的《论和谐地方政府间关系的构建：基于府际治理的新视角》(《中国行政管理》，2007年第11期)，等等。

与此同时，以政治学家和公共行政学家为主的一批公共管理学者开始探讨区域公共管理（区域行政）以及区域政府间关系问题。例如，中山大学的陈瑞莲团队较早从事这一领域的研究，著有《当代中国的区域行政研究：缘起与发展》(“公共管理研究与教育”国际学术研讨会论文集，2001年)、《论区域公共管理研究的缘起与发展》(《政治学研究》，2003年第4期)、《区域公共管理导论》(中国社会科学出版社，2006）和《区域公共管理理论与实践研究》(中国社会科学出版社，2008）等，论及了区域公共事务治理主体，区域政府间的竞争、关系协调以及流域公共治理等问题。区域经济学家对政府间的横向关系也较早给予关注。例如，张可云的《区域大战与区域经济关系》(民主与建设出版社，2001)，在对区域大战进行深入全面分析的基础上，紧紧围绕区域利益这一核心动力，由区域经济竞争、区域经济联系到区域经济均衡，进而到区域经济冲突与合作，构建了一个新的区域经济关系理论框架。近年来，学者们还展开了对“长三角”“珠三角”“京津冀”等大区域内政府间关系的实证研究。

此外，行政区域设置也是政府间关系研究的题中应有之义。这些年也有大量的研究成果，既有从历史上研究中国历朝历代的行政区域设置沿革的，也有探讨我国当前的行政区域调整的。代表性论著有刘君德的《中国行政区划的理论与实践》(华东师范大学出版社，1996）和《中外行政区划比较研究》(华东师范大学出版社，2002)，周振鹤的《体国经野之道：中国行政区划沿革》(上海书店出版社，2009)，等等。

当前政府间关系研究涉及的主要问题有中央与地方关系的调整，中央与地方权力（权利）的划分，“条”与“块”、集权和分权的关系，尤其是研究如何在保证中央权威的前提下充分发挥地方的积极性问题；研究地方政府之间的关系，政府内部不同层级的组织之间的授权和分权，我国行政区划调整，地方政府层级以及区划设置，区域公共管理的合作和竞争方式，以及“网络治理”和“复合行政”新模式等。

4.1.3 政府间关系研究的网络途径

政府间关系是一个多学科、跨学科或交叉学科的领域，有不同的学科视角和研究途径。有政治学、行政学（公共管理学）、经济学、法学、史学和博弈论等不同的学科视角，也形成了多种研究途径或模式，包括传统的中央控制模式、地方自治模式和网络模式等。① 这三种分析途径各自反映了不同时期政府间关系的主要特征。

中央政府的控制在等级制的政府体系中十分明显。在中央控制模式中，中央政府掌控一切，它从等级制的顶端对政府体系进行管理，而不是着眼于整个体系。地方政府在等级制体系中是被控制的，而不是自控制的，它们是依赖性的，而不是自治的。在公共政策的研究文献中，这一模式也被称作“自上而下”的，即中央与地方是政策制定与执行的关系，政策的制定与执行被看成相互分离的过程。等级制的政府体系中，资源主要掌握在中央政府手中。

地方自治模式源自世界性的地方分权潮流，以及民主政策的执行问题（如缺乏合作），它是对传统中央控制模式的一种批判。此模式的政府体系强调的是高度的地方分权和自主治理，而不是中央的控制和影响。它事实上意味着中央政府从公共领域的退缩，与此同时，中央政府要对地方给予更多的关注，并为其提供更多的资源。如果说在中央控制模式下，政策获得成功的关键是确保地方实施国家的目标，那么地方自治模式中的政策成功应该是确保地方政府拥有必需的政策自主权、资源以及自治权。因此，地方自治模式是一种“自下而上”的分析视角。

20 世纪 80 年代以来，政府间关系的实际情形发生了很大的改变，传统的中央控制模式和地方自治模式都已无法准确描述其复杂性。因此，网络模式作为一种全新的分析途径受到了学者们的青睐。

网络理论在社会科学中的应用不是偶然的，它的形成源于传统等级制组织的困惑和网络时代对新型组织模式的呼唤。在当代，等级制在私人部门中早已日益失去它的合法性，与此同时，企业组织间网络形态也大量地出现。而在公共部门中，政府组织等级制危机的号角早在 20 世纪 80 年代就已吹响，许多国家都试图通过改革来重理政府间的关系，而实践的变革反映在理论上则是形成了各种流派的“解科层化”理论②，摒弃政府组织间的等级制已不可避免。正是在这样的背景下，政府之间的关系也发生了变革，用网络模式来重理政府间关系成为明智的选择。

---

① Walter J. M. Kickert，Erik-Hans Klijn and Joop F. M. Koppenjan，*Managing Complex Networks：Strategies for the Public Sector*，SAGE Publications Ltd.，1997，pp. 7－10；Robert Agranoff，Michael McGuire，“A Jurisdiction-based Model of Intergovernmental Management in U. S. Cities”，*Publius*，Fall 1998.

② 参见杨冠琼：《政府治理体系创新》，北京，经济管理出版社，2000。

因此，网络作为一种组织互动模式的研究工具，受到了学者们的广泛青睐。正如基克特等在《管理复杂网络》一书中所言："网络是现代社会的最基本特征，它应该成为政策科学家用来探索网络中的公共政策制定与治理之可能性的工具。"[①] 西方学者从20世纪七八十年代起就已开始用网络这一工具来研究不同层级的政府之间的关系。[②] 尽管不同学者对网络有着不同的定义，但一般都包含了三个最基本的内容：(1) 网络是由各种各样的行动者构成的，每个行动者都有自己的目标，且在地位上是平等的；(2) 网络之所以存在，是因为行动者之间的相互依赖；(3) 网络行动者采取合作的策略活动来实现自己的目标。[③] 在政府间的网络关系中，中央政府以及各级政府是网络的平等行动者，它们因为资源的相互依赖而彼此联结在一起，并且采取合作的策略来实现自己的目标。因此，网络模式作为政府间关系的新型模式，其特征可从以下三个方面来理解[④]：

1. 行动者的多样性与等级制色彩的弱化

政府间网络是由多样化的行动者（multiple actors）组成的，包括中央政府以及各级地方政府，每个政府都有自己的目标。行动者在地位上是平等的，每个行动者包括中央政府都只是网络中的一个角色，不存在占据终极性垄断地位的行动者。在不同的情况下，行动者所扮演的角色不同，因此他们在网络中都发挥着不同的作用，彼此不可替代。

网络行动者的平等要求降低政府组织的一体化，而一体化是传统行政等级制的基本原则，在这一原则下，各级政府组成一个单一的一体化体系，向上呈尖塔形，最高点是中央政府。网络关系中的各个政府虽然在管辖权限上存在差别，但等级色彩与隶属关系已大大弱化，并趋向消亡。因此，在网络世界中，政府之间联系的发生不以等级制为前提，它们的关系是多向度的、交织性的，而非等级制中自上而下的直线控制，在政府组织间结构上呈现出扁平化的特征。

2. 相互依赖与分权

相互依赖（interdependence）是网络的本质特征。网络之所以存在，是因为行动者之间的相互依赖，他们无法依靠自己的单独行动达成目标，而需要依靠其他行动者的资源。相互依赖意味着存在所有行动者都想获取的东西，这源自他们对特定活动或多或少的共同兴趣。在政府间网络中，各个政府之间彼此依赖也是因为它们需要彼此的资源以获取各自的目标。这些资源是多种多样的，包括合法性权威、资金、专项技能、知识以及信息等。比如，中央制定政策需要地方提供所需的信息，中央政策目标的实现有赖于地方执行政策的专项技能；地方目标的实现依赖中央的合法性权威及资金的支持。相互依赖性越大，越需要彼此之间的合作与协作，高度的相互依赖性有助于政府之间的相互约束。一方面它避

① Walter J. M. Kickert, Erik-Hans Klijn and Joop F. M. Koppenjan, *Managing Complex Networks: Strategies for the Public Sector*, SAGE Publications Ltd., 1997, Preface.

② Ibid., pp. 18-19.

③ Ibid., pp. 30-31.

④ Robert Agranoff, Michael McGuire, "A Jurisdiction-based Model of Intergovernmental Management in U.S. Cities", *Publius*, Fall 1998.

免了中央对地方的单方控制，另一方面也避免了地方对中央的抵制行为。在相互依赖的情境中，行动者主要是通过讨价还价和相互妥协这两种方式来寻找互惠的解决方案，获取各自的目标。

相互依赖性的提高需要实现政府间权力的分享，这样才能实现资源在各个政府之间的均衡分配。在极端不平衡的中央集权体制下，中央掌握着绝大部分的资源，地方拥有的资源甚少，不得不单方面地依赖中央，完全失去管理地方的自主性。而过分的地方自治意味着地方掌握了过多的资源，也会导致国家的失控与分裂。因此，网络在某种意义上是一种“多中心的制度安排”，各个政府都掌握着一定的资源，因而能够成为相对独立的决策中心，但同时又都必须依赖其他行动者的资源，实现各自的目标，追求自身的“网络利益”。

3. 策略活动与合作

策略活动（strategic activity）的展开以相互依赖为前提。对受策略规则引导的行动者而言，目标的取得或任务的完成是至高无上的。而在相互依赖的网络世界中，目标的取得需要相关各方的互动与调适，因此行动者会进行识别，并主动联系那些掌握着与目标实现有关的资源的相关各方。积极的行动者会排除阻碍他们达成目标的障碍，使障碍最小化是有效实现目标的最重要的因素。

因此，网络世界中的各个政府之间尤其是地方政府之间不是互相孤立的，当它们无法依靠自身的资源获取目标时，它们会主动进行联系，因此它们的策略是合作而不是竞争。“如果说价格竞争是市场的核心协调机制、行政命令是等级制的核心机制的话，那么信任与合作则是网络的核心机制。”①

在以上三个特征中，行动者的相互依赖是网络关系最本质的特征，正因为相互依赖才能使行动者实现地位的平等，正因为相互依赖才需要采取合作的策略活动。同时，它们又是彼此交织、不可分离的。总之，网络模式下的政府间关系要求降低一体化的程度以弱化等级色彩，要求政府间分权以提高地方的自主性，要求政府间彼此合作以实现各方的共赢。西方各国的政府间关系的调整尽管并没有统一的指导思想，更多的只是对社会需求的回应，但其总体上却契合了网络模式的这些基本特征。

4.2 西方政府间关系的历史与现实

在20世纪80年代以前，西方政府间关系的调整一直在中央集权与地方自治之间徘徊。80年代以来，社会结构的嬗变使得政府间关系更趋复杂化，并呈现网络化的特征。在全球政府变革浪潮中，政府间关系的网络化调整已成为一个不可逆转的趋势，其实质就是各级政府之间以及政府与社会之间相互依赖及对话、协商与合作。

---

① ［英］罗伯特·罗茨：《新的治理》，见俞可平主编：《治理与善治》，95页。

4.2.1 西方政府间关系的历史演进

早期的西方政府间关系主要表现为中央与地方的关系。从整体上看，西方中央和地方关系的历史进程大致经历了由集权到分权，再由分权走向集权，又由集权走向分权的几个起伏的阶段。根据薄贵利等人的研究，在中央与地方关系发展进程中，曾出现过两次世界性的中央高度集权态势。[①]

第一次是在西欧封建社会末期及资本主义发展初期，为消除分裂、实现民族统一和建立民主国家、建立和发展国内统一市场、发展资本主义商品经济而出现的世界性中央高度集权。中央集权不仅达到了这些目的，还大大促进了资本主义工商业的发展。也正是在这个意义上，马克思才认为君主专制是作为文明的中心、社会统一的基础出现的。[②] 以君主专制为特征的中央高度集权体制在完成了它的使命之后，开始走向反面甚至反动。政治上对资产阶级的压制、经济上对资本主义的抑制，客观上要求走上政治舞台的资产阶级在政治上和经济上对专制进行制约。13世纪后，欧洲大陆出现的城邦及其发展而取得的自治权，在资产阶级革命胜利后便被沿袭为地方自治的管理体制。17、18世纪英美率先实行地方分权制。

第二次世界性中央高度集权态势的出现是在第二次世界大战前后，除了战争本身使法西斯主义在德、意、日兴起，资本主义社会的中央高度集权化达到登峰造极的地步所引起的催化作用外，更深层次的原因是20世纪二三十年代的世界性经济危机，人们看到了市场的失灵，需要加强政府的干预。这也是资本主义由自由竞争走向垄断的必然结果。凯恩斯主义正好为中央集权提供了理论依据。1933年，美国罗斯福新政的实质就是集权。二战以后，随着社会经济的发展，德、意、日三国逐步实行政治民主化，颁布了地方自治法规，确立了中央与地方分权体制。同时，科技的迅速发展、信息的急剧膨胀，在客观上要求决策的分工和权力的下放。六七十年代的西方世界性经济滞胀，使人们看到了非市场的政府失败，这也为地方分权提供了依据。70年代美国尼克松的“新联邦关系”、80年代里根的“新联邦主义”和法国的《权力下放法案》等都是例证。

4.2.2 西方政府间关系的若干模式

在实践中，政府间关系并非一成不变，它总是随着实践的发展而经历着不断的调整。事实上，第二次世界大战以来，各国的行政改革都将政府间关系作为改革的重点，从而使政府间关系发生了较大的变化。西方学者在对各国实践进行考察的基础上，将不同时期的政府间关系概括成若干类型的模式。

1. 拉焦尔模式

拉焦尔根据分权的程度将政府间关系的类型分为三种：一是政治性分权，二是行政性

---

① 参见薄贵利：《集权分权与国家兴衰》，98～126页，北京，经济科学出版社，2001。

② 参见林涛：《国民经济区域调控：中心城市调控模式研究》，29页，上海，复旦大学出版社，2000。

分权，三是行政权转让。第一种类型是以联邦制为基础，其特征是财政上高度自主，权限基础是宪法而非中央政府，地方政府的首长通过选举产生。在第二种类型中，地方政府的法律基础在中央政府。因此，地方必须从属中央，但并非完全依附中央。财政上有部分自主权。地方政府的首长在法律上依靠选举产生，有时也不依靠选举产生。第三种类型是地方在法律上根据中央授予的权限从事行政管理活动。政治上，地方从属中央，地方首长由中央任命。地方政府基本上是中央的派出机构，不仅其存在取决于中央政府，而且在财政上也依附中央。三种分权类型基本情况如表 4－1 所示。

表 4－1　拉焦尔的三种分权类型

	政治性分权	行政性分权	行政权转让
定义	中央政府和与中央政府不存在优劣关系的地方政府之间的权限分离	中央政府和与中央政府存在优劣关系的地方政府之间的权限分离	向从属中央政府的机关转让中央政府拥有的部分权限
地方政府权限的司法基础	宪法	中央政府	中央政府
地方政府与中央政府的关系	对等	地方政府有时从属于中央政府	地方政府完全从属于中央政府
地方政府的财政	自主财政（auto-financement）*	有部分自主权	财政上依靠中央政府
地方政府的地位	对中央政府而言是独立的政府	拥有某种程度的自治，是中央政府的创造物	中央政府的派生机构
地方政府领导人的选择方法	选举	选举或任命	任命

*拉焦尔给自主财政下的定义是：收入能确保行使管辖权所需的费用支出的能力。
资料来源：［日］村松岐夫：《地方自治》，3 页，北京，经济日报出版社，1989。

2. 赖特模式

赖特把美国联邦与州二元对立的联邦主义扩大自由主义政府职能、慢慢集权化的过程分为三个阶段：20 世纪 30 年代以后是联邦与州的合作时代；合作过程中孕育了每一个政策的职业特性时代；通过对州分类补助，联邦参与地方政府事务达到高潮的 60 年代。每个时代都可以用图形表示，都是分离和相互依存的，但消长程度不一。为了理解美国各个时代的三级关系，赖特把它定为分离模式、下位包含模式、相互依存模式三种。图 4－1 是这三种模式的视觉图。美国被认为是一个传统上具有分离模式的中央地方关系的国家。

在美国，地方是“州的产物”，所以分离模式只意味着联邦和州之间管辖的明确分离和各自独立。州与地方的关系是州包含了地方，地方只是行使州授予的权限。但是，美国的联邦与州的关系，在新经济政策以后，近似于下位包含模式的中央地方关系。在福利政策和城市政策方面，联邦掌握主导权，连州也被包括进了联邦政府不断扩大的管辖网中。州虽然是独立的并仍保持有广泛的机能，但在行动方向上受联邦政府的控制。然而，赖特认为，能够解释美国现实的中央地方关系的是相互依存模式。三级政府各自具有互不干涉的领域，同时还具有共同关心、共同负责的领域。共同领域中，既有三级共同参与的情形，也有只有两级相互合作的情形。总之，在共同领域中产生相互依存关系。

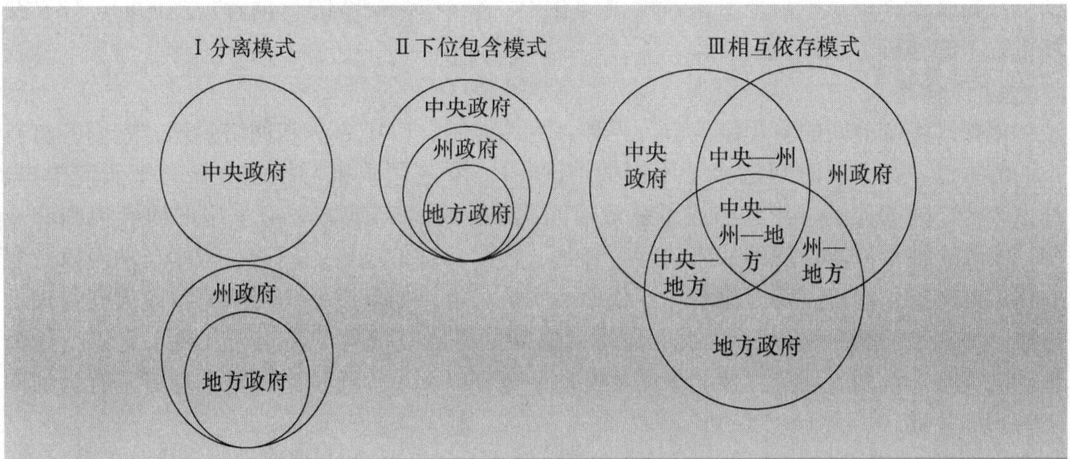

图 4－1　赖特的政府间关系模式

资料来源：［日］村松岐夫：《地方自治》，7 页。

3. 罗斯构想

该模式着重于中央与地方的依存，认为不是一个中央与一个地方的关系，而是复数中央与多数地方之间的关系，而且地方上也有自律性。根据多种多样的依存方式、依存程度、依存结构，可以划分为四种类型：相互依存，地方单方面依存于中央，中央单方面依存于地方，相互独立（见图 4－2）。

地方对中央的依存度	中央对地方的依存度：高	中央对地方的依存度：低
高	相互依存	单方依存
低	单方依存	相互独立

图 4－2　罗斯划分的中央地方关系的类型

资料来源：［日］村松岐夫：《地方自治》，122 页。

4. 村松岐夫模式

日本学者村松岐夫在《地方自治》一书中将不同时期日本的政府间关系模式概括为垂直式行政统制模式和相互依存模式。日本的垂直式行政统制模式由四个因素构成：其一，主要的决定由中央省厅官僚提议、决定，并不重视议会、政党的影响力。其二，中央省厅通过府县的有关部门，将各种事业一直传达到市町村的有关单位，付诸实施。其三，地方顺从“上位”政府。其四，地方如果没有中央省厅在技术上、手续上的财政援助，无法进行行政管理。这种模式对考察日本昭和时代（特别是后半期）巩固的中央地方关系是最有效的。村松岐夫提出的相互依存模式与赖特的相互依存模式具有一定的相似性。其特征为：(1) 在分配方式上，从涉及中央地方法律的权限体系来看，日本的中央地方纵向权限体系（行政体制）三级紧密相连，是相互分割同一领域内的权限和责任的共有体制。（2）在相互依存中，中央地方关系的关键在于“交涉”，交涉的行动者是多元的。（3）交涉过程中的理解是关键。①

5. *罗兹模式*

该模式将政府间的管理结构分为三种：官僚体制、市场方法和网络管理。它们各自有不同的特点，在不同时间适合于不同的情况。R. 罗兹用政策网络这个概念来研究中央、地方政府之间的关系，并且描述了在政府间网络中中央与地方政府采用的博弈规则和战略。实现这种政府间管理的战略包括：合并、咨询、讨价还价、回避、激励、劝说以及职业化。网络关系的特点是互惠与相互依赖而不是竞争。如果用一句话来揭示政府间管理的本质，那就是“相互调节”。因此，管理政府间网络既有博弈的特点，又要求有以信任为基础的战略。计划、调节以及竞争需要推动、宽容以及讨价还价来补充，后者是有效的网络管理的关键。②

4.2.3 西方政府间关系发展的新趋势：网络模式的出现

从20世纪70年代末80年代初开始，随着全球化、信息化、民主化以及“新公共管理”运动的掀起和公民社会的崛起，以强调政府（政府）与市场（企业）和社会及公民的平等合作伙伴关系为特征的网络化治理模式及“府际治理”或“政府间治理”模式出现。戴维·卡梅伦曾这样形容政府间关系的这种新趋势及其重要性：“现代生活的性质已经使政府间关系变得越来越重要。那种管辖范围应泾渭分明，部门之间须水泼不进的理论在19世纪或许还有些意义，如今显见着过时了。不仅在经典联邦国家，管辖权之间的界限逐渐在模糊，政府间讨论、磋商、交流的需求在增长，就是在国家之内和国家之间，公共生活也表现出这种倾向，可唤作‘多方治理’（multi-governance）的政府间活动越来越重要了。”③ 在跨国层面，欧盟的政府间及跨政府的关系复杂性也催生了一个用来指称政府间关系研究新趋势的相近术语——“多层级（次）治理”（multi-level governance）④。相关的概念还有“垂直型府际治理”（vertical intergovernmental governance）、“水平型府际治理”（horizontal intergovernmental governance）、“跨部门伙伴关系”（interdepartmental partnership）等。政府间关系新趋势表现为如下几个方面：

1. *政府间关系等级制色彩的弱化*

西方国家政府间关系等级制色彩的弱化主要体现在两个方面：一是大都市区管辖单位的“碎片化”（fragmentation），二是城市地位的上升改变了城市与州和联邦的关系。

“碎片化”是一个与“一体化”相对应的概念。西方国家的高度城市化使地方政府

---

① 参见［日］村松岐夫：《地方自治》，26、51、52、128页。

② 参见［英］罗伯特·罗兹：《新的治理》，见俞可平主编：《治理与善治》，102～103页。

③ ［英］戴维·卡梅伦：《政府间关系的几种结构》，载《国际社会科学杂志》（中文版），2002（1）。

④ B. Guy Peters and Jon Pierre，“Developments in Intergovernmental Relations：Towards Multi-level Governance”，*Policy & Politics*，2001，29（2）.

不仅在数量上有了很大的增长，而且地方政府也日益多样化。这些地方政府都是相对独立的政治管辖单位，并不依赖传统的等级制的组织原则，一体化程度很低，呈现出碎片化的特征。① 西方国家的众多大都市区就是一个很好的碎片化的缩影，每个大都市区都已被看成一个大的社群，它把许多经济和社会关系联系在一起，但每个大都市区内都存在大量的独立平等的公共管辖机构，它不仅容纳了州政府与县政府，还包括了若干中心城市、大量的城镇群以及一些特别区，如校区、消防区等。比如，典型的旧金山大都市区有102个市镇，530万人口。在旧金山湾区城市化进程中，形成了多中心的城市空间发展模式，彼此虽然关系密切，但地位平等，旧金山只是其中最大的著名城市而已，并无领导其他城市的权力。加拿大全国共设2 100多个城市行政区，都是独立的地方自治单位，彼此之间没有隶属关系，只有面积和人口规模的差异。法国的4 000多座城市中，除首都巴黎外，其他所有城市享有的权限相同，行政机构也类同。日本也是如此，市、町（镇）均属于同一行政等级，除东京外，在法律地位、政治体制和权限上没有大的区别，尽管有些人口众多的市被定为“政令指定市”，也主要反映在其地方经济地位上。② 地方政府的碎片化特征自20世纪80年代以来有增无减，成为一个看似与经济一体化相逆的独特趋势。

在20世纪六七十年代，地方政府的“碎片化”受到了大量的批评，“无序、重复以及交叉”几乎成为其代名词。在40年代和50年代期间，美国城市政府的基本教科书把地方政府的发展描述为：“是地方集团无总体规划地零碎地拼凑而成的，以满足短暂的需要；地方边界的网络在大地上，参差不齐地、大多是混乱地散布着。”③ 持经典行政观④的学者主张合并大都市区的地方政府，他们认为减少地方政府的碎片化，合并地方政府，使大都市区的地方政府尽量减少到一个，可以利用规模经济效益并减少重复服务，同时使税收与支出水平在所有地区保持一致。⑤ 但是合并不仅遭到了公民的反对，而且合并的实践证明，建立高度一体化的大都市区政府反而出现“规模不经济”的现象，造成公共服务水平下降，公民的满意度降低。实际上，正是地方政府的碎片化，使地方政府在某些服务领域进行竞争，才确保了服务水平在各个地区的提升，并且为具有不同偏好的公民提供了多样化的选择。因为根据蒂布特的竞争理论，企业与公民可以“用脚投票”的方式选择向那些服务较好的地区流动，各个政治管辖单位为了吸引并留住企业与公民，必然要提高本辖区的服务水平，与其他辖区竞争。另外，地方政府的碎片化也使不同的服务由不同的政治管辖单位来提供，它们相互合作进行互补，最大化地提高了服务供给的效率。⑥ 有鉴于此，

---

① 有学者亦称之为“分散性”，参见［美］奥斯特罗姆、帕克斯、惠特克：《公共服务的制度建构》，上海，上海三联书店，2000。

② 参见刘君德、汪宇明：《制度与创新：中国城市制度的发展与改革新论》，104页，南京，东南大学出版社，2000。

③ ［美］迈克尔·麦金尼斯：《多中心体制与地方公共经济》，182页，上海，上海三联书店，2000。

④ 这个观点的根基可以追溯到威尔逊1887年提出的观点，即良好的行政应该是所有的政府实行同一法则，以及怀特1926年提出的观点，即等级结构是政府组织的理想模式。

⑤ Keeok Park，“Friends and Competitors：Policy Interactions between Local Governments in Metropolitan Areas”，*Political Research Quarterly*，Dec. 1997.

⑥ 参见［美］迈克尔·麦金尼斯：《多中心体制与地方公共经济》，433～457页。

合并的呼声自80年代以来逐渐弱小，碎片化的趋势依然不可逆转，其直接的后果就是州以下地方政府的一体化程度大大降低，组织间的结构趋向扁平化。

另一个对等级制产生影响的是城市政府地位的改变。在美国，城市作为地方政府单位是由各州依法律而建置，其权力由州赋予。从理论上讲，城市政府只与州政府发生直接联系，不与联邦政府发生直接关系。但是，美国是个高度城市化的国家，城市尤其是中心城市在国家中的地位越来越重要，遇到的问题也越来越多，联邦对城市政府的直接关注不可避免。伴随着城市化的迅速发展，城市政府面临的任务日益加重，卫生、住房、供水、污水处理、照明、交通、教育、筑路和财政等一系列问题，使市政当局面临空前沉重的负担。在这种情况下，联邦政府对市政府的援助也就成了必然。而且这种合作的范围日益扩大，发展迅速。联邦与市的合作主要通过联邦对市的财政补助来实现。据统计，在1955年，联邦政府的这种补助在地方收入比例中仅占2.5%，但到了1979年，这比例就高达17.6%，此后略有减少，但也都在10%左右。①

联邦与市的合作和直接联系，已成为美国联邦制的一大基本特点。它改变了过去自上而下直线控制的方式，将联邦、州与城市联结成一个复杂的网络，而不是尖塔形的等级制，而且联邦、州与城市政府都在这个网络中扮演着重要角色。联邦与市的合作与联系虽然使美国政府间关系更趋复杂，但却使美国联邦制在总体上更具活力。

2. 中央与地方的分权倾向

政府间关系调整的分权倾向是这些年来工业化国家行政改革的三大实践之一。尽管分权改革的内容在联邦制国家与单一制国家有所不同，但其总体上都使政府间关系朝向增加地方自主性的方向发展，改变地方过分依赖中央的局面，使政府间的资源分配更趋平衡，以提高相互依赖的程度。

在美国这样的联邦制国家，主要进行了“还权于州与地方”的分权改革，促使美国由“分层蛋糕”式的联邦主义（layercake federalism）向“分块蛋糕”式的联邦主义（marblecake federalism）转变。美国是个联邦制国家，联邦与州分权是宪法的基本原则，但在美国的政治实践中情况并非如此简单。美国自实行联邦制以来，政府间关系的发展大致经历了三个阶段：二元联邦主义、合作联邦主义、新联邦主义与财政联邦主义。合作联邦主义始于罗斯福新政，自此之后美国结束了政府之间彼此独立、相互分离的二元联邦主义阶段。在合作联邦主义下，地方政府被看作更高层级的地方政府的代理机构，地方政府的主要任务是实现全国性的政策目标，因而被称为“分层蛋糕”式的联邦主义。② 联邦政府主要通过实行“分类补助”、管制以及无预算的项目这三种方式将触角伸向州与地方政府，使州与地方政府执行联邦制定的种种政策，从而实现联邦的目标。③ 为此，“州领导人25年来一直深深地抱怨首都华盛顿对下面管得过多，而地方政府的领导人又越来越多地抱

---

① 参见林尚立：《国内政府间关系》，225页。

② Keeok Park, “Friends and Competitors: Policy Interactions between Local Governments in Metropolitan Areas”, *Political Research Quarterly*, Dec. 1997.

③ Margaret E. Goertz, “Redefining Government Roles in an Era of Standards-based Reform”, *Phi Delta Kappan*, Sep. 2001, 83 (1), p. 62.

怨州政府对下面管得过多”①。根据美国学者汤普森等人对密歇根州居民的调查，大多数人赞同将提供公共服务的权力从联邦转移给州和地方政府，一些特别的服务则由联邦、州与地方政府共同提供。总体上，大多数公民拥护“分块蛋糕”式的联邦主义，即州与地方政府拥有较大的自主权，自主管理地方事务，实行联邦、州与地方三级政府权力与职能的共享，各级政府之间是相互合作、彼此依赖的关系。② 80年代以来进行的“还权于州与地方”的改革正是沿着这一思路进行的，其核心内容为：分享财政、分担供给公共服务的任务、分享政策制定的权力。具体措施包括：以“整笔补助”代替“分类补助”，放松对州和地方政府的规制，等等。

而英国、法国、日本等单一体制的国家行动比较激进，开始向地方自治的“准联邦制”转变。它们通过放松对地方政府在当地事务管理权限、财政及人事任免等方面的控制，使地方政府由中央的代理机构转变成相对独立的准自治地方政府。在英国，1997年工党上台执政后，布莱尔首相提出改革中央与地方关系，实行权力下放的新设想：让政府更接受公众，更接近公众所关注的问题。为此，英国采取的最重要的措施就是对威尔士、苏格兰和北爱尔兰地区实行自治，将地方行政权交给新成立的地方议会和由直接选举产生的地方行政长官。尽管自治地区在财政上仍然依赖于中央，但在地方管辖的自主权方面几乎没有受到什么直接的限制。另外，集体负责制的取消也大大增加了地方政策的自主性。③ 总之，英国的权力下放强调的是权力的分享而不是分割，强调地方的主要角色是治理而不是执行或管理中央制定的政策，强调的是建立中央与地方的“伙伴关系”（一种接近平等的关系）而不是隶属关系。

日本于1989年通过了《关于国家和地方关系等的改革推进纲要》，1992年6月又决定实施地方分权特例制度即“试点自治制度”。1995年7月正式公布并开始实施《地方分权推进法》，为研究、探索、总结地方分权实施过程中出现的问题，政府专门成立了“地方分权推进委员会”。委员会先后提交了四份研究报告，就废除中央政府的委托事务、地方税财源、国库补助金、地方行政体制等提出了一些新的建议。1998年5月，日本政府在地方分权委员会提交的四次报告的基础上，制订了地方分权推进计划，具体落实自治化改革的方针，改革高速经济增长时期形成的不适应社会文化和政治结构多元化的中央政府部门主导的均衡划一的政府体系结构。该项计划的指导思想是要明确中央地方的职能分工，把与市民生活密切相关的行政事务尽可能地交由地方政府处理，建立中央地方以及省级政府都、道、府、县与基层地方政权市、町、村的新型关系。地方分权推进计划囊括了对中央地方权力的调整、地方财政制度的改革与地方行政管理体制的改革，是个多层面、全方位的自治化改革计划。显然，它对变革中央主导型的日本政府体系结构将会起到巨大的推动作用。地方分权推进计划的制订和实施，不但使地方政府的权力和社会管理的事务量大幅增加，而且在很大程度上改变了中央政府在国家管理中

① ［美］戴维·奥斯本、特德·盖布勒：《改革政府——企业精神如何改革着公营部门》，258页。

② Lyke Thompson, Richard Elling, “Let Them Eat Marblecake: The Preference of Michigan Citizens for Devolution and Intergovernmental Service-provision”, *The Journal of Federalism*, Winter 1999, 29 (1), pp. 139-154.

③ Martin Laffin, “Intergovernmental Relations after Devolution: The National Assembly for Wales”, *Political Quarterly*, Apr.-Jun. 2000, 71 (2), p. 223.

的作用和承担的角色，中央政府从看护地方政府的“监护人”角色向与地方政府对等的相互依存的协作关系转变。①

法国于 1982 年 3 月通过著名的《关于市镇、省和大区的权力和自由法案》（《权力下放法案》），此后四年又通过了 22 部法律和 170 多个政府法令来推进地方分权改革计划。改革的总目标是逐步实现地方自治和各级地方政权的“非国家化”，达到彻底改革中央高度集权的政府体制，使政府更好地服务于社会、回应社会要求的目的。

3. 地方政府间的合作日渐普遍

政府间的合作在 20 世纪 80 年代以前主要以纵向政府间的合作为主，地方政府之间更大程度上是资源的竞争者。20 世纪 80 年代以来，这一现象有了很大的改变，地方政府之间已不仅仅是竞争者，它们在许多领域展开了广泛的合作，成为西方各国地方政府间关系发展的一种主要趋势。② 地方政府之间合作关系的发展与西方国家地方自治的发展有关，因为地方政府自主权的日益扩大，刺激了它们寻求合作、追求更大利益的欲望。

地方政府之间合作的最初动因是经济以及社会纽带日益将它们紧密联系在一起，使它们在许多方面成为利益共同体或者常常面临共同的问题，必须彼此依赖对方的资源和协作才能实现各自的目标，并使各方共同受益。为了解决共同的问题或协调多方在某一领域的关系，地方政府之间往往通过订立正式或非正式的协议、设立委员会等多种方式形成合作关系。例如，在美国存在众多的“州际协议”，州际石油协议、公园和森林协议等，这些协议在区际关系方面发挥着重要作用。加拿大于 1994 年制定了《国内贸易的联邦—省协议》(Federal-Provincial Agreement on Internal Trade)，以减少阻碍货物、资金和人员在加拿大自由流动的国内壁垒，到 1999 年，除魁北克之外，渥太华联邦政府以及所有的省政府都签署了这一协议。英国也有类似的谅解备忘录（memorandum of understanding）和协约（concordats)。③ 地方政府之间建立地方政府协会或有关部门的协会，也是形成合作关系的一种途径。在英国，地方政府也组成了众多的协会，如县议会协会、市自治团体协会、城区议会协会等，这些组织也起到了重要的协调地区关系的作用。④ 另外，仅仅以信任为基础的合作现象在邻近政府之间也已成为普遍现象。根据奥斯特罗姆等人对美国大都市区警察服务供给情况的调查，几乎所有大都市区内的各个政治管辖单位的警察机构都为其他机构提供援助并接受援助，但和其他部门达成正式互助协议的机构却很少。在某些情况下，援助甚至并不以互惠为原则，彼此信任的合作的普遍性已大大超出了调查者的预期。⑤

地方政府间横向合作的最新发展体现在它对政府间关系的政治影响上。其实，20 世

① 参见周志忍：《当代国外行政改革比较研究》，301～312 页。

② Keeok Park，“Friends and Competitors：Policy Interaction between Local Governments in Metropolitan Areas”，*Political Research Quarterly*，Dec. 1997；Brian A. Ellison，“Intergovernmental Relations and the Advocacy Coalition Framework：The Operation of Federalism in Denver Water Politics”，*Publius*，Fall 1998.

③ Richard Simeon，“Recent Trends in Federalism and Intergovernmental Relations in Canada：Lessons for the UK?”，*Round Table*，Apr. 2000，354 (1)，p. 231.

④ 参见张可云：《区域大战与区域经济关系》，390 页，北京，民主与建设出版社，2001。

⑤ 参见［美］奥斯特罗姆、帕克斯、惠特克：《公共服务的制度建构》，325～326 页。

纪 90 年代以来地方政府之间的合作已不仅仅局限于解决与协调地方之间的问题，各个地方在整个国家的政治体系中已成为一个联合的政治力量，对中央政府的决策产生重大的影响。现在的西方国家中央政府，在很多情况下所面临的不是一个个单独的地方政府，而是有一定联合的“地方联盟”。其中，最引人注目的是 1992 年成立的澳大利亚政府委员会(Council of Australian Governments，COAG)，它被称为澳大利亚“近年来政府间关系发展的最重要的事件”，而且在各国引起了强烈的反响。① COAG 的产生主要是由于地方政府对澳大利亚联邦政府出现的集权趋势表示担忧，希望遏制并扭转这一趋势。COAG 起源于地方政府首长召集的一系列旨在促进合作的会议的成功，在其成立的三年之内就召集了五次会议，就宏观经济改革问题、社会政策、环境问题、政府间的行政问题以及规制改革等问题进行了广泛磋商，实质上成为澳大利亚政府结构中政策制定的主要实体，联邦的政策在很大程度上是联邦、州与地方相互妥协的产物。COAG 的建立大大促进了联邦、州与地方政府之间的合作，它允许地方领导者与中央机构从政府整体的角度就政策框架进行探讨与合作，使澳大利亚经济与社会政策的制定发生了很大改变。澳大利亚政府间关系发展的第二个重要事件是州/地方领导人论坛（States/Territories Leaders' Forum）的成立。领导人论坛举行经常性的正式会议，不仅是为了通过论坛解决地方政府之间的问题，更重要的是借助论坛增进彼此间的合作以便与联邦政府抗衡，并探讨各级地方政府在未来澳大利亚联邦中所扮演的角色。②

4.3　中国政府间关系的现状与改革

我国的政府间关系经历了漫长的历史演变。从古代到近现代的政府间关系是以纵向垂直的关系即中央和地方关系为主轴的，并以中央高度集权为特征。新中国成立后，确立起单一制的国家结构形式，政府间关系以中央集权与地方分权结合为特征。改革开放前，我国形成了以等级控制为特征的政府间关系模式（传统模式）；改革开放以来，我国的政府间关系发生了很大的变化，传统的等级控制模式逐渐瓦解，并显示出了网络特征的端倪。这主要得益于政府间分权化的改革与横向合作的扩展。

4.3.1　中国政府间关系的传统模式：等级控制模式

改革开放以前，我国实行高度中央集权的计划体制，政府间关系在总体上是一种自上而下的高度一体化的等级控制模式。在这一模式下，政府间关系主要有三个显著的特征。

第一，在政府间的结合构造上，主要体现为层级隶属关系。层级化是指各级政府在

---

①② Hendy Peter, “Intergovernmental Relations: Ensuring Informed Cooperation in Strategic Policy Development”, *Australian Journal of Public Administration*, Mar. 1996, 55 (1), p. 111.

纵向上分为若干层次，从上到下保持一定的数额，采取层级控制管理，一级管一级，下级对上级负责，管理范围逐渐缩小。层级化的上下衔接，是由结构内各个结构单元不同的行政隶属关系组合而成的。这使得政府间关系在结构上呈现为金字塔式的特征。政府体制结构的这一纵向排列，实为各个地方政府间隶属关系的反映。由于计划经济是旧体制的根本特征，政府间的层级隶属关系突出地体现在中央政府与地方政府的职能关系上。在计划经济下，中央对资源配置、国民经济活动的组织和策划负完全责任，它以全面计划为基础，实行高度集中的指令性计划体系，其计划包括国民经济的各个方面。中央通过层层下达指令性计划决定各级地方政府的行为，地方政府的主要任务就是执行中央下达的计划任务。因此，地方政府实际上成为中央政府的派出机关和附属物，成为中央计划的执行者。换句话说，在计划经济体制下，中央政府与地方政府的基本职能具有高度的一致性，并不存在因管理对象的范围和层次的不同而形成明显的分工。“传统的中央计划经济采取自上而下分解计划又自下而上汇总情况的计划体系，决定政府的经济职能就是这种分解、汇总和平衡工作。各级政府的工作方式和职能都相当近似，不是情况的汇总上报，就是计划的下达监督……各级政府之间的利益没有不同，目标是一致的。”①

第二，在政府间的权力分配上，实行中央高度集权。中央高度集权与计划经济体制是密不可分的。计划经济下的经济体制、政治体制和社会管理体制，都决定了中央政府的至高无上地位。

在财政管理体制方面，中央预算不仅集中了绝大部分的财政资金，而且完全控制着地方预算的资金使用范围和方向。中央负责再分配资源，满足社会的各种利益要求，地方政府仅是一级财政核算单位，而不是具有相对独立性的财政资金管理实体。在事务管理权限方面，中央与地方之间突出地表现为命令与执行、控制与被控制的关系。中央不仅集中了计划权、重要物资的分配权和大型项目的审批与投资权等经济管理权限，使地方完全处于被动执行的地位，而且还通过对地方实行行政领导或业务指导、控制地方编制、对地方进行行政监督，从而将地方完全置于中央的全面控制之下。在干部管理权限方面，中央对地方干部的任免、提拔、审查和惩处进行全面管理和控制。首先，党对干部人事工作进行直接领导，实行党管干部的原则，干部的任免、提拔、审查和惩处，都由党委决定，由党委组织部批准；其次，在中央与地方干部人事上，干部管理权限实行各级管下一级的体制，形成了一个层层控制的干部体系。②

第三，在政府间的横向关系上，阻隔多而联系少。等级控制模式下的政府间关系以纵向的上下级关系为主，地方政府之间是彼此孤立的，并不存在真正意义上的横向联系。这与“条条专政”的中央集权体制有着内在的联系。我国于 1957 年确立了“条块结合，以条条为主”的经济管理体制。“条条”实际上是中央集权管理的主要方式。在这一体制下，地方政府间的横向阻隔不可避免：（1）缺乏合作的内在动力与需求。地方完全隶属于中央，其主要任务是服从并执行中央的计划安排，即“条条管理”排挤了“块块管理”。因

① 周小川等：《中国财税体制的问题与出路》，214～215 页，天津，天津人民出版社，1992。

② 参见谢庆奎主编：《当代中国政府》，384 页，沈阳，辽宁人民出版社，1991；林尚立：《国内政府间关系》，304 页。

此，地方政府本身并不是独立的利益主体和行政主体，不可能主动去寻求地方政府间的合作。(2) 缺乏合作的物质基础。“经济与社会发展所需的物资资源、财力资源等主要资源控制在中央各部手中，地方政府掌握的资源十分有限，这就使得地方政府间缺乏联系与合作的物质基础。”①

4.3.2 中国政府间关系的新发展：网络模式的端倪

1. 政府间关系等级制结构的变化

改革开放以来，我国政府间关系的等级制结构出现了较大的变化，主要体现在两个方面：一是准层级大大减少，二是城市尤其是中心城市的发展对等级制结构产生了重大影响。

(1) 准层级的压缩。中国是一个幅员广、人口多的国家，在历史上便已形成了将国土划分为若干区域，并按层级建立地方政府，从而将中央政府的统治推行到全国各地的惯例。新中国成立以来，中国地方政府层级的设置经历了多次的调整，并最终形成了省、县(县级市)、乡三级制和省、市、县（县级市)、乡四级制并存，以四级制为主的较为稳定的局面。除了这些正式的层级之外，事实上还存在一级或若干级非正式的层级，即“准层级”。它不同于正式层级的地方政府之处，主要在于不存在主管地域内全部事务的地方行政长官，且没有一级地方国家权力机关——人民代表大会，容易根据实际发展需要进行调整。准层级在实质上起着正式层次建制的地方政府作用，因而地方政府的层级应该同时包括正式层级与准层级。因此，我国的层级结构实际上远远多于四级，是个层级众多的国家。

从整体上看，改革开放以来我国地方政府的层级结构调整呈现出不断减少的趋势。由于正式层级稳定性较强，因而这种趋势主要体现在准层级的减少上。②

1978 年 3 月重新颁布和 1979 年 7 月加以修正的《中华人民共和国宪法》第 34 条规定：“省人民政府可以按地区设立行政公署，作为自己的派出机构。”地区恢复了 1967 年以前的原有地位，即仍为省县之间的准层级。与此变化相适应，撤销了地区革命委员会，改设地区行政公署，由省级人民政府委派专员代表省级政府对本地区县、县级市的工作予以监督指导。从 1978 年开始，地区的数目再次逐年减少，从 1977 年的 175 个减少到 1983 年的 138 个。随着 1983 年市领导县体制的再次普遍推行，到 1998 年底地区仅存 66 个，并且还处在不断减少之中。后来，河北、辽宁、吉林、江苏、湖北、广东、海南 7 省已不存在地区这一准层级，浙江、福建、湖南、青海、宁夏 5 省区仅存 1 个地区，黑龙江、山东、河南这 3 个大省也仅存 2 个地区。层级结构中的另一准层级——区，根据 1979 年 7 月 1 日五届全国人大二次会议通过的《地方各级人民代表大会和地方各级人民政府组织法》中有关“县、自治县的人民政府在必要的时候，经省、自治区、直辖市的人民政府批准，可以设立若干区公所，作为它的派出机关”的规定，

① 林尚立：《国内政府间关系》，316 页。

② 参见陈小京等：《中国地方政府体制结构》，155 页，北京，中国广播电视出版社，2001。

区得到一定的恢复和发展。1983 年后，在实行政社分开的过程中，一部分省、自治区是建乡不设区，但也有设区建乡的。例如，广西、广东、云南、福建、湖北、湖南、山东、陕西、安徽、新疆等省区都在县乡之间设有区一级准层级。1986 年，根据中央 22 号文件的精神，县乡之间一般不再设置区，区逐渐在地方政府体制层级结构中消失。

准层级的减少不仅使政府间的中间层级得到了一定程度的压缩，为政府间组织结构的扁平化奠定了基础，同时也密切了各层级政府间的直接联系，对政府间关系的重构具有十分积极的意义。

（2）中心城市的发展对等级制的影响。由于社会经济的快速发展，我国城市的数量、人口、土地不断增加，城市规模也不断扩大，城市化进程正在加速，这使得我国的城市政府获得了极大的发展，城市已经成为最为普遍也是最为重要的地方政府单位。其中，20 世纪八九十年代以来中心城市的发展对政府间关系具有十分独特的意义。相对一般城市而言，中心城市是指在经济上有着十分重要地位，起着特别重要的作用，具有强大的吸引能力、辐射能力和综合服务能力的城市。党的十二届三中全会《关于经济体制改革的决定》提出，要充分发挥城市的中心作用，逐步形成以城市特别是大、中城市为依托的，不同规模的，开放式、网络型的经济区。其目的是要使国民经济的管理从行政区管理为主转向以城市为中心的经济区管理为主，虽然这一战略设想并没有在实践中达到最终目的，但却大大提高了城市政府在国民经济管理中的地位。在此过程中，我国为发挥中心城市的作用采取了两项重大的改革措施：一是对若干中心城市实行计划单列，并在此基础上确立了副省级市；二是实行市管县体制。这些改革措施在提高大、中城市地位的同时，也使政府间关系发生了变化。

第一，计划单列的实行及副省级市的确立对政府间关系等级制的影响。为提高大城市在国民经济中的地位并发挥其应有的中心作用，自 1983 年起，我国开始对若干大城市实行计划单列，先后共有 14 个中心城市实行计划单列。它们是重庆、武汉、沈阳、大连、哈尔滨、西安、广州、青岛、宁波、厦门、深圳、长春、南京、成都。从总体和共性上看，中心城市计划单列的主要原则是：1）在全国计划中，对 14 个中心城市实行经济、社会的全面计划单列；2）把各计划单列市作为一个相当于省级的计划单位，市的各项计划都直接纳入全国计划统筹安排，使中央对计划单列市直接进行中长期规划，统筹年度计划，并在资金供应、产品生产布点和销售方向上给予必要的支持；3）全面赋予计划单列市相当于省的经济管理权限，使其成为具有较大的组织和管理经济的自主权，相当于省级计划的决策单位；4）所有实行计划单列的中心城市在行政上仍然是省辖市。①

1993 年，中央决定，除重庆、深圳、大连、青岛、宁波、厦门保留计划单列外，其余省会城市不再实行计划单列。1994 年 2 月，中央确定广州、武汉、哈尔滨、沈阳、成都、南京、西安、长春、济南、杭州、重庆、大连、青岛、深圳、厦门、宁波共 16 个市为副省级市。重庆市于 1997 年 3 月改为直辖市。副省级市属于省辖市，仍由所在的省政

① 参见林凌：《中心城市综合改革论》，489～490 页，北京，经济科学出版社，1992。

府领导；市直工作部门定为副厅级，内设机构为处级；市辖区及其工作部门的级别比照市直机关相对应的关系确定；市辖县和代管的县级市的级别仍为处级，其工作部门定为科级。副省级市的设置客观上反映了城市规模扩张对城市等级地位变革的需求，同时也给城市规模实力的扩张提供了新的动力。①

计划单列市以及在此基础上确立的副省级市对我国政府间关系的等级制带来了重大的挑战，它不仅改变了副省级市在政府行政体系中的地位，而且改变了中央政府与城市政府的关系。此前，中央政府与城市政府的关系只有两种形式：一是与直辖市政府的关系。这种关系是直接的，类似于中央和省政府的关系。二是与一般城市政府的关系。这些城市政府隶属于省政府，中央政府并不与城市政府发生直接联系，而是通过省政府间接实现。现在，中央与副省级市的关系与已有的两种关系模式都不同。在经济管理上，中央与副省级市的关系是直接的，但在行政指导和监督上，中央与副省级市的关系是间接的，必须通过省政府。这样，中央政府、省政府和副省级市政府的关系就由原来的单一垂直的领导关系变成了三角关系。但是，由于省对中央是全隶属关系，而副省级市对省和中央均非全隶属关系，而且副省级市的经济管理权接近省政府，所以，这种三角关系是一种不等边的三角关系。② 在这种情况下，中央、省与市政府之间就不再是过去的那种简单的层级隶属关系，而是三者既有相互依赖的一面，又有相互独立的一面。尽管计划单列市及副省级市的设置使政府间关系趋向复杂化，但也使政府间关系更具有灵活性，尤其使城市政府获得了更大的自主权，促进了中心城市的快速发展。

第二，“市管县”体制的影响。为了解决不同层次行政区之间的分割压制城市经济活动等问题，我国政府于 1982 年开始实行“市管县”体制，此后“市管县”体制获得了迅速的发展。到 1998 年底，设县的地级市由 1982 年底的 55 个、1987 年底的 152 个增加到 1998 年的 227 个。③

“市管县”就是用地级市管辖原来属于地区管辖的县，其实质是把一级城市政府变为辖县的一般政府，同时又将派出机关地区行政公署转变为省县之间的一级政权。这种体制的形成，经历了从方便城市经济发展与经济管理，到简化城乡双轨的行政管理体制而使之一体化两个阶段，是城乡经济一体化和行政一体化的两个过程同步进行的结果。“市管县”的具体形式因各地而异，其主要模式有三种：一是“地市合并型”。具有相当经济实力的省辖地级市与地区行政公署合并，用市政府取代原来的行署，实行“市管县”。二是“升级合并型”。将一般的县级市升格为地级市，实行市管县。这种升级市原来的经济一般是以农业为基础。三是“县改市型”。将新设的县改市升格为地级市，实行“市管县”。④

“市管县”的目的在于把城市周围与城市有密切地缘关系，又具有广大农村地域的县划归城市统一领导，解决城乡分割问题，从而使长期的城乡分治开始逐步走向城乡合治；通过放权主动开展地区分工的横向经济合作，建立开放型经济网络、解决条块分割

① 参见刘君德、汪宇明：《制度与创新：中国城市制度的发展与改革新论》，7 页。

② 参见林尚立：《国内政府间关系》，328～329 页。

③ 参见陈小京等：《中国地方政府体制结构》，157 页。

④ 参见林尚立：《国内政府间关系》，330 页。

问题，尽量促使城市行政区与城市经济区保持一致。因此，“市管县”一方面考虑到了原有的地、市、县之间经济发展的内在联系，另一方面也考虑到了地、市、县之间的行政关系。应该说，“市管县”体制的确起到了一定的积极意义：在地区经济和社会发展上，有助于城乡经济的互补与联合，有助于农村的城市化；在地方行政体制发展上，加强了省、市、县之间的联系，使市、县两级政府的职能都有所扩展。但与此同时，“市管县”体制的确立对省、市、县三级政府之间的关系产生了重大影响，它改变了省、市、县乃至乡镇的原有权力结构和利益格局。首先，辖县市政府职权的扩大与独立性的明显加强，对省政府的利益和管理权限形成了挑战。其次，“市管县”体制使县与市的关系由平行变成隶属。在实行市管县之前，市与县是属于同一层级的平行的行政主体，在地位上是平等的。但“市管县”后，县对市反而变成了隶属关系，分属于上下两个不同的层级。

2. 地方分权改革

权限划分问题一直都是政府间关系的核心，近代以来的政府间关系在权力分配问题上形成了四种主要的理论与实践：集权主义、地方分权主义、均权主义和财政联邦主义。① 改革开放以前，中国实行的是集权主义，20 世纪 70 年代末 80 年代初开始在经济体制和政治体制上进行了全面改革，改革在总体特征上呈现出地方分权的倾向，使政府间的关系出现了根本性的变化。

(1) 中央与地方经济关系调整中的权力下放。党的十一届三中全会以后，中国的经济体制改革一直沿着政府向企业放权、中央政府向地方政府放权以及各级地方政府向下层层放权的方向进行。因此，它的总体思路就是“简政放权”或“放权让利”。

在财政权力方面，对财政管理体制进行了多次调整，逐步扩大地方的财政自主权。1980 年，为了调动地方的积极性，同时让地方分担中央财政的困难，中央开始实行“划分收支、分级包干”的新财政体制，中央与地方由“一灶吃饭”改为“分灶吃饭”，由“一年一定”改为“五年一定”，由“总额分成”改为“分类分成”。1985 年，在第二步“利改税”的基础上，地方财政包干制度以税种作为划分的依据，重新确定收支范围和包干基数，实行“划分税种，核定收支，分级包干”的体制。1988 年到 1990 年，中央对不同地区又采取了六种不同的包干办法，如“收入递增包干”“总额分成”“总额分成和增长分成”“上解额递增包干”“定额上解”“定额补助”等。② 这些地方财政包干制度的实行，使地方政府在完成承包和规定的上缴税金后，基本上可以自由支配本地资源。这样，中央与地方之间的财政关系发生了重大变化，地方财政承包制打破了过去由中央“统收统支”财政的局面，明确规定了地方财政的责任和权力，使地方拥有了一定的财政自主权，其结果是使地方政府由过去的“吃饭财政”过渡到拥有一定自我发展能力的行政及经济实体。

1994 年开始，中央政府实行新的财税体制——分税制。分税制是在划分事权的基础上，理顺中央与地方的财政分配关系的一种财政管理体制。它是一种与市场经济相联系的

① 参见林尚立：《国内政府间关系》，25 页。

② 参见李培育：《论中央与地方关系及相关的财政体系》，载《管理世界》，1994 (4)。

各级政府间的收入分配制度。分税制的核心是分权、分税、分设机构。其基本内容是，在合理划分中央与地方事权的基础上，按财权服从事权的原则，合理划分税种，把税种划分为中央税、地方税、中央与地方共享税，确定中央与地方的收入范围，并建立中央税收和地方税收体系。中央税和共享税由中央税务机构负责征收，地方税由地方税务机构负责征收。在分税制下，地方发展的总体方向是更具独立性和自主性。相对独立的税收体系和有法律保障的职权体系，将使地方政府逐步成为一个具有自主性的主体。

在经济管理权限方面，中央将一些原属于中央的经济管理权限下放给地方政府，扩大地方政府的经济管理权限。如1981年3月，国务院改革基本建设计划的审批权，将原来集中在中央的基本建设计划的审批权改为集中在中央与省、自治区、市两级，新建扩建的大中型项目由国家计委审批，总投资在一亿元以上的项目须报国务院批准，小型项目分别由各部门和各省、自治区、市计委在国家核定的投资额内审定。1982年，国务院发布《物价管理暂行条例》，改革过去一律由国家统一规定物价的做法，规定重要工农产品价格、重要的交通运输价格、重要的非商品收费和物资管理费，仍由国家物价局和国务院有关主管部门管理；而比较重要的工农产品价格、交通运输价格和非商品收费，由地方各级人民政府物价部门和有关业务主管部门管理。改革开放以来，中央除扩大了地方政府固定资产投资项目审批权和物价管理权之外，也扩大了地方政府利用外资的审批权，扩大了地方政府外贸及外汇管理权，增加了地方政府统配物资的品种和数量，等等。中央政府还将一些过去由中央部（委）直接管理的企业下放给地方政府管理。仅电子部就向地方下放了170个企业，机械、冶金、纺织、化工等也向地方下放了一批企业。[①] 1985年，全国工业企业共40多万个，中央直接管理的约占总数的1%[②]，实际上绝大部分企业由地方政府控制。伴随着中央对地方的经济管理权限下放，中央管理经济的范围和比重明显缩小。其结果：一方面使地方政府不仅成为地区经济的主宰，而且成为地方利益代表的主体；另一方面，政府与企业尚未完全分开，造成了地方政府间的恶性竞争。

(2) 中央与地方政治关系调整中的地方扩权。党的十一届三中全会以后，为了适应对外改革开放和发展商品经济的需要，中央主动改革高度集权的政治体制。与此同时，经济体制改革引起的中央与地方经济关系的调整，也不断地推动着传统政治体制进行缓慢的调整和变革。

在行政管理权限方面，1982年《宪法》规定了中央与地方国家机构职权划分的总原则，扩大了地方政府的某些职权。1982年《宪法》规定，"中央和地方的国家机构职权的划分，遵循在中央的统一领导下，充分发挥地方的主动性、积极性的原则"。1982年《宪法》采取列举方式，规定了最高国家行政机关——国务院的职权，并规定了中央和省、自治区、直辖市的国家行政机关的职权的划分原则。根据1982年《宪法》而修改通过的《中华人民共和国地方各级人民代表大会和地方各级人民政府组织法》，也采取列举方式，规定了地方各级国家行政机关的职权范围。在中央对地方普遍下放行政管理权限的同时，基于各地的特殊性——社会经济发展的不均衡性、经济资源禀赋不同、面临的社会环境和

① 参见张成福：《大变革——中国行政改革的目标与行为选择》，102页，北京，改革出版社，1993。

② 参见刘瑞中、王诚德：《当前地方政府经济作用膨胀的原因剖析》，载《发展与改革》，1988 (1)。

经济机遇不同，中央开始区别对待地方，分别授予地方不同的“特权”，以充分发挥地方的优势。

在干部人事制度方面，中央下放和扩大地方的干部管理权限。从1984年起，将干部管理权限由过去的各级干部下管两级改为下管一级：中央负责管理中央国家机关（各部、委）和地方自治（自治区、直辖市）一级的领导干部；省（自治区、直辖市）党委负责管理省级机关和行署、市、州、盟的领导干部；企事业单位的干部的管理权限，根据其在国民经济中的重要地位，或者由中央直接管理，或是由中央主管部门与地方党委共同管理。这种中央对干部管理层次的减少、干部管理权限的适当下放，把原来由中央直接管理的一部分事项下放给地方直接管理，扩大了地方的干部管理权限。地方对中央部委和地方党委双重领导单位的干部，在任免方面也拥有一定的权力，地方可以就这类干部的任免同中央部委进行磋商，甚至可以向中央游说，充分表达地方的意见，然后由中央审批。

在行政领导体制方面，由集体负责制改为首长负责制。1982年《宪法》明确规定，国务院实行总理负责制，地方各级人民政府实行省长、市长、县长、区长、乡长、镇长负责制。行政领导体制的这一变化，在明确行政首长在行政活动中的责任的同时，也直接或间接地提高了政府行政在整个政治体系中的地位和作用。这对地方政府自主权的扩大不仅具有政治上的意义，而且具有制度上的意义。它大大提高了地方政府在地方事务决策中的地位，从而使地方政府在扩展自主权、发展地方经济等方面更主动、更积极。①

3. 横向联系的扩展

改革前，我国实行的是高度集权的中央计划经济体制，中央的利益高于一切，企业以及地方政府行为都由中央计划安排，其自身的经济利益没有得到体制的承认。因而，企业与地方政府缺乏追求地区比较利益与发展地方经济的热情，地区经济与国民经济缺乏活力。尽管20世纪五六十年代中央政府曾组织过地区经济协作与对口支援活动，并为此而划分了六大经济协作区，但由于集权的计划经济体制根本不可能激发企业与地方发展经济的积极性以及规划不当或不全面，协作活动收效不大，全国劳动地域分工局面没有形成，协作区名存实亡。可以说，改革前，我国不存在按商品经济运行规律而进行的区域经济合作。实际上，个人、企业、地方的独立经济利益是客观存在的，否认其存在只会导致个人、企业与地方发展经济的动力丧失，各地区在生产领域无法实现经济利益增长要求的情况下转向分配领域的“寻租”。由于未能建立起地区经济合理竞争与合作关系，改革前我国各地区普遍存在商品短缺、人民生活水平低下等现象。始于1978年的改革开放政策正是针对这种现象应运而生的。在改革开放过程中，诸如财政、税收、投资、信贷、价格等一系列具体政策的改变承认了个人、企业与地方独立经济利益的客观存在，一元经济利益主体随之为国家、地方、企业和个人等多元经济利益主体所取代，地区经济利益主体地位不断增强。在此过程中兴起了以中央政府和地方政府为组织者和协调者的各种形式的区域经济开发和区域经济合作。

① 参见林尚立：《国内政府间关系》，326页。

（1）地方政府横向联系的类型。改革开放以来，经过几个阶段的发展，我国的区域经济合作呈现出多层次、多形式的特征。中国主要区域合作与经济网络组织的类型包括[①]：

一是省区间的经济协作区，如上海经济区（1983年1月）、东北经济区（1983年6月）、五省区经济协调会（1984年4月）、西北五省区经济技术协作联席会（1984年6月）、中南五省区二市经济技术协作联席会（1985年3月）、三峡地区经济开发区（1986年7月）等。

二是省区毗邻地区经济协作区，如湘鄂毗邻四地市协作区、嫩江流域经济区、湘桂毗邻地区经济协调会、闽浙边区三地一市经济技术联谊会（1987年2月）、陕甘川毗邻十二方经济区（1986年11月）、鄂赣九地市经济协作区（1987年4月）等。

三是省区内经济协作区，如闽南经济区（1983年12月）、苏扬两地六市经济技术协作网（1987年2月）、浙东经济技术协作联谊会（1987年3月）、杭嘉湖地区横向经济联谊会（1987年）、三峡经济协作区（1987年）、省辖六市长联席会（1985年4月）、川南经济技术协调会（1985年12月）、五地五市经济联系会（1986年10月）等。

四是城市经济技术协作网络，如西北五城市经济技术联席会（1984年9月）、长江沿岸中心城市经济协调会（1985年12月）、十五城市横向经济联合恳谈会（1986年11月）、十一城市横向经济互促会（1986年12月）、中国北方城市郊区经济技术协作网（1986年12月）、计划单列七城市经济协作联席会等。

（2）地方政府横向联系的典型案例。在横向合作的事例中，西南协调会和金三角区在合作发展基础设施、扩大区域生产可能性边界方面所取得的绩效比较显著。

西南地区是中国资源富集区，但在改革前和改革初期交通通信等基础设施一直十分落后，经济发展水平较低。西南协调会是成立于1984年的一个跨省区、开放式、松散型经济协调组织。自成立以来，该组织在联合开发资源、共同促成重点建设项目的立项和实施、联合发展交通运输、联合发展农牧业、推动企业联合与行业协作、推动科技合作等多方面起到了积极作用。[②] 由于交通是制约西南地区经济发展的主要瓶颈之一，西南协调会编制与协调实施了省级行政区间的主要短途公路规划和扩大铁路、水运、航空运输规划。在公路与水运方面，自西南协调会成立至90年代初，其安排项目50多个，开辟跨省区客货运输路线78条。在铁路方面，在完成成渝、贵昆与川黔线电气化改造和南防线建设外，六方还共同争取将南昆线列入“八五”国家重点项目，采取中央政府支持与地方筹资相结合的方式，花10年（1987—1997年）建成了南昆铁路。这条东西干线的修通不仅增强了区内各地区间的可达性，而且是全国中央与相关地区联合举办铁路的创举，对改善西南的交通条件起到了极大的推动作用。另外，防城、北海港口建设与西南航空公司的组建也发挥了联合兴办基础设施的作用。目前，西南地区的综合运输网已经形成，对区域市场建设与生产要素配置优化起到了明显的推动作用。

金三角区成立于1986年。自成立以来，该组织在联合兴建公路大桥、联合开发黄河滩涂、联合治蝗、联合开发黄河航运、联合发展能源工业等方面都取得了良好的经济效

---

① 参见张万清主编：《区域合作与经济网络》，北京，经济科学出版社，1987。

② 参见刘振亚等主编：《中国区域经济研究》，280～290页，北京，中国经济出版社，1991。

应。三门峡黄河公路大桥（连接三门峡与运城，1991—1993 年完成建设）、风陵渡黄河公路大桥（连接运城与渭南，1992—1994 年完成建设）是区域合作成功兴办基础设施的典范。金三角区三地市山水相连，资源条件互补性强。千百年来三地市只能望河兴叹，黄河南岸人民的交往仅依靠渡船，既满足不了需求又不安全，建桥是三角区人民代代相传的愿望。在计划经济体制下，受条块分割的影响，三地市人民的夙愿难以了却。自协作区成立后，经过争取交通部的支持与三地市的共同努力，天堑终变通途。两座大桥的落成结束了千百年来的摆渡历史，对整个区内经济发展发挥了巨大作用。区域经济合作不仅推动了区内基础设施建设，而且也促进了经济总体水平的提高。据统计，金三角区 1994 年国内生产总值达 204.7 亿元，比 1985 年增长了 4.25 倍，大大高于全国平均增长速度。①

（3）地方政府间横向联系对政府间关系的影响。横向联系的扩展对政府间关系的影响是多方面的，主要表现在：

第一，地方政府间的横向合作密切了地方之间的经济关系，从而增加了地方政府之间的相互依赖性。“如果说纵向的地方政府间关系主要具有政治与行政意义的话，那么横向的地方政府间关系主要具有经济意义。”② 地方政府间的合作主要以经济协作为基础和纽带。在非竞争领域，地方政府间的横向合作是走出公共产品生产的“囚徒困境”的必然要求。③ 上述案例说明，横向合作普遍促进了相关区域内基础设施等公共产品的改善，从而使相关地区的整体经济效应得到提高。在竞争性领域，地方政府间的横向合作促进了要素的区际流动与合理布局，是对条块分割、地区封锁的有力冲击，使合作地区成为一个相互依赖、不可分割的经济整体。

第二，地方政府间横向合作的发展改变了中央与地方政府的博弈格局。地方政府在合作过程中往往结合成利益共同体，联合向中央政府“讨价还价”。在西南协调会的案例中，六个协作方共同努力，将南昆线列入“八五”国家重点项目，成功地争取到了中央政府的支持。在金三角区的案例中，三地市协作方也获得了交通部的有力支持。因此，中央政府与地方政府的关系，从过去的一对一的博弈为主转向以一对联合体的博弈为主。这一方面增强了地方政府在博弈中的力量，从而对中央政府在博弈中的传统优势造成挑战；另一方面，中央政府也得以介入地方事务的治理活动，将地区的发展纳入国家的整体发展目标。

尽管我国的政府间关系获得了很大的发展，已经在许多方面初步显示出了网络模式的特征，但在总体上并没有摆脱传统等级制模式的影响，致使政府间关系未能完全理顺，出现了诸多不适应性，阻碍了社会的进一步发展。西方各国的实践证明，用网络模式来重理政府间关系适应了时代的要求，它应该成为我国调整政府间关系的明智选择。

4.3.3 我国政府间关系的调整

1. 我国政府间关系调整的必然性和必要性

等级制模式虽然有其出现的必然性和历史功绩，但自 20 世纪 90 年代以来，信息技术

① 参见《晋陕豫金三角经济协作区第十次市长专员联席会议文件汇编》（内部印刷），1995 年 9 月。

② 林尚立：《国内政府间关系》，24 页。

③ 参见谢庆奎等：《中国地方政府体制概论》，344～345 页，北京，中国广播电视出版社，1998。

的迅猛发展、民主意识的强烈觉醒和市场经济发展的内在需求，使得传统的等级制模式的政府间关系已经很难适应新的变化要求，其调整已不可避免。

(1) 信息技术的发展改变了政府的生存环境，要求政府压缩层级，分散决策权力。“技术的改变导致了各种各样的社会变化，这已是人们的共识。不管这个说法是多么地陈词滥调，但技术的改变的确对管理尤其是政府管理产生了重大影响。”① 当今的社会已经进入后工业的信息时代，各种信息与数据的收集、传递甚至分散都变得十分便捷，跨越等级制结构的政府组织之间的联系已经具备了技术基础。这与传统行政模式的技术基础已大不相同，信息技术尤其是计算机的使用（当然不仅仅是计算机）必然导致政府管理的实质性变化，甚至改变等级制结构本身。层级的多寡与信息传递的失真度成正比，这已是个毋庸置疑的事实，而信息的“爆炸式”增长更加重了信息传递的负担并增加了信息失真的可能性，因此政府间组织结构的扁平化已是新的生存环境的命令性要求。而且，按照管理学原理，扩大管理幅度并减少管理层次的“横式”组织结构可以提高管理层次的职责，并减少对上级的依赖。

另外，信息技术的发达也加快了社会的变化节奏，增加了社会的不确定性，需要政府做出快速的决策反应。这大大超出了中央高度集权体制的承受能力，传统的中央政府在应对快速变化时显得无能为力，客观上要求重新进行决策分工和权力下放，使地方政府成为独立的决策主体。

(2) 政治民主化的发展也必然要求地方适度分权。当代公民民主意识的强烈觉醒使国家与社会的关系发生了重大的变化，政府的统治特征逐渐弱化，而服务的功能日渐增强。政府作为一种制度安排，它的主要功能是满足社会的需求，而“民意测验表明，一个政府与其公民的关系愈密切，公民也就愈信任政府。关系越密切，政府官员就可能更负责任，并更有可能逐项提出解决问题的办法，而不是炮制一张包治百病的药方”②。因此，“商品和服务的生产与提供权应当被赋予那些有能力支付有关成本和赢得收益的最低级单位。这就意味着缩小中央政府的权力”③。中央与地方分权，一方面为公民参与国家管理和社会管理创造了更多的机会和可能，使他们有更多的途径表达自己的意愿和需求；另一方面也使公民更有可能对政府实施有效的监控，制约专权与腐败。

(3) 市场经济发展的内在需求以及政府事务的日渐交织也推动着政府间关系做出适应性调整，推动政府间横向合作的发展。市场经济的发展要求以国家市场的统一为前提，政府间关系的横向阻隔造成了市场的分割，阻碍了资源和要素在地域上的自由流动，降低了社会的整体经济效率，因此政府间的合作使它们获得了“共赢”的机会，有助于增进全社会的福祉。社会的发展也使政府事务日趋复杂，各级政府常常面临着许多需要联合起来共同解决的问题。事实上，社会问题很少有遵从地域或项目边界的，比如森林的消失尽管是地方性的，然而影响却是全国性的甚或全球性的；污染了的河流会从一个地区流向另一个地区。全国性的项目也有赖于各级地方政府联合执行，而每个地方政府仅是整个地理拼图

---

① Owen E. Hughes, *Public Management and Administration*: *An Introduction* (2nd ed.), New York: St. Martin's Press, 1998, p. 17.

② [美] 戴维·奥斯本、特德·盖布勒：《改革政府——企业精神如何改革着公营部门》，259 页。

③ 华民：《转型经济中的政府》，241 页，太原，山西经济出版社，1998。

的一小块。

（4）我国政府间关系存在的缺陷与不足使得政府间关系的进一步调整显得更加迫切。目前我国政府间关系中还存在地方政府权力的膨胀、中央集权权威的弱化、中央地方之间“讨价还价”、地方政府间的分割和条块矛盾的加剧等问题。有分析指出，20 世纪 90 年代中期以来，为了强化中央政府的整合能力和提升国家权威，选择性集权化趋势开始出现。进入 21 世纪，中央政府通过加强垂直管理、收归控制权以维护中央政令畅通，地方立法权也开始受到限制。这种选择性集权的制度安排导致的后果是地方政府财权与事权的脱节以及地方政府普遍意义上对中央集权的抵触。总体而言，中国的政府间关系始终存在集权与分权的悖论。①

2. 我国政府间关系调整的措施

（1）简化政府组织间的层级结构。我国目前的政府体制主要以五级制为主，即由中央—省（自治区、直辖市）—市—县—乡（镇）组成，层级结构众多，等级制过多过严，不利于地方政府尤其是基层政府的发展。在美国等发达国家，整个国家的政府体制一般由三级制政府组成，一是中央政府，二是省（州）政府，三是基层政府。基层政府直接面向社会，中央政府统管全局，并负责对外事务，而省政府则负责联络中央与基层政府之间的关系。美国大城市地区的发展已经使州以下的地方政府（包括县、市、城镇和特别区等地方管辖单位）趋向平行，彼此互不隶属，大大促进了地方的发展。西方国家基层政府的多样化发展，已经成为瓦解高度一体化的政府体制的重要力量，也是网络模式的政府间关系的催生剂。

因此，我国也可考虑减少地方政府层级，有步骤地向三级制乃至二级制过渡。目前实行的市管县体制，虽然它便于加强城乡结合，可以在一定程度上带动农村迅速发展，但它只能是一种过渡形态。随着改革开放及市场经济的下一步推进，县在经济实力、城镇规模等方面都将大大增强，县对市的隶属关系反而会限制县的发展，并使中心城市的辐射功能失去意义，可行的选择是将市县纳入一个层级进行管理，共同作为基层地方政府。乡、镇目前阶段还可保留，但随着国家还权于市场、还权于社会，乡、镇一级完全可以转化成独立的自治单位。②

（2）地方的合理分权。地方的分权在当今已成为一个世界性的潮流，它在某种意义上是对过去权力天平过多地倾向中央的矫正。我国在经济体制与政治体制领域权力下放的改革改变了地方对中央的单向依赖，地方的自主权无疑有了很大的提高，但与西方各国的动作相比，我们的改革仍显不足。

在中央与地方相互依赖的资源约束中，财政、人事以及事务管理权限显然是最重要的三种资源，西方各国的分权改革基本围绕这三方面展开。虽然对合理分权问题的讨论始终没有定论，各国的具体改革都必须受制于制度环境的约束，但有一点是基本一致的，即认为世界范围内的分权非常重要而且作用积极，并认为在政府间职能划分上，高层次的政府应保持对国家重大事务、资源配置的决策权和管理权，建立更新、更

① 参见魏治勋：《中央与地方关系的悖论与制度性重构》，载《北京行政学院学报》，2011（4）。

② 参见谢庆奎等：《中国地方政府体制概论》，21～22 页。

有效的激励制度以及各级政府之间相互支持与合作的机制，这些比简单的放手放权更重要。1995年，世界银行曾对深化分权以更好地发挥地方政府的功能提出了三个建议：一是明确划分各级政府的职能，给予地方政府更多的管理权和财权，以使之与其承担的职能匹配；二是改革财政税收制度，使地方政府有更大的财政自主权以便行使其职能；三是在中央规制和地方自治之间寻求平衡。① 这些建议对各国的改革都具有普遍的指导意义。

对我国地方分权的具体改革而言，仍有许多需要大力推进的地方。在事务管理权限的划分中，关键性的问题是地方性“公共事务”的最终决策权问题。地方性“公共事务”应主要由地方政府做出最终决策，这是衡量政府体制是否是分权体制的基本标准。显然，从这一标准来看，目前我国许多地方性公共事务的决策权都还掌握在中央政府手中，政府间关系依然带有浓厚的中央集权体制色彩。在财政关系方面，则缺乏与地方分权相配套的完善的分税制。我国现行的分税制尚不完善，在地方政府中只有省一级政府拥有单独的分税税种、税收征收和管理体系，省级政府以下的地方政府还没有纳入分税制的体系中。另外，省级政府对自己享有的地方税种，并没有相应独立的税收立法和征收调节权，这些都还得由中央政府统一做出决定。实际上，省级政府也只有地方税种税收的执行权。这些都表明，与地方分权制相适应的真正的分税制还没有建立起来，这给地方政府分权的实施效果带来了很大的影响。地方政府无法利用对地方税种的调整来促进地方经济的发展，也无法有效地利用地方税收的手段，吸引外部资源流入本地，带动当地经济的发展。在人事管理权限方面，应该推进地方领导人由地方选举产生的制度。约翰·密尔对选举组成的地方政府的价值进行了经典的论述。他的见解建立在两个主要观点上。第一，地方选举制度是政府民主制度的基本要素，因为这些制度扩大了政治参与的机会，同时也为对公民进行政治和政府行为教育做了准备。第二，密尔认为，选举组成的地方政府是必需的，因为它能够根据对地方的了解、利益以及专门知识来监督地方事务，并使得地方政府比其他机构，当然还有遥远的中央政府更可能提供有效、公正的地方服务。②

从长远看，必须形成制度化的分权治理，并建立起纵向政府间基于共同利益基础上的新型伙伴关系。“这种伙伴关系，是建立在政府纵向间共同利益的基础上的一种工作关系，并不取代上下级间政治上的等级关系，更不否定中央政府的政治权威。”③

（3）加强横向合作。改革开放之后，中央对地方“放权让利”的“行政性分权”成为我国政府间关系调整的主旋律，受益于权力下放的改革以及经济与社会日益密切的联系，中国地方政府之间的合作有了较大发展。但是“上有政策，下有对策”以及地方保护主义依然困扰着政府间关系的正常发展。

“上有政策，下有对策”固然与地方最大化地追逐自身利益有关，但归根结底主要是

---

① G. Thomas Kingsley, “Perspectives on Devolution”, *Journal of the American Planning Association*, Fall 1995, 62 (4).

② 参见［英］卡洛林·安德鲁、迈克·戈登·史密斯：《从地方政府管理到地方治理》，见俞可平主编：《治理与善治》，189～190页。

③ 朱光磊、张志红：《“职责同构”批判》，载《北京大学学报》（哲学社会科学版），2005（1）。

由于地方缺乏全国性政策制定的参与机制，中央政策的制定并不是中央与各级地方政府进行协商的结果，无法充分反映地方的利益，因此政策的执行得不到地方的支持，其失败自然不可避免。这说明，我国的地方政府依然是分散的，尚未形成一股合力对中央的政策制定产生有效的影响。澳大利亚在这方面已经做得比较成功，COAG 的成立已成为世界各国效仿的榜样，代表了未来政府间关系发展的一种新趋势。对我国而言，它未尝不是一个很好的启示。胡鞍钢就曾指出，如果中央政府在政策制定过程中让地方共同参与，即“一对多”的博弈，要比在政策执行过程中多次的“一对一”的博弈更有效率。①

另外，地方保护主义在我国依然是个十分普遍的现象，严重制约着地方政府间横向合作的开展。地方保护主义造成的地方之间的竞争虽然在某种程度上带动了地方经济的发展，具有良性的一面，但在很多政策领域，地方之间的竞争是恶性的，它只能使地方政府陷入“囚徒困境”。实践证明，地方政府间的合作不只是社会与经济发展的自然结果，它更是地方政府的理性选择，在相互依赖的网络世界中，只有采取合作的策略才能实现各方的共赢。当然，地方政府之间能否采取合作的策略，还有赖于外部制度环境的变革，在中国，地方保护主义的消除必须以政府与市场、政府与企业关系的理顺为前提。

3. *走向一种网络模式的中国政府间关系*

网络模式的政府间关系以扁平化的组织结构、政府间的分权与相互合作为特征，它正在成为中国政府间关系的未来走势。

首先，在未来的发展中，政府间的组织结构将不再以科层体系为基础，而是建立在与信息社会相适应的网络组织之上。在政府间网络中，中央政府以及各类地方政府具有相对的平等性，谁都不可能成为占据垄断地位的控制中心，它们都是网络组织中不可或缺的组成部分。

其次，政府间的关系将从单向依赖走向相互依赖。相互依赖以政府间的分权为前提，因此，中央与地方的权力关系将出现集权与分权并存的局面。它是以中央与地方合理的职能划分为基础的，中央所集中的权力与地方所分得的权力都是依各自在社会组织和管理中承担的职能而定的。因此，在集分并存的格局下，中央和地方都保持了各自应有的相对独立性。由于各自的职权范围都有法律保障和相应的财政基础，所以，双方都不能随意地破坏对方应有的相对独立性。尽管中央政府因其制度的优势，有对地方指导和监督的使命，但是中央履行这一使命时，也应做到合法、合理，依制度和法律办事。这种有基础、有保障的中央与地方各自的相对独立性，是形成中央与地方相互依赖关系的基础。由于各自在管理和组织社会中所处的地位、所承担的职能不同，所以各自都有自己的优势，双方的优势互补是形成中央与地方相互依赖关系的动力。另外，地方还能够自行决定本地区的行政官员的选择。总之，在相互依赖关系下，中央与地方都将使自己的自主性和积极性得到充分发挥，这对于中国这样超大规模社会的资源配置、社会组织和发展协调都有十分重要的意义。

最后，地方政府间的合作关系会更加密切，合作的方式和领域都将向纵深发展。地方政府间的合作主要源自经济的需要，而密切的经济合作会在合作的地方政府间形成各种利

① 参见王绍光、胡鞍钢：《中国国家能力报告》，170～177页，沈阳，辽宁人民出版社，1993。

益共同体。当它们在与中央“讨价还价”时，它们就会以整体的形式借整体的力量来制约中央，并成为影响国家政策制定的重要因素。

总之，政府间关系朝向网络模式的发展显然是当今时代的必然要求，这一模式也必将逐步走向完善，并确立其独特地位。但是，政府间关系的发展并不是一个自发的过程，它更应该是各国政府的自觉行动。20 世纪 80 年代以来西方各国的改革实践对我国政府间关系的进一步调整是个极为有益的启示。当然，由于各国国情不同，改革并不存在放之四海而皆准的标准。事实上，由于受到诸多制度因素的约束，我国政府间关系的调整将面临着更多的挑战。

第5章

政府作用

在当代，政府的作用问题越来越成为人们关注的焦点，正如世界银行《1997年世界发展报告：变革世界中的政府》中所指出的："在世界各地，政府正在成为人们注目的中心。全球经济具有深远意义的发展使我们再次思考政府的一些基本问题：它的作用应该是什么，它能做什么和不能做什么，以及如何最好地做这些事情。"① 现代市场经济可以说是一种以市场调节为基础，以政府调节为补充的经济体制，因而政府如何处理好与市场、企业和社会等方面的关系，确定并履行好自身的社会经济职能，就成为市场经济发展中的一个至关重要的问题。在转型期，政府在社会经济运行中如何扮演自己的角色、发挥好自己的作用，这不仅是一个理论问题，而且是一个亟待解决的实践问题。本章将探讨市场经济条件下政府的基本作用，分析转型期我国政府的角色，并探讨政府失败的问题。

5.1 现代市场经济中的政府角色

我国市场经济的发展具有"后发"优势，可以借鉴西方发达国家和新兴工业化国家或地区的市场经济发展的经验教训，尤其是如何处理好政府与市场、政府与企业以及政府调控与市场调节之间关系的经验教训。各国市场经济发展的历史以及经济学的研究成果表明，没有单纯的市场经济，只有市场调节与政府调控相结合的混合经济。在市场经济发展的过程中，政府在市场运行中总是扮演着重要的角色。市场缺陷及市场失灵是政府干预的基本理由。政府可以做一些市场做不到或做不好的事情，它的干预可以弥补市场的不足，

① 世界银行：《1997年世界发展报告：变革世界中的政府》，1页。

并在某种程度上克服市场失灵。但是，政府也不是万能的，政府有自身的缺陷，也会失败，而且政府失败所造成的灾难更大。在许多情况下，市场失灵恰恰是政府的不恰当干预所造成的。因此，在当代，越来越多的市场经济国家认识到必须对政府的角色予以正确的定位，对政府的干预行为进行更多的自我约束；在处理政府与市场的关系时，采取亲市场的战略，政府的补救作用是帮助市场发挥作用，而不是取代市场。下面，我们来看看发达市场经济国家或地区政府干预的理论与实践，以便从中吸取经验教训。

5.1.1 关于市场体制下政府作用的争论

西方市场经济已有几百年的历史，在关于政府和市场作用及其相互关系的认识上一直存在争论。在市场经济发展初期，为摆脱教会、地主、城镇行会对经济活动的控制，确立新型的市场秩序，打破地方封锁，扩大国内市场，对外扩张，促进外贸，人们一般强调国家的干预作用，这在重商主义经济理论及其政策主张中得到了充分的体现。市场经济体制及秩序在西方各国确立之后，人们对国家作用的认识及所采取的政策发生了变化，自由放任、限制国家干预的观点取代了古典的国家干预论，这集中反映在以魁奈为代表的重农主义学派，以斯密、李嘉图和密尔为代表的古典学派和以马歇尔为代表的新古典学派的经济理论及政策主张中。亚当·斯密等人主张由市场机制（价格）这一“看不见的手”去引导经济活动，政府要少干预，只起“守夜人”作用，政府的作用仅仅限于保护社会免受外敌侵犯；保护每一个社会成员免受其他成员的强制，实现社会公正；建设和保护公共设施。这种观点实际上成了当时西方各主要国家的基本政策主张。

随着自由资本主义向垄断资本主义的过渡，资本主义市场经济所固有的一系列弊端如失业、贫富分化、周期性经济危机更加严重，特别是1929—1933年的经济危机，使人们清楚地认识到市场机制本身的局限性，这在客观上促使凯恩斯主义兴起。凯恩斯主张放弃自由的放任主义，实行政府对经济生活的全面干预，特别是通过财政和货币政策来调控市场经济的运行。在他看来，政府不仅要履行传统的职能，而且要对充分就业、物价稳定、经济增长、国际收支平衡、收入均等化等负责。二战后，凯恩斯主义成为西方经济学的主导学派，各主要西方国家普遍采取了干预主义政策。这些干预政策为战后资本主义经济的发展起到了一定的作用，保证了战后近30年资本主义经济的持续“繁荣”。

然而，人们逐步发现，如同市场有缺陷，市场会失灵一样，政府的干预也是有缺陷的，政府同样会失灵；市场解决不好的问题，政府不一定能解决得好，而且政府干预的失败的代价更高、更可怕。特别是20世纪70年代以后出现的以低经济增长、通货膨胀、财政赤字、高失业率为特征的“滞胀”现象，使人们更清楚地认识到这一点。西方新自由主义或新保守主义经济学思潮正是在这一背景中形成和发展起来的。以现代货币主义学派、公共选择学派、新制度学派、合理预期学派等为代表的新自由主义反对凯恩斯主义的全面干预论，分析政府干预行为的局限性及政府失败的成因及表现，主张限制或取消政府干预，充分发挥市场机制作用。新自由主义成了当代西方经济学的主流，并对西方市场经济国家的政策产生越来越重要的影响。但是，不管怎样，迄今为止，西方发达国家实行的市场经济并未完全排除政府干预。在宏观调控方面，各国所实施的干预只是在干预程度、内容和方式等方面不同而已。

20 世纪 70 年代末 80 年代初，随着新公共管理运动的兴起，市场化背景下政府角色定位问题又一次被摆上桌面。世界范围内的新公共管理改革始于 1979 年英国的私有化运动。作为变革内容，英国出售大量国有企业，并于 1981 年立法要求地方政府对服务进行强制性招标。此后，公共服务市场化先后在世界其他各国推进，成为各国政府变革的重要内容。例如，美国联邦机构将大部分辅助服务（数据处理、饮食服务、房屋维护和保安等）外包，地方政府也将大量辅助服务和对公众的直接服务外包；新西兰、澳大利亚、加拿大等国家都进行了类似的改革。“近年来，许多原被确定为公共部门的活动开始明显地向私营部门转移……历史上曾由政府从事的活动也开始走向市场化。”① 市场化提倡在产品、服务的生产和财产拥有方面减少政府作用，增加其他社会机构的作用；提倡充分利用多样化的所有制形式和运作关系来满足公众需求。

而在我国，同一时期开始了市场化和社会化的进程。1978 年，实行农村家庭联产承包责任制；1988 年，政府承认私营经济的存在和发展②；20 世纪 90 年代中后期，全国范围内开始出售国有企业；1999 年，政府开始了行政审批制度改革；2003 年，党的十六届三中全会通过了《中共中央关于完善社会主义市场经济体制若干问题的决定》，允许非公有资本进入法律法规未禁入的基础设施、公用事业及其他行业和领域，非公有制企业在投融资、税收、土地使用和对外贸易方面与其他企业享受同等待遇。③ 在这一进程中，政府不断放权，市场不断向民间资本开放，非营利组织和民间团体开始出现，政府也放弃了一部分直接生产职能。

政府应该做什么和不应该做什么，这是公共管理者所关注的基本问题。而在市场化背景下，“政府的角色比以往任何时候都显得更为重要”。因此，“自 70 年代中期以来，大多数经济合作与发展组织的成员开始对它们在公共部门的角色进行重新衡量”。目前，关于政府角色的争论主要围绕“政府是应该一如既往地提供商品和服务，还是应该将这些职能转交给私营部门去完成，政府是否还要像现在这样提供大量的补助和进行那么多的管制”等展开。有学者认为：“虽然我们通常都认为公共部门和私营部门是各自独立的，但这种对经济中两个部门相互排斥的划分往往是人为的，这两者之间存在大量的相互作用现象……现代资本经济是一个完全混合的系统，其中公共部门与私营部门以一种整合的形式相互作用。”④

无论争论如何进行，今天的现实是：政府已经日益由划桨者变为掌舵者，政府提供服务的方式亦发生了改变，由公共部门提供的服务日益减少，而通过合同方式由私人部门和志愿部门提供的服务则日益增多；发展的趋势是“有更多的服务将会以合同形式转包出去，公共商品及服务的价格将更为明确，公务员更像管制者而非生产者……国家将不再是

① ［澳］欧文·E. 休斯：《公共管理导论》（第 2 版），95 页，北京，中国人民大学出版社，2001。

② 政府于 1988 年出台了《私营企业暂行条例》，承认了雇工八人以上私营企业的存在。参见《风向变了，但帆还没有拉起来》，载《南风窗》，2000（12）。

③ 参见《中共中央关于完善社会主义市场经济体制若干问题的决定》，见中央政府门户网站，2008-08-13。

④ ［澳］欧文·E. 休斯：《公共管理导论》（第 2 版），95 页。

供应者，而是成为使个人能更充分地满足自身偏好的推动者”①。

5.1.2 基于物品特性和提供机制的政府角色分类

在现实生活中，政府为公众提供了大量的物品和服务，小到垃圾收集，大至国防外交；可见的如基础设施，不可见的如管理管制、法规政策；针对个人的有国家助学贷款、孤寡老人补贴，针对集体的有环境保护、义务教育；地方层次的如省级高速公路，中央层次的如国家高速公路。在这里，我们参照国外学者的做法，以物品提供中的政府作用为线索，将政府角色分为生产者、提供者和安排者。“政府该生产哪些物品，该提供哪些物品和服务，又该对哪些物品和服务的生产进行安排应该是理性的结果，而不是政府决策者一时冲动的决定。这种理性就建立在物品的分类和对物品提供机制的理性选择上。”②

1. 物品的分类

根据物品的排他性和竞争性特征，可以将物品和服务分为个人物品、自然垄断物品、公用资源、集体物品。物品特性决定了物品该由政府提供、市场提供还是由社会提供，也决定了物品能否由市场生产。物品的特性是政府角色定位的基础。物品的分类见表5-1。

表5-1 物品的分类

		竞争性（能否被共同消费）	
		是	否
排他性	是	个人物品 冰淇淋蛋卷 衣服 拥挤的收费道路	自然垄断物品 消防 有线电视 不拥挤的收费道路
	否	公用资源 海洋中的鱼 环境 拥挤的不收费道路	集体物品 俱乐部物品：社区保安 公共物品：国防、不拥挤的不收费道路

资料来源：［美］曼昆：《经济学原理》（第3版），上册，北京，机械工业出版社，2003。

排他性是指可以阻止一个人使用一种物品时该物品的特性③，这是物品的关键特性。排他与否决定了物品能否由市场生产。物品具有排他性，投资者就能向使用者收费，也就能够吸引市场主体从事生产。在过去，公路因为无法向使用者收费只能由政府提供，现在由于排他技术可行，私人资本建造的公路已经很普遍。而对确实无法排他的物品和服务则要“通过征税来提高国库收入以克服非排他性问题，并且在指定物品生产者和人们消费的合理层面上组织生产”④。

① ［澳］欧文·E.休斯：《公共管理导论》（第2版），126页。
② ［美］E.S.萨瓦斯：《民营化与公私部门的伙伴关系》，106页，北京，中国人民大学出版社，2002。
③ 参见［美］曼昆：《经济学原理》（第3版），上册，188页。
④ ［美］迈克尔·麦金尼斯：《多中心治道与发展》，319页，上海，上海三联书店，2000。

竞争性是指一个人使用一种物品而减少其他人使用时该物品的特性。① 不具有竞争性的物品可以称为共同消费品；与之对应的是个人消费品，它们只能被个人消费，即如果被一个消费者使用，就不能被第二个消费者使用。个人消费品如苹果、面包、啤酒等；共同消费品如电视节目，公园和街道也属共同消费品，但是它们不像电视节目那样纯粹，因为当使用者达到一定数量时，它们会产生拥挤现象——如果共同消费者的数量超过公园和街道的承受能力时，现有物品的质量和数量就会被严重破坏和减损。可以通过向使用者收费的办法来解决共同消费品拥挤问题。

个人物品是同时具有竞争性和排他性的物品，它们一般能够由市场提供。“只要存在产权、可履行的契约和自由市场，就能保障企业确认顾客的需求并生产物品，然后以双方都能接受的价格卖给志愿购买者。”② 政府对个人物品的介入仅限于解决市场的外部性，包括确定物品安全标准，督促市场主体公布商品信息，贯彻合同法、税法、劳动保障法、破产法、产权法一类的法律法规，解决市场行为的外部不经济等。个人物品中还存在一类所谓的“价值性产品”（如教育和医疗保健），虽然这一类物品具有排他性，属于个人商品，但是它们具有较高的外部性，并且与社会公平密切相关，市场不能以令人满意的方式为社会提供，因此，往往由公共部门和私人部门共同提供这些产品。③

只有排他性没有竞争性的物品被称为自然垄断物品，如网络化的公用事业、电话、电力、煤气及城市用水都是自然垄断物品。传统观点认为，这一类物品若由市场供给容易产生私人垄断，损害消费者利益，因此，许多国家采用政府生产方式来提供这类物品。然而，实践证明，公共垄断与私人垄断一样会导致无效和不公，因而许多国家进行了改革，政府将此类服务民营化，同时采取某种形式的管制，政府引进竞争并管理潜在供应者之间的竞争过程。

具有竞争性但没有排他性的物品是公用资源。亚里士多德说：“一个物品的共同拥有者越多，它所受到的关爱就越少。”④ 以往一般是由政府的强制行为提供对这类资源的保护，但是，市场机制和产权的创立能够为这类资源的提供和合理使用提供更加有效的保障。当一种公用资源被转变为个人物品并允许个人拥有时，个人就有对其进行维护的积极性，政府也可以更有效地进行管理。如在对大象的保护方面，马拉维和津巴布韦通过允许人们捕杀大象，但只能捕杀作为自己财产的大象而使大象成了私人物品，私有制和利润动机使得地主产生了保护自己土地上大象的激励，结果这两国的大象数量开始增加。⑤ 因此，为了保护公用资源，需要政府的行动，或者是法律上的强行控制机制，或者是进行可交换产权的制度创设，将公用资源变为个人物品。

既无排他性也无竞争性的物品是集体物品。因为具有非排他性，为获得这类物品，集体中的每一个人都会有经济激励去“搭便车”，所以市场机制无法自发供给这类物品。例如，私人永远没有经济激励去建造不能向使用者收费的道路，因此这类物品只能由集体组

① 参见［美］曼昆：《经济学原理》（第3版），上册，188页。
② ［美］E. S. 萨瓦斯：《民营化与公私部门的伙伴关系》，53页。
③ 参见［澳］欧文·E. 休斯：《公共管理导论》（第2版），114页。
④ ［古希腊］亚里士多德：《政治学》，48页，北京，商务印书馆，1983。
⑤ 参见［美］曼昆：《经济学原理》（第3版），上册，196页。

织来供给。但是，集体供给并不意味着集体生产，集体可以把从集体成员处筹集到的资源交给私人，激励他们为集体生产这种物品。所谓的集体组织包括各个层级的政府单位（从乡镇一级组织到中央政府）、国际组织、非政府组织，也可能是各种各样的非正式组织，包括居民小区组织、志愿组织和高峰协会等。① 各种集体组织通过志愿或强制性捐款获得的资金为本集体提供集体物品，前者如居民区志愿筹款组织文化活动，后者如政府用强制性征税获得的财政资金提供国防。政府提供的集体物品通常被称为公共物品，属于志愿组织的集体物品通常被称为俱乐部物品。一般社会单位较大且追求的利益多样化时，就必须通过政府一类的组织，以法律认可的强制贡献来提供集体物品。②

由此可见，个人物品、自然垄断物品具有排他性，它们能够由市场中的价格调整实现生产和消费的平衡；公用资源和集体物品没有排他性，每个人都可以免费得到，私人没有激励去生产和维护，因此需要集体行动保护公用资源、提供集体物品。这就意味着具有排他性的物品能够由市场自发提供（政府也提供一部分价值性个人物品，如义务教育），没有排他性的集体物品必须由政府负责提供，而公用资源则需要包括政府和非政府组织集体行动的保护，这是政府角色定位的基础。“如果某人发现所考察的物品或服务具有排他性的特点，那么把它分配给私人部门生产（提供）就是可能的。当消费的非排他性和共同性都要获得时，地区或国家级的政府就是物品的最佳提供者。”③

2. *物品的不同参与主体及物品提供的不同制度安排*

为了进一步探讨政府角色，需要了解物品的不同参与主体及物品提供的不同制度安排。

（1）物品的不同参与主体。物品的任何参与者都可以归入以下三类：

消费者——消费者直接获得或接受服务。消费者可以是任何个体或组织，如个人、某个区域的所有人、政府机构、某一社会阶层（如学生、农民等）。

生产者——服务的生产者直接组织生产，或直接向消费者提供服务。生产者可以是政府单位、特别行政区、民间团体、私人企业、非营利机构，也可以是消费者自身，例如一个将自家门前的雪打扫干净的人，既是服务的生产者也是服务的消费者。

安排者——指派生产者给消费者，指派消费者给生产者，选择服务的生产者。政府、志愿组织或消费者自身都可能是服务的安排者。例如，一个人选择乘公交去某地，他就是自己的服务安排者；政府将服务签约外包，政府就是服务的安排者。

（2）物品提供的不同制度安排。消费、生产、安排是物品参与中的基本行为，此外还有另一种不可忽视的行为——成本支付。成本支付者可以是生产者、安排者和消费者中的任何一方或是其中的联合。例如，在合同外包制中，政府支付服务成本；在凭单制中，政府和消费者共同承担服务成本。由生产者、安排者、消费者、成本支付者在政府、私人部门、公众之间的不同组合，形成了物品提供的十种制度安排。从对市场由低到高的依赖性程度来看，这十种制度安排分别是：政府服务、政府出售、政府间协议、合同承包、特许经营、补助、凭单、自由市场、志愿服务、自我服务（见表 5 - 2）。

---

① 参见［美］奥斯特罗姆、帕克斯、惠特克：《公共服务的制度建构》，5 页。

② 参见［美］E. S. 萨瓦斯：《民营化与公私部门的伙伴关系》，56 页。

③ ［美］迈克尔·麦金尼斯：《多中心治道与发展》，326 页。

表 5-2　　公共服务提供的制度安排

制度安排	安排者	生产者	谁支付成本
政府服务	政府	政府	政府
政府出售	消费者	政府	消费者
政府间协议	政府（1）	政府（2）	政府
合同承包	政府	私人部门	政府
特许经营（排他） 特许经营（非排他）	政府	私人部门	消费者
	政府和消费者	私人部门	消费者
补助	政府和消费者	私人部门	政府和消费者
凭单	消费者	私人部门	政府和消费者
自由市场	消费者	私人部门	消费者
志愿服务	志愿消费者团体	志愿消费者团体	不适用
有合同承包的志愿服务	志愿消费者团体	私人部门	志愿消费者团体
自我服务	消费者	消费者	不适用

注：政府（1）和政府（2）指两个不同的政府机构或部门；排他和非排他的特许经营同属特许经营，有合同承包的志愿服务和志愿服务同属志愿服务。

资料来源：［美］E. S. 萨瓦斯：《民营化与公私部门的伙伴关系》，106 页。

3. 政府角色的分类

生产者和安排者可以分离，安排者和成本支付者也可以分离。前者意味着政府作为安排者时，可以选择不同类型的生产者；后者意味着消费者作为安排者时，政府能够用凭单为其分担成本。也就是说，政府若要提供公共物品，可以不必直接生产，可替代的途径是选择生产者、补贴生产者或者补贴消费者。这就意味着政府扮演生产者、提供者、安排者三种基本角色：

（1）公共物品和服务的生产者——政府亲自生产服务。

（2）公共物品和服务的提供者——政府不直接生产，但是通过政府掌握的资源（包括资金和政策）资助公共物品的生产和消费，“政府的作用更多的是掌舵而非划船，即政府对提供服务进行控制，但不是常规性地通过官僚制手段亲自提供服务”①。

（3）公共物品和服务的安排者——政府通过一系列制度安排，为公共物品的消费者指派生产者，为公共物品的生产者指派消费者，以及选择服务的生产者。

“一定形式的物品或服务要求很好地完成它的一定形式的行动。”② 政府应该提供什么和应该怎么样提供应以物品的分类和特性为基础。“不同的制度形式又为不同的行动提供了不同的激励。”③ 因此，只有适宜的制度安排，才能“使物品或服务、行动或行为通过制度的适当激励结构相协调”④，才能更好地帮助政府承担提供公共物品的责任、提高提供公共物品的效率。

① ［澳］欧文·E. 休斯：《公共管理导论》（第 2 版），285 页。

②③④ ［美］迈克尔·麦金尼斯：《多中心治道与发展》，335 页。

5.1.3　现代市场经济中政府行为的一般模式

基于物品特性和提供机制，我们已将政府的作用区分为生产者、提供者、安排者三种基本角色。而综观现代市场经济国家处理政府与市场、企业和社会的关系的实践，我们可以将政府的作用或行为模式概括为如下五种角色：

1. 公共物品的提供者

这可以说是政府在现代市场经济中的一种最基本角色。所谓公共物品，是指那种能够同时供许多人享用的物品，并且供给它的成本与享用它的效果并不随享受它的人数规模的变化而变化。公共物品的最显著特征是消费的非排他性，即一个人对一件公共物品的消费并不排斥他人对它的同时消费，国防、治安、公共教育、公共交通是公共物品的几个例子（制度安排、法规、政策等也可以视为无形的公共物品）。由于公共物品的这种消费的非排他性，以价格机制为核心的市场不能使得生产和供给达到最优；靠个人之间的直接交易去解决公共物品的供给问题，由于成本太高而得不偿失。私人经济部门或者由于投入多、效益低而不愿意或无力生产或提供；或者容易造成垄断，导致成本上升，效率下降，损害消费者利益。因此，政府必须通过国家预算开支，担负公共物品的生产和供给的主要责任。在现代市场国家，政府对交通运输、邮电通信、供水供电、环境保护、基础研究以及公共教育等公共设施和公共服务及市政设施进行大量直接投资，在基础设施和公共服务中发挥重要作用。

2. 宏观经济的调控者

由于市场的不完全及缺陷，政府必须干预市场经济的运行过程，对经济生活加以宏观调控。首先，市场机制不能解决宏观经济总量或总供给与总需求之间的平衡问题，市场失灵导致宏观经济总量失衡，市场机制不能控制经济的周期波动和通货膨胀，因而必须依靠政府的财政政策和货币政策等来减缓经济周期波动，抑制通货膨胀。从20世纪30年代开始，各主要的西方市场经济国家正是借助于政府干预实行总需求管理，通过调节总需求来调节总供给与总需求的关系，维持宏观经济总量平衡，保持宏观经济稳定。其次，市场经济机制不能解决国民经济的长期发展问题，因为这种机制不能预测未来的经济变化，无法掌握复杂的需求结构，而且它的调节具有短期性。因此，必须通过政府的指导性经济计划来解决经济的长期发展问题，这也是某些市场经济国家（如法国）在第二次世界大战后的实际做法。最后，市场机制难以调整和优化产业结构。因为在现代市场经济条件下，资本和劳动的流动困难，市场垄断对市场机制的破坏以及靠市场调节要付出很高的代价。因此，现代市场经济国家的政府干预的一个重要内容是通过制定和实施产业政策来实现产业结构的调整。正是通过财政政策、货币政策、产业政策和经济计划等手段，现代市场国家的政府对经济生活加以宏观调控。

3. 外在效应的消除者

外在效应又称外部性或外部经济。按照赫勒（W. Heller）和斯塔雷特（D. A. Starrett）的说法，外部性是指这样一种状况，即个人的效应函数或企业的成本函数不仅依存于其自身所能控制的变量，而且依赖于其他人所能控制的变量，这种依存关系又不受市场交易的影响。外部性有积极的和消极的两种（前者如基础研究和教育所产生的外部性，后者如环境污染）。外部性的存在无法通过市场机制来加以解决，政府应当负起这一责任。在现代市场经济国家中，政府通过补贴或直接的公共部门的生产来推进积极外部性的产出；通过直接的管制来限制消极外部性产出，如政府通过行政命令的方式硬性规定特定的污染排放量，企业或个人必须将污染量控制在这一法定水平之下，或者政府征收排污税。此外，著名经济学家科斯还提出一种将外部性内在化，通过市场机制解决外部性问题的办法，但实际实行起来存在不少困难。

4. 收入及财产的再分配者

市场经济在解决社会稳定、协调发展方面有明显的局限性，它能较好地解决效率问题，却不能解决好公平问题。一方面，市场经济不可能自动达到社会收入分配方面的公平和协调，商品交换顶多能实现既定分配格局之下的帕累托最优，但不能改变现有的收入分配格局；市场经济条件下的机会不均（财产、个人能力和教育程度等的差别）可能带来收入分配不公现象；即使市场作用发挥较好的地方，分配的结果可能也不是按照社会所接受的标准去实现的。因此，现代市场经济国家的政府都力图通过再分配政策及社会保障制度来调节收入及财产的再分配，解决公平以及社会经济战略发展问题。另一方面，市场经济不可能解决全社会范围的失业、养老、工伤事故、医疗保健及扶贫助弱等社会问题，而这些问题又是保证市场经济正常运行的重要条件。收入分配不公以及失业、养老、医疗卫生等社会现象，又影响社会协调发展以及劳动者的积极性，最终也无法提高经济效率。因此，要求政府从全社会的整体利益出发，对各阶层的收入和财产再分配加以调节，建立和健全社会保障体系，以保证社会稳定协调发展。

5. 市场秩序的维护者

市场机制容易被破坏，放任自由的市场竞争将导致垄断。市场机制的正常运行以一定的规则和契约关系作为前提，一旦这些规则及关系被破坏，那么市场机制就会失效。因此，市场经济条件下政府的一个基本职能是维护市场秩序，通过立法来保证市场运转，政府充当裁决员，为市场公平竞争创造和维护必要的制度环境。首先，市场机制要发挥作用，需要一整套公认的并能够得以实施的市场行为规则，以明确产权关系，规范市场主体的行为，确保市场交易和市场竞争的公正与效率。这需要政府来建立和健全市场运行所需要的各种法规和制度，并监督其实施，以保证市场机制的正常运转。其次，自由竞争会导致垄断，而垄断将破坏公平竞争的环境，阻碍价格机制在资源配置中的作用。因此，需要政府制定和实施各种反垄断法与反不正当竞争法，并设立相应的机构，创造和维护竞争的市场结构。最后，市场机制的运行以完善的统一市场体系为前提，因此，对于向市场经济体制过渡的国家来说，政府还必须承担起培育和完善市场体系、加速市场体系发育的一定职能。

总之，现代市场经济中的政府的上述五种角色是市场经济条件下政府的基本职能的一般概括，也是市场经济条件下政府的一般行为模式。政府必须根据经济发展的现实情况，扮演好自己的角色，确立好干预的范围及力度，有效地弥补市场缺陷，克服市场失灵，避免政府失败。研究各国的市场经济的发展经验，认识现代市场经济条件下的政府角色，对于我们建立起适应市场经济发展需要的政府管理体制，转变政府职能具有一定的借鉴意义。

5.2　转型期我国政府的角色定位

我们已经分析了现代市场经济国家中政府的基本作用或职能。那么，在转型期，我国政府的角色如何定位？它应该履行哪些基本职能？换言之，应如何确定好转型期我国政府干预的范围、内容、力度和方式？这是下面要讨论的问题。

5.2.1　市场经济条件下的我国政府职能

市场经济条件下的政府管理或政府作用具有不同于计划体制条件下的政府管理的一系列新特点。在市场经济发展的不同时期，政府干预的范围、内容、力度和方式是不同的，而且，由于经济发展水平、政治文化和历史传统方面的差别，各市场经济国家的政府干预模式也是不同的。

那么，在市场经济条件下尤其是在转轨时期，我国政府究竟应当在社会经济运行中扮演什么样的角色、履行什么样的职能呢？我们认为，可以概括为如下八种基本角色：

1. 加强市场经济法制建设，创立平等竞争的市场秩序与环境

现代市场经济是一种法制经济，它要求用各种法律、规则来规范和调整各种经济关系与经济行为。应该说，这些年来，国家已制定和颁布了一系列的经济法规，我国市场经济法制建设进展较快。但目前市场经济法制建设不健全，无法可依、有法不依、执法不严的情况比较普遍，平等竞争的市场秩序和环境尚未真正形成。因此，在转型期，政府应当履行好市场秩序的创立者和维护者的职能，下大力气加强市场经济的法制建设，确立起市场竞争的良好秩序。要建立健全规定市场经济中的各种基本经济关系的法规（如财产法、企业法、公司法、银行法、破产法等），规定市场活动和市场主体行为方面的法规（如合同法、外贸法、证券交易法、产权法、反不正当竞争法等）和规定解决特定经济行为方面的法规（如会计法、审计法、成本法、工资法等）。当前尤其应加强在土地、房地产、外贸、税收等领域的立法工作，完善招标投标、证券行业管理、物价管理、企业登记等领域的法规制度。同时，针对目前存在的有法不依、执法不严的弊端，政府必须加大经济执法力度，使相关的法律法规不折不扣地得以贯彻执行；政府及其官员应清楚自己是秩序的维护者，是裁判，而不是队员，不应当“下场踢球”。通过这些措施，逐步确立起我国公平竞争的市场秩序与环境。

2. 深化企业制度改革，造就市场经济的微观主体

要在较短的时间内建立起比较完善的社会主义市场经济体制，就必须在造就市场主体上下大功夫。政府在转型期的一个基本任务是要深化企业制度改革，让企业成为自主经营、自负盈亏、自我发展、自我约束的独立法人主体，让企业独立于政府机构而生存和发展，实现政企分开，构造起社会主义市场经济运行的微观基础。当前特别要按照产权清晰、权责明确、政企分开、管理科学的现代企业制度的要求，推进国有企业改革，完善国有企业

的自我发展和自我约束机制。与此同时，搞好配套改革，对国有企业进行清产核资、界定产权，加强政府对国有资产的管理和监督，建立起权责明确的国有资产管理、监督和运营体系；按照优化国有资产结构的要求，积极推动国有资产的合理流动和重组，保证国有资产的保值增值，防止国有资产的流失和浪费。

3. 培育和完善各类市场，形成开放竞争的市场体系

改革开放以来，我国的市场体系已开始发育，但发育程度较低，各类市场发育不平衡。商品市场发展较快，生产要素市场发展较慢，地方和部门之间的条块分割仍然存在，严重地制约了全国统一大市场的形成，价格体系也未理顺。因此，在转型期，政府要采取有力的措施，投入必要的资源，发展和完善商品市场，培育和规范包括金融、土地、劳动力、技术和信息市场在内的要素市场，逐步形成统一开放、竞争有序的全国市场体系。同时深化价格改革，大幅缩小国家定价的品种和范围，扩大市场调节价格范围，形成市场决定价格的有效机制，为市场运作创造良好条件。

4. 依靠宏观调控手段，保证社会经济的稳定与增长

这是市场经济条件下政府的一个最基本的职能。在转型期，政府要依靠宏观调控手段尤其是财政、货币和产业政策手段及指导性经济计划来调控宏观经济运行，力求同时达成增长、效率和稳定等基本经济政策目标，使国民经济健康高速发展。然而，各国市场经济发展的经验以及当代经济学理论告诉我们，一个国家的宏观经济政策要同时达成这几个目标是困难的，因为这些目标本身往往是相互冲突的，尤其是在经济高速增长时期，如何保证宏观经济环境的稳定是政府面临的一个严峻问题。因此，在转型期，政府必须制定执行好宏观经济政策，协调好各种政策手段，既使我国经济保持适当的增长速度，又能有效控制物价上涨，抑制通货膨胀，保持宏观经济稳定，实现社会总需求与总供给的基本平衡。

5. 参与某些经济领域的资源分配，充当公共物品的提供者

市场经济主要是一种由市场来配置社会资源的经济运行方式。在市场能较好发挥作用的经济领域尤其是私人物品的生产和供应上，政府应放手让市场机制起作用，不必参与社会资源的配置，而在一些领域尤其是公共物品的生产和供应上，市场机制难以起到有效地配置资源的作用，必须由政府参与社会资源的分配。在两种体制转轨时期乃至在市场经济发展的全过程中，我国政府必须在某些经济领域发挥资源配置的作用，充当公共物品的提供者和外在效应的消除者，进行基础设施的建设，提供资源开发所必需的物品与服务，支持基础研究、新兴产业开发、落后地区的开发以及从事控制人口、保护环境、维护治安和加强国防等工作。

6. 制定并实施分配与再分配政策，形成收入与财产公平分配机制

市场机制的自发作用势必导致分配不公和两极分化。针对市场经济的这一缺陷，在建立与完善市场经济体制的过程中，我国政府必须担负起收入和财产分配的调节者的责任，努力解决好分配不公问题。一方面，政府要制定并执行好收入的分配和再分配政策，用有效的政策手段干预分配领域；另一方面，政府要下大力气进行社会保障制度改革，在医疗、事故、退休、失业保险的社会救济等方面取得突破性进展，从而形成收入和财产公平分配的机制，为其他方面的改革和制度建设特别是国有企业改革创造必要的前提条件。此外，政府有责任促进社会中介组织的发展，建立与完善社会性的服务体系。

7. 扩大对外开放，加强国际经济合作

现代市场经济是开放型经济，独立于国际市场之外的封闭式的市场经济是不存在的。因此，我国政府要进一步扩大对外开放，发展与完善我国全方位、多层次的开放格局；继续大力鼓励和吸引外资，减少政府对外贸的行政干预，建立起一整套符合国际惯例的外贸制度；鼓励和支持国内大公司跨国经营，参与国际经济大循环，实现国内市场与国际市场对接。通过扩大对外开放，加强国际经济合作，促进我国市场经济的国际化。

8. 转变职能和精简机构，实现政府自身的革命

上述种种国家经济职能的发挥都有赖于政府本身的改革。政府职能的转变以及机构改革既是市场经济体制发展的重要内容，又是各项配套改革的主要因素，是理顺政府与企业、政府与市场、政府与社会等方面关系的前提。因此，在两种体制的转轨时期，政府必须加快自身改革的步伐。按照政企分开原则转变政府职能，改善公共决策系统，提高公共政策质量，实现由微观直接的干预向宏观间接调控的转变；按照精简、统一、效能原则，深化政府机构改革，增强综合经济部门的宏观调控能力，建立起计划、金融、财政之间相互配合、制约，能综合协调宏观经济政策和正确运用经济杠杆的机制；消除旧的行政管理过程的种种弊端，实现政府管理过程的程序化、公开化和法制化。

总之，在转型期，国家的经济职能或政府干预行为是广泛的、多方面的，力度也是比较大的。因此，在这一时期所应采取的是“国家指导型”或“政府主导型”的干预行为模式，而不是“（市场）秩序导向型”或“自由市场型”模式。在这方面，东亚市场经济国家或地区的经验可能是更直接和有用的借鉴。这些国家或地区在市场经济的起步阶段，国家或政府的干预力度是比较大的，其成功经验之一就是政府的有效调控。世界银行1995年的《东亚奇迹：经济增长与公共政策》报告将东亚国家或地区持续几十年经济高速增长的原因归结为三点：奉行符合长期稳定发展的经济政策，相当有效率的行政机构和工作人员，对经济运行的正确的引导和干预。当然，随着我国市场经济体制的建立和完善，政府干预行为的目标、内容和方式应做相应的调整，政府干预的范围会逐步缩小，强度会减弱，市场机制的调节范围和力度将逐步扩大或增强，因而可以做到“尽可能的市场，必要时的政府”，并有可能过渡到“秩序导向型”模式。

5.2.2 现阶段我国政府角色定位的缺陷

改革开放以来尤其是提出建立社会主义市场经济体制以后，我国政府职能转变取得了实质性的进展，政府逐渐向市场、企业和社会放权，在国企改革、公共服务及基础设施市场化、民营化等方面取得了成效。但是，目前我国政府职能转变还没完全到位，市场化仍然处于低级阶段，政府垄断公共服务供给的局面还没有彻底改变。究其原因，重要的一点是我国政府的生产角色、提供角色、安排角色的定位不合理，存在越位、缺位和错位等方面的问题。

1. 政府生产角色的越位

生产角色越位表现为政府所有的企业事业单位垄断生产大量的物品和服务，政府对社

会和市场的管制过多过滥。

首先，由政府所有的国有企业生产着大量具有排他性、能够由市场提供的个人物品和自然垄断性质物品。国有企业与政府部门有着千丝万缕的利益关系，在政府庇护下与私人企业在市场中不公平竞争。国有企业大量存在有一定的历史原因和现实原因："发展中国家独立后，政府成为经济发展的主要角色，进行基础设施建设，生产物资，提供服务，通常这些都是通过公共企业的机制实现的"；"资本和资本市场存在长期短缺……在多数情况下，私营部门中没有人愿意为国家建设提供公共服务，国家必须通过公共部门来进行所需的基础设施建设……发展公共企业和推进社会主义事业的期望联系在一起……也把国家所有制看作控制工业的手段。"① 但是国有企业"尽管取得了某些成功，公共企业仍然是低营利、投资回报率差和缺乏战略思维，通常管理人员缺乏训练和指导，组织结构效率低下并且人浮于事，财务控制系统不良，政府监督乏力，政治干预，国有企业受到私人官僚风险合伙人的机会主义的滥用"②。因此，深化国企改革势在必行。

其次，政府事业单位垄断公共服务。由政府官僚机构垄断公共服务提供的局面目前并没有根本的改变，大量事业单位垄断着非核心政府服务，这些事业单位广泛存在于社会生活的各个领域，如文化体育事业、卫生事业、科教事业等。它们往往由国家财政供给，占用了大量的财政支出，也存在着官僚作风严重、回应性差、服务质量低下等问题。例如，政府所有的医院、学校垄断着医疗、教育服务的提供，虽然民办学校、民营医院开始出现，但是公私之间的竞争环境仍不公平。

最后，政府管制过多过滥。新中国成立后，我国建立了等级严密的官僚制组织，在经济上强化国家部门，并接受了当时流行的社会主义观点，认为经济最快速成长的方法是通过政府来控制经济、干涉市场，强调市场失灵的普遍性，并因此赋予了政府在校正市场失灵中的核心地位。因此，政府几乎介入了经济的每个方面，管理物价，不断增强对劳动力市场、外汇和金融市场的管制，从而带来了"歧视性的法律、关税保护、价格支持……庇护、裙带关系和贪污现象"③。

政府生产角色越位耗费了公共支出，干预了市场的公平竞争，也造成了公共物品和服务供给的低效、质量低劣和缺乏回应性。为了改变这一局面，需要政府调整角色，其途径有三：一是将自身不必要的生产职能交给市场；二是引入私人生产者的竞争，激励政府生产组织提高效率；三是放松管制。这些都是政府角色合理定位的关键内容。对此将在下一部分详细讨论。

政府角色定位的不合理还表现在：(1) 生产角色缺位——由政府提供的规范类公共物品（包括市场交易的基本规则、为保证个人物品安全提供而设立的安全标准、对自然垄断性物品提供的规制、规范的法律和制度体系等）的不足；(2) 扭曲的政府出售形式——政府出售要求政府生产组织和私人生产组织在市场中能够公平竞争，接受公平的规则约束，享有公平的政策待遇，要求消费者在市场中能自由选择公私生产者，但是我国目前还缺乏这一意义的政府出售；(3) 政府间缺少合作——政府间以协议方式协同提供服务的方式在我国并不多

①② ［澳］欧文·E. 休斯：《公共管理导论》（第 2 版），248 页。

③ 同上书，246 页。

见；(4) 错位的市场化改革——对于政府的生产角色中的缺位和越位有所认识，也已经进行了基于市场机制的改革，但是改革无助于实现提高效率的目的，反而引发了更多的问题。

2. 政府提供角色的缺位

政府提供角色对应的制度安排有合同承包、补助、凭单三种。目前，这三种制度都没有得到充分的应用。

首先，合同承包应用不足。许多政府服务都存在外包的可能性，“近年来，中国各级政府的许多部门已经开始把承包制引入公共服务的供给上。如青岛等城市，已经把街道清扫服务通过竞争招标的方式承包给个人负责。承包制在中国发挥了巨大的威力。北京市东城区已经把公共厕所服务承包出租给个人。虽然公共服务的承包出租刚刚开始，但已经取得了节约成本、提高服务质量的效果”①。但是，大规模合同承包的应用还没有实现，合同承包往往局限于政府的投入服务（政府作为消费者的服务），且多限于政府不得不外购的高新技术服务，如计算机服务，政府的产出服务（公众作为消费者的服务）仍然大量由政府垄断提供。这一方面是由于计划经济时期政府垄断的惯性使然，另一方面也与下文将会提到的观念障碍有关。将不必由政府生产的服务推向市场，以合同形式与市场中的承包者签约，并使用合同条款来控制服务的质量会更节省成本，也可以从根本上实现政府的精简。

其次，补助和凭单的制度安排欠缺。补助和凭单有助于社会的公平和福利目的。我国政府也有各种各样的凭单安排，但是凭单应用的范围较小，且凭单多只能用于政府提供的服务，局限了公众的选择权，强化了政府服务的垄断性，不能有效促进福利提供的竞争，如职工手中的医疗卡只能用于公办医院，很少被允许在民营医院使用。补助形式和凭单制度是国家提供福利的有效安排形式，能够帮助进行收入再分配和实现政府的公平目标。它们能使政府在不大规模扩张的条件下更好、更有效地承担提供福利和实现社会公平的责任。

合同承包、补助、凭单形式有助于政府从直接生产中解脱出来，利用市场力量更有效地提供原本由政府提供的服务，也能够使政府有更多的精力了解公众的需求、制定政策、管理市场。政府放弃一部分生产职能也并不意味着政府责任的弱化，政府可以以提供角色保障大量公共物品和服务的供给，如保障符合资格者（弱势群体）获得福利性个人消费品（如对老年人的医疗和乘车补贴、提供给失业者的免费就业培训等），所不同的只是政府能够利用市场更加有效地进行供给——付费从竞争市场中的生产者（包括平等竞争中的政府生产者和私人生产者）手中购买产品和服务提供给公众（如合同承包），或者用公共资助帮助市场中自由选择的公众分担成本（如凭单）。

3. 政府安排角色的错位

政府安排角色的错位主要表现为过分强调中央集权的官僚制组织，对私有产权和契约进行限制、政府垄断多数企业、政府控制资本、中央计划所有投资，在各个领域过分强调政府垄断。② 政府垄断机构提供了大量本可由市场和社会提供的服务，压缩了市场和社会力量的空间。如政府行业管理部门提供着大量本可由民间行业协会承担的管理职能，政府出版单位、国有电影厂的文化产品能够借助政府部门的权力与市场中的产品进行不公平竞

① 《公共服务有效承包出租的原则：OECD国家政府的经验》，见 http://www.wiapp.org/govreform/demo03.html。

② 参见［美］奥斯特罗姆、帕克斯、惠特克：《公共服务的制度建构》，5页。

争。实际上，市场和社会应是个人物品和俱乐部物品的有效提供主体。因此，在我国，自由市场、志愿服务应该成为一部分传统政府提供的有效替代或补充。

需要指出的是，志愿服务要求公众的结社权，但我国长期以来强调政治稳定，公众的结社权没有充分实现，这抑制了一部分志愿服务的产生。社会力量的发展需要政府对组织权的最低限度的认可，需要保障志愿团体成员“设计自己制度的权利不受外部政府威权的挑战”①。为了改变政府安排角色单一的现状，还要求政府能够“设计更灵活、更适合任何组织的多重责任制度”②。

政府进行合理安排的原则有三：一是能由市场和社会提供的物品与服务就交给市场和社会，政府只承担必要的提供责任；二是注重引入竞争；三是增加公众的选择权（将补助改为凭单就是一种更为合理的安排，这种安排通过将政府对生产者的补贴转给消费者给予了消费者对服务的选择权）。

5.2.3 转型期我国政府角色合理定位的思考

萨瓦斯认为市场化有四种形式：从政府服务转为政府出售，即从政府垄断服务到使用者能够在政府和私人供应者之间进行选择；从政府服务转到合同承包、补助、凭单、特许经营、志愿或市场安排；取消补助（对生产者的补贴），由凭单、志愿或市场安排取代；放松对特许经营的管制，取消价格控制和进入障碍，允许通过市场安排来满足人们的需要。③ 这四种转变形式意味着要从较少依赖市场的制度安排向较多依赖市场之制度安排的转变，也意味着政府在生产角色、提供角色、安排角色之间比重的改变，即生产角色比重的降低、安排角色比重的提高。我国政府角色的越位、缺位、错位的调整，可以借鉴这一思路。总的来说，我国政府角色合理定位需要从下列三个方面来努力：政府放弃不必要的生产职能，规范市场秩序和社会秩序，提高政府管理能力。

1. 政府放弃不必要的生产职能

我国政府角色合理定位的关键在于降低政府生产角色的比重，为市场和社会提供更大的空间。这就意味着政府要放弃大量不必要的生产职能。有三种途径可以帮助政府放弃生产职能，即对政府服务进行委托授权、政府撤资、政府淡出，以及在基础设施领域实行民营化。

(1) 对政府服务进行委托授权。政府在承担全部责任的前提下，可以把实际生产职能委托给民营部门，政府可以使用合同承包、特许、补贴（补助或凭单）、法令委托四种形式。许多形式的政府服务都可以采用合同外包方式提供，如税级评定、税单处理、交通管制标记和信号的安装维护、福利管理、政府工作人员培训等，这些服务的合同外包在国外都有成功的运作经验可以借鉴。如果实在无法进行合同外包，也应该应用内部合同对政府生产组织施加压力，以促进竞争。

特许经营有利于吸引民间的知识、技术和资本，并能够节约成本，但是需要政府的合

① [美] 埃莉诺·奥斯特罗姆：《公共事物的治理之道》，9页。
② [美] 奥斯特罗姆、帕克斯、惠特克：《公共服务的制度建构》，5页。
③ 参见 [美] E. S. 萨瓦斯：《民营化与公私部门的伙伴关系》，104页。

理规制。补助和凭单有助于社会的公平，政府可以不用直接生产，实现对社会的福利供给和政府的再分配目标。如为城市低收入家庭、农村贫困户提供义务教育凭单、医疗服务凭单，为失业者、转业军人提供就业培训凭单等。法令委托是指政府把提供某一服务并承担相关成本作为对私人企业的法定要求（如政府要求私人企业为员工上缴“三金”），它将服务提供成本全部转移给了私人部门，缺点是政府可能借此推脱本该承担的责任。

（2）政府撤资。政府放弃一个企业、职能或某一资产，对撤资战略的正确选择要求对国有企业做出正确分类。

如图 5-1 所示，国有企业可以归为四类，即高度竞争行业中的营利性国有企业，高度竞争行业中的亏损国有企业，高度垄断行业中的营利性国有企业，高度垄断行业中的亏损国有企业。高度竞争行业中的国有企业不论是亏损还是盈利都可以将其推向市场，政府相关机构可以采用出售、赠与和清算的方式实现完全撤资。对于高度垄断行业中的国有企业（如我国的电信、交通等），则有以下几种撤资的途径——放松规制吸引私人投资者进入（电信业、石油业的放松规制）；先将国有企业出售后实行政府规制（如美国的自然垄断行业都由私人经营，政府对其加以规制）；出售或赠与使用者。政府的策略安排致力于引入竞争，防止公共垄断和私人垄断的出现。

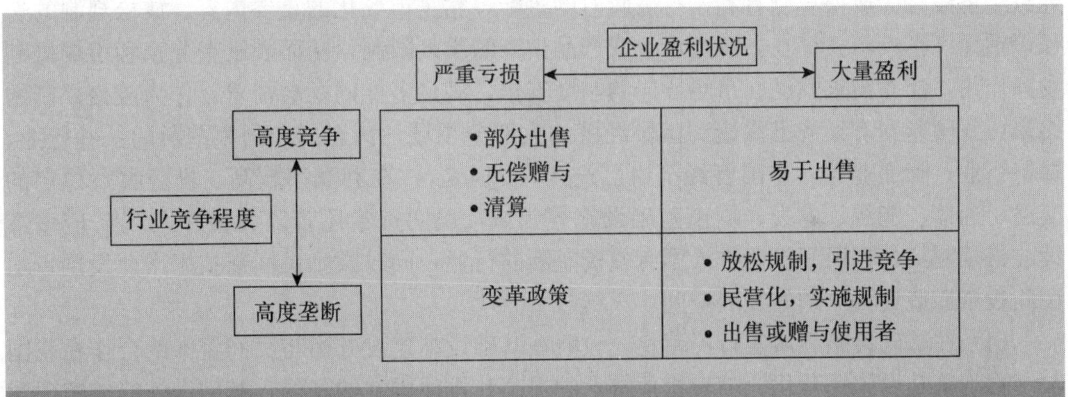

图 5-1 企业分类与撤资战略

资料来源：［美］E.S. 萨瓦斯：《民营化与公私部门的伙伴关系》，228 页。

20 世纪 90 年代，我国政府使用破产清算方式放弃了大量高度竞争行业的亏损国有企业。如今国企改革不断向纵深发展，已经在公司化改革、股份制改革中取得了显著成绩，也初步建立了国有企业退出机制。成功的国企改革的关键就是让国有企业更多参与市场竞争，减少国有企业的垄断优势，实现市场化运作。山东莱州市对国有粮食企业的改革是一个较为成功的案例。该市将 26 个企业实行股份制改造，其中有一个优良资产多、投资回报率高的企业实行了国有控股；25 个企业国有资本全部退出，进行民营股份制改造。对地处市区、关停多年的两个食品企业，通过招商引资，由香港一家公司租赁使用。另外，对一个经营管理不善、资不抵债的企业，依法进行了破产。①

① 参见《山东莱州的国有粮食企业改造》，见 http://news.163.com/05/0421/19/1HSRI6IB0001124T.html，2005-04-21。

（3）政府淡出。政府淡出是指随着市场发展越来越能满足人们的需求，政府的作用越来越小，直至逐渐被取代的过程。与授权和撤资不同，政府淡出的过程是消极被动的。政府淡出有民间补缺、政府撤退和放松规制三种形式。

1）民间补缺。当政府产品或服务无法满足公众需要，私营部门对此加以注意并采取措施满足公众需要的过程。① 作为民间补缺的结果，公众会逐渐转向民营部门获取服务，如果公众继续忽视政府服务，民营部门的服务提供角色就会越来越大。如由于民营中小企业难以通过正常金融途径满足资金需求，民间金融活动就成为民营企业解决创业和企业运作资金的重要渠道，民营企业也乐于从民间金融机构中获取所需的服务。

2）政府撤退。这是指政府以主动姿态故意放弃自己的某些职能。20世纪90年代，我国以停发工资、迫使员工离开濒临倒闭的企业另谋生路，终止了对一部分国有企业的财政支持，这就是政府撤退。民间补缺和政府撤退通常相伴而生。政府撤退和民间补缺实际上是自由市场、志愿服务安排对政府服务的取代，只要加强管理和规制，同样可以达到满足公众需要的目的，如为民间金融制定一定的法律框架，给其一定的发展空间，引导其有序成长。②

3）放松规制。过多过滥的政府规制会造成不必要的政府垄断，压抑市场活力，甚至导致经济停滞。放松规制有利于打破政府的垄断，它是市场化的重要内容。放松规制的途径包括允许私人产权存在，放宽产业或产品生产的准入限制，从而鼓励企业家和市场机制发挥作用，建立需求驱动、市场导向的制度安排，满足多样的社会需求。作为放松规制的结果，我国非国有经济已渗透到国民经济的大部分领域，甚至属于国家垄断的一些行业，如银行业、邮递业等，非国有经济也已进入。③ 但是，“在利润率较高、投资收益稳定的交通、通信、能源、电力、城市基础设施等领域，民间资本还难以大量介入”④，应该继续放松规制，允许民间投资进入国有投资垄断的行业，同时鼓励民间新技术产业发展，给民间投资创造更为广阔的发展空间。

（4）在基础设施领域实行民营化。政府在基础设施建设方面与民间资本的合作在我国被统称为基础设施民营化。随着排他技术的提高和排他成本的降低，基础设施能够实现对使用者收费，而且基础设施的资金投入往往巨大，传统的政府生产方式已经不能满足社会对基础设施的需要。私人部门的介入具有很多优势——可以从市场筹措私人资本以减少对政府借贷的需求；可以将以税务补贴提供基础设施服务的方式改为以“用者付费”制度收回成本，从而减少不必要的公共支出；可以利用私人部门的资金和先进技术，弥补政府资源的不足；政府也可以通过收取企业为获得基础设施特许权而预付的费用，为其他项目募集资金，并能从经营基础设施的民营部门获得新的税收来源。⑤ “在世界各国，已经有越来越多的民营部门参与基础设施的投资、设计、建设、管理甚至开始拥有基础设施。包括

---

① 参见［美］E. S. 萨瓦斯：《民营化与公私部门的伙伴关系》，133页。

② 参见《善待民间金融》，见 http://www.usc.cuhk.edu.hk/wk_wzdetails.asp?id=3731。

③ 参见《中国企业市场化改革回顾》，见 http://www.china.org.cn/chinese/zhuanti/306653.htm。

④ 《上海民间投资：期待突破三“瓶颈”》，见 http://rich.online.sh.cn/rich/gb/content/2003-09/27/content_680059.htm，2003-09-27。

⑤ 参见［美］E. S. 萨瓦斯：《民营化与公私部门的伙伴关系》，252～253页。

交通体系（公路、桥梁、隧道、铁路、港口和机场）、自来水供应系统、污水处理设施、电信系统、电力设施、公共建筑、固体废弃物和有害物质处理系统在内的基础设施都可以借助私人部门进行兴建、拓展、改造、管理和维护。”① 基础设施的民营化需要在“税收法、私有兼并程序、私人产权、公司法、投标规制、地方政府单位的权力、官员的自由裁定权等领域进行制度上的重新设计”②。

2. *规范市场秩序和社会秩序*

政府对公平秩序的维持以法律和规则体系为载体，为各种力量（包括政府、市场、社会）提供基本的行为规范，是市场和社会正常运转的基础，也是政府顺利实现各种制度安排（如合同管理、市场安排、凭单制度、特许经营）的基础，它包括：

公平竞争秩序——不为竞争者设置市场准入障碍，不存在保护主义，政府在提供贷款、外汇、出售原材料和采购时不徇私情。

规范的市场秩序——为货币、度量衡、公司章程、破产、专利、版权提供标准，以及维护法律、秩序（合同具有法律约束力是由于政府为其制定法律并最终由国家强制力予以保障）。

健全、公平的公法和私法体系——公法包括宪法、行政诉讼法、国家赔偿法、公务员制度等，私法包括证券交易法、产权法、合同法、公司法、税法、反垄断法、劳动和社会保障法、破产法、银行法、信息披露要求、会计规则等。

公正的仲裁制度——独立的规制机制和司法体系，以保障在政府与私人合作方发生纠纷时，能够进行不偏不倚的仲裁。

3. *提高政府管理能力*

政府在放弃部分生产职能后，必须能够承担更多的管理和控制责任。为了承担这些责任，政府要能够管理合同、有效促进竞争、进行合理规制、增强风险共担意识、进行有效金融支持。“管理非常重要，特别是在市场不发达的情况下，市场化要求政府承担更多的责任，否则会导致无序和混乱。”③

（1）提高合同管理能力。在政府提供和生产分离的角色下，政府对服务的质量控制要通过合同来实现，因此签订和管理合同的能力决定了政府能否保证公共服务的有效供给。要确保服务生产者遵守和监督合同，就需要公务员有较高的技能。这“包括‘起草合同、符合招投标的法律要求、制定适当的绩效说明书、监督合同、鼓励竞争、避免充分依赖承包商’等能力，以至于在某种程度上，如何签订合同的行政事务已变得比是否签订合同的政策问题更重要”④。

（2）促进竞争。政府放弃直接生产只是破除垄断的前提，真正防止垄断要求政府能有效促进各类生产组织之间的竞争。政府用以促进竞争的方式多种多样，这里将主要论述其中关键的五种：确立公平规范的竞争性招标程序；拆分合同；保护潜在投标商的热情；公平对待政府内部的生产组织与私人生产组织；放松规制。

① ［美］E. S. 萨瓦斯，《民营化与公私部门的伙伴关系》，250 页。

② ［美］詹姆斯·S. 温施：《制度分析与分权》，见［美］迈克尔·麦金尼斯：《多中心治道与发展》，330 页。

③ ［澳］欧文·E. 休斯：《公共管理导论》（第 2 版），220 页。

④ 同上书，293 页。

（3）建立规制框架，进行合理规制。政府提供和生产分离要求政府能够进行有效的管理和控制。尤其基础设施建设大多是关系到国计民生的公用事业，如果政府不能有效规制，私人的逐利动机只会使得私人垄断成为原先公共垄断的替代，一旦公用事业价格大幅上涨，将会严重影响到公众的利益。政府的作用在于建立规制框架，进行合理规制，并且防范规制中被俘获的风险。

（4）提高降低或分担风险的能力。由于基础设施投资大，所以风险也大，政府的作用直接关系到基础设施民营化项目对风险的抵御能力。因此，政府需要提高自身的风险意识以及风险共担能力。这一领域存在三类风险：商业风险、财政风险、政治风险。政府作为直接影响着这些风险的产生和承担。

（5）提高融资能力。各国实行市场化的最初目标之一就是进行多渠道融资以解决政府建设资金不足问题，尤其是需要大量资金注入的基础设施和国企改革领域。这要求政府有能力营造理想的金融环境，拓宽融资渠道，广泛吸纳市场资金进入公共服务项目。

5.3 政府失败及其防范①

政府失败是现代市场经济国家的政府干预所产生的一种普遍现象，是一个重大的理论与实践课题。西方学者特别是公共选择和政策分析学者已对这个问题做了较长时间的研究，形成了颇为系统的“政府失败论”。本节将评述公共选择和政策分析学者的“政府失败论”，并提出我们对这个问题的一些看法。

5.3.1 政府失败问题的提出

市场经济是一种由市场机制来配置社会资源的经济体制或经济运行方式。但是，纯粹的市场经济或完全竞争的市场是不存在的，现代市场经济可以说是一种混合经济，它“不是纯粹在市场与政府间的选择，而是经常在两者的不同结合间的选择，以及资源配置的各种方式的不同程度上的选择”②。也就是说，在市场经济发展的任何阶段，政府都必须发挥其作用，履行其社会经济职能，只不过在不同的国家，在市场经济发展的不同阶段，政府干预的范围、内容、方式及力度有所不同而已。

从西方市场经济的理论与实践来看，市场的缺陷及市场的失灵被认为是政府干预的基本理由。用公共选择学派的奠基者布坎南的话来说：“市场可能失败的论调广泛地被认为是为政治和政府干预作辩护的证据。”③ 在市场经济体制条件下，社会资源的配置通过价

① 参见陈振明：《非市场缺陷的政治经济学分析》，载《中国社会科学》，1998（2）。

② ［美］查尔斯·沃尔夫：《市场或政府：权衡两种不完善的选择》，132页，北京，中国发展出版社，1994。

③ ［美］詹姆斯·M.布坎南：《自由、市场和国家》，13页，北京，北京经济学院出版社，1988。

格机制的作用来实现，但市场调节及价格机制发生作用有一定的前提条件，而且市场本身不是万能的，"市场不是理想的，存在着市场失灵"。因此，需要由政府来调节市场机制，弥补市场缺陷，纠正市场的失灵。

如前所述，为了弥补市场的缺陷和纠正市场失灵，现代市场经济国家的政府在社会经济生活中扮演着公共物品的提供者、负外在效应的消除者、收入和财富的再分配者、市场秩序的维护者和宏观经济的调控者等角色，它们采取了一系列的干预行为来调节市场机制，既要保证市场运行的外部条件，又要作为市场机制的补充。第二次世界大战后西方各国所采取的干预措施，尽管在某种程度上弥补了市场缺陷，纠正了市场失灵，然而，政府本身的行为也有其内在局限性，政府同样会失败；市场解决不好的问题，政府也不一定能解决得好，而且政府失败将给社会带来更大的灾难，造成更大的资源浪费。特别是从20世纪70年代开始，西方国家出现的"滞胀"现象以及其他社会经济问题，正是政府过度干预、政府失败的集中表现。在实践上，从70年代末80年代初开始，西方各主要市场经济国家的政府为克服"滞胀"现象以及政府过度干预所产生的其他问题，纷纷采取了放松管制、减少干预，并实行私有化、向自由放任回归。美国里根政府1980—1984年的政策，英国撒切尔政府1979—1983年的政策以及联邦德国科尔政府1983—1987年的政策都可以说是对政府过度干预的消极性的反应。这就在客观上促使人们在分析政府与市场关系问题时，从原来对市场缺陷和市场失灵的关注转向对政府行为局限性及政府失败的关注。当代西方社会科学尤其是公共选择学派和政策分析学派的政府失败论或非市场缺陷论，正是在这种背景下形成和发展起来的。

当代西方新自由主义经济学思潮特别是公共选择学派首先对政府失败问题进行较系统的研究。公共选择理论实际上是经济学和政治学交叉融合而产生的一种理论。用公共选择理论的创立者布坎南的话来说："公共选择是政治上的观点，它从经济学家的工具和方法大量应用于集体或市场决策而产生"[①]；"它是观察政治制度的不同方法"[②]。按照另一个公共选择学者缪勒（Dennis C. Mueller）的说法，公共选择理论可以定义为非市场决策的研究，或简单地定义为将经济学运用到政治科学。公共选择的主题与政治科学的主题是相同的，涉及国家理论、投票规划、投票者行为、政党政治、官僚机构等。然而公共选择理论所使用的是经济学的方法，它的基本假定就是"经济人"假定，即人是自利的、理性的效用最大化者。[③] 由此可见，公共选择理论就是应用经济学的假定和方法来研究非市场决策或公共决策问题的一个研究领域，其核心主题则是用经济学的方法来说明市场经济条件下政府干预行为的局限性以及政府失败问题。布坎南在《公共选择理论》（1972）一书中说过，公共选择学派想要做的事情是，把40年来人们用来检查市场经济缺陷和不足的方法，完全不变地用来研究国家（政府和公共经济的一切部门）。依照该学派之见，揭示市场制度的缺陷是一种好事，深入研究政府干预的逻辑及局限性，进而完善政府干预也是一件好事。它无非是要设计一种模式来说明西方民主社会中左右公共物品的生产和供应的决策过程，指出政府干预行为的限度尤其是分析政府失败的原因，并提供改进措施。公共选择学

---

① ［美］詹姆斯·M. 布坎南：《自由、市场和国家》，18页。

② 同上书，20页。

③ Dennis C. Mueller，*Public Choice* Ⅱ，Cambridge：Cambridge University Press，1989，pp. 1-2.

派的主要贡献在于证明市场的缺陷并不是把问题转交给政府去处理的充分条件。

尽管公共选择学派提供了一个关于非市场缺陷或政府失败的综合理论，“然而，仅靠公共选择所提供的理论还远不能满足一个完整的非市场缺陷理论的要求。例如，现有的公共选择理论对这样几个方面都不够重视或没有给予充分的解释：非市场活动排他性（垄断）的类型，关于非市场产出技术的高度不确定性，以及由这些产出所引起的多次‘负的’或没有预见到的其他结果。此外，从公共选择理论对非市场缺陷的贡献来讲，它还忽视了组织僵化、传统和‘标准操作路线’的作用。这些因素可能对独立于市场规则之外的组织的影响比对遵从这些规则的组织（即公司）的影响还要大”①。此外，公共选择学派的非市场缺陷的研究只限于政府，而未扩展到其他的公共部门（如基金会、大学、非私有的医院等）。

针对这种情况，一些政策分析者力求扩展和深化公共选择学派对于市场或政府缺陷的研究，例如兰德公司研究生院院长、政策分析家查尔斯·沃尔夫说《市场或政府：权衡两种不完善的选择》一书的目的“是阐发一种非市场缺陷的理论，从而使政府的不完善运行能够得到清晰的分析，并且期望这种分析达到一种确定程度，接近于人们对市场的不完善运行分析所达到的水平”②。又如，政策分析家戴维·L. 韦默（David L. Weimer）和艾丹·R. 维宁（Aidan R. Vininig）在《政策分析：理论与实践》（1989年1版，1992年2版，1999年3版）一书中，把市场失灵和政府失败问题作为政策分析的理论基础，较系统地探索政府失败的类型与原因，从直接民主制、代议民主制、官僚主义供应、分权中固有的问题中寻找政府失败的根源，并总结了防止政府失败的一系列有效措施。

经济学、政治学和政策分析等学科领域的学者对非市场缺陷或政府失败问题的研究及其理论成就，改变了现代西方社会科学尤其是经济学和政治学在研究政府与市场关系上把分析的重点放在对市场缺陷的研究上，而忽视非市场缺陷的局面，使非市场缺陷或政府失败问题成为西方学者关注的焦点之一。布坎南说过，如果说20世纪三四十年代在西方经济学中占主导地位的是市场失灵的话，那么，到了七八十年代，这种主导地位已经让给政府失败论了。布坎南的话似乎有点言过其实，但的确反映了当代经济学在研究政府与市场关系时的转向——由注重市场失灵转向注重政府失败。经济学的自由放任传统是亚当·斯密等人奠定的，但现代经济学的自由主义学说是基于英国的马歇尔、法国的瓦尔拉和意大利的帕累托等人所写的著作的。他们的著作力求以抽象的模式说明在一种纯粹的和理想的竞争情况下市场运行的过程。凯恩斯主义和阿瑟·庇古等人的福利经济学理论的出现改变了经济的自由主义的主导地位。20世纪20年代以后，福利经济学家们的大量文献都致力于分析市场缺陷，为国家干预的合理性辩护。六七十年代出现的以公共选择学者为代表的“新政治经济学家”则致力于政府干预的局限性及政府失败的研究，恢复到自由主义的传统中。然而，与市场失灵研究相比，非市场或政府失败的研究尚不成熟，“关于市场的缺陷已经在经济学文献中得到了符合逻辑的、规范的阐述，而那些‘非市场’缺陷却还没有

① ［美］查尔斯·沃尔夫：《市场或政府：权衡两种不完善的选择》，4～5页。

② 同上书，10页。

被同等地分析到”①。这不仅是因为非市场缺陷的表现、成因、机制及其与市场缺陷的联系中的许多问题尚未被弄清楚，而且因为非市场缺陷理论缺少例证和国家经验的支持（而市场缺陷理论得到了例证和国家经验的充分支持）。由此可见，市场缺陷研究与非市场缺陷研究不对称，非市场缺陷及政府失败问题亟待人们进行深入的探讨。

5.3.2 政府失败现象的表现、类型与成因

如前所述，市场缺陷及市场失灵有不同的类型及成因。同样地，非市场缺陷及政府失败也有不同的表现、类型与成因，这是非市场缺陷及政府失败论所要探讨的最基本的问题。非市场缺陷及政府失败有种种表现，可以归纳为公共政策失效或失误、公共物品供给的低效率、内部性与政府扩张、寻租及腐败等基本类型；而非市场缺陷及政府失败的主要原因在于公共物品供求关系的特点、公共决策的内在困难以及缺少一种有效的非市场机制——它能够把私人的或组织的成本与效益同整个社会的成本与效益进行调节和计算。下面，我们具体讨论非市场缺陷及政府失败的这几种类型及其成因。

1. 公共政策失效或失误

政府对经济生活干预的基本手段是制定和实施公共政策，以政策、法规及行政手段来弥补市场的缺陷，纠正市场的失灵。与市场决策相比，公共决策是一个更复杂的过程，存在着种种困难、障碍和制约因素，使得政府难以制定并执行好的或合理的公共政策，从而导致公共政策失效。这非但不能起到补充市场机制的作用，反而加剧了市场失灵，带来更大的资源浪费，甚至引发社会灾难，这是非市场缺陷及政府失败的一个基本表现。

按照公共选择和政策分析学者的看法，公共决策失误或政策失效的主要原因来自公共决策过程本身的复杂性和困难以及现有公共决策体制和方式的缺陷。具体来说：

（1）社会实际并不存在作为政府公共政策追求目标的所谓公共利益。肯尼思·阿罗在《社会选择与个人价值》（1951）一书中所提出的“阿罗不可能性定理”（又称“阿罗悖论”）已表明将个人偏好或利益加总为集体偏好或利益的内在困难。这一定理说的是：试图找出一套规则或程序，来从一定的社会状况下的个人选择顺序中推导出符合某些理性条件的社会选择顺序，一般是办不到的。阿罗证明，简单加法不足以在个人偏好中排出一个一致的共同次序，这些个人偏好本身也是根据不同的标准而分类的。布坎南也指出：在公共决策或集体决策中，实际上并不存在根据公共利益进行选择的过程，而只存在各种特殊利益之间的“缔约”过程。②

（2）即使现实中存在着一些大家利益比较一致的情况，现有的各种公共决策体制及方式（投票规则）因其各自的缺陷而难以达到最优化或理想的政策。以多数原则为基础的民主制是现代国家所采用的一种通用的决策体制，它较之于独裁制或专制体制，是一种巨大

① ［美］查尔斯·沃尔夫：《市场或政府：权衡两种不完善的选择》，11页。

② J. Buchanan, “A Contractarian Paradigm for Applying Economics”, *American Economics Review*, 1975, 65 (2), pp. 225-230.

的进步和更合理的决策体制。但是，按照布坎南和戈登·图洛克在《一致的计算》(1962)中的分析，这种民主制是很不完善的，甚至可以说是相当不民主的。因此，迄今为止，“没有一种投票制度能以令人满意的方式沟通个人与集体，因而十全十美的民主政治是不存在的”(阿罗语)。韦默和维宁在《政策分析：理论与实践》一书中指出，无论是直接民主制，还是间接（代议）民主制都有其内在缺陷：前者中固有的问题有周期循环或投票悖论和偏好显示是否真实问题；后者中固有的问题主要是被选出的代表由于其“经济人”特性而追求自身利益的最大化，而不是选民或公共利益的最大化，而选民却难以对其实施有效的监督。① 现有的投票规则或表决方式（如一致通过、过半数、相对多数、绝对多数、三分之二多数等）也远非完美。例如，多数原则不可能是完全民主的，它将出现多数人对少数人的强制；一致同意原则的决策成本太高，容易出现议而不决，贻误时机。即使按照多数原则做出的决策也未必反映大多数人的偏好。邓肯·布莱克在《委员会与选择论》中提出的“中间投票人”定理说明了这一点，该定理解释了多数选择制最终使人们选择的政策成为符合“中间”选民之偏好的政策。

(3) 信息的不完全、公共政策议程的偏差、投票人的“近视效应”、沉没成本和先例等对合理决策的制约。第一，信息的不完全。决策信息的获取总是困难而且需要成本的，选民和政治家所拥有的信息都是有限的，因而许多公共政策实际是在信息不完全的情况下做出的，这就很容易导致决策失误。第二，公共政策议程的偏差或不当会造成决策的失误。例如，受到大众传媒报道强烈影响的某些政策议事日程不必然与作为合理寻求改善社会福利方法的公共政策的概念相一致；受领导人强烈偏好影响和受利益团体影响后所确立的政策议程，未必会解决公众迫切关心的社会问题。第三，投票人的“近视效应”。由于政策效果的复杂性，大多数选民难以预测其对未来的影响，因而着眼于近期的影响，考虑目前利益；而政治家或官员由于受选举周期或任期的影响，因而他们的时间贴现率要高于社会时间贴现率，其结果通常是在政治家或官员的短期行为和长远利益之间产生明显的脱节。为了显示政绩，谋求连任或晋升，他们就会迎合选民的短见，制定一些从长远看弊大于利的政策。这种现象被费尔斯顿称为“政治过程中固有的近视”。第四，沉没成本和先例。政策方案及项目一旦执行，便需投入成本；若要中止一个错误或不理想的方案或项目，有关的当事人就会以沉没成本为由反对中止该方案或项目，理由是：“项目中止了，我们岂不是白白浪费千百万血汗钱。”此外，先例也常常为提案者提供机会去获得公众对其提案的支持，通过诉诸过去明显类似的政策案例，使不合理的提案获得通过。

(4) 政策执行上的障碍。政策的有效执行依赖于各种因素或条件。美国政策科学家史密斯（T. B. Smith）在《政策执行过程》一文中认为，理想化的政策、执行机构、目标团体、环境是政策执行过程中所牵涉的重大因素。具体说，主要有：政策的形成、类型、渊源、范围及受支持的程度，社会对政策的印象；执行机构和人员、主管领导的方式和技巧，执行的能力与信心；目标团体的组织或制度化程度，接受领导的情形以及先前的政策

① David L. Weimer & Aidam R. Vining, *Policy Analysis*: *Concepts and Practice*, New Jersey: Englewood Cilffs, 1992, pp. 113-130.

经验；社会的政治、经济和文化环境的不同；凡此等等。[1] 这些因素中的任一方面或它们之间的配合出问题，都可能招致政策的失效。例如，政策执行依赖于强有力的执行组织及各部门或单位的密切配合，执行机构不健全，各部门不协调、不合作，执行人员不力，必将引起政策失效。普雷斯曼和威尔达夫斯基等人通过对美国加利福尼亚州“奥克兰项目”失败案例的分析已经证明了这一点。[2] 又如，在政策执行博弈中，由于中央与地方分权、中央与地方利益的差别，地方政府有可能与中央政府讨价还价，力求从中央获得更多的利益，并导致“上有政策，下有对策”现象的发生。

2. 公共物品供给的低效率

非市场缺陷或政策失败的这一表现也可说成官僚机构的低效和浪费。如前所述，公共组织尤其是政府机构为了弥补市场缺陷，纠正市场失灵，将履行公共物品提供者的职能，即直接提供市场可能供给不足的公共物品，并扮演市场秩序维护者、外在效应消除者等角色，管制自然垄断、外在效应、信息不对称等问题。然而，公共机构尤其是政府机构的本性以及公共物品供求关系的特点，使得它们提供公共物品也难以做到高效，尤其是产生提供过剩公共物品和成本增加现象。

根据公共选择和政策分析学者的观点，导致公共机构提供公共物品低效率尤其是官僚机构低效率的主要因素有：

（1）公共物品的估价或评价上的困难。大多数的公共部门并未通过市场有竞争性地出售其产出的公共物品，这就使得衡量公共物品的价值，尤其是国防、法律与秩序、医疗卫生和社会保障一类的产品的价值遇到了困难。官僚机构提供公共物品所追求的是社会效益而非经济效益，社会效益的衡量缺乏准确的标准和可靠的估算方法及技术；同时，要合理确定社会对某一类公共物品需求的数量、提供公共物品的政府机构的规模以及对这些机构绩效的评估是困难的，甚至是不可能的。按照沃尔夫的说法，并没有一个公式能够说明政府活动的产出的必要和最小的限度，也没有简单而一致的标准可以用来准确衡量“非市场”规模的大小。[3]

（2）公共机构尤其是政府部门垄断了公共物品的供给，缺乏竞争机制。市场竞争迫使私人企业设法降低成本和提高效益，那些不以最高效率的方式来有效使用资源的企业最终将被淘汰出局。然而，在公共机构中却没有这种优胜劣汰的竞争机制。公共机构提供公共物品并未面临直接的竞争，即使它们低效率运作，仍能持续生存下去，造成了“X低效率”——用韦默和维宁的说法，指浪费资源的机会成本和过度报偿要素投入形式的租金转移的结合。也就是说，由于没有竞争的对手，官僚机构就可能过分投资，生产出多于社会需要的公共物品，如不适当地扩大机构、增加雇员、提高薪金和办公费用，从而造成大量的浪费。

（3）政府机构及官员缺乏追求利润的动机。私人企业经理具有强烈的创新激励机制和利润动机以为企业找到降低成本的技术创新等方面的强烈刺激，而政府机构及其官员就没

---

① T. B. Smith, “The Policy Implementation Process”, *Policy Sciences*, 1973, 4 (2), p. 203.

② Jeffey L. Pressman & Aron Wildavsky, *Implementation* (3rd ed.), Berkley, California: University of California Press, 1984.

③ 参见［美］查尔斯·沃尔夫：《市场或政府：权衡两种不完善的选择》，134页。

有降低成本、追求利润的激励机制及动机。由于官僚不能把利润占为己有，加上公共物品的成本与收益难以测定，所以，与企业经理不同，官僚的目标并不是利润的最大化，而是机构及人员规模的最大化，以此增加自己的升迁机会和扩大自己的势力范围。也许某些公共部门的效率与私人企业一样高，但却存在另一种浪费，即提供公共物品的公共部门具有超额生产公共产品的内在倾向，这种“过剩”的产品或服务最终是以社会所付出的巨额成本为代价的，是一种社会浪费。

（4）监督机制的缺陷。政府官员的行为必须受到立法者（政治家）和公民或选民的政治监督。但是现有的监督机制是不健全的，许多监督形式是软弱无力的。特别是监督信息的不对称、不完全使得对官员的监督徒有虚名。政府官员一般都是在信息不对称的环境中工作的，立法者和选民都缺少足够的必要信息来有效地监督公共机构及其官员的活动，官员（被监督者）比监督者（立法者和选民）拥有更多的关于公共物品及服务方面的信息，尤其是成本、价格方面的信息。这样监督者完全可能受被监督者操纵，后者有可能制定并实施某些有利于自身利益而损害公共利益的公共政策。

3. 内部性与政府扩张

公共机构尤其是政府部门及其官员追求自身的组织目标或自身利益而非公共利益或社会福利，这种现象被人们称为内在效应或内部性（internalities）（内在性）。正如外部性被看成市场缺陷及市场失灵的一个重要原因一样，内部性或内在效应被认作非市场缺陷以及政府失败的一个基本原因。“市场缺陷理论的核心是外在性，而非市场缺陷理论的核心是内在性。”（沃尔夫语）

根据沃尔夫的界定，所谓内部性（内在效应），就是公共组织或非市场组织自身的目标，是公共组织用以评价全体成员，决定工资、提升和津贴，比较次一级组织以协助分配预算、办公室、停车管理的标准；或者说，是指导、规制和评估机构运行和机构人员行为的准则。沃尔夫认为，内在性或组织目标是使机构中的全体成员发挥最大机构职能的重要因素。因此，可以预见，像外在性影响市场活动的结果一样，内在性同样会影响非市场活动的结果。在这种情况下，偏差都在实际结果和社会希望的成果之间产生。外在性的存在意味着一些社会成本和利润包含在私人决策者的计算之中；内在性的存在意味着“私人的”或组织的成本和利润很可能支配了公共决策的计算，这种内在性决定了公共官僚机构的运行及官员的行为。在市场条件下，外在性使得社会需求曲线高于或低于市场需求曲线，这分别取决于外在性是积极的还是消极的。相应地，最终的市场产出的水平就会低于或高于社会有效水平，这样就产生了市场缺陷。在非市场条件下，“内在性”使得机构供给曲线放大——提高机构成本，使其高于技术上的成本，导致多余的全部成本、较高的单位成本和比社会有效水平更低的非市场产出水平，这样就产生了非市场缺陷。①

既然内部性决定了公共组织尤其是官僚机构的行为及运行，那么它应是各种非市场缺陷及政府失败的一个最基本的或深层次的根源。它可以用来解释各种非市场缺陷及政府失败。然而，用它来解释政府扩张及低效最为合适。在这一点上，公共选择学者已提出了一

① 参见［美］查尔斯·沃尔夫：《市场或政府：权衡两种不完善的选择》，58～60页。

个较为完整的政府扩张论，对政府扩张的内在根源做了颇为深入的分析（可以说政府扩张及低效的基本原因，也就是内部性的具体体现）。

政府或国家的扩张是一个人所共知的事实。在 19 世纪初期，欧洲国家的赋税收入占国民收入的 8%～10%，而现在国家却吞噬了国民收入的 30%～50%。[①] 经合组织的 23 个成员，按 1985 年的不变价格计算政府支出与收入占当年国内生产总值（GDP）的比例，结果是这种比例在各国都有所增长：土耳其在 1962—1968 年增长了 3.9%，而瑞典在 1960—1985 年政府支出占 GDP 的比例从 31%上升到了 64.5%，翻了一番多。在美国，整个政府支出占国民生产总值（GNP）的比例，在 1929 年仅为 10%，1949 年为 23%，1987 年高达 34.8%。[②] 那么，究竟是什么原因导致了现代政府的扩张？公共选择学者缪勒从下列五个方面来加以解释：（1）政府作为公共物品的提供者和外在效应的消除者导致扩张；（2）政府作为收入和财富的再分配者导致扩张；（3）利益集团的存在导致扩张；（4）官僚机构的存在导致扩张；（5）财政幻觉导致扩张。[③] 这里的第一、第二点说的是政府履行其经济社会职能导致政府的扩张。在公共选择学者看来，政府存在的理由同样也应是政府扩张的原因，现代政府日益承担起弥补市场缺陷、纠正市场失灵的职责，政府对社会经济生活的全面干预导致政府的扩张。第五点的所谓财政幻觉指的是：假设选民用他们所支持的税款测量政府规模，这样政府就可以采用让选民意识不到税收负担的办法来扩大政府的支出。也就是说，当投票者（纳税人）出现财政幻觉而低估税负时，他们就会支持更多的公共支出；税收结构越复杂、越隐蔽，税源与支出项目越多，越容易产生财政幻觉。

一些公共选择和政策分析的学者着重从官僚机构、利益集团和立法机构的“铁三角”的存在及其相互勾结，公共活动开支的分散性及其利益分配的集中性（或负担与义务的分离）两个方面来解释政府为什么扩张。关于前一个方面，公共选择理论家认为，作为公共选择或公共决策执行机构的官僚机构及其官僚也是按“经济人”模式行事的，它们的目标是自身利益的最大化，追求的是升官、高薪和轻松的工作以及各种附加的福利。这可以通过扩大机构的规模及增加人员来实现，这就出现了帕金森定律（Parkinson’s law）所指出的情况，即无论政府的工作量是增加还是减少（甚至无事可做），政府机构及其人员的数量总是按同一速度增长。所有这些目标的实现都取决于官僚机构预算收入的增加，官僚们自利效用最大化行为最终表现为“最大化预算收入”。于是，在整个预算过程中，就必然发生以立法机构为一方和以官僚机构为另一方的关于预算的讨价还价——官僚们总是要从立法机构中获得更多的预算收入；而在官僚背后的是各种特殊的利益集团，它们是各种官僚机构的服务对象，希望官僚机构争取更多的预算收入，以获得各种好处。另外，立法官员也不是中立的，他们是在各种利益集团的支持或赞助下当选的，当选后也必须为充当赞助者的特殊利益集团服务。因此，在整个预算过程，特殊利益集团、官僚和立法者便形成所谓的“铁三角”。这三种人虽然各自追求自身利益的最大化，但有一点是共同的，即力争增加某一方面的预算收入。正是这种“铁三角”的作用，使得政府预算总是呈现不断增

① 参见［法］勒帕日：《美国新自由主义经济学》，140 页，北京，北京大学出版社，1985。

② Denuis C. Mueller，*Public Choice* Ⅱ，Cambridge：Cambridge University Press，1989，p. 322.

③ Ibid.，pp. 322-343.

长的趋势，而不管公众是否需要更多的公共产品和服务。这就应了著名经济学家弗里德曼的一句名言："公共预算额可能是'最适当的'公共开支额的两倍。"公共选择学者小威廉·尼斯卡宁（William Niskanen，Jr.）在《官僚机构和代议制政府》（1971）一书中则说，"公共机构的规模往往比作用相当的私营机构大一倍"。

关于后一方面，即公共活动开支的分散性及其利益分配的集中性导致政策扩张问题，艾伦·梅尔泽在《自由经济的衰败》中做了详细的说明。他认为，在现代国家中，公共行动费用的分散性和利益分配的集中性，是国家机构及其职能膨胀的主要原因之一。这种费用分散与利益集中促进了国家开支的增加，而不是减少这种开支。政治家们知道，通过提出新的开支计划，而不是充当削减公共开支的辩护人，他们就能以较低的代价获得更多的额外选票；由于赋税负担是分散的，每个公民最终只能从国家节约努力的做法中得到点滴好处，而某些人却能从维持或增加国家的开支中得到许多好处。新开支的利益可能被用来优先照顾对候选人投赞成票的选民，或决定这位候选人是否再次当选的选民。在这种情况下，赞成乱花钱计划的利益集团可能会比寻求减少国家开支的联盟更加有效。曼瑟尔·奥尔森（Mancur Olson）在他的名著《国家的兴衰》一书中认为，当政治联盟和院外活动集团由于长期的任期和经济而使其得到增强时，市场失灵最为显著。结果，它们能够迫使政府采取行动，通过津贴、关税、税收优惠、限额、直接开支计划等，以社会其他人的代价来换取它们的集体成员的利益。沃尔夫在《市场或政府：权衡两种不完善的选择》中将公共机构的低效或膨胀的这一原因称为"负担与义务的分离"，尤其是"微观的分离"——从现有的或将来的政府项目中获得的利益，集中于某一个特定的集团，而支出的负担却是普遍地加在公众（纳税者或消费者）身上。

4. 寻租及腐败

寻租及腐败是非市场缺陷或政府失败的又一个基本类型。寻租是政府干预的副产品。当政府干预市场时，就会经常形成集中的经济利益和扩散的经济费用，政府干预带来了可以"租金"形式出现的经济利益——按照布坎南的定义，租金是支付给资源所有者款项中超过那些资源在任何可替代的用途中所得款项的那一部分，是超过机会成本的收入。寻租则是为这样的干预而进行的游说活动，是"用较低的贿赂成本获得较高的收益或超额利润"（缪勒语）。在现代寻租理论中，一切利用行政权力大发横财的活动都可以称为寻租活动，租金则泛指政府干预或行政管制市场而形成的级差收入（即超过机会成本的差价），一切市场经济中行政管制都会创造出这种差价收入即租金。寻租活动的特点是利用各种合法或非法的手段（如游说、疏通、拉关系、走后门等），以获得拥有租金的特权。寻租活动导致政府失败，因这它使资源配置扭曲，或说它是资源无效配置的一个根源。寻租作为一种非生产性活动，并不增加任何新产品或新财富，只不过改变生产要素的产权关系，把更大一部分的社会财富装入私人腰包。寻租导致不同政府部门及官员争权夺利，影响政府声誉和增加廉政成本，它妨碍公共政策的制定与执行过程，降低行政运转速度甚至危及政权稳定。寻租及腐败是经济发展、政治稳定和文化进步的陷阱。一旦落入这个陷阱，就会使社会处于低效、停滞，甚至紊乱的状态。

公共选择学者一般都将租金归因于政府对自由市场经济的干预。在市场体制下，只有政府才能借助于行政和法律手段，创造不平等的竞争环境并维持归一部分人所有的租金。

布坎南在《寻求租金与寻求利润》一文中对此做了分析。他说，只要政府的行动主要限于保护个人权利、人身和财产并实施自愿议价的私人合同，那么市场过程就支配经济行为，并且保证出现的任何经济租金将因竞争性的进入而消失。但是，如果政府行为大大超出了由最低限度的或保护性状态所规定的限度，如果政府像它已经大规模地做过的那样，逐渐干预市场的细节过程，那么，租金下降或消失的趋势就会被抵消，并且可能完全停止。租金必须继续存在，并引发各种寻租的尝试。因此，“寻求租金的活动同政府在经济中的活动范围和领域有关，同国有部门的相对规模有关”①。

按照公共选择学者的看法，既然寻租是政府干预的必然产物，那么，在有政府干预的地方就可能产生寻租现象。缪勒在《公共选择》（Ⅱ）中将寻租分为三种类型：（1）通过政府管制的寻租；（2）通过关税和进出口配额的寻租；（3）在政府合同中的寻租。② 例如，在现代社会，不少行业经常试图通过政府许可证来限制他人的加入，以保持其利润或高工资；国内制造商经常为国外进口的关税和限额而进行游说，以使其能高价出售产品；政府也可以通过直接确定价格来为生产者创造租金。公共选择学者认为，寻租得到的利润并非是生产的结果，这一特点称为寻租行为的非生产性。如果离开政府的干预，没有政府干预所提供的特殊垄断地位，寻租便无从谈起。寻租与一般寻求利润不同，后者是指作为经济人的生产者通过自身的市场竞争能力而获得高于生产成本的那一部分收入，并不需要政府的干预。用布坎南的话来说，浪费在寻租活动中的资源本来可以在其他的经济活动中用来生产受重视的货物和服务，而在寻租过程中，这些资源却“没有生产出纯粹价值”，“没有任何社会报酬”，是社会资源的浪费。奥尔森则分析了寻租对经济增长所产生的负面影响。他证明，在稳定社会里，寻租的“分配上联合”把资源转变为卡特尔活动的游说活动，并脱离生产；除对经济效率的这种直接影响之外，靠联合来保护其租金的企图降低了社会采用新技术并使资源重新配置以满足变动中情况的能力。其结果是，寻租的“分配上联合”的积累越大，经济增长的速度就越慢。

总之，通过对非市场缺陷及政府失败的表现、类型及根源的分析，公共选择和政策分析学者得出的基本结论是：市场的缺陷或市场的失灵并不是把问题转交给政府去处理的充分条件，市场解决不好的问题，政府未必解决得好，甚至会把事情弄得更糟。所以，沃尔夫说：“企求一个合适的非市场机制去避免非市场缺陷并不比创造一个完整的、合适的市场以克服市场缺陷的前景好多少。换句话说，在市场‘看不见的手’无法使私人的不良行为变为符合公共利益行为的地方，可能也很难构造‘看得见的手’去实现这一任务。”③

5.3.3　政府失败的防范及纠正

公共选择和政策分析学者提出了克服政府干预行为局限、防范及纠正政府失败、改善

---

① ［美］詹姆斯·M.布坎南：《寻求租金与寻求利润》，见《经济社会体制比较》编辑部编：《腐败：权力与金钱的交换》，120页，北京，中国经济出版社，1993。

② Dennis C. Mueller，*Public Choice* Ⅱ，Cambridge：Cambridge University Press，pp. 235-243.

③ ［美］查尔斯·沃尔夫：《市场或政府：权衡两种不完善的选择》，34页。

政府机构及公共部门工作效率的对策措施。在他们看来，说明西方民主社会中左右公共物品生产及供应的决策过程，揭示非市场缺陷及政府失败的根源，目的是要对症下药，采取有效的措施来克服这种现象。在公共选择学者看来，分析政府行为的效率并寻找政府最有效率工作的规则制约体系是公共选择理论的最高目标。

那么，应当如何防范及纠正政府失败以及克服非市场缺陷现象呢？公共选择学者以及政策分析学者主要围绕改革公共决策体制及政治制度、引进竞争机制（用市场力量改进政府效率）两个方面来加以说明。

首先，公共选择学者认为，政府失败及非市场缺陷是西方公共选择或公共决策体制的缺陷造成的，实质上是西方政治制度的失败。因此，要避免政府失败，首先必须改善现有的西方民主政体，发明一种新的政治技术和表达民主的方式。在公共选择学者眼里，现代西方政府的失败与其过时的民主政体有关。前述关于政府失败尤其是政府低效、政府扩张的原因只解释了为什么政府会提供过多的公共服务，而没有解释为什么整个社会通过其代表机构接受这种办法，这正是现有的西方民主政体尤其是选举制度造成的。它们认为，与其说政府失败反映了市场经济的破产，不如说反映了政治制度的彻底失败。这种制度是19世纪产业革命初期的产物，自那时以来，它们并没有多大的改进；现在，它们受到一系列不平衡作用的打击，政府的全面干预损害了市场和市民社会。因此，布坎南在《自由的限度》一书中提出了避免政府失败的一项根本措施，即改造现有的西方民主政体。他说，我们时代所面临的不是经济方面的挑战，而是制度和政治方面的挑战，我们应当发明一种新的政治技术和新的表现民主的方式，它们将能控制官僚主义特权阶层的蔓延滋长。公共选择学者提出的改造现存西方民主政体的具体措施有：

（1）进行立宪改革。在公共选择学者看来，要克服政府干预行为的局限性，避免政府失败的一个关键是在立宪上做文章。布坎南认为，要改进政府—政治过程，首先必须改革规则。因此“公共选择的观点直接导致人们注意和重视规则、宪法、宪法选择和对规则的选择”①。布坎南等人从立宪的角度分析了政府政策制定的规则和约束经济与政治活动者的规则或限制条件，即他们并不直接提出具体的建议供政策制定者选择，而是要为立宪改革提供一种指导或规范建议，为政策制定提出一系列所需的规则和程序，从而使政策方案更合理，减少或避免公共决策的失误。

（2）对政府的财政过程尤其是公共支出加以约束。在公共选择学者看来，政府扩张及浪费的集中表现是政府行政经费或公共开支的扩大趋势，增加机构和人员最终也体现为经费的增长。因此，要有效地抑制政府的扩张和浪费，必须在政府的财政过程上做文章，通过财政立宪、税制选择、平衡预算和税收支出的限制等措施来约束政府的财政过程尤其是公共开支。布坎南指出，通过财政立宪，将税制在立宪阶段相对稳定可以防止一些人联合起来利用税收政策剥削他人，扩大预算的可能性（因为公共支出是在财政日常运转过程中随时决定的，所以存在某些人操纵利用决策程序剥削他人的特殊利益问题）；通过平衡预算，并且以宪法的形式确保其实现，控制赤字，可以有效抑制政府（公共）部门的扩张和

---

① ［美］詹姆斯·M.布坎南：《自由、市场和国家》，22页。

浪费；通过税制的选择，使税收结构的决策过程全面反映被赋予相同权力的各个个人的偏好和价值，使他们采取一种公正立场，支持公平合理的税收结构方案，抵制不合理的税收负担；通过税收支出的限制（程序限制和数量限制）来防止政府的过度支出，抑制政府的扩张及浪费。

（3）完善表达民主的方式以及发明新的政治技术。针对现有西方民主政体尤其是投票规则或公共决策方式的各种缺陷（投票悖论或循环、相互捧场或互投赞成票、多数人专制、中间选民定理等），公共选择理论家主张改革现有的西方民主体制，完善表达民主的方式，发明新的政治技术，以便做出“更好的决策”或“更好的选择”。但是公共选择学者并没有提出太多的新招，他们中的大多数人求助于在公共选择过程或公共决策过程中采用更高的多数制（如2/3多数），以使人们在众多的、相互对立的个人或集体的目的之间做出更符合多数人偏好、利益的决策。倒是戈登·图洛克等人提出了一种新的表决方式，即所谓的“需求显示法”（或称“收费投票制”）。其要点是，不要求选民在一定数目的取舍中以“赞成”或“反对”的方式来进行表决，而是要求选民说明在其他条件相同的情况下，他准备付出多少“代价”以保证他所在的集体选择是他喜欢的，而不是他拒绝的解决办法；人们把全部回答汇总起来，最后得出的解决办法就是获得最多“总代价”的解决办法。然而，人们还要计算出每一个选民弃权将会在多大程度上改变最后结果，假如出现对选民表决的计算最终改变了结果，那么，选民就要付一笔根据两个总价值（其中一个按他的投票来计算，另一个按他未参加投票来计算）之间的差额来计算的捐税。① 据说该方法的优点在于鼓励选民表明自己的偏好，并绕开“阿罗悖论”，图洛克自己则认为，需求显示法可以使两种人（受益者和纳税人）的活动平衡，并强化政治决策权力的分散化活动，最终防止国家或政府扩张的趋势。

其次，公共选择和政策分析学者主张用市场力量改善政府的功能，提高政府效率，以克服非市场缺陷及政府失败。他们认为，以往人们只注意用政府来改善市场的作用，却忽视了相反的做法——用市场的力量改善政府的作用。“我们总是考虑由公共领域来干预私人领域，而不是相反。”（查尔斯·舒尔茨语）实际上，市场力量是改善政府功能的基本手段，通过在政府管理中注入一些市场因素，可以缩小非市场缺陷的影响范围。这种做法的好处在于：第一，可以减少对于政府干预整个社会的官僚化的需要；第二，可以减少政府对信息以及详细的、经常出错的成本—效益分析的需要，因为这些错误的分析会误导政府的干预活动；第三，促使政府在诸如环境控制、减少交通拥挤，以及增进环境质量等方面采用市场方法，在私有领域中提供一种促进技术变化的动力，以使其向社会所期望的方向努力。②

公共选择和政策分析学者提出了用市场力量来改善政府功能、提高政府工作效率的各种具体措施。加州大学伯克利分校公共政策学院的尼斯卡宁在《官僚机构和代议制政府》中提出了三个措施：一是在政府内部重新确定竞争机制。他认为传统的行政体制改革的主要做法——机构改革——是没有用处的，因为这种做法只会进一步加强“办事机构”对抗

① 参见［法］勒帕日：《美国新自由主义经济学》，193页；关于“需求显示法”的详细讨论，可以参见［美］丹尼斯·C.缪勒：《公共选择》，70～80页，北京，商务印书馆，1992。

② 参见［美］查尔斯·沃尔夫：《市场或政府：权衡两种不完善的选择》，4～5页。

政治监督的权力，行政管理不会因机构改革而变得更加有效，而最终只会加强各行政部门的“独家收购”权，使其领导人有更大的自由。真正有效的措施是要在政府机构之间恢复竞争：假如允许若干办事机构为完成某项工作任务而提出相互竞争的预算，那么预算主管部门就可以选择“报价最低”的机构，从而降低费用，缩小政府机构的平均规模。二是在高层行政管理者中恢复发挥个人积极性的制度，其作用将与利润在私营部门中的作用相同。竞争可以在降低“生产费用”方面起作用，但它不能解决由于政府部门具有超额生产公共物品及服务的倾向而产生的问题。因此，必须采取一些进一步的措施，促使行政领导人以“最小费用”的策略去取代“最大化本部门预算规模”的策略。这些措施有：在能够做出明细账目的公共部门（如税务、社会救济、航运管理等）中，采用最高负责人可以占有部分节约下来的费用的做法，中层管理者的晋升与节约挂钩；在那些难以做准确分析账目的公共部门，可以根据高层官员的成绩发给特殊“奖金”，以资鼓励；允许办事机构的负责人把其“节余资金”用于预算外活动的投资，这将进一步加强各部门的竞争。三是更经常地采用由私营企业承担公用事业的政策，即更多地依赖于市场机制来生产某些公共物品或公共服务。用他自己的话说：“既然问题是要行政管理的结构接近于指导私营经济运转的原则，那么，一旦技术条件成熟时，我们何不干脆更多地依靠市场经济来生产某些公益产品呢。”

政策分析学者韦默和维宁在《政策分析：理论与实践》一书中提出了利用市场机制来纠正政府失败的三种方法。①

（1）解放市场。所谓的解放市场，是指在不存在固有的市场失灵的场合，充分让市场发挥其作用。主要措施有：一是放松管制。西方各国政府曾普遍地对竞争市场的价格、申报和出口加以管制，而经济学家们几乎已达成共识——“在完全竞争性行业之中，价格和申报管制导致经济的低效率”，并产生政府失败特别是寻租。因此，在竞争性行业中，放松管制可以提高效率，减少政府失败尤其是寻租的发生。二是合法化。合法化指的是消除犯罪惩罚以解放市场，它以变革中的社会观念为基础（如麻醉剂的使用）。在这里，非犯罪行为被鼓吹为合法化的部分形式：犯罪惩罚用法律规定的罚款来取代。三是私有化。这里的私有化是指非国有化（即国有企业出售给私营部门）和非垄断化（即阻止私营企业同政府部门或国有企业竞争的各种限制，政府放宽或消除这些限制）。

（2）促进市场。所谓的促进市场，是指通过确立现有物品的产权或者创造新的有销路的物品而促使市场运行的一种过程。前者是要确定限制新产权政治竞争的分配机制，后者是形成可交易的许可证制度。

（3）模拟市场。所谓的模拟市场，是指在市场不能有效起作用的场合中，政府模拟市场过程来提供某些公共物品及服务，尤其是通过拍卖，出售提供公共物品的权利。拍卖被广泛地用于对公有自然资源的权利分配，在政府必须分配稀缺资源的场合，拍卖也许是最有用的分配工具。

① David L. Weimer & Aidan R. Vining, *Policy Analysis: Concepts and Practice*, New Jersey: Englewood Cliffs, 1992, pp. 145-195.

5.3.4 政府失败论的启示

综上所述，西方公共选择和政策分析学者通过对非市场缺陷或政府失败的政治经济学分析，寻找当代西方国家所面临的财政赤字、通货膨胀、高失业率、政府扩张、工作效率低、寻租腐败和资源浪费等经济政治困境的原因与对策。显而易见，作为当代西方经济学和政治学中的“新自由主义”或“新保守主义”思想的一个理论基础，非市场缺陷论或政府失败论具有明显的局限性。这主要表现在：该理论的倡导者们往往因政府干预行为的局限性而得出反对国家或政府干预、贬低乃至否定国家的作用，要求放任自流的保守主义结论；他们掩盖了当代资本主义国家（政府）的阶级实质，没有把政府失败与资本主义的生产关系以及资本主义社会的基本矛盾联系起来考察；他们揭露了当代资本主义国家的政治制度即代议民主制的某些内在缺陷，主张对它进行改良，目的并非是推翻这一制度，而是要维护、完善这种制度（特别是想要通过完善政治过程，发明新的政治技术来达成这一目的）；他们过分依赖于“经济人”假说和经济学“交换范式”，把政治过程与经济过程加以机械类比，把商品交换原则无限制地运用于政治领域；等等。

然而，公共选择学者和政策分析学者的非市场缺陷或政府失败论具有创新、合理和可供借鉴之处。这些学者对西方市场经济条件下政府干预行为的局限性以及由此带来的种种弊端进行了相当深刻的分析，在客观上粉碎了资本主义国家或政府及其官员一心为公的神说，揭示了西方政治制度（代议民主制）的某些内在缺陷，尤其是指出了现有的各种投票制度或表决方式的弊端、利益集团的影响力、政治家和官僚的利己主义等因素的存在是如何造成公共决策的失误、公共物品提供的低效以及政府扩张和寻租等政府失败现象的。公共选择和政策分析学者在一定程度上指出了这样一个事实，即当代西方国家所面临的“滞胀”及其他社会经济问题，原因主要并不在于经济方面，而在于政治方面，即在于政治制度的缺陷，尤其是在于政治过程中人们的利己行为，而现行的政治决策规则却不能加以有效的驾驭。他们分析了政府成长或扩张的原因，指出了非市场缺陷及政府失败的表现、类型和成因，并提出克服非市场缺陷、纠正政府失败、提高政府效率的不少有益、可行的对策措施。公共选择和政策分析学者对非市场缺陷和政府失败的政治经济学的分析，克服了以往在研究或处理市场与政府关系问题上所存在的偏差，即注重市场缺陷研究，而忽视非市场缺陷或政府失败研究的倾向，在市场失灵论之外，补上对称的非市场失灵论，这无疑是当代西方社会科学研究上的一种突破，在许多方面填补了政府行为缺陷研究的空白。

值得一提的是，公共选择及政策分析学者在研究这一问题上的方法论创新及启示，尤其是经济与政治整合研究途径对于当代经济学与政治学研究的意义。从经济学的角度看，这些学者把政治、制度的因素看作经济过程的内生变量，把政府行为和制度因素纳入经济学分析的框架之中，这就克服了传统经济学把国家、政府或政治因素当作经济过程的一个外生变量而排斥在经济学体系之外的缺陷，较好地反映了当代社会中政治与经济的密切关系，特别是政治对经济的巨大影响，政治过程与经济过程相互交织的现实。从政治学的角度看，这些学者从经济学的方法入手分析政治问题，为政治学的研究提供了一个新的视野、新的研究途径，是对当代政治学研究方法或途径的一种有益的补充。

公共选择和政策分析学者的非市场缺陷论或政府失败论，是现代西方市场经济发展的产物，是对西方市场经济发展中政府与市场关系实践尤其是20世纪三四十年代之后政府全面干预经济生活实践的一种理论反思。反过来，它成为当代西方市场经济国家处理政府与市场关系的一种新理论或新模式，特别成为20世纪80年代以后西方各市场经济国家政府行政改革的理论指导。当代西方政府改革的市场化、社会化和私有化的取向体现了非市场缺陷论或政府失败论的基本精神。20世纪90年代初，奥斯本和盖布勒写了一本在西方颇有影响的书——《改革政府——企业精神如何改革着公营部门》（中文版，上海译文出版社，1996）。作者根据对二三十年来美国政府改革的经验研究以及他们自己的思考，提出了政府改革或重塑政府的十大原则。

应该说，公共选择和政策分析学者对于非市场缺陷及政府失败的政治经济学分析是建立在西方发达市场经济和西方政府—政治体制及过程的基础之上的，因而不可避免地带有西方政治及意识形态的色彩。但是，他们的确也指出了市场经济条件下政府与市场关系的一般特征或共性，指出政府干预行为的局限性，并提出了某些防止或纠正政府失败的有效措施。我国目前正处于转轨时期，公共选择和政策分析学者所指出的政府失败现象，如公共政策失效、政府机构膨胀、效率低下、寻租及腐败行为在当前我国也是存在的，有的还相当严重。因此，公共选择和政策分析学者对于非市场缺陷以及政府失败问题的讨论，对于我们在社会主义市场经济的发展过程中，处理好政府与市场的关系，合理确定、发挥或转变好政府职能，完善宏观调控的机制及手段，避免政府失败具有一定的启发意义。它提醒我们：

（1）必须高度重视市场经济条件下政府干预行为的局限性及限度问题。既然政府在履行其职能，干预市场运行时并不总是起到弥补市场缺陷或纠正市场失灵的作用，市场解决不好的问题，政府也不一定能解决好，那么在建立和完善社会主义市场经济体制的过程中，必须确定好政府干预的范围、内容、方式及干预的力度，在市场机制能较好起作用的地方，应尽快让市场去发挥作用，政府应当补充而非取代市场机制。

（2）必须随市场经济发展及经济体制变革，及时进行政治—行政体制改革（尤其是转变政府职能）。按照公共选择和政策分析学者的观点，经济过程与政治过程是相互联系的，政治制度是经济过程的内生变量。因此，为了使市场经济能更快地发展与运行，必须进行政治—行政体制改革，特别是及时转变政府职能，由直接微观的干预过渡到宏观、间接的调控；在当前两种体制转轨时期，要特别防止用计划经济的手段来管理市场经济。

（3）必须在政府机构中引入竞争机制，用市场的力量来改进政府的工作效率。公共选择和政策分析学者所提出的这方面的建议特别值得我们思考和借鉴。例如，政府的某些活动如许可证、牌照的发放可以采用拍卖的方式；可将某些公共物品及服务的生产和供应委托给私人企业，或同一种物品及服务可由几个公共部门来提供（形成竞争）；可以在政府机关内部确立节约成本、提高效益的激励机制。这些办法有助于克服或防止政府失败，提高政府工作效率，减少浪费。

（4）必须加强公共决策和政府管理的法制化建设，尽快实现依法行政、依法治国。公共选择学者强调立宪改革，注重宪法、法律和制度建设，尤其是公共决策规则的改革，这有其合理性。市场经济是法制经济，现代社会是法治社会；市场经济秩序的确立、运行必须靠制度来保证，政府的决策和管理活动也必须靠法律来规范。因此，在转轨时期，必须加强法制建设，重视制度、规则的选择和创新，尤其是将政府的公共决策和行政管理纳入法制化轨道，改善公共决策系统，提高公共政策质量；加强行政立法和行政执法，依法约束政府行为，将政府机构规模、人员及经费开支的数量以法律的形式固定下来，实现政府管理过程的程序化，提高依法行政水平。

（5）反腐败必须釜底抽薪，从体制及制度的创新上下功夫，从根本上消除寻租及腐败滋生的土壤与条件。依照公共选择学者的“寻租理论”，行政权力对市场的干预和管制是寻租的根源。因此，抑制寻租及反腐败必须从制度或体制创新方面入手，消除腐败和寻租产生的土壤和条件。这就要求我们在加快市场体制形成、实现经济体制变革、推进政治—行政体制改革的同时，形成一整套制约行政权力的行政法规和办事制度，建立起一个灵活、高效、廉洁的政府管理体制。

总之，西方公共选择和政策分析学者的非市场缺陷论或政府失败论为我们正确处理好政府与市场的关系，完善政府的干预行为，防止政府失败提供了某些有益的理论和方法以及某些值得进一步研究的问题，这正是我们研究这一理论的意义之所在。最后必须强调的是，我们分析探讨非市场缺陷或政府失败问题，并不是要否定政府在市场经济中的必要作用，而是要指出政府行为的局限性，提醒人们确定好政府的干预行为的范围、内容、方式及力度，避免干预不当或过度干预所产生的政府失败现象，使政府更好地履行其社会经济职能。

第6章

政府工具

政府工具（governmental tools）或公共管理技术以及管理方式是当代公共管理的一个重要的理论与实践领域，它关注工具的特性、分类、选择和应用及其绩效等方面的问题。彼得斯认为，在20世纪70年代之前，公共管理学界对于工具的系统研究非常匮乏，甚至关于是否应该研究这一领域的争论都几乎没有出现过。① 自20世纪80年代开始，国外公共管理学领域出现了不少关于政府工具方面的论著，政府工具逐步成长为一个新的学科分支或主题领域。进入21世纪，国内学界也开始关注政府工具的研究，目前该领域的研究已成为我国公共管理学的新知识增长点。本章介绍政府工具的基本理论与实践应用问题。②

6.1 政府工具研究概述

在西方学界的文献中，与政府工具类似的概念还有政策工具（policy instruments）和治理工具（governing tools）等，这些概念虽然在学理上略有区别，但在实际应用中并没有分明的界限。在国内学者的研究中，对这几个类似概念通常也不做仔细区分。毛寿龙和张成福等学者更多地使用“治理工具”的概念，而我们则倾向于采用“政府工具”或“政策工具”的提法。

---

① B. Guy Peters，F. K. M. Van Nispen（eds.），*Public Policy Instruments*：*Evaluating the Tools of Public Administration*，Cheltenham，UK：Edward Elgar Publishing，1998，p. 205.

② 参见陈振明：《政府工具研究与政府管理方式改进》，载《中国行政管理》，2004（6）；陈振明、和经纬：《政府工具研究的新进展》，载《东南学术》，2006（6）；陈振明主编：《政府工具导论》，北京，北京大学出版社，2009。

6.1.1　政府工具研究的由来和发展

政府工具研究并不是一个全新的、突然出现的话题。社会科学的各学科特别是经济学、政治学以及行政学等领域早已关注这一问题。在经济学领域，经济政策工具历来构成经济政策研究的一个重要方面，工资、价格、利率等往往被当作政策工具看待。第二次世界大战后，在西方社会科学领域中，政府工具成为各学科关注的问题。在政治学领域，达尔和林德布洛姆（又译"林布隆"）在《政治、经济和福利》中已论及政府工具的基本原理，在此之后，政治学中的政府工具或政策工具的研究沿着两个不同的方向发展——一个发展方向是注重对工具的政治属性的研究，它以政治文化及意识形态的研究为基础；另一个发展方向是沿袭结构—功能传统，力求通过对工具的研究来确定公共政策功能。在公共行政学领域，行政工具及行政方法也早已构成一个基本理论主题，公共行政学为工具途径的产生和发展做出了贡献。在法学领域，法律法规也往往被当作一种社会控制的工具，20 世纪初，庞德（Pond）就提出过法律是一种社会控制工具的观点。

从 20 世纪 80 年代开始，政府工具受到公共管理学界的重视，出现了不少关于政府工具方面的论著。其中，在 80 年代最有影响的著作可能要算英国学者胡德的《政府工具》（1983、1986）；在 90 年代，最有影响的著作可能要算美国学者彼得斯和荷兰学者尼斯彭所主编的《公共政策工具》（1998）一书。还有莱斯特·M. 萨拉蒙主编的《政府工具——新治理指南》[①] 一书和胡德等的《数字时代的政府工具》[②]。同时，在关于当代西方政府改革的文献中，也有大量论及政府改革工具的内容甚至专著。例如，笔者手头有这样一本书，书名叫作《创新工具：管理公共部门组织的创造性战略》，书中讨论了多种公共部门的创新工具及具体应用案例，包括战略规划、流程再造、全面质量管理、标杆管理、绩效管理、团队管理和民营化等。[③]

众多的西方知名公共学者都参与到政府工具的研究中来，该领域正在成长为公共行政研究具有生命力的重要方向。如果说该领域早期研究的焦点是政府工具类型的话，那么，新近的研究则更多地关注政府工具的选择问题。工具选择受到多种因素的限制，政府并非可以不受约束地从"工具箱"中任意选择，而必须既考虑政治因素，又考虑技术上的问题。

政府工具研究在公共管理学和政策科学中兴起的原因：一是政府管理以及政策执行的复杂性使人们对政府工具或手段进行反思，实际的行政管理以及政策执行对工具方面知识需求的增长，要求对公共政策问题做更多科学与实证的分析和研究。由于政府工具研究致力于把一个简单却难以回答的社会问题付诸实施，因此，从政策目标和途径的关联来思

① Lester M. Salamon（ed.），*The Tools of Government：A Guide to the New Governance*，New York：Oxford University Press，2002.

② Christopher C. Hood，Helen Z. Margetts，*The Tools of Government in the Digital Age*，London：Palgrave Macmillan，2007.

③ Steven Cohen，William Eimick，*Tools for Innovators：Creative Strategies for Managing Public Sector Organizations*，San Francisco：Jossey-Bass Publishers，1998.

考，政府工具研究能够为公共管理实践做出贡献。

二是福利国家的失败以及政府工作的低效率导致人们对工具途径的政治及意识形态上的支持。20世纪80年代初，荷兰的吉尔霍德（Geelhoed）委员会得出结论：政府工具知识的缺乏和不足是导致政策失败的重要原因。因此，解决政策失败问题的关键在于建立和发展一门政府工具理论并将它付诸实践。

三是当代社会科学实践性的增强，特别是应用性社会科学领域日益介入政府的政策和管理实践，导致这些学科的学者对包括工具性知识的更多追求（例如，大学的法律和政策学者同时也参与实际生活中政策与法律的制定、执行和评估过程）。这种学术与实践的密切结合促使更多的学者致力于解决实际社会问题，从而推动了对政府工具的研究。

四是公共管理学和政策科学的研究领域自身的扩展导致了政府工具被纳入学科的视野之中。

6.1.2 政府工具研究的范围与途径

经过几十年的发展，政府工具领域已经形成了自己的研究途径、研究主题和范围，并出现了众多的文献与成果，那么，政府工具领域研究什么呢？

萨拉蒙在《政府工具——新治理指南》一书的导论中提出了一个较系统、全面的政府工具研究框架。在他看来，政府工具的分析有三个层面的理论：一是工具理论，研究不同工具的运行特性以及工具的提供系统和提供方式；二是选择理论，研究如何针对公共行动的目标及政治环境，选择与之相适应的工具；三是运行理论，研究如何最有效地运用新的工具来达到目标。从这三个层面对政府工具的研究，涉及如下几个基本主题：（1）工具的本质特征和主要的选择特征，以及工具应用所产生的结果；（2）工具应用的范围和模式，以及工具应用的趋势；（3）工具的运行机制，即运用工具所需的机制和条件；（4）工具选择的动因，包括工具应用的环境，尤其是影响工具选择的政治因素；（5）工具应用中所产生的管理挑战及其解决办法；（6）工具的评价，即对工具优点和缺点的分析。

我们在《政府工具导论》一书中提出了这一领域研究的基本思路：既从理论上探讨政府工具的内涵、特征和功能，政府工具的分类、选择与评价及其标准，主要的市场化工具、工商管理技术和社会化手段应用的范围、机制和各自的优劣；又从实证分析上说明这些工具及技术的潜在价值和实际效果，特别是说明它们是如何引起公共管理方式创新的，是如何改善政府功能和提高行政效率的，并描述当代国内外政府工具的理论研究与实践应用的现状和发展趋势，指出政府工具研究与应用的重大理论和实践意义。

国外政府工具的研究已形成了多种途径，根据前述《公共政策工具》一书的说法，主要有如下四种基本途径：

（1）工具主义。工具主义途径又称古典途径，认为人们知道一种特殊的工具，了解其内在的作用机制，这种工具的效果已被证明或具有很强的现实性，人们在大部分可预测的环境中可以期待其产生的效果，并且，恰当的工具可以将政策失败转变为政策成功。因此，政府工具研究应弄清工具的属性与特点，以便辨别、提炼少数具有普遍适用性的工具，扩大其应用范围。工具主义认为工具的属性本身就构造了政策过程，即工具使用及其效果的好坏是由政府工具的特性预先决定了的，政策失败是由于所选择的政府工具存在着缺陷，这是一种工具至上主义的观点。这种途径假定，人们可以通过对各种工具进行逐一的经验研究从而形成对各种工具及其应用的解释，而且经过一定时间的研究，可望形成一整套工具理论以及确定有关工具的各项原则。

（2）过程主义。这种途径的支持者并不承认存在超出特殊具体问题的工具。他们认为，各种工具之间有着重要的差别，没有哪一种或哪一类的工具具有普遍的适应性。恰当的工具并不是抽象计算的产物，而仅是一种在动态适应过程中的试探性解决办法。工具的恰当与否视具体情况而定，因此，过程主义者所强调的是工具发展的重复性过程，而不是工具的特性。

（3）权变主义。这种途径又称工具—背景研究途径，它所持的是传统的社会计划观点。权变主义者认为，工具选择的根据是工具的绩效特征是如何满足某种特殊问题背景的需要的。一旦政策的目标或目的明晰化了，那么，直截了当的事情就是要去工具箱中找出最适应的工具。因此，工具的研究既要注意弄清解决问题的特定要求，又要注意选出最适合这种要求的工具。权变主义途径试图通过同时考察工具本身的特性和工具的应用背景来解释工具的应用过程，它与古典途径的区别在于，它认为工具的使用过程及其效果不仅由工具的特性决定，而且由工具应用的环境或背景（包括执行组织、目标团体及其他利益相关者等）决定。这种途径注意到了工具使用过程中环境因素的作用。在这里，工具至上主义受到了挑战。

（4）建构主义。这种途径比权变主义又前进了一步。它认为，要了解特定工具被采用的脉络背景的特殊性，就必须了解这些工具的主观意义。在这里，主观意义既表示非工具性的方面（如符号的或伦理的内涵），又表示工具通过价值和感知的中介而获得意义和被解释。依照这种途径，并不存在关于工具及其特征的客观现实，相反，工具代表了一种建构了的实践形式，其意义和合法性被不断地加以建构和再建构。建构主义认为，政府工具在政策系统及其运行过程中并不起决定性作用，它只是决定政策系统与政策过程的众多因素之一。在这里，政府工具研究重心发生了转移，人们关心的不再是“工具”，取而代之的是政策系统、政策网络、决策系统和执行过程，因而，“工具性”特征几乎完全消失了。

由此可见，政府工具研究似乎是越来越自我否定，从第一个途径到第四个途径的演变使得政府工具的“工具性”特征的重要性越来越低，似乎工具主义理论不再适用。这在一定程度上反映了政府工具的研究走向及其发展过程中工具主义所面临的威胁。

6.1.3 政府工具研究的理论与实践意义

加强对政府工具的研究具有重要的理论与实践意义。从理论上说，可以拓宽公共管理学以及政策科学的视野，丰富公共管理学的理论内容，完善其学科体系，更好地把握公共管理研究领域的发展前沿，推动公共管理理论的建构。彼得斯较早从事政府工具研究，他考察政府工具研究在美国公共行政学学科框架中的地位，认为在政府工具和公共管理（尤其是新公共管理）研究之间存在一条鸿沟，政府工具和公共管理手段（management techniques）的研究呈现出一种分离的状态。彼得斯认为，为了获得对公共管理和公共政策过程更为深入的理解，必须将政府工具和公共管理方式的研究进行整合。① 萨拉蒙用“新治理”（new governance）为政府工具研究做出了新的注解，他将政府工具提高到公共治理的高度，指出传统的“官僚政府”一词已经很难继续概括当代政府部门的特征，越来越多的社会主体开始介入公共问题的解决过程。萨拉蒙概括了这种所谓“新治理”的两个主要特征：一是公共问题的治理已经成为需要私人部门、非营利部门和政府协同参与的团队工作；二是众多部门的合作治理并不是自我运作的，它面临着组织和管理方面的巨大挑战。萨拉蒙认为，日益发展的工具途径很好地体现出新治理的精神实质，而各种维度的政府工具也都在公共问题的治理中发挥着作用。②

政府管理方式与工具研究的迅速发展与其对公共管理和公共政策过程细致入微的分析解释（尤其是对公共政策执行过程的模型化诠释）有关，它使得传统对政府管理的研究带上了从“软知识”向“硬科学”发展的印记，对政府过程更具解释力，对公共管理实践也有更为直接的指导作用。对政府工具的研究首先发端于经济学家，其后虽然由公共行政和政策学家们主导，但是更多的环境学家、货币银行学家、管理工程学家、心理学家和政府官员也从各自的角度参与到这个研究中来，从而使政府工具的研究从一开始就不只局限于公共行政学。这与传统公共行政（主要是美国的公共行政传统）闭门造车式的研究大不相同，这种多学科的背景增强了工具途径的预见力和解释力，也更容易得到政府实务部门的青睐。

从实践上说，加强对政府工具的研究，概括、总结和提炼一整套在国内外公共管理实践中被证明是行之有效的政府工具，可以促进政府治理方式的改进，推动我国行政体制改革和政府职能转变，提高政府管理的绩效及效率，推进国家治理体系和治理能力的现代化。党的十八届三中全会通过的《中共中央关于全面深化改革若干重大问题的决定》提出要创新政府管理方式，解决政府管理效能不高的问题，要引入竞争机制，推广政府购买服务，通过合同、委托等方式向社会购买，以提高政府服务的能力和水平。

由工具研究发展而来的“工具箱”（tools box）在发达国家政府管理的实践中被认可，并得到广泛应用，这大大增强了政府工具研究的影响力，因而在当代公共行政和公共政策研究中成为一个异军突起的重要主题领域。目前我国政府治理与改革所取得的积极成果，有相当一部分得益于政府管理方式与工具等操作层面的突破，行政审批制度改革、电子化政府建设、绩效评估、行政服务中心发展等就是有力的证明。例如，颇有影响的“中国地方政府创新奖”的许多获奖项目正是凭借工作流程的重构和管理方式的改进提高了治理水平而获奖的。

对于起步较晚的中国公共管理学科来说，将政府工具纳入研究视野仅仅是最近十年的事情。目前国内学界缺乏对政府工具进行深入的理论研究和实证分析，不能为公共管理方式的创新与改进提供理论基础以及提供行之有效的工具。因此，这一领域的研究亟待加

---

① G. Peters, “Policy Instruments and Public Management: Bridging the Gap”, *Journal of Public Administration Review and Theory*, 2000 (1), pp. 35-36.

② Lester M. Salamon, *The Tools of Government: A Guide to the New Governance*, New York: Oxford University Press, 2002, pp. 600-611.

强。政府工具研究涉及一系列问题，其核心是如何将政策意图转变为管理行为，将政策理想转变为政策现实。这一领域近期研究必须重点关注政府工具的基础理论和发展前沿以及实践的应用与开发，并关注中国政府改革与治理，尤其是体制创新与职能转变的现实，从理论与实践的结合上对政府工具基本理论主题进行研究，将政府工具的规范研究和实证分析相结合，促进这个研究领域的发展，并用于指导我国公共管理和公共政策的实践，推动政府治理方式变革。

6.2　政府工具的理论脉络

政府工具的研究范围十分广泛，涉及一系列重要主题。综观最近三四十年的政府工具的研究，可以发现集中于如下三个主题——工具的识别和分类、工具的特性及其适用情境、工具选择及其绩效，它们构成政府工具的理论脉络（见图 6－1）。

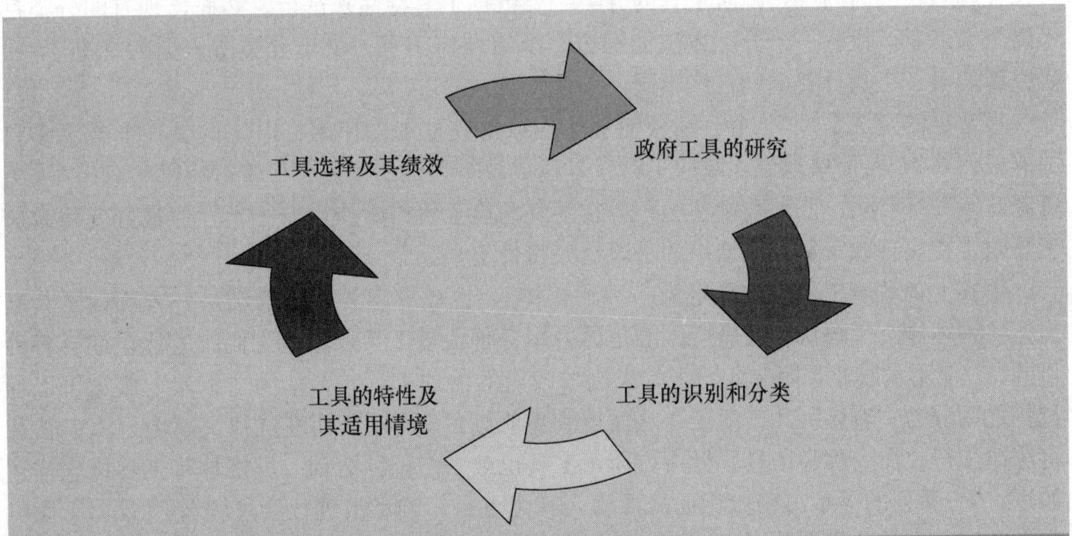

图 6－1　政府工具的理论脉络

在政府工具的研究中，有几个探讨较多的主题领域，如工具识别、工具分类和工具应用等，在这些领域中也产生了很多研究成果。但是综观西方学界对政府工具的探讨，大都服务于对工具选择的研究以及对工具绩效的评价，这也正是政府工具研究与实践结合最为紧密之处，其研究成果能够直接服务于公共行政和公共政策实践。

6.2.1　工具的识别和分类

政府工具本身是一个抽象的概念，是学者们有感于纷繁复杂的公共生活，希望能从政府日常实践中提炼出诸多达成目标常用的手段和方法而提出的概念，因而对政府过程进行解构进而按照特定的标准识别政府工具，就成为工具研究的首要任务。萨拉蒙认为："每一种政府工具都具有某种特征，使其可以得到识别。"① 而荷兰经济学家科臣（E. S. Kirschen）早在20世纪60年代就识别出64种常用工具，后来的达尔、林德布洛姆等学者在工具的识别上也做出了贡献。在工具识别的基础上，学者们尝试着对已经识别出的工具进行分类。这里的分类绝不是简单的归纳总结，它的深刻意义在于，工具的分类反映了对政府过程不同角度的看法，因而不同的分类标准往往以不同的方法论为依托。在西方的政府工具研究中，一种分类视角几乎就是一种工具研究模型。因此，对工具的分类成为研究政府工具首先需要厘清的问题。

什么是政府工具？它有哪些基本特征？这是政府工具研究最基本的问题。政府工具既是一种手段，也是一种"客体"（object），还是一种活动（activity）；政府工具还具有多样性和动态性的特征，并非一经选定就固定不变，必须不断地调整以跟上社会经济发展的需要。在使用过程中，它会随着时间推移而发生改变，即使它们本身不变，主体运用它们的方式、策略等都有可能发生巨大改变。政府工具并不是单一的，而是多元化的"工具家族"（families of instruments），政府工具分类的形成被看作工具研究的最基本的成果之一。在相当长的时间里，政府工具的分类主要依据工具特性来进行。然而，现有的分类都不能令人满意，没有一个分类方法能够穷尽所有政府工具。由于分类所依据的标准不一，研究者们对于工具分类也就自然不同。

最常见的定义是："一个行动者能够使用或潜在地加以使用，以便达成一个或更多目的的任何事物。"简单地说，政府工具就是达成政策目标的手段。尽管"内部管理""人力资源政策""网络管理""政策实验"等在某种角度上可以看作政府工具，但最好是将政府工具限定在实现政策目标或结果的手段这一特性上。

事实上，政府工具既被界定为一种"客体"，也被界定为一种活动。一方面，工具被当作一种客体。胡德认为政府所做的是尽力用各种治理工具来塑造我们的生活，迎合各种目的。② 他用木匠业和园艺业的工具来比喻政府的治理工具，并认为"工具"概念可以通过将之区分为"客体"和"活动"从而得到更明晰的理解。③ 而在法律文献中，人们往往将法律和行政命令称为工具。另一方面，工具也被当作一种活动。里格林将工具概念描述如下："一系列的显示出相似特征的活动，其焦点是影响和治理社会过程"；"致力于影响和支配社会进步的具有共同特性的政策活动的集合"④。这种定义扩大了工具的范围，将某些非正式的活动也纳入工具之中，却使"政策"与"工具"的界限更加模糊。另外，欧文·E. 休斯在《公共管理导论》一书中将政府工具定义为："政府的行为方式，以及通过某种途径用以调节政府行为的机制。"⑤

萨拉蒙将政府工具（或公共行动的工具）看作一种可辨认的通过集体行动致力于解决

---

① Lester M. Salamon, *The Tools of Government: A Guide to the New Governance*, New York: Oxford University Press, 2002, p. 19.

②③ Christopher C. Hood, *The Tools of Government*, London: The Macmillan Press Ltd., 1983, p. 2.

④ B. Guy Peters, F. K. M. Van Nispen (eds.), *Public Policy Instruments: Evaluating the Tools of Public Administration*, Cheltenham, UK: Edward Elgar Publishing, 1998, p. 14.

⑤ ［澳］欧文·E. 休斯：《公共管理导论》（第2版），99页。

公共问题的方法或途径，通过这种方法，集体行动得以组织，公共问题得以解决。① 他认为政府工具有如下三个特征：(1) 政府工具有一些共同属性，这些共同属性使得这些工具得以识别。此外，每一种具体工具都有其自身区别于其他工具的特性。(2) 每一种工具规定行动的结构，它不是随意的或者临时的，而是一种制度化的行动模式。它规定谁有权操作公共项目，其角色是什么，与他人关系如何。也就是说，它是一组公共行动的权利与义务。(3) 这种结构化的行动是一种集体行动，目的是解决公共问题，这表明这种结构化行动不只是政府行动。

在科臣将政府工具识别为 64 种之后，西方很多学者都对工具分类做出了贡献。罗威、达尔和林德布洛姆按照强制性标准将政府工具分为强制性工具（coercive tools）和非强制性工具（non-coercive tools）两大类。加拿大学者霍莱特（M. Howlett）和拉梅什（M. Ramesh）用同样的标准提出了强制性工具（compulsory tools）、混合工具（mixed tools）、志愿工具（voluntary tools）的三分法。② 萨拉蒙则按照支出状况将政府工具分为支出性工具（expenditure tools）和非支出性工具（non-expenditure tools）两类。在范德伦的分类中，工具的作用机理就成为主要标准，他认为政府工具应该分为如下三种类型：强制性工具（regulatory tools）、财政激励工具（financial stimulating tools）和信息提供工具（information transferring tools）。英国学者乔丹（A. Jordan）、乌泽尔（R. Wurzel）和济托（A. Zito）也以工具的作用机理进行分类研究，他们认为强制性工具（regulatory tools）、市场工具（market tools）、信息装置（information devices）、志愿协议（voluntary agreements）是政府工具的主要形态。③ 这些类型学的研究见表 6－1。

表 6－1　主要的政府工具分类

研究者	分类标准	分类与对应关系
罗威等	强制性	强制性工具和非强制性工具
萨拉蒙	政府支出	支出性工具和非支出性工具
范德伦	作用机理	强制性工具、财政激励工具、信息提供工具
乔丹等	作用机理	强制性工具、市场工具、信息装置、志愿协议
霍莱特等	强制性	强制性工具、混合工具、志愿工具

其实，分类只是为了更清楚地认识各种工具的不同属性，帮助人们认识公共行政和公共政策的执行过程，因而学者们的分类往往基于特定的标准，并且结合不同的情境，各有侧重，并无对错之分。而在公共行政实践中，“强制—混合—志愿”的三分法则被广泛接受。有人认为，学者们对政府工具的分类并不符合互斥的分类原则，有些含混不清，而且

① Lester M. Salamon, *The Tools of Government: An Introduction to the New Governance*, New York: Oxford University Press, 2002, p. 19.

② M. Howlett, M. Ramesh, *Studying Public Policy: Policy Cycles and Policy Subsystems*, Toronto: Oxford University Press, 1995.

③ Andrew Jordan, Rüdiger Wurzel and Anthony Zito, Innovating with “New” Environmental Policy Instruments: Convergence Divergence in the European Union, from http://www.hull.ac.uk/futgov/Papers/APSAZitoAnthon.pdf.

这些分类远离政治现实。而实际上，以政府在提供物品和服务中的主导程度作为标准，各种各样的政府工具都可以以“自愿—强制”关系为轴线进行分类。由于这种分类方式可以涵盖绝大多数的政府工具类型，因而被人们认为更具包容性。这种分类确实用一种浅显的分类原则将政府工具相对互斥（mutually exclusive）地分为三个部分，较为合理。从西方政府部门的官方文件中可以看出，这种分类原则也确实较为常用。① 在政府工具选择的学术研究中，这种三分法也是最常使用的。②

乔丹、乌泽尔和济托的四分法则突破了这种观点，他们认为对政府工具的分类完全可以不拘泥于互斥的分类法。在查阅文献时，我们发现，包括经合组织的专家在内，很多学者都将志愿工具划入市场工具的范畴。③ 当然，也有不少学者倾向于将市场工具④单独作为政府工具的一种类型而与规制工具和志愿工具并列。因为在这些学者看来，无论是作用机理、有效性还是资源消耗，市场工具与另外两者都是有显著差异的，不能因为其强制性弱于传统规制工具就将它们简单地划入志愿工具的范畴。而在实务界，这一分类被广泛接受。

而比较有争议的是信息手段（也称信息提供）的归类。彼得斯等人将其称之为信息传递（information transfer），并将其作为政府工具的一种单独类型。迪茨（T. Dietz）和斯特恩（P. Stern）则认为，在现代公共行政和公共政策的实践中，对于任何一种工具的使用，没有了必要的信息提供，在信息化的时代里是不可想象的，所以将信息工具作为一种单独的工具分类并不妥当，何况信息工具较少单独使用。在单独使用信息工具时，它的作用机理是通过影响个体的内心判断和价值导向来影响个体行为，从而实现政府设定的目标。因此他们认为，根据信息装置的属性将其划入志愿工具的范畴更为合理。

在分类问题上，也有很多学者有不同的观点。在萨拉蒙看来，原有的以强制性为基础的工具分类过于笼统，对于研究工具的特性、选择及其绩效并没有实质性的帮助。萨拉蒙在其主编的《政府工具——新治理指南》一书中指出，每种工具的特征都包含如下的基本要素：一是提供公共物品的具体类型，如产品、服务、现金、保护等；二是公共物品的交付方式，如贷款、税收等；三是公共物品的交付系统，如政府部门、非营利组织、地方政府；四是提供公共物品的一系列规则。萨拉蒙以这四个要素为基础提出了包含 15 种工具的分类方法：直接管理、社会规制、经济规制、合同、拨款、直接贷款、贷款担保、保险、税收支出、收费、债务法、政府公司、凭单制、侵权责任、矫正税。他认为，每一种工具在提供的公共物品类型、交付方式、交付系统和规则方面都存在一定区别。显然，萨拉蒙的研究已经突破了原有的工具研究框架，将西方国家政府治理变革的若干典型经验作为政府工具的主要分类。

查阅国外文献可以看出，工具的识别和分类研究主要在 20 世纪 90 年代之前，而且这方面的探讨较多，但是正如范德伦所说，为了发展出一套严密的工具分类，人们已经花费

---

① Scottish Council for Voluntary Organizations，2003.

② G. Kelly，Policy Instrument Selection：The Decision Context，from http://www.nzae.org.nz/conferences/2004/57-Kelly.pdf.

③ 参见经济合作与发展组织：《环境管理中的经济手段》，北京，中国环境科学出版社，1996。

④ 市场工具这个概念在英文中有多个词组对应，如 economic instruments、economy-based instruments 和 market instruments，其意义基本相同。

了太多时间。[①] 单纯以分类为主题的研究近年来已经越来越少，政府工具研究从整体性上看已经进入一个更高的阶段。

6.2.2 工具的特性及其适用情境

在识别和分类的基础上，学者们往往关注不同种类工具的特性，如经济性和强制性高低、回应性强弱、公民参与度大小等，以此作为对不同工具适用情境研究的基础。胡德指出，理解政府工具与环境之间的关系非常重要，公共行政应该研究的是在不同情境下特定工具的表现优劣。[②] 在纯理论的层面上，一些学者试图以不同标准设置公共行政情境，而对不同特性工具在这些情境下的适用性进行研究。对政府工具选择的研究需要首先对各种工具的特性进行研究，再结合不同的行政情境（context）进行选择，这是西方学者研究政府工具使用的一般逻辑。

根据霍莱特和拉梅什的框架，我们可以对几种工具的特性做出如下归纳：

（1）强制性工具，又叫指导性工具（directive tools）或规制性工具（regulatory tools）。它的特点是用规制和直接行动的方式对市场组织和社会个体施加影响，以实现期望的政策目标。这种工具在人类历史上有着最久的历史，且很早就被人的理性所识别。根据彼得斯的研究，强制性工具在现代民主制下，政府处理经济事务时应尽可能少地采用，理论上仅以纠正市场失灵为例外；而在社会事务上，由于吸毒、种族歧视、刑事犯罪和恐怖主义等问题，社会领域上使用强制性工具的情境大大扩展，使用频率也明显提高。在需要相对人无条件遵从的时候，强制性工具是最有效的。

（2）志愿工具。这种工具是指在所期望实现的任务上，较少政府介入，而由民间力量或市场自主运作。[③] 志愿工具在人们已经有一定诱因改变自身行为的时候使用最为有效，而如果人们没有改变的激励，那么志愿工具的作用就非常有限，甚至是完全无效的，这就是志愿工具选择的基本情境。因此，志愿工具某种意义上讲就是一种诱因管理，这种诱因有时候是经济利益，有时候是某种社会价值（common values）。它抓住了人们内心改变现有行为以改进福利的潜在动机，通过外部诱导来实现相对人的遵从。而对于相对人遵从的更深层次的原因，霍莱特和拉梅什归结为“自利性、伦理判断和内心满足”。

多数志愿工具是在强制性表现出低效、缺少相对人自愿遵从、成本消耗巨大等弊病之后作为一种替代性手段而出现的。受到强烈质疑的是强制性工具的有效性。随着社会的日益多元化、碎片化和对放松管制的普遍要求，强制性工具在公共政策执行中的作用开始日益受到质疑。而志愿工具由于强调官商、官民平等协商、自愿合意、节约成本等方面的特

① Van Nispen et al.，“On Instrument and Instrumentality：A Critical Assessment”，in B. Guy Peters，F. K. M. Van Nispen (eds.)，*Public Policy Instrument：Evaluating the Tools of Public Administration*，Cheltenham，UK：Edward Elgar Publishing，1998，p. 206.

② Christopher C. Hood，*The Tools of Government*，London：The Macmillan Press Ltd.，1983，p. 137.

③ M. Howlett，M. Ramesh，*Studying Public Policy：Policy Cycles and Policy Subsystems*，Toronto：Oxford University Press，1995，p. 83.

点，很容易得到相对人的配合，并使其保持长期遵从的充分动力，因而在一些政策领域其有效性优于规制。一般而言，这些领域有排污政策、节能政策、人权保护政策等。这些领域的性质决定了其公共政策长期以规制为核心，但是强制性过高也产生了很多负面效应。在这种情况下，志愿工具作为一种必要的补充发挥了重要作用。另外，志愿工具在很多尚无相关立法和行政规章规制的新兴政策领域也发挥着越来越重要的作用。由于近二十年来志愿工具在环境政策上取得的显著成绩大大鼓舞了政策制定者的信心，因而在西方（尤其是西欧和北欧发达国家），气象预报、废物利用、互联网安全等新兴政策领域，政府更愿意使用志愿工具来推动公共政策的执行。

（3）混合工具（mixed tools）。在霍莱特和拉梅什那里，混合工具是指强制性介于强制性工具和志愿工具之间的那部分政府工具（其中的有些工具本身就是具体的市场化手段），因而混合工具选择的情境最为广泛。

1）信息和劝导（information and exhortation）。当政府期望用信息提供来影响政策目标的预期借以实现政策目标时，这种工具经常是有效的。

2）政府补贴（subsidy）。在一些公共问题上，当政府不愿或不能直接生产公共物品而这些物品又是社会需要的时候，政府可以对私营部门、志愿部门进行财政资助以实现预期目标。

3）产权拍卖（auction of property rights）。当公共实体的公共物品生产是无效率或低效率的时候，政府可以让渡部分公共实体的产权给私营部门，努力提高绩效。这也就是通常所说的民营化。

4）税收和用者付费（taxes and user charge）。除了作为财政汲取工具的税收以外，为了扶持或抑制特定的产业、行为、群体乃至个人而又不愿意直接动用强制性手段时，作为混合工具的税收在市场上和社会事务中常常是有效的。而用者付费同样是用经济性工具调节公民对公共物品的消费。它的逻辑在于，提供免费公共服务并非是理想的选择，它将导致无效的资源配置，因为公共服务低于成本的供应会导致对服务的“过度消费”（excessive consumption），消费者会选择消费至边际效用低于服务提供的边际成本的那一点。为了确保将稀缺的公共资源用来提供尽可能多的公共服务，设计合理的用户收费能保证对服务更有约束的使用，并可以向公共服务的提供者提供关于公众为服务付费意愿的重要信息，因此它也是政府的重要工具。

6.2.3 工具选择及其绩效

政府工具的研究最终是为了指导实践，因此很多学者在工具选择理论上投入大量的精力，他们希望在理想情境下工具的合理选择能够带来预期的高绩效。伍德塞德（K. Woodside）总结说，20世纪90年代以后，西方关于政府工具的文献主要集中于工具选择的研究。[①] 当通过实证研究总结出不同工具的基本绩效表现后，政府工具的研究又回到对

① K. Woodside, “The Acceptability and Visibility of Policy Instruments”, in B. Guy Peters, F. K. M. Van Nispen (eds.), *Public Policy Instrument: Evaluating the Tools of Public Administration*, Cheltenham, UK: Edward Elgar Publishing, 1998, p. 162.

政府过程的分析，知识的积累又开始新一轮的循环。

政府工具的选择、应用和组合是政府工具研究的最基本的主题和归宿。在国内外学者较为成熟的研究中，对工具分类、特性和使用情境的探讨最终都归结为对工具选择和使用的研究，这也是理论和实践的交汇点。政府工具的选择使用有一些原则性的规范，然而实践中的工具选择并非以高绩效为标准。工具选择受到各种主客观因素的制约，认识这一点，对于我们研究公共管理和公共政策具有非常重要的意义。胡德很早就给出了工具选择的四项原则：(1) 只有在充分考虑到其他可替代方案时，我们才能确定哪种工具被选择；(2) 工具必须与工作相匹配，没有哪种工具能够适应所有环境，因此政府需要针对不同的环境选择不同的工具；(3) 选择必须不太残忍，工具的选择必须符合一定的伦理道德；(4) 有效性并不是唯一追求目标，理想结果的达成必须以最小的代价来换取。①

在国内学者张成福教授看来，政府工具选择中需要考虑的因素主要有七个方面：(1) 各种政府工具都有其优缺点，并无绝对的优劣；(2) 在选择政府工具时，公共利益是基本的出发点；(3) 政府工具的选择必须是理性的，而且必须以多元理性为基础；(4) 在选择和评估不同政府工具时，其标准也应该是多元的；(5) 政府工具的选择必须考虑到多元利益相关者；(6) 不同工具的效果取决于各种因素，并不完全取决于工具本身；(7) 在当代社会，公共问题的复杂性使得任何单一的政府治理工具都不足以完全解决某一公共问题。②笔者则认为，影响工具选择的因素主要有政策目标（或政府目标）、工具的特性、工具应用的背景、以前的工具选择和意识形态五种。

显然，公共行政是一个复杂的过程，受到各种各样的因素的制约，即便认识到某些工具在特定问题上是有效的，政府仍然会由于各种各样的原因无法使用。政治和社会情境的约束都会影响政府可选工具的范围。在有的时候，某些工具是不能用的；而在另外一些时候，某些工具可能非用不可。③ 比如，在处理很多宗教问题时，强制性工具就很难使用，否则可能招来严重的社会问题和合法性质疑。而在洪水、地震等突发性事件的处理中，志愿工具就显示出其局限性。

国内学者毛寿龙教授也认为，政府工具的选择是复杂的，它涉及各国历史背景、文化和制度等因素，任何一种工具的选择都是多种价值和标准权衡的结果，没有哪一个价值能够起决定作用。④ 而在学者李斯特看来，政府工具选择过程的一个重要方面就是涉及公共政策问题如何被定义。⑤ 公共行政和公共政策问题的定义本身便是充满政治性的，问题并不是客观的实体，而是一种社会建构的结果，其定义本身便是带有价值判断的一种创造意义的过程，而经常引发政治上的争论。因而政府工具选择绝不只是一个简单的效用叠加，

---

① Christopher C. Hood, *The Tools of Government*, London: The Macmillan Press Ltd., 1983, p. 133.

② 参见张成福：《论政府治理工具及其选择》，见 http://www.grchina.com/privacy/rucmpa/zcf-1.htm。

③ K. Woodside, "Policy Instruments and the Study of Public Policy", *Canadian Journal of Political Science*, 19 (4), 1986, p. 775.

④ 参见毛寿龙、李文钊：《政府职能和管理方式研究》，见 http://unpan1.un.org/intradoc/groups/public/documents/APCITY/UNPAN017701.pdf。

⑤ R. Rist, "Choosing the Right Policy Instrument at the Right Time: The Contextual Challenges of Selection and Implementation", in *Policy Instruments & Their Evaluation*, New Brunswick, NJ: Transaction, 1998, p. 155.

而是一个复杂的政治经济问题。这在西方民主制下尤为明显，在中国也有相当程度的体现。因此可以认为，政府工具选择首先受制于政治方面的考虑。

罗威和彼得斯也认为，政府工具本身不是政治中立的，除了诸多政治因素与政治上的动员将影响政府工具的初次选择外，选择特定工具进行政策干预也会引发不同的政治行动并带来不同的政治经济效应。① 政府工具的选择还受到当时政治经济情境的约束。由于议程设定的选择性、法律、意识形态、面临的危机、预算、官僚体系抗拒变迁等各种限制，政府并不是可以不受限制地从“工具箱”中选择“最适当”的政府工具。同时，还必须考虑工具的标的群体的态度、行为、动机，及其对于既有政策的反应。②

施奈德（A. Schneider）和英格拉姆（H. Ingram）的研究表明，工具的选择其实反映了决策者对于目标群体的假定与偏见。③ 决策者对于标的群体享有的权力地位及其社会建构（是否值得为该标的群体提供服务）的认知，影响了决策者对于政府工具的选择。因此，有关政府工具的分析和选择，必须置于特定时空下的具体政治经济情境及其隐含的权力关系下来了解其政治过程与政治意义。维登（E. Vedung）的观点更为明确，他认为，有关政府工具的论述就是有关权力的论述，而政府工具就是政府运用权力的一套工具，企图获得对社会变迁的支持与实现，或是避免其发生。④ 可见，这些学者仍旧主要从政治和权力使用的角度来分析政府工具的选择，他们将工具本身带上了目的的色彩，而另外的学者认为政府工具本身并不涉及政治和价值，只是服务于特定目的的工具，这两派学者对于政府工具的不同观点反映了工具研究的两种主要途径。

路易斯（M. Louise）和维迪克（B. Videc）则从社会的角度来分析政府工具选择的影响因素。他们认为，影响政府工具选择的政策情境是特定国家或特定部门的系统性网络，例如，它的历史、地理环境，政治、经济与文化因素，国家结构形式，以及国家、区域与地方不同层级的政府机关间的关系；在文化领域，又有意识形态、思维传统、信仰、舆论等影响公共选择过程的认知活动。⑤ 范·尼斯彭等人则认为，政府工具的选择可能受到下列因素的影响：文化或制度的因素、时下的流行、增进（或贬抑）某些人的地位、受益者的偏好等。因此，工具的选择大多出于主观的判断（可利用性、经验、偏好或惯例），而非基于效能或效率等客观的判断。⑥ 他们认为所谓的政府工具选择并无常势，很多时候可能是习惯偏好、路径依赖甚至是主观随意的结果。在他们看来，政府工具可能的组合数量

---

① T. Lowi，“Four Systems of Policy，Politics and Choice”，*Public Administration Review*，32（4），1972，p. 299；Lester M. Salamon，*The Tools of Government：A Guide to the New Governance*，New York：Oxford University Press，2002，p. 552.

② R. Rist，“Choosing the Right Policy Instrument at the Right Time：The Contextual Challenges of Selection and Implementation”，in *Policy Instruments & Their Evaluation*，New Brunswick，NJ：Transaction，1998，p. 156.

③ A. Schneider，H. Ingram，*Policy Design for Democracy*，Lawrence，KS：University Press of Kansas，1997，p. 93.

④ E. Vedung，“Policy Instruments：Typologies and Theories”，in *Policy Instruments & Their Evaluation*，New Brunswick，NJ：Transaction，1998，p. 50.

⑤ M. Louise，B. Videc，“Introduction：Policy Instrument Choice and Evaluation”，in *Policy Instruments & Their Evaluation*，New Brunswick，NJ：Transaction，1998，p. 13.

⑥ Van Nispen，et al.，“On Instrument and Instrumentality：A Critical Assessment”，in B. Guy Peters，F. K. M. Van Nispen（eds.），*Public Policy Instrument：Evaluating the Tools of Public Administration*，Cheltenham，UK：Edward Elgar Publishing，1998，pp. 208-209.

十分庞大，而在有限的时间内，政府不可能系统地考虑在特定情境下的各种可能的组合的方式，所以政府工具的选择大多是出于决策者的直观、经验、传统、信仰甚至意外发现。胡德也认为，多数的政府工具选择类似于生态进化的自然选择，是机遇、实验和失败的结果。[①] 而选择正确的工具通常具有不确定性，是一件事关信仰与政治的事情，而且，工具的选择较之所要达成的目标更会引发激烈的政治辩论[②]，因此带有强烈的政治性。

可见，政治因素较之效能或效率对于政府工具的选择有更直接和更大程度的影响。但是，这些论点都是一种相当宽泛的描述，虽具有启发性，却无法构成一个明确的分析参考架构。彼得斯则通过对比较政治相关文献的整理，筛选出政府工具选择的五项主要因素，即观念（ideas）、制度（institutions）、利益（interests）、个人（individuals）与国际环境（international environment），可简称为“5I”模型（见图6-2）。[③] 虽然这不可能穷尽工具选择的制约因素，但是这个框架对于我们研究政府工具选择仍具有相当的启示意义。

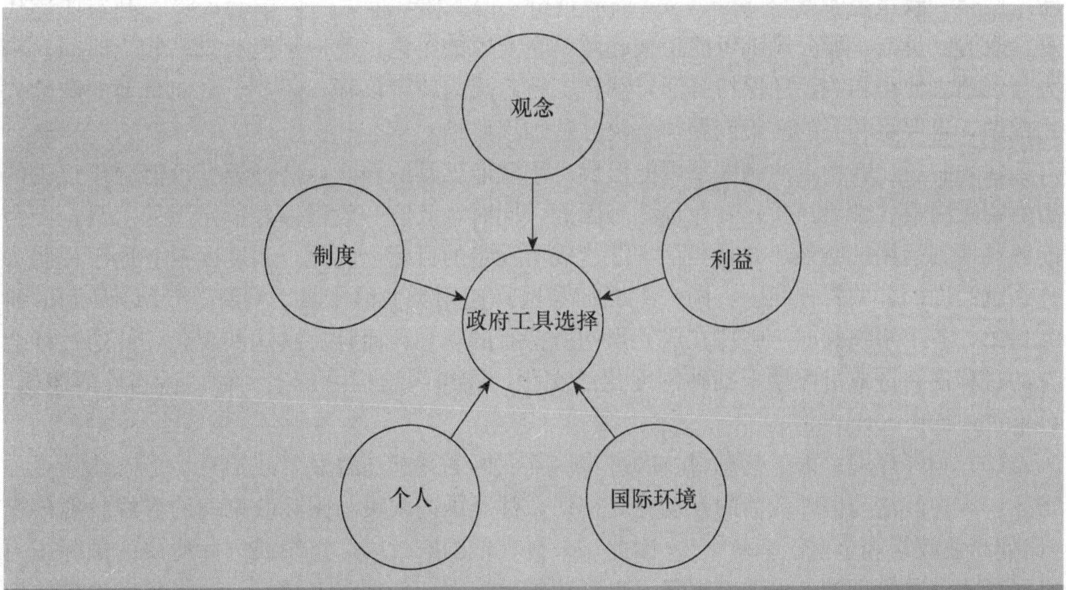

图6-2 政府工具选择的“5I”模型

（1）观念。彼得斯等人认为，观念与意识形态影响了政府工具的选择。[④] 摩尔（M. Moore）也认为，观念建构了公共政策辩论与执行的网络，亦即同时设定了公共政策的假定、理由、目的与手段。[⑤] 社会管制的实行及其效果，尤其与观念因素有着密切的关联。

---

① Christopher C. Hood, *The Tools of Government*, London: The Macmillan Press Ltd., 1983, p. 137.

② Ibid., p. 9.

③ Ibid., pp. 553-559.

④ G. Peters, “The Politics of Tool Choice”, in Lester M. Salamon (ed.), *The Tools of Governance: A Guide to the New Governance*, New York: Oxford University Press, 2002, p. 555.

⑤ M. Moore, “What Sort of Ideas Become Public Ideas?” in Mark H. Reich (ed.), *The Power of Public Ideas*, Cambridge, MA: Harvard University Press, 1990, p. 75.

（2）利益。一般都将政治理解为个人或集体对于利益的追求和价值的权威性分配。政治学中的理性选择论者假定，个人通过政治行动以追求其个人的效用最大化。而传统上的利益团体理论、阶级理论、精英理论则强调集体利益是发动政治过程的主要机制，政治活动就是这些团体企图去极大化维护其本身的利益。不论其强调个人的或集体的利益，“以利益为基础”的理论的基本逻辑就是政治是由行动者的利益所带动的，这些行动者企图在政治过程中实现其自身的目的。基于利益的考虑，相关的政治行动者往往致力于影响政策过程，以期政府选择使其收益最大而成本负担最小的政府工具。另外，特定工具所带来的利益之争和参与者对自身成本收益变化的不同估计，甚至参与者对成本和收益的认知，都可能影响到特定团体或个人会围绕某个政策议题形成压力集团，因此，利益是影响工具选择的首要变量。

（3）个人。某些个人对于政府工具的选择扮演了较具影响力的角色。在西方民主制下，工具的选择决定了一项政策能否得到支持，而使适当的政府工具被允许用于政府创新，则是“政策企业家”（policy entrepreneur）的主要功能之一。国会议员、利益团体代表、政府官员与一般公民都可能扮演起政策企业家的角色，他们不但要投入相当时间、精力与资源去使得相关议题保持鲜活，获得支持，成为政策议程，还要负责向重要的政治人物推销，也要将相关的政策问题与解决方法加以联结。①

（4）制度。在特定的制度下可能形成对于政府工具的偏好，这种偏好可能源于过去的历史背景因素、学习经验、专业训练等因素。同时，政府一般都偏好所熟悉的工具，因为能够预期其运用的结果，并且相信它能达成所设定的目标。因此，制度因素有助于说明为什么就不同的公共管理问题，同一组织却常选择使用类似的工具。马奇（J. March）的研究指出，各个组织倾向于坚持在成立当初所持有的观念，而且持续这些观念，并通过社会化的过程使新进成员习惯于某种制度化的文化，在组织结构内产生一种“适当性的逻辑”（logic of appropriateness）。

（5）国际环境。由于信息科技的进步、互联网的兴起与普及，政治意识形态传播更加密集，国内政治与国际政治的互动更趋密切，甚至国内政策与国际政策间的界线日愈模糊（比如产业政策和金融汇率政策）。因此，来自其他国家、国际组织或国际协议的国际压力已经成为公共管理的一项关键因素，也影响了政府对于工具的选择。② 国际环境也具体地影响政府对于政府工具的选择。

应该承认，由于中国的特殊国情，很多在西方背景下成熟的政府工具研究成果很难在中国的背景下马上得到应用，在政府工具选择的研究中亦是如此。国内学者王满船教授结合中国实际，对政府工具的选择进行了研究。他将政府工具（原文中称为“政策手段”）分为规制工具、经济工具和宣传教育工具，并通过不同政府工具的对比总结出政府工具选择所应注意的影响因素：工具的特性、选择的条件要求及适用情形（见表 6－2）。王满船的研究作为对现实的抽象，较为切合中国的政治环境和政府管理实际，因此，其观点对于

① J. Anderson，*Public Policymaking*（4th ed.），Boston：Houghton Mifflin，2000，p. 98.

② K. Woodside，“The Acceptability and Visibility of Policy Instruments”，in B. Guy Peters，F. K. M. Van Nispen（eds.），*Public Policy Instrument：Evaluating the Tools of Public Administration*，Cheltenham，UK：Edward Elgar Publishing，1998，pp. 162－168.

研究中国政府部门的工具选择也更具价值。

表 6-2 中国背景下政府工具的选择

政府工具	相对优点	相对局限	条件要求	适用情形
规制工具	1. 结果确定 2. 见效快	1. 不够灵活 2. 管理成本较高 3. 一次性刺激	1. 主管部门有较强的权威 2. 政策合理性强 3. 执行机构能力强 4. 监督机制完善	1. 问题后果十分严重 2. 问题非常紧迫 3. 政策相对人数量少
经济工具	1. 管理成本低 2. 比较灵活 3. 持续刺激产生经济收益	1. 结果不确定 2. 见效较慢	1. 政府角色定位符合市场经济体制的要求 2. 市场主体成熟 3. 政府管理行为规范	1. 政策相对人数量较多 2. 问题不紧迫 3. 问题的后果不严重
宣传教育工具	1. 管理成本低 2. 易于操作	1. 结果更不确定 2. 见效更慢	1. 信息源具有较高的权威性和信誉 2. 信息和知识的传播体系比较完善 3. 公众参与意识强、组织化程度高	1. 问题与人们的思想观念相关 2. 政策相对人数量多、分布广泛 3. 所针对的行为比较微观

资料来源：王满船：《公共政策制定：择优过程与机制》，150 页，北京，中国经济出版社，2004。

6.3 当代政府治理的新工具

当代西方各国政府改革与治理中应用了许多新的工具。虽然学者们对政府工具或治理工具有不同的分类，但他们所列举的当代政府工具或治理工具中相当大的部分是市场化工具及工商管理技术。凡是那些在某一方面具有明显市场特征（如价格、利润、私有产权、金钱诱因、自由化等）的方式、方法和手段，都是市场机制的反映，都可以称为市场化工具。可以粗略地将当代政府治理中常用的工具分为市场化工具、工商管理技术和社会化手段三类。

6.3.1 市场化工具

1. 民营化

民营化有时被用作市场化的同义语。民营化是指将原先由政府控制或拥有的职能交由企业私方承包或出售给私方，通过市场的作用，依靠市场的力量来提高生产力，搞活国营企业。其中最典型的做法是将国营公司一半以上的股票出售给私人或全部直截了当地出售给私营企业（私有化）。世界上有 100 多个国家或地区在推行民营化，还有很多正在考虑实施民营化。其中以英国、新西兰和其他欧洲国家最为典型。

在英国，从 20 世纪 70 年代末开始，撒切尔及其改革的后继者主要采取了两种民营化的方式：一是采取向公众出售股份的形式，实现国有企业的撤资。这包括：“英国燃油公司（1979）、英国飞机制造公司（1981）、英国石油公司（1982）、有线和无线公司（1983）、美洲豹公司（1984）、英国电信公司（1984）、英国天然气公司（1986）、英国航空公司（1987）、劳斯莱斯公司（1987）、英国机场管理局（1987），随后还有自来水管理局（1987）、电力局（1990）、英国铁路。”① 二是通过特许投标、合同承包，鼓励私人部门提供可市场化的产品或服务。英国的以私有化为主要内容的民营化取得了较大成就：缩小了政府规模，在短期内减轻了财政支出，而且还获得了数百亿英镑的股份出售收入；政府对企业的干预减少，企业有了较大的自主权；引入竞争机制的部门，绩效明显提高，如英国航空公司从此走向国际领先地位。

新西兰从1978年底开始，在两年半的时间内，拍卖了银行、保险、石油、电影、印刷、航运、电信等国有企业，价值约50亿美元。美国也有政府出售企业的例子，如联邦政府出售联合铁路公司。不过美国很少有国有企业，这方面改革不显著。在西方国家民营化理论和实践的影响下，苏联与东欧一些国家和第三世界国家在20世纪80年代以后也进行了大规模的私有化，公共服务及垄断行业逐渐向私人部门开放。我国国有企业改革的成效是有目共睹的，公共服务的民营化开始逐渐实行。

2. 用者付费

俗话说：“世界上没有免费的午餐。”公众在消费政府提供的公共服务时也要适量缴费，谁消费谁付费。在实践中，用者付费常常与特许经营相结合，它要求对一些公共服务采取收费的方式，目的是把价格机制引入公共服务中来。从理论上讲，用者付费工具有如下优点：一是能够克服免费提供公共服务所导致的对资源的不合理配置和浪费；二是无偿提供公共服务将导致无目的的补贴和资助，对社会公平造成损害；三是可以使价格真正起到信号灯的作用，即市场机制在公共服务领域得以有效应用；四是可以增加政府的财政收入，缓和政府的财政危机。

西方国家在许多服务领域采取用者付费工具。在美国，用者付费在自来水、电力、天然气、垃圾收集、污水处理、娱乐设施、公园、电信服务、港口、机场、道路、桥梁、公共汽车等方面得到广泛应用（例如，1992年以后，美国的收费公路迅速增长）。在法国，城市间的公路由私人投资、建造、拥有、管理和保养，向使用者收费，在一定期限后，还给政府（在我国，这种方法也得到了广泛应用，用于自来水、天然气、高速公路、桥梁等方面）。“实行用者付费以后，公众显示了对公共物品和服务的真实需求，使得资源得以有效配置。在特许经营的条件下，用者付费能够刺激私人部门以较低的价格提供这类服务，改善服务质量。从公平的角度看，由直接受益者支付比用财政支付更公平。美国的一项调查表明：‘在用者付费、财产税、地方销售税、地方收入税之间，用者付费是公民第一位的选择。’”② 这说明在管理完善的条件下，用者付费受到公众的欢迎。

3. 合同外包

合同外包把民事行为中的合同引入公共管理的领域中来，它必须以合同双方当事

① ［美］E. S. 萨瓦斯：《民营化与公私部门的伙伴关系》，222页。

② 宋世明：《美国行政改革研究》，145页。

人协商一致为前提，变过去单方面的强制行为为一种双方合意的行为。政府与其他组织一样都以平等主体的身份进入市场。政府的职责是确定需要什么，然后依照所签订的合同监督绩效，而不是靠强迫。合同外包被视为既提高服务水平又缩小政府规模的重要途径，是降低成本、节约开支的有效手段。合同外包常常使用竞争性招标投标（竞标）的方式，竞标一般包括四个步骤：一是先确定有哪些公务可以承包出去让私营公司承担，也就是私营公司有多少投标的机会；二是私营公司提出应标书，以多大的成本、什么样的质量来提供何种服务；三是如果所涉及的服务涉及定价问题，私营公司也必须向政府做出明确的定价意向；四是在上述步骤的基础上，由政府决定该项服务由哪家私营公司承包。招标是充分开放性的，除了私营公司之外，公营服务公司也可以参加投标。西方各国（如英国）在政府采购、车辆维护、饮食服务、会计、建筑设计、财务管理等领域普遍采用这一方式。

合同外包工具在美国的应用也非常广泛。美国的一项调查表明："99%的政府实施过合同承包，至少有200种服务是由承包商向政府提供的。"[①] 在英国，1988年的《地方政府法》要求，六种基本的市政服务必须经过竞争性招标来安排，包括生活垃圾收集、街道清洁、公共建筑清扫、车辆维修、地面维护和饮食服务。公共部门可以参与和私人部门的竞标，因此，竞标的结果可能是公共部门获胜，也可能是私人部门获胜。加拿大、德国、澳大利亚、日本等国也都在不同程度上使用了合同承包的方法。对这些国家合同外包的大量调查表明，"在服务水平不变的前提下，合同承包可以节省大约25%的费用"[②]。除提高效率之外，合同承包在效能上也具有优势，"承包商具有更加专业的技术，有更大的灵活性，因此，毫无争议，对一系列政府的日常活动来说，合同承包远比政府直接提供有效"[③]。在公平性上，在妥善管理的情况下，任何想投标的承包方都有平等得到的机会，因此受到投标者的欢迎。在美国，政府合同承包长期存在，并在企业广泛应用，使得这种方法容易为政府和社会所接受，合法性较高。目前，固体垃圾收集服务的合同承包被认为是最有效的一种方法。

4. 特许经营

公共管理中的特许经营是由公共部门授予私人企业经营和管理某项公用事业的权利，通过特许协议明确双方的权利与义务，承担相应的风险，从而达到公共管理目的的一种工具。世界银行的《1994年世界发展报告：为发展提供基础设施》把特许解释为一种私人团体为提供服务而从公共部门长期租赁资产的安排。私人团体在此期间有责任为特定的新固定投资提供资金，这些新的资产在合同期满时将返还给公共部门。[④]

特许经营的根源可以追溯到古希腊和古罗马时代。在近代西方（如法国）委托经营方式就大量应用于港口、运河、桥梁、铁路、供水、照明、城市交通等公用设施的建设。19世纪80年代以后，许多城市开始将垄断性特许经营权授予各有轨电车公司、水、排水系

① ［美］E. S. 萨瓦斯：《民营化与公私部门的伙伴关系》，74～75页。

② 同上书，152页。

③ Lester M. Salamon, *The Tools of Government: A Guide to the New Governance*, New York: Oxford University Press, 2002, p. 287.

④ 参见世界银行：《1994年世界发展报告：为发展提供基础设施》，ⅸ页，北京，中国财政经济出版社，1994。

统、天然气以及后来的电力等公用事业公司。20 世纪 70 年代以来，随着新公共管理运动的兴起，特许经营在公共部门管理中得到广泛应用（尤其是应用于高速公路、铁路、供电、通信、有线电视、城市供暖、垃圾处理、污水处理、停车场、监狱等设施的建设和经营中），在公共物品提供和生产中发挥着重大的作用。近几年，特许经营在我国公用事业的改革与发展中得到越来越多的应用。

5. 凭单制

凭单制是一种借用私人市场凭单的理念和技术来改造公共服务供给的政府改革工具。凭单也称为有价证券、代金券、消费券，是“政府部门给有资格消费某种物品或服务的个体发放的优惠券”。有资格接受凭单的个体在特定的公共服务供给组织中“消费”他们手中的凭单，然后政府用现金兑换各组织接受的凭单。① 它的基本特征是：凭单是围绕特定物品而对特定消费者群体实施的补贴；凭单不同于补助，是直接补贴消费者而非生产者；凭单通常采取代金券的方式而非现金。

凭单制的优势很明显。较之于政府服务、补助等传统政府工具，凭单制是一种崭新的理念和技术，它从根本上改变了公共服务供给与消费模式。萨瓦斯在《民营化与公私部门的伙伴关系》一书中认为，凭单制的优势在于：使消费者成为安排者，通过消费者的自由选择，使那些无法精确描述的服务获得了关于满意的标准；最有利于培育竞争，由此实现经济效率和效益；允许生产者规模独立于安排者规模，进而允许生产者规模最优化，最终实现规模经济；消费者直接向生产者购买物品，收益和成本直接关联；对消费者的回应性高；对低收入和少数民族群体具有特别的好处，最有利于促进获取服务的机会平等；尽管要求政府持续的支出，但允许相对少的政府雇员规模。②

凭单制及其应用也有种种问题和缺陷，如成本和效益问题、公平问题、“撇脂”现象（服务提供者选择最好的或唾手可得的顾客的倾向）、信息不对称问题、政府责任限度问题等。

6. 分散决策

分散决策其实就是分权与权力下放的过程，其主要目的是通过赋予执行者更大的自主权，使被授权的下级组织或单位能够更加独立，能够自由地与其他组织进行竞争。分散决策通过财政分权和建立内部代理机构及其他组织来实现。这种方法既涉及中央与地方的关系，又涉及政府部门内上下级之间的关系。前者应用的典型是美国联邦政府向州和地方政府放权，后者最典型的是英国的“下一步行动方案”和新西兰的公司化改革。英国和新西兰的做法体现了奥斯本和盖布勒所倡导的“起催化作用的政府——掌舵而不是划桨”和“分权的政府——从等级制到参与和协作”两大原则。

在英国，撒切尔政府在 1988 年实施“下一步行动方案”，其做法是：(1) 把政府的服务提供和执行职能从掌管它们的决策部门中分离出来（掌舵和划桨分离开来）；(2) 给予服务提供和执行机构更大的灵活性和自主性；(3) 通过与这些结构签订绩效合同使其对服务结果负责。“仅在 1988—1989 年就成立了 8 个执行机构，到 1991 年初，成立了 51 个执

---

① 参见宋世明：《美国行政改革研究》，148 页。

② 参见［美］E. S. 萨瓦斯：《民营化与公私部门的伙伴关系》，102 页。

行机构。到 1996 年末，整个改革过程近乎完成，近 75%的公务员在 126 个执行机构中工作。”① 通过运用绩效合同、绩效奖金、团队奖金等方法，并赋予执行机构一定的人事、财务管理权，执行机构的工作取得了较大进展，效率有了明显的提高。例如，作为最大执行机构之一的就业服务局，在没有增加资源的情况下，就业率增加了 40%，津贴支出的准确率逐步提高，机构运作成本的效率以每年 2%的速度递增。“下一步行动方案”被视为一次成功的改革。

新西兰的公司化改革类似于英国的“下一步行动方案”，但比英国更为彻底。其做法是：一是对政策部门和提供服务的部门实行职责分离，赋予不同的组织不同的职能。二是对部长和下属执行主管之间的关系重新进行界定，部长负责结果，主管负责产出。部长选择结果，并从主管那里购买产出，主管可以自主管理组织内的资源。三是执行主管是合同聘任制，任命的基础是绩效合同，“这一做法摆脱了政治影响，是运用市场机制来处理政治与行政之间的关系”②。公司化改革再加上私有化等其他改革举措，使得新西兰经济在 20 世纪 90 年代中期蒸蒸日上，“在 1993 年《世界竞争力报告》中，新西兰的政府质量在工业化国家中排名第一，企业社区信心指数排名第二”③。

丹麦的“政治性分权”措施也比较典型，其基本做法是把权力和决策交给另一民选的政治实体，把地方当局的权力下放给那些管理私人机构服务组织或由选举产生的实体（如由选举产生的学校领导机构）。此外，英国的财务管理也采取了财政分权的形式。

7. 放松管制

管制作为一种基本的政府工具，开始于 1887 年美国铁路州际商务委员会的成立。④ 史普博为管制下了这样的定义：管制是由行政制定并执行的直接干预市场配置机制或间接改变企业和消费者的供需决策的一般规则或特殊行为。⑤ 日本经济学家植草益在《微观规制经济学》一书中认为，管制是社会公共机构依照一定的规则对企业的活动进行限制的行为。大部分管制通过行政法规来进行，并由政府部门或特别的机构（如美国的独立管制委员会）来管理。管制采取了不同的形式，如规章、标准、许可、禁止、法律秩序和执行程序等。政府管制遍及社会生活的许多领域，尤其是物品和服务的价格和标准等方面。⑥ 从总体上看，管制大致可以划分为经济管制和社会管制两大类型。经济管制是管制的传统形式，它控制诸如产品的价格和数量、投资回报、某一产业中公司的进入或退出等一类的事项；社会管制是一种较新的管制类型，它控制诸如健康、安全、职业歧视一类的社会事项。

管制在特定历史时期发挥了积极的作用，然而随着管制的进一步加强，其弊端也逐渐暴露出来。于是，20 世纪 80 年代以来，放松管制成了西方各国政府改革的一个重要方面。放松管制就是在市场机制可以发挥作用的行业完全或部分取消对价格和市场进入的管制，

① ［美］戴维·奥斯本等：《摒弃官僚制：政府再造的五项战略》，28 页。
② 国家行政学院国际合作交流部编译：《西方国家行政改革述评》，104 页。
③ ［美］戴维·奥斯本等：《摒弃官僚制：政府再造的五项战略》，91 页。
④ 参见王华：《在放松管制与强化管制之间寻求平衡》，载《公共行政》，2003（5）。
⑤ 参见［美］丹尼尔·F. 史普博：《管制与市场》，45 页，上海，上海三联书店，1999。
⑥ 参见陈振明：《公共政策分析》，50～51 页，北京，中国人民大学出版社，2002。

使企业在制定价格和选择产品上有更多的自主权。其基本的观念是，“政府无效率的主要原因是对管理层进行干预控制的内部管制的数量太多……基本的假设是，如果公共组织能够清除戒律，它就能更加具有灵活性和效率”①。

放松管制在美国应用最为典型，成就也较显著。美国向来很少有国有企业或政府企业，而是让这些行业留在私人企业手里，由政府进行管制，主要是对价格、产品种类、加入或退出的条件或某个行业的服务标准进行管制。过多的管制束缚了企业的活力，也使得管制的成本上升。从20世纪70年代起，美国放松了对很多行业（证券、航空、铁路、卡车、公共汽车、能源、银行、电信等）的管制。以航空业为例，放松管制的结果是大量新公司进入了市场，大多数航线主要是长途航线的票价大幅下降。② 美国放松管制改革的成果主要体现在：“收费水平下降明显；收费种类、收费体系发生了很大变化；服务多样化，消费者能够选择价格与质量相结合的多种服务；企业内部效率有了提高；政府用于管制的开支减少。”③ 日本自20世纪80年代以来也在进行放松管制的改革，但直到90年代才进入政策实施阶段，至今效果不明显（值得一提的是，萨瓦斯认为，中国的改革实践是放松管制的最好例子。如1978年放松对农业的管制，90年代以后在城市的许多行业放松管制）。

8. *产权交易*

产权指的是人们操纵一项事物的排他性权利，它由使用权、收益权、决策权和让渡权等组成。因此，所谓产权的交易与变更，也并不是单纯指产权整体的转让。事实上，产权的划分越细，就越能够发挥出产权的整体效益，所以只有实现对产权的明晰与重组，最大限度地发挥产权所有者的积极性，才能实现资源配置的最大化。比如，对于一些公共设施，在财产所有权、收益权不变的前提下，通过将使用权出让，就可以取得巨大的经济效益。“长期以来，产权交易作为一种管理渔业、电波波段、环境的工具方法被人们讨论，许多传统上由公共部门拥有的资产，如港口、机场、公路、森林，还有最近的航空航线系统也是如此。”④ 这种方法最早是在渔业方面使用的，加拿大、冰岛、澳大利亚、新西兰最早进行了这方面的实践，运用交易性配额解决了渔业中过度捕捞、政府管制成本高的难题。这四个国家的实践证明：“交易性配额可以被视为政府通过产权市场的系统变更达到政策目标的第一个重要例子。”⑤

现在，许多国家用这种方法来控制有害物的排放，最典型的是美国。“1990年的《清洁空气法案》允许每一个企业排放不超过一定量的二氧化硫，但该法案允许一个排放量少于许可限度的公司出售未用完的许可给另一家公司，然后，这家公司就可以运用这些额外的许可超出自己的排放许可限度。”⑥ “在这种安排下，控制污染成本相对较高

---

① ［美］盖伊·彼得斯：《欧洲的行政现代化：一种北美视角的分析》，见国家行政学院国际合作交流编译：《西方国家行政改革评述》，70页。

② 参见车江洪：《改革公共部门》，36页，上海，华东师范大学出版社，2001。

③ 宋世明：《美国行政改革研究》，84～85页。

④⑤ “Managing with Market-Type Mechanisms”，*Public Management Studies*，OECD，Puma，1993，p. 57.

⑥ Lester M. Salamon，*The Tools of Government*：*A Guide to the New Governance*，New York：Oxford University Press，2002，p. 255.

的污染者就会发现，值得他花钱从控制污染成本较低的污染者那里购买额外的污染权。控制污染成本较低的污染者就会发现，减少污染的成本低于他们卖掉污染权所得到的收入。”① 由于总的排污量由法律限定，这种交易不会影响总的污染减少量，因此，环保组织就不会强烈反对。并且，这种交易在不增加企业额外财政负担的前提下，减少了整个社会污染控制的成本。“几种不同的估计表明，交易性许可使遵守美国《清洁空气法案》的成本降低了 30%～50%。”②

9. 内部市场

“广义的内部市场是指任何把生产和购买职能相分离的公共部门改革；狭义的内部市场是指对行政部门自身提供的某种服务供自己使用的模式进行改革（也就是市场模拟）。”③ 内部市场是将提供公共服务的公共部门人为地划分为生产者和购买者两方或“公对公的竞争”，这样在政府组织内部便产生了“生产者”和“消费者”两个角色，或促使内部组织之间进行竞争，达到提高服务质量的效果。内部市场是市场模式中应用范围比较窄的一种方式，在英国、新西兰、瑞典等国家运用较多，而在北美（主要是美国和加拿大）较少。彼得斯认为，这是因为在这些国家中，“很少有服务是政府特别是联邦政府直接提供的”④。

例如，英国公费医疗拨款制度改革是建立内部市场的一次有益尝试。从 1992 年开始，英国政府把原来给医院的大部分款项拨给家庭医生。医院的手术和住院服务明码标价，形成医疗服务的内部市场。家庭医生与病人协商选择医院，然后从自己的预算中向医院交付手术费和住院费。在不影响公民免费医疗权利的前提下，这一改革不仅彻底改变了医院效率越高越容易亏损的局面，而且迫使各医院提高质量，降低价格，为吸引更多的“顾客”而开展激烈的竞争。

6.3.2 工商管理技术

1. 全面质量管理

“质量”（quality）是指产品或服务的优劣，是“反映实体满足明确和隐含需要的能力的特性之总和”⑤，包括产品质量、服务质量、过程质量、工作质量等。而质量管理（quality management）是指“确定质量方针、目标后，在质量体系中通过诸如质量策划、质量控制、质量保证和质量改进，使其实施全部管理职能的所有活动”⑥。全面质量管理（total quality management，TQM）则是以质量为中心，建立在组织全体员工参与基础上的一种管理，其目的是通过顾客、本组织成员和社会收益来达到长期成功。TQM 的内涵

---

① Lester M. Salamon，*The Tools of Government：A Guide to the New Governance*，New York：Oxford University Press，2002，p. 271.

② Ibid.，p. 27.

③ “Managing with Market-Type Mechanisms”，*Public Management Studies*，OECD，Puma，1993，p. 65.

④ Yvonne Fortin，Hugo Van Hassel，*Contracting in the New Public Management*，IOS Press，2003，p. 44.

⑤ 龚益鸣：《质量管理学》，42 页，上海，复旦大学出版社，2000。

⑥ 魏娜、张璋主编：《公共管理中的方法与技术》，4 页，北京，中国人民大学出版社，1999。

是：第一，对全面质量的管理；第二，全过程的管理；第三，全员参与的管理；第四，科学的管理。

TQM 追求的是质量第一和为顾客服务，以达到大家受益和预防性管理的目的。质量是组织管理工作的重点和中心环节，随着竞争的加剧与人们需求水平的提高，质量已成为关系组织前途和命运的头等大事。质量是满足顾客需求的能力和程度，为顾客服务体现在产品或服务的形成、传输和使用时，要以顾客的需求为考虑问题的出发点和检查效果的归宿。通过追求质量第一，为顾客服务，着眼于通过系统优化来实现组织的长远宗旨和方向，摒弃就事论事，摒弃短期行为和眼前利益，从而达到顾客、业主、员工、供应者和社会“大家受益”。要将质量问题消灭在萌芽之中，仅靠产品或服务的质量检查是不够的，不可能真正提高质量水平，通过预防式管理，建立一整套质量保证体系，才能防患于未然。

TQM 已被广泛应用于公共部门的管理之中。在美国，“质量政府”运动已开展许多年，并且效果显著。虽然政府质量问题较为复杂，但是这并不能成为降低服务质量的借口。而且人们对政府的服务质量普遍很不满意，公共服务质量的低下导致人们对政府的信任危机。应用 TQM 可以改进政府管理、提高服务质量和改善政府形象。

2. 目标管理

目标是一定时期内期待于每个部门，需要每个人的努力才能完成的工作结果。目标管理（management by objectives，MBO）是通过参与式的目标设置、实施和评价等活动来管理组织的一种方法。[①] 目标管理是一个由多种要素组合起来的综合体，目标的作用仅仅是一种手段，一种达到有效管理的手段。从过程角度看，目标管理由制定目标、实施目标、评价成果和支付报酬等步骤组成，中间穿插着各种计划、组织、指挥、协调、激励、监督、控制等活动。只有将这些步骤、活动综合起来，形成一整套系统的制度，才能实现组织的目标。

目标管理主要有三大特征：（1）面向成果的管理。德鲁克认为，必须用目标来统一员工的意志和工作，让每个部门、每个员工都将注意力转向组织的长期目标，并为此做出自己的贡献。（2）分权与自我控制的管理。目标管理强调人们能够做出自己的贡献，因此必须赋予每个部门、每个管理人员独特的任务和职责，因为与那些集权的、强调上级监督控制的管理相比，目标管理是一种分权与自我控制式的管理。（3）参与式管理。目标管理是一种民主参与式管理，它要求上级部门充分发挥下级的能动作用，积极参与到各项管理决策中来。

目标管理被广泛应用于私人部门和公共部门。它以目标为基础，实行按成果为中心的人事考核制度，是提高组织绩效的有效方式。它能够激励工作人员的积极性，加强组织内部信息沟通，通过明确组织目标，并予以具体化，避免产生个别部门将自己的目标当成整个组织工作的最终目标，从而有利于整合组织内各种力量，改善各种关系，为实现组织的最终目标而努力。

3. 绩效管理

绩效是指组织中单位或个人的实际工作表现和工作成绩。绩效管理（performance

---

① 参见李继延、褚福灵：《现代工商管理实务》，253 页，北京，经济科学出版社，2000。

management）是利用绩效信息协助设定绩效目标，进行资源配置与优先顺序的安排，以告知管理者维持或改变既定目标计划，并且报告符合目标的管理过程。因此，绩效管理是组织系统整合组织资源达成其目标的行为，它包括全方位控制、检测、评估组织所有方面的绩效。

绩效管理过程一般包括三个最基本的功能活动：（1）绩效评估（performance evaluation）。绩效评估可以是组织的绩效、计划的绩效和个人的绩效。不同单位、部门或者个人其绩效表现为不同形式。绩效评价是根据反馈的信息，管理者要对不同部门、岗位及个人的绩效做出评价，以便奖优罚劣，调动员工的积极性，确保各项任务的顺利完成。绩效评估为人力资源规划提供了标准和依据，可以指导员工的晋升、职位轮换、解聘、工资升级和其他奖酬工资的开展，还能够确定员工培训和发展的需要，具有多方面的意义。（2）绩效衡量（performance measurement）。为了进行绩效评估，管理者必须设计一套足以衡量组织目标实现的指标系统，也就是衡量组织绩效的标尺，这样才能进行不同机关与不同时期的比较。（3）绩效追踪（performance monitoring）。绩效追踪指对组织的绩效进行持续性的检测、记录与考核，以作为改进组织绩效的基本依据。①

绩效管理作为一种诱因机制，把绩效与奖惩联系起来，通过绩效评估，使组织的激励约束机制有了依据，有利于调动和发挥部门与工作人员的工作积极性、主动性和创造性，促进他们端正工作态度，改进工作方法，积极进取，开拓创新，高质量地完成既定目标和工作计划。绩效管理作为一种管理工具，其重要意义还在于在组织运作和管理上进行成本与效益的考虑，是进行有效资源配置的一个重要手段。因此，将绩效管理引入公共部门特别是政府部门，是提高行政工作效率、实现行政管理职能的有效手段。

4. 战略管理

战略（strategy）一词最早起源于军事领域，意指赢得战争胜利的目标。战略管理（strategy management）是管理者有意识地进行政策选择、发展能力、解释环境，以集中组织的努力，达成目标之行为，亦指制定、实施和评价使组织能够达到目标的跨功能决策的艺术或科学。② 战略管理旨在将计划功能与整体的管理工作整合在一起，在私营部门，战略管理包括了对机遇与威胁的环境分析，并形成战略计划去把握机遇，应付威胁。③ 引进战略管理工具，可以解决公共部门组织与管理中的这样一些问题：为组织提供战略性发展方向，加强组织目标规划；指导资源配置的先后顺序；通过政府单位改善沟通，解决跨部门的功能问题，强化整体管理能力；发展可行的决策制定过程，改善组织绩效；等等。

战略管理是一个过程，它可以把传统与创新结为一体，同时又考虑制定——创造新的理念，以及实施——把新思维付诸实践。最有影响的战略管理过程模式是纳特和巴可夫在《公共和第三部门组织的战略管理：领导手册》（1992）一书中提出的六个阶段模式：根据

① 参见张成福、党秀云：《公共管理学》，271～272 页。

② 参见上书，75 页。

③ 参见［澳］欧文·E. 休斯：《公共管理导论》（第 2 版），187 页。

环境发展趋势、总体方向及标准概念描述组织的历史关联因素；根据现在的优势与劣势、未来的机遇与威胁来分析判断目前的形势；制定出当前要解决的战略问题议程；设计出战略选择方案以解决需要优先考虑的问题；根据利益相关者和所需要的资源评价战略选择方案；通过资源配置和人员管理贯彻需要优先考虑的战略。

战略管理先在私人部门兴起。在私人部门的示范性影响下，公共部门战略规划和战略管理途径也随之出现。按照休斯在《公共管理导论》一书中的说法，战略计划在公共部门的运用，是在20世纪80年代，它落后于私人部门十几年；而战略管理的引入，却是在20世纪80年代后期，只比私人部门晚几年。在美国公共管理实践中，战略管理得到较多的使用。20世纪80年代初已有不少州开始使用战略规划技术；美国国会1993年通过的《政府绩效与结果法》，要求到1997年，所有联邦政府机构都必须实行战略规划。到90年代中期，美国2/5的州机关完全采用了战略规划，而且4/5的州机关部分或全部实施了战略计划。

5．顾客导向

公共部门管理以顾客满意为导向最初是从企业管理中借鉴过来的，其基本取向是：以顾客为中心，即从顾客的角度开展活动和提供服务；以追求顾客满意为基本精神；以社会和顾客的期待为理想目标。这些基本取向被发达国家引入政府公共部门的管理中。

"新公共行政学"的代表人物弗雷德里克森认为，在组织形态的设计上，要坚持顾客导向，即将公众——公共行政服务对象——的需求作为组织存在和发展的前提。以奥斯本为代表的企业家政府理论强调，引入竞争机制，树立顾客意识，制定顾客驱使政府的制度，使政府自觉地为顾客服务。

在当代，政府活动已不是简单的公共物品和服务的提供，而是必须及时了解公众需求并设法满足，即从"供应顾客"到"创造顾客"的转变。所以，顾客导向的政府无论是进行公共物品和服务的创新，还是制度创新和管理创新，都必须立足于顾客。

相对于政府而言的顾客，一是指公共物品和服务的最终使用者，二是指相对意义上的顾客，即公共物品和服务供给过程中的参与者。顾客导向的技术是"倒金字塔式"的方式，政府关注的是顾客即公众的需要，提供"回应性"服务。政府的一切职能、行为和改革等都要围绕顾客来展开，以顾客满意作为政府机构的考察量度。

作为一种政策工具，顾客导向技术要求公共机构像管理其他资源那样对顾客进行管理，做到顾客至上，民众优先，了解顾客，针对顾客的需求生产和提供公共物品与服务，以顾客价值作为政策的基点，注重与顾客互动、沟通，依据收集到的顾客相关信息改善行政机关的产品和服务，为顾客创造利益和价值。

6．标杆管理

标杆（benchmarking）是一种业绩标准。标杆管理是一个认识和引进最佳实践，以提高绩效的过程，是一个帮助机构发现其他组织更高绩效水平（标杆）的过程，并尽量了解它们是怎么样达到那种水准的，以便使产生那种水准的做法和程序得以运用到自己的组织机构中。① 标杆管理不是一种简单的比较研究，不只是看得出的结果数据，更注重借鉴、

① 参见［美］帕特里夏·基利等：《公共部门标杆管理》，35页，北京，中国人民大学出版社，2002。

适应、采用他人的方法；不是简单地抄袭其他组织的做法，而是经过分析、理解和调整，将先进经验与自己的特点相结合而进行的借鉴；不是单纯的绩效评估、业绩测定，绩效评估仅是实践的一个要素或一个步骤，是给组织提供用于改进工作程序的数据基础；不是静止的，出于工作的需要，应将所获得的知识、修改了的任务和已经发生的机构变化融为一体。

正如动物面对一个新的或正在改变的环境会调整自己以适应而求得生存一样，公共组织也应该做出调整，以适应新标准、新技术、新情况。威廉·盖伊（William Gay）称标杆管理是“消费者给公共部门的报告”。他说，标杆给市民——消费者——提供了精确可靠的信息，通过这些信息，可以建立标准，做出比较，评判绩效。他将标杆管理说成一种“推动行业具备高水准的质量和生产力管理竞争力的产物”①。公共部门之间不存在为争夺市场份额而发生的生存竞争，因此，政府内部明显缺少一种激励机制。公共部门对标杆管理的运作不仅可以改变其组织的运行节奏，而且可以促使它及时改进——使它能应对各种根本性的变革，以便继续满足市民的期望和避免福利的净损失。

7. 流程再造

流程再造是 20 世纪 80 年代初在美国出现的。其创始人哈默（Michael Hammer）和钱皮（Janes Champy）在《企业再造——经营革命宣言》一书中所下的定义是：再造是对公司的流程、组织结构和文化等进行彻底的、急剧的重塑，以达到绩效的飞跃。②

作为一种政策工具，流程再造技术可以提高提供公共物品和服务的效率和质量，帮助组织应对风险和变化，是一种鼓励个人创造性的新途径，使组织能够在国际竞争和日新月异的变革中生存。根据美国公共行政学会（NAPA）1994 年的报告，可以在政府部门很好地应用再造技术。

该报告称，1993—1994 年，有 44 个公共机构通过流程再造获得成功。根据 NAPA 的这份报告，“政府流程再造是一个激进的改进方式，它在政治视角内严肃地重新思考和重新设计组织的任务、提供公共物品和服务的过程，并通过不断评估和调整行为方式来取得最佳行为。它是过程管理模式的关键组成部分”③。当然，公共部门流程再造更困难，因为公共部门的成本难以量化，所以难以评估提高服务和降低成本的比例关系，与企业相比较，在政府机构中打破部门界限和壁垒难度更大。

6.3.3　社会化手段

1. 社区治理

有学者指出：“加强社区建设……是重要课题。随着社会主义市场经济体制的逐步建

① 转引自［美］帕特里夏·基利等：《公共部门标杆管理》，7 页。

② M. Hammer，J. Champy，*The Reengineering the Corporation*：*A Manifesto for Business Revolution*，New York：Harper Collins，1994，p. 31.

③ National Academy of Public Administration，*Reengineering for Results*：*Keys to Successful Government Experience*，Washington，DC，NAPA，1997，p. 7.

立和完善，从政府和企业中分离出来的社会职能，大部分需要依托于城市社区来承担。同时，下岗失业人员一部分滞留在社区，流动人员大量涌入社区，城市老龄化和贫困人口等问题，都需要尽快发展和完善基层社区的功能，向以社区为依托的新的管理、保障和服务方式转变。”①

在我国大力发展社区建设和社区服务的实践中，社区治理是一种重要的政策工具，可以开发和利用社区文化资源、人力资源等，在社区内通过建立各种敬老院、福利院、康复中心、医疗站、托儿所、幼儿园等设施，对老年人、儿童和残疾人等实行社区照顾；可以调动社区居民不定期地参加保护社区环境的清洁卫生工作，美化居住环境；可以加强社区治安管理；等等。

社区治理的优点在于：不花或者很少花政府的钱；调动公民积极参与，受到广泛的支持和欢迎。但是，社区治理作为一种政策工具，往往只能作为一种辅助工具来使用。

2. 个人与家庭

在任何社会中，家庭和个人都提供了无数的物品与服务，政府也往往有意识地扩展它们在达成政策目标上的作用，尤其是在提倡“小政府，大社会”的当今现实状况中。

安装警报器预防火灾、锁上房门防止偷盗等是最早的也是最基本的个人服务方式。人们自己包扎伤口或者自己存钱以保证退休后的生活，都是个人服务行为。

作为一个服务单位，家庭是人们在住房、健康、教育、福利和养老等方面最古老也最有效的服务部门，它为其成员提供了广泛而又重要的服务。在美国，每 8 个就业人员中大约有 1 个直接照顾老年父母，这个比例预计还会增长。②

作为一种政策工具，个人与家庭可以做好政府无法做或做不好的许多事情，可以减轻政府的负担。但是，它也同样只能作为一种辅助工具来使用。

3. 志愿者服务

作为一种政策工具，志愿者组织的活动免受国家强制力和经济利益分配的约束。志愿者组织提供某些社会服务，例如，慈善机构为穷人提供医疗保健、教育和食品，志愿者团体提供诸如海滩和公园的公益服务等。

在传统社会里，志愿者组织或非营利组织提供了大量的社会服务，尤其是从事公益事业，现代福利国家的出现曾一度降低它们的重要性程度。但是，在当代社会中，它们仍然被广泛地当作一种处理社会问题的重要手段。在我国，随着政府职能的转变，志愿者组织或非营利组织作为一种政策工具的地位和作用也将日益重要。

志愿者服务的最大优点是创新，即创造性地迅速确认并满足需求的能力（例如，在救灾方面，志愿者组织的行动往往比政府快）。由志愿者提供社会服务还可以减少对政府行动的需要或减轻政府的负担。但是，其应用范围有限，大量的经济与社会问题不能通过这种手段来处理；志愿者组织容易蜕化变成准官僚机构，从而降低了它的效能和效益。

---

① 马仲良、罗晓路主编：《中国社区建设》，载《北京社会科学》，1999（增刊）。

② Sue Shellenbarger, “More Children Start Making Plans Early to Care for Elders”, *Wall Street Journal*, July 8, 1998.

4. 公私伙伴关系

我们可以从三个层面来使用公私伙伴关系：首先，广义上指公共和私人部门共同参与生产与提供物品和服务的任何安排；其次，它指一些复杂的、多方参与的并被民营化了的基础设施项目；最后，它指企业、社会贤达和地方政府为改善城市状况而进行的一种正式合作。①

为了满足人们的需求和促进经济的发展，政府部门正在努力寻求资金进行基础设施建设。在基础设施领域中公私合作的发展，为政府提供了一个解决之道。

公私合作伙伴关系在实践中有几种典型的形式：租赁/购买—建设—经营（LBO/BBO）——民营企业从政府手中租用或收购基础设施，在特许权下改造、扩建并经营该基础设施，它可以根据特许权向用户收取费用，同时向政府缴纳一定的特许费。建设—转让—经营（BTO）——民营企业投资兴建新的基础设施，建成后把所有权移交给公共部门，然后可以经营该基础设施20～40年，在此期间向用户收取费用。BOT与BTO类似，不同在于：基础设施的所有权在民营部门经营20～40年后才转移给公共部门。建设—拥有—经营（BOO）——民营部门在永久性的特许权下，投资兴建，拥有并经营基础设施。

在各种公私伙伴关系的形式中，民营部门可以是企业、咨询者以及专家的集合，包括设计工程师、建筑公司、银行家、律师、设备制造商、科研技术单位、房地产开发商等。

作为一种政策工具，公私伙伴关系可以利用民间资本弥补政府资源的不足，帮助政府发展基础设施；民间投资者和有经验的商业借贷者的参与，有助于更好保证一个项目在技术上和财政上的可行性，分担一些本来由公共部门承担的风险；在开展合作项目中，民营部门可以促进技术转让，并为政府部门培训人才。但是，公私伙伴关系有多种形式，每一种形式都十分复杂，需要公共部门和私营部门双方具备相当的专业知识才能成功；竞争是一个关键性的因素，但在这些形式中引入竞争却需要高超的技能；如何适当而合理地分担风险也是必须考虑的问题。

5. 公众参与及听证会

政府决策民主化要求增强政府决策的透明度，建立公众参与的制度，赋予公众在国家决策上的发言权，公众依照法律赋予的民主权利，通过各种形式反映社会生活中的各种问题，提出各方面的建议。②

公众参与是衡量现代社会民主化程度和水平的一项重要指标，它的具体形式很多，包括直接选举和全民公决，还包括公共决策听证会。其中，公共决策中的听证制度是现代民主社会普遍推行的用于保证各方利益主体平等参与公共决策过程，最终实现决策民主化、公开化、科学化和公正化的一种重要制度安排。

听证渊源于英美普通法的自然正义观念的听取两方面意见之法理，最初仅用于司法权的行使，作为司法审判活动的必经程序，谓之“司法听证”。后来随着司法听证的广泛应用和不断发展而移植到决策领域，形成“决策听证制度”。决策听证是指在政府决策过程

① Perry Davis（ed.），“Public-Private Partnerships：Improving Urban Life”，*Proceedings of the Academy of Political Science*，1986，36（2）.

② 参见李荣华：《听政程序与行政决策民主化》，载《中国行政管理》，1999（8）。

中，听取有关专家学者的意见，特别是听取与该决策有利害关系的当事人的意见，它把科学引入决策过程中，运用民主和科学的方法，把决策变成集思广益的、有科学根据的、有制度保证的过程。

作为一种政策工具，听证会提高了决策的民主性和科学化，扩大了决策参与，增加了决策透明度和公开性。但是，作为一项全新的工具和制度，在我国应该有一个逐步推广的过程。我国现在尚不具备将所有的政府决策都纳入听证程序的经济实力，民主和法律观念也有待提高。

6.3.4　新治理工具的推广与应用

政府管理方式的创新，特别是市场化工具、工商管理技术和社会化手段在政府管理中的引入，是 21 世纪公共管理发展的一个基本趋势。自 20 世纪 70 年代末 80 年代初开始，伴随着全球化、信息化、市场化以及知识经济时代的来临，西方各国相继掀起了政府改革的浪潮。尽管西方各国政府改革的战略和优先性不同，但都以改进管理方式为核心，并采取以引入市场化工具和工商管理技术为特征的“管理主义”或“新公共管理”措施，追求提高行政效率，改善管理绩效，加强责任制，放松管制，增加灵活性和回应性等目标。西方的“管理主义”改革在将市场化工具、工商管理技术和社会化手段应用于行政管理的实践上已积累起成功的经验，也留下了失败的教训，西方学者对这个问题做了大量的实证分析与理论研究，取得了丰硕的成果，但也有许多理论与实践难题没有解决。

在我国，随着市场经济的不断成熟和国家治理的转型，行政体制改革的深化以及政府职能的转变，政府治理模式以及行政管理的方式、方法和手段亟待创新。现阶段我国行政管理水平不够高的一个重要原因是管理手段较为单一，缺乏管理方式方法的创新和现代化。这就迫切需要引入一整套与市场经济相适应的新的政府工具或现代化的公共管理技术，并建构起新的行政管理的实践模式。江泽民同志在党的十六大就已经将改进管理方式与深化行政管理体制改革、转变政府职能和推行电子政务并列，作为我国政府改革的四大内容之一。温家宝同志在十届全国人大五次会议上的《政府工作报告》中则强调“必须坚持创新政府管理制度和方式”，将“改进政府管理与服务方式”作为当前和今后一个时期政府自身改革和建设的主要内容之一。① 而管理方式改进的一个重要方面是引入新的政府工具或现代化公共管理技术。在当前我国全面推进国家治理现代化的新形势下，必须高度重视政府工具尤其是新治理工具的研究，重视新治理工具在我国公共部门管理中的推广。

1. 正确认识新治理工具的作用和局限性

首先，必须充分认识市场化工具和工商管理技术是改善政府绩效的有效手段，引入竞争机制，借鉴工商管理的实践经验，用市场的力量改造政府，提高工作效率。这是当代西方新公共管理运动以及政府改革的一个基本精神。目前我国公共管理或政府管理水平不高的一个重要原因，就是管理手段单一，管理方式陈旧，管理方法落后。这就迫切需要一整

① 参见温家宝：《政府工作报告：2007 年 3 月 5 日在第十届全国人民代表大会第五次会议上》，载《光明日报》，2007-03-18。

套与市场机制相适应的公共管理的理论、原则、方法及技术，并构筑起新的公共管理模式，而这套新理论、原则、方法、技术和模式的一个重要来源正是当代市场经济与工商管理实践及其经验。新公共管理运动在这方面的做法是有其理由的。因此，必须充分注意工商管理的示范性影响。

其次，必须清醒认识新治理工具的局限性。例如，尽管市场化工具的意义重大，并且它们的应用在某种程度上取得了成功，但市场化工具本身存在一定的局限性，再加上许多害怕变革的传统力量的反对（萨瓦斯将其概括为：意识形态、民族主义、对外国公司拥有权的恐惧、对少数人占有的担忧、担心失控、资本的缺乏等理由，以及担心会出现财富过分集中、损害社会正义、腐败、私人垄断、“撇脂”等现象），它们引来了大量的批评，这些批评在一定程度上反映了市场化工具在应用过程中所产生的问题。

2. 必须立足国情合理引进

各国国情不同、价值偏好不同，对新治理工具的选择和应用也不完全相同。英国、新西兰等国家在传统上主要由政府提供公共服务，且合同主义盛行。因此，这些国家主要采取民营化、合同承包、分散决策、内部市场等方法；在美国，则很少存在国有企业，政府直接提供公共服务较少，合同外包长期存在，所选择的市场化方法不同于欧洲国家，主要是放松管制、合同外包、用者付费、产权交易等。应用最广、存在争议最大的是民营化和合同承包。在这些国家中，市场经济比较发达，市场突破传统的作用范围，渗透到公共领域，成为政府管理的重要工具。

任何理论、方法的引进都要与本国实际结合，进行批判借鉴，并不是每一种新治理工具都适合我国国情，不能盲目引进。比如，私有化（最激进的做法是全盘私有化）的做法在英国、日本直至整个西欧和现在的独联体国家都备受欢迎。实践也证明私有化的确有提高产品质量、对顾客需求反应迅速、减少政府财政负担、优化资源配置、增强企业活力和生命力、提供更多的就业机会等优点，但私有化在实践中也引发了一系列技术上和政治上的问题。许多西方国家对一些敏感的公共服务采取私有化保持谨慎态度。私有化对我国并不适合，我国是社会主义国家，社会主义公有制经济占主导地位是不可动摇的，国有企业采取国家控股的形式，把所有权和经营权分开，维护社会主义性质和增强企业活力两不误，才是现有国情下的优化选择。

3. 弄清每种新治理工具的应用机制、条件和范围

每种新治理工具都有其应用机制、条件和范围，必须加以认真的分析，处理好技术上的问题。例如，一般认为，对于使用者和公众，可以自由选择服务项目的服务领域，采取用者付费制比较合适。按照罗斯的估计，大约75％的公共服务可以采用付费的办法。但对于一些特定的公共服务，付费制并不合适（比如教育、卫生和社会服务）。西方国家开始采用付费制，其目的大多是缓和政府财政危机，实际上并没有使价格机制真正发挥作用。委托代理在取得效益的同时，还存在技术上的风险：（1）利益不相同。委托人和代理人的利益有矛盾，追求的目标有差异，行为的动机不统一。（2）信息不对称。代理人对要提供的公共服务或公共物品的生产经营情况和自身的经营管理水平、能力拥有较充分的信息，又由于不确定等因素，委托人对这些信息的掌握却很不充分，这可能会导致代理人欺骗委托人，损害委托人的利益等情况。（3）合约不完全。委托代理关系是一种合同契约关系，由于信息的不完全和市场的不确定性，不可能制定一个完美无缺、无所不包的契约来约束代理人的行为，维护委托人的利益不受侵犯。合约的不完全使得代理人总是有空子可钻，逃避委托人的监督和约束，有可能损害或侵犯委托人的利益。内部市场虽然是西方公共管理改革一个很有创新性的新思路，但其实现必须具备三个前提要素：一是要明确划分生产者和消费者；二是内部市场的主体在内部签订准合同和商业契约；三是要求一定的付费制和会计制度做保障。我国目前还不具备完备的信息管理系统和高素质的管理人员及政府形成一种契约意识和平等的竞争环境，所以内部市场运用起来较为困难。

正因为每一种新治理工具都存在不足之处，因此把它们应用于公共管理时，应弄清其机制、条件和范围，在实践中使其优化。例如，把竞争引入公共服务领域而采取的招投标方式，对公共物品及公共服务实行公开竞标，应创造良好的应用环境和制度支持。以规范、透明、竞争、公平原则为指导，防止“暗箱操作”和幕后交易，把行政行为放在公众的监督之下，使公共权力不仅在权力制约机制内得到监督，而且必须接受整个社会的普遍监督和制约。这样才能不使招投标失去原有的设计意义而产生偏差。

4. 扩大新治理工具应用的领域范围

新治理工具的广泛应用，成为全球治理的一大趋势。在我国，市场经济还不够完善，政府与市场的关系还没有理顺，政府在某些方面还行使着市场的职能，新治理工具的应用刚刚起步，其推广应用的范围相当广阔。例如，合同外包的应用范围可以进一步扩大，不仅可以用在废物垃圾处理、手工服务等领域，而且可以用在政府人事制度改革和政策制定及信息收集等专业化领域。拍卖（如营业执照的拍卖），实质上是要通过竞争定价来实现资源的最优化，使得资源置换的收益最大化。早在20多年前的温州，市政府发现出租车经营权是一种很好的资源，就把每辆出租车的永久性经营权进行拍卖，结果拍卖价格达到了每辆车60万元，政府收入相当可观。在我国二三十年市场改革的实践中，从营业执照的拍卖到公交线路转让经营权，是要通过拍卖和转让把竞争引入传统的自然垄断行业，范围可以继续扩大，譬如电信行业目前采取的是准入制而不是像欧盟那样采取竞争的拍卖，就需要改革。代理制度除了在邮政代理、水域环境管理之外，在其他许多公共服务领域内也可采用，许多政府部门已经开始把承包制度引入其他公共服务的供给上。

通过把政府负责的公共服务承包给私人来负责，可以在公共服务领域建立公共服务的市场，最明显的效果之一是扩大了政府供给公共服务的财源及技术力量，从而提高绩效。放松管制，引入竞争机制，不仅在政府采购领域，而且在其他产业领域都是增加有效供给和改善服务质量的一把金钥匙。这些年来，给人印象最为深刻的莫过于：哪个领域放松了管制，允许民间资本进入，引入了竞争机制，哪个领域就面目一新，供给能力迅速增加，服务质量明显改善，而价格却下降了（如出租车服务、无线通信服务等）；相反，哪个领域控制较死，限制或禁止民间资本进入，继续保持垄断，哪个领域就死水一潭，就仍然是一幅老面孔（如金融领域中的基本金融服务、有线通信服务等）。我们必须充分认识在各公共领域内引入竞争的必要性和重要性。对于传统的垄断部门而言，要不断加快自身的改革步伐，剥离企业承担的政府职能和社会职能，向市场经济条件下的经营机制转变；对于政府治理而言，则要逐步放开市场准入的限制，尽量引入多个竞争主体，特别要引入民间资本进行经营，形成相互竞争、共同发展的局面。

5. 必须正确处理“破”和“立”的关系

把政府公共服务职能通过民营化、承包、出租、委托代理等形式交给非公有部门来履行，是我国行政改革的方式之一，但在打破原有的政府官僚体制结构之后，各竞争主体的监督制约保障机制缺位，易导致各竞争主体行为失范。缺乏有效监督制约机制的组织，难以保证其自身的健康和行为的高效。因此，在引进新治理工具尤其是市场工具的同时应加快行政体制改革的步伐，不仅要“破”，更要“立”。在打破原有政府官僚行政体制之后，必须建立行政主体的监督制约保障机制，避免产生监督制约的真空。

总之，我国市场经济的发展与政府治理的现实，要求转变政府职能、规范政府行为，形成新的政府管理或治理模式。要达成这一目的，一方面，要靠我国市场经济和政府改革实践的探索，逐步积累经验。当前我国公共管理改革中引进新治理工具在一定程度和一定领域内的实践应用已取得一定成果，证明了新治理工具的可行性。应该总结我国现阶段公共管理市场化改革的经验教训，推广新治理工具的应用。另一方面，应该总结西方发达市场经济国家政府改革与治理中应用新治理工具的经验教训，借鉴其合理因素。通过这两方面的努力，改进我国政府管理的方式，推进我国政府治理创新。

第 7 章

公共政策

以公共政策为研究对象的政策科学或政策分析既是一个相对独立的研究领域，又是公共部门管理研究的一个重要的主题或分支。尽管拉斯韦尔和德洛尔等人所提倡的政策科学是一种全新的跨学科、综合性的学问，是一种“统一的社会科学”(元社会科学)，但是政策科学既然主要以公共政策为研究对象，那么它主要就是关于公共部门管理，尤其是政府管理的学问。更准确地说，它构成了公共部门管理研究的一个基本途径。在某种意义上，公共管理就是对政策的管理。因而，公共政策在公共管理过程中占有重要的地位。本章我们将探讨公共政策的若干基本问题。

7.1　公共管理学视野中的政策科学

政策科学是 20 世纪 60 年代末 70 年代初作为传统公共行政学的替代途径而出现的，而自 80 年代中后期以来，它日益被融合在新公共管理的范式之中，成为新公共管理学的有机组成部分。要认识和把握政策科学，就不能离开公共部门管理学科（公共管理学）发展的背景与趋势。因此，必须充分认识政策科学或政策分析与公共管理学的密切联系，尤其是前者是后者的一个重要组成部分或一种研究途径的事实，把政策科学的研究放到公共管理的大背景中去考察，熔公共政策与公共管理于一炉。

7.1.1　政策科学的形成

政策科学又称政策分析、公共政策（学）和政策研究，是二战后在西方（主要是美国）的思想库和大学兴起的一个全新的跨学科、应用性的研究领域。它的出现被视为“当代公共行政学的最重要的发展”、当代政治学的“一次最重大的突破”以及当代西方社会科学领域的一次革命性变化。政策科学的迅速成长以及它对各国政府政策制定和社会经济发展所产生的巨大影响，使它成为各国政界和学界共同关注的学科。现在政策科学已构成当代公共管理学乃至整个社会科学的一个重要而又富有活力的部分。

一般认为，“政策科学”的概念是美国政治科学家拉斯韦尔首先提出的。早在 1943 年的一个备忘录中，他就提到了“政策科学”的概念，而这一概念在出版物中的首次出现则是他与卡普兰在 1950 年合著的《权力和社会：政治研究的框架》一书。1951 年，拉斯韦尔在与拉纳合编的《政策科学：范围和方法的新近发展》一书，特别是拉斯韦尔本人所写的《政策方向》一文中，首次对社会科学中的政策研究方向，即政策科学的对象、性质和发展方向做出规定，奠定了政策科学发展的基础，这成了政策科学诞生的标志，拉斯韦尔因此成为“现代政策科学的奠基人”。政策科学作为一个独立学科，则是 20 世纪 60 年代末 70 年代初的事，它以德洛尔的政策科学“三部曲”——《公共政策制定检讨》(1968)、《政策科学构想》(1971) 和《政策科学进展》(1971) 的出版为代表，这些著作构成政策科学发展的第二个里程碑。“政策分析”一词则是美国经济学家和政治学家林德布洛姆首先提出的。他在 1958 年发表了《政策分析》一文，用“政策分析”表示一种将定性与定量相结合的渐进比较分析类型。顺便说一下，在西方文献中，“政策科学”与“政策分析”两个概念的关系颇为复杂，有的学者将两者当作同义词使用；有的学者将它们加以区别，用“政策科学”作为一个总的学科领域名称，强调它的跨学科、综合性特征，而将“政策分析”看作政策科学的一个分支，强调政策分析作为社会科学领域中的一个应用性学科的特征。

关于政策科学及其研究对象、范围及学科性质，学者们有不同的界定。例如：拉斯韦尔认为，政策科学是“以制定政策规划和政策替代方案为焦点，运用新的方法对未来的趋势进行分析的学问”；德洛尔指出，“政策科学的核心是把政策制定作为研究和改革的对象，包括政策制定的一般过程以及具体的政策问题和领域；政策科学的范围、内容和任务是，理解政策如何演变，在总体上，特别是在具体政策上改进政策制定过程”；那格尔则说：“政策研究可以总的定义为：为解决各种具体社会问题而对不同公共政策的性质、原因及效果的研究”；戴伊的定义是：“政策分析关心的是政府做什么、为什么要做以及做出什么差别，它要描述和解释政策行为的原因和结果”；邓恩称：“政策分析是一种应用性的社会科学学科，它使用各种研究和论证方法，产生并转变政策相关信息，以便政治组织解决政策问题”。

我们认为，政策科学以现实的政策实践、政策系统及政策过程为研究对象，主要目标是提供政策相关知识，改进公共政策制定系统，提高公共政策质量，从而端正一个国家或地区的社会发展方向。因此，可以一般地将政策科学或政策分析定义为一门综合地运用各种科学知识和方法来研究政策系统及政策过程，揭示其本质或规律的新学科领域。

政策科学研究的目的在于帮助公共政策的制定者去解决所面临的问题，它并不是单独的知识研究；它所主要关心的并不是社会的或环境的问题的原因和性质或对行为的解释，除非这样的研究对形成决策是必不可少的。政策研究或政策分析是政府的政策研究部门，或政府部门聘请大学、研究所、思想库或咨询公司所进行的正式研究。

政策科学或政策分析的研究范围相当广泛，目前尚难以划定明确的边界，它涉及政策战略（元政策）、政策系统、政策过程（制定、执行、评估、监控、终结等）、政策思维、政策分析方法及技术、政策文化、政策价值观、未来研究、战略规划、重大工程项目的论证与评估、从大政方针到各层次或部门的具体政策研究，等等。

公共政策学可以有不同的研究视角与重心。英国学者霍格伍德（Brian W. Hogwood）和冈恩（Lewis A. Gunn）在《现实世界中的政策分析》（1981，1984）一书中，根据戈登（Gordon）等人的论述，认为有如下七种不同类型的政策分析①：（1）政策内容研究（studies of policy content）；（2）政策过程研究（studies of policy process）；（3）政策输出研究（studies of policy outputs）；（4）评估研究（evaluation studies）；（5）决策信息（information for policy making）；（6）过程倡导（process advocacy）；（7）政策倡导（policy advocacy）。

按照德洛尔等人的观点，政策科学的核心部分是认识和端正社会的发展方向，把不同层次（跨国的、全国的、地区的）政策制定系统的改进作为追求的目标，同时作为自己研究成果的手段。在研究方法上，政策科学也提出了某些具有自己特色的方法，如：提倡跨学科的研究方法，提倡以问题为中心而不是以学科为中心的知识产生方式；既注重事实分析，又注重价值分析；强调政策分析中理性分析方法与超理性或非理性方法并用；主张全球观点、未来观点和历史及比较方法；等等。

政策科学或政策分析与相邻的几个学科有着密切的关系。戴维·L. 韦默、艾丹·R. 维宁在《政策分析：理论与实践》一书中，将政策分析与下列这几个学科及职业——社会科学学术研究、政策研究、经典计划、“旧式”公共管理（即传统公共行政学）、新闻工作以及政策分析做了比较，以说明它们之间的关系（见表 7-1）。②

表 7-1　　政策分析与相邻学科及职业的关系

	主要目标	“客户”	一般类型	时间限制	一般缺点
社会科学学术研究	构建理论以了解社会	由各专业定义的“真理”；其他学者	构建和检测理论的严谨方法；通常是回顾	很少有外部时间限制	往往与决策者的信息需要无关
政策研究	预测公共政策的结果	政治家相关专业	运用正规方法分析政策相关问题；结果预测	有时有最后期限压力	难以将研究结果转为政府行为
经典计划	勾画和达到值得向往的社会状况	专业定义的“公共利益”	既定规则和专业规范；目标和目的说明	几乎没有直接的时间压力，因为处理的是长期前景问题	计划过于理想而忽略了现实的政治情况
“旧式”公共管理	有效地完成政治程序制定的纲领	植根于指令性纲领的“公共利益”	管理的和法律的	时间压力与常规决策制定（如预算过程）相关	排除了计划外的备选方案

① 参见［英］米切尔·黑尧：《现代国家的政策过程》，3～4页，北京，中国青年出版社，2004。

② 参见［美］戴维·L. 韦默、［加］艾丹·R. 维宁：《政策分析：理论与实践》，26～27页，上海，上海译文出版社，2003。

续前表

	主要目标	“客户”	一般类型	时间限制	一般缺点
新闻工作	将公共注意聚焦于社会问题	普通公众	描述的	最后期限压力大——热点问题的限制	缺乏分析深度和对比权衡
政策分析	对有利于公务员解决社会问题的备选方案进行系统比较和评价	制定决策的特殊人群和机构	综合现有研究和理论，预测备选政策的结果	最后期限压力大——分析的完成通常与特殊决策相关	客户导向性和压力导致缺乏远见

政策科学或政策分析作为一个新的、独立的学科，有它自身的“范式”及特征。

第一，它是一个跨学科的、综合性的新研究领域。按照拉斯韦尔和德洛尔等人的设计，政策科学不是现有的某一学科的更新，而是一种全新的跨学科学问，具有综合、交叉的特性。一方面，它充分利用迄今为止人类所创造出来的各种科学知识和方法，不仅借助于社会科学及行为科学尤其是政治学、经济学和社会学的理论和方法，而且也借助于哲学、数学、系统分析及运筹学等学科的理论和方法；另一方面，政策科学并不是这些学科知识和方法的拼凑、堆积，它力求在新的学术框架中将这些知识和方法有机地统一起来。与各个社会科学的分支学科相比，政策科学力求实现“格式塔”转移，形成自己的新“范式”。它将社会科学知识与社会问题的解决密切地联系起来，提倡以问题为中心，而不是以学科为中心的知识产生方法；政策科学的奠基者们力求指出当代社会科学和行为科学的各个学科的狭隘性，提出一门能把各种知识和方法用于改进公共政策系统、提高政策质量的新学科。

第二，它是一门应用性学科，体现理论与实践的高度统一。政策科学是一门以行动为取向的学科，是适应当代人类解决复杂的社会问题或政策问题的需要而产生的。它与传统的学科不同，不是为了追求纯粹的真理，而是为了发现和解决社会问题，创造政策相关知识，更好地把握现实的世界，这超出了传统学科对经验规则的解释。政策科学直接以公共决策为研究对象，以改进政策系统、提高政策质量为追求目标。因此，它主要不是纯理论学科或基础研究，而是一个应用性学科，具有很强的实践性；它在实践的基础上产生，又在实践中得到应用和发展，它可以指导执政党或国家政府的政策实践；它以实践为取向，以发现和解决社会政策问题为宗旨，为实践服务，而政策实践则向政策科学提出必须解决的实际问题，提供经验教训，检验、丰富和发展政策科学的理论及方法。

第三，政策科学不仅是描述性学科，而且是规范性学科。事实和价值的分离或追求价值中立曾一度被当作经验科学的目标，这实际上是实证主义不切实际的科学理想。如果说经验自然科学及传统的社会科学学科并不是真正价值中立的话，那么，政策科学和政策分析则明确以价值为取向。政策科学可以说是一般选择理论的研究，而选择则以价值（观）为基础。因此，它不仅关心事实，而且关心价值与行动；它不仅是描述的，而且也是规范的。说它是描述的，是因为它同样追求对事实的说明或解释，即追求有关公共政策的性质、原因和结果的知识；说它是规范的，是因为它重视价值取向和价值评价，它的一个重要目标是创造和批评有关公共政策价值的知识主张，或推荐行动过程。

第四，政策科学是软科学的一个重要分支。“软科学”本身是一个颇有中国特色的话语（“软”字源自计算机中的“软件”这一名称）。从20世纪80年代开始，我国学界和政界广泛使用这一术语，用来表征一个交叉学科或学科群——指的是那些以阐明现代社会复杂性、系统性课题为目的，应用自然科学和社会科学的理论和方法，对包括人和社会在内的广泛对象进行跨学科、交叉学科研究，并提出可供选择的解决方案的知识领域。在国外，人们更多的是用“管理科学”这一术语来指称这一类知识。二战后，国外涌现了一系列新兴软科学学科，包括人工智能、战略研究、系统分析、未来研究、科学学、决策学、领导科学等。政策科学已成为软科学的一个重要组成部分，甚至可以说是当代软科学的核心。如果从20世纪初算起，软科学已走过了百余年的发展历程。它在发展的不同阶段呈现出不同的特点，并具有不同的重点。有学者认为，软科学在20世纪50年代的重点是科学学尤其是科学社会学的研究；60年代的重点是运筹学；70年代的重点是未来学及预测学；到了80年代，其重点已经转向政策科学了。政策科学实际上是由智库（思想库）与学界一起建立起来的学科，是决策科学化和民主化以及智库成长的最直接的和主要的支撑学科之一。

7.1.2 政策科学的演变

拉斯韦尔、德洛尔等人所提倡的政策科学范式因自身的局限性而在20世纪70年代以后的发展中遇到了一些难题：一是将政策科学当作一种统一的社会科学（即它既整合了多种学科的知识和方法，又超越于它们之上），这造成了在科学共同体中建立共识的困难，包括在划定研究范围边界、建立学科理论体系和形成特有的研究方法等方面的困难；二是政策科学为自己确立的目标过于宏伟，难以在短时间内突破，而且它抽象地大谈改善全人类公共决策系统，端正人类社会的发展方向，回避各国的政治制度和意识形态的差别和对立，因此被斥为“披着科学外衣的意识形态”；三是拉斯韦尔和德洛尔所确立的政策科学范式过分注重政策制定的研究，而忽视了对政策过程的其他环节特别是政策执行和评估的研究（德洛尔在《公共政策制定检讨》中将政策过程划分为元政策制定、政策制定和后政策制定），这些困难一直困扰着政策科学后来的发展。在80年代中期，问题仍未得到解决。1986年，德洛尔在其新著《逆境中的政策制定》中检查了政策科学近二三十年的发展，提出政策科学需要在14个方面加以突破，包括：提供关于政策制定和政策科学的哲学和智力的理解；增加历史和比较的观点，真实地处理政策实际；寻求宏观理论；批判政策范式；探讨宏观政策创新；研究元政策制定和统治设计；考虑政策制定途径的改善；探索政策制定的输入方法；强化学科基础；开发各方面的方法论、方法和技术；等等。

20世纪70年代以后，政策科学朝着新的方向发展，取得了新的突破。首先，政策分析范式（将政策科学研究领域理解为一门应用性的社会科学学科）迅速成长壮大。其实，在20世纪50年代到60年代中期，政策研究领域成长的最大推动力并非来自社会科学家，而是来自运筹学家、系统分析家和应用数学家。运筹学、管理科学和系统分析的定量方法及技术的发展实际上构成了政策科学以及政策分析方法论的基础。70年代以后，政策分析途径的成长引人注目，它的倡导者林德布洛姆、邓恩、奎德等人不再将一般的选择理论、人类社会的基本方向问题或一般的政策系统及过程作为自己的主要研究对象，而主要关注现实具体的政策问题，因而政策分析方法及技术在其中占有核心地位。与政策科学相比，政策分析的应用性程度更高，它以提供政策建议或备选方案为核心，有具体的当事人或委托者，其研究对象比较明确，研究范围的边界清晰，在学科共同体中较容易达成有关方法论和学科理论体系方向的共识，加上各种分析方法和技术的成熟，政策分析比起政策科学来更容易取得突破，能较快地建立起相对成熟的学科体系，再加上思想库的成功的政策分析实践的鼓舞，政策分析范式获得了众多的支持者。

其次，20世纪七八十年代，政策科学加强了对政策过程的其他环节尤其是政策执行及评估的研究。这种由政策制定向政策执行的研究重心转移，构成80年代末90年代初"新公共管理"范式出现的一个契机（公共管理在某种意义上可以说是政策执行的管理）。哈佛大学肯尼迪政府学院首先发表了一篇《公共政策执行问题的报告》，指出政策执行的政治与行政的方面往往为人们所忽视；有些学者如哈格罗夫指出，在政策形成和政策成功之间存在着一个忽略或错失了的环节——政策执行，只有加以补充，才能使政策生效；加州大学伯克利分校公共政策学院的普雷斯曼和威尔达夫斯基等则对奥克兰实验案例进行详细的跟踪研究，写成经典的《执行》一书。该书令人信服地指出，再好的政策方案，如果没有正确、有效的执行，仍将导致失败。这一时期出现了种种的政策执行理论，如行动理论、组织理论、因果理论、交易理论、管理理论、系统理论、演化理论等。20世纪80年代中期以后，政策科学与公共行政学日益相互融合，并最终导致新公共管理范式的出现。公共政策与行政管理如同一个硬币的两面，密切相关，难分彼此。公共政策必须靠行政管理来推行，而行政管理主要是对公共政策的管理。林恩在《管理公共政策》一书中认为，只有熔管理与组织行为以及政治与政策形成理论于一炉，才能有效管理公共政策。美国政策研究领域的最权威的组织——公共政策分析与管理学会成立的目的之一是希望沟通政策分析研究与公共管理研究，促进组织政治与公共政策的相互融合。

再次，政策研究的理论基础发生了变化。如果说20世纪70年代以前政策科学的理论基础主要是政治学，那么70年代以后的理论基础主要是经济学。70年代以前，政策研究的基本途径如系统途径、过程途径、精英途径和制度途径都来自政治学理论；70年代以后，经济学途径在政策研究上逐渐居于主导地位，其中公共选择理论的兴起是一个典型代表，该学派用经济学的假设、理论和方法研究非市场决策，即公共决策问题，在政策科学上产生了相当大的影响。这种理论基础由政治学转向经济学也正是后来的新公共管理范式的一个基本特征。

最后，政策科学的视野及主题进一步拓宽，如加强了政策价值观或公共政策与伦理关系问题的研究，比较公共政策研究的发展，社会、政治理性取代经济和技术的理性，政策管理以及政策网络管理和战略研究的加强，等等。

按照英国学者米切尔·黑尧的说法，20世纪80年代政策科学研究的重点发生了两个方向性的转变：一是要求政策分析更多地植根于古典经济学的技术方法，公共管理应该吸收利用企业管理的理念；二是曾经喧嚣一时的发展一种政策设计的"科学"方法的幻想破灭，越来越多的人认识到，政策过程是复杂的，受到一系列外在因素的影响，这些因素难以控制，在某些方面甚至是随意的。一些政策分析家对进一步理解政策（政策的分析）感兴趣，一些政策分析家对改善政策的质量（为政策分析）感兴趣，而一些政策分析家则对这两方面都感兴趣。此外，还有一种政策分析视角，就是关注目的和手段，在这种情况下，当然也有一大批政策分析家同时关注这两个要素，而反对将它们割裂开来进行分析。①

近一二十年来，国外的公共政策研究出现了一系列新变化与新趋势，已步入了后现代主义或后实证主义的时代。陈庆云认为，当代公共政策的研究相当程度上处在四分五裂而无法统合的状态，而各方鼎立的研究态势可以归纳为政策分析与政治的公共政策、实证主义和后实证主义之争论，后实证主义者强调公共政策的政治内涵与价值冲突。目前，公共政策研究正变得越来越多样化，在本学科领域出现了大量的新途径、新理论以及新方法；同时，它们也分散在其他学科领域对各种实质性政策（尤其是经济与社会政策）的研究之中。

公共政策研究新途径涉及从理性主义、有限理性到理性选择及公共选择，制度分析与政策部门，政策网络及政策共同体、治理及合作模式，后现代主义及批判与话语分析等；政策科学的新理论包括政策主体或政策行为者的新研究（如国家的角色及其与市场和社会的关系、政策子系统、议题网络与政策网络等），政策过程的新理论，包括制度理性选择框架、多源流框架、中断—平衡框架、辩护联盟框架、政策扩散框架、因果性途径、权力角斗场理论、文化理论、建构主义框架、政策论域框架等。② 同时也出现了大量对政策议程、政策执行、政策评估、政策周期与政策变迁（政策学习、政策传播、政策创新）、政策分析与政治决策（政策分析设计、政策悖论、政策对话、政策论证、公民参与）、政策工具（政策工具的特性、分类、选择、评价、应用和组合）等主题的拓展研究。公共政策研究方法的日趋多样化突出地表现为研究策略、调研方法，尤其是田野调查、假说检验与有效性比较等方法的日益广泛的应用。

7.1.3 公共政策在公共管理中的地位和作用

公共管理与公共政策是密切相关的。公共管理是公共组织特别是政府部门为履行公共管理职能，通过计划、组织、指挥、控制、协调等功能环节，实现公共管理目标的一种社会活动。公共组织尤其是政府针对社会生活中存在的或正在发生的问题做出决策，并将其转化成相关的公共项目，通过调动各种组织机构，调配各种社会资源，运用各种功能手段，达到问题解决、政治稳定和经济发展以及规范人们行为的目的。因此，公共政策是公共管理过程中极为重要的一环，是公共管理的基础。

1. *公共政策是公共管理的起点*

从一个孤立的管理过程来看，公共管理过程可分为政策制定、政策实施以及效果评估等环节。政策是实施行为的确定。公共组织通过制定政策实施方案，把政策目标分解为具体的执行目标或阶段目标，确定详细的、可操作的行动步骤，合理配合人力、财力、物力，把政策目标落到实处；政策目标实现以及效果评估之后，管理活动即告完结。按照系统论的观点，公共组织作为一个开放系统，必然要与外界环境相互作用。社会环境发生变

① 参见［英］米切尔·黑尧：《现代国家的政策过程》，2页。

② 参见［美］保罗·A. 萨巴蒂尔编：《政策过程理论》，北京，清华大学出版社，2004。

化，社会不同阶层、群体便产生了不同的需求和期望。这些社会不同的需求和期望，通过一定的途径和方式以信息的形式输入公共组织的决策系统中。经过决策系统的运作，所形成的方案又以政策、法规、项目等形式输出，由执行机构着手执行。这一政策方案执行结束以及效果评估之后，公共组织又要根据新的社会需求制定新的政策方案，从而引发新一轮的政策执行。因此整个公共管理就是政策的制定、执行、评估，再决策、再执行、再评估的循环过程。公共政策较之于行政管理过程，是首要的环节，是起点，没有政策，就没有目标明确和卓有成效的执行以及评估活动。

2. 公共政策是公共管理履行各项功能的基础

公共管理有计划、组织、指挥、控制和协调等各项基本功能。计划，就是对如何实现决策目标和任务做出安排，制定系统有序的行为步骤；组织，就是为实现决策目标而对一些机构和人员进行重新组合，或成立新的管理机构；指挥，就是建立一个统一有效的指挥系统，领导和指导执行组织的工作，有效地实施计划；控制，就是监督检查，对公共管理活动中的各种行为加以控制，使管理活动沿着预定的方向推进；协调，就是改善和调整各个执行机构、人员和各项活动之间的关系，使各自之间分工合作，密切配合，减少相互之间的重复、矛盾和摩擦。所有这些功能环节都是以公共政策为基础的。

3. 公共政策贯穿于整个公共管理过程的始终

决策既是管理过程的一个环节或阶段，又贯穿整个管理过程的始终。公共管理的其他环节或阶段都包含着决策的活动，同时这些功能的执行又有各自的决策。如制订计划，就要对目标和任务做出周密、详细的决策。计划制订后要实施落实，也要组织力量，还要进行指挥等，对此也要做出决策。又如，在实施决策方案过程中，一旦发生偏离预定的情况时，还要及时决策予以纠正。公共管理过程就是一个不断决策和实施决策的过程。因此，赫伯特·A. 西蒙说："管理就是决策。"①

7.2　公共政策的内容

公共政策是政府管理社会公共事务尤其是社会经济生活的基本手段或工具，在一个国家或地区的社会生活的各个领域中起作用的政策数量众多、类型各别，而这些政策往往又相互制约、相互联系，形成一个有机的政策体系。在这一体系中，有终极目标、中介目标、政策手段或政策工具之分；就每一项政策而言，也有它自己的政策目标和政策手段或工具。因此，对政策的类型、目标和手段的讨论就构成公共政策的另一个理论基础。

7.2.1　公共政策的性质

什么是公共政策？政策研究学者并没有形成一致的看法。下面是若干典型定义：

---

① ［美］赫伯特·A. 西蒙：《管理决策新科学》，33页，北京，中国社会科学出版社，1982。

拉斯韦尔和卡普兰：公共政策是“具有目标、价值与策略的大型计划。”（《权力和社会：政治研究的框架》，1950）。

托马斯·戴伊：“凡是政府决定做的或不做的事情就是公共政策。”[《理解公共政策》（第6版），1987]

罗伯特·艾斯通：公共政策就是“政府机构和它周围环境之间的关系”（《公共政策的线索：政策领导研究》，1971）。

戴维·伊斯顿：“公共政策是对全社会价值做权威性的分配。”（《政治体系》，1953）

夏坎斯基：“政府的重要活动即为公共政策。”（《公共行政学：政府机构中的政策制定》，1972）

詹姆斯·E. 安德森：“公共政策是由政府机关或政府官员制定的政策”；而“政策是一个有目的的活动过程，这些活动过程是由一个或一批行为者，为处理某一问题或有关事务而采取的”[《公共决策》（第2版），1979]。

我们姑且抛开上述定义的差异及优劣不论，综合公共政策的基本含义：（1）公共政策是由政府或其他权威人士所制订的计划、规划或所采取的行动；（2）公共政策不只是一种孤立的决定，而且是由一系列的活动所构成的过程；（3）公共政策具有明确的目的、目标或方向，并以一定的价值观作为基础；（4）公共政策是对全社会的有价值之物所做的权威性分配，即涉及人们的利益关系。

参考国外学者的看法，我们可以将公共政策界定为国家（政府）执政党及其他政治团体在特定时期为实现一定的社会政治、经济和文化目标所采取的政治行动或所规定的行为准则，它是一系列谋略、法令、措施、办法、方法、条例等的总称。

这个定义强调了公共政策的如下内涵：第一，公共政策由特定的主体，即由国家或政府、执政党及其他政治团体所制定及执行；第二，公共政策具有特定的价值取向，要实现特定目标或目的；第三，公共政策是政府为解决特定社会问题以及调整相关利益关系而采取的政治行动；第四，公共政策是一种行为准则或行为规范。

政策的本质及功能集中地体现在三个方面：一是它集中反映或体现统治阶级的意志和愿望，是执政党、国家或政府进行政治控制或阶级统治的工具或手段。二是政策作为执政党、国家或政府的公共管理的手段，服务于社会经济的发展和文化的进步。三是政策作为分配或调整各种利益关系的工具或手段，是各种利益关系的调节器（所有政策最终都表现为对利益关系的处理，总要给一些阶级、阶层或团体带来好处，而给另一些阶级、阶层或团体带来损害或不增加其利益。当然，也有少量的政策会给全社会都带来益处）。

7.2.2 公共政策的种类

公共事务的管理是一个极其复杂的系统工程，作为国家或政府管理手段或工具的政策也是复杂多样的，它的数量之多、范围之广、内容之复杂和形式之多样，以至于如何将它们合理地分类变成了一个值得注意的问题。在公共政策文献中，人们从不同的侧面或以不同的标准对政策加以分类。下面我们介绍若干种分类方法。

1. 分配性政策、调节性政策、自我调节性政策和再分配性政策

根据政策对社会和人们之间关系的影响，可以将公共政策划分为分配性政策、调节性政策、自我调节性政策和再分配性政策四种类型。这种分类方法是美国政策科学文献中最常见的分类方法之一，它是由著名政治学家罗威等人提出的。

分配性政策涉及将服务和利益分配给社会中的特定部分的个人、团体、公司和社区。这类政策有时为社会中众多的个人、团体提供利益（如美国的农业价格补贴计划、免费公共学校教育等），有时则仅为少数甚至一两个团体或单位提供利益（如20世纪70年代初的洛克希德贷款担保）。分配性政策只会产生得利者，而不会产生受害者，尽管的确有人（全体纳税人）付出代价。

调节性政策与将限制与约束加之于个人和团体的行动有关，它减少那些受调节者的自由和权利，这使它明显区别于分配性政策，后者的实施只会增加受调节者的自由和权利。用罗威自己的话来说："调节性的政策涉及谁将得到满足，谁将被剥夺。"这类政策的形成通常涉及两个团体或团体联盟之间的冲突，其中的一个团体试图将某种控制强加于对方。《反垄断法》《消费者权益保护法》等都属于这种政策。

自我调节性政策同调节性政策一样，涉及对某一事物或团体的限制或控制，但这种政策与调节性政策不同，它不是别的团体强加的，而是受调节的团体主动要求，并作为保护和促进自我利益的手段而出现的。职业和专业营业执照发放就是这类政策的一个典型例子，某一专业或职业团体从政府部门中寻求关于营业执照发放的立法。

再分配性政策涉及政府在社会各阶级（阶层）或团体中进行有意识的财富、收入、财产或权利的转移性分配，如累进所得税、向贫穷开战、医疗照顾计划以及其他社会保障措施都属于这类政策的范畴。由于这类政策直接涉及财产和权利的再分配或调整，因此，它的制定和执行往往会引起激烈的争论和冲突（尤其是所谓的自由派和保守派之间的争论）。

2. 总政策、基本政策和具体政策

从政策层次的角度，可以将公共政策划分为总政策、基本政策和具体政策三种基本类型。

总政策是一个国家或地区的带有全局性、根本性、决定社会发展基本方向的政策，包括总路线、总方针、总纲领、总任务、基本路线等。例如，以经济建设为中心，坚持改革开放、坚持四项基本原则，建设社会主义现代化国家、建立社会主义法治国家等是我国现阶段的总政策。

基本政策是次于总政策而在社会生活的各个领域、部门或方面起主导作用的实质性政策。一般可以将基本政策称为基本国策（有些总政策也被称为基本国策），例如，计划生育（人口领域）、环境保护（环境领域）、政治和行政体制改革（政治领域），建立社会主义市场经济体制（经济领域），独立自主、和平共处（外交领域）等都是基本政策。基本政策处于政策金字塔的中间层次，是介于总政策和具体政策之间的中介环节：一方面，它是根据本领域、部门的实际情况，对总政策的细化；另一方面，它又是本领域、本部门的各项具体政策的依据和原则（对后者起指导作用）。

具体政策处于政策金字塔的底部，是实现基本政策目标的手段，或说是基本政策的具

体规定，是为落实基本政策而制定的具体实施细则。它体现基本政策的精神，它的条文具体而明确，该干什么、不该干什么、怎样干等都有明确的规定。由于社会生活及社会活动极为纷繁复杂，因而具体政策的内容、形式也极为广泛复杂，每个领域、每个地方、每个部门、每个行业、每项任务都有大量的具体政策规定。

3. 政治政策、经济政策、社会政策和文化政策

按照所涉及的社会生活领域及其问题的不同，可以将公共政策划分为政治政策、经济政策、社会政策和文化政策。政治政策就是政府处理政治问题或调整政治关系方面所采取的行动或规定的行为规范。属于政治领域的问题，有政治体制、政党、行政、人事、民族、阶级、国防、外交等问题，因而相应地就有政治体制政策、政党政策、行政政策、人事政策、民族政策、阶级关系政策、国防政策、外交政策等。经济政策是政府处理经济问题或调整人们的经济利益关系的手段，或用沃特森（D. S. Watson）的话说，经济政策是“政府采取的以影响经济生活为目的的行动”。经济政策本身是一个庞杂的体系，有各种各样的经济政策：从生产过程看，有生产、流通、分配和消费四种类型的政策；从产业部门看，有第一、第二、第三产业方面的政策，或工业、农业、商业等方面的政策；从经济领域看，有财税、金融、产业、投资、贸易、分配等方面的政策。社会政策是指政府用来处理狭义的社会（社会学意义上的社会）问题所采取的行动或行为规范，人口、环保、治安、社会保障以及社会救济一类的政策都属于社会政策的范畴。文化政策即是政府用来处理文化问题以及发展文化事业方面的政策，包括科技、文教、体育、卫生等方面的政策。

此外，可以从其他的角度或侧面来划分公共政策。例如，根据是否涉及政府的实质性行动，可以将公共政策划分为实质性政策和程序性政策——前者与政府准备采取的实际行动有关（如高速公路建设、福利的发放），后者涉及由谁采取行动或怎样采取行动（如行政管理程序法）。又如，根据所分配利益的种类而将公共政策划分为物质性政策和符号性（象征性）政策——前者将分配有形的资源或实质性的权力，或给目标团体带来物质性利益；后者所分配的有利的条件很少对人们产生实际的效果，它们并不交付表面上承诺的东西。再如，根据政策问题的起因而将公共政策划分为外交政策和内政政策（后者的内容极为广泛，包括了绝大部分的政治政策、经济政策、社会政策和文化政策）。

7.2.3 公共政策的目标和手段

政策目标是决策者凭借政策手段所要达成的目的，它涉及“是什么”和“应该是什么”的问题。大到总路线、总方针、总政策，小到各项具体的政策规定都有其要达到的目标。例如，到21世纪中叶，我国要基本实现现代化，达到中等发达国家的水平，是我国长期发展战略所要达成的目标，而我国的年度经济增长率、通货膨胀要控制的范围则是经济政策所要实现的年度目标。对政策目标的澄清和认定是决策者和政策分析者所要解决的中心问题之一。

1. 政策目标的价值前提

政策目标涉及主观和客观两个方面，既要解决“是什么”的问题，又要解决“应该是什么”的问题。一方面，确立政策目标要以社会的事实或客观条件为基础，从实际出发，

以事实为依据，即人们选择什么样的政策目标是由社会现实所决定的。因而，许多政策目标往往是可以进行量化分析的，有一些定量指标来刻画它们。但是另一方面，公共政策作为政府对社会政治经济生活的干预措施或解决问题的手段，要达到何种理想状态（即政策目标应该是什么），关键取决于全社会及社会成员个人的价值判断或价值观。

按照《简明帕氏新经济学辞典》的解释，“价值判断可以定义为对所认定的客观效力的赞成或不赞成的判断”，即对社会现象、事实的好坏、满意不满意、善恶等的一种判断。价值因素成为政策目标不可或缺的前提条件。在公共决策及政策分析中，往往需要把某种现实的状况与理想的境界（或期望状态）加以比较，这就需要确定理想境界的指标或尺度，这些指标或尺度不可能具有相同的权重，必须排列出优先顺序，而顺序的排列取决于价值判断。这种理想状态的总和就是政策目标。因此，价值判断就成为政策目标的重要组成部分。

价值观或价值判断取决于个人或集团在社会中的经济和政治地位、利益、伦理道德、传统与历史等因素，因而主要是一种主观判断。不同的个人、集体或阶级具有不同的或根本对立的价值观。肯尼思·阿罗的不可能性定理认为，不可能从个人的偏好顺序中推导出社会的偏好顺序，因而实际上不存在每个人都认可的、统一的社会价值判断，而仅仅存在部分人或某些利益集团的价值判断。价值观的冲突实际上是不同的个人、集团或阶级利益的冲突。政府在确定政策目标时，所依据的实际上总是部分人的价值判断，有时这种价值判断代表多数人的看法，有时则只是少数人的观点。例如，有的经济学者认为，各国在经济发展的早期，往往将效率放在首位，而不太注意公平问题，这一目标的确定所依据的是从经济增长中获利最多的富人的价值判断，而不是广大的劳动人民的价值判断。在独裁或专制制度下，统治阶级的价值观被当作全社会的价值观；在民主制度下，不同的价值观相对地受到重视。由于代议民主制并不能完全代表人民的意志，通过民主程序所确定的政策目标，往往只代表某种利益集团的价值观或是对不同利益集团价值观的折中。当然，民主体制下决策所依据的价值判断能反映多数人的看法。

2. 基本政策目标

政策目标取决于决策者及分析者所要处理的具体政策问题。政策问题的不同决定了政策目标的千差万别。尽管如此，在当代公共决策中，特别是经济社会政策中，却有一些最基本的或一般的政策目标，掌握这些基本政策目标，对于我们确定具体的政策目标会有所帮助。

关于一个国家或地区的基本经济政策目标，经济学家尤其是经济政策学家做过不少论述。美国学者博尔丁在《经济政策原理》（1959）一书中将基本政策目标归纳为四个：经济进步、经济稳定、经济公正和经济自由。他在该书 1974 年的新版序言中又增加了两个目标——经济和平和持续的可性能。阿罗认为，经济政策目标按某种方法可以归纳为经济稳定、资源配置优化和分配的公平三种。厄尔默（M. J. Ulmer）指出，经济的均衡、经济的公正和经济增长是经济政策的三个基本目标。日本学者长谷川启之等人所著的《经济政策的理论基础》一书认为，经济政策的基本目标有资源有效配置、经济增长与稳定、公平的分配、社会资本的扩大以及国际经济关系的协调等五个。

3. 公共政策的手段

政策手段也就是为达到特定政策目标的具体政策措施或政策工具。手段与目标（目的）总是相对而言的。除终极目标和最底层的政策手段之外，目标和手段可以互换，即对于下层次是目标的东西，对上一层次则是手段。

在经济政策理论中，人们常常将财政政策、货币政策、直接控制（管制）和制度变迁当作四种主要的政策手段（有时，人们把作为货币政策工具组成部分的变动汇率单列，作为一种基本的政策手段）。

（1）财政政策。财政政策是政府调节经济运行的最重要的政策手段之一。财政政策手段及工具种类繁多，可以从不同的角度来加以分类。一种最基本的划分是将它分为财政支出、财政收入和财政收支平衡或总量平衡三种手段或工具。美国政府对财政政策基本上是按这种分类方法划分的。《1982 年美国总统经济报告》认为，财政政策包括三个相互关联的选择：一是开支政策，即开支多少以及做哪些开支；二是征税，即收多少税以及采取何种手段来增加税收；三是赤字政策，包括在规定时间内决定赤字的规模和分配，即决定收入和支出在时间模型内的差额。

（2）货币政策。货币政策也就是通过对利率和货币供给量的调节来实现特定政策目标的政策工具或手段。它包括了再贴现、存款准备金和公开市场操作等工具。

（3）直接控制（管制）。所谓的直接控制或管制，简单说来也就是国家或政府通过行政手段或立法方式对经济社会生活实行直接的干预。其主要手段有价格管制、非价格管制、投资约束、进出口配额、外汇管制等。管制可以用来达成不同的政策目标。例如：价格管制和非价格管制都可以用来达成物价稳定和公平等政策目标；投资约束可以改善资源配置，纠正市场失灵时所出现的资源误置，它所要实现的目标是效率（在某些情况下，也可以防止投资过度，抑制过热，以达到稳定目标）；进出口配额与外汇管制则主要是用来实现国际收支平衡的目标。

（4）制度变迁。市场经济就其本质而言是一种法制经济，市场主体的行为和各种经济关系都必须用制度或规则来约束。政府通过立法的形式确定或调整经济运行的制度框架、契约关系或行为规范准则，引导社会经济的运行。因而，制度的变迁也是一种基本的政策手段。作为一种政策工具，制度变迁的作用有着不同于其他工具作用的特点。同其他政策工具一样，有些制度的安排及变迁直截了当是为实现特定的政策目标服务的，例如，《反垄断法》或《反不正当竞争法》是为了达成效率目标，社会保障制度是为了达到“公平”目标。但是，更多的制度并不以直接实现特定政策目标为目的，而是提供政策或政策手段发生作用的前提条件或背景。例如：一般的政治体制和经济体制构成各种政策手段发生作用的背景或环境；财政金融体制本身并不是财政、货币政策手段，但后者的运用离不开前者。

7.3　公共政策系统及其运行

公共政策系统是由政策主体、政策客体和政策环境三种因素及其相互作用所构成的社会政治系统，它可以划分为若干子系统。在该系统中，政策主体是最基本或首要的因素，而公共政策系统的运行即是政策过程，它由若干活动环节或阶段组成。因此，要理解公共政策，就首先要了解公共政策系统的构成、公共政策主体和公共政策过程等一般的问题。

7.3.1　公共政策系统的构成

现代化、科学化的公共政策系统是由信息、咨询（参谋）、决断、执行和监控等子系统所构成的大系统。政策过程及其各项功能活动是由这些子系统共同完成的，这些子系统各有分工、相互独立，又密切配合、协同一致，促使政策大系统的运行得以顺利地展开。

1. 信息子系统

信息子系统由掌握信息技术的专门人才所组成，从事信息的收集、整理、贮存和传递等活动，为公共决策提供信息资料。从某种意义上说，公共决策过程也就是信息的流动与转换的过程，而信息原则是公共决策的基本原则，信息是政策制定、执行、评估和监控的依据，没有信息，这些活动就无法展开。现代社会是信息社会，信息化已成为当代全球的一大趋势，公共决策中的传统的手工处理资料的方式已经过时，因而产生了现代化的信息科学以及信息技术，产生了拥有现代化的先进设备和现代化的管理方式的信息子系统。信息子系统在政策过程中具有重要的地位和作用，它是政策系统的神经系统，为政策制定、执行、评估和监控及时地提供各种准确、适用的信息。

信息子系统在公共决策活动中的主要作用是：（1）信息的收集。原始资料的收集是信息处理过程的基础，只有在获得大量的原始资料基础上，才能保证信息的完整性和真实性，从而准确地反映客观的情况。所以，信息子系统就必须通过各种手段和途径，千方百计地收集内部和外部的有关资料。（2）信息的加工处理。获取信息是为了政策过程的需要，信息子系统提供的信息是制定政策的依据，因此必须准确适用。而收集的原始资料往往太多太杂，其间也难免掺进失真的信息，因此在取得大量的原始资料之后，必须对这些资料进行严格认真的分析、整理，这就是信息的加工处理。它包括了三个方面的工作：一是纯化——通过整理加工，去粗取精，去伪存真；二是归类——就是将最初收集的杂乱无章的原始资料，按照政策制定的需要，进行分筛或合并；三是存贮——把那些经过加工、整理的信息，按照一定的分类编序贮存起来，以备检索、使用。（3）信息的传递。信息是为公共决策服务的，因此必须把各种信息及时地传递到决策者的手里。信息的传递有两个基本要求：一是要迅速，在现代社会的竞争中，谁先获得信息谁就可能获得主动、取得优势；二是要准确，必须防止信息在传递的过程中损失、失真，使用的术语要准确、清晰。

信息子系统要为公共决策提供准确、及时和适用的信息，为政策过程服务，保证制定出合理的政策并加以有效的执行，以取得预期目标。这就要求一种高效运转的信息系统。目前我国各级公共决策系统中的信息子系统已经基本形成，但是还很不完善，信息处理的技术、方法和手段还比较落后，在信息处理上存在慢、粗、乱的问题。所谓慢，就是对实际变化的情况反映不及时；所谓粗，就是反映实际情况的信息比较粗略，不精确；所谓乱，就是缺乏科学地管理信息的方法，信息的管理混乱。这就难以满足公共决策对信息的要求，从而影响公共决策的科学化。随着我国向信息社会的迈进，公共决策对信息的要求越来越高，因此必须不断地加强和改善信息子系统，以适应日益复杂的公共决策的需要。

2. 咨询子系统

咨询子系统又称参谋子系统或智囊子系统，其最纯粹的组织体现就是智库或思想库。它是由前述的现代政策研究组织以及各种专家、学者所组成的子系统。它集中专家们的集体智慧，运用科学的方法和技术，为公共决策提供方案和其他方面的咨询服务。咨询子系统是现代化的公共决策系统的一个重要组成部分，它参与公共决策活动，在其中发挥着参谋咨询的重要作用，保证公共决策科学化、民主化。

咨询子系统在政策制定活动中的主要作用是：（1）政策问题分析。咨询子系统的成员运用现代科学知识、方法及技术，对政策的有关问题进行分析。（2）政策未来预测。科学的预测是正确制定政策的基本前提之一，咨询子系统的成员具备这方面的专门知识和技术，能够对事物的未来发展状况做出比较准确的估计。（3）方案设计及论证。政策方案设计和论证是一项技术性很强的工作，通常要由咨询子系统来从事这项工作。（4）其他政策相关问题的咨询。咨询是智囊团的主导功能，智囊团可以根据对有关政策问题的客观分析，主动向政策制定部门提出自己的意见，也可以应政策制定部门的请求，参加有关问题的“会诊”，提出意见和建议。（5）参与政策评估并反馈信息。在政策过程中，咨询子系统参与政策评估，并起到信息反馈系统的作用，尤其是分析政策实施中的问题，并提出对策，以便修正原有政策中的某些问题，使政策更加完善。

在现代公共政策系统中，咨询子系统占有重要的地位、起到重要的作用，充分发挥这个子系统的作用，是公共决策科学化、民主化的一个重要条件。缺乏成熟的信息子系统是目前我国公共政策系统中存在的一个不足。

3. 决断子系统

决断子系统也称中枢子系统，它由拥有决策权力的高层领导者所组成。决断子系统在整个公共政策系统中居于核心地位，是公共决策活动的组织者，又是政策的最终决定者，领导公共决策活动的全过程。

决断子系统具有权威性和主导性两个特点。决断子系统在公共决策活动中，享有拍板定案的权力，即具有最终决策权力，因而具有权威性；决断子系统作为政策系统的核心，主导公共决策活动的全过程，因而具有主导性。

决断子系统在公共决策过程中的主要作用是：（1）提出有关的政策课题。公共决策的活动是从政策问题的分析开始的，提出有关的政策课题是决断子系统的主要职责之一。决断子系统必须能够从纷繁复杂的社会问题中，分清轻重缓急，抓住需要及时解决的关键问题，以便制定解决问题的决策。（2）考虑政策目标。政策目标的正确与否直接关系到公共决策活动的成败，确定正确的政策目标是解决政策问题的重要一步。（3）组织政策方案的设计。政策方案的设计是一项科学性、技术性很强的工作，通常应当由咨询子系统来承担，但是必须由决断子系统来组织，根据政策课题的需要，挑选熟悉这一问题的专家，组成高水平的咨询子系统，并为他们的设计工作创造优越的环境和条件。（4）负责政策的最终决定。对政策的最终决定是决断子系统在公共决策活动中的最重要的职责。决断子系统必须具有决断的能力和魄力，能够高瞻远瞩，综合权衡，做出正确的决策。

“谋”与“断”是公共决策过程中的两种不同的职能。决断子系统和咨询子系统的关系，是“多谋”与“善断”的关系，二者相辅相成而非相互取代。决断子系统要充分地利用咨询子系统的长处，充分发挥该系统的参谋咨询作用。在公共决策过程中，必须保证咨询子系统的独立研究，让专家们独立、客观地分析问题，得出科学的结论，并让他们能充分地发表自己的意见和建议，绝不允许决断子系统已经做出结论，而只让咨询子系统论证这种结论的正确性。另外，决断子系统又不能让咨询子系统代替自己决定政策，不能完全为咨询子系统的意见所左右。这是因为，公共决策从本质上说是一种政治决策，而且其中包括了无法计量的价值问题，因而无法仅仅依靠咨询子系统的知识、技术来衡量，而需要决断子系统的决断。更主要的原因是，咨询子系统对政策问题及方案的分析论证，往往是从理想条件出发的，而现实并非如此，决断子系统需要更多地考虑现实的条件，综合权衡，做出正确的政策决定。

4. 执行子系统

执行子系统是由政策执行组织及其人员，特别是政府行政机关和行政人员所构成的。它是政策系统的有机组成部分，其主要职责是将政策方案（理想）转变为政策效果（现实）。

执行子系统具有现实性、综合性、具体性和灵活性的特点。所谓现实性，是指执行子系统能够将政策方案转变为政策效益。所谓综合性，是指政策执行是一个复杂的活动过程，牵涉许多动态的因素，必须采取种种措施和行动。所谓具体性，是指执行子系统必须将政策目标加以分解，使其具体化，把执行任务落实到具体的单位和个人。所谓灵活性，是指执行子系统所遇到的是复杂多变的情况，新问题、新矛盾随时会发生，因此，执行子系统必须具有灵活性。

执行子系统在公共决策活动中的作用是：(1) 为政策方案或项目的执行做好准备。为保证方案的顺利实施，在具体实施前，执行子系统必须制定出周密、严谨的具体实施计划或行动细则。要建立一定的机构和进行人员配备，为政策方案转化为具体的执行活动提供组织保障；要进行必要的宣传活动，把政策方案的目的、意义和具体要求向执行者讲清楚；要进行必要的物质准备，包括执行过程中所需要的各种器具和装备，为此，要编制预算，落实经费。(2) 从事指挥、沟通、协调等方面的活动。指挥就是执行子系统运用组织权责，发挥领导权威，推动下属为实现既定政策目标而努力的过程；沟通就是执行子系统中的各级组织及人员进行信息交流和传递的过程，是对于政策目标及其相关问题获得统一认识的方法和程序；协调就是执行子系统为了顺利实现政策目标，而谋求自身统一和谐，谋求自身各相关要素匹配调剂、协作分工的一种行为方式。(3) 分析和总结执行情况。在完成执行任务之后，执行机关和人员必须把执行工作放在原政策方案的价值指标或标准上，进行全面、细致的衡量，进行实事求是的评定，总结经验和教训。

5. 监控子系统

监控子系统是整个政策系统的一个有机组成部分，它是体制内和体制外的有关部门、单位和个人所组成的一个子系统，相对独立于信息、咨询、决断、执行等子系统，其地位较为特殊。它的作用贯穿于整个公共决策过程尤其是政策执行的过程之中。其目的是使政策目标得以顺利实施，避免政策变形走样，保持政策的权威性和严肃性。

监控子系统在政策执行过程中的主要作用在于：(1) 确立政策执行的准绳和规则，提供检查执行情况的依据。因此，一项公共政策由谁来执行，怎么执行，执行到什么程度，监控子系统对此必须有明确的规定。(2) 监控政策执行情况。监控政策执行情况，是监控子系统最基本的职责之一。主要监控执行者是否执行以及执行得如何，对不执行或执行不力者，予以纠正或处罚。(3) 反馈政策执行情况。政策问题及其环境不可能一成不变，因此，必须及时将政策执行情况及环境条件变化的信息反馈给决断子系统，以便决断子系统根据新的情况，对政策进行修订、完善或终结。

监控子系统是公共决策科学化、民主化和法制化的一个重要保障，它的发展与功能的充分发挥有助于制定并执行好合理的政策，至少可以减少政策的失误，避免出现灾难性的后果。监控子系统的不完善是目前我国公共政策系统中存在的另一个明显的缺陷。

公共政策系统正是由信息、咨询、决断、执行和监控等子系统相互联系、相互依存、相互作用而构成的一个大系统。在这些子系统中，决断子系统是政策系统的核心，具有权威性和主导性。再好的方案不经决断子系统是不可能转化为政策的。决断子系统根据信息子系统、咨询子系统提供的信息和预选方案，做出正确的判断和决策，并由总体设计部门做出切合实际的规划和计划。信息子系统是公共政策系统的一个基础。公共决策的过程，就是信息的输入、转换和输出的过程，即从信息系统那里输入决策所需要的信息，掌握社会大众对政策的要求和意见，形成政策问题，经过研究、咨询之后制定、出台政策，通过政策实施把信息输送出去，再将其作用结果反馈回来，并据此调整和完善政策，对信息子系统的要求是客观、准确而又及时。咨询子系统是公共政策子系统的另一个基础部分，它参与政策的制定，主要是根据客观实际，参照历史经验和未来预测结果，以系统内外的各种信息为基础，对决策问题提出科学的依据和可行的方案，供决策子系统参考，对它的要求是客观准确，并富于科学性和创造性。政策系统的良性运行对决断子系统的要求是：决策正确合理，规划周密可行。执行子系统贯彻决断子系统的指令，实行科学、高效的管理。它是政策系统运行的实践环节，其作用是使条文上的政策转化为改造客观世界的活动，实现政策目标。因此，它是政策主体与客体相互作用中最具有直接性的环节，对它的要求是执行坚决有力、科学高效。监控子系统主要是负责监督政策的制定和实施，以控制政策失误，确保围绕总政策目标执行政策，保证政策的权威性和严肃性。它还应灵敏地反映出执行结果与目标之间的差异，并及时向信息系统提供信息，使决策能得到及时调整，从而提高效率，对它的要求是真实无误、及时迅速。公共政策系统的运行正是在这些子系统的相互联系、相互作用的基础上展开的。

7.3.2 公共政策主体

一般而言，政策活动者或政策主体是指直接或间接地参与政策制定、执行、评估和监控的个人、团体或组织。尽管各国的公共决策体制和政策过程存在区别，但政策主体的构成因素一般都包括立法机关、行政机关、司法机关、政党、利益集团、智库（思想库）、大众传播媒介和公民（选民）等。在西方，人们习惯于将政策主体尤其是政策制定者分为官方的主体和非官方的主体两大类，例如，安德森在《公共决策》一书中就是这样划分的。在他看来，官方的政策制定者是指那些具有合法权威去制定政策的人，包括立法者、行政官员、行政管理人员和司法人员；非官方的政策制定者包括利益集团、政党和作为个人的公民等。[1]

1. 立法机关

立法机关在西方指国会、议会、代表会议一类的国家权力机构，在我国则是指全国及地方各级的人民代表大会及其常务委员会。立法机关是政策主体的最重要的构成因素之一，它的主要任务是立法，即履行制定法律和政策这一政治系统中的主要职责。

在西方尤其是美国，立法机关通常能够在独立决策的意义上行使立法权。例如，国会的各种常设委员会对提交上来的法案常常拥有生杀大权，它们甚至可以不顾所在国会的大多数成员的反对而行事。通常，关于税收、人权、福利和劳动关系等方面的政策在很大程度上是由国会制定的（似乎可以说，在内政政策方面，国会的权力比总统要大）。

在我国，人民代表大会是权力机关和立法机关，它是我国的政策制定及立法的主要机关，也是政策执行的监督机构。就其法律地位来说，人民代表大会的地位是至高无上的，它决定着我国社会发展的基本方向。人民代表大会作为国家的权力机关和决策机关，有两个重要职能：一是将执政党即中国共产党对国家和社会的政治领导及其政治路线、政治纲领、政治意志以国家法律的形式体现出来，使其成为国家的意志——国家权力的灵魂；二是建立政府权力体系——国家行政机关、司法机关等。此外，它担负着审议批准政府机关所提出的重要政策方案或法案的职责，尤其是审查和批准政府的预算和预算执行情况方面的职责，并监控政府行政机关的政策执行。

2. 行政机关

行政机关（政府）及其官员是政策主体的另一个关键因素。尤其是在当代，行政权力扩张，出现了“行政国家”或“以行政为中心”，政府全面干预社会经济生活，它在政策过程中的地位和作用显得特别突出。

在西方尤其是美国，无论是政策的制定，还是政策的执行，政府的效能从根本上取决于行政领导尤其是总统。现在，总统在进行立法和政策领导方面的权威已大大增强了，国会的立法往往将重大的决策权授予总统，特别是在决策权难以分散的国防政策和外交政策领域更是如此。行政机关在政策过程中的作用巨大，这不仅在于它是政策执行的主导机构，而且在于它在当代日益参与政策制定的事务，行政部门可以制定某些法规和政策，还可以使别的国家机关制定的法律或政策不起作用。此外，英美等西方国家的行政部门还是立法或政策建议的重要来源，它不仅积极提交法案，而且主动进行游说，向立法机关施压，让其采纳有关的建议。

在我国，中央人民政府（国务院）作为行政管理机关享有立法权、提案权、人事权等职权，它统一领导全国的内政、外交事务。主要内容有：编制并执行国民经济和社会发展计划及国家预算，领导和管理经济工作和城市建设，领导和管理教育、科学、文化、卫生、体育和计划生育工作，领导和管理国防与外交事务等。国务院以及各级人民政府不仅

---

① 参见［美］詹姆斯·E. 安德森：《公共决策》，44～45页，北京，华夏出版社，1990。

是政策执行的主要机构，而且它有权根据总方针和总政策制定出具体的政策法规（尤其是行政法规），将党和国家权力机关的政策具体化，或对党和国家权力机关所没有涉及的领域，制定出补充性的政策规定。

3. 司法机关

作为国家机构组成部分的司法机关，是官方政策主体的构成因素之一，它在公共决策过程中也占有一席之地。例如，在美国，司法机关（法院）能够通过司法审查权和法令解释权而对公共政策的性质和内容产生很大的影响；通过司法判例对经济政策和社会政策产生影响。法院不仅参与政策制定，而且在其中扮演重要角色，它不仅规定政府不能做什么，而且规定政府应该采取何种行动以符合宪法和法律的要求。在我国，司法机关也在政策过程中起到某些类似的功能，它也是我国政策主体的一个有机组成部分。

4. 政党

政党尤其是执政党是政策主体的核心力量，公共政策在很大程度上可以视为执政党的政策。现代国家的政治统治大都通过政党政治的途径来实现，在现代社会中，政党常常履行某种利益聚合的功能，即政党努力将利益集团的特定要求转变为一般可供选择的政策方案。也就是说，政党的主张转变为国家或政府的政策是靠选举来实现的，只有在大选中获胜，取得政权的政党才能成为直接的政策制定者，把它的纲领、主张转变为公共政策。

在实行两党制的国家中，政党希望获得更多选民支持的愿望，迫使两党在其“一揽子”的政策意见中体现更多的利益和要求，并尽量避免与势力强大的社会阶层和利益集团的利益相左。在我国，中国共产党是政策主体的核心因素，它在政策过程中起着领导作用，作为执政党，它代表着广大人民群众的根本利益和普遍意志。中国共产党在政策过程中的主要作用是政治领导和向国家机关尤其是政府部门推荐重要干部。党对国家事务实行政治领导的主要方式是：使党的主张经法定的程序变成国家的意志，通过党组织的活动和党员的模范带头作用，带动广大人民群众，实现党的路线、方针和政策。因此，政策方面的领导是党的政治领导的主要内容。

在我国实行的中国共产党领导的多党合作和政治协商制度下，各民主党派是参政党，而不是在野党；与这一政党制度相适应，我国实行政治协商制度，人民政协是国家机构的有机组成部分。人民政协以及各民主党派在我国的决策过程中发挥着重要作用，不仅直接参与国家重大政策的讨论与决定，而且更经常地、更大量地进行调查研究，提出政策建议，参与政策的监控与评价，充分发挥参政议政的作用。

5. 利益集团

利益集团是非官方政策主体的最重要的构成因素之一，它在公共政策过程中起着显著作用。所谓的利益集团，也就是由具有共同的立场、观点和利益的个人所组成的社会组织，它的职责是履行利益聚合功能，以保障或增进其成员的利益为最高目标。公共决策过程表现为利益或价值的分配过程，为了保证或增进自己的利益，个人往往参加利益集团；各种利益集团向政府提出要求和愿望，希望政府更多地考虑或照顾其利益。这就是渐进主义的政策制定模式将公共政策看作利益集团之间的互动、争斗和妥协的过程的原因之所在。

在西方国家，利益集团成为最主要的社会组织形式之一，利益集团之间的争斗成为政治过程的一个基本内容。按照安德森的说法，在美国，利益集团经常要求政府采取政策行动，它们是政策行动要求的主要来源之一。西方社会的多元化性质导致利益集团数量众多，以及利益、规模、结构和活动方式的多样化；利益集团影响公共决策的途径或方式有游说、宣传、捐款、示威抗议等，其中游说是一种主要的方式。游说也被称为“院外活动”，指的是代表利益集团的说客向立法者（政治家）、政府官员进言，希望他们支持利益集团所希望的政策。

在我国，随着市场经济的发展，必定出现利益多元化的趋势，各行各业、各个地区、各阶层的人民会形成各种各样的利益集团。这些集团通过各种途径表达其要求，希望党和政府在公共决策中考虑其利益，要求放权让利。因此，利益集团对我国的公共决策过程的影响力将日益增长，党和政府的决策在协调各方面的利益关系上也将面临更复杂的局面。

6. 智库（思想库）

智库或思想库（Think Tank，Brain Trust）是指由各种专家、学者和社会贤达所构成的跨学科、综合性的政策研究组织。智库或思想库是政策主体的一个独特而又重要的构成因素，在现代公共决策中发挥着举足轻重的作用，人们称之为“现代决策链条中不可缺少的一环”。智库或思想库专门以改进政策制定为目标，它以人员构成的多学科性，擅长现代的科学分析方法及手段，政策研究和咨询的相对独立性、客观性和创造性（不受长官意志左右，贴近民意等）为特征。智库或思想库在现代公共政策系统及其运行中处于一种承上启下的地位，是联结政府与社会、决策者与利益集团的中介，也是决策支撑系统的一种核心力量。

智库或思想库在公共决策中的主要作用是：第一，提供政策建议，充当咨询参谋机构。用那格尔的话来说，“思想库是产生可靠的、可以被有关部门接受的政策研究成果的主要机构”。第二，提供学术思想，充当认识机构。思想库的任务不仅在于提出具体的政策方案，而且在于发现和传播新思想、新观点，在于追求长远目标，面向未来。第三，提供政策结果信息，充当评估机构，即注重评估政府的各种政策和计划，在政治生活中发挥“社会医师”的作用。第四，向政府机构输送官员和专家，充当人才交流、储备机构。在西方，许多政府要员来自思想库。有学者说，研究人员参加政府使其研究成果直接为制定政策服务是思想库影响政府决策最大的方面。第五，制造舆论，传播观点，充当宣传机构。思想库通过各种传播媒介、出版渠道和各种会议，及时传播其观点和主张，影响公众和政府，形成主流政策思想。

智库或思想库是国家软实力的重要体现，智库与决策咨询制度建设则是国家治理体系与治理能力现代化的一个不可或缺的重要组成部分。2013 年 4 月，习近平总书记就中国特色新型智库建设做出了重要批示，将智库建设提高到国家战略高度，并提出了中国特色新型智库的建设目标和要求。党的十八大提出“坚持科学决策、民主决策、依法决策，健全决策机制和程序，发挥思想库作用，建立健全决策问责和纠错制度”。党的十八届三中全会提出要“加强中国特色新型智库建设，建立健全决策咨询制度”。2015 年 1 月，中共中央办公厅、国务院办公厅印发了《关于加强中国特色新型智库建设的意见》，总体目标是到 2020 年，形成定位明晰、特色鲜明、规模适度、布局合理的中国特色新型智库体系，重点建设一批具有较大影响力和国际知名度的高端智库。这充分说明了当前中国特色新型智库建设的重要性与迫切性。

7. 大众传播媒介

现代大众传播媒介（广播、电视、电影、报纸、杂志、书籍、电子信息网络等）是政策主体的一个组成部分，是政府与社会之间的另一个主要中介。在当代信息社会，大众传媒对政府的公共决策有着重要的影响，有时甚至是决定性的影响。它们的主要作用是传播信息、引导舆论、交流思想和传播知识，是政府、政党和其他利益集团的宣传工具。现代传媒具有覆盖率高、信息量大、影响面广、冲击力强的特点。它能营造社会的文化氛围，形成或改变人们对事物的看法，引导或左右公共舆论，传播政府或其他政治团体的观点，聚焦问题，作为社会的“第三种权力”，监督政府的政策制定及执行，从而影响政府的政策制定与执行。

大众传媒影响政府公共决策的途径或方式多种多样。大众传媒能及时反映社会所发生的公共问题，同时，其传播的信息是在对政策信息和政策问题进行选择、整理、淘汰、处理，经过层层加工和筛选后，再提供给公众的。它建构的“第二现实”影响受众对问题内容及其性质的认知和态度，进而影响政策议程的建立。由于大众传播的直接性、迅速性和广泛性，它能为政策制定创造良好的公众支持的环境，从而扩大政策诉求群体，提高政策问题的认知程度。大众传媒的“焦点效应”，可以形成强烈的政策舆论压力，促使决策系统接受来自公众的愿望和要求。大众传媒是联结政府与社会的桥梁和中介，可以扩大公众对政策制定的参与程度，使分散的公众公开表达自己的诉求，是实现决策科学化和民主化的重要载体。大众传媒对政策议程设置的影响尤为突出。1972 年，麦考姆斯等人在《舆论季刊》上发表了研究报告《大众传播媒介的议程设置功能》，将媒介的这种传播效果命名为“议程设置”，“议程设置”遂成为传播学研究的一个经典理论。

8. 公民（选民）

公民或选民是政策主体的一个重要而又广泛的构成因素。在现代民主社会中，公民通过各种政治参与途径，去影响或制约政府的公共政策制定与执行。这些途径主要有：一是以国家主人或主权者的身份，对某些重大政策问题直接行使主权，如对宪法修正、领导人的选举、基本国策或重要的地方性政策，采取直接投票的方式来加以决定；二是利用间接或代议的方式，选出自己的代表去参与公共政策的制定与执行；三是使用各种威胁性的方式（如请愿、示威游行、罢工、罢课等）去反对某些政策，迫使政府修改或废止这些政策，或表达制定新政策的要求，迫使政府将问题提上议事日程；四是通过参加利益集团，借助团体的力量去影响政策，或通过制造舆论或游说的方式去影响政府决策；五是对政府通过并实施的政策采取合作或不合作的态度，以此影响政策结果；等等。

在西方，公民的确有时可以通过这些途径去影响政府的公共决策，但是，在西方代议民主制度下，公民的政治参与及其对公共决策的影响是有限的，甚至是微不足道的。在我国的社会主义民主制度之下，人民群众是国家的主人，他们在政策过程中起着重要作用，人民群众参与国家的公共事务管理以及公共决策活动，参与政策的制定、执行、评估和监控，党和政府的政策实质上反映了广大人民群众的根本利益，是他们的意志和要求的集中体现。

那么，各种政策主体在政策过程尤其是政策制定中是如何行为的呢？西方学者提出了许多假设、模型、概念框架或理论模型，包括多元主义、法团主义（或合作主义）、公共选择、“铁三角”、“影子政府”、“次级政府”、“政策共同体”、“政策子系统”、“政策网络”、“议题网络”、“倡导联盟”、“多源流框架”等等。

在“政策网络”理论产生之前，美国的学者用“政策子系统”“铁三角”“政策共同体”“认知共同体”“议题网络”等概念框架解释美国的政策过程中的活动者的互动。英国著名学者罗兹认为，在各种关于政府与其他国家行动者和社会行动者之间的联系和依赖的概念中，政策网络只是其中之一，其他概念还包括议题网络、铁三角、政策子系统、政策共同体、认知共同体。这些概念通常在联系的紧密程度上有所不同，议题网络较为松散而政策共同体成员间的联系更加紧密。①

例如，公共选择理论家力图概括出政治家（立法者）、政党、行政官员、利益集团和选民在政策过程中的一般行为模式。他们用“经济人”假说来说明各种政策主体的行为，认为所有政策主体在公共决策或公共选择过程中都是以“经济人”的面目出现的，其动机和行为都是追求自身利益的最大化。例如，政治家或立法者在政策过程中所追求的最大化利益是赢得选举或再次当选。因此，其行为是为了在选举中获得更多的选票或支持率。而为了获得选民的支持就必须许诺制定并执行某些能够给选民带来利益的政策或提供更多的公共服务；政治家在公共政策及项目的拨款预算中，也往往支持最大化的预算方案，以便有更多的资金来回报支持他的选民。顺便说一下，政党在政策过程中的行为类似于政治家的行为。实际上，政治家是政党的代表。在西方，各政党在选举中通过某些政策承诺来获得更多选民的支持，以确保本党在选举中获胜。在许多情况下，这种迎合部分选民需要的政策倾向会导致“短视效应”，即追求近期目标而牺牲长远利益，导致政策失败。

又如，政府官员尽管不是由选民选出，而是由行政机关任命的，但这些官员同样按“经济人”的原则行事，追求自身利益的最大化，他们在公共行为的动机中包含了自利的动机。按照尼斯卡宁的说法，一个官员可能追求的主要目标有：“薪金、职务津贴、公共声誉、权力、任免权、机构的产生、容易改变事物、容易管理机构。”② 为了达到这些目标，就必须扩大自己所属的行政部门的规模，由此可以提高影响，增加晋升的机会，而这一切最终必须靠预算的最大化来实现，即通过尽可能多地增加预算，扩大机构，增加公共服务来实现，其结果则是公共物品及服务超过社会需求，导致政府扩张（公共选择学者还认为，利益集团的行为动机与原则也是按“经济人”行事的，即同样追求自身利益的最大化。政治家、政府官员和利益集团在公共决策过程中相互勾结，形成一个“铁三角”，一起追求预算的最大化，以满足各自的私利，其结果是政策失败，损害公共利益，浪费社会资源）。

再如，政治领域中的选民和经济领域中的消费者的动机是一样的，即出于利己主义的最大化原则，他们在政治领域中的投票行为取决于投票获得的收益和投票所支出的费用之比。选民所期待的收益取决于他们对自己所希望的政策得到实施的期望值，即只有自己所

---

① R. A. W. Rhodes，“Policy Network Analysis”，in M. Moran，M. Rein and R. E. Goodin（eds.），*The Oxford Handbook of Public Policy*，Oxford：Oxford University Press，2006，pp. 423-445.

② W. A. Niskanen，*Bureaucracy and Representative Government*，Chicago：Aldine Atherton，1971，p. 38.

支持的候选人当选时才能使所希望的政策得到实施。这种概率越高，就越能吸引选民去投票；同时，选举所花费的成本（包括信息收集成本、机会成本和交通费等）较低，选民总会去投票。当预期的费用超过预期的收益尤其是信息收集费用过高时，选民会不收集信息，而直接投票或弃权，这就是所谓的“合理的无知”。

应该说，公共选择学者对西方政策主体在政策过程中的行为动机及行为方式做了颇为深刻的分析，揭露了西方政治制度下政治家（立法者）、政府官员和政党在公共政策过程中的利己本性，粉碎了他们为公共利益服务的神话。但是，能否将西方代议民主制之下的政策主体的行为推广到所有政治制度下的政策主体身上，成为一种普遍的行为模式，则是一个需要认真分析和研究的问题。

7.3.3 公共政策过程

1. 政策过程本质上是一种政治过程

政策主体、政策客体及其与政策环境的相互联系和相互作用，使得政策系统呈现一个动态的运行过程。按照伊斯顿的政治系统论观点，政策系统的运行表现为一个系统的不断输入、转换、输出的过程。政策环境首先把种种要求和支持传导给政策主体，从而输入政治体系。在这里，所谓要求，是指个人和团体为了满足自己的利益而向政府提出采取行动的主张；所谓支持，是指团体和个人遵守选举结果、缴纳税收、服从法律以及接受权威性的政府为满足要求而做出的决定或所采取的行动。这些要求和支持通过政治体系内部转换，变成政策方案输出，作用于环境，引起环境变化，产生新的要求。而这种新的要求反馈到政治体系，进一步导致政策输出。在这种循环往复中，政策便源源不断地产生，政策系统的运行得以持续进行。

政策系统的运行即是公共决策的过程或政策过程，它本质上是一种政治过程。公共决策（非市场决策）可以一般地定义为国家、政府及执政党为公共物品的生产及供应，为宏观调控经济及社会的运行而做出决策，它不同于市场决策（个人决策和企业决策）。后者是市场主体（作为消费者的个人和企业）根据市场供求关系来决定私人物品的生产和供应，即企业决定生产什么、如何生产和为谁生产，作为消费者的个人决定购买什么和消费什么产品服务等。公共决策的主体是国家、政府及执政党，它通过政治过程决定资源在不同公共物品之间的配置或决定全社会价值、利益在不同阶层、团体或个人中的分配。

2. 政策过程的基本环节

公共决策作为一个集中行动过程，是由一系列的功能环节或阶段构成的。叶海卡·德洛尔在《公共政策制定检讨》一书中将政策过程分为四个阶段：(1) 元政策制定阶段——对如何制定政策的策略进行分析，包括处理实在、处理问题、调查和开发资源、设计和评价政策系统、确认问题、分析价值和资源、制定政策战略等七个环节；(2) 政策制定阶段——包括细分资源，按优先顺序建立操作目标，按优先顺序确立其他一系列的主要价值，准备一组方案，比较各种方案的预测结果，并选择最好的一个，评估这个最优的方案并确定其好坏等七个环节；(3) 后政策制定阶段——包括发起政策执行、政策的实际执行、执行后的评估三个环节；（4）反馈阶段——多层面联结所有阶段的交流与反馈。[①] 拉斯韦尔在《决策过程》这一论著中将政策过程的功能活动划分为如下范畴，即情报、建议、规定、行使、运用、评价和终止。[②] 琼斯（Charles O. Jones）在《公共政策研究导论》一书中将政策过程看作由如下功能环节或阶段所构成的：感知/定义、汇集或加总、组织、表达、确立议程、方案形式、合法化、预算、执行、评估、调整/终结。[③] 安德森在《公共决策》一书中则将政策过程的功能活动划分为如下五个环节：问题的形成、政策方案的制订、方案的通过、政策的实施和政策评价。[④] 而政策变迁与学习则是西方政策科学研究的一个较新的主题。用保罗·A. 萨巴蒂尔的话来说，政策变迁涉及政策十年乃至几十年的变化。而政策学习则是政策变迁的题中应有之义，是其内核之一。政策变迁与学习理论要解释政策为什么会发生变迁以及政策如何发生变迁等问题，关注的焦点之一是国家或地区中长期政策变化的规律性及其形成的政策范式与政策风格。

参考国外学者的看法，结合我国的政策实践情况，我们将政策系统的运行看作由政策制定、政策执行、政策评估、政策监控、政策终结以及政策变迁等功能环节所组成的过程，这些环节构成一个政策周期。

（1）政策制定——从发现问题到政策方案的出台的一系列功能活动环节所组成的过程，包括建立议程、界定问题、设计方案、预测结果、比较和选择方案以及方案的合法化等环节。

（2）政策执行——将政策方案付诸实践，解决实际政策问题的过程，也就是将政策理想转变为政策现实的过程，包括政策宣传、政策分解、组织和物质准备、政策实验以及指挥、沟通、协调等功能活动环节。

（3）政策评估——依据一定的标准和程序，对政策的效果做出判断，确定某项政策的效果、效益及优劣，并弄清政策的成功或失败的原因、经验和教训的活动，包括制定评估方案、收集和分析评估信息、处理评估结果、撰写评估报告等环节。

（4）政策监控——为达到政策方案的预期目标，避免政策失误而对政策过程尤其是执行阶段的监督和控制，以保证政策的权威性和严肃性，包括监督、控制和调整等功能活动环节。

（5）政策终结——在政策执行并加以认真评估后，发现该政策的使命已经完成，政策已过时、不必要或不起作用，采取措施予以结束的过程或行为。

（6）政策变迁——作为反映政策中长期变化的概念，政策变迁是指政策因外部环境或自身构成要素的变化而不断演化的过程，表现为政策学习、政策创新、政策扩散、政策移

---

① Yehezkl Dror, *Public Policymaking Reexamined*, Scranton, Pennsyvania: Chandler Publishing Company, 1966, pp. 312-318.

② Harold D. Lasswell, *The Decision Process*, College Park, Md. Bureau of Governmental Research, University of Maryland, 1956.

③ Charles O. Jones, *An Introduction to the Study of Public Policy* (3rd ed.), Monterey, California: Brooks/Cole Publishing Company, 1984, pp. 27-29.

④ 参见［美］詹姆斯·E. 安德森：《公共决策》，31页。

植、政策转移、政策维持等形式。

20 世纪 80 年代末以后，阶段途径因其自身的问题与局限性而受到了许多政策分析学者的批评。1987 年，青木（R. Nakamura）在一篇题为《教科书式的政策过程与执行研究》的论文中，首次对阶段途径提出质疑，认为被广泛应用的阶段途径并未得到准确的说明，因而不能成为一种“范式”。1988 年开始，萨巴蒂尔在几篇相关的论文中指出，政策过程的阶段启发法作为研究和教学的基础有着严重的局限性，特别是它忽视了观念或思想在政策演化中的作用。近二三十年来，西方政策分析学者在批判反思阶段启发法的基础上，提出了各种解释政策过程以及政策变迁的新理论框架。但迄今为止，阶段途径仍然是一种整合政策科学知识特别是政策过程知识的方便框架，其他途径还没有成熟到成为足以取代阶段途径的新“范式”。

3. 政策过程的新理论框架

参考保罗·A. 萨巴蒂尔编的《政策过程理论》的论述，我们着重介绍如下五种①：

（1）制度理性选择框架（Institutional Rational Choice Framework）。这一类框架的焦点是，制度规则是如何改变由物质上的自我利益所激励的自觉理性个人的行为。尽管大部分制度理性选择文献集中在一系列特殊的制度，如美国的国会与行政机构的关系，但是其一般的框架的范围十分广泛，并且已被应用到美国和其他国家的重要的公共政策问题上。它是目前政策过程的新理论框架中较为成熟和较具影响力的途径。奥斯特罗姆的《制度理性选择：制度分析和发展框架的评估》一文对这种途径做了很好的说明。

（2）多源流框架（Multiple-Streams Framework）。这是由约翰·W. 金登在《议程、备选方案和公共政策》（1984）一书中根据科恩、马奇和奥尔森等人的有关组织行为的“垃圾桶模式”而提出的。金登指出：“政策制定过程并非像其他学者特别是系统理论家所认为的那样——在阶段和步骤上是整齐划一的。”在现实政治中，一些独立的政策制定倾向同时流过该系统，它们各自都具有自己的特性。当“机会之窗”被打开时，它们便被结合在一起或被提上政策议程。② 它将政策过程看作由如下三股源流所构成的过程：问题流（由关于各种问题的数据以及各种问题定义的支持者所组成）、政策流（包含政策问题的解决方案的支持者）和政治流（由选举和民选官员所组成）。依金登的观点，这三种源流平时彼此独立运行，只有当“机会之窗”打开时，才允许政策企业家将不同的源流配对。如果政策企业家取得成功，那么结果就是重大的政策变化。尽管多源流框架并不总是清楚和内在一致的，但它似乎可以应用于非常广泛的政策领域，相关文献在社会科学领域中也被广泛地应用。

（3）中断—平衡框架（Punctuated-Equilibrium Framework）。它最初是由鲍姆加特纳（Baumgartner）和琼斯（Bryan Jones）在《美国政治中的议程和不稳定性》（1993）一书中提出的。它认为，美国的政策（制定）过程以被短期的重大政策变化所打断的长期渐进变化为特征。当反对者设法形成新的“政策形象”，并探索多方面的政策发生的可能性时，就会发生重大的政策变化。这一框架最初被用于解释立法变化，最近它的应用范围被扩

① 参见［美］保罗·A. 萨巴蒂尔编：《政策过程理论》。

② 参见［美］约翰·W. 金登：《议程、备选方案和公共政策》，北京，中国人民大学出版社，2004。

展，用于分析和解释联邦政府预算的长期变化。

(4) 倡导联盟框架（Advocacy Coalition Framework）。这是由萨巴蒂尔和詹金斯-史密斯（Jenkins-Smith）在《政策变迁和政策取向的学习》（1988）和《政策变迁与学习》（1993）等论著中提出的，它主要关注政策次属系统中辩护联盟——每个联盟由来自不同机构的享有共同政策信念的行动者所构成——的相互作用。这种框架花了大量的时间来描绘政策精英的信念系统，并分析那些可能出现的跨联盟政策取向学习的条件。这种途径在经合组织成员中引起了相当大的兴趣，也带来了某些建设性的批评。

(5) 政策扩散框架（Policy Diffusion Framework）是由弗朗西丝·斯托克斯·贝里（Frances Stokes Berry）和威廉·贝里（William Berry）在《作为政策创新的州彩票抽奖法》(1990) 和《州的税制创新》(1992) 等论文中提出的。它力图解释跨州或地方在采纳特殊政策创新（如彩票抽奖法）中的不同。它认为这种创新被采纳是特殊政治制度的特点和不同扩散过程的结果。近年来，又有学者将这种途径与政策网络的文献整合在一起。目前，这种途径仅仅被应用到美国的政策过程，它应扩展到欧盟和其他经合组织成员的政策过程上。

7.3.4 我国公共政策系统及其运行的优化

改善公共政策系统、提高公共政策质量是政策科学研究的最高目标。而公共决策的科学化、民主化和法制化是我国政治体制改革及社会主义民主政治建设的一个基本任务或目标，也是我国社会主义市场经济发展的内在要求，这正是政策科学研究的核心主题。与市场经济的运行相适应，必须建立起一套有效的政府宏观调控机制，以弥补市场的缺陷，纠正市场的失灵，这就对政府的公共决策提出了更高的要求。因此，在目前我国由计划经济体制向市场经济体制转轨的时期，研究如何加快我国的公共决策科学化、民主化和法制化的步伐，改善我国公共政策系统及其运行，提高公共政策的制定和执行的质量，就具有重要的理论与实践意义。

中国共产党人在长期的革命和建设的实践中，高度重视决策及政策问题，把决策及政策的正确与否提高到关系革命和建设事业能否取得成功的高度来认识。党和国家制定出一系列正确的政策、战略和策略，使革命和建设事业取得一个又一个重大胜利，并积累了丰富的成功决策经验。特别是党的十一届三中全会以来，党和国家不断地探索并积累适应社会主义现代化建设、适应改革开放要求的公共决策的民主化、科学化和法制化的基础，着手进行政治及行政体制的改革，将决策的科学化和民主化当作政治体制改革以及社会主义民主政治建设的一个重要环节、内容、任务或目标，向决策的科学化、民主化以及法制化大大迈进了一步。

然而，我国现有的公共决策体制基本上是在计划经济体制的基础上形成和发展起来的，仍有诸多缺陷或不足，不能适应社会主义市场经济发展的迫切需要。从总体上看，我国目前正处于由传统决策体制向现代决策体制的转变时期。尽管改革开放以来，我国的传统公共决策体制已经动摇，向现代化的决策体制迈进了一大步，但传统的决策体制及决策模式并未彻底消除，现代化的决策体制并未最终确立起来。

按照社会主义市场经济发展的内在要求以及目前我国公共决策存在的问题，必须下大力气，加快我国公共决策的科学化、民主化和法制化的步伐，改善公共政策系统及其运行，提高公共政策制定及执行的质量，形成与市场经济体制相适应的宏观调控体系，促进社会主义市场经济的顺利发展。

1. 公共决策的科学化

所谓的决策科学化，是指决策者及其他参与者充分利用现代科学技术、知识及方法，特别是公共决策（政策科学）的理论和方法来进行决策，并采用科学合理的决策程序。实现决策科学化的要求是建立健全公共决策系统，遵循科学的决策原则，提高决策者和参与者的素质。

（1）建立健全公共决策系统。现代化的公共决策系统是由以决断子系统为核心，以信息、咨询、监控子系统为支持而组成的有机整体。建立健全决策系统，一是合理设置各子系统。在决策运行过程中，各子系统承担不同的功能，发挥不同的作用。若子系统设置不健全，则必然会导致一些工作没有相应的机构承担，决策功能相互脱节，或多种工作集中到某些机构之中，从而造成决策质量下降。而子系统机构重复设置，又会引起工作上的摩擦、扯皮和责任不清，增加决断子系统的工作量，分散决策者精力。因此，决策系统的设置应该贯彻精简、统一、效能的原则，合理设置机构，确定各机构人员的资格和能力要求。二是充实参谋咨询机构和信息工作机构。充实完善的信息机构，灵敏、畅通的信息网络，可避免信息的片面性和短缺，使决断子系统和咨询子系统能获得更准确、全面的信息。相对“过剩”的参谋机构，使得同一个政策问题会有不同的参谋机构提出不同的见解，设计出更多的备选方案，这些见解、备选方案相互竞争、相互补充，为决策者从中选出一个最佳方案或博采众长形成一个综合性新方案提供了有利条件。

（2）遵循科学的决策原则。决策原则是决策过程中一些固有的运行规律的概括和反映，是决策科学化的一个重要条件。这些原则有：一是信息原则。科学的决策必须进行调查研究，搜集、传递、整理和应用准确、可靠、全面、系统的信息，并对信息进行正确的分析判断。决策实际上就是信息的收集、加工和转换的过程。只有在掌握充分可靠的信息的基础上，决策者才能做到胸有成竹。二是预测原则。决策是针对现实来规划未来和影响长远的行动。有效的决策离不开为决策者提供决策对象可能发展的方向和趋势。没有运用未来学或预测学的理论和方法，科学地预测未来及其后果的决策是盲目的决策，往往会铸成大错或失败。三是程序原则。不同问题的具体决策分析步骤不尽相同，但其基本的程序却是一致的。这个基本程序就是政策问题的分析界定、政策目标的确立、政策方案的设计、政策效果的预测和政策方案的抉择。这些步骤的顺序有其合理性和科学性，是决策过程所必须遵循的。四是可行性原则。决策是为了付诸行动并解决问题。一个政策问题的解决方案，要考虑经济的、技术的、政治的、行政的和社会心理等各方面的因素。五是民主集中制原则。决策者要充分发扬民主，营造自由、平等的讨论气氛，调动决策参与者的积极性和创造性；要善于集中和依靠集体的智慧和力量进行决策，要广泛听取专家、学者和有实际经验的人的意见，走群众路线，集思广益，避免个人认识上的倾向性和片面性。

（3）提高决策者和参与者的素质。决策人员素质的高低决定了决策水平的高低，提高决策人员素质是决策系统改进的重要内容之一。首先要加强决策者集体的班子建设。从班子成员的年龄、知识、能力、性格等方面入手，合理配备决策班子，提高决策者的整体水平。其次要提高参谋咨询人员的业务素质。要充实参谋咨询部门的力量，并考虑人员学科知识的搭配问题；加强对咨询人员的教育培训，可采取邀请咨询专家、学者上门培训，也可以选派人员到民间的咨询机构中学习实践，使他们成为具备现代决策理论素养，有较宽的知识面，掌握现代决策方法、技术的高级人才；要大胆吸收借鉴国外尤其是西方国家成熟的公共决策理论、方法及技术，特别是定性、定量和创造性思维的方法及技术，取长补短。最后要提高信息人员素质。要对信息工作人员进行思想政治和科学文化知识、信息管理技术培训；加强培养他们对信息工作的热忱和敏感性，对政策问题认识越深，紧迫感、责任感就越强，对信息的捕捉和吸附能力就越大，就能为决策提供更有效、更及时对路的信息。

2. 公共决策的民主化

所谓的决策民主化，是指必须保障广大人民群众和各种社会团体以及政策研究组织能够充分参与公共决策的过程，在政策中反映广大人民群众的根本利益和要求；并在决策系统及其运行过程中，形成民主的体制、程序及气氛。决策民主化是决策目标民主化和决策过程民主化的统一。

(1) 把民主机制引入决策系统，营造良好的决策氛围。决策活动并不是单纯的抉择行为，而是由信息情报活动、决策方案设计活动和抉择活动等多个相互关联的环节所构成的完整过程。因此，必须营造一个宽松的环境，形成平等、民主、协商的气氛，鼓励人人畅所欲言。决策者要发扬民主作风，正确处理好民主与集中的关系，必须依靠集体决策，坚持一切重大问题经过集体讨论、民主协商，集体论证，集体做出决定，群策群力来增强决策的可行性、正确性。

(2) 重视发挥参谋咨询人员在决策中的作用。加强专家学者在决策中的地位和作用，这既是民主化在更高层次上的体现，也是实现决策科学化的重要保证。一是保证参谋机构的相对独立性。决策者要允许和欢迎咨询人员“唱对台戏”，鼓励他们相对独立地进行科学研究，充分挖掘政策问题的各个方面因素，保证研究结论的客观性和多样化，形成多个不同的方案。二是在咨询机构内营造民主气氛，激励不同观点的发表，既要有对决策者的顺向思维，也要有对决策者的逆向思维，鼓励思想交锋。提倡对决策者负责和对事业负责的一致性，在重大问题上敢于向决策者表达不同的意见。三是参谋咨询人员要准确定位。他们与决策者的关系是“谋”与“断”的关系。咨询人员是帮助决策者筹划方案，不能越俎代庖，代替决策。

(3) 提高政治生活透明度，实现决策目标的民主化。政治生活透明就是政务公开、政治民主。一是建立重大问题的通报制度，如一个时期内的经济形势、即将出台的重大改革措施、重大项目的立项及进展状况、物价指数以及人民实际收入等事关人民群众切身利益的情况，应通过各种渠道直接向社会通报；对于各种热点问题，党政机关应与社会公众直接对话交流，听取社会的意见和呼声，体察民情，尊重民意，获得决策的直接依据。二是强化对决策的新闻舆论监督。政务公开即办事的制度、程序和结果的三公开，是实施新闻监督的基础。新闻传媒要为民立言，敢于监督。各级党政部门要支持监督，特别是允许对重大决策的原因、过程和效果进行报道，还要允许对重大的决策失误进行曝光。三是增强社会公众参与决策的意识和水平。实现公共决策民主化，并非人人直接参与决策，人人都来参加每个具体问题的决策过程。我国国情决定了公共决策只能是经常地由人民委托一部分德才兼备的人做出决策。大部分人是通过各种途径间接参与决策，把自己的利益要求、愿望通过各种途径传递到决策系统，影响决策。而他们能否参得进、议得上，有效行使法律赋予的民主权利，是与他们的参与意识和参与水平直接相关的。为此，各级党政部门要广泛开展决策民主教育，不断提高社会公众的政治觉悟、科学技术和文化知识水平，提高公众对决策民主化的重大意义和实现途径的认识，提高公众参加公共管理活动的积极性，提高决策的民主化程度。

3. 公共决策的法制化

所谓的决策法制化，是指通过宪法和法律来规定和约束决策主体的行为、决策体制和决策过程，特别是通过法律来保障广大人民群众参与公共决策的民主权利，并使党政机关及领导者的决策权力受到法律的和人民群众的有效监督。决策法制化是我国实现“依法治国”战略方针的一个重要方面，也是实现决策科学化和民主化的重要保证。

（1）理顺公共决策主体关系，完善决策规则。特别是要理顺同级政权机关的中国共产党组织、人民代表大会与政府这三个决策主体之间的关系。理顺这三者决策权限、范围的原则是：既要保证党组织对决策工作的领导，又要保证人大的决策权，以及保证和发挥政府在决策中的独立地位和作用。具体措施有：一是实施党政分开。党的政治责任决定了其主张代表着国家和人民的意志；党的路线、方针、政策是政府行动的方向和准则，其领导方式直接影响着政府的管理方式。因此，党组织要从过去集中国家一切权力的领导方式中跳出来，在保证大政方针领导的同时，不包揽、代替政府决策，充分发挥政府的行政决策作用。政府要在贯彻党的主张、意图的前提下，独立自主地做出执行党的决策的具体执行性政策，更好地配合党的中心工作。二是理顺党委对决策的领导权与人大的决策权的关系。党委和人大是领导和被领导的关系，人大在决策时，要充分体现党的方针、政策，把党的意图与人民的意愿一致起来，上升为国家意志，团结和组织人民为实现党的目标、任务而努力。党委要支持人大充分行使决策权，要为人大提供政情民意，改善人大的决策环境，提高人大的决策水平。三是处理好人大与政府的相互关系。要按照我国宪法和相关法律的规定，明确人大及其常委会与政府的职权范围，各司其职，各自决策；政府要自觉接受人大对政府重大决策方案的审议与监督。另外，人大在监督政府决策时，应切实加强与政府的联系，了解政府的实际工作情况，促使政府决策的合法性、合理性与可行性。

（2）决策程序法制化。决策程序法制化就是将决策过程中最重要的步骤、程序以法律规范的形式确立下来。其目的是防止少数决策者草率行事，滥用职权，或有意使一些方案不经过审议就出台。应加以规范的程序有：一是调查程序。在决策前，决策系统应针对政策问题进行广泛调查研究，了解问题性质；了解分析现有的法律、法规和政策规定；进行实地调查，听取有关部门的情况反映，收集相应材料。二是方案设计程序。在调查、研究、界定问题性质之后，提出政策目标，起草政策方案。这个阶段是决策中最重要的实质性阶段。要明确确立咨询制度，规定不经专家、学者咨询的政策方案不出台。政策草案也要设计多个，以便对比选优。草案的内容应包括解决政策问题的指导思想、政策目标、实施范围和时限、实施手段等内容。三是可行性论证程序。建立可行性研究报告制度，规定重大决策必须经过可行性论证。不同的政策问题应进行不同内容的可行性研究。四是社会交流程序。社会交流程序就是决策系统在决策全过程都要与社会公众进行双向信息交流，吸收社会代表参政议政，建立起决策系统与社会群体之间良好的互动关系，使决策目标、方案能广泛地集中民智，充分地反映民意。这方面工作可借鉴日本行政决策的 PR 制度，即政府与社会进行情况交流的“广听、广报”制度。五是政策合法化程序。政策合法化是一个优化决策、对决策行为实施法制监督的过程。任何一项政策如果背离现行政治法律结构，势必导致社会宏观管理与控制的无序与失调。通过政策合法化主体对政策方案的审查、批准、通过、签署和颁布过程，政策方案得以修正、丰富、补充，其科学性与权威性也得到增强。

(3) 充分发挥决策监控子系统的作用。在我国当前法制建设尚不健全的情况下，决策监控子系统的作用十分重要。可以考虑从以下两个方面强化监控作用：一是发挥内外两大监控体系的作用。由于各部门之间业务活动联系密切，相互比较了解，内部监控是较有效的。但由于上下级之间的隶属关系，内部监控很难避免自我封闭。因此需要外部监控体系发挥有益的补充。外部监控方式多样，有社会公众的来信来访、控告申诉、批评建议，代表的参政议政，以及新闻监督等。外部监控既对决策者、执行者的工作进行监督，也对他们的伦理道德进行监督，因而可有效地制止决策者、执行者利用职权侵犯国家和人民利益的行为。二是依法保护监控子系统成员的权利，既要保护他们言论、批评、监督政务的权利，也要保护他们，使他们不会因为监督而受到打击、报复。

总之，科学化、民主化与法制化是现代化公共决策的三个相互联系、密切配合的方面：民主化是现代化公共决策的基础，科学化是现代化公共决策的主导，而法制化则是现代化公共决策的保证。当前，我们可以从这三个主要方面入手来改进公共决策系统及其运行，提高公共决策的科学化、民主化和法制化的水平。

第 8 章

人力资源管理

人事管理从一开始就构成行政学的一个重要组成部分，它与行政原理、财务行政等内容一起构成传统的行政学教科书体系。在当代西方尤其是美国，工商企业管理领域首先出现了从传统的人事管理到当代人力资源管理的革命性转变，并逐步推广和应用于公共部门特别是政府的人事管理之中。公共部门人力资源管理成为当代西方政府组织及非营利组织人事管理的新模式，构成了当代西方文官制度改革的一个新取向。目前，结合我国行政体制以及人事管理体制改革，在政府人事管理中引入人力资源管理的新观念、新模式，推动我国公共部门人事管理体制的创新和管理方式的转变，提高人事管理水平，成为公共管理领域的一个基本主题。在这一章，我们将介绍公共部门人力资源管理的基本理论以及公务员制度的要点。

8.1 人力资源管理的新观念

从传统的人事管理到当代的人力资源管理是人事管理领域的一次革命性转变。当前，人力资源的开发利用已扩展到各行各业，形成了一套与传统人事管理的理论及实践不同的人力资源管理的理论及实践。

8.1.1 从人事管理到人力资源管理

人事工作是组织管理的一项重要内容，它的好坏直接影响或决定组织目标的达成、组织的活动效率和组织的发展。因为人是组织中的能动因素，组织的每项工作任务都要靠人来完成，组织的各项职能必须靠人来实施。在国外尤其是西方企业管理理论及实践发展的不同阶段，管理的观念、内容和方式都是不同的。从传统的人事管理到当代的人力资源管理的转变不是突然发生的，而是经历了较长时期的演变过程。应该说，当代企业人力资源管理理论是在传统的人事管理理论的基础上发展起来的，它始于二战前后人事管理内容的不断扩充和更新，而到了 20 世纪七八十年代才成为一种管理新潮。

传统的人事管理理论及模式的形成开始于 19 世纪末 20 世纪初的工业主义和科学管理时代。早期的管理理论及实践强调用科学、定量的方法来提高操作效率，其代表是泰勒的科学管理的原理及模式（即"泰勒制"）。它对新型的管理者—工人关系的形成以及人事管理工作有重要的影响。在科学管理出现以前，工人一般必须自带工具上班，发展劳动技巧也是工人自己的事。在科学管理的条件下，组织或企业不仅提供工具，而且负责对工人进行培训，公司也实施某些以工资报酬为主要形式的激励措施。然而，管理者仍然相信，工人只是生产要素，人们工作是为了挣钱糊口，劳动安全并不是工人们的主要关心之事。

20 世纪中期（20 年代至 60 年代），传统的人事管理理论及模式逐步发展成熟。在两次世界大战之间，人事管理模式已基本成型，并成为管理的支持系统。它的主要内容包括员工的招聘、上岗培训、工时记录、报酬支付、在岗培训及人事档案管理。二战后到 50 年代，人事管理增加了不少新内容，如工资管理、基础培训、劳资关系咨询（由此在人事管理中出现劳资关系专家）。60 年代到 70 年代初，人事管理在整个管理系统中的地位日益突出，越来越多的人介入人事工作。与员工招聘、选择、培训和报酬支付等密切相关的人事管理活动十分活跃；对培训的重视、培训的计划性及培训手段的系统性，使一大批培训专家脱颖而出，业绩评估、管理发展也像人员需求预测一样开始受到重视。最终导致 70 年代末 80 年代初人力资源管理新潮的兴起。

在由传统的人事管理向当代人力资源管理转变的过程中，人际关系运动以及从行为科学中产生的观点和见识起到重要的作用。在工业活动中对人的因素的更大关注是人际关系运动时期的管理理论及实践的特点，其中出现了一些对人力资源管理的发展很有意义的因素：一是工业心理学家开始进入工业活动之中，许多公司开始依靠这种专家来筛选求职者，并安排被录取者的工作和提供必要的训练；二是一些保护雇员的利益、健康和安全的法律的颁布；三是工联主义的兴起，使工人在劳资谈判中的力量增强，工资福利待遇提高；四是许多公司成立专门的人事部，并靠人事部去创造公司内的一种更令人愉快的气氛。与科学管理时代相比，人际关系运动寻求创造一种工人与企业之间的良好感情，但仍然保留着科学管理时期的许多做法。因此，也可以将人际关系运动看作由传统的人事管理向当代人力资源管理的过渡或转折时期。

70 年代末 80 年代初人力资源管理新潮兴起，人事管理性质发生了根本变化。用亨特（J. W. Hunt）在《人事管理》杂志 1984 年 2 月号所发表文章的标题的说法："人事管理职能正在发生重点转移"。与传统人事管理相比，人力资源管理的观念已经大大改变。这主要表现在：管理者将雇员看作组织的重要财产——这种财产的基本技巧和才能在合适的条件下能得到充分发挥，组织负责创造这些条件；在这一时期人事管理的内容增加，人力资源的预测、规划和开发占有突出的地位；人事和人力资源管理部门的地位提高，人事工作与组织的发展战略密切相关；重视员工对组织的认同感、责任感，建立管理者与雇员的命运共同体；等等。而进入 90 年代，人力资源管理理论及模式仍在不断演进和发展，用 E.

麦克纳和N. 比奇在《人力资源管理》一书中的话来说，人事管理在90年代进入后企业家阶段，已把人力资源管理作为人事管理的标准载体了；90年代初期经历了重点转移，80年代盛行的个人主义和无节制的贪婪让位于协同精神和合作价值。①

那么，与传统的人事管理相比，人力资源管理“新”在何处？它的基本精神是什么呢？

人力资源管理来源于传统的人事管理，但又超越并取代了后者。人力资源管理把传统人事管理的某些基本内容包括在自身之中，它们有某些共同点。例如，都对人才的素质和他们的要求倍加关注，都致力于寻求有效方式对其进行遴选、培训、评估、开发和奖励等。但是与传统的人事管理相比，人力资源管理在管理范围、管理内容、管理体制及管理方式上都有质的区别，这些区别主要表现在如下四个方面：

第一，人力资源管理将员工视为组织的最重要的资源，强调人事管理与组织发展战略之间的相互作用。传统的人事管理属于一种业务管理，认为人力资源仅仅在企业需要时才发挥作用，着眼于人员配备及管理，如招聘、调配、工资福利管理等，因而它在企业管理中的地位不高。例如，70年代以前，美国企业的人事经理很少参加公司的高层决策。人力资源管理与传统的人事管理不同，它贯穿始终的一个主题是承认员工是组织（公司）的一种最宝贵财富，因此，人力资源战略应与公司的发展战略有密切的相互作用。在这种新的管理模式之下，人事或人力资源的管理是公司经营发展战略的重要组成部分。因为这种发展战略实际上就是在特定时期以及特定环境下公司为实现预期目标而运用资源的策略，人力资源管理将人力资源看作企业发展的第一位的资源，是一种凌驾于自然资源、资本和信息等资源之上的主导性资源，人力投资是谋求企业发展的最有效的投资，人力资源管理自然就成为企业管理中最重要的部门之一，它的地位由业务部门上升为战略部门。在当代美国的大公司中，人力资源的主管一般为公司的副总裁，是公司高层决策圈的重要一员（其他主要领导也关注人力资源的开发与管理）。

第二，人力资源管理着眼于未来，注重人力资源的预测、规划和开发。传统的人事管理关心的是眼前，为企业补充人员、培训职工、发放工资、解决劳资纠纷等，很少做长期的人力资源的预测、规划和开发。因为人事管理部门往往被当作“纯消费”部门，人事管理的开支属于那些需要节省或尽可能减少的成本费用之一。人力资源管理则不同，它不但要考虑目前人才需要和人员配备，而且更着眼于未来，重视人力资源的规划与开发。它要根据公司的长远发展目标、任务和组织设计，预测组织对人力资源的需求，并采取各种措施来满足这种要求，它提供各种形式的培训和发展机会，更多地考虑如何开发人才的潜力，不断提高企业的效率。它将吸引人才、培训人才和激励士气方面的投入当作一种重要的投资。因此，在公司的经费预算上不以节约为目标，而是与资本或信息方面的投资一样，谋求在特定时期内投入与产出的最佳比值，即同样追求高效率、高回报。

第三，人力资源管理的范围更加广泛，管理的内容更加丰富。传统的人事管理的范围较为狭窄，主要关注人员招聘、上岗培训、工时记录、工资管理、劳资关系处理等业务，

---

① 参见［美］E. 麦克纳、N. 比奇：《人力资源管理》，4～5页，北京，中信出版社、美国西蒙与舒斯特国际出版公司，1998。

而且这些“业务”往往是被分割开来的。例如，在我国，过去的企业人事管理部门（如人事处）分设若干科，分别管理某项（些）业务，如劳动工资科分管工人的工资和工人调配，人事科管技术人员及科室职员的调配、晋升，宣教科管员工的培训，而各级主管人员则由党委组织部门管理。人力资源管理的范围则更广泛，内容更加丰富。除了传统人事管理的各项业务外，人力资源管理增加了许多新的工作内容，如人力资源规划及预测，人力资源的开发及培训，雇员的业绩评估，奖励，雇员的沟通与参与，引进新的劳动技术或方法，疏通员工的交往渠道，寻求激励员工的方法，营造愉快的组织环境及文化气氛，等等。它要求将企业的所有人员，甚至包括能为我所用的企业以外的人力资源做统一的规划、预测及安排，制定恰当的选拔、培养、任用、调配、激励等政策措施，以充分开发人力资源，调动雇员的积极性和创造力，增强企业的活力，提高企业的效益。

第四，人力资源管理的体制及方式更加灵活，特别重视培养职业的认同感和责任感及自我管理能力。传统的人事管理体制僵化，缺乏应变能力，它将人当作物来管理，要求对员工实施严格的监督和控制，员工很少有机会参加公司或企业的重大决策及管理事务。相反，人力资源管理强调组织的灵活性和应变能力的重要性，采用灵活的管理体制与更加人性化的管理方式。它希望组织的不同部门要用系统的方法对组织进行分析和管理，希望组织的不同部门能有效地运作，同时朝着实现公司的总目标的方向一致努力；强调如何使人力资源为实现公司的目标做出更大的贡献，并相信关心人、爱护人、提高员工的福利，是鼓动、激励员工的有效方式。因此，人力资源管理十分重视培养员工对组织的认同感、责任感，建立员工与管理层的良好关系，形成“命运共同体”及“共同利益”；它要创造各种环境和条件，尤其是营造新的企业文化的氛围，让员工参与公司的决策与管理，并实施各种自我指导和自我管理的措施，充分发挥员工的积极性、主动性和创造性。

8.1.2　公共部门人力资源管理新潮

私人部门（企业组织）和公共部门（政府与非营利组织）是社会组织的两种基本类型、社会管理的两个基本领域，都属于“组织与管理”（一般管理理论）的研究对象，因而对这两个部门的管理有共同之处，它们的管理理论、方法及模式可以相互借鉴和利用。人力资源管理观念及模式不仅适用于私人部门或企业组织的人事管理，同样适用于公共部门特别是政府组织的人事管理，更何况企业人力资源管理理论或模式的形成也得益于公共部门特别是政府人事管理的实践，包括政府相关人事管理法规制度环境的改善。在当代西方尤其是美国，公共部门人力资源管理新模式已经确立。因此，无论是在私人部门，还是在公共部门，人力资源管理都正日益取代传统的人事管理而成为一种管理新潮。

1. 传统的政府人事管理理论及模式的局限性

“人事”，是指在用人以治事的过程中有关人与人、人与组织、人与事（工作）之间的相互关系。因而其核心是“关系”，即人类社会的生存与发展必然要求人对自然界和社会进行认识和改造，必然会产生“人”与“事”的关系，而且随着人类社会的不断发展，人事关系也不断发展并复杂化。

所谓人事管理，就是对人事关系的管理，其目的在于调整好各个方面的人事关系，使人与事、共事的人与人之间的相互关系达到最佳状态，有效地实现组织目标。具体说，人事管理是以从事社会劳动的人和有关的事，以及共事人之间的相互关系为对象，在一定管理思想和原则的指导下，通过组织、协调、控制、监督等手段，谋求人与事及共事人之间的相互适应，为实现充分发挥人的潜能、把事情做得更好这一目标所进行的管理活动。

不同历史时期、不同社会制度的国家，其人事管理的具体范围有所不同。人事管理有广义与狭义之分。广义的人事管理是指对社会劳动过程中全部人与事以及共事的人与人之间关系的管理。而狭义的人事管理则是指对一部分特定的人与事、人与人之间关系的管理（在这里，我们主要指传统的政府人事管理）。人事管理的全部内容都是围绕人与事的关系来展开和进行的，即核心是“关系”。人事管理既不是单纯的对人的管理，也不是简单地对事的管理，它强调要使社会劳动中人与事相互适应，做到事得其人，人尽其才，才尽其用。

传统的政府人事管理理论及模式的特征及局限性在于：第一，视事为中心。管理过程强调事而忽视人，把人降格为“执行指令的机器”，人的调进调出和职位安排被当作管理活动的中心内容。第二，管理活动局限于给人找个位置，为事找人，人才的发现和利用相当薄弱。即使存在选拔、奖惩和培训等活动，其标准主观、随意性强，往往形式重于实质，也始终未成为人事管理体系中的重要环节。第三，视人为集体财产，只重拥有而不重使用，更谈不上开发。人才闲置、人才压制、人才浪费现象严重，既进不来，也流不出。第四，人事管理过程受政治影响较大，强调个人“服从安排，听从调遣”“哪里需要到哪里去”，而否定个人的需要与个性。管理的运行机制是自上而下的“垂直式”管理，上级意志和需要就是一切，而管理对象仅是被动的“棋子”。第五，不重视人事管理的地位与作用，把其看作管理的次要部分，既看不到它直接影响的效益，也不重视对人事管理本身的研究和改进。存在管理观念陈旧，管理手段和方法简单、粗糙，管理过程常被人为中断，管理制度落后等现象。而且由于管理者与决策者之间的鸿沟，人事管理失去其主动性、创造性，而长期处于被动执行、上行下效的地位。

我国传统的政府人事管理制度及模式，是在新民主主义革命时期解放区和人民军队干部制度的基础上建立和发展起来的，是在几十年计划经济体制下形成的。它典型地体现了传统人事管理的基本特征。其特点是，无论是党政机关工作人员，还是企事业单位的管理人员、技术人员，科研单位的研究人员，统统称为“国家干部”，都用统一的方式来进行管理。这种集中统一的管理模式与传统的高度集中的计划经济体制和政治体制相适应。尽管这种传统的人事管理模式在其初创时期，为国民经济的快速增长和发展，为社会的进步与变化曾起过积极的作用，但是随着我国社会主义现代化建设进程的不断推进，它的弊端日益明显地暴露出来，集中起来就是“国家干部”概念模糊，缺乏科学分类；管理权限过分集中；管理方式陈旧单一，缺乏针对性和有效性；管理制度不健全，不利于各类优秀人才的多样化发展；等等。由此，在实际工作中必然带来一系列不良后果。

其一，高度集中的单一管理模式，使各部门、各行业不能根据业务工作性质、难易程度等特点，分门别类、灵活有效、有针对性地管理干部，从而造成责权分离，管人与管事相脱节，进而导致人与事的脱节、人事矛盾的激化。

其二，管理权限过分集中的结果，是强化了“人治”，而忽视了法治。把人事工作简单化、人事关系简单化，似乎纷繁复杂的人事管理、人事关系，只要一句话、一个号令、一个指示、一纸公文就能解决。

其三，高度集中单一的管理体制，阻碍了竞争机制发生作用。一方面，就业“铁饭碗”、干部“铁交椅”、分配“大锅饭”在根本上排斥竞争和个人才能的发挥、个人利益的实现；另一方面，计划经济强化个人对国家、社会的人身依附，个人自主性、独立性被极大扭曲和压抑。

其四，陈旧单一的管理模式，不利于优秀人才的脱颖而出，严重阻碍各类人才的成长。由于“国家干部”这一概念的含混不清，人们习惯于用管理党政干部的单一模式来管理所有的人员，使人事管理方式落后、僵化，缺乏活力。一方面阻碍了人才的成长，另一方面还强化了全社会的“官本位”意识，形成千军万马奔“官道”的局面。

总之，传统政府人事管理离开了对人这一因素的研究和科学管理，忽视了人作为第一资源的特殊性与重要性，从而严重浪费了社会资源，扼杀了人的积极性与创造性，极大束缚了生产力。随着市场经济的深入发展，其弊端更加突出，改革已势在必行，现代人力资源管理的发展与流行便水到渠成，顺理成章。

2. 公共部门人力资源管理理论及模式的兴起

20世纪80年代末以来，随着全球化、信息化、市场化和科技迅猛发展趋势的不断加强，以及国内经济社会发展所面临的种种新问题及压力，西方各国政府普遍进行了政府改革以及公务员制度改革。这场改革的主要内容有：精简政府机构，削减公务人员；调整政府与市场及社会的关系，转变政府职能；利用市场力量来改造政府，实行公共服务职能社会化；进行政府管理体制创新，增强政府内部活力；改革文官制度，转变人事管理的方式(即由传统的人事管理向人力资源管理转变)。经合组织发表的一个研究报告称：80年代以来，多数经合组织成员都致力于在行政管理中进行人力资源管理改革，公共部门在经济上的巨大消耗增加了提供高质高效服务的要求。

以美国90年代初开始的公务员制度的改革为例。1993年克林顿政府上台后便进行了一场声势浩大的“重塑政府”的行政改革运动，改革的一个基本方面是文官制度。这次文官制度的改革不仅在于调整公务员管理机构和削减管理人员，更重要的在于引入公共部门人力资源管理模式，在管理体制、管理过程及管理方式上加以变革，包括废除不必要的管理法规、放松管制，给用人单位以自主权，采取更灵活的管理方式，改革职位分类制度和工资制度，调整劳资关系，加强公共部门人力资源的预测、规划和开发，等等。

正是由于公共部门人力资源所具有的特殊性和重要性，对公共部门人力资源的有效开发与管理成为必要。实践经验证明，一个政府的工作水平、工作效率，在国内人民心中的地位和威信，在国际竞争中的实力和地位，在很大程度上取决于该国公共部门人力资源——公务员和公务员制度，取决于公共部门人力资源管理的效益和效率。因此，围绕经济体制和经济增长方式两个根本性转变，努力实现由传统的人事管理向整体性人力资源管理与开发的转变，积极主动开发人力资源，尤其是公共部门人力资源迫在眉睫。正如经济学家、诺贝尔经济学奖得主西奥多·W. 舒尔茨所说：“人类的未来不取决于空间、能源和耕地，它将取决于人类智力的开发。”①

在某种意义上，公共部门人力资源管理新潮是企业人力资源管理模式在公共部门人事管理活动上的推广和应用。公共部门人力资源是指在公共部门就业的人员，主要包括政府机关公务员和非营利组织中的雇员（在我国指党政机关、群众团体、中介组织和某些事业单位的工作人员）；公共部门人力资源管理是指对公共部门就业人员特别是政府公务员从招聘、录用、培训、晋升、调动、考核、评价、工资福利分配到离退以及人力资源的需求预测、规划和开发的一系列活动所实施的管理，其目标是调动公共部门就业人员的积极性，提高就业人员的工作能力，改善就业人员的服务质量。

公共部门人力资源管理体现企业人力资源管理的基本精神：它同样把人当作第一资源，“投资于人力资源并使之优先发展”也是公共部门人事管理的基本信条；它提倡尊重人、理解人，让人的才能和潜力得以发挥，自身的价值得以实现；它把人力或人事管理当作组织发展战略的组成部分，注重人力资源的预测、规划和开发，采用更加灵活多样的管理体制及方式，强调人性化、服务式、民主参与式的管理；注重公共组织文化或行政文化的建设，培养工作人员的合作、团体精神；等等。同时，公共部门人力资源管理也具有某些与企业人力资源管理相同或相似的管理内容及功能活动环节。

我们从一本出版于 20 世纪 90 年代初的关于美国政府人事管理的著作中，可以看到 90 年代以后美国政府人事管理（公共部门人力资源管理）的基本内容，包括人力资源计划，职位分类和工资，人员招聘、选择和工作安排，平等就业机会，劳资关系，生产率及质量管理，人力资源的培训与开发，绩效鉴定等。② 这些内容及环节与工商管理中有关人力资源管理的内容和环节有相当多的共同点。

从 90 年代末在美国出版的两本较有影响的公共部门人力资源管理的教科书中，可以窥见美国这一领域的理论体系，其中的相当部分内容仍然与工商管理中的人力资源管理内容相似。一本是琼·E. 派恩斯的《公共和非营利组织的人力资源管理》③，它的内容包括了三篇，分别是：第一篇“人力资源管理的背景”（含“动态环境中的人力资源管理”“战略性人力资源管理和规划”“管理分散的劳动力”“平等受雇机会”共四章），第二篇“人力资源管理的方法和功能”（包括“工作分析”“公共和非营利部门的招聘和筛选”“绩效评估”“报酬”“利益”“培训和发展”“公共和非营利部门中的集体谈判”共七章），第三篇“公共和非营利部门组织的人力资源挑战”（包括“公共和非营利组织的志愿者”“正在出现的问题”共两章），以及结论“公共和非营利组织的挑战”。

另一本是罗纳德·克林格勒和约翰·纳尔班迪的《公共部门人力资源管理：系统与战略》。④ 该书由五部分十四章构成：第一部分：概论（“公共人事管理的世界”）；第二部

---

① ［美］舒尔茨：《人力投资》，3 页，北京，华夏出版社，1990。

② 参见［美］杰伊·M. 谢夫利兹等：《政府人事管理》，北京，中共中央党校出版社，1997（中译本译自 1992 年的英文第 4 版）。

③ Joan E. Pynes, *Human Resources Management for Public and Nonprofit Organizations*, San Francisco: Jossey-Bass Publishers, 1998.

④ 参见［美］罗纳德·克林格勒、约翰·纳尔班迪：《公共部门人力资源管理：系统与战略》，北京，中国人民大学出版社，2001。

分："人力资源规划"（含"公共部门人事管理者的工作""预算、规划和生产力""工作分析、分类和评价""工资与福利"共四章）；第三部分："人力资源获取"（含"社会公平论：公平就业机会、弱势群体保护行动和劳动力的多样化""招募、选录和晋升"共两章）；第四部分："人力资源开发"（含"动荡时代的领导与雇员绩效管理""培训、教育及人员开发""绩效评估""健康与安全"共四章）；第五部分："纪律与惩戒"（含"组织的正义""集体谈判""发展战略性人力资源管理能力"共三章）。

但是，公共部门雇员特别是政府公务员有着一些不同于私人企业员工的特点。例如，公共部门雇员尤其是政府公务员所从事的是公共事务管理活动，他们行使公共权力，追求公共利益，提供公共物品，担负公共责任。因此，公共部门人力资源的管理应该具有某些企业人力资源管理所不具有的内容及特质。一方面，它要反映一般人力资源管理的基本精神，采用某些与企业人力资源管理相同或相似的新管理方式；另一方面，它作为一种公共管理或政府管理的新哲学，必须反映政府管理的本质特征——与公共权力的行使密切相关，具有政治性或公共性的特征，以区别企业的人力资源管理。

3. 公共部门人力资源管理的特征

将公共部门人力资源管理与传统的人事管理相比较，可以发现它们具有如下几个基本的差别：

(1) 在关于人的假定上，传统人事管理视人为成本，把人事管理工作看作行政工作，属日常人事行政事务；而人力资源管理则把人看作资源，"第一资源"、最宝贵的资源，把对人的管理置于重要位置。

(2) 在管理原则上，传统人事管理注重以事为中心，恪守"进、管、出"管理模式，陷于"调出调入天天找，工资考勤统计表，实习培训探亲假，生老病死办劳保"的窠臼；而人力资源管理则奉行以人为中心，人的因素是第一位的，重视采用各种激励手段调动人的积极性。

(3) 在管理方法上，传统人事管理靠纪律和监督，是强制性、被动型的"管家式"管理；而人力资源管理实行主动开发型、有预见性的方式，既注重科学性，也注重艺术性，强调定性与定量结合，心测与量化并重。

(4) 在管理内容上，传统人事管理的主要任务是为本组织招募新人，填补空缺，监督执行"进、管、出"各个环节的有关规定；而人力资源管理视野广阔，内容丰富，不只局限于本组织、注意"进、管、出"，而且注重全社会人力资源的开发利用，着眼于地区、国家，甚至国际上人力资源的规划与生产，重视人与事、人与环境的协调配合。

(5) 在管理部门的地位上，传统人事管理把人事部门视作非生产、非效益部门，地位较低，且从事管理的人员进不了决策层；而现代人力资源管理部门已经成长为除了落实具体人事事务之外，还协调管理系统、提供决策预案的咨询专业技术的中枢性机构，且人力资源管理者不仅进入组织高层，还可以成为其核心成员之一。

(6) 在对国家公务人员的管理上，人力资源管理一改传统人事管理将其与其他行业人员一样对待，采用同一管理模式，运用同样管理手段的做法，而致力于公共部门人力资源的开发利用，重视现代公务员制度的建立与完善，把加强公务人员的预测与规划、培训与教育、选拔与使用、配置与管理看作开发公共部门人力资源的重要措施；立足于吸引优秀人才，树立良好的政府形象和高效、精干、优化的政府工作系统，从而给社会经济的迅速发展和国家富强带来巨大的效益。

8.1.3 人力资源管理模式在我国公共部门的推广

从传统的人事管理到当代的人力资源管理是当代政府人事管理领域出现的一次革命性的变化，而公共部门人力资源管理模式的推广与应用是当前我国干部人事制度改革以及公务员制度建设的一个不容忽视的工作。我国已开始由传统的“进、管、出”的人事管理体制模式逐步向当代的人力资源开发与管理并重的新体制模式转变。当务之急是要树立人力资源管理的新观念，借鉴国外公共部门人力资源管理理论、模式及实践经验，探索适应我国转轨时期及市场经济发展需要的公共部门人力资源管理模式的内容、程序和方法，并迅速应用于现实的公共部门尤其是政府人事管理实践之中。

人力资源管理因其把人当作组织最重要的资源，将人力资源开发及人事管理作为组织发展战略的重要组成部分，注重人力资源的规划与开发，以人为中心，采用人性化的管理，提倡发挥人的自主性、创造性和团体精神，形成共同利益，创造和谐的组织文化环境等方面的基本精神以及灵活、多样的管理体制及方式，而成为我国干部人事制度改革的一种新思路，成为我国公共部门以及传统的人事管理模式向当代的人力资源管理模式转变的一种现实的选择。

人力资源管理模式在我国政府管理中的引入，必定对我国政府的人事管理实践及公共部门人力资源的开发产生重要而又深远的影响。它将有力地推动我国干部人事制度的全面改革以及公务员制度的完善，加快我国公共部门人力资源的开发利用步伐，提高政府行政管理水平，促进我国社会经济的全面进步与发展。

首先，人力资源管理的观念和模式的引入有助于我国人事管理体制的创新，推动我国传统的高度集中统一的人事管理体制向现代化的灵活高效的新体制转变。人事管理体制的创新当然主要靠法规制度的建设，但是如果没有新管理观念的引导和新管理方式与之配套，要建立起合理有效的新体制是不可能的，即使建立起来，要顺利运行也是困难的。公共部门人力资源管理新模式的推广可以克服传统体制的某些弊端，推动政府公共人事管理中竞争机制、激励机制、新陈代谢机制和保障机制的形成，并促使对“干部”进行合理分解，实行分类管理，加速过分集中统一的管理体制瓦解以及促进管理权力下放、管理权限及职责的划分，最终确立起一个多元、自主、开放、竞争、灵活高效的新人事管理体制。

其次，人力资源管理观念和模式的引入可以加快我国人事管理方式的更新，尽快实现由传统单一、陈旧、落后的管理方式向现代化的科学、灵活和多样的管理方式的转变。传统人事管理的最大弊端之一，就是管理方式、方法的陈旧、落后和单一问题。当代人力资源管理冲破了传统人事管理的藩篱，着眼于人力资源的规划、开发和利用，在总结现代管理实践的经验以及当代科学技术尤其是管理科学新成就的基础上，提出了一系列新的管理内容、方式、方法和技术；它在政府人事管理过程的各个环节——从受雇（招聘与选拔等）、雇佣关系的管理（奖励、评估、发展、劳资关系、申诉与违纪等）到雇佣关系的结束（退休、离职、减员和解雇等）——都形成了一整套不同于传统人事管理的方式、方法及技术。这些新的管理方式和方法的引进，将大大改变目前我国政府人事管理方式方法落后的局面，加速人事管理方式的更新。

最后，人力资源管理观念和模式的引入将促进我国公共部门人力资源的有效开发和利用，提高公务员的能力及素质，并进而改善政府的工作效率。公共部门人力资源特别是公务员是我国人力资源的重要组成部分，而且它影响甚至决定企业及其他方面人力资源的开发和利用。据有关部门的统计，我国目前有公务员（党政机关工作人员）近500万。如果再加上其他公共部门（群众团体、事业单位、社会中介组织）的就业人员，那么，这个数字将会翻番。这是一个庞大的劳动力大军，能否加以有效开发，决定着我国21世纪改革开放和现代化建设事业的成败。人力资源管理观念和模式的引入将加快我国公共部门人力资源有效开发的步伐，提高公共部门工作人员特别是政府公务员的整体素质，提高政府行政管理水平，促进我国改革开放和现代化建设事业的顺利发展。

由此可见，人力资源管理的引入，将极大地促进我国传统人事管理体制及模式的变革。我国人事制度从传统的人事管理到当代的公共部门人力资源管理的转变将呈现出以下几大发展趋势：

（1）人事职位体系由大一统型转变为分类型。也就是对干部进行合理分解，实行分类管理。目前我国正在建立和推行的公务员制度，就是把行使国家行政权力、执行国家公务的工作人员，从干部中分离出来，进行现代化的科学管理，以确保国家行政工作人员的优化、精干、廉洁、稳定以及行政指挥系统的优质和高效。公务员制度的建立和完善将带动党务、企业、事业和社会团体干部人事体制改革的顺利进行，从而建立起各具本系统特色的全新的人力资源管理体系。

（2）人事管理模式由单一型转变为多元型。当代人力资源管理必须冲破传统模式，立足于人才、智力的开发利用，着眼当代，面向未来，以运用当代科学技术新成果、管理新理论、新方法和新手段为主导，建立人力资源管理新系统，追求系统的整体功能和效益，并使建立在职位体系分类基础上的新型人事管理体制实行多元化的分类管理。

（3）人事权力形态由集中型转变为分散型。随着经济体制和政治体制改革的深化，传统集中型人事权力形态在外移和下放的调整中趋向于分散型均衡状态。在坚持和加强党的领导下，各国家机关将独立行使由宪法和组织法规定的政治权力；作为自治性社会组织的群众团体，将在赋有人事自主权的基础上进行自我管理；作为具有独立法人地位的经济实体和社会实体的国家企事业单位，将获得充分的人事自主权，依法自主管理。

（4）人事管理行为由封闭型转变为开放型，由经验型、依靠政策型转变为依靠法律管理的科学型、现代化管理型。在开放的人事管理体制下，人力资源由原来事实上的单位和部门所有转变为社会所有，实行跨部门、跨单位、跨地区的全方位有序流动。人力资源管理越来越注重科学化、民主化、法制法、现代化以及管理体制的合理化，注重人才竞争机制运行的活力和人事管理机构、人力资源开发部门的效率。人事管理各环节的处理行为将一律公开化。

（5）人力资源配置方式由计划型转变为市场型。也就是在国家宏观调控下市场对人力资源配置起基础性作用，以改变过去按计划调配造成的人才积压和人才短缺并重的矛盾状况；建立各种人才市场，按照公开、平等、竞争、自主、择优的原则，进行个人择业和单位用人的双向选择，以实现社会人力资源的优化配置。

（6）政府管理行为由微观型转变为宏观型。随着政府职能的转变和管理方式的更新，政府人事部门作为新型人事管理体制重要组成部分的宏观人事管理体系的神经中枢，其管理职能和管理方法将发生变化。其一，人事部门将弱化微观管理职能，强化宏观管理职能。其二，管理方法和手段从过去的依靠指令计划、行政命令等行政手段转变为主要借助于法律和经济手段进行间接管理，科学管人，依法管人。

此外，人事管理还将在管理机制、管理规范、管理观念等方面实现转变，即人事管理机制将由传统重资历型转变为重功绩型；人事管理规范形式将由文件转变为国家法律；传统的不合时宜的观念将被抛弃，而建立法制观念、竞争观念、自主观念、人才社会所有观念等与新型人事管理体制相适应的新思维新观念。

8.2 公务员制度

公务员制度（文官制度）是指通过制定法律和规章，依法对政府中行使国家行政权力、执行国家公务的人员进行科学管理的一种人事制度。

8.2.1 西方文官制度的形成与特点

在西方，“文官”（公务员）是指那些通过公开竞争考试，被政府择优录用，长期任职而又不与内阁共进退的文职人员。西方的文官制度（公务员制度）是西方各国为文官的分类、考试、录用、考核、奖惩、待遇、培训、晋升、调动、解职、退休、保障等做出系统规定的规章制度和体制。其目的在于选贤任能，提高行政效率及维持政府行政行为的连续性。

虽然早在古罗马时期就存在庞大的文官队伍与相应的管理制度，但西方各国的职业文官队伍则是出现于14世纪民族国家形成与中央权力扩张的时期。① 文官制度是资本主义生产方式发展的必然产物，是在资产阶级反对封建君主的“恩赐官职制”和总结资产阶级早期的“政党分肥制”经验教训的基础上，在多党竞争条件下为求得一个稳定的政府工作系统而逐步建立和发展起来的。19世纪以政务官与事务官相分离和考试择优录用为两大基石的现代文官制度，首先在英国形成（1853年），而后是加拿大（1882年）、美国（1883年）。法国和德国虽也采用公开考试、择优录用的办法，但全面推行是在二战后。日本是在二战后才仿效欧美实行公务员制度的。

---

① 参见刘怡昌等主编：《中国行政科学发展》，50页，北京，中国人事出版社，1996。

西方文官制度从产生到现在已有百余年历史，其间经历了若干发展阶段，至今已相当完善。虽然各国建立文官制度的时间不同，制度本身也各有一些特点，但仍具有一些共同特征。

(1) 文官制度的法律化。对公务员的分类、考试、录用等问题都以法律形式予以规定，并依法进行管理。

(2) 严格区分政务官与事务官。政务官通过选举产生，有任期，随选举胜负而进退；事务官通过公开考试，择优录用，实行"无过失不受免职处分"的职务常任制。

(3) 强调"政治中立"。规定公务员不得以公职身份参加某些政治活动，如不得任议员，不得参加竞选，不得参加政党或工会，不准罢工，不得接受政治捐款等，目的是避免公务员受到党派政治斗争的影响及"与内阁共进退"。

(4) 以公开、平等为原则，以考试为核心的任用制度。公开考试、择优录用是西方文官制度最重要的原则之一，也是现代公务员制度最根本的标志之一。

(5) 实行功绩晋升制，即"重表现看才能""论功行赏"，强调权责一致、奖惩结合、公平对待。

(6) 严格的培训制度，强调公务员的知识化、专业化。通过培训，提高公务员个体与整体素质，以尽快适应现代政府管理的科学化、现代化、高效化。

(7) 科学的管理体系。这体现在对公务员的分类、建立统一的管理机构及采用科学的管理手段上。

(8) 强调官纪官风和职业道德，重视公务员队伍的廉洁。

(9) 合理优厚的公务员福利保障制度。

实践表明，具有上述基本特征的西方文官制度，对政府选拔和保持各类精英人才、提高行政效率、维持多党竞争条件下的政权稳定和政策延续、促进经济繁荣和社会发展起到了重要作用。当然，同任何一种社会政治制度一样，西方文官制度也存在诸多局限性和弊端，改革在所难免。但若从宏观角度，以科学、理性的标准来衡量它，那么可以发现它仍不失为一种有效的现代人事行政制度。

8.2.2 我国公务员制度的建立

我国公务员制度，从酝酿到提出，从后台到前台，从理论探讨到实际推行有一个准备过程。1993年8月14日《国家公务员暂行条例》的颁布，标志着我国公务员制度的正式建立。我国在各级国家行政机关建立和推行公务员制度，并在中国共产党机关和各级人大、政协、群众团体和民主党派机关参照试行。该条例颁布后，国务院又先后制定了公务员制度实施方案、工资改革方案等配套文件，人事部制定了公务员职位分类实施办法和公务员录用、考核、职务任免、职务升降、培训、奖励、轮岗、回避、辞职辞退、申诉控告等22个配套规章及办法，初步形成了公务员法规规章体系，机关干部人事管理走上了法制化轨道，基本上做到了有法可依，有章可循。

《国家公务员暂行条例》是根据当时我国社会经济发展状况和改革需要制定的，实施以来取得了显著的成效。但是，随着中国社会经济发展和干部人事制度改革的不断深化，出现了大量的新情况、新问题，新的历史时期也对公务员制度和公务员队伍建设提出了更高的要求，亟须对该条例进行调整、补充和完善，而干部人事制度改革取得的一系列新成果，则需要上升为法律。因此，公务员法的制定提上议事日程。

2000 年 8 月，有关部门着手研究起草公务员法。2002 年初至 2004 年初，在广泛征求意见，并借鉴国外有益经验的基础上，经反复研究论证和修改，形成公务员法草案送审稿，于 2004 年 3 月由人事部报送国务院。国务院法制办再次广泛征求各部门各地方意见，会同起草单位对送审稿反复研究修改，形成公务员法草案，经国务院常务会议审议原则同意后，正式提请全国人大常委会审议。2004 年 12 月 25 日，十届全国人大常委会第十三次会议对公务员法草案进行初次审议。其后，全国人大有关部门将草案印发各地各部门征求意见。根据常委会委员审议意见和各方面提出的意见，全国人大法律委员会和全国人大常委会法工委又对该法律草案进行了反复修改。2005 年 4 月 27 日第十届全国人民代表大会常务委员会第十五次会议通过了《中华人民共和国公务员法》。① 它将新时期我国干部人事管理的行之有效做法和成熟的改革经验上升为法律，确定为制度，这是我国公务员管理制度建设的一个重大发展，标志着我国公务员制度开始走向成熟。

我国公务员制度的建立与发展，从根本上说，是适应社会主义现代化建设和改革开放新形势的需要，是深化干部人事制度改革的必然产物。其目的是要摒弃传统干部人事制度管用脱节、责权脱节、流动困难、筛选困难的用人机制，通过制定法律和规定，对国家公务人员进行全面、系统、科学的管理，建立起精干、高效、强有力的政府指挥系统，卓有成效地管理国家行政事务，促进社会主义经济建设和民主建设的发展。

较之传统的干部人事制度，公务员制度具有多方面的优越性，更能适应改革开放新时期的要求：一是具有新陈代谢机制，有效实现人员的能进能出、能上能下；二是具有竞争激励机制，能够实现公平、公开地选拔人才，促进优秀人才脱颖而出并充分发挥作用；三是具有勤政廉政的保障机制和反腐倡廉的作用，保证公务员廉洁奉公、尽职尽责；四是具有健全的法规体系，对公务员依法管理，实现人事管理法制化、科学化、规范化。

我国公务员制度具有与西方国家文官制度相同的某些特点，如：职位分类、统一管理；择优录用，知识和专业并重；强调法制，依法管理；实行功绩制，消除腐败；讲求职业道德，规范服务；等等。但二者有着某些原则性区别。

第一，动因不同。西方文官制度是在资本主义社会条件下，为克服资产阶级两党或多党轮流执政所引起的行政弊端，防止官员腐败，保持政府工作连续性和效能而建立的，最终目的是促进资本主义社会的发展。而我国公务员制度的建立，是我国经济建设发展的需要和干部人事制度改革的必然结果，目的是实现行政管理的科学化、法制化，更好地促进社会主义经济的发展。从制度创新的视角进行动态分析也可看出，传统官制无法适应经济发展的要求，是西方发达国家文官制度创建的直接动因，是资产阶级要求政府进行必要的干预的同时，追求效率最大化和参与政府管理而与政府多次交易的结果，是诱致性制度创

① 参见刘晓林：《中国首部公务员法出台》，载《人民日报》（海外版），2005-04-28。

新。而我国公务员制度的建立在更大程度上是我国政府通过理性思考，为节约成本而做出的选择、学习与建设，并自上而下推行的结果。①

第二，基本原则不同。西方文官制度强调“政治中立”，并将对公务员政治行为的限制列于一系列行为规则之首；而我国公务员制度规定，公务员必须坚持四项基本原则，在政治上同党中央保持一致，积极参与国家的政治生活。公务员中的党员要起模范带头作用。

第三，管理方式不同。西方文官制度是独立于党派之外，由专门机构进行管理；而我国公务员制度的各项具体管理制度都是按党的干部路线、方针、政策制定的。坚持党管干部原则，强调德才兼备的用人标准，并把政治立场和思想品德放在考核首位。

第四，服务宗旨和利益关系不同。西方公务员是一个独立的利益集团，有专门机构调整其与政府的关系，二者是雇员与雇主的关系；而我国《公务员法》规定，公务员应当履行全心全意为人民服务，接受人民监督的义务。

我国公务员制度由公务员总法规和与之相配套的各种单项法规构成。总法规就是《中华人民共和国公务员法》，共18章107条（其前身是1993年8月14日国务院公布的《国家公务员暂行条例》，共18章88条），该法对我国公务员的“进、管、出”各环节都做了明确而具体的规定。② 与《国家公务员暂行条例》相比，《公务员法》在保证制度的连续性和稳定性的同时，有较大的发展及突破。③

第一，公务员的定义更加准确。明确列入公务员范围得同时具备三个条件，即依法履行公职，纳入国家行政编制，由国家财政负担工资福利。这就比原来的公务员定义——“代表国家从事社会公共事务管理，行使国家行政权力，履行国家公务的人员”更加合理。

第二，完善了公务员的分类管理制度。原来的暂行条例没有对公务员进行分类管理的规定。《公务员法》第三章特别规定，国家实行公务员职位分类制度；公务员职位类别按照公务员职位的性质、特点和管理需要，划分为综合管理类、专业技术类、行政执法类等类别。

第三，增加了我国公务员的“入口”渠道，特别是建立起职位聘用制。《公务员法》第二章明确规定了公务员应当具备的七项条件，增加了公务员的“入口”渠道。它还规定，对于不同类别的公务员，可以采用选任、委任和聘用的方式；并专门设置了“职位聘任”一章，规定“经省级以上公务员主管部门批准，可以对专业性较强的职位和辅助性职位实行聘任制”。

第四，明确规定了公务员的“出口”。《公务员法》以较大的篇幅，列明了公务员“不得辞去公职”“予以辞退”“不得辞退”的具体条件或情形，既确立和彰显了公务员管理的严明纪律，又保护了公务员的个人权益不受侵犯。

第五，《公务员法》对公务员的嘉勉、晋职、升级、工资、福利待遇等一系列权利的

---

① 参见魏姝：《“模仿与失效”》，载《江海学刊》，1997（6）。

② 参见《中华人民共和国公务员法》，北京，人民出版社，2005。

③ 参见刘晓林：《中国首部公务员法出台》，载《人民日报》（海外版），2005-04-28；董礼胜：《公务员法将开启我国公共人力资源管理的新阶段》，载《中国人事报》，2005-07-12。

规定更为明确、具体；并细化了公务员的责任与义务，公务员违法违纪，必须受到相应的惩戒或处罚。

第六，《公务员法》把公务员的交流与培训提到了突出的位置，规定了对公务员的分级分类培训，并将公务员的培训情况和学习成绩与公务员的考核、任职、晋升挂钩。

此外，《公务员法》还吸收了以往干部人事制度改革当中的一些经验，包括竞争上岗、公开选拔、任职的试用期、领导干部引咎辞职、党政机关人事争议仲裁等，并有所发展与完善。

公务员制度的推行，是改变我国旧的干部人事制度的一次深刻变革。它力求通过法制化、制度化建设，对国家公务人员进行全面、系统、科学的管理，建立起精干、高效、灵活的政府人事管理新体制，形成具有生机活力的新陈代谢机制、公开平等的竞争激励机制、勤政廉政的保障体制等。经过这几年的实践，我国的干部人事管理体制改革尤其是公务员制度建设已取得阶段性成果。旧的干部人事制度的根基已经动摇，与市场经济相适应的新的人事管理制度开始发育成长，特别是初步建立起公开、平等、竞争、择优的用人机制、激励机制和新陈代谢机制，公务员的整体素质得到了提高，党政机关的活力进一步增强，绩效得到了改善。

8.2.3 我国公务员制度的完善

我国公务员制度是一个内容比较科学、结构较为严谨，具有中国特色和时代特征的新型公务员制度。自 1993 年 10 月 1 日实施以来，取得了十分显著的成效。其一，行政机关的生机和活力得到了明显增强。公务员制度的建立，为政府机构造就高素质执行公务的队伍提供了可能，从而有力促进了行政管理的科学化、民主化、法制化。其二，促进了勤政廉政建设。科学、严格的考核制度和奖惩制度等，有力地增强了公务员的工作责任心和提高了公务员的工作积极性，在一定程度上保证了政府管理的高效能。其三，初步建立了公开、平等、竞争、择优的用人机制、激励机制和新陈代谢机制，使公务员队伍素质得到提高、结构得到调整。其四，促进了社会资源特别是人力资源的优化配置。

我国公务员制度推行的时间很短，在推行过程中还存在各种障碍和困难，离完善的公务员制度还有相当长的距离。目前我国公务员制度建设中存在的主要问题或制约因素有：

(1) 传统的封建主义政治文化的影响。几千年的历史创造了丰富的政治文化。但传统的专制思想与集权思想、人治思想等，以一种超常的历史惯性，渗透到社会的每个角落。这种影响不可能在一个早上就用扫帚扫光，必然会影响公务员制度的建立与推行。主要表现在于：一是“官本位”。我国传统的官文化集中表现为“官本位”，官职成为社会唯一的价值尺度。一方面，“官本位”误导公务员自身的心理预期，造成拜权主义心态；另一方面，“官本位”还误导人民群众的价值评判标准，造成公务员“能上不能下、能进不能出”的舆论评价压力。二是“官利一体化”。时至今日，“当官发财”“有权就有一切”，仍然统治着相当一部分人的思想，而高度集权的党政不分、政企不分的管理体制更是助长了这种思想和由此而引发的行为。[①]

（2）组织人事制度整体改革滞后。公务员制度的核心是公开、民主、公平和竞争，与传统人事制度相比，最根本的区别在于公务员队伍和职务升降实行公开考试、考核、竞争择优。它的推行不仅会触及一些领导者权力，而且势必触及原有干部管理体制，打破人才部门、单位所有的限制，把单位人事权从少数领导者手中夺过来。因此，尽管公开考试、考核普遍实行，但从观念到体制都无法打破传统身份等级的历史惯性。此外，由于党政关系没有理顺，党委组织部门和政府人事部门在公务员管理权限、管理方式上仍存在权限不清、职能交叉，其主要症结是在党管干部的范围、内容和方式上存在某些不完善之处。一方面，认识上存在模糊和混乱，缺乏一个宏观的、明晰的指导思想；另一方面，囿于传统的成见，在党管干部的范围和方式上裹足不前，没能找到一个有效而可行的管理模式，从而影响到人事体制改革和党管干部模式改革的政策创新和推行。

（3）配套改革不到位。随着公务员制度的推进，社会保障体制的改革成为关系全局的"瓶颈"之一，并且远远超出经济的范畴。尽管近年来在此方面的改革取得了一定进展，但仅限于对原有制度的修修补补，并未从根本上加以变革，消除诸如覆盖面窄、社会化程度低、政出多门等弊端。而现行的"单位保障制"，不仅损害人力资源的配置效率和劳动效率，而且其背后所隐藏的利益差别也造成了人才的"偏好性"流动，进而使公务员制度面向社会的竞争考试、择优录用因缺乏前提条件而启动困难。[②] 而且社会保障的经费来源不足，管理机构和管理制度不健全，也制约着公务员辞职、辞退制度的推行。加上人才市场发育不全，调配功能乏力，僵化的户籍制度、住房制度亦使人力资源的有效配置、合理流动成为空话，从而影响公务员队伍的素质和活力。

（4）相关制度发育不成熟。一是工资制度上存在的问题。它直接关系到公务员队伍的稳定、优化、高效、廉洁。目前条件下实行高薪是不可能的，且在福利待遇方面，与企事业单位存在差距，这使公务员的积极性受挫；激励工资体现不够，难以有效地调动公务员从事同一级别但难度更大、更复杂的工作的积极性；提高工资待遇又有可能使精简机构和人员的工作难以开展，不利于机构改革，在公务员系统内，存在职务级别相同，但责任大小、贡献大小与工资水平不完全成比例，甚至颠倒的现象。

二是职务分类制度上存在的问题。我国公务员制度实行以职位分类为主，兼有品位的因素，职位与品位相结合的分类制度。而职位与品位因素有机结合到什么程度才符合我国国情是关键所在。如何做到纵向和横向平衡、体系和序列等归级合理公正，是值得研究和亟待解决的问题。

三是回避制度上存在的问题。回避制度是西方公务员制度所没有的，体现了我国公务员制度的鲜明特点。但如何实施还有一定困难，单靠部门内部的力量还不行，还需人事部门协调，有关部门配合，协作制定行政措施强制执行。

四是考核制度上存在的问题。考核是公务员任用和奖惩的基础，是增资晋职的依据，也是激励和监督的重要手段。然而有关的规定由于缺乏科学性、严密性，而使这一制度效力锐减。存在考核标准笼统、考核等级少、不称职人员确定难等。

①② 参见金世斌：《制约国家公务员制度的社会生态环境分析》，载《江苏社会科学》，1998（3）。

可见，公务员制度的推行是一个“一揽子”改革工程，是新制度不断积累、生长、演进的长期过程。转轨时期，旧体制表现出的强大惯性，无疑对公务员制度生长和发展起着相当强的抑制和制约作用，从而影响新体制带来的效果。也就是说，公务员制度的建立和完善必须付出一定的代价。

关于如何完善我国公务员制度，我们提出如下几点思考：

1. 营造良好的社会生态环境

社会生态环境主要指和自然环境相对称的一种社会客观存在，它主要包括社会的经济系统、政治系统和思想文化系统。首先，必须加快市场经济体制建设的步伐。目前我国经济发展中还存在许多困难，市场机制不完善，作为市场经济发展产物和动力的自由、平等、竞争只能局限在有限范围内，国家财力不雄厚，这些都会给我国公务员制度的推行带来一定的困难。因此，必须建立起较为完善的社会主义市场经济体制，建立较为发达的国民经济，为公务员制度的推行与完善创造良好的物质基础。

其次，必须深化政治体制改革。公务员制度作为政治制度的一部分，无疑更直接、更多地受政治系统和思想文化系统的制约。因此，一要加速机构改革，转变政府职能。二要抓好党政分开的改革，明确党和政府各自职能。党政不分不解决，党政职能含糊不清，党的组织部门和政府人事部门如何具体分工也就不能解决，那么干部的推荐权、任免权、管理权、提名权、批准权等问题就无法明确，用人与治事必将继续脱节。三是在党管干部问题上，应赋予党管干部原则在内容和形式上新的内涵，要在坚持党管干部原则的前提下，改进党管干部的方法。各级党委在管好党的人事工作外，其职能应有重大变化，应由微观管理转变为宏观管理，即转变为制度和大政方针方面的控制。政府本身要搞好以经济建设为中心的职能转变，从而对政府系统建立公务员制度后形成职权明确、管理高效创造条件。四是我国政治民主化和公开化的进程正在推进之中，人事管理制度上的神秘主义、主观主义、任人唯亲、缺乏法制的现象还未消除。这些弊端显然和公务员制度的基本精神不相符。因此，政治民主化是公务员制度基本原则贯彻的前提与基础。民主若不能成为转型社会的价值取向，公务员制度的推进、人事行政体制的转换不但成本交易费用会无限上升，而且也不可能真正实现。①

最后，大力加强思想文化建设，发展文化教育事业。从某种意义上说，我国的公务员制度是从发达国家“引进”的，而在这个引进过程中，就必然遇到制度与文化环境的矛盾。矛盾的程度愈大，现代意义上的公务员制度愈是难以建立，愈易丧失其本质属性。因此，为避免公务员制度以畸形的方式在旧文化下生存，必须切实加强我国的思想文化建设，大力发展我国的文化教育事业。

2. 推进公务员制度建设

必须通过健全法制、建立机制、改进管理和加强监督来进一步完善公务员制度。

加强法制建设。依法治国，建设社会主义法治国家，是党中央确定的治国方略；依法治事，建立法制完备的人事管理制度，是人事系统为之奋斗的目标。《中华人民共和国公务员法》的出台是我国公务员制度以及整个人事制度建设的一件大事，必须加以贯彻实

---

① 参见孔繁斌：《论九十年代中国人事行政的发展》，载《江苏社会科学》，1995（3）。

施。同时，《公务员法》作为一部框架法，属于上位法，是关于公务员立法的重要指导思想，为未来的人事法制建设留有很大的空间。因此，《公务员法》颁布后，还有大量的下位配套法规需要制定。

完善运行机制。竞争激励机制、新陈代谢机制和勤政廉政保障机制，是公务员制度的三大运行机制，三者之间互相联系，互相渗透，互相依存。其中竞争激励机制是关键，只有竞争激励机制健全完善了，才能在公务员能上能下方面取得明显进展，并有力促进公务员的能进能出和廉政勤政。因此，要在继续抓好考录、考核、奖惩、晋级增资等制度基础上，大力推行竞争上岗，探索选贤任能的新途径。

改进管理。要研究解决管理中出现的新情况新问题，采用先进的管理手段，制定周密的管理措施，建立完善的管理制度。在强化管理的规范性、统一性的同时，注意掌握灵活性。因为缺乏前者可能导致管理中的混乱；少了后者，同样会导致管理中的僵化。要对公务员队伍本身进行分类管理，探索研究不同层次的公务员在管理上的不同要求。

加强监督。要提高公务员的法律意识和依法行政水平，学习运用法律的方式、民主的方式处理问题，解决矛盾。要研究拟定监督检查制度，强化制度落实和执法监督。要对有法不依、执法不严的现象进行有效制约，根据“一切政府机关都必须依法行政，切实保障公民权利，实行执法责任制和评议考核制”的要求，加强对《公务员法》及配套法规实施工作的监督检查，发现问题，及时改进，巩固成果。

3. 建设高素质的公务员队伍

制度建设是手段，队伍建设是根本，是制度建设的落脚点。建设一支高素质的专业化国家行政管理干部队伍，是公务员制度建设的一个基本目标，也是对行政管理干部提出的特殊要求。推行和完善公务员制度的目的，就是对政府中行使国家权力、执行国家公务的人员依法进行科学管理，努力建设高素质的专业化国家行政管理干部队伍。

强化四个观念。一是服务观念。公务员就是为人民服务，接受人民监督。二是竞争观念。做公务员的过程就是一个竞争淘汰的过程。三是成本观念。行政机关也要像企业那样讲投入产出，讲减人增效。四是创新观念。公务员要向理论学习，向实践学习，向群众学习，不断更新知识，扩大知识内存，创造性地开展工作。

培养四种能力（这对中高级公务员尤为重要）。一是政治鉴别能力。即掌握邓小平理论和“三个代表”重要思想的科学体系，增强分清理论是非，政治是非的能力，牢固树立全面观念，努力提高政策水平。二是驾驭社会主义市场经济的能力。即解放思想、实事求是的改革意识；按客观规律办事的科学态度；解决实际问题的务实精神。三是科学管理和依法行政的能力。包括良好的科技素质和法律素质。即利用科技进步和多学科理论知识指导实践，将政府管理的创造性和规范性统一起来，依靠法律手段，管理经济与社会，依法行政。四是廉政勤政和抵御腐朽思想侵袭的能力。最重要的是牢固树立正确的世界观、人生观和价值观，艰苦奋斗，廉洁奉公。

加强制度管理，严把进口，畅通出口。突出竞争上岗和交流制度，使公务员在竞争中提高素质，在交流中得到锻炼；制定公务员行为规范、纪律法规和惩戒规定，对公务员进行严格要求和管理，并接受群众监督。

8.3 公共部门人力资源的开发

公共部门人力资源是最宝贵的资源，是现代管理的核心。不断提高人力资源开发水平不仅是当前发展经济、提高竞争力的需要，也是一个国家、一个民族、一个地区长期兴旺发达的重要保证。

8.3.1 什么是公共部门人力资源开发

公共部门人力资源开发是指为充分、科学、合理和有效地发挥公共部门人力资源在行使国家行政权力，管理国家和社会公共事务过程中，对社会进步和经济发展的积极作用而进行的资源配置、素质提高、能力利用、开发规划等一系列活动相结合的有机整体。可以从以下几方面来把握这一概念：

第一，“充分、科学、合理、有效”是指人员配置恰当，避免不合理的公共部门人力资源闲置与浪费；对公共部门人力资源的使用要合理，注重长期效益；有效地利用开发结果，并把其落到实处。

第二，要发挥公共部门人力资源在公共管理中的积极作用，进行正向开发。

第三，要把公共部门人力资源配置到合适的岗位上，使得“能者在其位，贤者在其职”。

第四，通过教育与培训等手段，全面提高公共部门人力资源的各方面素质，并通过合理配置、流动和激励等手段，使公共部门人力资源达到最大限度的职位匹配、结构优化。

第五，根据公共部门人力资源开发理论和有关政策，评价公共部门人力资源开发状况，预测和平衡公共部门人力资源的供求关系，以较少的投入产生较大的效益。

公共部门人力资源开发除了具有其他资源开发的共性外，还具有如下特点：

（1）战略性。这是由公共部门人力资源的特殊地位所决定的。在各种人力资源中，公共部门人力资源是高层次的人力资源。要搞好人力资源的开发利用，首先就要搞好公共部门人力资源的开发，它是进行人力资源开发的首要环节。公共部门人力资源开发的目的就在于为政府和社会提供数量充足、质量优秀的公务员，并保持高水平的管理、高涨的士气和不断提高的工作成绩。因此，公共部门人力资源的开发在很大程度上决定着国家的前途和命运。

（2）系统性。从系统论的观点来看，现代国家管理是一个大系统，而公共部门人力资源管理是其中的一个分系统，这个分系统又是由各种公共部门人力资源开发活动组成的有机统一体。这个分系统包括了公共部门人力资源的预测与规划、教育与培训、选拔与使用、配置与管理等子系统，它们共同作用，产生整体开发效应。

（3）社会性。公共部门人力资源开发的目标之一，是通过教育培训等手段，提高公共部门人力资源的整体素质，进而更有效地发挥他们在公共管理活动中的积极作用，提高行政效率和管理水平，而这又是经济发展和社会进步的重要标志。

(4) 预见性。公共部门人力资源的开发是一种主动性活动，它通过预测与规划等活动，对未来公共部门人力资源的供求总量、结构层次及素质要求等提出建设性意见，并力求通过预见性、先导性的政策与措施，取得未来公共部门人力资源总量上的供求平衡、结构上的优化合理和能力素质上的最佳匹配。

(5) 动态性。公共部门人力资源开发是一个动态过程，必须根据经济发展目标和社会变化的程度和节奏来不断调整开发的目标、内容、手段和途径；而且还应根据公共部门人力资源不同的结构层次及个体差异性，有针对性地采取不同的开发方略。当前，公共部门人力资源开发的首要任务就是“建设一支高素质的专业化国家行政管理干部队伍”。

8.3.2 公共部门人力资源开发的主要内容

1. 预测与规划

所谓公共部门人力资源的预测与规划，是指对未来一定时期公共部门人力资源的需求量、需求质、需求结构和公共部门人力资源可能出现的数量、质量、结构进行推测，并制定规划，使公共部门人力资源的供求相适应的过程。公共部门人力资源的预测与规划是教育与培训、选拔与使用、配置与管理等公共部门人力资源开发后续工作的前提与依据。为此必须把握：(1) 要做到运行有序、有效，就必须心中有数、有据，以便科学地量“事”而育人、用人。(2) 要达到科学的决策，就必须实现科学的预测，做好基础性、前提性的统计。(3) 规划以预测为基础，需要与可能相平衡，人的结构与经济结构相适应。

2. 教育与培训

教育与培训作为公共部门人力资源开发的一个主要内容，是根据经济与社会发展的需要，按照不同岗位的要求，有计划、有组织地开展旨在提高公务人员的智力水准、政治和业务素质以及思想道德水平的一个训练活动和提高过程。其目的是通过教育与培训，不断提高公共部门人力资源的政治思想水平、专业知识水平和管理水平，不断提高其实际工作能力和素质，以适应管理科学化、现代化、高效化的需要和要求。强化人的教育与培训，是开发人的智力和技能的基本途径，是提高公共部门人力资源素质的有效环节，是实现其知识更新，迎接新科学技术革命挑战的重要措施，也是国家经济繁荣、社会发展、人才兴旺的重要保证。对公共部门人力资源的教育与培训要有重点，有的放矢。要突出博而专的知识结构与综合应用能力，吸收与借鉴、消化与转化能力，科学预测能力，开拓创新能力等的培训。要超前进行教育与培训，绝不可“临渴掘井”，只有具有超前意识与战略眼光，才不致误事、误国。

3. 选拔与使用

公共部门人力资源的选拔与使用是指通过一定的程序和鉴别，把符合一定要求的人选拔出来，加以使用，并给予相应的职责和权利，使其积极、有效地发挥作用。从一定角度看，竭尽全力造就的人才，能够及时而合理地被选拔、任用到发挥其才能与特长的岗位上，从而起到多方面的积极作用。其一，对教育与培训起示范的促进作用；其二，对事业与人才本身起推动作用，尤其是在合理选拔使用过程中，不仅会为了推动事业发展而发挥潜能，而且追求进一步的智能开发、自我完善；其三，对周围的人与事起连锁反应作用，甚至形成承前启后的"人才链"、"人才团"和兴旺发达的事业及其先进的群体。因此，为了达到人尽其才、事尽其功的目的，公务人员的选用必须合理、有效。

4. 配置与管理

所谓配置与管理，是指仅仅选拔出合格的优秀人才还不够，还必须把他们配置到适当的岗位上，实现人与事的最佳配合，即适才适所，并加以科学化、法律化的管理。只有这样，才能避免用非所长，用非所学，做到用人所长，专才专用，通才通用，大才大用，小才小用。适才适所、科学管理是最大限度地发挥公共部门人力资源积极性和创造性必须遵循的原则。为此必须把握：（1）配置的类别、领域要适宜，尽量按照分类管理的要求把各种类型的公共部门人力资源配置或归属到相应的系统中去；（2）能级、能质要适宜，也就是个体素质能力的层级要与配置或落实到具体单位的岗位、职位相对称；（3）个体、群体要适宜，即通过科学化、法制化的管理使个体适合群体，群体符合整体的目标与要求。

8.3.3 我国的人才发展战略

按照《国家中长期人才发展规划纲要（2010－2020 年）》中的界定："人才是指具有一定的专业知识或专门技能，进行创造性劳动并对社会作出贡献的人，是人力资源中能力和素质较高的劳动者。人才是我国经济社会发展的第一资源。"人才发展战略构成人力资源开发的核心内容。在当代，国家之间的竞争以及地方之间的竞争本质上都是人才的竞争。因此，人才是具有战略统领性的竞争要素。同时，我国对创新型国家、创新型政府和创新型社会建设的关注以及从人才大国迈向人才强国，都需要通过制定科学的人才发展政策，对人才发展进行战略性部署，充分发挥人才优势与竞争力。在这种新形势下，国家以及地方在人才发展方面必须站得高、看得远，从人才战略以及政策的层面来考量和推进人才的发展，而不能仅限于日常的人事管理事务。

党的十八大以来，习近平总书记反复强调人才及人力资源开发的重要性，指出"千秋基业，人才为先"，要秉持"人才是第一资源的理念"，把人才资源开发放在最优先地位；要择天下英才而用之，不拘一格、慧眼识才；要打破体制壁垒、扫除身份障碍；要实施更加积极的创新人才引进政策，加快构建具有全球竞争力的人才制度体系，着力破除体制机制障碍，向用人主体放权，为人才松绑，让人才创新创造活力充分迸发，使各方面人才各得其所、尽展其长。例如，在 2015 年 3 月的全国"两会"上，习近平总书记参加上海代表团审议时谈及人才政策。他说，人才是创新的根基，创新驱动实质上是人才驱动。要择天下英才而用之，实施更加积极的创新人才引进政策。"人才政策方面手脚还要放开一些，要集聚一批站在行业科技前沿、具有国际视野和能力的领军人才。"① 这些论述阐明了人才发展战略的重要性与人才发展的方向、目标和任务，也凸显了加强人才战略与政策研究的新的时代含义和重大意义。

① 《习近平到上海代表团参加审议》，见新华网，2015-03-05。

现阶段我国人才发展战略的主要政策文件有《国家中长期人才发展规划纲要（2010—2020年）》和《关于深化人才发展体制机制改革的意见》以及《中华人民共和国国民经济和社会发展第十三个五年规划纲要》等。

2010年6月6日，《国家中长期人才发展规划纲要（2010—2020年）》发布。纲要的内容包括人才发展指导方针、战略目标和总体部署，人才队伍建设主要任务，体制机制创新，重大政策，以及重大人才工程等。人才发展指导方针：服务发展、人才优先、以用为本、创新机制、高端引领、整体开发；战略目标：到2020年，我国人才发展的总体目标是：培养和造就规模宏大、结构优化、布局合理、素质优良的人才队伍，确立国家人才竞争比较优势，进入世界人才强国行列，为在本世纪中叶基本实现社会主义现代化奠定人才基础。总体部署中则提出，推进人才发展，要统筹兼顾，分步实施。到2015年，重点在制度建设、机制创新上有较大突破。到2020年，全面落实各项任务，确保人才发展战略目标的实现。

《中共中央关于制定国民经济和社会发展第十三个五年规划的建议》以及《中华人民共和国国民经济和社会发展第十三个五年规划纲要》提出，推进“加快建设人才强国”战略；《关于深化人才发展体制机制改革的意见》，明确提出一系列改革措施，这为我国实现“十三五”各项任务提供了重要的人力资源战略保障。

2016年3月21日，中共中央印发《关于深化人才发展体制机制改革的意见》（简称《意见》），并发出通知，指出：《意见》着眼于破除束缚人才发展的思想观念和体制机制障碍，解放和增强人才活力，形成具有国际竞争力的人才制度优势，聚天下英才而用之，明确深化改革的指导思想、基本原则和主要目标，从管理体制、工作机制和组织领导等方面提出改革措施，是当前和今后一个时期全国人才工作的重要指导性文件。《意见》的颁布实施，对于全面贯彻党的十八大和十八届三中、四中、五中全会精神，深入贯彻习近平总书记系列重要讲话精神，加快建设人才强国，最大限度激发人才创新创造创业活力，把各方面优秀人才集聚到党和国家事业中来，为实现“两个一百年”奋斗目标提供有力人才支撑，具有十分重要的战略意义和现实意义。

《意见》开宗明义指出：“人才是经济社会发展的第一资源。人才发展体制机制改革是全面深化改革的重要组成部分，是党的建设制度改革的重要内容。协调推进‘四个全面’战略布局，贯彻落实创新、协调、绿色、开放、共享的发展理念，实现‘两个一百年’奋斗目标，必须深化人才发展体制机制改革，加快建设人才强国，最大限度激发人才创新创造创业活力，把各方面优秀人才集聚到党和国家事业中来。”《意见》分九个部分共三十条，内容包括改革的指导思想、基本原则、主要目标和具体措施等。

深化人才发展体制机制改革的指导思想是：高举中国特色社会主义伟大旗帜，全面贯彻党的十八大和十八届三中、四中、五中全会精神，以邓小平理论、“三个代表”重要思想、科学发展观为指导，深入贯彻习近平总书记系列重要讲话精神，坚持聚天下英才而用之，牢固树立科学人才观，深入实施人才优先发展战略，遵循社会主义市场经济规律和人才成长规律，破除束缚人才发展的思想观念和体制机制障碍，解放和增强人才活力，构建科学规范、开放包容、运行高效的人才发展治理体系，形成具有国际竞争力的人才制度优势。改革的基本原则是：坚持党管人才；服务发展大局；突出市场导向；体现分类施策；

扩大人才开放。改革的主要目标是：通过深化改革，到2020年，在人才发展体制机制的重要领域和关键环节上取得突破性进展，人才管理体制更加科学高效，人才评价、流动、激励机制更加完善，全社会识才爱才敬才用才氛围更加浓厚，形成与社会主义市场经济体制相适应、人人皆可成才、人人尽展其才的政策法律体系和社会环境。

《意见》提出了推进人才管理体制改革、改进人才培养支持机制、创新人才评价机制、健全人才顺畅流动机制、强化人才创新创业激励机制、构建具有国际竞争力的引才用才机制、建立人才优先发展保障机制等方面的具体措施。

作为现阶段我国人才发展战略的最重要的纲领性文件，《关于深化人才发展体制机制改革的意见》的发布标志着“十三五”时期我国人才发展体制机制将出现重大突破，这是一场前所未有的人才发展体制机制改革攻坚战，预示着我国从人才大国向人才强国迈进。

总之，从传统的人事管理到当代的公共部门人力资源管理是政府人事管理领域出现的一次革命性的变化。在当前政治一行政体制改革的深化尤其是公务员制度的完善过程中，研究并大力推行公共部门人力资源的管理理论以及模式，具有不可忽视的现实意义。

第 9 章

公共预算与财政

财政乃行政之母，财政管理是政府的核心职能；公共预算与财政（public budgeting and finance，PBF）或公共财政（public finance）是经济学特别是财政学及公共经济学的研究对象，也是公共管理学及政治学的一个核心主题。公共行政学诞生之初，财政管理或财务管理就与组织管理、人事管理和行政法规一起，构成传统行政学的四大主题。在实践上，推进财政管理体制尤其是公共预算改革是政府改革的一项根本性内容。党的十八届三中全会审议通过的《中共中央关于全面深化改革若干重大问题的决定》将财政提高到“国家治理的基础和重要支柱”的战略高度，给予了特殊的定位。因此，加强公共预算与财政的研究与教学，不仅是公共管理学科建设的需要，也是完善中国财政体制和提高财政管理水平的需要。本章将探讨公共预算与财政的若干基本理论与实践问题。

9.1　公共预算与财政的理论基础

公共预算与财政的主要学科基础是财政学（公共经济学）和政治学以及政治经济学。在有些学者眼里，（公共）财政学、政府经济学和公共部门经济学是同一个研究领域在不同时期的名称；而在另一些学者眼里，它们是同一个研究领域的不同名称。公共部门的核心部分是政府，所以“公共部门经济学”也被称为“政府经济学”。在西方，公共部门经济学是由财政学发展而来的，而且迄今，财政学仍然构成公共部门经济学的主体（目前在西方学界，公共部门经济学、公共财政学或财政学有时还被视为同一学科的不同名称，而公共财政学就是财政学）。在我国，公共部门经济学与公共财政学或财政学被认为是有区别的，甚至在 20 世纪 90 年代，关于学科名称是用“公共财政学”还是用“财政学”也有过激烈的争论。

9.1.1 从财政学到公共经济学

作为一个独立学科的财政学的诞生，以亚当·斯密的《国民财富的性质和原因的研究》一书的问世为标志。在该书中，斯密论述了财政学的许多基本原理。他认为，国家职能是保护社会不受侵犯，保护个人不受侵犯和压迫，建设并维持某些公共事业及某些公共设施。与之相对应，国家的主要财政支出包括国防费、司法费、公共工程和公共机关的费用等。而为了保证财政支出，就必须有财政收入。斯密进而分析了税收的来源，并提出了著名的税收的四个基本原则，即平等原则、确定原则、便利原则和节省原则。斯密还讨论了地租税、利润税、劳动工资税、人头税及消费税和公债等问题。英国、法国和德国的财政学都深受斯密思想的影响。直到 20 世纪 30 年代，财政学一直是在斯密的思想框架下发展的。如萨缪尔森所说："四十年以前，经济学教科书中关于财政学的一章读起来还像是亚当·斯密时代写出的。从 1776 年到 1929 年没有什么看得出来的进步。"①

福利经济学、凯恩斯主义革命及宏观经济学的诞生为财政学提供了不同于古典政治经济学的新的理论基础，并拓展了财政学的研究主题，特别是对政府经济活动的研究。1936 年马尔科的《公共财政学基本原理》一书的英译本在美国的出版，使得形成于 19 世纪 80 年代的由欧洲大陆学者用边际效用价值理论改造过的新财政观（包括公共产品理论和公共经济理论等）进入英美财政学者的视野，并使英美的财政学发展逐渐转轨。到 20 世纪 60 年代中期，财政学最终实现向公共经济学的转变，其主要标志是 1959 年马斯格雷夫的《财政学原理：公共经济研究》、1964 年科尔姆的《公共经济学基础：国家经济作用理论概论》和 1965 年约翰森的《公共经济学》三本书的出版。此后，财政学的教科书多以"公共经济学"（public economics）为名；70 年代以后，更多的教科书以"公共部门经济学"（public sector economics/economics of the public sector）命名。应该说，"公共部门经济学"和"公共经济学"这两个名称并没有本质上的区别，更多的是作者使用习惯的问题。如果说有区别的话，那就是公共部门经济学更突出公共经济学的行为主体。

从"财政学"到"公共经济学"或"公共部门经济学"并不仅仅是学科名称的变化，而是财政学研究重心、理论基础以及分析方法的变化，即研究重心从过去只研究财政收支本身的问题，转变到研究财政收支对经济的影响和公共部门本身的经济活动的合理性及其效率问题；财政学的理论基础和分析方法变化则表现为：现代经济学的发展以及其他学科的相互渗透为公共经济学的诞生创造了新的理论基础和先进的分析方法与技术。② 同时，这种学科范式的变化反映社会经济环境尤其是政府管理活动的变化。近 40 年来，公共经济学发展迅速，研究成果丰硕。它对政府、政策的研究视角不断转换。20 世纪 70 年代初，人们仍对政府及其经济活动是完全信任的；而到了 80 年代，让公共部门退出经济领域的呼声高涨。后来，人们逐渐认识到市场和政府（私人部门与公共部门）都不是万能的，它们都会失灵，因而单靠市场或单靠政府都不能很好地解决问题，一个运行良好的市场离不

① 转引自高培勇主编：《公共财政：经济学界如是说》，111 页，北京，经济科学出版社，2000。

② 参见上书，132 页。

开一个高效政府的支持。公共经济学的发展往往是通过分析方法或工具的突破取得的。彼得・M. 杰克逊等人认为："……经济学家解决本学科领域内各种问题的能力与本学科内其他理论的发展是齐头并进的。"①

要给公共经济学一个严格、统一的定义并不容易。下面是若干定义的例子：

《新帕尔格雷夫经济学大辞典》："公共经济学是关于公共经济的研究，即研究那些并非纯属市场、并非纯属住户或厂商之间的关系的经济问题，侧重于逻辑（科学）分析以及论理规范问题。"

布朗、杰克逊："公共部门经济学考察公共支出、税收和经济主体（如个人、家庭和企业）行为之间的关系。"

吴俊培等人："公共部门经济学是研究公共部门经济行为及其效应的经济学分支学科"。

樊勇明、杜莉："公共经济学就是经济学中专门研究政府经济行为特殊规律的分支学科，是论述各级政府部门和公共组织（如国有企业）的存在意义和行为，回答政府必须做什么以及应该怎样做的学问。"

黄新华："公共部门经济学是研究公共部门经济行为的一门科学。具体地说，它是以公共部门行为、公共部门职能及其对资源配置和社会福利的影响为研究对象的一门经济科学。"

由此可见，公共部门经济学是一门研究公共部门经济行为尤其是政府经济行为的学科领域，涉及公共支出、税收和经济主体行为之间的关系等问题。

9.1.2 "经济人"的基本假设

作为经济学的一个分支，公共部门经济学关于个人行为动机以及行为模式的假设与一般经济学保持一致，即采用"经济人"或"理性人"假设。按照该假设，个人无论是处于什么地位，其本性都是一样的，都以追求个人利益的最大化或极大化个人的效用为最基本的动机；或者说，个人在经济活动中遵循理性原则，即做出个人决策时经过仔细的计算和分析，力求实现利益的最大化。

布坎南认为，"经济人"假说是经济学理论知识的一个重要遗产，是古典经济学家的"一个伟大贡献"，正是亚当・斯密将具有利己心、追求自身利益最大化的个人称为"经济人"或交易者。他们的伟大发现是，只要有适当的法律或制度框架，个人追逐他们自己利益的行动可以无意识地产生有利于整个社会利益的结果。后来的经济学家用这个假设去分析市场中进行不同活动的人们的行为，并进而分析市场制度本身的作用。经济学家通过运用关于人类动机的这种特别的假设建立起一门作为实证性社会科学学科的经济学。

公共部门经济学假定公共部门中的个人追求自身效用的最大化，并且个人的效用函数是多元函数（既包括物质利益，也包括非物质利益），有多个变量（财产、权力、名誉、

---

① ［英］彼得・M. 杰克逊主编：《公共部门经济学前沿问题》，2 页，北京，中国税务出版社、北京腾图电子出版社，2000。

闲暇等）；它假定社会个体偏好的多样性，个体对公共部门所提供的公共物品的偏好也会随着社会进步而变化；它假定人的“有限理性”（bounded rationality）——人类知识的不完备性、预测的困难以及人类活动或行为的范围有限等因素，使得全面理性（纯粹理性）在实际中是不存在的；人类决策行为所依赖的是有限理性，而不是全面理性或纯粹理性，由于受能力、信息、时间、知识等因素的制约，人们只能在有限的且是力所能及的范围内去从事决策；它还假定人的行为有机会主义倾向。

作为公共部门经济学的重要流派的公共选择理论把“经济人”假设应用于对公共部门及政治领域和集体选择过程的分析。依照这种假设，个人在政治活动或集体选择过程中，同样追求利益或效用的最大化（这种效用或价值既可以是财富、商品、收入，也可以是地位、权力、荣誉，甚至是友谊、慈善、和平、安宁等精神因素）。布坎南和塔洛克说：“经济学的探究方法假定，无论在市场活动中还是在政治活动中，人都是追求效用最大化的人。但是这种方法并不要求一个个体的人牺牲其他人以增强自己的效用。这种方法把政治活动表现为一个特殊形式的交换；而且，就像市场关系中那样，理想上还期望这种政治关系使所有方面都互有收获。”① 公共选择学者的理论从一开始就假定“有代表性的或者普通的个人在参与市场活动和政治活动时，都是以同样的普遍价值尺度为基础而行动的”②。

9.1.3 福利经济学和微观经济学

福利经济学和微观经济学构成公共部门经济学学科的理论和方法论基础。根据荷兰学者汉斯·范登·德尔和本·范·韦尔瑟芬在《民主与福利经济学》一书中的说法，福利经济学的核心主题是一个团体中的个人的共同福利（共同福利包括由经济所决定的团体的幸福），它包含了如下三种因素：（1）各种条件的公式化约束；（2）关于以上条件如何被团体中的机构加以实现的研究；（3）对于现存的团体机构的贡献及现存的团体福利政策的批判性评价。福利经济学不仅关心公共政策（政治）对于社会价值的分配，而且关注由此带来的社会收益和社会成本问题，从稀缺性的方面观察社会价值的分配。帕累托、巴罗、兰格、丁伯根和鲍莫尔等福利经济学家研究的重点是如下两个基本问题：一是为实现社会福利最大化状态的条件下定义；二是关于一个经济（秩序）的组织如何影响全体社会成员的福利问题。

福利经济学是围绕“共同利益问题”“公共分配问题”和“社会福利问题”构建起来的，在关注社会财富增长的同时，更关注在其基础上的财富分配即社会福利问题。尽管有阿罗的“不可能性定理”以及来自各方面的批评，但在公共部门经济学当中大量使用“效用”“效用函数”“帕累托改进”“帕累托最优”“社会福利函数”等福利经济学中的基本术语。福利经济学仍是对公共部门经济活动进行规范分析的理论基础。

福利经济学的框架：“福利经济学从抽象的角度来说，主要讨论的是社会选择标准

① ［美］詹姆斯·M. 布坎南、戈登·塔洛克：《同意的计算——立宪民主的逻辑基础》，20页，北京，中国社会科学出版社，2000。

② 同上书，25～26页。

的界定、收入的再分配及资源的优化配置。从现实的角度来说，福利经济学利用这种标准来评价以不同制度（主要是政府和市场）为基础的经济，以便确认最理想经济的学科”①。福利经济学的框架是建立在社会选择标准的基础之上的，这包括配置效率或帕累托效率，公平理论及实施的原则，社会福利函数及各个学派的公式，社会最优选择，等等。

公共经济学运用福利经济学的有关理论分析了政府现实的政治、经济制度，从微观经济层次角度，对垄断、外部性、公共产品、收入不公平等社会现象进行剖析，提高政策运行效率，由政府针对市场中存在的“市场失灵”等问题，制定微观经济政策，实现收入的公平分配；从宏观经济层次的角度，在封闭的经济中，制定货币政策、财政政策、收入政策和价格政策，保证经济的平稳运行，在开放的经济中，政府通过对货币及汇率制度进行国际标准化的管理，实现国际收支平衡。

微观经济学考察作为消费者的个人和公司在市场中的行为（而宏观经济学研究总体或集合经济并检查如通货膨胀和失业一类的政策问题）。“微观经济学研究家庭和企业如何做出决策，以及他们在某个市场上的相互交易；宏观经济学研究整体经济现象。”② 在经济分析中以单个经济主体（作为消费者的单个家庭、作为生产者的单个厂商、作为消费者和生产者完成交易的单个市场）的经济行为作为研究对象的，称为微观经济学。微观经济学将经济行为的基本主体分为两大类：个人和企业。个人一方面是消费者，另一方面是生产要素（劳动、资本、土地、才能）的所有者；企业即生产单位，一方面是商品的生产者，另一方面是生产要素的需求者。微观经济学研究这些经济行为主体，如何在一系列既定的假设条件下，在市场机制中，通过价格机制，最终实现自己利益的最大化和资源的最佳配置，并使经济达到一般均衡。

微观经济学的框架即通过对微观个体经济单位的经济行为的研究，来说明现代西方经济市场机制的运行和作用，以及改善这种运行的政策途径。这一框架由以下理论构成：消费者行为理论、均衡价格理论、生产和成本理论、市场结构理论、生产要素收入分配理论、一般均衡理论等。这些理论为公共经济学的实证研究提供可以直接使用的分析工具。“公共部门经济学的发展，是限制在微观经济学理论的知识范围内的。微观经济学理论，尤其是一般均衡分析的发展，在本世纪 50 年代使公共部门经济学发生了质的飞跃。公共部门经济学目前的理论发展，应直接归功于微观经济理论。”③

借助于微观经济学理论和分析工具，公共经济学家根据最基本的前提条件，运用演绎法和数学模型，运用各种行政手段，解决在市场经济运行中存在的“市场失灵”问题，使各种资源得到最优化的配置，以社会效用最大化为目的来讨论政府的微观行为。其中包括估算政府制定政策的机会成本与沉没成本，取得社会效益的最大化，以及指导其他的微观主体的社会行为，等等。微观经济学是使公共问题的争论转化为实证分析的有效途径，目的在于提高公共决策的科学性和合理性。

---

① ［意］尼古拉·阿克塞拉：《经济政策原理——价值与技术》，10 页，北京，中国人民大学出版社，2001。

② ［美］曼昆：《经济学原理》（上册），26 页，北京，三联书店、北京大学出版社，1999。

③ 张馨：《公共财政论纲》，686 页，北京，经济科学出版社，1999。

9.1.4 公共选择理论

20世纪70年代以来，公共选择理论日益成为公共经济学的一支劲旅、一个有影响的流派。公共选择理论（public choice theory）是新政治经济学中以经济学分析方法研究政治问题的最重要的流派之一。该流派涉及政治过程的各个方面，如立宪、立法、行政与司法等，它于20世纪50年代发源，60年代逐渐成形，70年代影响扩大并国际化；80年代以后，公共选择理论迅猛发展，许多教科书在分析财政政策、市场失灵和政府失败时，都应用了公共选择理论。公共选择理论的主要代表人物有詹姆斯·M. 布坎南、戈登·塔洛克、邓肯·布莱克、安东尼·唐斯、威廉·尼斯卡宁、约翰·罗尔斯、丹尼斯·C. 缪勒等人。

公共选择理论是一个政治学和经济学交叉研究而产生的流派或学科，更准确地说，是一个用经济学方法来研究政治学主题的跨学科学派。按照奠基者布坎南的观点：公共选择是政治上的观点，它是经济学家的工具和方法大量应用于集体或非市场决策而产生的结果；"它是观察政治制度的不同方法"；它"把四分之一世纪以来人们用来调查市场缺陷和市场失灵的方法同样应用于国家和公共经济的一切部门"。或用另一个公共选择学者缪勒的话来说，公共选择理论可以定义为非市场决策的研究，或简单地定义为将经济学应用到政治科学；公共选择的主题与政治学的主题是相同的，涉及国家理论、投票规则、投票者行为、政党政治、官僚机构等。

由此可见，公共选择理论就是应用经济学的理论和方法来研究政府—政治行为与过程的一个跨经济学、政治学的新领域（人们称之为"政治的经济学"或"新政治经济学"）。它所涉及的主题，按照法国学者勒帕日的概括，主要有四个方面：（1）研究政治制度和最佳经济状态之间的关系（这种或那种政治制度或表决方式在多大程度上有利或不利于提高社会效益）；（2）发展出有关官僚体制（科层制）的经济理论；（3）深入研究代议制政治制度运转的逻辑及缺陷；（4）力求找出能够说明某些政治制度历史发展的经济因素尤其是对国家、合法性、正义等概念的逻辑探讨。公共选择学者通过对其涉及的各个主题的研究，形成了种种理论，如非市场决策（公共决策）论、代议民主制经济论、国家理论、利益集团理论、寻租理论、官僚机构经济论、政府扩张论、政府失败论、俱乐部理论、财政联邦制理论、立宪经济论等。

9.2 公共财政管理

公共财政是与市场经济相适应的财政类型，公共财政管理是在市场经济国家创立之后才产生的管理活动。因此，较其他公共管理领域而言，这是一个相对年轻的领域。公共财政既是国家财政的一种模式，同时也是政府处理与市场关系的一种管理活动。因此，在一定程度上，公共财政与公共财政管理可以被看作同义语。本节将介绍公共财政管理的定义、总体目标、主要内容和公共财政管理的地位。

9.2.1　公共财政体制的形成

自改革开放以来，我国财政体制逐步由计划经济条件下的国家财政向市场经济条件下的公共财政转变，特别是近十几年来，公共财政体系的构建有了较大的发展，公共财政管理问题日益得到人们的重视。进入 21 世纪，我国改革发展和现代化建设面临着新的发展机遇，而经济的快速健康增长需要公共财政的有力支撑，这就向完善我国公共财政管理提出了十分紧迫的任务。

新中国成立以来，我国财政管理体制发展变革主要经历了计划型财政管理、计划型财政管理向公共财政管理过渡和明确导向公共财政管理三个阶段。

(1) 计划型财政管理阶段（1950—1979 年）。新中国成立伊始，我国政府面临着将革命进行到底、医治战争创伤、稳定和逐步改善人民生活等重大任务。为此，我国采取了高度集中的财政统收统支管理体制，在短时间内遏制住了恶性通货膨胀，平衡了财政收支。1953 年，我国开始实行中央统一领导下的分级管理体制，此后多年一直实行此体制直至改革开放。这一阶段财政管理的基本特征是集中与计划，并且由于排斥公共财政体制，因此谈不上公共财政管理。

(2) 计划型财政管理向公共财政管理过渡阶段（1980—1998 年）。1980 年，我国着手财政管理体制重大改革，实行“划分收支，分级包干”体制，打破长期以来财政统收统支的格局。这种又被称为“分灶吃饭”的管理模式，进一步确立了地方政府作为公共财政管理重要主体的地位，地方政府独立完成自己的预算及公共收支管理。1985 年，我国又进行了一次财政管理体制改革，这一次改革的主要内容是确定中央与地方在公共收入上的分配比例，稳定中央财政收入，即实行“划分税种，核定收支，分级包干”。此后虽有几次调整，但基本沿袭了“分灶吃饭”的管理模式。1994 年，我国推行分税制，这是按建设社会主义市场经济要求，对公共收入管理做出的历史性调整，对我国公共财政管理体制的建立具有重大推动作用。1999 年，财政部正式明确提出实施公共财政管理。在这个阶段，随着我国市场经济的逐步发展，我国财政管理公共化程度不断提高，但过去计划型财政管理模式遗留下来的东西仍在很大程度上影响甚至阻碍着公共财政管理体制的建立。

(3) 明确导向公共财政管理阶段（1999 年以来）。1999 年以来，中央和地方各级政府纷纷按照公共财政的要求改革财政管理体制，一些重大的改革措施相继出台，如实施公共采购制度、部门预算管理、政府收费和罚没收入上缴国库、预算外资金“收支两条线”等，公共财政管理体制逐步建立起来。绩效预算改革也已经启动。

总体上，当前我国公共财政管理已经形成，但仍不完善，存在诸多问题。一是公共财政管理尚未得到全社会足够的重视。人们对建设与市场经济相适应的公共财政不存异议，但对公共财政管理仍有不同看法。一种普遍的看法是将公共财政管理狭隘地理解为财政权力关系的明确过程，或仅是一种“分蛋糕”的新框架，而忽视其“管理”的深刻内涵。因而，公共财政的基本职能定义十分清楚，但因缺乏有效的操作管理手段而得不到根本落实。各级财政管理部门仍存在按中央指令办事的思维模式，对于结合实际运用现代公共财政管理技术的热情不高，更谈不上实现公共财政管理的理论创新、制度创新和技术创新。

二是预算管理与经济社会发展存在矛盾。在编制方法上，我国在较长的时期采用“基数法”，各项基数经过长期历史积累，已具有“刚性”，不能真实反映实际情况也难以更改。在编制程序上，我国目前采用公历年制，但实际上由于全国各级人民代表大会一般在次年 2 月或 3 月召开，这就形成预算方案的批准滞后于实施约一个季度，为预算约束留下隐患。并且，预算编制时间中央部门为一个月，地方各级政府最多两个月，在如此短的时间内实难做出科学的预测。

三是公共收入管理不尽合理。虽然分税制实施后我国的公共收入管理情况有了很大改观，但仍有不少不尽合理之处。第一，税收征管成本偏高，征税行为存在不规范、不廉洁、低效率的问题。第二，税费没有科学区分，政府收费种类繁多，随意性大，极不利于保证公共收入的稳定增长。第三，公债管理权过度集中，地方政府一直未被赋予举债权，只能通过担保形式为地方发展项目融资，使地方财政的潜在风险增大。

四是公共支出管理亟须规范。公共支出仍没有从竞争性领域中退出来，政府投资的营利性企业仍大量存在。政府采购尚缺乏统一的操作规范，虽然从 2000 年起我国在县级推行政府采购制度，但存在机构设置混乱、职能定位不准、采购量小等问题，出现了县级政府采购“泡沫化”的情况。

针对当前我国公共财政管理存在的主要问题，必须强化公共财政管理的意识，进一步改革完善公共财政管理体制。公共财政管理体制改革要确立以人为本的原则，要合理划分各级政府的财权和事权，解决地方政府财政职能越位和缺位的问题。

9.2.2 公共财政管理的内涵

公共财政，指的是仅为市场经济提供公共服务的政府分配行为，它是国家财政的一种具体存在形态，即与市场经济相适应的财政类型。① 公共财政具有四项基本特征：以弥补市场失效为行为准则；为市场活动提供一视同仁的服务；非市场营利性；法治性。

从西方国家的发展来看，公共财政管理只有 200 多年的历史。在我国，随着 20 世纪 70 年代末市场化改革的起步与发展，国家财政逐渐呈现出公共化的趋势。但是，迄今我国公共财政体制框架及公共财政管理尚不完善，仍处于改革与发展之中。

在相当长时间里，公共财政管理与预算的概念是相互混用的。多年来人们相信这样一种假设，即政府会忠实而且不走样地执行权力机关定下来的预算方案。因此，公共财政管理的着力点是预算而非执行，或者说，公共财政管理的实质内容是预算。20 世纪六七十年代以来，随着公共选择等理论的兴起，人们对政府行为的看法发生了急转，人们不再轻易地相信政府。在此背景下，产生了与执行相关的公共财政管理概念，进而形成了有特定含义的“公共财政管理”概念。

---

① 参见叶振鹏、张馨：《公共财政论》，1 页，北京，经济科学出版社，1999。

按照美国学者的经典定义，所谓公共财政管理是一个技术性的概念（技术性是指做事情的方式）。“公共财政管理考虑的是如何花钱做事，这也是公共组织管理的核心”，“公共财政管理是指处理公共资产与债务，并向公共官员提供有用的相关信息与观点，以使他们能够做出相应的决策”①。有学者进一步指出，公共财政管理是采用与企业财务管理相似的分析方法、技术和管理工具来进行资源配置与控制的活动，但政府所独有的征税权、禁止权和惩罚权，使公共财政管理远不同于企业财务管理。②当然，这并不是说公共财政管理是一个超越公共财政个性的纯技术性概念，学者们仍然把资源的获取与配置作为公共财政管理概念的基本内涵。如有的学者明确给公共财政管理下的定义是：“获取和配置资源，并对配置资源的绩效进行监督评价的活动。”③

总的来看，虽然学者们对公共财政管理所下定义的表述各不相同，但基本都包含了五个方面的内涵：（1）公共财政管理的主体是公共部门；（2）公共财政管理贯穿包括计划（预算）、资源取得、分配、监督等环节在内的全过程；（3）公共财政管理是一项技术性的活动；（4）公共财政管理技术是多元的，各学科、领域发展起来的管理、分析技术都有可能在公共财政管理中得到应用；（5）公共财政管理的目的是保证公共财政的基本职能得到最大限度的履行。

因此，我们将公共财政管理定义为公共部门为保证公共财政职能的履行，而对财政收支所进行的决策、管理、监督等活动的总和。

1. 公共财政管理的目标和内容

公共财政管理的总体目标是保证公共财政职能的全面履行。具体而言，公共财政管理具有如下三大目标：（1）效率目标，即通过公共财政管理，有效地向公众提供一视同仁的服务，满足社会公共需要，实现政府支配资源的有效配置和市场效率损失最小化的有机结合，进而保证和促进国民经济的持续发展。（2）公平目标，即通过公共财政管理，有效地对国民收入、财富和社会福利进行再分配，通过转移支付，缩小收入及财富积累上的分化差距，为社会最贫困阶层提供基本生活保障，实现社会相对公平。（3）稳定目标，即通过公共财政管理，有效地保持社会总供求的基本平衡，实现充分就业、物价稳定及国际收支平衡，维持经济景气，避免经济波动。

公共财政管理主要包括三大部分：预算管理、公共收入管理和公共支出管理。预算管理侧重于决定“做什么”，公共收入和公共支出管理则决定“怎么做”。

在公共财政管理中，还有一个非常重要的领域，这就是公共部门会计。公共部门会计是为公共财政决策、控制、监督等过程提供信息的会计系统。公共部门会计大约自19世纪末开始独立发展，至20世纪70年代形成了专门的会计准则，到今天，它已成为公共财政管理不可或缺的重要方面。此外，公共财政管理还有一些非常具体但技术性很强的领域，如现金管理、风险管理等，值得我们重视。

---

① B. J. Reed and John W. Swain, *Public Finance Administration* (2nd ed.), Thousand Oaks, CA: Sage, 1997, pp. 2-3.

② John L. Mikesell, *Fiscal Administration: Analysis and Applications for the Public Sector* (5th ed.), Homewood, 111.: Dorsey Press, 1999, p. 1.

③ Alan W. Steiss, *Financial Management in Public Organization*, CA: Books/Cole, 1988, p. 2.

2. 公共财政管理的地位

公共财政管理虽然仅有200余年的历史，但已从各方面显示出其在公共管理诸领域中极为重要的地位。

第一，公共财政管理是对公共资源进行直接管理，这必然使其在政府管理中具有核心地位。现代政府的基本职能是解决市场失灵问题与促进社会公平，而这只有通过资源的重新配置与社会财富的再分配才能达到。公共财政管理的方式、水平直接关系政府职能的实现，从而必然在政府管理中具有核心地位。并且任何公共管理，都离不开资金的支持，这就使公共财政管理部门处于公共组织权力关系的交汇点上，并获得了对资源的“相对垄断权”，由此增加了自身的权力，其核心地位更加凸显。

第二，在西方国家，公共财政的政治制度背景，使公共财政管理成为国家政治生活的最重要舞台之一。在历史上，公共财政是立法权与行政权相互斗争的产物，现代西方国家三权分立的制度强化了这种斗争，从而把公共财政管理（尤其是预算管理）进一步作为斗争的“竞技场”。[①] 以美国为例。美国自建国以来到20世纪初的多数时间内，预算的控制权都掌握在国会手中。随着行政权力的扩张，国会与总统的矛盾日益尖锐，终于1912年通过《预算和会计法案》，使总统第一次有机会向国会提交自己编制的年度预算草案，并且财政部成立了预算局（后移交总统办公室管理）。国会也成立了审计总署（GAO），通过履行审计职能来对抗行政权力的扩张。但这并没有解决矛盾，1971年尼克松成立了行政管理与预算局（OMB）来强化总统的公共财政管理权，而国会则于1974年组建国会预算局（CBO）来抗衡行政管理与预算局。这场旷日持久的“战争”至今仍未结束，公共财政管理权的归属问题依旧是每年国会争论的焦点。

第三，公共财政管理是一个变动性很大的领域，这使它较其他领域具有更多的活力。无论哪两个财政年度，财政收支的数量都不会相同，公共财政管理的方式、力度也不相同。每年为实现财政收支平衡而绞尽脑汁的政策措施更是多样，而公众对于优质公共财政管理的压力又是如此之大，这使得公共财政管理存在更多的制度创新、技术创新的需求，并以一系列创新成果（如新公共部门会计准则的提出，公共投资技术的新改进等）显示出这个领域的活力。

第四，近三四十年来，公共财政管理的每一次变革都成为公共管理重大变革的先导。公共财政管理是最富活力的公共管理领域，近三四十年来，该领域出现了一系列变革，这些变革在公共管理领域产生了巨大的“蝴蝶效应”。例如，规划—计划—预算制度（PPBS）的运用，最终在20世纪60年代形成了一场PPBS运动，借助这场运动，系统理论、运筹学、经济学方法、政策分析等在几乎所有公共管理领域都得到全面推广，使公共管理发生了重大的思维变革。20世纪70年代以来，绩效管理的运用，更是直接引起了方兴未艾的新公共管理运动，甚至绩效管理已从一个具有公共财政管理个性的概念转化为公共管理的普遍概念，对公共财政支出的绩效要求带来了公共组织行为市场化的重大变革。因此，研究公共财政管理的理论与历史，是发展现代公共管理的一把“金钥匙”。

① 参见［美］詹姆斯·W. 费斯勒、唐纳德·F. 凯特尔：《行政过程的政治》（第2版），289页。

9.2.3 公共预算管理

预算管理是公共财政管理的主要组成部分（狭义的财政管理仅指预算管理，在实践中所说的财政体制一般是指预算管理体制）。在市场经济条件下，几乎全部政府收支活动都在预算的框架下进行，预算在公共财政中的这种特殊地位，决定了预算管理更具复杂性与政治性。下面将主要介绍预算管理的内涵、预算管理的基本模式和预算的过程。

1. 预算管理的内涵

从历史上看，预算制度是立法权力与行政权力相互斗争的结果。在英国，现代国家预算最初萌芽于13世纪，表现为由骑士和贵族组成的“大议会”对国王财政权的剥夺，资产阶级革命成功后，进一步表现为立法机关和行政机关在财政权限上的分权制约。在美国，分权思想一开始就向新国家的创立者们提出要关注财政资金的问题，主张严格控制国会支出的共和党人和主张视需要决定管理权限的联邦主义者在预算等重大问题上争论不休，预算控制权200多年来一直在立法机关与行政机关之间转移。因此，预算过程如不与权力概念相联系是难以完全理解的。诚如美国学者所言：“预算是权力的体现。”①

正因为预算中充满了大量的权力等政治因素，在政治—行政二分法的视野下，预算很难与管理联系起来。有的学者认为，预算是一个对公共收入和支出进行决策的过程，而公共财政管理考虑的是在处理公共资金方面的技术问题。预算有着较高的政治性，它进行一些重大决策，解决干什么的问题。而与公共财政管理相关的决策相对较小，回答怎样干的问题。但是，现实中预算所具有的程序法定、计划安排及技术管理等特征又迫使人们无法将预算与管理割裂开来。在许多文献中，预算管理仍然是一个相当重要的主题。B.J. 理德和约翰·W. 斯温也认为：“公共预算和财政管理并不是完全可以分开的。这种区别只是概念性的，而在实际中只不过是重点不同而已。”②

从以上分析中，我们可以看到政治与行政两个层面上预算概念的侧重点。当然，预算活动强烈的政治性也增加我们确定预算管理的定义的难度。侧重于政治概念的预算管理可定义为政府依据法律有计划地对预算资金的筹集、使用进行的组织、协调和监督等管理活动；侧重于行政概念的预算管理可定义为政府依据法律对预算计划进行编制、执行和决策的管理活动。显然，前一个定义的概念范围更广，甚至接近于公共财政管理。因此，在本节我们倾向于分析与后一个定义相关的主题。

2. 预算管理的基本模式

预算具有多种分类，如根据收支管理范围可分为总预算和单位预算，根据预算主体的性质可分为中央预算、地方预算，根据预算计划的时效性可分为年度预算和中长期预算，等等。但是，从管理或方法的角度看，预算管理主要有五种基本模式：分项排列预

---

① ［美］瑞宾、林奇主编：《国家预算与财政管理》，73页，北京，中国财政经济出版社，1990。

② B. J. Reed and John W. Swain, *Public Finance Administration* (2nd ed.), Thousand Oaks, CA: Sage, 1997, p. 15.

算模式、规划—计划—预算模式、目标管理预算模式、零基预算模式和绩效预算模式。①

（1）分项排列预算模式。

分项排列预算是一种产生时间较早、管理方式较为简单的模式。这种管理模式以预算支出的若干特定目标为核心，采用分项排列的方法依次列出特定目标的预算资金，由拨款机构加以拨付。如美国《1806 年拨款法》将政府经费按国务卿以及该部门职员、雇员津贴、部门杂项支出和意外支出、审计办公室文印支出、财政部购置账簿、地图和卡片支出等项目依次排列。分项排列预算在会计上有着简便的优势，可以按照总科目、科目、二级科目、明细科目等分类清晰地看出预算资金在不同项目中的分配情况。这种便利性使得分项排列预算模式至今在不同地区还在运用。但是，分项排列预算管理的效率主要取决于拨款机构能够不折不扣地执行拨款计划，这就要求其有特殊的制度基础。在财政大权集中于立法机关的制度下，分项排列预算能较好地服务于立法机关对预算的控制与监督。随着公共管理复杂性、多变性的增加，特别是行政机关预算裁量权的膨胀，分项排列预算显得越来越不适应于当代预算管理的需要。

（2）规划—计划—预算模式。

规划—计划—预算模式是 20 世纪 60 年代在美国发展起来的预算管理模式。一方面，20 世纪五六十年代公共管理理论（如系统理论）的日益成熟和信息或决策技术的迅速发展为规划—计划—预算模式的提出奠定了理论基础和技术条件；另一方面，美国约翰逊总统和行政机关谋求预算控制权的强烈愿望促进了这一预算管理模式的运用。1961 年，时任美国国防部长罗伯特·麦克纳马拉在五角大楼首先使用了这一模式。规划—计划—预算模式分为三个步骤：规划——国防部高层官员制定五年战略；计划——将战略转化为国防部需要的具体说明，如何时购买何种武器；预算——将计划转变为每个年度的预算要求。规划—计划—预算模式的基本思路“就是要将年度预算程序同长期计划相挂钩，而不是要与随意性要求相联系”②。国防部在运用这一模式上取得了较为满意的成效。1965 年，约翰逊总统将规划—计划—预算模式推广到几乎所有的联邦非军事部门和机构，并成立了完全属于总统的行政管理与预算局来进行预算管理。

规划—计划—预算模式的要点包括五个方面：确定预算项目目标；从众多目标中选择最紧迫的目标；运用成本—收益分析设计实现各目标的备选方案；说明实施这些方案的以后各年度成本（如 5～10 年）；对这些方案的实施效果做长期评价衡量。与分项排列预算模式不同，规划—计划—预算模式不再按支出科目，而是按方案进行预算，把支出的成效综合起来考虑，更有利于提高预算效率。

（3）目标管理预算模式。

目标管理预算模式由美国尼克松政府于 1971 年首先倡导。就其理论基础来说，组织心理学的发展使人们相信，组织目标是通过管理者与被管理者的相互谈判而实现的；就实践需要来说，强制性的目标管理有利于继续扩大总统的权力，因而目标管理预算模式得到

① 参见［美］瑞宾、林奇主编：《国家预算与行政管理》，6～49 页。

② ［美］詹姆斯·W. 费斯勒、唐纳德·F. 凯特尔：《行政过程的政治》（第 2 版），225 页。

尼克松的青睐。目标管理预算模式的要点包括四个方面：说明单位的基本任务；确定预算主次目标；设定可供考核的指标（如花多少钱可以在多少时间内完成任务），管理者与下级交换意见以确保可行性；列出具体时间进度供监督。目标管理预算模式注重的是预算项目执行的效率而不是主项目与各备选项目间的选择，因而也有人认为它不具有预算的性质而只是一种管理方法而已。

（4）零基预算模式。

20世纪70年代后期零基预算模式在美国曾风靡一时。零基预算模式的出现暗示着长期左右预算理论的渐进主义开始走下坡路。零基预算不按上年度的“渐进增量”来考虑预算，而对原有项目进行重新审核。在要求划分项目优先顺序等方面，它与规划—计划—预算模式相似。

零基预算模式的要点是：由高层管理者提出基本目标和总原则；责成下级部门将赋予它们的目标具体化并形成一揽子决策；对备选方案分别进行排序，确定优先项目；排列的顺序依次为终止、保持最低限度、缩减、维持、扩充；由高层管理者选定方案。

从西方国家的实践看，零基预算主要适用于规模较小的预算；对于大规模预算，相应的繁重文案工作往往令人望而生畏。并且，零基预算在控制预算规模增大方面也不太令人满意。20世纪80年代末，西方国家纷纷放弃了这一模式。

（5）绩效预算模式。

绩效预算模式是一种以绩效或结果为导向的预算管理方式。早在20世纪40年代末，美国政府就开始实施绩效预算。随着70年代以来新公共管理运动的推进和90年代以来“重塑政府”运动的兴起，绩效预算重新受到高度重视。今天，绩效预算已成为西方国家主要的预算管理模式。各国进行绩效预算的做法各有特色。

绩效预算主要可分为五个管理阶段：一是公布绩效报告，系统地向公众发布有关政府服务的信息；二是明确绩效目标，目的是影响政府活动；三是将绩效报告提交审计师审核；四是预算机构与支出管理机构或某个机构与其管理者之间订立绩效合同，详细规定机构在可使用资源的条件下应取得的绩效；五是编制绩效预算，一方面列出支出，另一方面列出此投入相应的预期绩效，绩效预算体现了绩效合同的内容。

绩效预算既考核公共资金使用的最终效果，又考核为取得预期效果所开展的工作活动，从而把预算支出和结果有机联系在一起。在绩效预算中，至少必须把握三个要点：一是绩效评估的精确化；二是放权以使项目管理者成为绩效责任人；三是把预算当作改善业绩的手段。

目前，绩效预算在西方主要国家的运用进一步深化了预算理论。一项对22个经合组织成员的比较研究认为，“预算除了控制和分配资源的功能外，越来越被作为改善管理和提高项目有效性的一种有效手段”①。因此，越来越多的人相信绩效预算在今后将会得到更加广泛的运用。

3．预算的过程

预算的过程大体可以分为预算编制、预算执行和决算三个阶段。

---

① 经济合作与发展组织编著：《比较预算》，97页，北京，人民出版社，2001。

（1）预算编制。预算编制是对未来一段时间内公共部门收支进行测算和计划的活动。从时间上看，有年度预算编制和中长期预算编制两种类型。年度预算编制指有效期为 1 年的预算编制，世界各国一般采用公历年制和跨历年制。公历年制指从公历 1 月 1 日到 12 月 31 日止的编制；跨历年制指从上年跨越到次年的编制，如美国等国的年度预算从上年 10 月 1 日起到次年 9 月 30 日止，英国等国从上年 4 月 1 日起到次年 3 月 31 日止。中长期预算编制指对 1 年以上 10 年以下预算所做的编制。

预算编制过程主要包括草案编制、汇总、行政首长审批、权力机关审议通过四个环节。其流程有两个特征：一个是“自上而下”，另一个是“自下而上”。“自上而下”一般是由预算批准部门或上级部门制定关于收入与支出总的限额，各有关部门再依次提出各自的预算要求的过程；“自下而上”则是各部门根据新项目、新计划的需要向预算批准部门或上级部门提出额外的预算要求，以期得到批准的过程。

我国中央政府部门预算编制实行“两上两下”的程序。首先，各部门将预算编制建议数上报财政部和有财政分配权的部门，此为“一上”；其次，财政部和有财政分配权的部门审核建议数后下达各部门的控制数，此为“一下”；再次，各部门按照控制数编制预算草案报送财政部，此为“二上”；最后，财政部根据全国人大批准的中央预算草案批复部门预算，此为“二下”。

（2）预算执行。预算执行是预算计划付诸实施的过程。根据我国《预算法》的规定，各级预算由本级政府组织执行，具体工作由本级政府财政部门负责。预算执行包括收入执行、支出资金拨付和预算调整三个主要环节。收入执行由财政部门统一负责组织，按各项预算收入的性质和征收方式，分别由财政、税务、海关等部门负责征收和管理。支出资金拨付在财政部门主导下由各支出部门具体负责执行。预算调整指由各级政府在执行过程中通过改变预算收入来源、支出用途以及收支规模等方法，组织新的预算平衡，以适应经济形势变化需要；各级政府的预算调整均须取得本级人民代表大会的批准。

预算执行往往比编制涉及更多的利益相关者和参与者，面临变动的宏观经济形势，因此保证执行与预算目标的一致性十分重要。亚洲开发银行专家认为，预算执行管理必须遵循四项原则①：确保按照法律授权权限实施预算，这种授权既包括财务授权也包括政策授权，根据宏观经济环境发生的重大变化对预算进行调整，解决预算实施过程中出现的各种问题，有效管理资源的购置和使用。

（3）决算。决算是对预算结果的总结和评价。决算的目的是集中反映一年来预算活动的基本情况及政府绩效，并为新的预算编制提供参考依据。我国的决算过程主要包括四个阶段：一是准备阶段，由各级财政部门在每年第四季度分别下达编制本级政府决算草案的原则、要求、方法和报送期限，并组织年终清理结算；二是编制阶段，各支出部门按有关要求编制本部门决算草案，并逐级上报汇总；三是审查阶段，各级财政部门对同级政府收支总决算进行审查；四是批准阶段，经财政部门审查后的总决算草案，经各级行政首长同

① 参见［美］萨尔瓦托雷·斯基亚沃-坎波、丹尼尔·托马西：《公共支出管理》，133 页，北京，中国财政经济出版社，2001。

意后提请同级人民代表大会批准。

经过决算，预算过程终告一段落，新一轮预算过程随即展开。

9.2.4　公共收入管理

政府提供公共产品和服务，满足公共需要，就必须通过一定的方式筹集资金，并进行有效的管理。公共收入的获得主要有三种方式：税收、收费和发行公债。

1. 税收管理

税收是国家依照法律预先规定的标准，强制、无偿地取得的公共收入。它具有强制性、无偿性和固定性三大特征。在当今世界各国，税收是最主要的公共收入形式，公共收入中有 90%以上来自税收。

（1）税收管理的要素。

课税对象与税率。课税对象是指对什么东西课税，即课税的标的物，它可以是物品、事件、条件或活动。税率是计算税额的尺度，是税额与其课征计量标准的比值，主要包括比例税率、累进税率和定额税率三种形式。确定合理课税对象与税率是税收管理的基础工作，高税率不一定能够实现高税收，过高的税率会诱发逃避税行为。

税负转嫁与税收归宿。税负转嫁简单地讲是指对一个纳税人征收的税全部或部分地转由他人负担的过程。税收归宿则是税负转嫁的终点。税负转嫁的基本形式是前转和后转，前转是指纳税人以提高价格的形式把税负转嫁到商品或生产要素的购买者或最终消费者身上；后转是指纳税人以压低价格、降低工资（延长工时）的方式把税负转嫁到生产要素提供者身上。由于税负转嫁与税收归宿事实上决定了公共收入承担者分担的份额，因而成为税收管理不能忽视的环节。

税收种类。依据课税对象性质的不同，税收主要来自所得课税、商品（劳务）课税及财产课税。1）所得课税。所得课税是对纳税人的所得额或利润额课征的一类税。它主要包括个人所得税、公司所得税和社会保险税（工薪税）等。2）商品（劳务）课税。商品（劳务）课税是对商品和劳务的流转额课征的一类税。它主要包括增值税、营业税、消费税和关税等。3）财产课税。财产课税是对纳税人所拥有或支配的财产课征的一类税收。它包括一般财产税、特种财产税和财产转让税。其中一般财产税是对某一时期纳税人所有的一切财产的综合课税，但对日常生活必需品予以免税，对一定价值以下的财产予以扣除；特种财产税是对个人所有的土地、房屋、资本以及其他财产的分别课税，如土地增值税、房产税等；财产转让税是对纳税人发生转让的财产课税，如遗产税、赠与税、契税等。

（2）税收管理的核心。

税收管理的核心是实现公平征税和税收效率。公平征税具有三个层次的含义。首先，必须坚持同等税收待遇原则，纳税人在相同的经济条件下应被同等对待，即缴纳同样多的税。其次，必须坚持支付能力原则，纳税能力更强的纳税人应缴纳更多的税。例如，累进税率就体现了这一原则。累进税率按课税对象数额的大小规定不同等级的税率，课税对象数额越大则适用的税率越高，纳税人缴纳的税也就越多。最后，必须坚持受益原则，税收应该根据纳税人从政府提供的产品和服务中得到的收益，在纳税人之间分配。①

税收效率既来自征管方，也来自缴纳方。首先，税收效率意味着管理成本与遵从成本的最小化。税收管理成本（administrative costs）是指管理及调整现行税制所发生的官方成本②；税收的遵从成本（compliance costs）是指纳税人为遵从税法或税务机关要求而发生的费用支出。税收管理的运行成本相当于税收管理成本和遵从成本的总和，因此，实现管理成本与遵从成本的最小化，是衡量税收效率的一个重要指标。其次，税收效率意味着税收超额负担的最小化。税收超额负担是衡量税收无效率的另一项重要标准，是指税收扭曲了资源配置，产生抑制效应而形成的净损失。有效的税收管理就应该尽力减少超额负担的产生。

（3）全球性的税制改革。

20 世纪 80 年代以来，出现了一场在公共财政管理历史上空前的税制（税收管理）改革运动，这场改革被认为是真正全球性的改革，几乎影响到世界每个国家。

在第一次世界大战与第二次世界大战期间，许多国家也先后进行了税制改革，许多交战国规定了新税种，提高了税率，拓宽了所得税基，目的显然是为适应战争紧急状态的需要，增加税收。相比之下，20 世纪 80 年代的税制改革是和平时期的税制变化，目的一般不是立即增加税收，而是保持税收不增不减，或藏富于民。③ 在发达国家，这场税制改革表现出以下特征④：

税制改革的普遍特点是降低个人所得税率。例如，英国的个人所得税最高税率从 1979 年初的 83%降至 1988 年的 40%；美国的联邦个人所得税最高税率从 1980 年的 70%降至 1992 年的 31%，加上州和地方政府征收的所得税，合并税率约 50%；挪威的个人所得税最高税率则从 1976 年的 48%降至 1992 年的 13%。

伴随税率降低，削减所得税的纳税档次。例如，英国所得税的纳税档次 1976 年有 10 档，1992 年减为 3 档；新西兰由 80 年代初的 19 档减为 80 年代末的 2 档。

拓宽所得税的税基。为防止降低税率造成大量税收的流失，维持税收不增不减，各发达国家采取了拓宽所得税税基的做法，削减或取消了“税式支出”（即税收减免），强化了资本利得税的征收。同时，企业所得税的税基也得到拓宽。

实行新的税种组合。削减个人所得税部分通过其他税种的增收来弥补，把所得税转向对支出课税。例如，英国在大幅度降低所得税税率的同时，增值税税率从 8% 提升到 15%。

对于多数发展中国家，个人所得税的税率还是比较低的，因此没有采用与发达国家同样的改革措施。但从全球范围的税制改革看，有两个方面具有共性：一是强化税务管理，

① 参见［美］夏普、雷吉斯特、格里米斯：《社会问题的经济学》（第 13 版），339 页，北京，中国人民大学出版社，2000。

② 参见［英］锡德里克·桑福德主编：《成功税制改革的经验与问题》（3 卷），97 页，北京，中国人民大学出版社，2001。

③ 参见［英］锡德里克·桑福德主编：《成功税制改革的经验与问题》（1 卷），10 页，北京，中国人民大学出版社，2001。

④ 参见上书，12～18 页。

简化征管手续，降低税收运行成本。复杂的税制造成的损失十分惊人，据估计，在美国办理税金缴付手续的负担每年为 1 000 亿～6 000 亿美元，消耗 50 多亿人时，而且，税务人员正确回答纳税人询问的概率只有 63%。因此，各国都把重订税法、简化手续等作为改革的重点。二是治理税务腐败。税务机关具有征税权，在内部管理机制不完善的情况下很容易导致税务人员滥用职权，营私舞弊。比如，税务人员受贿而帮助纳税人逃税。由于税务腐败的直接后果是公共收入的减少、政府威信的降低、破坏了有效公平税收的原则，因此，各国都加强了内部监管，并利用社会监督来防治税务腐败。

2. 收费管理

公共收入除税收外，还包括非税收收入，政府收费就是主要的非税收收入之一。政府收费是政府提供特殊服务或规制某些经济行为而向相关主体收取的费用。与税收不同，政府收费具有直接有偿性、排他性和非规范性的特点。所谓直接有偿性是指缴费人可以从政府的服务或特许行为中直接获益。而税收支付并不与获得的服务直接挂钩，而且不单独针对某个个人。所谓排他性是指缴费人所获得的服务与利益是排他的，谁缴费，谁获益。所谓非规范性是相对于税收规范而言的，政府收费具有很大的灵活性与变动性，缺乏完备的法律规范，并且政府收费的征收主体不是单一指定机构，而可能是政府各个部门，甚至是经授权的社会中介组织。因此，在公共财政管理中，要选择是征税还是收费，关键看受益者是全体公众还是特殊个人或群体，如属后者，收费的形式显然比课税更符合效率原则。

必须注意，政府收费与私人的营利性收费是不同的。政府收费总体上仍是一种财政分配行为，收费不是为了营利，而是体现受益补偿原则，收费用于补偿具体行政行为的管理或服务成本。

政府收费主要有使用者费（user charges）和规费（fees）两种。① 使用者费是政府对特定服务或特许权收取的费用。如水费、公立学校的学费、停车费、公共汽车车票费、公园门票费等都属于此类收费。使用者费可划分为三种形式：直接费，即使用公共设施或消费政府提供的商品及服务的费用；公共事业特种费，即政府出于公益目的对公共设施进行新建、改建或修缮而对受益人收取的工程补偿费用；特许费，即政府授予某些特定的人某种特别的权利，而对其收取的费用，比如娱乐场所开设特许费、临街建筑物特许费等。

规费是公共部门在履行社会经济管理职能过程中，提供特别行为或服务而收取的补偿费用。规费包括行政规费和司法规费。行政规费是行政机关收取的费用，如执照费、护照费、商标登记费、商品检验费等；司法规费是司法机关收取的费用，如诉讼费、执行费等。

政府收费管理需要注意的问题主要有如下四个方面：第一，确定是课税还是收费。通常，收费的范围集中于准公共产品或混合产品。第二，如何有效收费。收费能够得到缴费者的支持，取决于两个方面：一是缴费数额与收益成正比；二是费用支出清晰明了，缴费者清楚除非付费否则被排斥。第三，合理确定收费水平。收费水平主要根据行为或服务的成本来确定。使用者费由准入费、使用费、拥挤费组成。准入费承担固定成本，使用费承

---

① 参见张馨主编：《财政学》，295～297 页，北京，人民出版社，2002；［美］罗纳德·费雪：《州和地方财政学》，155 页，北京，中国人民大学出版社，2000。

担经营成本，拥挤费承担拥挤成本。当某项产品或服务出现“拥挤”情况时，通常可以通过适当提高收费标准来解决，比如，某座桥梁车辆拥堵，通过收取或调整过桥费而使部分行驶者改道另行，从而减少过桥车辆，解决堵车问题。第四，防止乱收费。由于政府收费具有“非规范性”，因此，容易产生乱收费现象，造成社会总的效率损失。防止乱收费是政府收费管理的一个基本内容。

3. 公债管理

公债是政府凭借其信用而举借的债务，是公共收入的又一重要形式。作为非税收收入，公债与政府收费最大的不同在于公债是自愿购买而非强制的，并且公债具有按期偿还和付息的特征。

公债的种类按发行地域，可分为内债与外债；按发行机构地位，可分为中央公债与地方公债；按偿还期限，可分为短期公债（1 年以下）、中期公债（1～10 年）和长期公债（10 年以上）；按是否允许上市流通，可分为自由流通公债与非自由流通公债；等等。

公债具有三大作用：一是增强政府宏观经济管理的能力。政府通常运用财政政策与货币政策调节经济，其中货币政策在实践中的运用相当复杂，中央银行通过公债的卖出和买入能够直接地调节货币流通总量，进而影响国民经济各个方面。二是弥补赤字，维持政府收支平衡，包括长期平衡与短期平衡。三是为一定时期内的特定公共投资项目筹集资金。如我国 1998 年实施积极的财政政策以来，4 年内先后 4 次发行长期建设公债，重点用于基础设施建设，发行额达 5.1 亿元，累计建成公路通车里程 2.55 万公里，铁路新线 4 007 公里、复线 1 988 公里，电气化里程 1 068 公里，新建、扩建机场 37 个，对 2 400 多个县进行了农网建设与改造，等等。

由于公债不只是弥补公共资金缺口的重要方式，而且是政府调控宏观经济的重要工具，因此，它在现代市场经济国家受到高度重视，在几乎整个 20 世纪中，世界各国的公债规模总体处于上升状态。到 1998 年，意大利、比利时、希腊的政府债务占 GDP 的比重超过 100%，日本、加拿大接近 100%，半数以上的经合组织成员国的这一比重达到 50%～70%。美国在历史上多次对公债发行数量进行限制，但多次突破。1983 年规定的上限为 1.4 万亿美元，1990 年达到 3 万亿美元，1995 年则达到 4.9 万亿美元。随着公债作用的日益突出，公债管理也成为公共财政管理的重要组成部分。

公债管理主要包括公债设计、公债发行、公债流通与偿还等环节。公债设计是确定公债的类型、发行总额、公债票面价值、利息、偿还期限、发行价格等的过程。公债发行一般采用向社会公众直接或间接募集的公募法，即国家先将公债售给银行，再由银行自办发售的包销法和委托经纪人直接在证券交易所出售的公卖法。公债进入市场流通是全面实现公债目标的根本途径，公债流通包括两个市场：一是作为发行市场的一级市场，二是作为流通与转让市场的二级市场。公债最终需要偿还，能否如期如数偿还关系到政府信用与声誉。由于政府财力状况及宏观经济条件存在一些不可预测的因素，因此，政府会通过市场采取多种方式进行偿还。比如，在财力有余而债券市场价格较低的情况下，政府按时价购回公债券，提前免除自身债务。

最近几年来，世界各国在公债管理上出现了一些趋势。一是保持一定公债发行规模，防止债务依存度（公债发行额/当年财政支出）偏高、债务风险增大。二是在不助长经济波动的前提下，促使公债利息成本最小化。比如，当长期公债利率较高时，多发行短期公债；当短期公债利率较高时，多发行长期公债。三是调整债务结构，增大长期公债的比例，延长政府债务。当然，这与公债利息成本最小化的做法有冲突，但多数经济学家认为，利息成本最小化的债务管理政策并不是可取的政策。

9.2.5　公共支出管理

公共支出管理是高度具体化的公共财政管理，是对支出资金进行安排、拨付的具体管理活动。它与预算管理紧密相关。因此，在广义上，预算决策可被视作公共支出管理的一部分。下面将主要介绍公共支出管理的基本目标、内容以及公共支出管理的两个具体方面——购买性支出管理、转移性支出管理。

1. 公共支出管理的基本目标和内容

公共支出管理是 20 世纪七八十年代以来发展起来的新领域，被认为是解决财政老问题（如公共支出规模膨胀等）的新办法。长期以来，人们忽视公共支出管理是因为相信公共机构能够按照公众的利益合理使用资金。但是，20 世纪 70 年代，西方国家普遍出现了“政府失败”现象和公共选择等理论的发展传播，这使人们越来越不信任政府，主要原因可归结为两个方面：其一，公众认为公共组织在花他们的钱；其二，人们认为公共官员不会像个人和公司那样具有谨慎地使用资源的动机。① 在这种背景下，公共支出管理作为支出控制的新手段而得到重视与广泛应用。

公共支出管理服务于公共财政的总目标。公共财政的性质决定了其具有三大职能：实现社会资源有效配置，促进社会收入公平和稳定宏观经济运行，促进经济增长。这些职能转化到公共支出管理中，相应地形成了公共支出管理的三个主要目标：财经纪律（支出控制）、根据政策重心配置资源（“战略性”资源配置）和良好的运作管理。② 美国著名财政学家艾伦·希克将公共支出管理的目标归纳为：财政总额控制、分配效率和运作效率。但在他看来，财政总额控制不但包括支出总额，还应包括收入总额、收支差额及国债。③ 亚洲开发银行的专家对公共支出管理的目标及具体内容还做过进一步的归纳。④

在实现经济与财政目标方面，存在两个子目标：一是宏观经济稳定，管理的基本内容包括决定总支出水平、财政赤字或盈余的规模以及融资及资金利用的方式；二是有效的预算，管理的基本内容包括根据资源水平确定支出、在各职能部门内外以及各项目与活动间进行资源配置。

在管理目标方面，存在四个子目标：一是财经纪律，管理的基本内容是确保预算执行结果与最初的估计相一致；二是提高效率，管理的基本内容是在支出过程中实现经济性与

---

① B. J. Reed and John W. Swain, *Public Finance Administration* (2nd ed.), Thousand Oaks, CA: Sage, 1997, p. 169.

② 参见［美］萨尔瓦托雷·斯基亚沃-坎波、丹尼尔·托马西：《公共支出管理》，3 页。

③ 参见［美］艾伦·希克：《当代公共支出管理方法》，46 页，北京，经济管理出版社，2000。

④ 参见［美］萨尔瓦托雷·斯基亚沃-坎波、丹尼尔·托马西：《公共支出管理》，7～8 页。

效率，包括采纳绩效预算管理、实行成本会计、采取竞争性招标采购等手段；三是项目与工程管理，管理的基本内容是使管理者拥有一定的运营灵活性，在具体的预算资源范围内实现预期目标；四是财务披露，管理的基本内容是就政府财政状况向决策者、管理者以及公众提供准确的信息。

在符合公共利益要求目标方面，存在三个子目标：一是透明度，管理的基本内容是按明晰的决策程序进行活动①；二是责任制，管理的基本内容是要求责任人在具体规定的质量、成本以及时间安排范围内提供公共物品与服务；三是重视顾客，管理的基本内容是政府的行政系统与程序在设计时应致力于满足各顾客群体（公众）的需求。

公共支出管理还存在政治相关目标，这方面存在两个子目标：一是政治上的可接受度，即要争取社会对上述目标的认同和各级政府的支持；二是公众参与，即向公众提供机会，参与特定领域的管理，如成立招标或承包委员会、实行专家咨询制度等。

2. 购买性支出管理

按照公共支出有无直接对资源和要素形成需求的标准，我们可将公共支出分为购买性支出与转移性支出。② 所谓购买性支出，是指政府直接进入市场，购买商品或劳务的公共支出。转移性支出是政府进行非市场性再分配，单方面拨转给受领者的支出，它不体现为政府直接对社会资源和要素的需求和消耗。由于购买性支出主要体现了政府直接介入资源配置的范围与力度，转移性支出主要体现政府再分配的水平，因此，完善的购买性支出管理与转移性支出管理是公共财政管理基本职能得以全面履行的重要环节。在这里，我们先来分析购买性支出管理。

（1）购买性支出的范围。

购买性支出主要包括政府为履行经济职能用于基本建设的投资支出、教科文卫等社会服务支出以及一般政府服务支出（如行政、司法机构的日常费用，国防支出等）。根据我国《2003 年政府预算收支科目》所确定的分类，我国的购买性支出主要包括以下方面：

投资性支出。包括基本建设支出（含建筑安装工程费、设备购置费、工器具及生产用具的购置费等），企业挖潜改造资金（含企业用于挖潜、革新和改造方面的资金），流动资金（含冶金、有色金属、石油、电力、汽车、核工业、航天、烟草工业和政策性银行等部门的流动资金），农业支出（含农业行业管理、自然灾害救助、农业生产资料补贴、农业资源和环境保护、土地管理等支出），林业支出（含林业行业管理、森林救灾、天然林保护、退耕还林、森林生态效益、森林工业系统技术性及社会性支出以及造林和防沙治沙等支出），水利和气象支出（含水利行业管理、防汛岁修抗旱、水文水质水土水资源管理、水利建设、气象等支出）以及地质勘探费、科技新产品试制、重要科学研究补助等费用。

教科文卫支出。包括教育支出（含普通、职业、成人、广播电视、留学、特殊等教育

---

① 根据国际货币基金组织的定义，透明度包括说明政府机构的作用与责任，在规定时间发布全面财政信息，公开预算编制、执行和报告，保证公布信息数据真实性等四个方面。参见国际货币基金组织编著：《财政透明度》，北京，人民出版社，2001。

② 参见叶振鹏、张馨：《公共财政论》，142 页。

支出以及教师进修及干部教育支出），科学支出（含自然科学、社会科学、科学技术普及等方面的支出），文体广播事业费支出（含文化、出版、文物、体育、档案、地震、海洋、通信、广播影视、计划生育等事业费以及党政干部训练事业费），医疗卫生支出（含卫生、中医、药品监督管理、行政事业单位医疗等支出）。

行政管理支出和国防支出。包括行政管理费（含人大、政府机关、政协、共产党机关、民主党派机关、社会团体机关经费），外交外事支出（含外交支出、国际组织支出及偿付外国资产支出、地方外事费、对外宣传费），武装警察部队支出，公检法司支出（含公安、边防检查、国家安全、检察院、法院、司法、监狱、劳教、缉私警察等支出），国防支出（含军费、国防科研事业费、民兵建设费、动员预编经费、招飞事业费、专项工程经费等）。

此外，我国财政还确定了工业交通、流通等部门事业费的支出项目。

（2）政府采购管理。

政府采购，也称公共采购，是指政府机构出于履行职责需要，以购买、租赁、委托或雇佣等方式获取货物、工程或服务的活动。作为一种采购方式，政府采购具有法定的程序和规范的方法，是世界各国目前最为重要的购买性支出管理手段。

政府采购制度最早形成于18世纪西方市场经济国家，美国在1761年就颁布了《美国联邦采购法》来对政府采购行为加以约束。20世纪70年代以来，随着公共支出管理日益受到重视，政府采购愈发得到广泛采用，出现了国际化的趋向。1979年，关贸总协定东京回合谈判制定了《政府采购守则》。此后，在乌拉圭回合谈判期间，对《政府采购守则》的内容做了大幅度的调整，并形成世界贸易组织的《政府采购协议》，协议于1996年1月1日正式生效。我国于20世纪90年代末开始在北京、天津、上海、重庆、深圳等地区推行政府采购制度，从1996年1月至1998年11月，共有23个省（自治区、市）的373个地市（县）开展了政府采购工作。1999年4月，财政部制定的《政府采购管理暂行办法》开始实施；2003年1月1日，《中华人民共和国政府采购法》正式生效。

从世界各国的实践来看，政府采购的主体包括主管机关、采购机关、中介机构和供应商。主管机关通常是财政部或专门设立的采购政策办公室，负责政府采购原则、方法的制定和采购过程的监督。采购机关即政府采购的具体实施部门，可分为为本级政府统一提供采购服务的集中采购机关和自行组织小额采购或非通用商品采购的各政府部门，后者称为分散采购机关。中介机构是有招标资格、能力的政府采购业务代理组织。供应商是符合政府采购资质，向采购机关提供货物、工程和服务的企业或个人。采购机关与供应商是最重要的政府采购主体。

政府采购主要有两种模式：分散采购和集中采购。分散采购通常针对那些不存在任何标准化的（或书面的）购买准则、小额的商品或服务，分散采购的不足是缺乏足够的内部监督，但在有些情况下，比如采购部门高度专业化，分散采购就会显现出高效率的优点。集中采购的特点是专门机构统一采购，具有规范的采购标准程序，会组成专门的小组（委员会）对采购加以监督。集中购买的最大优点是降低了采购成本，并限制了腐败行为的产生，但由于其必须经过规定的程序，采购周期相对会较长。

政府采购的基本方式有五种：

竞争性招标采购。这种方式要求采购机关作为招标人首先在采购委员会指定的媒体上公开刊登招标通告（即求购计划，request for proposal），供应商根据求购计划要求提交竞标方案，然后在规定时间和地点进行开标以选定中标供应商。

有限竞争性招标采购。这种方式在程序上同竞争性招标采购相似，但做法更加灵活，不一定要求向公众发布正式的求购计划，而是可以向经过选择的一定数量的投标人发出投标邀请。

竞争性谈判。这种方式也称为协商招标，采购机关直接邀请三家以上的供应商就生产（制造）工艺、质量、性能（功能）、商业条件、价格等进行谈判，从中选取成本最低者。但如果成本最低者承诺的质量或技术要求与采购机关的要求无法达成一致，采购机关还可转同成本第二低的投标者进行谈判。

询价采购。这种方式与竞争性谈判相似，但要求更低，只需对投标者的报价进行比较，以保证价格具有竞争性便可。

单一来源采购。这种方式是没有竞争的采购，前提是采购的商品或服务不存在替代品，或是对原有采购的后续扩充，或经法律认可，否则，政府采购原则上都要求竞争性。

在政府采购管理中，履约、验收是十分重要的环节，在采购合同执行过程中，采购机关要组织履约监督和验收小组，根据验收结果出具结算书，财政部门只有凭验收结算书才能办理采购资金的支付手续。

3. 转移性支出管理

在市场经济国家的发展历史上，购买性支出在相当长的时期内，一直是主要的支出，但随着市场经济发展逐渐成熟，转移性支出在公共支出中的地位和作用越发凸显，当代欧美发达国家的转移性支出占公共支出总额的比重已超过了购买性支出并在公共支出中居第一位。

转移性支出管理主要分为社会保障支出管理和财政补贴管理两种。

（1）社会保障支出管理。

社会保障支出是政府向由于各种原因暂时或永久丧失劳动能力、失去工作机会或生活面临贫困的社会成员提供的保障其基本生活的支出。现代社会保障制度是社会化大生产的产物，从萌芽至今已有400年左右的历史。英国从1536年开征济贫税，1601年颁布《济贫法》，正式以法律的形式规定救济贫民的福利措施。1935年，美国通过了世界上第一部社会保障法典《社会保障法》，标志着现代社会保障制度的最终成形。第二次世界大战后，“福利国家”的兴起推动社会保障发展进入新的阶段，1952年，国际劳工组织制定了《社会保障最低标准公约》，为世界各国提供了社会保障基本范围的国际标准。到1995年，全球共有165个国家和地区建立了社会保障制度，社会保障支出成为各国公共支出的重要组成部分。在发达国家，社会保障支出通常占到GDP的10％以上，高的可达30％～40％。

社会保障支出主要包括社会保险、社会救助、社会优抚、社会福利四大类。其中社会保险支出包括养老、医疗、失业、工伤、生育、伤残、遗属等保险支出。由于社会保险具有保险性质，因此，保险义务不由政府独自承担，而是由政府、企业与个人共同承担。在发达国家还普遍实行公共住房政策，将公共住房补贴的支出也列入社会保障支出。

从我国的情况看，社会保障支出由三部分构成：抚恤和社会福利救济支出（含抚恤、军人安置最低生活保障、农村及其他社会救济、社会福利、民政、残疾人事业、自然灾害生活救助等支出），行政事业单位离退休支出（我国对行政事业单位具有“干部”身份的工作人员实行退休制，不纳入社会养老保险），社会保障补助支出（含社会保险基金补助、就业补助、国有企业下岗职工补助、补充全国社会保障基金、企业关闭破产补助等支出）。

近年来，欧美国家出现社会保障市场化的改革，其根本目的是通过市场化减轻国家财政负担，提高社会保障支出管理效率，因此，不能简单地将社会保障市场化改革视为对“普遍福利政策”的一种否定，改革所提出的关键问题仍然是公共支出管理的绩效，这表明在追求高效公共支出管理方面，人们还需要不断努力探索。

（2）财政补贴管理。

财政补贴是政府根据特定需要向企业或个人提供的无偿补助。在计划经济时代，财政补贴曾发挥过巨大的作用，但财政补贴并非计划经济的产物，在市场经济条件下，克服市场失灵同样需要财政补贴这一工具。不过，在西方发达国家，财政补贴主要用于农产品，而我国的财政补贴范围却广得多，除农副产品外，还涉及工矿产品等。我国财政补贴的方式主要有五类。①

价格补贴，指国家为了安定城乡人民生活，加强国民经济薄弱环节，由财政向企业或个人支付的与价格政策有关的补贴；从 1998 年起改为政策性补贴支出。

企业亏损补贴，指财政向由于按国家计划生产经营而出现亏损的企业提供的补贴。

财政贴息，指财政对使用某些规定用途的银行贷款的企业，就其支付的贷款利息提供的补贴。

税式支出（tax expenditure），指财政根据税收制度的各种优惠规定对于某些纳税人或课税对象给予的减税免税，这是一种比较隐蔽的财政补贴。

其他补贴，主要指政府对行政事业单位职工的房租、煤气、自来水、交通费等给予的补贴，通常包含在行政事业费支出项目中。

此外，我国还存在外援支出、债务支出等转移性支出项目，这都是公共支出管理的重要内容。

9.3　公共预算改革②

要建立现代化的政府，就必须建立现代化的公共预算体系；要建立服务型政府，就必须实现公共预算制度化；要实现国家民主治理，就必须首先实现公共预算民主化。虽然 1999 年以来我国的预算改革已取得了相当的进展，但是总体上看，中国预算体制仍然没有完全摆脱“前预算时代”，仍处在预算发展的初级阶段，离现代公共预算尚有相当差距。

① 参见张馨主编：《财政学》，160～161 页。

② 这是本版新增的一节，作者为陈文博（部分内容曾以《政府改革突破口的选择》为题发表在《东南学术》2010 年第 4 期上）。

特别是“长官意志”、非制度化、非公开化和公共责任的缺失等问题依然突出。用有的学者的说法，始于1999年的公共预算改革的侧重点还停留在加强“内部行政控制”以提高财政资金使用效率的阶段，尚未进入“外部政治控制”改革阶段。因此，可以说，推进公共预算改革是近期我国政府改革的一项重要工作，是下一步我国政府改革的可供选择的一个突破口。

9.3.1 政府治理变革的一个突破口

财政管理历来是国家的最基本的职能。党的十八届三中全会关于全面深化改革的系统部署，以前所未有的历史高度定位财政，赋予了财政“国家治理的基础和重要支柱”的特殊定位。之所以说财政是国家治理的基础，是因为政府做任何事或从事任何活动，都是需要花钱的，都是要以花钱为条件的。因此，财政是政府履行职能的基础所在。从历史上看，财政及预算作为一个政权调配和使用资金的重要手段，从它产生之日起就为统治者所重视。历朝历代的统治者将其视为阶级统治或社会管理的基本工具，而财税部门在政府部门中则一直享有很高的地位。关于财政及预算在我国历史上产生的时间，财政史学界并没有一致的看法，认可度比较高的是周代起源论：《周礼》记载的“以九赋敛财贿”“以九式均节财用”，意为做到九种财政收入和九种财政支出相对应，这可视为我国历史上最早的预算制度。周朝之后的各个朝代预算发展各具特点。如：汉代将皇室财产与国家财产分开经营并加强对各地方预算执行情况的监督；唐代开始实行复式预算并简化了编制手续；清代正式开始编制预算，宣统二年（1910年），根据《清理财政章程》，由清理财政局主持编制预算工作，这是我国历史上第一次编制预算。

正是由于预算是对统治者与人民利益的分配，关系到统治者的生存和政权的稳定，所以预算一般由宰相或政府首脑直接主持，通过预算制度加强中央集权，如实行财权、政权、军权相互制约。[①] 而直接对中央负责的预算管理体系说明了预算历来都是政府治理的核心职能。

从经济学的角度看，公共预算通常关注的是公共财政资源配置的效率和效益，是整个国家经济社会运转的“指挥棒”和“说明书”。美国经济学家奥托·埃克斯坦（Otto Eckstein）在《公共财政学》一书中精辟概括了公共预算对于整个国家经济社会的重要作用。他说：如果你想了解联邦政府在过去的一年里都干了些什么，或者，在未来的一年里将要干些什么，那么，你只要看一下联邦预算就足够了。为什么这样说呢？因为政府做任何事都要花钱，而整个社会的财政资源是有限的，不能无限制地花，这就需要通过公共预算来规划在接下来的一年内如何通过合理的收支安排，使有限的资源得到最充分的利用，以达到效用最大化。所以，公共预算的编制很大程度地影响到下一个年度整个经济发展和社会进步的程度和方向，公共预算对于整个国家来说处于“牵一发而动全身”的状态。在美国，国会一年开会9个月，其中大部分时间是在讨论预算问题。这充分说明了公共预算在

① 参见王继成、胡文秦：《中国预算制度史评述及对我国预算改革的启示》，载《中南财经政法大学研究生报》，2006(4)。

政府职能中的核心地位。

从政治学的角度看，公共预算的本质是政治性的。公共预算是通过分配财政资源，实现人类各种不同目的的公共行政活动。公共预算是政府对所掌握的公共资源的分配，其核心价值是公共性问题。美国著名公共预算专家阿伦·威尔达夫斯基指出："一方面，公共预算的核心是政治，预算过程是一个政治过程；另一方面，几乎所有的政治活动最后都需要在预算过程中结束。所有的预算改革都是有政治含义的，没有纯粹技术意义上的预算改革。""预算过程中做出资源配置实际上反映了政治权利的分配。实际上，在政治与政策中，无论政治家的目的是什么，预算过程都是一个政治工具。如果政治家的目标是促进经济增长，那么，预算就成为经济增长的手段。如果政治家的目标是收入分配，那么，预算就成为收入分配的发动机。"① 总之，预算是一个国家重大的政治问题，是国家治理结构的核心。

从政府运作的角度看，"钱"在任何时候都是很重要的。引发人类历史上的变革和发展的因素，一开始都是非常现实的事情，不一定是由理念或观念引发的。而最现实的问题，往往就是"钱"的事情。公共预算讲的就是"钱"的问题。当前我国政府改革正处在全方位推进阶段，而公共预算改革（通俗讲就是"钱"如何分配和使用的改革）则是制约其他方面改革的主导性因素，因而它构成政府改革与治理变革的一个可供选择的突破口。

1. 公共预算改革是推进和深化政府改革的利器

首先，公共预算改革直接影响政府改革与治理的质量。在我国，供公共预算支配的公共财政占国民经济的比重和绝对数量逐年增大。截止到2015年，我国财政收入超过15万亿元，比上一年增长8.4%，占GDP总额的22%。如此庞大的国民财富由各级政府支配，决定了公共预算与市场机制在资源配置的功能上同等重要。所以，此时建立一个能保证高效、公平使用这笔国民财富的公共预算体系就显得尤为重要。因此，公共预算改革直接影响政府改革治理的质量。

其次，公共预算改革可以从根本上促进政府职能的转变。通过公共预算改革可以推动政府职能的调整，并逐步建立起适应市场经济体制需要的现代政府职能体系。现代化、服务型的政府的基本职能是为全社会提供优质而高效的公共服务，因为公共服务是国民生活的基础，是人民生活水平高低的基本指标，是政府能力高低的集中体现。而政府向公众提供诸如国防、教育、医疗等各种形式的公共服务主要是通过公共预算来实现的。公共预算根据公共目标的重要性确定资源分配的优先顺序，将公共资源在相互竞争的公共需求之间进行具体分配，使得财政资源的效用最大化。因此，通过公共预算改革，改善政府财政资源投入、分配和使用状况，在预算过程中引入民主参与和公众监督，使得政府将财政资源更合理、更有效地配置到人民最需要的地方上去，就可以从根本上转变政府职能。

最后，公共预算改革有助于提高政府的行政效能和防止腐败。预算编制质量的高低，

① ［美］阿伦·威尔达夫斯基、内奥米·凯顿：《预算过程中的新政治学》，2～3页，上海，上海财经大学出版社，2006。

极大地影响财政职能的发挥；预算的编制过程也是政府进行财政决策的过程，预算可以反映出政府预算年度财政收支的规模及来源和去向。① 所以，推进公共预算改革，在公共预算的编制过程中加强行政控制，在执行过程中加强审计监督，使预算支出标准化、制度化，把预算外收支并入公共预算体系，统一调配监督，可以有效地提高政府行政效能，并遏制暗箱操作、权钱交易等腐败行为。

2. *公共预算改革是政府改革的最佳切入点*

改革开放以来，我国的政府改革取得了显著进展：政府职能基本实现了从“以阶级斗争为纲”到以经济建设为中心的转变，并已开始向服务型政府转变；政府管理社会的途径、工具和手段也日益多样化，制定了许多针对政府内部管理的法律法规，并推进了政务公开制度，依法行政逐步深入人心。但是迄今，政府改革仍有很多不尽如人意之处。比如，政府部门间职责不清，职能交叉重复、办事效率不高；有些公务员素质不高、服务意识不强；权力的监督和约束机制不健全，形式主义、官僚主义问题比较突出，弄虚作假、奢侈浪费和腐败现象比较严重。这些缺陷或问题与公共预算制度的不健全有关（产生这些问题的原因是多方面的，其中的一个重要原因是缺乏一个合适的预算制度的约束）。若能推动公共预算改革，建立起透明化、民主化、法制化的公共预算体系，政府行政效率和效能必将得到提高，腐败现象也会得到相当程度的遏制。

例如，从 1982 年开始我国已先后进行了多次政府机构改革，虽然取得了相当的成效，但是当前财政供养的人数一直居高不下，由政府财政供养的公务员或准公务员性质的人员达到 7 000 万人，行政费用不断攀升。② 主要的原因是我国预算权和人事权分属于财政部和人事部、组织部等不同部门，无法形成预算对机构扩张的制约。在这方面英国的改革经验值得借鉴。英国中央政府不设人事部，其职能归财政部管辖，这样做的好处在于能够通过公共预算有效地制约政府部门的不合理扩张，因为政府部门要扩张就必须通过增加公共预算投入来实现，而在现代公共预算体系中，一项公共预算的最终实施不仅要通过财政部门等政府内部的审批，而且必须经过人民代议机构（如国会、人民代表大会）的审批，否则公共预算的支出不能实行。这样一来，一些不合理的人事扩张将在层层审查中被否决，进而切断了经费支持，由此机构及人员就不能肆意扩张或增加。我国不必仿照英国将财政部和人事部合并，但是必须引入公共预算制约机制。同理，有了公共预算这道紧箍咒，政府机构在人头经费固定、工作量固定的前提下，就可能产生强大的动力精打细算，提高工作效率，改善工作绩效，从根源上杜绝腐败行为。③

另外，在全面深化改革的系统部署中，转变政府职能有从“事”入手和从“钱”入手两种选择。从“事”入手会触及各级政府之间和各个政府部门之间的权力归属和利益分配，其难度和阻力可想而知。而有关“钱”的方面即公共预算制度的调整，相对来说是间接的、和缓的。后者实施的难度和阻力，通常会弱于前者。以公共预算改革为突破口，有助于顺利实现改革目标。总而言之，在我国，公共预算改革已成为我国政府改革的深入和

---

① 参见吴越富、凌励志：《公共预算改革对深化中国行政改革的意义》，载《湖北经济学院学报》（人文社会科学版），2007（1）。

② 参见周天勇：《中国官民比到底是多少》，载《招商周刊》，2005（27）。

③ 参见唐东升：《以公共财政改革为切入点推进新一轮政府改革》，载《上海行政学院学报》，2008（1）。

拓展的最佳切入点。

3. *公共预算改革有助于推进社会主义民主政治建设*

从改革开放以来，我国已经逐渐转变为一个“税收国家”，我国人民已经开始逐渐形成“纳税人”的观念——“作为纳税人，我将个人财富的一部分上缴给国家，我有权知道和干预国家怎么使用这些税收资金”。越来越多的人民开始意识到并要求自己拥有参与公共预算的权利，这种观念与社会主义民主政治的内容是相吻合的。党的十八届三中全会指出，要加强社会主义民主政治制度建设。在我国，国家的一切权力属于人民，民主政治的本质和核心是人民当家作主。而从公共预算改革入手有风险小影响大的好处，是推进社会主义民主政治发展的一个有效途径。因为公共预算所涉及的方方面面都与人民群众切身利益密切相关，而且政府财政收入的大部分来源是纳税人缴纳的税金，理应“取之于民，用之于民”。让人民群众参与到公共预算编制、实施、决算的过程中去，能更好地实现“人民有权管理国家和社会各项事务，监督国家机关及其工作人员”这项社会主义民主政治的基本内容。同时，推进公共预算民主化改革就必须加强人民代表大会对公共预算的审议和监督。公共预算改革可以有效地增强人民代表大会作为国家权力机关的实质权力，使人民代表大会成为国家政治生活的中心，更好地代表人民来管理国家。

9.3.2 我国预算发展的历程与现状

下面，我们来看看我国预算制度的演变，分析公共预算改革的进展、成效与存在的问题。

新中国的公共预算制度演进经历了三个阶段：计划经济时期、改革过渡时期和1999年预算改革时期。

1949年至1978年，我国实行的是计划经济体制，这一时期可以说没有真正意义上的公共预算，因为资源配置由中央计划委员会决定，预算只是计划的反映。1978年至1999年是公共预算发展的过渡时期。由于1978年起实行改革开放，计划经济体系开始瓦解，逐步被市场经济所取代。在这一时期，虽然传统的以计划为主导的财政资金配置体制已经开始衰落，但是，由于这一时期财政改革的重点是财政收入，包括重新建立税收体系、重建政府债务体系、重新调整国家与国有企业之间的分配关系、不断调整中央和地方收入分配关系，因此，中国并没有将财政改革的重点转移到支出上来，没有进行预算改革。在这一时期，中国预算体制具有凯顿所说的“前预算时代”的特征，既在政府内部缺乏集中的行政控制，又缺乏立法机构对政府预算的政治控制。

1999年，中国启动了预算改革。这一改革的目标是重新构造预算编制和执行过程，主要内容包括：(1) 部门预算改革，即强调政府预算以部门为基础进行编制，部门的预算必须包括它所有的收入和支出，预算决策采用零基预算等；(2) 国库集中收付体制改革，即建立一个以单一账户为核心的集中型国库管理体制；(3) 政府采购，即建立一个集中而且透明的政府采购体制。总的来说，这一改革将建立起一种“控制取向”的预算体系。一方面，在政府内部建立集中的行政控制。通过部门预算改革将资金的分配权集中到财政部门，并将财政部门转变成真正意义的“核心预算机构”，对各个部门进行预算控制。另一方面，通过国库体制改革和政府采购改革使财政部门能够在预算执行中对各个部门的支出行为施加“外部控制”。①

我国公共预算改革已取得显著成效。一方面，部门预算改革已经取得了明显的成果。我国从 2000 年开始实行部门预算制度，到 2010 年为止，大多数政府部门向社会和公众（通过官方网站）公开预算。② 另一方面，整个公共预算的制定和审核更加严谨和科学，并且加强了人民代表大会的监督权。整个过程从各部门向财政部提交部门预算开始到最后表决通过历时十个月，需要通过六关审定，程序如图 9-1 所示。

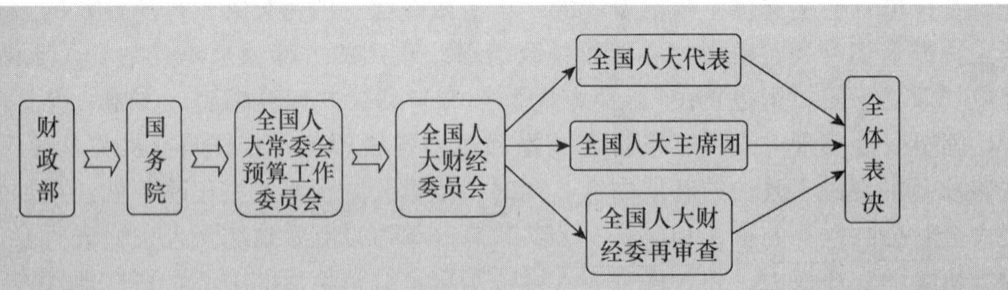

图 9-1 我国的预算程序

这样一个预算流程包含了政府内部行政控制和人民代表大会的外部政治控制两大方面，虽然在实施过程中还有诸多缺陷，但从框架上看，我国已经形成现代公共预算的雏形。

在中央政府进行公共预算改革的同时，不少地方政府也进行了自主的公共预算改革探索，尤其是一些地方政府推行了所谓的参与式预算改革。参与式预算是一种创新的决策过程，公民直接参与决策，决定或有助于决定本地区可支配公共资源的最终用处。在决策过程中，通过参与各种会议，公民能够获得分配资源、确定社会政策的优先性，以及监督公共支出的机会。③

参与式预算最早起源于巴西，我国的浙江省温岭市新河镇在 2005 年开始实施参与式预算改革，利用“民主恳谈”这样一个公民与行政者的对话交流平台，结合人民代表大会制度，使居民的意见和偏好能够影响实际预算决策。具体实行过程及程序是：首先由镇政府将公共预算向全镇居民公开，然后通过召开“民主恳谈”由人大代表和居民代表通过质疑、讨论、协商后提出修改意见，再由政府与人大按照修改意见调整公共预算内容，最后才交由人大审批。这样改变了以往公共预算只由政府拟定，预算内容只有少数领导和相关编制部门的人知道，而人大的审批只是走过场的情况，转变成了向群众公开、让群众参与这样一个透明与民主的预算过程。这样的预算就真正具有了现代公共预算的理念。

近年来，我国地方政府的公共预算改革可谓方兴未艾。例如，2004 年 11 月河北省人

① 参见马骏：《中国预算改革的政治学：成就与困惑》，载《中山大学学报》（社会科学版），2007（3）。
② 参见王雍君：《透明度视角的中国部门预算改革：评述与努力方向》，载《行政管理改革》，2010（3）。
③ 参见陈家刚：《参与式预算的理论与实践》，载《经济社会体制比较》，2007（2）。

大财经委举行了省本级教育资金预算草案听证会，2005年11月举行了省本级农业、水利、林业部门预算草案听证会；2006年江苏无锡开始推行参与式预算；2008年上海闵行区开始举行预算听证会；到2013年，温岭市各个乡镇召开人民代表大会，通过了各自的预算审查监督试行办法，办法规定了镇级预算审查监督的程序，明确提出“民主恳谈”，通过参与式预算“民主恳谈”，广泛听取和吸纳选民意见，将参与式预算法制化、规范化等。地方政府的预算改革强化了人民代表大会的预算审查和监督职能，并实现了对政府的有效制衡；通过公民的参与，在提升了公民的民主意识的同时，实现了公民对政府的监督，促进了政府民主决策、高效运转、廉洁行政。

从总体上看，我国公共预算改革基本上仍处于“内部行政控制”阶段，并且将持续一段时间，尚未真正进入“外部政治控制”阶段。虽然有些地方已经开始进行“外部政治控制”的尝试，但由于公共预算改革的深入必将越来越多地触及利益和权力格局的调整，改革的阻力势必会逐渐加大，从而进入攻坚阶段。

虽然我国从1999年开始的公共预算改革已经取得了相当大的进展及成效，但是步子还不够大，速度还不够快，仍然有诸多问题需要解决。主要有：

一是“监督外”预算和“预算外”资金的现象依然严重。除了部分预算没进入被监督范围，还有一部分资金没有进入预算，即预算外资金。预算外资金是由各部门、各企事业单位自收自支的资金，不同部门的性质决定了各部门预算收支在数量上是不平衡的。这种不平衡带来的是有的部门将一部分资金视为自己的钱，自收自支，使这部分资金（比如土地出让金）无法进入公共预算体系作为一般性收入统筹管理，无法达到收支脱钩。这些“监督外”的预算和“预算外”的资金游离在公共预算体系之外，使得公共预算体系的制衡和监督无从下手。

二是执行公共预算的能力不足。预算能力和预算制度同样重要，有了好的制度但缺乏运用这种制度的能力同样无法达到预期的效果。首先，我国公民的公共预算意识还比较浅薄，很多人还没有意识到自身作为纳税人有知道和干涉政府花钱的权利。其次，一些政府官员对公共预算的理解存在偏差，仅仅把预算当作一种计划，把执行预算和编制预算割裂开来看。这就造成了在现实的政府预算执行过程当中，存在随意的现象，未能把预算提升到法制的层面，缺乏依法花钱的意识。最后，人民代表大会履行监督和审查公共预算的能力不足：其一，会期短，人民代表大会总共就开十多天，人大代表从拿到预算报告到表决预算报告只有短短几天时间，同时还要审查其他报告，完全没有足够的时间仔细审查预算；其二，人大代表的教育背景和素质参差不齐，有相当多的人大代表看不懂预算报告，更不用说审查了（从另一个角度来说，就是政府编制的预算报告不够明白，有很多含糊的地方，造成了人大代表看不懂的情况）；其三，人民代表大会不具备预算修正权，由于没有预算修正权，在审查政府预算时只能在整体通过和整体否决这两个极端中进行选择，结果就不言而喻，人大只能整体通过政府预算，达不到审查的效果；其四，人大代表中政府官员的比例偏大，这容易造成政府官员自己监督自己、自己审查自己，不利于全面反映人民群众的呼声。

三是我国公共预算权力分配不合理。虽然2014年修订的《预算法》加强了人大对政府预算监督方面的规定，但是中国预算过程政治的核心仍然是以党委和政府（包括两大系统中的各个领导）为核心的行政预算体制。对于党委、政府及各个领导应该具有何种预算权力、多大的预算权力，应该如何行使预算权力以及承担何种责任，现行的预算制度并没有进行规定，也没有相应地进行政治与行政体制改革。因此，在这一领域，预算改革形成的预算过程并没有使得党委、政府以及各个领导的决策方式出现实质性的改变。① 这是因为公共预算的本质是政治，如果公共预算改革不能相应地影响政治权力的分配，形成相互制约的机制，公共预算改革就很难从根本上取得成功。

9.3.3 推进我国公共预算改革的思考

我国公共预算改革中存在的上述问题以及新时期我国经济社会的进一步发展与深化行政体制改革的客观需要，迫切要求推进我国公共预算改革，实现向现代公共预算国家的转变，为建设现代化、服务型政府奠定坚实的基础。下面，笔者结合地方政府的做法及经验，提出几点推进我国公共预算改革的对策思考。

1. 公共预算公开是公共预算改革的根基

信息公开是政治透明的基本要求，也是一个政府清廉的表现。只有实现了公共预算的公开化，才能有利于全社会监督，让公众的眼睛成为悬在官员头上的“达摩克利斯之剑”，从而有效地约束官员的行为，保证政府的廉洁高效运行。目前我国的公共预算仍属于国家机密，在全国人民代表大会上发给代表，会后是要收回的。而在公共预算体系成熟的国家，每年的公共预算是完全向公众公开的，任何人随时都可以要求查询政府当年的公共预算，它们的公民有这个知情权。作为人民民主专政的社会主义国家，我国公民同样应该具有这样的权利。国家税务部门要求年收入 12 万元以上的纳税人报税，就是要公开收入，那么公民也就有权知道国家把纳税人的钱花到什么地方去了，是怎么花的。虽然现在马上把所有公共预算向全社会公开并不现实，但是应该朝着这个方向努力。可以先向人大代表公开，再逐渐从部分向公众公开到完全向公众公开，这需要一个过程。而且单单公开不行，要在事前公开，确切地说应该在编制公共预算的时候就公开，让公民知道这个预算是怎么来的，公共预算是如何决策的。

2. 强化人大对公共预算的监督和审查是公共预算改革的焦点

如果人大能够对政府预算进行实质性的政治控制，人大就能够成为一种制衡政府的力量，促使政府预算做到“取之于民，用之于民”。② 党的十八大报告和十八届三中全会审议通过的《中共中央关于全面深化改革若干重大问题的决定》，都明确指出要加强人大对政府全口径预算监督。在加强人大监督方面，应从以下三方面着手：

一是人大应拥有预算修正权。虽然《预算法》并未明确规定人大的预算修正权，但是广东省的两个地方政府在人大预算监督条例中规定了人大具有预算修正权，这值得推广。人大一旦拥有预算修正权，就可以避免过去人大在监督审查时只能极端地整体通过或整体否决这两种选择的尴尬。在拥有了预算修正权之后，人大就拥有了监督和审查预算的利

① 参见马骏：《中国预算改革的政治学：成就与困惑》，载《中山大学学报》（社会科学版），2007（3）。

② 参见马骏：《中国公共预算改革的目标选择：近期目标与远期目标》，载《中央财经大学学报》，2005（10）。

器，能够灵活、准确代表民意管好国家的“钱袋子”。

二是人民代表大会应延长会期，逐步实行人大代表的专职化。西方国家的国会议员都是专职专供的，而且一年中大部分时间都在开会审查议案。我国的人民代表大会是我国的权力机关，国家的大事小事都要通过人民代表大会批准，才有法律效力。而目前我国人民代表大会一年就召开 10～20 天，大部分代表还是兼职的，无法做到将全部或主要精力放在审查议案上。所以应该逐步实行人大代表的专职化。一旦当选全国人大代表就应该放下本职工作，全心全意地当好人大代表。

三是在选择人大代表时应合理安排比例，适当减少人大代表中党政官员的比重。新疆已经规定人大代表中官员比例不得超过 25%，这很有借鉴意义。同时，应该更多地引入一些具有预算审查能力的专业人才，并且覆盖面应该遍及各行各业、各阶层各利益团体，以保证预算审查的公正与公平，使公共预算的发言权掌握在人民群众手里。

3. 公共预算民主化是公共预算改革的核心

公共预算民主化就是使政府用钱之前必须先跟民众商量，必须从根本上调整预算权力分配格局。一是通过教育使民众有自己拥有参与公共预算的权利的意识，明白政府取众人之财，就应做众人之事；二是把预算外的归入预算内，审查外的纳入审查范围，收支分离，使政府部门没有凭自己意志花的钱，确保钱用到民众最需要的地方去；三是让公民参与预算的编制和实施过程，参与讨论预算资金的去向、用法，监督资金的使用效果。这样做的目的是让公民的权利进入预算过程，利用民权约束官员的权力，使二者相互制衡，以保证预算资金用到实处，让公民充分享受国家发展的成果。

以上措施的实质就是要通过相关的规则来改变预算决策的权力结构，形成制衡机制以约束各个预算参与者的权力。威尔达夫斯基说得好：“影响预算最显著的方式是引入根本性的政治变化，如果不能同时影响政治过程，是不可能在预算过程上进行重大改变的。”①

总之，财政是国家治理的基础和重要支柱，建设一个现代化的公共预算体系，是构建一个服务型、现代化政府的基础。虽然至今我国在公共预算的各个方面都取得了长足的进步，但与现代化的公共预算相比，我国公共预算的建设尚处于起步阶段，存在诸多的不足和问题。因此，公共预算改革是中国政府改革的重中之重，是下一步政府治理变革可供选择的一个突破口。

---

① A. Wildavsky, “Political Implications of Budgetary Reform”, *Public Administration Review*, 1961 (4), pp. 183-190.

第 10 章

第三部门管理

公共管理学不仅明确地将其他国家机关（立法、司法机关等）当作研究对象，而且也把其他公共组织（尤其是第三部门或非营利组织）的管理活动纳入自己的研究范围之中。第三部门或非营利组织管理构成当代公共管理学的一个重要主题，并已经发展成为一个新的独立研究领域。该领域与社会管理（或社会治理）、公共服务和公共事业管理等主题密切相关。本章将讨论第三部门管理以及事业单位改革的几个基本问题。

10.1 公共管理研究的一个新领域

10.1.1 第三部门及其相近概念

第三部门这个概念最早是由美国学者莱维特（Levitt）使用的。在这之前人们往往将社会组织一分为二，非公即私。莱维特认为这种划分太粗，忽略了一大批处于政府与私人部门之间的社会组织。它们所从事的是政府和私人部门“不愿做、做不好或不常做”的事情。他将这类组织统称为“第三部门”（the third sector）①。除了“第三部门”一词外，还有一系列名称用以描述世界上出现的这一类民间社会组织，如“非营利组织”“非政府组织”“慈善组织”“志愿者组织”“免税组织”“自治组织”“民间组织”“社会组织”“社会团体”“公民社会”“独立部门”“非国家部门”等。

这些名称都可以一般地指各种有组织的民间志愿性组织及其活动，它们的含义很难加

① 有些学者还将“the third sector”翻译为“第三域”，如李亚平、于海编选：《第三域的兴起——西方志愿工作及志愿组织理论文选》，上海，复旦大学出版社，1998。

以明确区分。在使用这些名称时，主要遵循两个原则：一是根据各国的使用习惯选择名称，如“非政府组织”在不同的国家就有不同的含义，在西欧和北美指活跃在国际舞台上的非营利组织，在原苏东地区指所有慈善和非营利组织，在第三世界国家则指以促进发展为目的的民间组织。二是根据描述这类组织时所需要强调的相对属性而选择适当的名称，如强调组织的存在不是为了营利或是强调组织与企业之间的区别时，就应选择“非营利组织”；而强调组织相对于政府的独立性时，就应选择“非政府组织”或“独立部门”；在强调组织的资金来源是私人慈善性捐款时，使用“慈善组织”就更为合适。

目前，第三部门所指的社会组织相当庞杂，因此，对其下定义就显得很困难。国际上有关第三部门的定义主要有如下几种①：

第一种是给出法律上的定义。许多国家都在法律上对“第三部门”做出了相应的界定，如美国税法规定，免税组织必须符合三个条件：一是该机构的运作完全是为了从事慈善性、教育性、宗教性和科学性的事业，或者是为了达到税法明文规定的其他目的；二是该机构的净收入不能用于使私人受惠；三是该机构所从事的主要活动不是为了影响立法，也不干预公开选举。

第二种是依据组织的资金来源加以定义。联合国的国家收入统计系统采用的就是这种定义。该系统认为，第三部门与其他社会组织的区别在于，它们的收入主要不是来自以市场价格出售的商品和服务，而是来自其成员缴纳的会费和支持者的捐款。

第三种定义强调组织的目的和功能，即组织的特征。如果某私人组织的目的是促进“公众利益”或“团体利益”，则可以把它纳入第三部门的范畴，否则就不算。例如，沃尔夫认为，第三部门具有如下五个特征：一是服务大众的宗旨；二是有不以营利为目的的组织结构；三是有一个不致令任何个人利己营私的管理制度；四是本身具有合法免税地位；五是具有可提供捐赠人减免税的合法地位。凡符合这五个特征的组织一般都认为是第三部门。

第四种定义由美国约翰·霍普金斯大学非营利组织比较研究中心推荐，被称为“结构—运作定义”。它的着眼点在于组织的基本结构和运作方式。凡是具有以下五个特征的组织可被视为第三部门的一部分：组织性、民间性、非营利性、自治性和志愿性。

综上所述，我们对第三部门下这样的定义：第三部门就是指介于政府部门与营利性部门之间，依靠会员缴纳的会费、民间捐款或政府财政拨款等非营利性收入，从事前两者无力、无法或无意作为的社会公益事业，从而实现服务社会公众、促进社会稳定与发展的宗旨的社会公共部门，其组织特征是组织性、民间性、非营利性、自治性和志愿性。

10.1.2　跨学科视野中的第三部门研究

早在 1831 年，法国著名的政治思想家托克维尔就注意到美国公民热衷结社的现象。“美国人不论年龄多大，不论处于什么地位，不论志趣是什么，无不时时在组织社团。在

---

① 参见王绍光：《多元与统一——第三部门国际比较研究》，8 页，杭州，浙江人民出版社，1999；邓国胜：《非营利组织评估》，2 页，北京，社会科学文献出版社，2001。

美国，不仅有人人都可以组织的工商团体，而且还有其他成千上万的团体。”他将这种参与倾向与美国民主的活力和成功联系在一起。正如他指出的：“在民主国家里，全体公民都是独立的，但又是软弱无力的。他们几乎不能单凭自己的力量去做一番事业，其中的任何人都不能强迫他人来帮助自己。因此，他们如不能学会自动地互助，就将全都陷入无能为力的状态。”①

但是，真正对第三部门进行大规模系统研究还是在 20 世纪 80 年代。第三部门在社会经济发展中表现出越来越重要的作用，引起了众多学者极大的兴趣。像“非营利和自愿行动组织研究协会”（ARNOVA）和“国际第三部门研究会”（ISTR）这样的职业学术研究会吸纳了大量跨学科研究人员，并定期举行国际学术会议。随着第三部门的发展，公共管理学、政治学、社会学、经济学以及人类学等学科也纷纷介入，大大拓展了第三部门的研究视野。

1. 公共管理学：为“治理”开辟新领域

未来的政府不再是统治的政府，而是治理的政府，这是 20 世纪 90 年代以来西方公共行政改革日渐明确的一个方向，这也成为与这场改革遥相呼应的新公共管理学研究的重要内容。到目前为止，各国学者对治理提出了五种主要观点：（1）治理主体指包括政府但又不限于政府的一套社会公共机构和行为者；（2）治理明确指出在为社会和经济问题寻求解答的过程中存在的界限和责任方面的模糊之点；（3）治理明确肯定涉及集体行为的各个社会公共机构之间存在的权力依赖；（4）治理指行为者网络的自主自治；（5）治理认定，办好事情的能力并不在于政府的权力，不在于政府下命令或运用其权威，政府可以动用新的工具和技术来控制和指引，而政府的能力和责任均在于此。② 由此可见，“治理”意味着政府不再是社会唯一的权力中心，各种得到公众认可的第三部门和私人部门都可能成为不同层面上的权力中心；国家正在将其独自承担的职能转移给非政府公共机构或私人部门，政府和第三部门、公共部门和私人部门在处理公共事务时的关系将发生改变，这表现在它们之间的地位趋于平行，通过合作将共同分担公共责任，即第三部门和私人部门将在其中扮演更为重要的角色。

因此，未来“治理”社会的公共管理部门就不仅仅指政府部门，还包括现在已经进入社会公共领域的核心地带，而在今后还将承担更多公共责任的第三部门（当然也包括承担公共事务项目的私人部门）；公共管理的内容将不仅仅指由政府机构负责的公共行政事务，还包括由第三部门占主导地位的社会公益事业以及公共部门与私人部门合作进行的公共项目。公共管理学在其学科发展的过程中不能仍把视野局限于传统公共行政学的范式里。公共管理学要实现范式的转变，就必须扩大研究范围，将第三部门和私人部门也作为研究对象，特别是更具有公共精神、更富有使命感和责任心的第三部门。正是从这个意义上说，第三部门研究已经成为公共管理学的一个重要的主题和分支。

2. 政治学：社群主义兴起③

社群的思想早在亚里士多德的《政治学》中就有论述，此后在西方历史上就没有中断

① ［法］托克维尔：《论美国的民主》（下卷），635～637 页，北京，商务印书馆，1988。
② 参见［英］格里·斯托克：《作为理论的治理：五个论点》，见俞可平主编：《治理与善治》，34 页。
③ 有关社群主义的内容，可以参阅俞可平：《社群主义》，北京，中国社会科学出版社，1998。

过。19 世纪末 20 世纪初，已经形成了比较系统的社群学说。20 世纪 80 年代后，社群主义在批评以约翰·罗尔斯为代表的新自由主义的过程中继续发展，而且与之形成了与当代西方政治哲学两相对峙的局面。社群主义的兴起，与第三部门运动有很密切的联系。正是因为第三部门的兴起在一定程度上帮助政府摆脱了困境，因此它引起了不少政治学家的兴趣和重视，从而为启发他们在社会经济、政治一体化中捍卫传统的自由民主价值提供了历史现实条件。

在社群主义者看来，社群是一个拥有共同的价值、规范和目标的实体，其中每个成员都把共同的目标当作自己的目标。因此，社群主义将集体主义作为方法论，把群体作为分析和解释社会问题的核心范式。社会历史事件和政治经济制度的原始动因最终被归结为诸如家庭、社区、阶级、国家、民族、团体等社群。它有两个核心观点：一是权利以及界定权利的正义原则都必须建立在普遍的善之上；二是普遍的善在现实社会生活中的物化形式便是公共利益，所以公共利益应该优先于个人权利。具体而言，社群主义认为个人的自由选择能力以及建立在此基础上的各种个人权利都离不开个人所在的社群，个人权利既不能离开群体自发地实现，也不会自动导致公共利益的实现。反之，只有公共利益的实现才能使个人利益得到充分实现，所以，只有公共利益，而不是个人利益，才是人类的最高价值。正因为如此，社群主义政治学也被称为“公益政治学”。社群主义的兴起，为第三部门运动在政治哲学上得到确证提供了思想基础，也为承认其在社会政治生活中的地位提供了理论指导。

3. 社会学：从关注“社会组织”开始

“社会组织”是经济领域的市场和政治领域的民主在社会学上的对应物。在西方，主张社会独立于国家而存在的思想有着悠久的历史，其传统甚至可以追溯到古希腊罗马时期。从社会进化论的角度看，社会组织是在废除罗马帝国的集权，实现世俗政权与宗教特权相脱离的情况下产生的，在其发展初期是被看作一个以推广新的生活和行为方式准则为标志的活跃领域。但在 17—19 世纪，以国家和社会的分离为基础的近代社会组织概念出现了。这一时期的社会组织理论敏锐地把握住市场化和民主化的世界潮流，将社会组织作为一种特殊的社会结构而反对重商主义国家和专制主义国家，强调社会组织具有自我管理、自我调节自己事务的内部能力，无须国家干预。20 世纪 80 年代以来，面对凯恩斯主义失灵和福利国家出现的危机，社会组织理论再度流行起来，并成为当代西方学术研究的一个热门话题。

当代社会组织理论保留了近代社会组织理论中的积极因素，即坚持对必要的国家干预的限制，进一步提出了国家—经济—公民社会三分法。这其中以英国人戈登·怀特对社会组织的定义最具代表性：社会组织是国家和家庭之间的一个中介性的社团领域，这一领域由同国家相分离的组织所占据，这些组织在同国家的关系上享有自主权，并由社会成员自愿地结合而形成，以保护或增进他们的利益或价值。

当代社会组织理论逐渐成为一种政治社会学理论。它在研究方法上改变过去只重视规范性研究的传统习惯，加强了实证性研究。作为一种研究方法和分析性概念，社会组织被当作一种社会实体或历史实体来研究。这种实证性研究的明显加强，致使社会组织与第三部门研究找到了交叉点。这是因为第三部门是当代社会组织最活跃的因素，是对社会组织进行实证研究的首要关注对象。社会组织理论与第三部门的结合，将为第三部门的规范性研究提供思路，为研究第三部门的历史、现状与发展趋势奠定坚实的理论基础。

4. 经济学：寻找资源配置的第三种选择

社会资源的优化配置是经济学的一个永恒的主题，也是一直困扰社会经济学家们的一道难题。如前所述，市场失灵与政府失败赋予了第三部门新的存在价值。

市场失灵与政府失败现象的克服需要借助第三方力量。第三部门作为非政府公共部门，在克服“搭便车”行为、官僚机构惰性以及公共权力对市场的无限干预等方面都具有积极意义，因而成为弥补市场失灵与政府失败的一股重要力量。经济学在寻找资源优化配置的最佳选择之际自然会渗透到对第三部门的研究中。而第三部门在其发展过程中同样需要经济学的支持。这是因为第三部门随着规模越来越大，面临的经济问题将越来越多。正如格雷戈里·迪斯所指出的：越来越多的非营利组织为获得更多的收入正在向商业企业的运作方式靠拢；新的倾向商业的时代精神使营利行为在非营利世界中更容易被接受；非营利组织和领导人都在寻求以商业手段提供社会产品和服务，帮助人们树立自力更生思想；非营利组织需要解决财务可持续性问题的钥匙；非营利组织的资金来源正在向商业化渠道倾斜，面临的竞争也促使其考虑商业性融资。① 所有的这一切，都需要经济学的参与，需要将经济学与第三部门的特殊性相结合，共同设计适合第三部门发展的商业运作模式和资本经营策略。

而第三部门研究本身欢迎经济学的加盟是因为经济学毕竟是社会科学中量化和形式化程度最高的学科，与其相结合将增加第三部门研究的定量分析成分，提高第三部门决策的科学性。经济学中的各种流派代表了不同的理论和意识形态见解，对其发展中出现的各种问题将产生不同的观点和解决方案。这将极大地拓宽第三部门研究的理论视野，丰富其分析思路，以便第三部门研究朝多样化、实证型的方向发展。

5. 人类学：独特的视角

1999年，美国学者戴维·刘易斯撰文呼吁更多的人类学家为第三部门——这个欣欣向荣的研究领域——做出自己的贡献。他认为，人类学已经为非西方自愿组织和非政府组织提供了丰富的人种学资料以及特点鲜明的研究方法，如：“田野调查”法（面对面地收集数据以理解小型的共同体，经常使用定性化的“参与—观察”研究法）、“组织人种学”方法（把组织以及它们的关系看作参与观察法研究的单位）等。但是他认为，人类学对社会科学的贡献还不仅仅在于此，更重要的在于理论上：人类学试图用一个跨文化的参照框架来检验社会现实，在努力超越完全以欧洲文化和历史为前提的世界观过程中，鼓励观察表象世界的背后，探究社会生活中被普遍当作应然的假设，这有助于我们对包括西方社会在内的所有社会中的意识形态和权力进行批判性分析。这对于第三部门研究从西方社会扩展到“全球结社”具有很高的价值。

在刘易斯看来，人类学对第三部门研究具有三个潜在的一般性贡献：一是揭示——

① 参见［美］格雷戈里·迪斯：《非营利组织的商业化经营》，载《哈佛商业评论》，1998年1-2月号，引自［美］里贾纳·E. 赫兹琳杰等：《非营利组织管理》，129页，北京，中国人民大学出版社、哈佛商学院出版社，2000。

对于没有受到足够注意的领域；二是扩展——展现非西方关于第三部门组织的重要视角；三是深化——对第三部门以及它们的背景采取鲜明的批判视角。除此以外，人类学成果还具有以下潜力：对组织活动提供内容翔实的微观解释；揭示组织形式的文化多样性，从小型的非正式组织形式到更大的科层结构；挑战非营利组织研究中的西方偏见；使用丰富的概念描绘和分析组织文化与变革；把研究与共同体和政策层面上的行动联系在一起。

10.1.3　第三部门研究的主题

第三部门研究涉及大量的主题，包括第三部门的内涵、性质和分类，第三部门的角色地位及其与政府和企业的关系，第三部门管理的体制、机制、流程和方式，第三部门的改革与发展及趋势，中国第三部门的实践与国际比较，第三部门研究途径与方法，等等。这些内容的研究对于构建一个完整的第三部门研究框架是必不可少的。下面着重谈三点：

1. 第三部门的国际比较研究

第三部门的国际比较研究主要是通过比较不同国家和地区第三部门的特点，揭示第三部门在不同国家中的多样性和普遍差异性，以及它们之间具有的共性。这部分目前最权威、影响最大的是萨拉蒙领导的美国约翰·霍普金斯非营利组织比较项目。该项目试图解答以下三个问题：(1) 非营利组织的基本规模、结构、收入基础是什么，以及这些内容在不同国家的表现有何不同？(2) 什么原因使得这些组织在不同地方存在不同的规模、结构和收入基础？什么因素促进或阻碍了这些组织的发展？(3) 这些组织实体将产生什么样的差异？它们的特殊性是什么？他们对 22 个国家进行了基础数据的收集，其中包括 9 个西欧国家、4 个其他发达国家、4 个中欧国家和东欧国家以及 5 个拉美国家①，涉及文化、教育与研究、卫生保健、社会服务、环境、发展、公民与倡导、慈善、国际、商业、职业、宗教以及其他等非营利活动领域。中国学者王绍光著的《多元与统一——第三部门国际比较研究》和美国人朱莉·费希尔著的《NGO 与第三世界的政治发展》也是目前中国国内较有价值的第三部门国际比较著作。这些研究成果的出版为中国学者和学生了解第三部门发展的国际动态、对比分析国内第三部门存在的问题和发展方向等提供了丰富的资料，将促进中国的第三部门研究更快地发展。

2. 第三部门的管理机制研究

由于第三部门包括了介于政府部门和公司企业之间几乎所有的社会组织，与前两者的界限还呈现出越来越模糊的趋势，因此第三部门的管理将变得越来越复杂。而且随着其在社会中的地位和作用不断提升，第三部门的管理问题将越来越突出。对中国而言，第三部门管理机制研究更是一个急需填补的理论空白。

第三部门的管理机制可以分为外部管理机制和内部管理机制。所谓外部管理机制，是指国家对第三部门的管理机制。这部分内容包括政府在处理与第三部门关系时的定位问

① 这 22 个国家分别为：奥地利、爱尔兰、比利时、荷兰、芬兰、西班牙、法国、英国、德国、澳大利亚、以色列、日本、美国、捷克、匈牙利、罗马尼亚、斯洛伐克、阿根廷、巴西、哥伦比亚、墨西哥和秘鲁。

题，政府引导第三部门发展的战略战术问题，政府对第三部门的管理技术和方法等。具体而言，就是指国家对第三部门的立法管理、资格认证、注册管理、税收管理、财务审计、统计管理、募捐管理、评估与监督等。这些领域的研究在西方国家已经比较成熟，在实际的管理过程中也比较规范，但是在中国尚处于较为混乱的初始阶段。2001 年北京太平洋国际战略研究所推出的“发达国家政府管理制度文库”的“非政府组织管理制度卷”，对发达国家在这方面的管理制度做了详尽的介绍。

内部管理机制指的是从第三部门的内部结构入手，研究如何建立适合各类非营利组织和非政府组织的管理机制问题。这部分内容包括了第三部门组织机构、决策机制、执行机制、内部监督机制、日常管理、战略管理、营销管理、人力资源管理、绩效管理、筹资管理、资本管理（风险投资管理）、报告制度（包括向政府、社会报告制度以及内部报告制度），还有行业标准和监督管理等。目前国内的第三部门在内部管理机制上呈现出多样化的特点，但是大多数还不够规范，还有很多的空白领域。

3. 第三部门的案例研究

由于第三部门包罗的组织多种多样，各种组织之间的特点、性质、运作模式都可能差别很大，很难对整个部门建立起规范的管理标准，也不宜用统一的评估标准对其进行评价，因此，第三部门的案例研究就显得尤为重要。从单个第三部门组织入手研究第三部门的外部环境、组织特征、行为模式、面临的困境和机遇、发展趋势等，对同类型的第三部门组织具有更好的借鉴和指导意义。

与中国社会科学的其他领域相比，第三部门案例研究的起步并不晚。20 世纪末 21 世纪初的十来年就已经取得了不少成果。例如，中国社科院王颖的浙江萧山社团调研（1990—1993 年），英国人豪厄尔（Jude Howell）等关于江苏南通市社团调研（1991—1993 年），中国社科院杨团的天津鹤童养老院（1998 年）和上海罗山市民会馆（1999—2000 年）的评估研究，丁元竹关于志愿者组织的研究（1998—2000 年），日本国际交流中心毛受敏浩关于中国环境 NGO 的研究（1998—1999 年），《中国发展简报》的高扬关于在华外国 NGO 的调研（1998—1999 年），徐永光主编的“第三部门研究丛书”中的《动员与参与》《事业共同体》《捐款是怎样花的》《自律与他律》，清华大学 NGO 研究所的《中国 NGO 研究——以个案为中心》和《中国 NGO 研究 2001——以个案为中心》等。

目前我国第三部门研究呈现出以下发展趋势：一是国际化趋势的加强。第三部门研究将越来越多地吸收全球化的相关理论。因此，在分析未来国内第三部门发展趋势之时应该将其他国家第三部门的发展态势以及其对本国第三部门将产生的影响作为一个重要的参数。二是本土化的加强。在学习借鉴国外理论与实践发展经验的同时，强调本土化研究，即立足中国第三部门或社会组织发展的实际，注重中国本土化理论话语体系建构。三是更加注重实证分析和系统分析，从初期倾向宣传、介绍性研究转向更为实际问题的系统研究。在第三部门发展态势甚好的时期过分夸大第三部门的能力和作用，或是忽略它们本身受到的各种内外限制将给第三部门未来的发展创造恶劣的理论环境。

10.2 全球第三部门的崛起

10.2.1 全球结社革命

西方第三部门发展的历史可以追溯到教会的慈善传统和行业协会的兴起。例如，英国的慈善事业兴起于中世纪，当时的教会、地方贵族乡绅和一些富人对无力劳动或遭受疾病灾害的穷人进行施舍资助，教会是最大的施舍主。而在只有几百年历史的美国，在1724年就出现了第一个专业团体——费城木匠协会。1743年，富兰克林在费城组织了美国最早的科学协会——美洲哲学会。1762年，新英格兰地区的蜡烛匠人成立了规范蜡烛制作组织，这是最早的自我规范组织。

第三部门的发展规模与政府对社会干预的政策选择密切相关，这主要表现为：政府加强对社会的干预，第三部门萎缩；政府对社会放权，则第三部门发展迅猛。从时间上看，20世纪40年代是一条分界线。在此之前，第三部门的发展处于自生自发阶段，还到了一定规模，对解决社会问题起到了一定作用。从40年代至70年代，西方国家都走上了“福利国家”的发展模式，政府积极干预社会，第三部门在不少领域都呈现萎缩态势。从70年代起，西方国家纷纷进行政府改革，重新放权给社会，在认识到第三部门的重要作用后逐步与之形成了合作伙伴和盟友关系。进入90年代，世界各国的第三部门运动如火如荼地进行，而且出现了国际化趋势，这一现象的范围和规模都非常大。美国约翰·霍普金斯非营利组织比较研究中心对全球22个国家的研究表明，第三部门已经成长为一个1.1万亿美元的产业，相当于世界第八大经济大国，领先于巴西、俄罗斯、加拿大和西班牙等国；雇用了近1 900万名的全职工作人员，这是各国最大私营企业就业总和的6倍多，高于这些国家的公用事业、纺织制造业、造纸和印刷业或化学制造业的就业人数，与运输业和通信业的就业人数持平；22个国家中平均占总人口28%的人向第三部门（志愿性）贡献了他们的时间，相当于1 060万名全日制职员，这个数字使得第三部门的全日制职员达到2 960万名；如果包括志愿者，这些国家第三部门的就业人口平均占到全部非农就业人口总数的7%，占到服务业就业人口总数的14%，占到公共部门就业人口总数的41%。

约翰·霍普金斯非营利组织比较研究中心主任、全球第三部门研究的权威学者莱斯特·M. 萨拉蒙教授对此的评价是：“我们是置身于一场全球性的‘社团革命’之中，历史将证明这场革命对20世纪后期世界的重要性丝毫不亚于民族国家的兴起对于19世纪后期的世界的重要性。”

清华大学学者秦晖认为，可以把西方国家第三部门的发展历程划分为三个阶段，即“共同体”公益、“国家+市场”公益和现代公益。① 他是借助德国著名的社会学家滕尼斯

① 参见秦晖：《从传统民间公益事业组织到现代“第三部门”——中西公益事业史比较的若干问题》，见 http://www.chinanpo.org/news/findnews/shownews.asp? newsid=4580。

对“共同体”与“社会”的区别进行上述划分的。

“共同体”公益阶段是西方第三部门的启蒙阶段。在这一阶段，第三部门活动领域狭小，主要限于救济孤儿、施舍医药等，在观念上过于依赖宗教意识，被看作一种单方向的“赐予”，没有形成“公共物品”的概念，而且其活动常常被纳入传统共同体的束缚—保护关系中，施舍者与被施舍者之间形成一种人身依附关系。因而，秦晖据此认为这一阶段的慈善组织并不能称为“第三部门”，第三部门是近现代的产物。

在西方社会进入现代化发展阶段后，公益事业的共同体基础逐渐被国家＋市场（或政府＋社会、国家＋个人）基础所取代，传统的慈善基金制度随即衰落，逐渐世俗化、商业化。但是在这一阶段，西方国家在国家与市场之外仍然存在民间公益力量，这才是当代第三部门的先驱，例如，19 世纪兴起的私人捐助信托基金（慈善基金）逐渐退出了传统慈善领域对特殊不幸者的施舍，转向对公共生活的关注，随着新型志愿行动的兴起，现代公益模式也逐步形成。

国外学者科滕（David Korten）认为第三部门已经经历了四代发展。① 第一代第三部门的工作重点放在救济和福利性服务上，主要表现在为社会群体提供诸如食品、医疗、收容等服务上；第二代第三部门将重点转移到了小规模的、以自力更生为基础的社区发展；第三代组织则将可持续发展作为目标，它们积极学习和推广其他第三部门的成功经验，完善种种必要的制度建设，增强与政府部门的合作；第四代第三部门试图通过与其他第三部门的联合结成在全国范围内和全球范围的联盟来促进制度和结构的改革。

进入 20 世纪 90 年代后，在全球范围内兴起的“结社革命”引起了众多学者的关注。萨拉蒙在不同文献和场合都提及西方第三部门兴起的原因。在 1994 年发表的《非营利部门的兴起》一文中，萨拉蒙将出现全球“结社革命”的原因归纳为四次危机和两次革命性变化。这四次危机是福利国家危机、发展危机、世界性的环境危机以及社会主义危机。这些危机的爆发促使了世界各国的政府对其行政目的、管理领域、政策工具、发展战略以及第三部门地位等一系列根本性问题进行深刻的反思。反思的结果就是对政府角色和政府与第三部门关系的重新定位，以及由此兴起的全球性的公共管理改革运动。两次变化及其影响是：在 20 世纪 70—80 年代兴起的通信革命为大众组织和具体行动提供了必需的条件；教育水平和识字率的显著提高使对民众的组织和动员比以往容易得多。此外，20 世纪 60 年代和 70 年代初发生的全球性的可观经济增长和由此带来的中产阶级革命也是一个重要因素，它不仅带来了物质改善和使民众产生一系列新的期望，而且在第三世界国家造就了城市中产阶级，从而促进了私人非营利组织的出现。

在《美国的第三域》中，萨拉蒙对“为什么要有非营利领域”这个问题进行了更加深入的思考。他概括了五方面的原因②：一是历史原因，人们习惯于在志愿组织中与别人

---

① 参见王名、刘国翰、何建宇：《中国社团改革——从政府选择到社会选择》，31 页，北京，社会科学文献出版社，2001。

② 参见［美］莱斯特·M. 萨拉蒙：《美国的第三域》，见李亚平、于海编选：《第三域的兴起——西方志愿工作及志愿组织理论文选》，35 页。

一起行事，愿意自己解决问题；二是市场缺陷，即指市场无法很好地提供公共物品，存在严重的“搭便车”行为，第三部门存在的意义在于给人们提供了政府之外的又一选择；三是政府缺陷，即政府无法为少数人提供特定的支持或是由于不负责任和官僚化而无法为大多数人提供满意的服务；四是第三部门推进了社会多元化和自由的价值；五是第三部门反映了一种凝聚情感的机制，这在崇尚个人主义的社会中显得特别重要。

而在 1999 年“非营利部门与中国发展”国际学术会议上，萨拉蒙在其所做的报告中再次归纳了出现这一现象的三个方面的原因：一是市场和政府的内在缺陷恰恰是第三部门的优势所在，第三部门可以执行的四项职能对于解决当今许多紧迫问题是日益需要的，即第三部门是价值（人的首创精神）的保卫者，是对问题做出快速反应的服务提供者，是决策过程的倡议者和参与者，是社会资本的建设者。二是社会上存在一些既有能力又有抱负的人在创造这些组织，而且公民对更好的服务和参与的要求不断增强，社会上层也存在发展第三部门的动机和激励。三是科学技术特别是通信技术的迅猛发展以及第三部门已将促进社会组织的发展作为它们组织使命的一个重要组成部分等因素，增进了人们对第三部门将如何服务于他们的需要的理解。

我国学者王绍光认为，出现“全球结社革命”的一般性原因是经济增长提高了社会的教育水平，使中产阶级的比例增大，导致社会需求出现多元化趋势。而对于不同类型的国家，还有不同的特殊原因。西方发达国家，面临的是福利国家模式的危机；转型国家，面对的是国家资本主义计划模式的危机；而第三世界国家，发展模式的危机是特殊原因。把这些归结至一点，即不同国家面临的不同危机表明人们“对政府主导社会事务的能力和意愿产生怀疑”。正是在这个大背景下，市场的作用受到强调，非营利、非政府组织乘势而起。总之，近二十年来的“结社革命”绝不是偶然的，它有深刻的历史背景。①

综合各家的观点，我们可以将西方国家第三部门兴起的原因归纳为以下几点：

（1）政府改革的需要。政府面临严峻的信任危机、巨大的财政压力和行政压力，积极干预政策无法应对日益复杂的社会情况，原有的社会福利制度遭到质疑，政府服务的不断扩张已经超出了公众支付相应款项的意愿，公共行政方式需要进行根本性变革，政府放权社会成为必然。第三部门是承接政府原有的部分社会职能最理想的单位，因而得到政府的大力扶持。

（2）市场失灵和政府失败并存赋予了第三部门新的社会价值。自由资本主义造就的资本垄断局面让人们看到了单纯依靠市场调节社会经济发展的重大缺陷，凯恩斯主义动用政府力量积极干预经济又让人们了解了政府干预也不是万能的。社会资源的有效配置是由不完善的市场和不完善的政府共同完成的，而市场和政府之间存在的空隙需要由第三种力量来填补——这就是第三部门在现代社会发展中的意义，也是第三部门越来越受到政府重视的原因所在。

（3）第三部门从传统的慈善、公益领域转向现代公共领域获得了更为广阔的发展空

---

① 王绍光：《多元与统一——第三部门国际比较研究》，416 页。

间。当前第三部门所从事的活动已经摆脱了传统的“福音主义”而转向填补市场和政府都不愿做、没有做好或不能做的社会发展空白领域，如环境保护、消除贫困、落后地区教育等。在这些领域中，第三部门有时表现得比政府更加优秀、更有效率，已经得到了人们的认可，社会对第三部门的优势达成了新的共识。

（4）第三部门自身在不断成熟。第三部门在发展中逐渐形成了较为成熟的管理规范、营销战略、治理思路等。这些做法经受了实践的检验，具有很强的可行性和创造力，取得的行为效果能产生良好的社会效应。因此，第三部门在不断成熟，也在不断改善其发展环境。

（5）信息技术的支持作用。现代通信技术，特别是网络技术的发展打破了第三部门原有的非正式性、分散性的组织体系。在当代，基层的第三部门组织与全国性的第三部门乃至国际性的第三部门组织之间，发达国家的第三部门与发展中国家的第三部门之间以及第三部门与其资助者之间都能进行网络化沟通交流。这大大提高了第三部门的生存能力和发展空间。

（6）学术研究对第三部门发展的推动。随着学术界对第三部门的研究不断深入，第三部门的社会价值、发展战略、组织结构、行为模式等都得到了提炼和宣传，第三部门的专业人才得到了系统的培养、训练，第三部门的形象得到了极大提升。总之，学术界对第三部门的研究扩大了社会对它的了解，使其在筹集资金、提供服务等方面能得到更多的便利条件。

10.2.2 第三部门发展面临的困境

虽然第三部门正在走向兴盛，对第三部门的研究也渐入佳境，但是世俗的认识和实际情况之间还是存在很大的差距。对这些问题认识不清将妨碍第三部门有效地发展自身的能力，也将妨碍第三部门研究的顺利进行。对此，萨拉蒙在惊呼“全球结社革命”已经来临的同时，也清楚地指出了对于第三部门的认识中存在的三种“神话”。

（1）“德行完美的神话”。第三部门作为实现人类关于自我表现、自我帮助、参与和相互援助等基本愿望的灵活的和值得信任的工具而获得宗教的、道德教化的、神圣的自我印象和角色，围绕它也形成了一种虚幻的观点，即假定它有能力改变民众的生活。但实际上，随着第三部门的发展，它也无法摆脱官僚机构的一切局限性的影响，而且很难完全不受灵活性和效能、基层控制和行政责任之间产生的不可避免的紧张关系的影响。

（2）“志愿主义的神话”。真正的第三部门主要甚至排他性地依赖于对私人行动和慈善资助的信念。这个神话造成的影响就是把国家和第三部门的关系定位在对抗冲突上，第三部门的发展关键在于减少国家的作用。但是在现实中，政府和第三部门的关系更多的是以合作而非冲突为特征的。

（3）“完美无瑕的概念神话”。这指的是第三部门在世界上大部分地区基本上是新型组织，但实际上第三部门在世界上几乎每个地方都有着深厚的历史基础，近年来的发展不是简单地反映着先前的行为方式的复兴。萨拉蒙教授指出：“对于非营利组织的领导人来说，任务是找到适当的方式来利用传统的联系和制度但又动员它们支持新的行动方式。”

王绍光对萨拉蒙的观点进行了补充。他总结了第三部门的四种神话。[①] 除了新现象神话和志愿主义的神话外，他认为还有两种神话：独立的神话和圣洁的神话。前者暗示第三部门是独立于营利性企业和政府之外的。但事实上许多第三部门和营利性企业的活动没有多大的区别，政府和第三部门的关系就更为密切了，在多数国家中第三部门的生存依赖于政府的财政支持。后者是对“德行完美的神话”的进一步深化。王绍光指出第三部门除了无法摆脱组织的通病外，还成为社会精英实现自己身份、达到某种目的的一种方式，有些参与非营利组织活动的人的动机并不是那么圣洁，而且第三部门也未必是社会变革的生力军，它反而可能分散社会变革的力量。

王绍光在《多元与统一——第三部门国际比较研究》中除了讨论以上四种神话外，还转述了霍克斯（John Hawks）所分析的九大问题[②]：（1）享受免税特权，却不愿按其宗旨为民众服务；（2）由于拿高薪的人太多，不少非营利组织必须拿出相当大的一部分收入来支付自己工作人员的工资；（3）行政费用过高；（4）花钱筹款，得利的不是社会公益事业，而是专业筹款公司；（5）由于会计制度不严密，贪污屡禁不止；（6）全面进入商业领域，利用免税特权与营利组织进行不公平竞争；（7）涉足党派政治，变成特殊利益集团；（8）行骗容易；（9）监督无力，改进困难。

萨拉蒙等人分析了美国第三部门在经历了重要变革后面临的巨大危险。他们认为，由于政府投资减少，美国非营利组织面临财政的困难，它们对此采取的对策是增加服务收费收入，这样造成的结果是破坏了很多领域的收入来源潜力，导致营利组织不断介入，在一些领域，如家庭卫生保健领域，营利组织已经作为主要的服务提供者而取代了相关非营利组织。“事实上，由于其资本优势，营利组织正对非营利部门形成全面挑战，尤其当非营利组织的效率不断受到质疑，以及社会福利政策转向工作机会和就业能力，而不是以一般的人类发展作为主要目标时。所有这些迫使非营利组织的运作更市场化，但代价是引起了对其所享有的优惠税收和其他特权的质疑。”[③]

美国人保罗·斯特里滕也指出西方第三部门（即他所指的“北方非政府组织”）在对发展中国家和地区提供财政援助方面存在许多问题。这些问题有：（1）它们并不是经常到穷困地区，几乎从不去最贫穷的地方，组织成员热衷于巩固权力精英的统治或为特殊的利益集团服务；（2）它们经常参与开明的（有时也不是那么开明的）自上而下的管理，在最有权力的非政府组织中，人们并不知道如天主教会或工会等是民主的或参与性的，许多组织都是独裁和高人一等的；（3）在很多情况下，计划并不富有创新意识，只不过是一些众所周知的方法的延伸和应用；（4）许多非政府组织的计划不仅是自上而下、没有参与意识的，依靠已知并已被确认的技术，而且依靠政府在经济上的补充性支持，并被政府效仿；（5）它们的计划通常不是可持续的，因为它们依靠的是魅力型的领袖或是富有献身精神的志愿者，如果没有他们，计划也就会失败；（6）一般来说，非政府组织

---

① 参见王绍光：《多元与统一——第三部门国际比较研究》，423页。

② 参见上书，107页。

③ ［美］莱斯特·M. 萨拉蒙等：《全球公民社会——非营利部门视界》，304页。

能创造并保证人类安全，但它们也会对人类和平构成威胁和造成毁灭，比如在黎巴嫩、斯里兰卡、北爱尔兰和原南斯拉夫。“概括来说，非政府组织的缺点有些是由于目的不明确：管理问题、缺乏持续性、低复现性；还有些是因为非政府组织规模小，接触的人很少，连最穷的人也不在其中。乐观地说，今天的非政府组织接触了发展中国家的2.5亿穷人。但它们没有接触到可能生活在极度贫困状态下的13亿人的80%。”

综上所述，可以看出，西方社会的第三部门并不是像人们想象的那么美好，它也有不尽如人意的一面。揭示第三部门的另一面并不是为了否定其成就和作用，而是为了使我们能对之有更清醒、更全面的认识。概括来说，第三部门发展面临的困境包括以下几个方面：

（1）无法摆脱公共部门固有的禀性。第三部门同样可能深受官僚制影响，不能像私营企业那样迅速变革，建立富有弹性的组织结构，对环境迅速反应，决策灵活以及敢冒风险。这是因为，第三部门已经进入了社会公共领域，其一切行为都将对社会中的很大一部分群体产生影响，甚至是直接的利害关系。这就要求它们在决策和执行的过程中必须保持谨慎的态度——倾向于保守、僵化，从而容易与快速变化的外界环境产生紧张关系。

（2）缺乏独立自主性。第三部门由于与政府的关系极为密切，无法保证真正意义上的独立自主，从而妨碍它们按照组织宗旨展开行动。根据约翰·霍普金斯非营利组织比较项目的成果，几乎所有西方第三部门都以政府财政拨款为主要收入来源，这一比例多少已经超过了50%。与政府机构如此密切的关系很难证明它们的行为不受政府干扰。按照萨拉蒙的说法，“它赋予非营利部门一种比它本来拥有的作用更加边缘化的角色”。不过，这是第三部门存在的一个悖论，即它必须在依赖政府支持的前提下保持独立性，这是很难实现的。

（3）不公平竞争。第三部门在逐渐模糊与营利性组织之间的界限，利用其免税特权进行不公平竞争。非营利性原本是第三部门最基本的特性之一，也是第三部门获取政府免税优惠、赢得社会公众信任的基本原因之一。但是随着第三部门规模的扩大，许多传统的第三部门领域正在走向市场化，非营利组织实际从事的是营利项目，如此造成的结果是营利性单位受到了不公平的待遇，市场经济的秩序受到破坏。

（4）追求自身利益。许多人求职于第三部门不是因为他们立志要为公益事业贡献力量，而是因为在那里工作同样可以得到丰厚的回报。因此，在西方会出现，有的第三部门组织热衷于党派政治，有的第三部门领导人只专注于巩固其权力地位等不正常现象。“为自我利益工作”与第三部门成立的初衷是背道而驰的，因此，第三部门对于提供服务比促进参与显得更有热心，前者可以在很短的时间内用数量显示其效果，而后者则见效缓慢且不易用数字表示出来。这样，虽然第三部门的规模会不断扩大，但社会公益事业却未必会得到发展。

（5）成为利益交易的场所。第三部门正在远离它的纯洁性，成为肮脏的利益交易的场所。在政府机构和市场部门会出现的各种暗箱操作、权钱交易、贪污受贿等丑陋现象，在第三部门同样存在。例如，2002年美国安达信事件就给美国第三部门抹了黑。“皮之不存，毛将焉附?”第三部门一旦失去了纯洁性，其社会公益形象也将消失。第三部门失去社会的信任，其结果可想而知。

(6) 国际活动能力有限。西方的第三部门虽然已经开始参与国际事务，并显示了其拥有的巨大潜力。但是，就目前的情况来看，第三部门在处理国际事务的过程中视野不够开阔，仍然局限在传统的游说策略以及吸引捐赠者的技术上，缺乏对国际问题的战略性分析能力、选择介入时机的能力和分析如何对组织进行变革的能力。

10.2.3　中国第三部门的发展

1. 中国第三部门的历史沿革

中国的民间结社和民间公益活动源远流长。早在春秋之前，在各级贵族采邑上的基层组织和里社（居住单位）就有组织地进行过两次祀社（祭祀土地神）活动，民间还有“序齿”“乡饮酒”等集体活动。这些活动发展到汉代，便逐渐变为相对稳定的民间结社活动。而最早的古代社团兴起于春秋时期。相对于西方的宗教慈善事业，中国刚开始出现的社团形式有：新兴地主阶级为夺权而组织的政治性社团、百家争鸣中各学派文人组建的学术性社团等。此后，政治宗派集团（如东汉朋党）、民间秘密宗教会社（如东汉末年的太平道、五斗米道）、民间互助合作的私社、同行业工商业者联合组织的封建行会、文人社团（如唐朝的文会、诗社）、为守土保家而组建的地方军事社团（如宋朝的弓箭社、忠义巡社）等民间社团伴随了中国封建社会的兴盛与衰败。其中，两汉时期出现的民间私社，表明中国古代真正的民间社团已经形成。①

1840年鸦片战争爆发后，中国围绕各个时期的历史主题出现了各种类型的社团：清朝末期的反侵略性社团和反封建性社团，如浙东沿海的黑水党、洪秀全的拜上帝会、要求变法图强的强学会；资产阶级革命时期的兴中会和光复会以及后来的中国同盟会等；新文化运动中的互助社、新民学会等；随着马克思主义在中国的传播，出现的共产主义小组、社会主义青年团以及工农群众团体等革命组织；在中国新民主主义革命时期出现的各种工农群众社团、妇女社团、军事社团、文学社团和社会公益社团，以及与之对抗的反革命社团等。

清华大学NGO研究所的王名博士将20世纪初至1949年新中国成立前的近代中国的第三部门组织归纳为六类：一是行业协会，二是互助与慈善组织，三是学术性组织，四是政治性组织，五是文艺性组织，六是“会党”或反政府的秘密结社。②

1949年至1978年，中国共产党对民间结社进行了彻底清理和整顿。一部分具有明显政治倾向的团体被定义为“民主党派”，转为政党组织；一部分民间组织被取缔，其中包括会党和反动政治团体、具有浓厚封建色彩的互助组织和慈善组织以及一大批宗教性组织。经过清理整顿，中国的第三部门在20世纪五六十年代迎来了一个较为迅速的发展阶段。据统计，1965年我国的全国性社会团体由新中国成立初的44个增长到近百个，地方

① 参见王世刚主编：《中国社团史》，38页，合肥，安徽人民出版社，1994。

② 参见王名：《中国的非政府公共部门（上）》，载《中国行政管理》，2001(5)。

性社会团体发展到6 000多个。1966年开始的“文化大革命”，使社会主义民主和法制建设遭到了严重破坏，全国各类社会团体陷于瘫痪，直到改革开放后，我国的社会团体才得以复苏和发展。[①]

2. 中国第三部门力量的壮大

20世纪80年代初开始的改革开放使得中国的经济、政治、文化等社会生活的各个角落都受到了前所未有的冲击和振荡，也为中国的第三部门拓宽了发展空间。中国的社团组织数量急剧增加、民办非企业单位的迅速发展以及中国志愿者活动的蓬勃兴起无不显示了中国第三部门快速崛起的新景象。至1989年，全国性社团增至1 600个，地方性社团达到20多万个。90年代初，中国政府对各种民间组织进行了重新登记和清理，民间组织的数量在短期内稍有减少，但不久后即重新回升。

从法律上说，根据民政部于1998年公布的《社会团体登记管理条例》《民办非企业单位登记管理暂行条例》和《事业单位登记管理暂行条例》，现在中国的第三部门可以分为社会团体、民办非企业单位以及事业单位。社会团体是指中国公民自愿组成，为实现会员共同意愿，按照其章程开展活动的非营利性社会组织；民办非企业单位是指企业事业单位、社会团体和其他社会力量以及公民个人利用非国有资产举办的，从事非营利性社会服务活动的社会组织；事业单位是指国家为了社会公益目的，由国家机关举办或者其他组织利用国有资产举办的，从事教育、科技、文化、卫生等活动的社会服务组织。在中国当前的社会体制下，社团可以说是一种从组织特征上最接近非营利组织的社会组织。[②] 根据民政部的统计数据，截至2001年底，中国共有社团组织128 856个，民办非企业组织82 134个。[③]

据中新网2016年4月14日的报道：截至2015年底，在全国各级民政部门登记的社会组织共有661 861个，其中民办非企业单位329 122个、基金会4 762个、社会团体327 977个。中国民政部民间组织管理局副局长黄茹表示，中国民办非企业单位发展非常迅速，已经占据中国社会组织的半壁江山。各类民办非企业单位广泛活跃在教育、科技、文化、卫生、体育、养老、社会工作、环境保护、法律援助等领域，在促进经济发展、繁荣社会事业、创新社会管理、提供公共服务、增加就业岗位、扩大对外交往等方面发挥了重要作用，已成为中国社会主义现代化建设不可或缺的重要力量。[④]

学术界在论及中国第三部门迅速崛起的原因时，一般都会提到以下几点：第一，计划经济体制向市场经济体制的转变，呼唤第三部门的发展。这个观点主要是从遵循市场经济的发展规律和国家在社会转轨过程中陷入困境的事实中衍生出来的。在设计当前中国面临的人口、贫困、薄弱的农村社会保障体系等诸多社会问题的解决方案过程中，第三部门的发展空间和在其中的重要作用逐渐受到了重视。例如，中共中央党校国际战略研究所的赵黎青教授认为中国的改革是从经济领域开始，逐步由市场机制取代国家机制作为基础性调节机制，政府在很大程度上退出了直接的经济操作活动，这一改革过程渐渐影响到政治领域和社会领域的变革，随着改革的深入，社会领域将成为中国改革的又一个主战场。“社

① 参见吴忠泽、陈金罗主编：《社团管理工作》，5页，北京，中国社会出版社，1996。

② 参见王名、刘国翰、何建宇：《中国社团改革——从政府选择到社会选择》，7页。

③ 参见《中国民政统计年鉴2002》，北京，中国统计出版社，2002。

④ 参见《我国目前在民政部门登记的社会组织共有661 861个》，见中国新闻网，2016-04-14。

会领域里的改革的主要内容，是建立起社会机制以及与之相适应的各类社会组织。非政府组织作为社会领域里最重要和最活跃的创新组织形态，应该受到特别的重视。”①

第二，改革开放取得的巨大经济成果为第三部门的发展创造了必要的前提条件。改革开放促使了中国经济的快速增长和社会财富的不断积累，这为第三部门的筹资途径多元化创造了条件。正如俞可平教授所指出的：经济的发展既给企业带来了巨大的可支配性利润，也大大增加了个人的可支配性收入，它们都成了社会组织的主要经济来源。经济发展的另一结果是社会的需求也走向多元化，这就为第三部门的发展提供了新的动力。

第三，政府对第三部门在社会政治经济生活中的作用有了一个全新的认识，由原先否定第三部门存在的必要性和宣扬“第三部门威胁论”转化为支持第三部门的发展。对此，赵黎青明确指出：“中国党政领导层在对非政府组织在社会经济发展和国际活动中的积极作用有深刻认识和理解的基础上，给予非政府组织生存和发展的活动空间，是中国非政府组织建设的先决条件。”② 中国社会科学院的朱传一也持这种观点，对于中国第三部门发展迅速的现象他一针见血地指出：“这种变化绝不仅是中国非营利组织这些年自身努力寻求发展的结果，更与中国政府对非营利部门的理解与政策密切相关……是中国政府首先提出‘小政府，大社会’的政策构想的……是政府提出要积极培育与发展社会‘中介组织’的。”③

第四，自下而上的草根参与意识逐步流行。中国是一个有着很悠久的集权传统的国家，政府一直控制着社会的政治经济生活，包括第三部门的发展。但是，近年来，随着中国第三部门的兴起，出现了一种由社会自发产生并迅猛发展的社团力量。这主要是由于人们对社会公益事业的重要性有了进一步的认识以及参与意识的增强。这些第三部门虽然数量不多，规模也不大，但其影响却很大，甚至在国家层面有很高的声誉，如北京地球村、爱德基金会等组织。特别值得指出的是，2000 年北京申办奥运会期间，梁从诫、廖晓义等三家社会环保组织负责人被聘为北京市奥申委的环保顾问。他们先进的环保理念和深入的实践，给评委留下了深刻的印象。这说明，中国自下而上发展的草根组织已经成为中国社会一支不可忽视的力量。

王名也注意到了这种现象。他认为有必要区分两种类型的组织：“自上而下 NGO”和“自下而上 NGO”④，前者是中国 NGO 的多数，其产生都与政府自上而下推行的改革有关，后者一般得不到来自政府的各种特殊照顾，相应地也没有受到多少政府的控制或支配，通常作为草根组织和一般市民保持着密切的联系。

3. *中国第三部门发展中的问题*

中国的第三部门处于大发展的起步阶段。虽然近年来其数量迅速增多，能力有所提升，但中国的第三部门或社会组织在前进中遇到了诸多障碍，存在不少问题。《瞭望新闻周刊》的署名文章将这些问题概括为：“一方面，有官方背景的社会组织在经费、人员、业务上，与政府部门有着千丝万缕的关联，官气难祛以致效率低下、活力不足。由组织内

① 赵黎青：《关于中国非政府组织建设的几个问题》，载《江苏社会科学》，2000（4）。

② 赵黎青：《关于中国非政府组织建设的几个问题》，载《江苏社会科学》，2000（4）。

③ 朱传一：《中国非营利部门的成长及政府在其中的作用》，载《社会》，2000（11）。

④ 王名：《中国的非政府公共部门（上）》，载《中国行政管理》，2001（5）。

部运行机制不规范、不透明引发的一系列社会公共事件，更损害了其社会公信力。如不痛下决心剥离、脱钩，必难提供公众满意的公共服务。另一方面，由于缺乏必要的社会扶持和公平的竞争环境，社会组织发育缓慢。'缺资金、少人才'成了共性困扰。大多数组织'气息奄奄'，有能力的组织'凤毛麟角'。眼见政府职能转移的一个个项目即将到来，却心有余而力不足。"①

王名将这些问题概括为：政社不分、经费不足、能力不足、法制缺陷四个方面。② 第一，政社不分是中国第三部门的最大特色，这里不但有政府部门不肯放权的缘故，也有第三部门先天的依赖性缘故。在政府机构改革中从政府系统中剥离出来或由政府自上而下筹建的组织，往往作为政府附属机构发生作用，而应社会需要自然产生的组织也由于一些客观因素愿意主动挂靠政府机关，主动放弃独立性和自主性。第二，经费不足是一个很普遍和很严峻的问题。很多第三部门由于经费不足无法开展正常活动，甚至处于"休眠状态"，有些机构为了生存脱离了自身的业务范围，从事其他经营活动乃至违法活动。第三，能力不足是指当前第三部门的活动能力、管理能力、创新能力、扩张能力和可持续发展能力等不足。能力不足的原因在于人才不足，特别是有创新能力的人才不足。第四，法制的缺陷在很大程度上不利于第三部门的发展，它们所带有的控制、限制的基调和烦琐的手续规定及其制度性框架，在相当长的时期里都成为制约第三部门发展的因素。吴锦良在《政府改革与第三部门发展》一书中也指出中国社会中介组织发展存在七个亟待解决的问题：职能和目标错位；官办色彩较浓，独立性较差；管理体制不顺，受到多头不规范管理；政府行政干预过多，影响公平竞争；内部管理松弛，规章制度形同虚设，社会信誉较差；政府监管不力；有关法律法规还很不健全。③ 邓国胜曾经通过全国问卷调查，列出中国社团面临的主要问题，如表 10－1 所示。

表 10－1　　中国社团面临的主要问题

类型	比例（%）	排序	类型	比例（%）	排序
缺乏资金	41.4	1	开展的活动得不到社会的回应	3.6	7
缺乏活动场所与办公设备	11.7	2	相关法律、法规不健全	3.4	8
缺乏人才	9.9	3	缺乏项目	3.0	9
政府的支持力度不够	8.5	4	不存在问题	1.8	10
组织内部管理问题	7.5	5	政府的行政干扰太大	1.1	11
缺乏信息交流与培训机会	5.2	6	其他	9.3	12

资料来源：王名、刘国翰、何建宇：《中国社团改革：从政府选择到社会选择》，108 页。

总的来说，中国第三部门大发展的起步阶段遇到的障碍及问题主要有：

（1）缺乏独立性和自主活动能力。政府与第三部门关系极其模糊，第三部门组织往往是政府行政权力的衍生物，缺乏本应有的独立性和自主活动能力。这主要表现在中国

① 杨琳：《政府职能转变社会组织能否接盘》，载《瞭望新闻周刊》，2013（33）。
② 参见王名：《中国的非政府公共部门（下）》，载《中国行政管理》，2001（6）。
③ 参见吴锦良：《政府改革与第三部门发展》，250 页，北京，中国社会科学出版社，2001。

第三部门由政府机构领导，其行为方式、工作作风都具有很强的行政性质，有的成员还具有国家公务员身份。因此，中国第三部门与政府保持着千丝万缕的联系。事实上，按照西方的基本特征评判中国第三部门，很难找出西方意义上的第三部门。而且，解决政府与第三部门之间的混乱关系存在一个复杂的过程，这将限制中国第三部门的变革速度。按照王名等人的观点，在中国社团从政府选择过渡到社会选择的过程中存在矛盾。① 从政府的角度看，社团应该首先增强能力，完善自身的体制建设，然后才考虑独立性问题；而从社团的角度来讲，政府部门应当先放弃对社团的行政干预，然后才能放弃资金支持。这种矛盾的解决只能依靠双方长时间的相互博弈，速度是很缓慢的。

（2）缺乏资金、人才等组织发展的基本条件。在现今中国第三部门组织中，无论是官办的、半官办的还是纯民间的，绝大部分都反映经费不足。资金匮乏已经成为制约中国第三部门发展的头号因素。而人才不足，是因为中国尚缺乏专门的第三部门专业人才培训机制，而且第三部门吸纳了大量政府淘汰的冗员和离退休人员，妨碍了优秀人才进入。

（3）法律法规不健全。相关的法律法规不健全在一定程度上影响了第三部门的发展。西方学者在“非营利部门与中国发展”国际学术会议上对中国相关法律的评价是：“这些新条例表明中国政府试图为中国传统的非营利组织形式……提供一个它们可以在其中运作的法制环境……然而，这些新条例授权政府对非营利组织进行控制的一些方式，并不完全符合世界银行的《非政府组织法律的好经验》的手册中提出的一个真正有利于非营利组织发展的法制环境的标准。”②

（4）缺乏对第三部门权威、常规性的监督机制。由于政府与第三部门的关系模糊，而且相关的法律法规不健全，中国第三部门在实际运作中不会受到强有力的监督，如此造成的后果就是各种违章操作具有很大的活动空间，增加了社会的交易成本。2002 年被《财经》杂志揭发的银广夏事件引爆了中国会计师行业的信誉危机就是此问题的一个典型案例。

（5）公众对第三部门的认同度不高。对于官办性质浓厚的第三部门，中国公众往往将其作为第二政府对待，而对于实力弱小的草根组织，公众往往对其能力持怀疑态度，从而忽视了它们的存在或坚持对它们进行谨慎的评价。此外，在这个集权化明显的社会中，公众尚不能真正体会到第三部门的存在和发展对他们的生活将产生的影响。因此，第三部门能否得到深层次认同也就可想而知了。

4. 中国第三部门发展的突破

中国第三部门处于大发展的起步阶段，面临着生存与发展、满足社会需求以及承接政府改革压力等三重挑战，但是也遇到了“全球结社革命”、民主化浪潮、市场经济体制日趋成熟以及经济社会快速发展的机遇，可谓是挑战与机遇共存，困难与希望并重。在这种局面下，中国第三部门的发展需要在以下几个方面有所突破：

（1）政府对第三部门的重新定位。中国第三部门与政府关系密切并不是问题的根本，西方第三部门同样与政府关系密切。问题的关键在于中国的第三部门容易受到政府的控

---

① 参见王名、刘国翰、何建宇：《中国社团改革：从政府选择到社会选择》，108 页。

② ［美］利昂·E. 艾里什、卡尔拉·W. 西蒙：《建设有利于非营利组织发展的法制环境》，见赵黎青等主编：《非营利部门与中国发展》，108 页。

制，丧失独立性，从而染上浓重的官办色彩。第三部门是作为政府机构的附属品或是“第二政府”而存在的。如若这一基本前提不改变，第三部门将得不到实质意义的发展。随着中国社会主义民主制度的逐步建立和完善，国家与社会的关系也在不断改善，“国家—民众”的二元结构也在被“国家—社会—民众”的三层结构取代。中国政府要在这一变化中赢得主动，就必须改变对第三部门的定位：第三部门不应是接受机构精减人员和离退休人员的场所，而是承接政府部门社会职能的组织；第三部门不应是政府职能转变形式化的工具，而是社会最活跃的公共部门；第三部门的发展不是在向政府夺权，而是在帮助政府治理社会。

（2）政府与第三部门关系明晰化。保持政府与第三部门之间的密切关系是中国第三部门发展的必要条件之一，也是西方第三部门发展的基本经验之一。但是这种密切关系体现在哪些方面，第三部门如何保持自身的独立性，是世界性的问题。对于中国这种官办性质显著的国家，这种问题尤为重要。依照现在的情况，中国政府与第三部门之间的关系应逐步明确以下几点：一是政府应该承担第三部门发展所需的大部分资金，且财政拨款不应以左右第三部门自身运作为条件；二是政府是第三部门发展的监督者，但是监督要依法进行；三是政府不是第三部门的领导者，而是其合作者。2013 年 9 月 26 日，国务院办公厅发布了《关于政府向社会力量购买服务的指导意见》，明确要求在公共服务领域更多利用社会力量，加大政府购买服务力度。这是一个重大改革举措，有助于培育社会组织，推动政府与第三部门伙伴关系的形成。

（3）健全第三部门发展的相关法律法规。缺乏完善的法律体系保护是中国第三部门发展的一大障碍，也是许多第三部门组织主动依附政府机构的重要原因。因此，健全第三部门相关法律法规是维护其合法性、独立性和组织权益的基本要求。但是由于第三部门自身的复杂性，这将是一项艰巨的任务。《中华人民共和国慈善法》（中华人民共和国第十二届全国人民代表大会第四次会议通过，自 2016 年 9 月 1 日起施行）的出台是我国第三部门发展法制化的一个重大突破。

（4）“官办”社团的改革。逐渐弱化与政府业务主管机构的关系是“官办”社团发展的趋势。随着这个趋势的发展，其原有的组织结构、管理体制、管理手段等都需要进行相应的改革，通过借鉴国外运作模式和国内的草根组织的发展经验，变原来权力集中化、组织行政化的封闭型组织结构为分权化、开放式的组织结构，主动迎接社会选择。

（5）鼓励社会组织的发展。只有自生自发、自下而上兴起的社会组织越来越强大，中国第三部门才能逐渐走向兴盛，中国的社会才能走向成熟。这类社会组织的发展将刺激“官办”社团的改革，也将极大活跃中国社会。作为政府机构，要鼓励它们的发展，就应该在注册登记、筹措资金、改进技术等方面为其提供帮助，为其创造一个宽松的政策环境。近年来我国社会组织的登记制度改革在深化。在 2012 年 3 月 19 日的第十三次全国民政会议上，时任国务院总理温家宝指出，政府的事务性管理工作、适合通过市场和社会提供的公共服务，可以适当的方式交给社会组织、中介机构、社区等基层组织承担，降低服务成本，提高服务效率和质量。① 这预示了我国社会组织的登记模式的改变。2013 年 3 月

① 参见《社会组织登记管理体制或大变革　未来有更多作为》，见中国新闻网，2012-03-27。

10 日国务院宣布：将放开行业协会商会类、科技类、公益慈善类和城乡社区服务类四类社会组织的登记，今后成立这些组织，可直接向民政部门依法申请登记，不再需要业务主管单位审查同意。这是有重大意义的改革新突破。① 广州市在这方面的改革走在全国前列。从 2012 年 1 月 1 日起，广州放开八类社会组织直接登记；5 月 1 日起，社会组织直接登记在广州全面铺开；7 月 1 日起，除了特别规定和特殊领域，在广东省内成立社会组织，不用找业务主管部门，可直接向民政部门申请登记。

(6) 培养公众的志愿精神和互助品质。第三部门的工作要得到公众的认可，除了能够给他们带来更多更好的服务外，最重要的就是能带动公众参与其中。志愿精神和互助品质是第三部门的精髓。公众从思想上认同了这些理念，才会全身心地投入志愿性的活动中。通过教育、宣传等手段，并结合参与实践，在全社会提倡志愿精神和互助品质也是第三部门发展的一项任务。

(7) 积极参与“全球结社革命”。走出国门，与其他国家的第三部门组织、国际组织开展交流与对话将为中国第三部门发展赢得新的空间，同时也将改善中国在国际上的形象。吸取别国的经验教训为我所用，为世界了解中国开辟一条新的途径，这应该是中国第三部门参与全球事务的基本任务。

10.3　第三部门的地位与作用

10.3.1　第三部门的地位②

在历史上，人们在描绘公共事务或公共服务的主要组织类型时，往往只简单地区分为公共部门与私人部门以及“国家”(state) 与“市场”(market)，但是这种二分法忽略了社会上许多其他组织范畴，譬如志愿性社团、家庭以及社区等重要的社会机构。这些介于公共部门（公域）与私人部门（私域）之间的组织就是所谓的“第三部门”(第三域)。全球结社革命的掀起使得这一类的组织在公共事务管理或公共服务供给中的地位与作用日益突出，政府与第三部门之间正孕育着一种新的伙伴关系。有如萨拉蒙所说：一场有组织的志愿运动和创建各种私人的及非政府的组织的运动，正成为席卷全球的最引人注目的运动。民众正在创建各种团体、基金会和类似组织，去提供人道服务，促进基层社会经济发展，防止环境退化，保障公民权利，以及实现成千上万先前无人关注的或由国家承担的种种目标。③

现代经济学既揭示了在公共物品领域市场失灵的存在，也指出了“政府失败”的不

---

① 参见《放开社会组织登记是改革新突破》，载《环球时报》，2013-03-11。

② 本目、第三目和第四节第二目参考了笔者所主持的国家自然科学基金重点项目“公共服务提供机制与方式研究”(项目编号：70633001) 课题论证的文献综述。

③ 参见［美］莱斯特·M. 萨拉蒙：《第三域的兴起》，见李亚平、于海编选：《第三域的兴起——西方志愿工作及志愿组织理论文选》。

可避免。解决公共物品领域的双重失败，既不是抛弃市场机制，也不是放弃政府作用，而是如何将二者的有效性有机地结合起来。非营利组织恰恰能够以多样化的方式把二者很好地结合起来。非营利组织就可以展现其自身多样性服务和供给的优势，与政府形成互补关系。这样，政府与非营利组织在公共服务提供领域的合作，既增加了政府提供公共物品和服务的方式和渠道，又促进了政府公共物品和服务提供数量的增加和质量的改善。

公共服务输送的效率和效益可以通过政府与市场的分工合作，引入市场化和民营化机制等得到大幅提高和改善。不过，正如法国学者皮埃尔·波比（Pierre Bauby）所说，这种“自由化逻辑往往包含着对公共服务目标的现实危险”。这是因为，自由化过度看重市场可给出珍贵指标的短期效益，而忽略市场无法预见的长期效果，这就促进了最廉价资本的投资，而不利于未来长远政策，并且最终也不利于为使用者寻求最低成本。自由化注重拥有某种“市场权力”的大宗消费者，而轻视零散小消费者。它对待遇平等、价格平衡调整的可能性提出了质疑。自由化既不考虑区域的偏极分化，也不顾及对环境的后果；它只会给员工带来严重后果，因为追求短期收益通常会损害就业，并可能导致形形色色的“社会福利倾销”（dumping social welfare）。因此，近年来人们也不断反思在公共服务领域中的狭窄二元思维——政府与市场，寻求新的协同治理机制来消减市场化带来的负面后果。其中，非营利组织的成长自然成了备受关注的现象。

托尼·马歇尔指出，如果说私域（部门）建立了一个商讨物品价格的市场，那么志愿域（部门）则提供了一个市场来商讨社会价值和人际关系，相应地，公域（部门）可以被视为一个商讨合法权利的市场。① 可以说，第三部门在提供公共服务上逐渐与政府、市场形成鼎足而立的格局，成为支持社会稳定发展、弥补政府和市场失灵的重要社会部门。

从理论上讲，非营利部门介入公共服务输送领域主要有以下几个主要原因②：

（1）政府失败理论。市场失灵决定了公共产品和服务的提供需要政府介入。但是，政府提供公共产品和服务要通过政治决策过程决定，由于个人需求存在异质性，决策结果却只反映中位选民的需求，这就为非营利组织作为政府以外公共产品和服务供给者的介入提供了条件。在其他条件不变时，对公共产品和服务需求的异质性越大，非营利部门的规模就越大。该理论认为，政府、市场和非营利组织在满足个人需求方面可以相互替代。当发生政府、市场双“失灵”时，非营利组织正好在两者之间拾遗补阙，以满足个人对公共产品的需求。

（2）契约失灵理论。该理论认为，营利组织的局限性导致对非营利组织的功能需求，后者不仅具有提供公共产品的功能，而且具有提供私人产品的功能（如托儿所、医院等）。从理论上讲，企业应向消费者提供社会效率最大化和价格合理的商品与服务。但现实中由于信息不对称，企业为追逐利益最大化，可以利用在信息不对称关系中的优势欺骗消费

① 参见［英］托尼·马歇尔：《我们能界定志愿域吗》，见李亚平、于海编选：《第三域的兴起——西方志愿工作及志愿组织理论文选》。

② 参见财政部财政科学研究所编：《热点与对策：2003 年度财政研究报告》，北京，中国财政经济出版社，2005。

者。因此，仅靠双方契约很难防止坑害消费者的行为，“契约失灵”便产生了。非营利组织的“非分配约束”特征，使其在提供某些公共产品和服务时缺乏投机钻营动机，因此不会通过提高价格和降低质量来损害消费者利益。

(3) 第三部门理论（或第三方管理理论）。该理论从交易成本分析入手，提出政府提供公共服务的交易成本比非营利组织高，所以当市场失灵时，非营利组织应是公共服务最初的提供者。这时，政府则成为非营利组织的补充机制。该理论提出了“志愿失灵”的概念，指出非营利组织自身也存在缺陷，如：公共产品供给中的“搭便车”现象，经济波动对慈善资源的影响；特定社会群体在获取公共服务时存在贫富不均现象；控制着慈善资源的出资人或发起人以个人偏好代替社会偏好，造成穷人真正需要的服务供给不足；等等。因此，政府是“志愿失灵”后的替代性制度，即非营利组织的缺陷正好是政府部门的优势，而非营利组织提供的公共服务具有多样化、成本低、弹性大、反应快和针对特定群体等特点，这又是政府部门缺乏的。这种特征上的互补性，使政府与非营利组织建立了合作伙伴关系，既能保持精干高效的政府规模，又能较好地履行社会福利责任。

10.3.2 第三部门的作用

在国外尤其是西方，第三部门已经成长为一支主要经济和社会力量。萨拉蒙和安海尔指出：“它在国民就业和近期的就业增长中占据的份额之大远远超出了人们一般认识到的分量，而且它已经成了个人和社会追求各种公共和私人目的的普遍机制。”同时，西方第三部门已经迈出国门，广泛参与全球治理体制的转变。“非政府组织参与全球治理，促使传统的单纯由政府—国家体制实行的治理向由政府—国家体制与非政府的社会体制相结合的治理体制转变，促使传统的自上而下的治理向自上而下与自下而上相结合的治理转变。”① 具体来说，第三部门的作用可以概括为如下几点：

一是促进经济增长。第三部门为西方国民经济的增长贡献了巨大力量。如在 1995 年，美国第三部门的花费为 5 020 亿美元，约占 GDP 的 6.9%，雇用了约 860 万名全职的新工人；英国第三部门支出 74.9 亿美元，占 GDP 的 6.06%，如果加上志愿行为贡献的附加价值，其经济贡献占 GDP 的 8.7%～9.2%。

二是增加就业机会。第三部门创造了大量的就业机会，而且还蕴藏了巨大的就业潜力。如在 1995 年，美国第三部门的就业数大概是最大的私人公司就业数的 21 倍，与全美最大的 15 个公司的就业数相当，超过了 3 个制造工业的就业数总和；英国第三部门雇用了近 150 万名志愿者，超过整个经济领域就业人口的 6%，在整个公共部门的就业人口中每 4 个人就有 1 个是第三部门的职员。

三是提供公共物品和弥补政府缺陷。现今的西方第三部门已经进入了教育、卫生保健、社会服务、环保、文化等社会公共部门的核心领域，以其巨大的经济能量和社会号召力，动员社会各方面参与社会发展，填补政府用于社会发展方面的资金不足，帮助政府解决一些容易被忽视的边缘问题。

---

① 赵黎青：《非政府组织与联合国体系》，载《欧洲》，1999 (5)。

四是增加资源运用的透明度和合理性。由于广大群众的参与，这一部门在社会的直接监督下进行，能够较好地避免贪污、浪费，而且能够充分利用社会过去闲置或未能利用的各种资源。

五是扩大社会公平。第三部门有利于扩大社会公平，推动社会关注与帮助在经济和社会发展中资源和人力薄弱的某些部门，以及遭遇困难的弱势群体，缩小经济发展中产生的贫富悬殊。通过为他们提供各种信息、资金和其他资源，第三部门能促使发展滞后的地区和弱势企业转变，帮助它们脱离困境。

六是培养人们的互助协作精神。第三部门的发展有利于培养人们的互助协作精神。培养伦理品德的最佳方法就是让思想渗透到实践中，第三部门中志愿性的工作不仅让人们感觉到互助合作的好处，而且在潜移默化地影响着行动者、受益者和旁观者。

七是在国际事务中发挥监督、协调作用。第三部门逐渐参与到国际事务中，在其中发挥了越来越重要的监督、协调作用，参与政府间国际组织的决策。英国学者爱德华兹等人探讨了第三部门在国际行动中出现的许多选择方案。它们是：影响民族国家政府外交政策的运作，使其超越“现实主义”思维方式；监督地区性力量在维和中的效率，以判断北方国家是否有理由避免更广泛的军事行动；考察联合国怎样才能恢复它的信誉，发展有效维和能力，协调各个成员的行动；探讨各种战略，帮助政府面对复杂的政治突发事件；监督私人部门，阻止企业从战争经济中获利；等等。中国第三部门在社会经济发展中正在发挥越来越重要的作用，这已经逐步得到了社会的认可。例如，俞可平认为第三部门在中国的治理变迁中能够发挥四种作用：奠定基层民主特别是社会自治的组织基础，能够成为沟通政府与公民的一座重要桥梁，成为影响政府决策的重要因素和推动政府改革的强大动力源，对政府行为构成有力的制约。

赵黎青认为，第三部门有可能成为与政府—国际体系和企业—市场体系并列的第三种力量，推动我国的社会经济发展。这表现在：第三部门可以在教育、扶贫、妇女儿童保护、环保、国有企业下岗职工再就业以及人口控制等领域发挥作用，可以在动员、组织和支持民众参与社会经济发展方面发挥作用，可以促进政府机构改革与政府职能转换，可以促进与社会主义市场经济相适应的新型伦理道德体系的形成，可以促进社会主义民主政治建设，等等。①

就目前中国而言，以“简政放权”为核心取向的新一轮政府机构改革和职能转变，提出将政府职能中“凡社会能办好的，尽可能交给社会力量承担”，加快形成改善公共服务的合力。第三部门或社会组织的作用越来越受到重视。2013 年 7 月 31 日的国务院常务会议研究推进政府向社会力量购买公共服务事宜，这被视为“对中国社会组织的发展具有里程碑意义”。

在我国，第三部门的作用主要表现在：一是分担政府责任，促进社会公平和稳定。中国的第三部门正在逐步向原先由政府完全把持的公共领域的核心地带渗透。教育、医疗卫生、社会福利、扶贫、农村发展以及救灾等领域已经成为中国第三部门开展工作的主战场。如中国青少年发展基金会、中国扶贫基金会、中国人口福利基金会在扶贫工程

---

① 参见赵黎青：《非政府组织与可持续发展》，307 页，北京，经济科学出版社，1998。

领域，自然之友、北京地球村、绿色家园志愿者在环保领域，都正发挥着越来越大的作用。

二是对社会资源进行公正、合理和高效的配置。中国第三部门的发展环境还比较脆弱，需要它们以其强烈的进取精神和较高的行动效率去赢得社会的信任，换取生存所需的发展空间。与政府部门相比，新兴的第三部门运作更加透明、灵活，其一举一动将受到社会更为严格的监督，这将促使第三部门更为谨慎地运作，不断提高行动绩效，从而保证社会资源得到公平、合理和高效的配置。

三是促进中国基层民主建设。以直接选举、村民自治和社区自治为主题的基层民主建设是中国近十几年来政治改革最重要的内容。作为自治主体的农村村民委员会和城市居民委员会是在中国共产党领导下的非政府机构组织，它们将在管理农村和社区事务，协调村民、居民与政府关系，组织民众参与政治选举，维护其切身利益等方面发挥不可替代的作用。

四是净化社会风气。第三部门将给中国社会带来清新的伦理道德空气。改革开放和市场经济建设带来的一些道德疑惑始终困扰着中国这个转型社会，腐败问题、社会诚信问题、公共责任问题等越来越突出。第三部门表现出来的志愿精神、社会公德、责任感和同情心，成为中国转轨时期一股健康、有力的道德力量，为提倡社会公共精神树立了榜样。

10.3.3　第三部门与政府的伙伴关系

作为公共服务的供给主体之一，第三部门在公共领域（教育、科研、医疗卫生、社会服务、慈善活动）以及文化娱乐等社会领域提供服务上发挥着重要作用，日益成为公众参与社会发展、决策等事务的主要渠道之一。西方市场经济国家的经验表明，第三部门和政府在提供公共服务的目标上是一致的，两者相互补充与配合，公共服务可以得到更为有效的实现。乔治·理查森（George Richardson）从理论经济学的角度指出，资源互补的必要性是组织间合作的关键动力。[①] 公共部门与第三部门合作伙伴关系可被视为积聚公共部门和第三部门两者的资源和力量解决复杂问题的有效方式，同时也提高了解决问题的效率和创新性。

从实践上看，政府与第三部门在提供公共服务上的合作关系起源于 20 世纪 70 年代的美国。由于当时适逢石油危机所带来的通货膨胀和经济萧条，美国政府在严重的财政短缺情况下，无法有效应对所有公共问题。在这种情况下，美国政府开始重新思考自身的角色定位，大力倡导政府与第三部门的合作，并允许政府与非营利组织之间竞争。[②] 克雷默里（Kramery）指出，20 世纪 60 年代以后，在美国以人群服务为主的非营利组织不断扩张的

① Naim Kapucu, "Coordinating without Hierarchy: Public-nonprofit Partnerships", presented at National Association of Schools and Institutes of Administration (IASIA) Annual Conference, Public Administration: Challenges of Inequality and Exclusion, 14-18, September 2003, Miami, FL, 1972.

② R. W. McQuaid, "The Theory of Partnership: Why Have Partnership?", in S. P. Osborne (ed.), *Public-Private Partnership-Theory and Practice in the International Perspective*, London: Routledge, 2000, p. 10.

范畴里，出现了三种趋势：第一，非营利组织不论是在数量上还是在类型上都出现快速的发展，这类组织广泛依赖政府经费，以落实它们在公共政策执行的角色。第二，从 20 世纪 80 年代初期开始，非营利组织与政府开始在卫生照护、教育与社会服务等领域开展合作关系，同时也开始面临商业化的侵袭，与营利部门之间的竞争向白热化的方向发展。第三，这些非营利组织在数量增长的过程中，引发出一种新的社会趋势——“混合社会经济”(mixed social economy)，导致部门间的界域产生聚合与模糊的现象。①

实际上，不仅在美国，在西方其他国家里，政府部门与第三部门合作提供公共服务已经成为一种崭新而活跃的途径②：在英国，政府与第三部门的伙伴关系不再局限于布莱尔政府所提倡的股份社会（stockholder society)，而是发展为执行重要社会政策——都市发展和提高青年就业率——的一项根本工具；在匈牙利，政府与第三部门的伙伴关系是政府提供社会需求的公共服务和发展市民社会的一种新途径；在欧盟，政府与第三部门的伙伴关系是对抗社会疏离（social exclusion)，增进地方社区福利的整合性机制。可见，20 世纪 90 年代以后第三部门在世界范围内迅猛发展，充分显示了其无与伦比的资源和效率优势，而公共部门、私人部门与第三部门之间的资源整合与合作分工，代表了未来公共服务输送的新潮流趋势。

从提供公共服务的业务领域角度看，第三部门主要专注于工业化过程产生的各种社会问题，如失业、老龄化、贫困群体、社会不平等、妇女问题、儿童问题等。例如，我国的“希望工程”、志愿者组织、社区服务机构及慈善团体等非营利组织，通过实施扶贫、助残、康复、再就业等活动，调节社会成员的收入差距，减少贫富不均，救助社会弱势群体，创造平等机会，缓和社会矛盾，营造稳定和谐的社会发展环境；又如，一些企业为追求最大的利润，不惜以损害公共环境为代价，随意排放废气、废水、废渣，造成外部不经济，而自然（绿色）环保组织、社区自助团体、动物保护组织等非营利组织就能够协同政府职能部门及新闻媒体等机构，对这类企业实施监测、限制整改、舆论施压、受害索赔等行动，促进社会经济与生态环境的可持续发展。③

不过，第三部门的传统公共服务业务，固然主要以消极地收容、救济、医疗、兴学、社会服务等为主，然而面对日益复杂的社会问题，虽然投入大量的人力、金钱，但仍难以根绝其病源。在公共服务的过程中，许多第三部门的志愿者觉察到，问题的根源是出在政治经济制度失衡、社会结构扭曲、资源分配不均等基本面上。要解决这些不公平、不合理的竞争问题，第三部门以慈善为主的传统功能，似已不足以因应。因此，第三部门除了应维持原有的功能外，更要积极走向参与公共事务和改造社会环境，而首要做法便是进行公共议题的倡导。④ 例如，不少非营利组织积极扮演社会弱势群体代言人的角色。政府部门

① R.M. Kramer, “A Third Sector in the Third Millennium?”, *Voluntas: International Journal of Voluntary and Nonprofit Organizations*, 2000, 11 (1), pp. 1-23.

② S.P. Osborne (ed.), *Public-Private Partnership-Theory and Practice in the International Perspective*, London: Routledge, 2000, p. 1.

③ 参见王敏、王乐夫：《公共事务的责任分担与利益共享》，载《学术研究》，2001 (11)。

④ 参见江明修：《非营利组织与公共服务》，见 http://npo.nccu.edu.tw/content/section02/item02_doc/199801-123.pdf，2001-06-19。

的决策，往往对受服务对象的需求缺少深入了解。因而，非营利组织的政策倡导，可以让社会大众及政府察知受服务对象的权利，以及他们应得的公平待遇。此外，非营利组织的倡导功能还可以制衡利益集团的过度垄断，使政府决策过程更能顾及公共利益。通过对公共利益法案的游说及倡导，可影响公共政策的立法和执行过程及成效。事实上，非营利组织的倡导本身，即具有反映及汇集民意的功能，这种功能也可说是非营利组织的“精华功能”（the quintessential function）。[①]

从政府与第三部门提供公共服务的关系构建上看，尽管第三部门的规模、人力、物力和公共权威性，都不足以与政府部门相比拟，但是它们所具有的独特优势使得政府不得不与它们联手提供公共服务，这是因为第三部门的“代理人”角色可以减少政府部门的财政压力，增强自身的合法性，甚至转移舆论压力等，两者之间存在以下交换关系：(1) 资源交换。一方面，由于第三部门在输送服务上具有启动时间短、弹性的方案选择、针对性的服务对象等政府所没有的服务输送能力，政府不得不依赖它们来应对日益复杂的公共服务业务。(2) 政治互赖。就第三部门而言，它需要政府的支持，以取得其合法性及取信外界的标签；政府也需要第三部门的政治支持与合法性输入，以取得大众的信任，减少政策执行成本。实际上，在当代公共服务的输送上，第三部门多元、创新与弹性的做法，已经获得了越来越多民众的信赖。在此过程中，政府扮演着资源提供者与服务监督者的角色，相关的执行（生产）事项则委托非营利组织执行，两者之间业已形成紧密的“伙伴关系”。可见，第三部门的存在与发展，实际上有着更为积极的功能与使命，而非局限于扮演市场失灵或政府失败下的补偿者角色。

因此，应该从一个更为平等、协商、合作的途径，来构建政府与第三部门之间协同提供公共服务的关系类型，通过共同参与、沟通协调和信任互赖等机制来释放非营利组织提供公共服务的潜力，使各种社会资源得到最妥善有效的运用。一方面，政府通过资助、政策监管等方式，为第三部门提供良好的发展环境；另一方面，非营利组织通过各种志愿服务，在政府力所不及的领域提供公共服务，甚至发挥着创造议题、促进政策发展等重要作用。

10.4 事业单位改革

10.4.1 事业单位的性质与类型

我国的事业单位是一类很独特的组织，在某种意义上可以视为第三部门。在特定的历史背景和政治结构下，我国的事业单位覆盖了相对于“政府”和“市场”而言的广泛领

① M. Knapp, E. Roberston, and C. Thomason, “Public Money, Voluntary Action: Whose Welfare?”, in Hemult K. Anheier and Wolfgang Seibel (eds.), *The Third Sector: Comparative Studies of Nonprofit Organizations*, Berlin: Walter de Gruyter, 1990, p. 207.

域，除了政府机构和企业之外，几乎所有的社会组织都被纳入“事业单位”的范畴。[①] 而在西方国家，“政府”和“市场”之外的公共服务主要由非政府部门完成。事业单位在我国公共服务供给中占有举足轻重的地位，是经济社会发展中提供公益服务的主要载体。但是，长期以来，政府机关、事业单位和国有企业常常交织在一起，这使得事业单位和其他公共部门机构之间的界限模糊不清。[②]

事业单位是指国家为了公益目的，由国家机关举办或者由其他组织利用国有资产举办的，从事教育、科技、文化、卫生等活动的社会服务组织。我国原有的事业单位可以分为如下四类：

（1）行政执行类。行政执行类事业单位是指直接承担政府行政职能、为政府服务的事业单位，主要从事的是监管、资质认证、质检、鉴证及机关后勤服务等类的活动。这类单位在性质上属于事业单位，但从其履行的职能来说，其依据的是强制性的国家权力，行使部分行政机关职能。行政执行类事业单位作为事业单位中较为特殊的一类，由于其承担的是行政权力的执行职能，因此对其的内部管理也应具有更为严格和规范的规定。

（2）公益类。公益类事业单位是指承担公共事业发展职能、为社会服务的事业组织，主要从事的是科教文卫等社会事业与公共基础设施建设、公共事业服务相关的活动。经费由政府财政拨款或定额、定项补助。公益性事业组织范围较大，包括教育、文化、医疗卫生、城市园林绿化等方面的多个事业组织。这些事业组织承担着为公众服务的职能，公众利益是其追求的首要目标。

（3）中介类。中介类事业单位是指运用专业知识和技术为社会提供技术服务和事务代理的事业组织，包括各种中介事务所和技术咨询、培训机构等。这类社会事业组织依法承担或受政府授权、委托发展公益事业，面向社会提供服务。大部分中介类社会事业组织的发展方向是公益事业法人，部分可转变为企业或民办非企业单位。

（4）经营类。经营类事业单位是指以营利为主要目的，面向市场从事生产经营活动，为社会提供产品和服务的事业单位。这类单位多是自收自支的事业组织。其营利性是第一位的，和市场上的企业在公平的基础上展开竞争，以优质的产品和服务来取胜。从这方面来说，这和一般的生产经营企业没有太大区别。

事业单位兼有公共性与经营性的组织形态。它与政府的区别在于不仅有公共性而且有经营性，是公共服务的操作机构，它可以营利，不应简单地将事业法人机构划作非营利机构；它与企业的区别在于不仅有经营性而且有公共性，不以营利为唯一目的和首要目的，所以不宜作为企业机构；它与社团的区别在于不是个人的简单集合而是专业化、服务类的实业态组织。它的产出不是活动而是可清晰划分的某类公共服务[③]；它与非营利组织的区别在于参与的社会服务领域相对比较广泛，自身组成结构也比较复杂，同时由于政府权力的介入，它所获得的资源和服务传输方式具有一定的法定性和权威色彩，而非营利组织作为一种制度安排，其价值主要在于公共信任和社会资本。

---

① 参见杨团：《探索“第四域”》，载《学海》，2004（4）。

② 参见世界银行东亚与太平洋地区减贫与经济管理局：《中国：深化事业单位改革 改善公共服务提供》，北京，中信出版社，2005。

③ 参见杨团：《探索“第四域”》，载《学海》，2004（4）。

从范围来看，国家发展和改革委员会曾建议事业单位应在“公共事务、公益服务、社会互助和慈善援助等”领域内运作，也就是说，在今后一个时期内，事业单位所承担的公共服务职能是异常重要而不可或缺的。

在 2012 年开始的分类改革之前，全国共有事业单位 126 万个，在职人员 3 100 多万人，离退休人员 1 000 多万人。[①] 林林总总地分布于科技、教育、文化、卫生、体育、环境、旅游、后勤保障等领域，有相当一部分事业单位还担负行政委托执法职能。我国的事业单位在相当大程度上仍保留计划经济体制下的事业组织活动的方式，主要表现在如下几个方面：一是主办主体的单一性。大部分的科学研究机构、教育机构、文化机构、卫生医疗机构、体育机构及其各项事业机构绝大多数都是由各级政府主办并主管的事业组织。二是事业单位运行的行政化。在社会事业管理组织体系中，政府在很大程度上扮演着社会事业的主办者、管理者，甚至经营者的多重角色，造成政事不分和政事的一体化。[②] 三是事业单位经费的财政化。国家为事业单位提供了一切事业经费，而且还为事业单位制定了统一的事业财务制度。四是事业单位资源配置的非社会化。事业活动方式的非产业化以及国家财政拨付各项事业经费，造成了事业单位的行政化与福利化。

10.4.2　政府和事业单位的分工与合作

近 30 年来，各国政府都把改革重心放在公共服务的直接生产方式上，以此作为对其所处的两难困境的回应。具体言之，就是缩减政府生产公共服务的数量和范围，采取政府与私人部门、志愿部门、公民联合供给的方式，或由非政府力量单独供给的方式，其中，联合供给的方式成为权威型模式和其他模式的交合点。值得指出的是，在联合供给的方式中，政府的作用主要体现在资金供应和安排生产上。从广义上看，政府供应有以下几种形式：一是单纯地无偿地直接拨付资金；二是政府采购社会力量生产的公共物品；三是政府补助；四是政府不一定直接支付资金，而是采取提供物资的方式或优惠政策的方式，鼓励非政府力量参与公共物品供给。在第二、第三、第四种供应方式中，政府介入的程度逐渐变浅，非政府力量成为公共物品生产甚至投资的主体。因此，权威型模式和其他模式发生边界重合，政府供应的实质是出资购买非政府力量生产的商品和劳务。因而谁有资格生产、生产什么、生产多少、生产价格以及质量标准基本上都需要政府主动安排，而具体的公共服务的提供会更多转移到非政府部门。

根据青木昌彦市场增进论的观点，政府政策的职能在于促进或补充社会部门的协调功能，而不是将政府和市场仅仅视为相互排斥的替代物。政府将责任授予事业单位，尤其是公益类事业单位和中介类事业单位，则在相同的支出下将有更多人受惠，总成本也可降低。而且在人员配置上，事业单位的公共服务提供可以在一定程度上分摊并降低政府的人事成本和服务产出成本。自愿求公益的非营利组织或非政府部门的出现，在一定程度上是为了弥补“政府失败”和“市场失灵”所造成的缺陷。然而，公益类事业单位

---

① 参见马凯：《积极稳妥地分类推进事业单位改革》，见中国改革论坛网，2012-05-21。

② 参见张勤：《事业单位改革的方向与对策分析》，载《中国行政管理》，2003 (10)。

一般不进行物质生产，因而没有自营资金用于事业目标的实现；事业单位一般也不能制定强制性的政策、法规，因而无法运用公共权力实现事业目标。在这种情况下，事业单位就必须依赖政府组织的委托和政策优惠、企业组织及个人的资金资助来实现其志愿事业目标。政府和企业作为委托人将本应由它们提供的公共物品委托给事业单位，事业单位作为代理人提供政府和企业所需要的公共物品，体现了它们之间的合作“双赢”关系。

我国公共部门机构分为四类，政府和事业单位是其中的两类，并且大多数事业单位建立的目的是提供公共服务。1998年《事业单位登记管理暂行条例》将事业单位定义为“国家为了社会公益目的”举办的“社会服务组织”。公共服务提供机制中政府和事业单位的有效性分工实质就是政府承担必要的公共服务提供职能和公共行政责任，弥补市场失灵，而通过事业单位的介入，可以分摊政府部门在公共服务一些领域的成本，解决运行效率低的问题，同时避免政府失败的发生，提高社会参与度。政府部门和事业单位常常交织在一起，使得事业单位和其他公共部门机构之间的界限模糊不清。有一些事业单位具有公共行政的性质，还有一些事业单位常常拥有自己的经营实体，包括大学和研究机构控制的上市公司，这种边界的混乱使得政府和事业单位的关系千丝万缕、错综复杂。

在进行政府和事业单位有效分工之前，首先要明晰事业单位的分类，如前所述可以将事业单位从传统的划分变为主要的四类，即行政执行类事业单位、公益类事业单位、中介类事业单位和经营类事业单位。然后依据政府在不同公共领域的属性、特征和职能，与不同类别的事业单位进行分工合作，确立责任关系或者委托关系。

政府部门与行政执行类事业单位，主要还是职能责任上的从属关系，这一类的事业单位仍然扮演着政府部门的部分角色。对于公益类事业单位和中介类事业单位，政府部门主要是进行责任委托，提供公共服务产出的资源供应与政策支持，并且监督这两类事业单位在公共服务提供中的行为，避免公民的权益受到损害。而对于经营类事业单位，政府部门可以采取同私人部门类似的方式，通过政府工具的合理选择和使用，降低公共服务提供的外部性，以市场机制丰富公共服务的种类，提高公共服务供给的效率。

总的来说，公共服务需要在不同部门之间平衡责任的分担，形成互利和互补的网络信任关系，但毫无疑问，政府部门必须处于建立资源共享机制、制定明确契约的主动地位，这样，一个公私混合、功能互动的公共服务提供系统才能最终形成。

10.4.3 事业单位改革的历程及地方探索

我国事业单位是计划经济体制下的产物，是国家兴办并由国家管理的，按照国家计划运行的机构，需要国家财政供养。随着市场经济的发展，在计划经济体制下形成的社会事业组织形式已经不能适应经济和社会新形势的需要。我国事业单位管理体制存在的问题主要有：管理体制僵化，职能边界不清；管理机制不活，管理方式落后；人头负担沉重，事业经费不足；布局结构不合理，事业资源浪费严重；事业组织已有的改革不全面、不彻底。加快事业单位改革是简政放权、政府转变职能、建设服务型政府的必然要求。

伴随改革开放的历史脚步，事业单位改革的大幕逐渐拉开。1978年，《人民日报》等报纸提出实行“事业体制，企业化管理”；80年代中期，教育、科技、文化、卫生的体制改革开始启动。党的十六大以来，各地区、各部门积极探索事业单位改革，不断创新事业单位体制机制，稳步推进教育、科技、文化、卫生等事业单位改革，取得了明显成效（尤其是事业单位的人事、收入分配、养老保险制度及财政政策等方面的改革取得了进展），为全面深化改革积累了有益经验。

党的十六大明确提出按照政事分开的原则，改革事业单位管理体制；党的十六届三中全会确立了以人为本的科学发展观，提出政府要更好地履行社会管理和公共服务职能，进一步深化社会领域改革，强调继续推进事业单位改革。2005年的《政府工作报告》中提出“积极稳妥地分类推进事业单位改革”。党的十六届五中全会通过的《中共中央关于制定国民经济和社会发展第十一个五年规划的建议》要求分类推进事业单位改革。2004年，国务院责成中央机构编制委员会办公室牵头组成“事业单位改革小组”，对事业单位改革提出一个总体改革文件和配套改革措施。2006年，中央机构编制委员会办公室经国务院批准，出台了《关于事业单位分类及相关改革的试点方案（征求意见稿）》，提出事业单位分类及改革意见并拟选择浙江、山西、重庆开展改革试点工作。关于事业单位的分类改革，时任全国人大常委会副委员长成思危在一次国际研讨会上说：“除了对共性的问题设定统一的制度安排外，要根据不同行业和类型事业单位的公益性特点和社会化程度进行分别研究，制定相应的分类改革方案。”①

党的十七大要求围绕加快行政管理体制改革，建设服务型政府，加快推进事业单位分类改革。党的十七届二中全会通过的《关于深化行政管理体制改革的意见》对事业单位分类改革提出了明确要求：按照政事分开、事企分开和管办分离的原则，对现有事业单位分三类进行改革。主要承担行政职能的，逐步转为行政机构或将行政职能划归行政机构；主要从事生产经营活动的，逐步转为企业；主要从事公益服务的，强化公益属性，整合资源，完善法人治理结构，加强政府监管。推进事业单位养老保险制度和人事制度改革，完善相关财政政策。为了探索经验，2008年国务院决定在山西、上海、浙江、广东、重庆进行事业单位改革试点。

深圳的事业单位分类改革探索走在全国的前列。2006年7月，深圳出台《深圳市深化事业单位改革指导意见》，启动事业单位改革。按照明晰职能、分类推进、创新体制、完善监管、积极稳妥的原则全面推进事业单位改革，探索政事分开、事企分开，完善公共服务体系。此次改革将按照现有机构分类改革、管理机制和运行机制改革两步走的原则来实施，对于不同类型的事业单位，分别采取转企、撤销、纳入行政机构序列、保留、整合等办法推进改革。深圳市制定了事业单位改革配套政策，出台《深圳市市属事业单位分类改革实施方案》《深圳市事业单位改革人员分流安置办法》《深圳市事业单位转企社会保险有关问题的实施办法》等相关文件，对转企、撤销事业单位的财务资产处理、财政扶持、住

① 成思危：《在事业单位改革国际研讨会上的讲话》，见范恒山主编：《事业单位改革：国际经验与中国探索》，4页，北京，中国财政经济出版社，2004。

房分配、工商登记、权益继承以及关系员工切身利益的人员分流安置和社会保障等做了明确规定。①

2004年，笔者所承担的厦门市发改委“十一五”规划招标课题——“厦门社会事业体制创新及社会事业的产业化”的研究成果提出厦门市事业单位改革的基本思路：在合理分类的基础上，走社会化、市场化、非营利化、产业化的改革路子，并加大事业单位管理体制以及投融资体制改革的力度。

事业单位的社会化，就是将原来由政府或“错位”的事业单位行使的提供公共物品的职能以出售、转让、移交等形式交由社会主体来提供的过程，这个过程不仅包括打破旧公共服务格局的“破”，也包括构建新的公共服务体系的“立”。

社会化的核心是市场化。艾尔莎·皮利舟斯基说：“影响公共组织机构中变化的最重要的因素一直以来就是私人市场地位的上升。”② 包括事业单位在内的第三部门市场化的理论和实践与公共企业（国有企业）市场化有所不同，并不是单纯的民营化。在事业单位的市场化改革中，有两种基本模式：一种是公共企业改革意义上的民营化；另一种是“类市场机制”（或“亚市场机制”）。对于经营类事业单位，主要的改革策略应是市场化，可以采取公开出售、协议转让、多元吸股和售租联合等方式。

非营利化，即建立有中国特色的非营利组织。对于具有行政职能的事业单位，应该将其完全行政化，纳入政府序列，解决长期以来体制不顺的问题；对于经营类的单位，应该以市场化为主要导向；而对具有纯公益性或社会中介组织形态的事业单位，则应在认真甄别的基础上进行社会化，建设具有中国特色的非营利组织。

产业化主要是指按照资本经营的要求，在社会事业单位中建立和实行现代企业制度，并实行集团化经营。要按照事业单位不同的性质和承担的不同职能进行分类改革。在实行产业化方面，对承担社会公益职能的事业单位，要重新审定职能、核定编制，部分可以实行企业化经营管理；而对于那些公益性事务较少或者经营类事业单位，以及那些目前已从事大量市场经营活动、企业色彩较为浓厚的事业单位，应明确转变为企业，让其自主经营、自我发展，亦即组织这些有条件的事业单位，在单位任务不变的前提下，试行企业化管理，利用事业单位现有的设备和技术条件，从扩大服务项目中合理组织收入，走以事业养事业、以事业发展事业的路子。

集团化经营是指若干具有独立法人地位的企事业单位，为提高劳动效率，形成规模经济效益，以股权持有或合同约定的形式，通过组成经济联合体对该领域内的各种业务进行统一的经营管理。产业化重要的一点就是要实现社会事业单位的规模运作，尤其是进入新时期，社会事业单位的发展趋势必然是资产重组、强势推进，这就是所谓的“合理造大船，冲破大风浪”。

在实行社会化、市场化、非营利化、产业化改革的同时，加大事业单位管理体制以及投融资体制改革的力度。李盛霖指出：“中国事业单位改革的方向，是要建立一个能够与社会主义市场经济体制相适应，满足公共服务需要，科学合理、精简高效的现代事业组织

① 参见《深圳启动事业单位改革，探索政事分开、事企分开》，见中国政府网，2006-07-09。
② 转引自范恒山主编：《事业单位改革：国际经验与中国探索》，147页。

体系。”针对事业单位管理体制存在的主要弊端，其管理体制改革的目标是：逐步建立起符合事业单位自身特点和发展规律，政事、事企分开，单位自主用人，人员自主择业，政府依法管理，精简高效的管理体制和运行机制，适应市场经济体制需要的规范化、科学化、法制化的现代事业单位管理制度。

事业单位的投融资体制，主要指为了社会公益，由国家机关举办或者其他组织利用国有资产举办的，从事教育、科技、文化、卫生等活动的社会服务组织的投融资体制，包括项目投资管理制度、投资者的融资体系与融资方式、投资中介服务体系和投融资宏观调控体系。事业单位改革给社会事业的投融资体制改革提出了迫切要求。投融资体制改革的指导思想是：打破垄断，引进竞争，打破对政府投入的单一依赖，以投资多元化、服务社会化、发展产业化、运营市场化为导向，凡是可以借助外力加快发展的事业，大胆吸引外部资金，凡是可以通过市场配置进行调配的资源，大胆进行市场调配，凡是可以部分退出甚至全部退出的国有资本，大胆退出，通过全面开放、全方位开放，在社会事业领域形成相对成熟的投资主体多元化、投资决策分层化、融资渠道多元化、投资方式多样化、建设实施市场化、投资管理间接化的新型投融资体系。

积极探索事业单位社会化、市场化、产业化发展道路，加快管理体制及投融资体制改革的步伐，这不仅仅是事业组织自身发展的需要，更是我国社会经济发展、建设服务型政府及和谐社会的必然要求。

10.4.4　深化事业单位改革的方向

2011 年 3 月 23 日，《中共中央国务院关于分类推进事业单位改革的指导意见》（简称《指导意见》）发布。这标志着我国事业单位改革进入了新的阶段。

为什么要分类推进事业单位改革？《指导意见》指出：当前，我国正处于全面建设小康社会的关键时期，加快发展社会事业、满足人民群众公益服务需求的任务更加艰巨。面对新形势新要求，我国社会事业发展相对滞后，一些事业单位功能定位不清，政事不分，事企不分，机制不活；公益服务供给总量不足，供给方式单一，资源配置不合理，质量和效率不高；支持公益服务的政策措施还不够完善，监督管理薄弱。这些问题影响了公益事业的健康发展，迫切需要通过分类推进事业单位改革加以解决。

《指导意见》明确提出改革的指导思想、基本原则、总体目标和分类改革的内容及措施。要求到 2020 年，建立起功能明确、治理完善、运行高效、监管有力的管理体制和运行机制，形成基本服务优先、供给水平适度、布局结构合理、服务公平公正的中国特色公益服务体系。今后 5 年，在清理规范基础上完成事业单位分类，承担行政职能事业单位和从事生产经营活动事业单位的改革基本完成，从事公益服务事业单位在人事管理、收入分配、社会保险、财税政策和机构编制等方面改革取得明显进展，管办分离、完善治理结构等改革取得较大突破，社会力量兴办公益事业的制度环境进一步优化，为实现改革的总体目标奠定坚实基础。事业单位分类改革的内容及措施包括科学划分事业单位类别、推进承担行政职能事业单位改革、推进从事生产经营活动事业单位改革、推进从事公益服务事业单位改革、构建公益服务新格局、完善支持公益事业发展的财政政策等。

《指导意见》提出按照社会功能将现有事业单位划分为承担行政职能、从事生产经营活动和从事公益服务三个类别。对承担行政职能的，逐步将其行政职能划归行政机构或转为行政机构；对从事生产经营活动的，逐步将其转为企业；对从事公益服务的，继续将其保留在事业单位序列、强化其公益属性。根据职责任务、服务对象和资源配置方式等情况，将从事公益服务的事业单位细分为两类：承担义务教育、基础性科研、公共文化、公共卫生及基层的基本医疗服务等基本公益服务，不能或不宜由市场配置资源的，划入公益一类；承担高等教育、非营利医疗等公益服务，可部分由市场配置资源的，划入公益二类。这是社会事业单位体制改革的前提条件。

党的十八届三中全会审议通过的《中共中央关于全面深化改革若干重大问题的决定》进一步提出加快事业单位分类改革，加大政府购买公共服务力度，"实现发展成果更多更公平惠及全体人民，必须加快社会事业改革，解决好人民最关心最直接最现实的利益问题，努力为社会提供多样化服务，更好满足人民需求"。

加快教育、科技、卫生、文化、就业和社会保障等社会事业领域的综合改革，满足人民日益增长的公共服务需求。

推动公办事业单位与主管部门理顺关系和去行政化，创造条件，逐步取消学校、科研院所、医院等单位的行政级别。

建立事业单位法人治理结构，推进有条件的事业单位转为企业或社会组织。建立各类事业单位统一登记管理制度。

改革政府提供公共服务的方式，加大政府购买公共服务力度，在社会事业中引入竞争机制，提高公共服务的质量和效率。

建立各类事业单位统一登记管理制度，方便群众，改善服务，加强管理。

《中共中央国务院关于分类推进事业单位改革的指导意见》以及《中共中央关于全面深化改革若干重大问题的决定》为新时期深化事业单位改革指明了方向。

第 11 章

战略管理

作为一种新的管理途径或研究途径，公共部门战略规划与战略管理兴起于 20 世纪 80 年代。它试图通过对组织内外环境变量、组织长期目标以及组织角色与环境的匹配的关注，来提高组织实现其使命的内在能力。而在以内部为取向的传统的公共行政（学）中，战略概念是没有地位的，它很少考虑外部环境、长期目标或组织的未来一类的问题。从传统公共行政到公共部门战略管理是一种管理的嬗变，它是在特定的历史背景下发生的。加强公共部门战略管理的研究，对于推动我国公共管理知识体系的更新，推进我国国家治理转型及政府管理职能与方式的转变有重要的理论与实践意义。本章主要讨论私人部门的战略管理、公共部门战略管理的兴起、公共部门战略管理的范围等方面的问题。

11.1　私人部门的战略管理

公共部门历来就有借鉴私人部门管理经验和技术的传统。公共部门战略管理的兴起在很大程度上是私人部门战略管理模式示范性影响的结果，私人部门的战略管理是公共部门战略管理的先导。

11.1.1　私人部门战略管理的演进

“战略”（strategy）一词来源于军事术语。“在西方，战略一词来源于希腊语‘strategos’或演变出的‘stragia’。前者意为‘战役’、‘谋略’，均指指挥军队的艺术和科学。”① 从 19 世纪

① 王德中编著：《企业战略管理》，3 页，成都，西南财经大学出版社，1999。

开始，西方的军事战略理论逐渐形成不同派别，如约米尼的《战争艺术》、克劳塞维茨的《战争论》、利德尔·哈特的《战略论》等。

虽然战略观念在私人部门里有内在的吸引力，但它真正以连贯的形式被运用还是在二战后。第一个将战略观念引入企业管理理论与实践的是美国经济学家切斯特·I. 巴纳德。他在1938年出版的《经理人员的职能》一书中首先使用了战略概念，指出了企业生存与发展的必要条件。①

私人部门战略管理途径的形成经历了几个阶段。海克斯和马吉道夫认为，战略计划的演变分为五个阶段：预算与财务控制阶段、长期计划阶段、企业战略规划阶段、公司战略规划阶段和战略管理阶段。② 虽然公司战略规划阶段与企业战略规划阶段存在实质性区别，但两者可归属于同一发展阶段，即战略规划阶段。因此，这里，我们将分四个阶段来描述私人部门战略管理途径的发展历程。

1. 预算与财务控制阶段（20世纪50年代以前）

在20世纪50年代以前，私人部门流行的计划形式是预算与财务控制，它在50年代发展为资本预算和目标管理。它是在法约尔和泰勒的“计划（内部规划）”理论的指导下形成的。这一阶段的特点是内部取向的，企业依靠编制预算和实行财务控制来组织生产经营活动，以提高企业运行的计划性和协调性。由于预算按年编制，并往往根据现状来编制，故它是极为有限的计划形式，依据这种短期的财务结果可能产生短视的管理方法。

2. 长期计划阶段（20世纪50年代初至60年代初）

长期计划理论是战略管理理论的雏形。进入20世纪50年代，西方企业的外部环境发生根本变化，需求结构升级，科技水平不断提高，全球化竞争日益加剧。在这种形势下，传统科学管理理论已不适应企业发展的需要，企业不得不改变内部控制式管理，面向外部，对未来发展进行长期规划。这种长期规划的前提或假设条件是：环境虽然不断发生变化，但变化的趋势是过去的延续，其复杂性是可以预测的。其实质是根据历史情况，通过趋势外推法对企业未来环境的变化做出预测，从而制订出长期计划以应付这些变化。在这一时期，企业长期规划的主要活动集中于通过合并实行企业经营多样化、跨国经营、一体化发展等战略措施。③

3. 战略规划阶段（20世纪60年代初至70年代初）

长期计划的盛行是与20世纪50年代的市场高度发展、可预测的趋势、一元化的公司（基本上由一家企业控制一家公司）以及竞争者之间低层次竞争的局面相适应的，而到了60年代，由于政府严格的限制以及各种调节政策，企业失去了对环境的控制，而且由于外部环境的复杂性和交互作用，企业难以预测环境的变化。企业要发展，就必须具备对外部环境变化做出迅速反应的能力，并且要适应环境的变化，选择灵活性的战略。因此，长期规划被战略规划所取代。

战略规划的先行者是美国通用电气公司。从1971年开始，该公司每年从1月3日到

---

① 参见孙海鸣、刘乃全：《企业战略高级教程》，15页，上海，上海人民出版社，2002。

② 参见［澳］欧文·E. 休斯：《公共管理导论》（第2版），177页。

③ 参见黎群主编：《企业战略》，4页，北京，中国铁道出版社，2000。

12 月 6 日都进行战略规划。[①] 战略规划强调通过一个有清晰步骤的、受控的、有意识的正式规划过程来产生战略，其侧重点在于战略的制定和行动方案的形成。战略规划不再只是利用简单外推法进行预测，而是对企业的外部环境进行详尽分析、寻找关键因素、预测未来的发展趋势、分析企业内部能力、寻找独特的竞争优势，从而实现外部环境与企业内部能力的最佳匹配。它可分为以下几个步骤：目标确定（发展系统阐述或量化组织目标）、外部审查（分析和发现对组织发展构成的威胁和新的发展机会）、内部审查（对组织优势和劣势的把握）、战略评价与选择、战略分解和计划、战略控制等。

战略规划的基本假设是组织能够预测它周围环境的发展动态，并能控制它，或简单地认为它是稳定的；思考与行动可以分开，战略制定应当从战略实施中分离出来。战略规划注重理性的分析和深思熟虑的计划，它把战略计划的制订局限于计划人员的范围（甚至连高层管理人员也被回避），忽视企业的能力因素和战略计划的实施，认为战略一经制定，就会自动得到执行。

战略计划在 20 世纪 80 年代初遇到了麻烦。许多公司削减了战略计划，最引人注目的是美国通用电气公司取消了战略计划，并对此“写了一本纪实性的书”。美国《商业周刊》在 1984 年指出：“对美国企业的命运在超过 10 年的，几近于独裁的统治之后，战略计划人员的统治将结束了”，“由计划人员制定的，想象中非常完美的战略中只有很少数得到了成功的贯彻”，“这是一场计划人员和管理人员之间的血战”。[②]

4. 战略管理阶段（20 世纪 70 年代初至今）

由于战略规划忽视战略实施的这一致命缺陷，从 20 世纪 80 年代初起，战略规划衰落，逐渐被战略管理所代替。按照美国学者安索夫（Igor H. Ansoff）在《新公司战略》（1988）一书中的说法：“战略规划与战略管理的区别在于，前者的焦点是制定恰当的决策，而后者侧重的是战略结果的产生：市场、新产品、新技术。”战略规划是由一个专门的部门制定的，而战略管理涉及所有组织部门，它更综合、完备，它不是仅仅制定出计划，而是旨在将战略观念贯穿于组织的所有部分，并包含每个行政体系。[③] 它不是机械地运行，而是承认个体与群体所扮演的中心角色及企业文化的影响。战略管理包括战略制定、实施、战略实施过程的控制，以及战略管理结果的评价。它是一个全面的、动态的管理过程，而不是静态的、一次性的管理。它要求预测环境的突变和及时对此做出反应，抓住环境中出现的机会，回避威胁。它要求周期性程序和因地制宜并存，定期的战略管理与渐进战略、应急战略相结合。

总之，正是由于企业所处的技术、市场、社会、政治、经济等外部环境因素在过去几十年中发生了翻天覆地的变化，一门新兴管理分支——战略管理——得以诞生和发展。它开始于长期规划理论的雏形，逐渐演进到战略规划，最后发展成既包括战略决策和制定，又包括战略实施的全面、系统的战略管理理论。表 11-1 列出了战略管理演进的四个阶段及其主要特征。

---

① 参见［美］明茨伯格等：《战略历程：纵览战略管理学派》，38 页，北京，机械工业出版社，2002。

② 参见上书，44～45 页。

③ 参见上书，38 页。

表 11－1 企业战略管理的演进历程

	预算与财务控制阶段	长期计划阶段	战略规划阶段	战略管理阶段
产生时间	20 世纪 50 年代以前	20 世纪 50 年代初至 60 年代初	20 世纪 60 年代初至 70 年代初	20 世纪 70 年代初至今
环境假设	环境是简单的、重复发生的	过去的情况必将持续到未来，未来是可以预测的	环境的变化和趋势是可以预测和控制的	环境变化充满不可预测的、非连续性事件
管理重点	内部的预算、财务控制和目标管理	以对环境的预测和制订长期计划为重点	注重观察环境中的威胁与机会和组织的优势与弱势，侧重点在于战略制定和行动方案的形成	因应和预应环境突变及出现的机会和威胁，制定战略和实施战略并重
管理程序	年度财务周期	周期性程序	周期性程序	因地制宜与周期性程序并存
目标价值	财务预测	规划未来	预测和控制未来	创造未来
管理趋向	内部控制型	趋势外推法	程式化	非正式化和应急型

11.1.2 私人部门战略管理研究的十大学派

在 20 世纪 90 年代，战略管理研究进入一个新的阶段，产生了许多更为复杂、差别更细微的学派，出现了多个前沿领域齐头并进、百家争鸣的局面。美国学者亨利·明茨伯格、布鲁斯·阿尔斯特兰德和约瑟夫·兰佩尔在 1998 年合著的《战略历程：纵览战略管理学派》一书中，将十种不同的战略思维方式归纳为战略管理研究的十大学派，从而为我们提供了一条从战略管理丛林迷雾中走出来的捷径。在这里，我们将参照该书的论述，分三个阶段分别介绍这十大学派，以把握战略管理理论发展的历史脉络和演变规律。

1. 第一阶段：理性分析阶段（20 世纪 60 年代初至 80 年代中期）

它是规范性的，强调研究战略应如何形成，战略应如何明确地表述，侧重于描述理想的战略行为，而不是战略形成过程中的一些必要工作；它以理性主义为特征，战略是分析，是计划的、有意图的活动，战略与逻辑的、理性的计算相联系。这一阶段主要有设计学派、计划学派以及定位学派（见表 11－2）。

表 11－2 理性分析阶段的三大学派

	产生时代	代表人物	核心概念	主要观点	特点
设计学派	出现于 20 世纪 60 年代	菲利普·塞兹尼克，著有《经营中的领导能力》；阿尔弗雷德·D. 钱德勒，著有《战略与结构：工业企业的历史篇章》；肯尼思·安德鲁斯，著有《经营策略：内容和案例》	设计	战略制定应是一个有控制的、有意识的思考过程；战略的思考与控制是首席执行官的责任；战略制定过程必须是简单和非正规的；当战略形成一个完整的观念时，设计过程才算结束；只有在经过设计过程而	侧重于设计战略制定的模型以寻求内部能力和外部环境的匹配。建立了著名的 SWOT（strength，weakness，opportunity and threat）模型。该模型考察了企业面临的威胁和机会（外部评价）以及企业本身的优势和劣势（内部评价），充分体现了组织内外部关系对制定战略的重要性。但设计学派将战略看作非正式的设计过程，基本上还属于一

续前表

	产生时代	代表人物	核心概念	主要观点	特点
				产生总体战略后，才能进行战略执行	种构想；它奉行“想了再做”的格言，将思考与行动分开，将战略形成和战略实施分离，割裂了它们之间的动态联系
计划学派	出现于20世纪60年代，在70年代达到高峰	安索夫，1965年著有《公司战略》	计划、方案	战略制定是理性的、有控制的、自觉的和正式的计划过程；首席执行官原则上对整个战略过程负责，而实际上则由计划职能人员负责战略的具体制定工作；战略需要经过一定的程序，将目标、预算、日程和操作计划予以分解，以便实施	理性化、客观化、规范化，并便于操作，注重运用理性分析方法和设计计划模型，去形成最优化的战略决策或计划方案，但过分强调理性的分析和深思熟虑的计划，而忽视了人的非理性和随机应变的战略；它将思考与行动分离，将战略制定局限于专职计划人员的范围，而忽视了战略的实施
定位学派	兴起于20世纪80年代	创始人是哈佛大学商学院的迈克尔·波特教授，著有《竞争战略》	定位	战略就是要确定企业在市场上一般的和实际的位置；战略制定过程是以计算为基础的分析和选择过程；战略分析人员在战略定位过程中有着非常重要的作用	更注重战略的实际内容而不是战略形成过程，强调了企业外部环境，尤其是行业特点和结构因素对企业投资收益率的影响，并提供了诸如五种竞争力模型（供应商、购买者、当前竞争对手、替代产品厂商和行业潜在进入者）、行业吸引力矩阵、价值链分析等一系列分析技巧，帮助企业选择行业并制定符合行业特点的竞争战略。但它也存在与计划学派一样的过于强调正式的分析和将思考与行动分离的弊端，并有宿命论的趋向

资料来源：文理等编著：《企业战略管理：原理、实例、分析》，19～22 页，合肥，中国科技大学出版社，2001。

总之，设计学派、计划学派和定位学派是属于理性主义的，它们注重规范性、计划性、正式性和运用规范的模型来分析问题。虽然这三大战略管理学派的形成和发展对战略管理做出了奠基性的贡献，但是也存在明显的缺陷。它们忽略了对内部条件包括组织结构、管理机制和企业文化等的分析，忽略了内部资源、核心竞争力对组织战略选择的影响；过分强调理性思维、数量方法和精密模型的运用，忽略了战略思维的非理性方面以及环境突变的影响。“在这些思潮的直接影响下，美国在 60 年代至 80 年代出现了以购并为主的多元化发展浪潮，但结果并不理想，有人认为对此应负有责任的正是这些学派。”①

2. 第二阶段：非理性阶段（20 世纪 80 年代中期至 90 年代初）

这一阶段是非理性主义的，战略管理掀起对理性分析的质疑，开始注重对战略形成过程中人的因素、非理性因素、行为因素、文化因素的研究。企业家学派、认识学派、学习

① 徐景明：《企业战略管理理论的演进与发展》，载《华东经济管理》，2001（3）。

学派、权力学派、文化学派、环境学派等六大学派，都属于这个阶段（见表 11－3）。

表 11－3　　非理性阶段的六大学派

	产生时代	代表人物	核心概念	主要观点	特点
企业家学派	起源于 20 世纪 50 年代	舒彼特（Schumpeter），科尔（Cole）	远见	具有战略洞察力的领导人是战略过程的主角；存在于组织领导人心中的战略，既是一种观念，更是一种特殊的、长期的方向感，是对组织未来的远见；战略形成带有不完全自觉的特性，依赖于领导者个人的经验和直觉；企业家式的战略既是深思熟虑的，又是随机应变的，在远见的整体感觉上是深思熟虑的，在展开远见的具体细节上是随机应变的	承认非凡领导人在战略形成中的作用，重视直觉、判断、经验和洞察力等非理性因素的意义；但过分夸大了领导的超人能力的作用，用领导的超人能力来取代实质性的组织建设
认识学派	起源于 20 世纪 50 年代	赫伯特·A. 西蒙	心理框架	战略实质上是一种直觉和概念，战略的制定过程实质上是战略者的认识过程；由于战略者所处的环境是复杂的，这种复杂性限制了他们的认识能力；更何况面对大量真假难辨的信息和有限的时间，战略过程也可能被歪曲。由于战略很大程度上依赖于个人的认识，所以不同战略者在战略风格上差异会很大	它采用认识心理学来解释战略家的思想，把战略看成一个认识或概念形成的过程，注重研究战略决策中人的认知过程、产生失真和洞见的心理根源，但它对战略管理研究的实际贡献不大
学习学派	20 世纪 80 年代初	奎因（J. B. Quinn）1980 年出版的《应变战略：逻辑渐进主义》，成为学派起点	学习和应变	组织环境是复杂和变化莫测的，战略制定首先必须采取不断学习的形式，战略制定与执行的界限是难分的；战略学习是以应急的方式进行，是在行动中学习的；战略学习是分散的，是集体的学习；领导的作用不再是预先决定战略，而是组织战略学习；组织中存在许多潜在的战略家	将思考与行动、控制与学习以及稳定与变革相统一，形成了一个战略制定的草根模式，对传统的深思熟虑战略提出挑战，但它也可能导致战略的分散、迷失和错误
权力学派	20 世纪 70 年代初	艾利森（Graham Allison）；法伊弗（Pfeiffer）和萨兰西克（Salancik）	权力、谈判、策略	权力学派认为整个战略制定的过程实际上是各种正式和非正式的利益集团运用权力、施加影响和不断谈判的过程；这一过程产生的战略是具体的、应急的，并采取定位和策略的形式，而非观念形式；总是存在对战略认识的争议，不存在共同认可的战略意图，很难形成统一的战略和对战略的执行活动	它考虑了政治因素和权力因素在战略形成中的作用，提出了“联盟”“政治对策”“集体战略”的思想，但它往往忽视领导能力、文化以及战略概念本身，难以形成整体战略观

续前表

	产生时代	代表人物	核心概念	主要观点	特点
文化学派	20世纪80年代兴起于对日本企业经营之道的研究	彼得斯和沃特曼	组织文化、特色竞争力	将战略制定视为观念形态的形成和维持过程。认为战略制定过程是集体行为的过程，建立在由组织成员共同拥有的信仰和价值观之上；战略采取了观念的形式，以组织成员的意愿为基础，表现为有意识的行为方式；由于存在共同的信仰，组织内的协调和控制基本上是规范的；战略的变化不会超出或违背企业的总体战略观点和现存文化	由外到内，植根于对组织内部文化的研究，引入了集体思维，有利于树立整体观念，但特定的组织文化有可能鼓励维持现有的战略，反对进行战略变革
环境学派	20世纪70年代末	安索夫	环境适应	环境作为一种综合力量向组织展现自身，是战略形成过程中的中心角色；组织和领导成为被动成分，战略源于组织受环境影响的被动反应。组织必须适应环境，并在适应环境的过程中寻找自己生存和发展的位置。事实上并不存在组织内部的战略者，也不存在任何内部的战略过程和战略领导；环境迫使组织进入特定的生态位置，从而影响战略，拒绝适应环境的企业终将死亡	将注意力转移到组织外部，重点研究组织所处外部环境对战略制定的影响。认识到人的战略选择的环境制约性，提出了“偶然性理论”和“战略适应”观念。但它也忽视了人的主动选择能力

资料来源：文理等编著：《企业战略管理：原理、实例、分析》，19～22页。

总之，非理性阶段不再只是抽象地研究最优化战略形成的要求和战略制定行为的规范，而注重描述在实际中战略如何实施的问题。相比理性阶段，它们更注重对人性、环境、文化等非理性因素的研究和分析，从非理性角度完善了对组织战略的认识，真实描绘了种种现实因素对战略制定的影响力量。但这些学派各执一端，过于分散，许多战略管理学者都试图将以上各个流派的观点兼收并蓄，从多方面而不是一个方面反映企业战略的本质特性。于是，战略管理研究进入了下一个阶段，出现了一个新的学派——综合学派。①

3. 第三阶段：整合阶段

整合阶段主要产生一个学派，即综合学派或结构学派。这一学派的根源可以追溯到1962年钱德勒的《战略与结构：工业企业的历史篇章》这一开拓性著作。在20世纪90年代，这一学派获得了迅速发展。它认为，大多数时候，组织都可被描述为某种稳定结构，但这种稳定时期偶然被一些转变过程所隔断——向另一种结构的量的飞跃；战略的

① 参见徐景明：《企业战略管理理论的演进与发展》，载《华东经济管理》，2001(3)。

关键就是维持稳定，但会周期性地认识到转变的需要；组织战略制定过程是一个典型的由一系列因素构成的集合的形成过程。在此过程中，某一特定类型企业在某一特定时期内采取了某一特定行为，恰好与某一特定类型的环境相吻合。战略制定过程可以仅仅是一个概念设计的过程（设计学派），也可以是一个正规计划的过程（计划学派），或是系统分析的过程（定位学派），或是知觉认识的过程（认识学派）；战略制定过程可以是组织中某一个人的认识过程（企业家学派），也可以是一个集体的学习过程（学习学派），或是权力作用的过程（权力学派）；战略制定过程可以是由个别领导推动（设计学派、计划学派、定位学派、企业家学派等），也可以受企业文化推动（文化学派），还可以受外部环境推动（环境学派）。每一种结构的选择都必须与企业所在的时期和条件相适应。

总之，随着战略管理的实践的发展，战略管理的理论也在不断演变，逐步由静态转为动态，由战略制定与实施相分离转为相结合，由注重理性分析转变到重视行为和非理性因素，由单一转向综合。但这个学科尚没有统一的范式，还处于不断发展和完善之中。

11.1.3 对十大学派的综合分析

正如明茨伯格所说的，“战略形成的整体就像是一头大象”，通常我们就像是盲人摸象，都只能触摸到大象的一部分，或是象腿、象鼻、象牙，或是耳朵和尾巴。而学者与咨询人员就好比屠夫一样，都是从自己方便的角度来演绎现实，就像是偷猎者掰走了象牙，而任凭大象的身体逐渐腐烂。① 应该超越每一个学派的狭窄视野，拆除自己领地的栅栏，探究大象的所有部位，而非某个部位。战略管理理论的发展历程，展示了一张战略管理这头大象的整体轮廓图，有助于人们对战略形成过程进行整体的理解；而对这十大学派的进一步综合分析，将使这张轮廓图更为清晰，从而为把握战略管理的理论框架奠定基础。

《战略历程：纵览战略管理学派》一书的作者从复杂性、整体化、通用性、控制问题、集体问题、变化问题、选择和思考八个方面探讨了十大学派的争论点。在这里，我们引入“战略坐标”这个概念，借鉴该书对争论点的分析，对十大学派在共同坐标中的定位进行比较分析。

环境假设。环境是稳定可控的还是变化莫测的？计划学派和定位学派往往把环境看作稳定的，可以领会和控制的；设计学派和企业家学派也假定战略家或首席执行官总能了解和把握环境的变化；而环境学派认为战略是对不可控制的环境的被动反应；学习学派和权力学派更是将环境假定为不可预测和难以控制的，充满各种突变和异变；文化学派却往往陶醉于组织内部独特文化的探究，对外部环境漠不关心。

控制问题。战略形成是深思熟虑的还是应急的？即预先控制与后来的学习需求要达到什么程度？这关系到对外部环境变化的应该关注程度和对组织内部成员、文化和结构的重视程度。三个理性学派都积极推行深思熟虑的战略，企业家学派也是如此（虽然不很正

① 参见［美］明茨伯格等：《战略历程：纵览战略管理学派》，246页。

式)，认识学派的一个分支对战略家处理战略问题的能力产生了怀疑，而学习学派则不考虑战略的深思熟虑，只赞同应急的战略。

战略家。谁是战略家，或组织的战略思想从哪里来？战略形成是一个个人过程，还是集体过程、技术过程、生理过程？设计学派和企业家学派是一个极端，它们将战略家归结为具有独特魅力的组织领导人；而另一个极端是学习学派、权力学派和文化学派，它们认为战略家不是个人，而是集体，是学习者（任何人）、有权之人或团体成员；计划学派和定位学派把战略思想的来源归结为专门的计划部门或分析部门；在环境学派和认识学派的眼里，战略思想的来源是外部世界或生物学意义上的大脑。

战略创新。怎样处理战略的稳定和创新的关系？战略创新采取什么形式？战略创新的来源是什么？就第一个问题来说，计划学派周期性地使稳定和变化轮回：通过明确的计划制定战略，同时又每年按照预定计划进行修改，非常方便，但也很不可靠。权力学派认为，战略是随着新挑战的产生而处于永恒变化的状态；学习学派主张战略学习是永无止境的，战略也总是不能完全确定的；"而对于环境学派和文化学派来说，战略即使变化也是非常之少：组织或其战略家选择某种学派或文化落入某个精神框框，然后从此永远抱着不放"①。就第二个问题即战略创新的形式来说，结构学派非常看重偶然的却有分量的和革命性的变化；设计学派和企业家学派也暗含有类似变化形式；学习学派允许渐进的变化（偶尔会有突然的洞悉和升华）；计划学派也倾向于推行渐进的变化；虽然不是刻意的，但权力学派却描述了由冲突产生的不连贯的零碎的变化。就第三个问题即战略创新的来源来说，学习学派认为是通过做，设计学派认为是通过想，计划学派认为是通过策划，定位学派认为是通过计算，权力学派认为是通过争论来产生新的战略。

战略选择。战略家受到环境制约的程度有多大？其主观选择程度又有多大？环境学派、认识学派和文化学派存在宿命论思想，即境遇决定战略家的观点。而设计学派和企业家学派是唯意志论的，认为其"伟大的领导者"几乎无所不能。计划学派和定位学派存在唯意志论的假设，计划人员和设计师们能对环境做出精确的预测和计算，然而计划学派也不得不发现，周密的预定计划常常被不期而至的变化所搅乱，"而定位学派则唯恐真的作出选择，在自由意志的幌子下炫示着宿命论"②。只有权力学派和学习学派在环境制约性和主体选择性之间达到了一定的平衡。

战略思考。思考与行动是什么关系？组织应在多大程度上专注于战略思考？三个理性学派往往将思考与行动分离，痴迷于战略设计和分析过程而忽视对实际行动的控制；而认识学派却分析了战略思考可能出现的失真；学习学派注重实际的战略行动，但它并非否定思考，而是强调了思考与行动的一致，在行动中思考和学习，更重要的是，它还恢复了对非理性的思维（洞察力和灵感）的重视。

对十大学派在同一坐标中的比较，可以显示出它们的细微差别，这有助于对十大学派的相互关系的整体把握。这十大学派既可以看作对不同过程的描述，也可以看作同一过程的不同部分。

首先，这些学派应该是整个战略形成过程中的某些阶段或方面，每个战略过程都必须

①② ［美］明茨伯格等：《战略历程：纵览战略管理学派》，244 页。

将这些学派的各个方面结合起来。[①] 战略过程不可能是绝对的精心策划或纯粹的自然发生，而是介于两者之间；战略形成是判断性的设计、直觉的愿景和应急中的学习；战略是渐进和改革之间的平衡；战略既可能转换，又可能永久；战略必须融合个人的认知和社会的交互作用、合作和冲突；人们不得不在过程之前进行分析，在过程之中进行谈判，在过程之后进行谋划，而所有这些都是对环境的需求做出反应。[②] 其中，每一个学派在战略形成中都做出了各自的贡献。图 11－1 表示了各学派在战略形成这个单一过程中相互之间的位置。

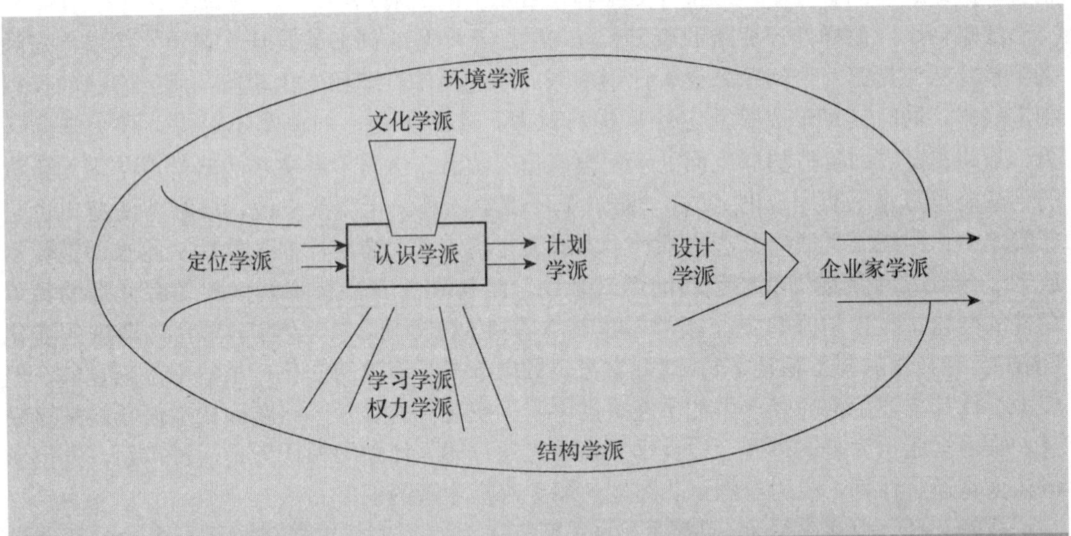

图 11－1　作为一个过程的十种学派

资料来源：［美］明茨伯格等：《战略历程：纵览战略管理学派》，248 页。

在图 11－1 中，黑线框代表战略制定的实际形成，认识学派进入了其中，它试图探究人的认知过程（带着显微镜）；定位学派则在黑线框后，它向后看，试图查找已有的（历史的）资料，以明确组织定位；计划学派向前看，但只是稍稍靠前，它试图预测和控制环境；设计学派看得更远，留心战略观念；而企业家学派更靠前，试图形成对未来的独到远见；学习学派和权力学派处于下方，它们往下看，看到地面，甚至看到草根，权力学派还试图认清组织一些不总是想暴露的东西，它们也从下往上看，但往往只见树木不见森林；文化学派是从上往下看，笼罩在信念的云雾中；而更上方的环境学派，可以说是在观望，对内部过程不太关心；结构学派观察的是过程本身，或过程的所有方面。[③]

其次，这些学派可以看作对不同战略过程的描述，某一过程可以倾向于其中的某一学派。图 11－2 用外部环境表面看来的可控制程度（纵坐标）和所设定的内部过程的随意程度（横坐标），来展示本身作为过程的学派。计划学派和定位学派把战略形成看作一个在

① 参见［美］明茨伯格等：《战略历程：纵览战略管理学派》，245 页。

② 参见［美］芝加哥大学商学院等联合编辑：《把握战略：MBA 战略精英》，15 页，北京，北京大学出版社，2003。

③ 参见［美］明茨伯格等：《战略历程：纵览战略管理学派》，248 页。

想象中的可控环境中的理性过程，认识学派、学习学派和权力学派（微观派）把战略看成在被认为不可预测环境中的更为自然或有机的过程，而企业家学派是在表面可控环境中的随意过程，环境学派却期望组织对不可能控制的环境做出理性反应。① 故企业家学派的作用在创业期和显著的转折期表现突出，学习学派在动态的、难以预测的环境中更加必要。有时，相对社会的交互作用，战略形成的过程表现得更加需要个人的认知（尤其是在小企业中）；有时战略看起来更加理性和具体（尤其是在成熟的、大批量生产的产业和政府机构中），但是，有时候战略看起来更像是一种适应性的应急（就像在动态的、高技术的产业中）。②

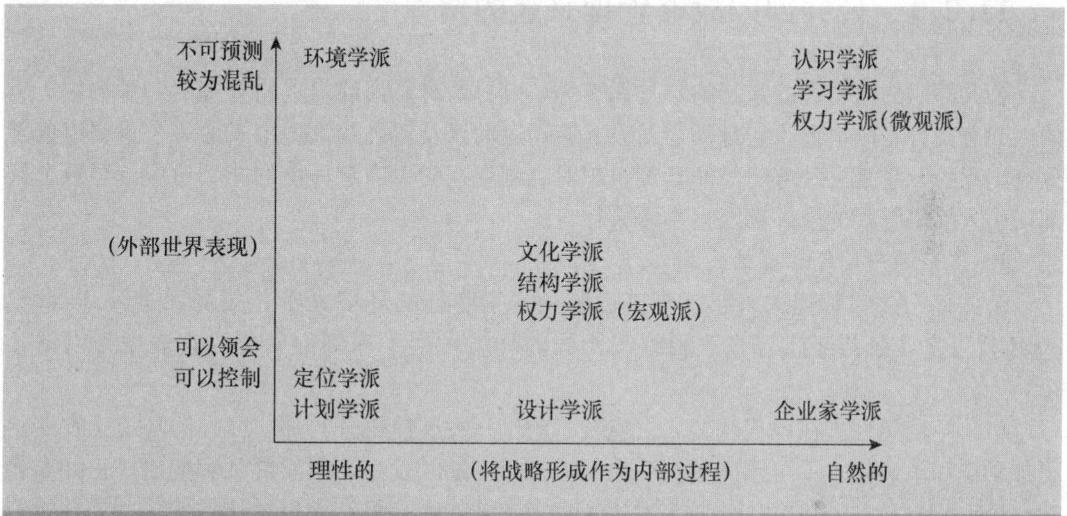

图 11-2　本身作为过程的学派

资料来源：［美］明茨伯格等：《战略历程：纵览战略管理学派》，247 页。

11.2　公共部门战略管理的兴起

公共部门战略管理的兴起既受到私人部门战略管理的示范性影响，也是公共部门管理改革和环境变化的必然结果。在私人部门战略计划和战略管理模式的示范性影响下，公共部门战略规划和战略管理也随后兴起。按照澳大利亚学者欧文 · E. 休斯在《公共管理导论》一书中的说法，战略计划在公共部门的运用，是在 20 世纪 80 年代，它落后于私人部门十几年；而战略管理的引入，却是在 80 年代后期，只比私人部门晚几年。20 世纪战略管理的大部分工作主要是在私人部门发生的，直到 20 世纪 80 年代，这种在私人部门兴起的战略管理技术才在公共部门引起回应。战略规划在公共部门最早大规模

① 参见［美］明茨伯格等：《战略历程：纵览战略管理学派》，246 页。
② 参见上书，245 页。

的运用是在军队组织和为政之道中，随后它也被逐渐运用到公共与非营利组织中。① 如美国国会 1993 年通过《政府绩效与结果法》，要求“到 1997 年所有联邦政府机构都必须实行战略规划。在许多州政府机构中，正式的战略规划得到了普遍的采用，甚至像怀俄明这样的小州也使用了战略规划技术……在非营利部门，一项研究表明，在随机从 104 个艺术组织和 38 个精神护理机构中抽取的 44 个非营利组织中，仅 8 个没有从事正式的战略规划。另外一项研究也表明，在差不多 200 个非营利组织的抽样中，有一半以上的组织采用了许多特定的战略去对付财政紧缩和不确定的环境”②。

11.2.1 公共部门战略管理兴起的背景

公共部门战略管理的兴起绝不是偶然的，或只是对私人部门战略管理的一种响应。它的兴起有其自身的根源，它是作为新公共管理运动以及新公共管理范式的一个重要组成部分而出现的，它是公共部门与非营利组织对急剧变迁的不确定环境的能动适应。导致公共部门引入战略管理的内外部因素主要有：

1. 复杂的不确定环境的挑战

公共部门战略管理的兴起是与其面临的复杂变迁的环境紧密相关的。进入 20 世纪 80 年代以来，公共部门与非营利组织所处的环境发生了深刻的变化。它表现为以下几个特点：

（1）不确定性。在现代社会，信息技术的迅猛发展使得公共部门面临的环境正在变得更加动态和不确定。不可预测的突变在整个社会中随时发生，引发混乱和危机。正如布赖森（Bryson）所说的：“过去 20 年发生了太多的事件和趋势：人口统计的变化、公共价值的变迁、高涨的激进集团主义、公共服务的私有化、受限制的税收水平、无拨款的联邦和州的计划、联邦和州的职责和资助优先性的变迁、易变的全球经济和非营利组织作用的提升等，这些都要求公共部门与非营利组织做出适当的反应。”③ 这是一个“不确定”的时代，一个“混沌”的时代。一切过去确定不移的东西现在都变得不确定了，一切清晰的东西都变得模糊了，传统的信条、固定的领域的划分、组织的使命甚至公与私的差异等都变得不确定、不清晰了。这种环境的不确定要求公共部门与非营利组织必须前所未有地进行战略性的思考和行动，必须将洞见变成有效的战略去应对变迁的环境，必须开发必要的理性以奠定战略执行的基础。

（2）相互关联性。环境的变迁伴随着世界的相互关联和交错。这种提高的关联性在三个传统界限（即国别、政策领域的划分及公共部门、私人部门和非营利组织间的界限）的模糊化中十分明显地表现出来了。信息技术的进步使世界经济的全球化和一体化进程日益加快，传统严格区分的国界正被流动的跨国经济所抹平，令人眩晕的国际合作和交流使世界逐渐融为一个整体。政策领域的差异也难以保持，例如，“教育改革正被吹捧为一种工

---

①② John M. Bryson, *Strategic Planning for Public and Nonprofit Organizations*, San Francisco: Jossey-Bass Publishers, 1995, p. 5.

③ Ibid., p. 3.

业政策，用来帮助美国公司更有效地对付国外的竞争”①。公共问题本身往往涉及非常广泛而复杂的领域，如“处理少年犯的问题涉及家庭、社会服务机构、法院、警察、行为校正专家、老师和校区的人事管理者等”②。最后，公共部门、私人部门和非营利组织的界限也被侵蚀了，政府职能日益“外包”，“权威”逐渐多元化，“诸如税收、武器生产、健康、教育和福利等传统的政府责任正日益依靠私人部门和非营利组织去提供”。“这些界限的模糊意味着我们已经迈入这么一个世界，其中没有一个组织和机构能操纵全部，都只是参与，或被影响，或承担部分的行动责任。这种增加的法律上的含糊和关联需要公共部门与非营利组织前所未有地进行战略性的思考和行动。”③

（3）限制性。今天，我们正生活在一个所谓的“限制时代”，公共部门与非营利组织正受到两股相反力量的驱使，即严峻的财政紧缩和要求快速有效反应的压力。一方面，公共部门与非营利组织正面临巨大的财政紧缩压力。税收水平的大幅下降、民众对提供更快、更廉价的公共服务的渴求以及公共舆论对缩减预算赤字和平衡预算的压力都迫使政府预算大幅度地缩减。如美国近年来对科学研究的拨款正在持续缩减，从过去占联邦预算的5.2%减少到1993年的1.7%。④ 迫于财政赤字、资金限制和地方权力的加大，联邦政府往往将大量计划项目移交给州和地方，但却没有足够的资金配套，这就加剧了州和市的资金短缺。严重的资源短缺使得许多长期的计划和承诺时常被抛弃，导致了如卫生、教育领域等基础服务的广泛减少。另一方面，公众对公共服务的需求并没有减少，而是日益扩大，并表现为多样化和个性化。“这从媒体每天充斥的关于贫苦儿童、无家可归者、吸毒和饥饿、精神病者、监狱爆满、失业、AIDS等的报道中可以看出。”⑤ 对公共服务的强大需求甚至明显超过公共组织现有的资源供给能力。在这种情况下，政府必须工作更好，政府必须更小、更灵巧、更快和更廉价；政府在大大缩减的同时，必须致力于提高公共服务质量和效益。这种“花费更少、办事更好”的要求主宰着全国上下的政策制定者、决策者、立法者和服务提供者以及其顾客的注意力，实质性地影响着公共部门的政策制定和管理。

2. 政府改革

公共部门战略管理的兴起也是当代政府改革运动的产物。过去几十年中，复杂变迁的环境正促使公共部门与非营利组织去改变传统的运作方式，它们正深深陷入重塑、重构和重理的改革中。这种新的努力在本质上是对一个明白无误的使命的关注，即在严重的财政危机和历史性的改变中，如何以较少的成本为高需求的顾客提供更高质量的服务。在这种背景下，公共部门尤其是政府的职能、角色、地位、组织结构及其与社会的关系都发生了深刻的变化。公共机构经常面临重组、合并和私有化的威胁，并被置于与私人部门竞争来

---

① John M. Bryson, *Strategic Planning for Public and Nonprofit Organizations*, San Francisco: Jossey-Bass Publishers, 1995, p. 4.

② ［美］罗纳德·克林格勒、约翰·纳尔班迪：《公共部门人力资源管理：系统与战略》，316页。

③ John M. Bryson, *Strategic Planning for Public and Nonprofit Organizations*, San Francisco: Jossey-Bass Publishers, 1995, p. 4.

④ Jack Koteen, *Strategic Management in Public and Nonprofit Organizations*, London: Praeger Publishers, 1997, Preface. p. xiv.

⑤ Ibid., p. xvi.

提供公共物品及服务的境地。因此，任何公共部门都再也不能像过去那样对自身的生存、发展和未来高枕无忧了。考虑组织所面临的环境（优势、劣势、机会和威胁），考虑组织的长远发展目标和未来，提高自身竞争力成为公共部门管理者最基本的管理任务及内容。[①] 故在这种重塑和改革的背景下，作为一种新的管理途径或思维方式，战略管理日益受到公共部门管理者的重视。

3. 新公共管理主义的推动

战略管理的产生本身不仅是政府改革的产物，而且它也构成由传统的公共行政范式向新公共管理主义（或“管理主义”）范式转变的一个重要组成部分。传统的公共行政模式是内部取向的，关注行政过程和日常管理，文官被假定为仅仅是执行政治家（政务官）所制定的政策与法律。无论是过去还是现在，“行政”没有战略的意义，没有优化资源去达到目标的概念，丧失了对外界环境和长远目标的关注，故在传统的行政模式中，战略管理是没有地位的。而随着新公共管理的出现，公共部门现在变得更关注长期战略了。新公共管理是外部取向的，其本质在于要得到结果。这种结果取向促使公共部门和非营利组织不得不更多关注组织的目标、责任和使命，不得不通过确定总体战略来促进组织使命的实现，而不再只依靠政治官员制定战略。

4. 私人部门战略管理的示范性影响

如前所述，自 20 世纪 60 年代以来，西方企业在运用战略管理方面取得了巨大的成功。美国哈佛大学商学院著名的案例教学充满了有关“福特公司是怎样利用‘成本优先’战略起死回生的，通用汽车公司是怎样利用‘差别化’战略而夺得美国汽车霸主地位的，而二战后的日本汽车企业又是如何将小型轿车打入‘汽车王国’美国的”的描述。私人部门运用战略管理的神奇经历对公共部门产生了巨大的示范性影响，成为公共部门与非营利组织使用战略管理技术的先声。

总之，公共部门战略管理的兴起绝非偶然，而是有其自身的逻辑和内在的根源，是对公共部门面临的复杂的不确定环境的能动适应和政府改革的产物。正是由于面临诸多复杂而难以厘清的困境，许多公共部门与非营利组织开始感受到改变传统运作方式和进行战略性思考与行动的必要性。然而，由于每个公共组织所处的内外环境是特殊的，改革者对于实行战略管理迫切性的感受是不同的，产生的契机和具体诱因也是不同的，故这些公共部门与非营利组织往往以不同的理由陷入战略性思考与行动之中。

战略管理的倡导者布赖森这样来表述实行战略管理的必要性：

“我们面对着这么多相互冲突的需求，我们需要开发一个程序来确定工作的优先性。”

“我们需要很好地澄清我们的使命，以便我们更好地实现它们；我们也需要弄清我们应当从事哪些新的使命。”

“我们已实行一个全面质量管理计划，而现在也正被要求去‘重塑’和‘重理’自己。我们又怎样确保所有这些努力朝着正确的方向前进?”

“我们可以肯定明年将有一个严重的资金短缺，除非我们对我们的行动方式进行深刻

① 参见［美］保罗·C. 纳特、罗伯特·W. 巴可夫：《公共和第三部门组织的战略管理：领导手册》，“译者序”第 7 页。

反思。”

“许多私人部门的竞争者正在追逐我们的顾客，我们不得不寻找应对竞争的途径。”

“争端和问题已摆在我们面前，我们必须找到一些帮助解决问题的方法，否则我们将极端被动。”

“我们的资助者（或董事会）已经要求我们去准备一个战略计划。”

“我们需要更好地融合和协调我们和其他组织提供的服务。”

“我们知道将要更换领导人，我们想做好准备。”

“我们想运用战略规划去教育我们的董事会及其成员，使其参与其中，并重振旗鼓。”

“我们的组织已处于资金短缺的困境中，但我们仍需要去弄清我们如何才能避免对组织产生最大程度的冲击；我们寄希望于我们的利益相关者。”

“这些年来每个人都在从事战略规划，我们最好也参与其中。”①

另外，纳特和巴尔夫在《公共和第三部门组织的战略管理：领导手册》中也分析了可能引起组织战略改革的 10 个契机，即新兴组织明确角色的需要、稳定资助的需要、扩张的欲望、扮演更多角色的需要、监事会成员教育的需要、领导的更换、法令对计划的要求、整合服务的需要、协调行动的需要和应对政治威胁的需要。

11.2.2 公共部门战略管理的形成

跟私人部门一样，公共部门战略管理的兴起也经历了五个阶段。按照休斯的观点，预算与财务控制在公共部门很早就出现了，这一计划阶段可被看成传统的行政模式的组织精髓，计划的主要目的不过是进行预算分配。从 20 世纪 60 年代开始，公共部门开始借鉴私人部门的长期计划。战略计划在公共部门的运用，是在 20 世纪 80 年代，它落后于私人部门十几年；而战略管理的引入，却是在 20 世纪 80 年代后期，只比私人部门晚了几年。②

1. 战略规划阶段（20 世纪 80 年代初至 90 年代）

从 20 世纪 80 年代开始，战略规划技术开始从私人部门传入公共部门，这个传播的过程也是在当时面临与私人部门相同的外部环境的情况下进行的。奥尔森和伊迪是较早倡导引入私人部门战略规划技术的先驱者之一。他们认为战略计划在公共部门应占有一席之地，私人部门的战略计划技术在公共部门大多是可行的。他们提出了类似于私人部门的五步战略规划过程，即（1）综合任务和目标的描述；（2）环境监测与分析；（3）分析组织内部的概况和可供挖掘的资源；（4）战略制定、评价和选择；（5）战略计划的运作和控制。③ 另外，还有许多学者也对公共部门使用战略规划进行了介绍和分析，特别是布赖森，他在 1988 年设计了一个八个步骤的战略计划模式，较好地把战略规划与公共部门的

---

① John M. Bryson, *Strategic Planning for Public and Nonprofit Organizations*, San Francisco: Jossey-Bass Publishers, 1995, p. 6.

② 参见［澳］欧文·E. 休斯：《公共管理导论》（第 2 版），180 页。

③ 参见上书，182 页。

实际情况结合起来。正是在这些理论的影响下，20 世纪 80 年代初，在美国就有许多州开始使用战略规划技术。俄勒冈州在美国政府中使用战略规划应该最有经验，它从 20 世纪 80 年代到 90 年代采用了两个详尽的全州战略规划。① 1993 年的美国《政府绩效与结果法》在联邦历史上第一次要求，各个机构向国会和管理与预算局递交多年战略规划。到 90 年代中期，美国将近 2/5 的州机关完全采用了战略规划，而且几乎 4/5 的州机关部分或全部实施了战略规划。② 直到现在，在公共部门，战略规划仍比战略管理应用得更为广泛。

与私人部门相同，公共部门采用战略规划方法的最初阶段的宗旨是形成战略，而不是对战略进行管理。奥尔森和伊迪给这种战略规划模式下了一个定义："战略规划是在宪法规定的范围内，为确定政府行为性质和方向的基本决策所进行的专业性的努力。"休斯将此定义分三点进行了描述：（1）战略决策是"根本性的决策"，而不是低层次的决策，低层次的决策采用一般的官僚制方法就可以做出；（2）战略决策特别被定义为影响组织"行为性质、方向和前途"的决策；（3）战略规划的范围受到政治与宪法的约束，这一点与私人部门有着最大的不同。

可见，公共部门战略规划的渊源是私人部门的，它不仅借鉴了大量私人部门战略规划的分析技术，包括产品组合法、议题组合法、行业分析法、解释性方法、计划系统、适应性战略、竞争仲裁人分析和哈佛 SWOT 分析等，更重要的是它也体现了私人部门战略规划的主题和核心特征。可以将它们概括为以下几个方面：（1）战略规划的基本假设是组织能够预测它周围环境的发展动态，并能控制它，或简单地认为它是稳定的；（2）战略产生于一个受控的、有意识的正式规划过程，该规划过程被分解为清晰的步骤，每个步骤都采用核查清单进行详细的描述，并由分析技术来支持；（3）思考与行动可以分开，战略制定应当从战略实施中分离出来；（4）原则上由首席执行官来负责整个战略进程，实际上是由全体计划人员来负责；（5）侧重点在于形成正式的战略方案和行动计划而非战略的实施，认为战略一经制定，就会自然而然得到执行。

战略规划的引入对公共部门是具有重要意义的。正如布赖森所指出的，它可以促进沟通与参与，协调利益与价值差异，推动有序决策的制定和开展。然而，跟私人部门一样，公共部门战略规划也存在很大局限性。威尔逊就指出了战略规划的七大致命错误：参谋部门接管了战略规划的制定；战略规划进程支配了参谋部门；战略规划系统实际上根本没有什么效果；战略规划忽视了组织的核心发展能力；规划的程序没有发展成真正的战略选择；战略规划忽视了战略的组织和文化要求；以单点预测为基础的规划在组织调整或不稳定时期是不适合的。而明茨伯格则分析了战略规划的三大谬误，即预定的谬误（简单认为环境是稳定的，可以预测和控制，否认突变和意外事件）、分离的谬误（认为思考应与行动相分离，战略制定应当从战略实施中分离出来）、程式化的谬误（把战略只看作正式的、程式化的方案规划，忽视灵感、顿悟、洞见和随机应变的战略）。

---

① 参见［美］尼古拉斯·亨利：《公共行政与公共事务》（第 8 版），541 页。

② 参见上书，537 页。

战略规划在实践中的表现也并不理想。正如休斯指出的，公共部门初期的战略规划过程的唯一产物是制定正式的文件，它使组织陷入繁杂的正式文件之中，反而在突变的环境中迷失方向。而 1997 年由美国国会预算局、审计总署主持的一次调查则表明："战略规划和绩效测量在大部分联邦机构还只是一个虚饰，对实际活动很少产生影响。"①

2. 战略管理阶段（20 世纪 80 年代末至今）

在 20 世纪 80 年代战略管理已在私人部门兴起的情况下，公共部门之所以仍热衷于引进战略规划技术，是与战略规划和官僚制方法之间的一致性紧密相关的，因为"战略规划并不会破坏普通的政治或官僚制方法，而是运营于其中"。但是，到了 80 年代末 90 年代初，公共部门的管理改革走向深入，传统官僚制日益被抛弃，公共组织面临更加错综复杂和不确定的环境，尤其是各种突变和意外事件经常发生，在严重的财政紧缩和快速变化中，它们不得不运用战略去保证生存、适应混乱和危机。在这种情况下，战略规划显露出明显的局限性，在私人部门战略管理的影响下，战略规划在公共部门发展到了下一个阶段，即战略管理阶段。

战略管理旨在将计划功能与整体的管理工作整合在一起，它不仅包括战略规划过程，而且把战略扩大到包含战略执行和战略控制在内的更大范围。波兹曼和斯特劳斯曼认为战略管理分为四个层次，即（1）关注长远；（2）目标与组织内的等级制整合在一起；（3）认识到战略管理与战略计划不会自行贯彻这一点也非常重要；（4）强调一种外向性的观点，不是去适应环境而是要改变环境，必须考虑行使政治权力的问题。从中可以看出，注重战略的贯彻执行和与环境更为紧密的相互作用，这两点是从战略规划过渡到战略管理的关键。② 因此，从战略规划到战略管理的演进，绝不只是术语的改变或时尚的追求，而是一种管理模式和框架的全面变迁。这种变迁表现为以下几个方面：

（1）从线性假设到非连续假设。在环境假设上，战略规划将组织环境假设为一个线性变动的连续过程，组织可以预测和控制环境的变化，这是它实行单点预测并注重深思熟虑的正式规划的原因；而战略管理却将环境看成一个不断变动的非连续过程，充满了各种突变和意外事件，故它强调多点预测、危机管理和应急战略。

（2）从以方案为焦点到以行动为焦点。在战略焦点上，战略规划强调思考与行动分开，将战略制定从战略实施中分离出来，注重最优化战略的制定和正式行动方案的形成；而战略管理则将思考与行动统一起来，强调一个全面的管理过程，不仅包括战略的制定，而且包括战略的实施、控制和效果评价，其焦点在于战略性的思考与行动，在于通过政治谈判、利益相关者的分析和执行过程的管理去实现组织特定的战略。正如布赖森指出的："一个应反复强调的关键是，战略性思考与行动更为重要，而不是战略规划，如果任何战略规划工具妨碍了战略性思考与行动，那么这种规划工具就应当被取消。"③

（3）从过程取向到结果取向。在战略取向上，战略规划是过程取向的，注重引入一个正式的战略管理系统去协调战略计划过程和实现一个特定程序的严格统一；而战略管理却

①② Jack Koteen, *Strategic Management in Public and Nonprofit Organizations*, London: Praeger Publishers, 1997, p. 9.

③ John M. Bryson, *Strategic Planning for Public and Nonprofit Organizations*, San Francisco: Jossey-Bass Publishers, 1995, p. 2.

是结果取向的，聚焦于通过特定战略内容的选择和运用去产生有效决定和行动，战略本身不再作为目的，而是作为变革的杠杆去推进组织使命的实现。

（4）从集中化到分散化。在战略主体上，战略规划将决策权力集中于高层，常常局限于少数专业计划人员，将战略制定神秘化，成为战略黑箱的产物，这不仅妨碍了中层管理人员的参与，而且架空了高层管理人员的战略决策；而战略管理则更综合，它关注整合组织的力量去实现战略目标，将战略扩展到所有组织单位，不仅包括计划人员，也包括行政主管、各级运作管理人员和其他利益相关者，它强调形成战略的“草根模式”，强调决策权力的分散化与参与化。

（5）从正式计划到应急战略。在战略形成上，战略规划注重通过深思熟虑或理性的分析去形成正式的计划，将战略产生看作一个受控的、有意识的规划过程，这往往导致对其他意外的、计划外的但极为有用的信息、洞见和行动的忽视；而战略管理则强调有效的战略在某种程度上必然是连续的、随机应变的，强调通过间或的学习、偶然的发现、灵感、直觉等非理性思维，以及对意外模式的认识去对不可预知的机会和非连续事件做出反应。

（6）从理性到非理性。在战略思维上，战略规划是理性主义的，重视运用理性思维、数量计算方法和精密模型来分析问题，注重规范性、精确性和计划性；而战略管理则强调某些与生俱来的心理状态和过程，如灵感、直觉、判断、智慧、经验、洞察力和创造力等非理性思维，它也强调主体的战略愿景和观念，或将战略看成是用以鼓舞组织行为的符号，产生主体自我规训的话语。

（7）从关注外部环境到关注内部因素。在战略视野上，战略规划是由外到内的，将环境看作客观的存在，组织要做的就是调整自己去适应相关的环境，却忽视了组织的内部结构、管理机制和组织文化。而战略管理则是由内到外的，坚持资源为本的观点，注重培养组织具有持久竞争力的资源；它重视人的因素，重视利益相关者的分析，将人的参与和管理团队的建设看作战略管理取得成功的决定性因素；它把核心竞争力看作一个组织共同学习的结果，看作一个组织文化培养的过程，是一个将战略思维融入管理的过程。

对于以上关于战略管理本质的阐述，美国哈佛大学经典教材《创造公共价值：政府战略管理》的开篇引用的一个典型案例给予了例证。这个例子是，镇图书管理员面对许多双职工父母将图书馆当作日托所的现象，心中涌起的想法，对图书馆的功能和使命所做的判断、思考和选择。[①] 这说明战略管理并非高高在上，并非只是政治家或高级管理者的专利，它寓于组织的日常管理之中，涉及组织的各个层面；它往往是应急性的，是面对突然产生的需求所做的判断、选择和适应，它更多的是战略主体心中的愿景和想象。

总之，战略管理对战略规划的替代是一种管理模式或框架的更新，是战略规划发展上新的里程碑。20世纪90年代的实践表明，公共部门与非营利组织已开始运用战略管理去适应严重的财政紧缩和快速变迁的复杂环境。在西方公共部门战略管理的实践中，以上七个重大变迁内容都得到了体现。

---

① Mark H. Moore, *Creating Public Value: Strategic Management in Government*, Cambridge: Harvard University Press, 1995, pp. 13-16.

11.2.3　公共部门战略管理的评价

公共部门引入战略管理具有重大意义，但也存在不同意见和引起了许多争论。在当前我国，借鉴西方公共部门战略管理具有重要的理论和实践意义。

1. 公共部门战略管理的成就

公共部门战略管理是作为克服传统公共行政过分关注内部问题及由此产生短视行为的良方而引入的。它着重考察组织的内外环境，清晰描述组织目标和使命；它试图脱离常规的管理任务，而以系统的方式审视组织变化前景的长期情况；它从一种根本性的视点给组织以正确的定位，以面对未来日益增长的不确定性；它将关注的焦点由内部转向外部，从注重日常管理转向组织未来的发展管理。因此，公共部门引入战略管理是具有重大意义的。

对于引入战略管理的意义和可行性，许多学者从不同方面做了诸多的论述。布赖森从四个方面阐述了战略规划给公共部门与非营利组织带来的好处：第一，或许最明显的潜在好处是对战略性思考与行动的推进，它促使组织更多地收集关于组织内外环境和各种行动者利益的信息，更为关注组织的学习和对组织未来方向的澄清与行动优先性的确定。第二，提高决策制定。战略规划聚焦于组织面临的紧要争端和挑战，它有助于核心决策者明确组织的使命，帮助组织提炼和清晰沟通其战略目标，协助他们根据对未来的预测做出今天的决策，并为决策开发一个理性的、可辩解的基础，从而协调那些产生跨层次和部门影响的决策。第三，提高组织责任和绩效。战略规划有助于组织澄清和阐述组织的主要争端，对内外需求和压力做出明智的反应，有效地应对快速变化的环境，从而推进组织责任和绩效的提高。第四，战略规划还能直接给组织成员带来好处。它使政策制定者和计划者能更好地实现其职责和任务，使组织成员的团队工作和专业能力获得增强。① 布赖森于 1995 年也下结论说，管理人员几乎可以在政府组织中利用包括“竞争仲裁人管理法”在内的所有八种战略计划方法（尽管必须具备一定的前提）。

波兹曼和斯特劳斯曼认为，政府部门只有进行战略管理，才能解决公共部门中所发生的问题，提高公共部门的效率②；纳特和巴可夫认为，“战略通过可指导战略行为的计划、策略、模式、立场和洞察力，来造就公共组织的焦点、连贯性和目标”；休斯在《公共管理导论》中则指出，“战略观念在公共部门的应用会存在一些问题，并招致一些批评，但归根到底这是传统的行政模式所具有的问题，而引入某种形式的战略观点，起码可以保证结果得到改善”③。

2. 对公共部门战略管理及战略规划的批评

然而，对于将战略规划引入公共部门一直存在批评意见，一部分批评是从总体方面针

---

① John M. Bryson, *Strategic Planning for Public and Nonprofit Organizations*, San Francisco: Jossey-Bass Publishers, 1995, p. 7.

② 参见张成福、党秀云：《公共管理学》，77 页。

③ ［澳］欧文·E. 休斯：《公共管理导论》（第 2 版），176 页。

对战略规划或战略管理提出的，另一部分则主要是针对其在公共部门中的应用而提出的。欧文·E. 休斯在《公共管理导论》中将之归纳为七种，如表 11－4 所示。

表 11－4　对公共部门战略规划的批评

● 意见一：正式的战略规划过程被描述为比它的实际情况或所能做到的更具逻辑性和分析性。它的设计过于抽象，因此对在任何人类组织中起作用的社会—政治的动态现象未予考虑。
● 意见二：正式的战略规划过程过于呆板，因此面对要求做出快速反应的迅速变化和动荡不安的外部环境时，显得过于迟钝。
● 意见三：正式的过程与创造性和革新相违背。
● 意见四：将战略概念应用到与私人部门差异很大的公共部门可能产生严重问题。
● 意见五：战略由组织制定，会造成政治控制困难，产生责任问题。
● 意见六：公共部门的组织目标含混不清，战略考虑毫无意义。
● 意见七：公共部门的时间观念过于短暂（主要指官员的任期问题），认为它所提出的任何长期观点都必定遭遇失败。

表 11－4 的前三种意见是从总体方面针对战略规划或战略管理提出的。休斯认为，第一种意见是有些实际内容的，因为在确定公共机构做什么工作的时候确有难度，公共行政的一个突出问题是政策目标的模糊性和冲突性，由于各种外部因素，如工会的介入、法律限制或政治力量的介入，公共部门更倾向于在多重相互冲突的目标中达成妥协和折中，故正式的战略规划过程对明确目标和目的的过分执着会产生严重的偏差。第二种和第三种意见也是有一定根据的。他承认按照几年内固定不变的内容设计的计划，在周边环境发生变化时，它必定会失败。但他也认为，通过积极贯彻执行和定期调整计划，注重战略规划的连续性而非周而复始地简单重复，注重用战略思维方法思考组织的过程而非局限于规划自身，可以使这个问题得到纠正；他也承认在有的情况下，战略规划过程可能会存在与创造性和改革观念相对抗的倾向，但他认为这正是传统僵化体制的问题，而战略管理自身应是改革和创新的。

在休斯看来，第四种意见值得高度重视，将战略管理照搬到公共部门肯定会产生问题。由于公共部门很难给自己的行为确定清晰的目标，过分强调计划性而将其变成一种装饰和象征，对公共管理的实践没什么好处。①

对于第五种意见，休斯承认，如果组织自己制定的战略内容损害了政治官员的利益，就会造成追究责任的问题。但他也认为不应该将责任问题与战略问题相对立，实际上过去那些特别的战略正日益被更具有思维能力和分析能力的战略所取代。战略规划和管理并没有代替政治决策的制定，而是试图为了确保所提出的问题能够通过有利于组织和重要的利益相关者的方式得以解决，以改善那种露骨的政治决策制定过程。

第六种意见提出了公共部门设定目标的实质困难。但安索夫认为，关于私人部门的纯粹利益动机的假设是不准确的，企业的目标应是“股东的平等责任、长期生存以及企业内各参与方之间意见协商一致”，而这与公共部门的目标设定不明确的程度并没有很大差别。另外，纳特和巴可夫则提出，用“最终目的”来取代目标，通过最终目的所提出的目标可以与具体条件联结，确定与目标类似的指标，以此来制定有确切含义的战略。

---

① 参见［澳］欧文·E. 休斯：《公共管理导论》（第 2 版），191 页。

对于第七种意见提出的时间观念的问题，休斯认为它是一个客观的事实，但它并不对战略规划具有决定性的意义，而是应该成为规划分析的要素。在迅速变化的领域之中，任何长期规划的确需要经常保持新意。某些私人部门产业的变化非常快，像计算机行业，但其战略管理依旧适用。

最后，休斯也指出，上述的批评意见没有一个能够完全否定在公共部门运用战略观点的价值。它只是对那些抱过高期望者提出了警示，战略管理在公共部门中的使用是有限制的，它必须切合公共部门的实际，充分考虑各种制约因素；它也不能过于僵化，应有助于管理，而不是以其自身为目的。正如布赖森所指出的，“战略计划本身不是目的，只是一套协助领导者制定决策和采取重要行动的观念，只有当它帮助重要决策人通过战略方式进行思维与行动时，才显示出它的价值”①。

11.3　公共部门战略管理的范围

公共部门战略管理的发展并非一蹴而就，它目前还处于发展之中，总体框架和许多局部细节都还不甚清晰。随着公共管理改革与发展以及理论研究的深入，公共部门战略管理学科将逐步得以完善。

11.3.1　公共部门战略管理的特征

什么是战略管理？公共部门战略管理有哪些基本特征呢？小汤姆逊（Arthur A. Thompson，Jr.）给战略管理下的定义是：“战略管理是一个过程，在这个过程中，高层管理者确定组织的长期方向，设定特别绩效目标，根据与组织相关的内外环境，制定出能达成这些目标的战略，并且卓有成效地实施这些被选定的决策方案。”②

纳特和巴可夫在《公共和第三部门组织的战略管理：领导手册》一书中说：“战略管理处理这样一个关键问题，即为面临着未来日益增加的不确定性的组织定位”③；“战略管理通过产生用以指导战略行动的计划、计谋、模式、立场和观点而为一个组织创造焦点、一致性和目的”④。

伊萨克-亨利（Kester Isaac-Henry）在《公共服务中的战略管理》一文中认为，虽然人们对“战略”概念的界定和解释不同，但是，“战略”中的共同因素是指管理者和组织思考、计划和做出战略性决策的意图，所谓的战略性决策是这样一种决策：它考虑影响组

---

① ［澳］欧文·E. 休斯：《公共管理导论》（第 2 版），193 页。

② Arthur A. Thompson Jr.，and A. J. Strickland Ⅲ，*Strategic Management：Concept and Cases*（4th ed.），Business Publications Inc.，1987，p. 4.

③ Paul C. Nutt and Robert W. Backoff，*Strategic Management of Public and Third Sector Organization：A Handbook for Leaders*，San Francisco：Jossey-Bass，1992，p. 58.

④ Ibid.，p. 54.

织未来的内部和外部环境；考虑那些涉及整个组织并对组织产生重要影响的问题；考虑组织目标和前进方向；促进政策和战略的实施。而战略管理涉及规划、实施和监控组织战略的过程。实际战略管理的目的在于，通过使组织与环境协调、驾驭组织变化，取得更大的绩效。战略管理包含战略分析、战略选择和战略实施三个核心领域，并围绕这三者来进行。①

波兹曼和斯特劳斯曼在《公共管理战略》一书中则认为，战略包含着处理组织的外部环境、使命和目标，战略管理途径有三个主要的特征，即界定目标和目的，提出一个能协调组织与环境的行动计划，设计有效的执行方法。② 而公共部门战略管理是具有如下四个基本特征的管理：（1）关注长期；（2）将长期目标和近期目标整合成一个连贯的层级；（3）认识到战略管理和计划并不是自行贯彻的；（4）采取一种外部观点，强调不是去适应环境，而是期待和塑造组织的变迁（这一点是最重要的）。战略管理必须充分认识到政治权威的影响。③

11.3.2 公共部门战略管理的过程

公共部门战略管理自身构成一个系统，涉及战略管理主体、客体和环境及其相互作用。公共部门战略管理也是一个功能活动过程，主要包含战略规划、战略实施和战略评价三个阶段或环节。

1. 战略规划

公共部门战略规划包括战略分析和战略选择两个功能活动环节。战略分析的主要内容有：一是分析组织的历史背景，确定组织的最终目的。在公共组织中由方案、市场、管理行动和资源四个成分组成一个系统。二是 PEST 分析，即在宏观上的政治、经济、社会、科技信息的收集和分析。政治分析指对国内国外政治环境——领导人的新指示，新政策的颁布，新法律法规在立法部门的通过，国家间战争，首脑的会晤、缔约等的分析。经济分析是对国内国外经济状况发展趋势的分析。国内经济是增长、停滞，还是衰退？通货是紧缩还是膨胀？国际经济状况如何？是否存在金融风险（如亚洲金融危机）？社会分析包括对国内风俗、习惯、观念、信仰的现状及转变趋势，国家间的文化交流与合作等的分析。科技分析包括对国内国外的科技开发与利用以及相互交流等的分析。这些都对组织有间接影响。三是 SWOT 分析，即公共组织优势、劣势、机会与威胁信息的收集与分析，它对公共组织的战略制定有直接的影响。SWOT 分析旨在进行更加结构化的分析，以便找到有助于制定战略的新发现。优势是指能使组织获得战略领先并进行有效竞争，从而实现自己目标的某些强大的因素或特征，通常表现为组织的相对优势。劣势是给公共组织带来不利，导致组织无法实现其目标的消极因素和内部的不可能性。机会是指

---

① Kester Isaac-Henry, "Strategic Management in Public Services", in Sylvia Horton and David Farham (eds.), *Public Management in Britain*, London: Macmillan Press, 1999, p. 62.

② Barry Bozeman and Jeffrey D. Straussman, *Public Management Strategies*, San Francisco: Jossey-Bass Publishers, 1990, p. 54.

③ Ibid., pp. 29-30.

那些不断帮助组织实现或超过自身目标的外部因素和状况。威胁是指对组织运行不利，并导致组织无法实现既定目标的外部因素，是影响组织当前地位或其所希望的未来地位的主要障碍。

战略选择有三个活动环节：第一，信息输入。把第一阶段所收集、考虑到的宏观的政治、经济、社会、科技信息，以及直接影响战略的组织的优势、劣势、机会、威胁的信息进行归纳、整理、分类。第二，匹配。这一环节依靠在输入阶段得到的信息将外部机会和威胁与内部优势和劣势进行匹配。将外部与内部的重要因素相匹配是有效建立备选战略的关键。第三，决策。在这一环节，战略管理小组需要重新审视组织的最终目的，评价组织运行的情境，从而对组织的备选战略做出评估。

2. 战略实施

成功的战略制定并不能保证成功的战略实施。由于公开性方面的限制、政治影响、权限、监察以及普遍存在的所有权，公共部门战略管理的执行则更为困难。战略实施主要是制定出具体措施来实现战略。在公共部门中主要包括以下三类活动：一是利益相关者管理。例如，对付敌对利益相关者，纳特和巴可夫认为：找出与敌对利益相关者有紧密联系的不重要者和未决的利益相关者中的中立者，从中发现潜在的联盟；采取措施，阻止敌对利益相关者与未决利益相关者的联盟；防止敌对利益相关者暗中削弱拥护者；对敌对利益相关者进行突袭；预期反对性质并挑出部分持反对意见的利益相关者，再采取措施；与挑出的敌对利益相关者讨价还价，至少获得其中立。① 除了敌对的利益相关者外，还有潜在的拥护者、未决者及不重要的利益相关者，对于他们都需要采取措施应对。二是组织职能结构管理。战略的变化往往要求公共组织结构与之发生相应的变化。组织结构的重新设计应能够促进最终的目的达成。三是资源管理。四种可以实现预期战略目标的资源分别是人力资源、物力资源、财力资源及技术资源。资源配置是战略管理活动中的一项中心活动。在没有战略管理的组织中，资源的配置往往取决于个人的随意性，导致资源配置失当。在实施战略管理的组织中，资源配置依赖于战略管理小组的决议，依赖于所实施的战略。

3. 战略评价

战略评价可以界定为：依据一定的标准和程序，对战略实施的效益、效率、效果及价值进行判断的一种行政行为，目的在于取得有关这些方面的信息，并将其作为决定战略变革、战略改进和制定新战略的依据。在传统的战略管理中，公共部门及其领导者习惯将重心放在战略方案的制订和实施上，却疏于对战略实施的效果进行科学的评价，对于战略评价的内涵和价值也较少理会。然而，一个具有明显优势的战略得以实施，并不意味着战略分析过程的结束，甚至一项战略在实施之后，疑问可能依然存在，如问题的确定是否合适、是否忽视了问题的一个重要部分，或者如果有更好更新的资源可以利用，是否战略选择的结果会不同。这些问题要求我们对战略实施的全过程进行监督和评价。我们要看到实施的是一项正确的战略，要确信它没有被改变形式的危险，还要确定它是否达到了预期效果，是否需要进行重新设计或修改，或者是否需要马上结束。同时，这一评价过程还应该

① 参见［美］保罗·C. 纳特、罗伯特·W. 巴可夫：《公共和第三部门组织的战略管理：领导手册》，163～164页。

产生可以用于今后战略分析中设计更好选项的信息。

公共部门的战略管理从战略管理小组的成立到战略规划（战略分析和战略选择）、战略实施和战略评价，再到下一轮的战略规划以及战略管理所必需的组织文化的培养过程都既是科学又是艺术，其细节远未完善。但“公共部门的战略管理并非一蹴而就的，它的运用可以使公共组织自上而下共创未来蓝图，但它并不能保证不犯错误。而如果战略规划和战略管理仅仅只为公共组织提供了某些方向和目标，而这或许正是从公共行政向公共管理的转变过程中必不可少的”①。

11.3.3 公共部门战略管理的学科轮廓

那么，公共部门战略管理学科的研究主题及理论体系又是什么呢？让我们先看看在美国有着广泛影响的两本教科书——《公共和第三部门组织的战略管理：领导手册》② 和《创造公共价值：政府战略管理》③ 的学科轮廓或理论体系。

纳特和巴可夫的《公共和第三部门组织的战略管理：领导手册》是在美国较早出版的系统论述公共和第三部门战略管理的著作之一。该书较系统、全面地探讨了公共和第三部门战略管理概念、理论、方法及技术，既重视内容分析，解决战略管理“是什么”方面的问题，又重视过程分析，解决“如何”进行战略管理的问题。本书通过战略管理理论和方法的介绍，为战略管理者提供实施战略管理的有效途径，并为学生们提供公共管理尤其是战略管理方面的知识准备。《公共和第三部门组织的战略管理：领导手册》全书由五篇十五章、一个结论和两个附录组成。

马克·H. 穆尔（Mark H. Moore）在《创造公共价值：政府战略管理》一书中将战略管理看作另一种公共管理途径，提出了一种基于公共价值驱动的政府战略管理理论——公共价值被定义为社会结果或生活质量的可度量的改善。该书既是有关政府战略管理（或公共部门战略管理）的经典之作，也是有关公共管理研究的公共价值的开山之作。穆尔在序言中说：该书只有一个简单明了的目的，即为公共事业的管理者提供一个找出问题症结的框架。该书要回答的问题是：公共部门的管理者应该怎样根据所处的环境来思考和行动，以创造公共价值。为达此目标，该书提出了几个不同的方法。首先，它提出了一套公共管理的哲学，也就是普通公民对公共部门管理者的期望，他们由于担任职务而承担的道德责任，以及他们行使职责时应具有哪些美德；其次，该书制定了几个诊断框架，管理者可以据此分析他们所处的环境和评估行动的有效性；最后，该书指明了管理者可以充分利用的几种干预措施，通过对这几种干预措施的利用，他们可以使所处的政治和组织环境更

① Owen E. Hughes, *Public Management and Administration: An Introduction* (2nd ed.), New York: St. Martin's Press Inc., 1998, p. 166.

② Paul C. Nutt and Robert W. Backoff, *Strategic Management of Public and Third Sector Organizations*, San Francisco: Jossey-Bass Publishers, 1992.

③ Mark H. Moore, *Creating Public Value: Strategic Management in Government*, Cambridge: Harvard University Press, 1995. 该书的中译本《创造公共价值：政府战略管理》已纳入作者主编的“公共管理名著译丛”，已由商务印书馆出版。

有利于创造公共价值。[1] 该书由三篇七章以及序言和结论构成。

可以将穆尔的《创造公共价值：政府战略管理》的理论框架与早些时候的纳特和巴可夫的《公共和第三部门组织的战略管理：领导手册》[2] 的理论框架做一下比较，以观其异同。《公共和第三部门组织的战略管理：领导手册》一书较系统、全面地探讨了公共和第三部门战略管理概念、理论、方法及技术，既重视内容分析，解决战略管理"是什么"方面的问题，又重视过程分析，解决"如何"进行战略管理的问题。作者立足于公共和第三部门组织的背景以及公共管理实践，充分利用了作者帮助美国联邦、州、市和县的政府机构和第三部门组织进行战略管理咨询的实践经验，用大量的实际案例来说明问题，提出了一整套符合公共和第三部门特点以及适应公共管理实践需要的战略管理理论，构建起了一个较为完整的公共部门战略管理的理论体系。全书由五篇（十五章）、一个结论和两个附录组成。第一篇可以说是该书的导论，讨论公共和第三部门战略管理的重要性以及公共和第三部门组织对战略管理的特殊要求；第二篇是战略管理的内容分析（讨论战略的起源、性质、用途、种类以及战略行动等）；第三篇是战略管理的过程分析；第四篇是"技术篇"，讨论战略管理过程中所需要的各种方法和技术；第五篇是案例分析篇，讨论实践中的战略管理。结论——组织转型的战略，对战略管理的理论和过程进行归纳，提出战略管理的一般原则以及展望战略管理的未来。该书还有两个附录，为战略管理者提供进行战略管理所需要的表格、工作清单和其他资料。

我自己曾主编出版了《公共部门战略管理》[3] 一书（教材），结合我国的实际，并借鉴国外公共部门的战略管理以及一般战略管理（公司战略管理）的理论框架及主题内容，并主要从公共部门的战略管理系统及其运行（战略过程）的角度，来组织该书的理论主题及内容。全书的内容包括公共部门战略管理途径的兴起、公共部门战略管理的概念基础、公共部门战略管理系统、公共部门战略管理过程、公共部门战略规划、公共部门战略实施、公共部门战略评价、公共部门战略变革、公共管理的战略思维、公共部门战略管理的未来。通过以上各个主题的讨论，力求给读者提供一个关于公共部门战略管理学科的基本轮廓。

11.3.4 公共部门战略管理的现实价值

公共部门战略管理理论及实践意义不能低估。从理论或学术价值来看，公共部门战略管理可以看作对传统的公共行政学的过时或失效所做出的一种反应，是作为它的竞争或替代途径而出现的。在20世纪二三十年代所形成的，并在60年代中期以前一直居于支配地位的传统公共行政学范式是建立在官僚制理论和政治—行政二分法的基础上的，它将自己

① Mark H. Moore, *Creating Public Value: Strategic Management in Government*, Cambridge: Harvard University Press, 1995, p. 1.

② Paul C. Nutt and Robert W. Backoff, *Strategic Management of Public and Third Sector Organizations: A Handbook for Leaders*, San Francisco: Jossey-Bass Publishers, 1992. 中译本《公共和第三部门组织的战略管理：领导手册》由作者主译（中国人民大学出版社，2001年出版）。

③ 陈振明主编：《公共部门战略管理》，北京，中国人民大学出版社，2004年初版，2011年修订。

的研究对象主要集中于行政组织或官僚体制上，以组织的内部取向为主，注重机构、过程和程序以及行政原则的研究，并以行政效率作为追求的最高目标。在与厄威克合编的《行政科学论文集》中，古利克将公共行政学的基本原则概括为著名的“POSDCORB”，即计划、组织、人事、指挥、协调、报告和预算七个原则或原理。①

战略管理是作为克服传统公共行政模式的内部取向，不考虑外部环境、长期目标或组织的未来等局限性而被引入公共部门的。它将关注的焦点由内部转向外部，从注重日常管理转向注重组织未来的发展管理；它着重考察组织的内外环境，确定组织的目标和使命；它面向未来，给组织以正确的定位，以处理日益增长的不确定性。

公共管理（学）以战略管理为核心，它与传统的公共行政学的主要区别在于是否具有战略视野。波兹曼和斯特劳斯曼的《公共管理战略》可以说是第一本为“公共管理（学）”确立学科基本框架的教科书。他们在该书中指出：“本书所用的概念是‘公共管理’而不是‘公共行政’……这里使用‘公共管理’一词有两个理由：第一，本书关心战略问题，涉及公共组织的外部环境和它们更广泛的使命和目标。‘公共管理’一词似乎也正是按照这种方式进化的，这使得它所关心的东西比内部行政要多得多……第二，公共管理不必只是在政府机构的背景上出现，而‘公共行政’一词总是或最终在整体上与政府官僚机构相联系。‘公共管理’这一新术语可能更具弹性。”② 在另一处地方，他们又指出：“当代公共管理是某种不同于传统的公共行政的东西……我们并不简单地反对传统的公共行政。我们都仍对公共行政感兴趣，我们教公共行政的各种课程，我们也曾经是公共行政学者。但公共管理则不同，不同的主要方面是：如果它要成功运转的话，就必须有战略的轮子。与公共行政相比，公共管理更广泛、更综合和更少受功能专门化的限制。在很大程度上可以说，公共管理是对组织外部环境的管理，公共行政则存在于组织的脉络之中。”③

就公共管理的教学与人才培养方面来说，引入公共部门战略管理课程，对于改善我国公共管理本科生和研究生教育以及公务员培训的课程结构，提高未来（或在职）公共管理者的管理知识和技能具有重要的意义。在西方尤其是美国，战略管理（公司战略）早在20世纪80年代就已成为工商管理教育尤其是MBA教育的核心课程；而到了90年代，战略管理成为公共管理教育尤其是公共管理硕士（MPA）及公共政策硕士（MPP）等研究生教育项目的一个重要课程领域（核心课程或必修课程）。例如，在哈佛大学肯尼迪政府学院的MPP项目中，“公共组织的战略管理”与“市场与市场失败”“公共政策的经济学分析”“量化分析和经验方法”“公共行动的责任”“公共组织的财政管理”等课程一起，并列为核心课程。在我国的工商管理教育尤其是MBA教育中，战略管理早已成为一门重要课程（学位课或必修课）；而在我国公共管理教育特别是行政管理专业研究生以及公共管理专业学位研究生教育中，战略管理课程的重要性尚未被人们充分

---

① Luther H. Gulick and Lyndall Urwick, *Papers on the Science of Administration*, New York: Institute of Public Administration, 1937, p. 13.

② Barry Bozeman and Jeffrey D. Straussman, *Public Management Strategies*, San Francisco: Jossey-Bass Publishers, 1990, p. 4.

③ Ibid., p. 214.

认识，公共部门战略管理的研究与教学才刚刚起步。目前，在我国高校的公共管理尤其是行政管理专业研究生及本科生的培养方案中，一般都没有设置“公共部门战略管理”课程。

就实践意义来说，作为一种新的管理实践模式及思维方式，战略管理为公共部门管理者提供了一个应当如何思考和行动的框架，因而日益受到公共部门管理者的重视。公共部门战略管理的兴起不是偶然的，它的兴起有其实践背景。它是作为新公共管理运动以及新公共管理范式的一个重要组成部分而出现的，是公共部门与非营利组织对急剧变迁的不确定环境的能动适应。20 世纪 80 年代以后，公共管理的实践及环境发生了新变化，信息化和经济全球化导致的公共部门外部环境的不确定性增加。信息技术的迅猛发展使公共部门面临的环境正在变得更加动态和不确定，不可预测的突变在整个社会中随时发生，引发混乱和危机。同时，随着政府改革运动（新公共管理运动、重塑政府运动、管理主义改革等）的全面展开，公共部门尤其是政府的职能、角色、地位、组织结构及其与社会的关系都发生了深刻的变化，公共机构经常面临重组、合并和私有化的威胁，并被置于与私人部门竞争来提供公共物品及服务的境地。因此，任何公共部门都再也不能像过去那样对自身的生存、发展和未来高枕无忧了。考虑组织所面临的环境（优势、劣势、机会和威胁），考虑组织的长远发展目标和未来，增强组织灵活性、能动性和适应性，提高自身竞争力，成为公共部门管理者最基本的管理任务及内容。公共部门管理者需要战略思想，这正是公共部门战略管理兴起的现实原因。

在我国，随着加入 WTO、市场经济的发展和行政体制改革深化以及政府职能的转变，我国的公共管理者与西方的公共管理者面临着某些类似的困境，需要转变政府管理方式，建构新的政府管理模式。进入 21 世纪，经济全球化和信息化社会加速发展，国际竞争加剧，中国公共部门面临更加复杂多变的国际环境。在国内，随着体制转轨和社会转型，社会问题复杂多变，矛盾冲突加剧，社会危机随时可能出现，这要求政府从注重日常管理、常规管理转向注重未来的发展管理、风险管理或危机管理（2003 年 SARS 危机的爆发就是一个典型例子）；随着改革开放的深入和民主政治建设的发展，公民的民主意识和参与意识增强，对公共部门管理的效益、效率和公平提出了更高的要求，对公共部门回应公众服务需求的呼声高涨；随着行政体制改革深入以及公共服务企业化、市场化和社会化改革的拓展，公共部门日益面临重组、合并、民营化、公私竞争、公共部门之间竞争、政府干预范围的缩小等威胁；随着绩效评估在地方的实行，绩效导向的评估与预算挂起钩来，更让公共部门压力重重。所有这些变化莫测的国内外环境成为中国公共部门实行战略管理的直接驱动力。

总之，公共部门战略管理对于我国公共部门管理尤其是政府管理职能与方式的转变，对于我国公共管理的知识体系和课程体系的更新以及公共管理人才的培养有着重要的现实意义。现阶段中国公共部门管理的理论与实践呼唤战略管理思维！

第12章

绩效管理

公共部门绩效管理既是公共管理学的一个新主题，又是当代公共部门管理的一种新实践。随着“新公共管理”改革的兴起，绩效评估以及绩效管理在西方公共部门尤其是政府管理中得到广泛的运用。20多年来，在我国，作为一种管理新潮，绩效评估及管理越来越受到人们的重视，并在我国公共部门管理尤其是地方政府管理中得到应用和推广。实践证明，加强和完善公共部门的绩效管理，无疑是提高公共部门尤其是政府管理水平的一个有效途径。本章探讨公共部门绩效管理的基本理论与实践问题。

12.1 公共部门绩效管理概述

12.1.1 公共部门绩效管理的兴起

西方公共部门绩效管理萌芽于20世纪初，起步于20世纪中期，但到20世纪70年代，公共部门绩效管理与评估才开始全面推行。这一时期，传统官僚政治体制导致政府机构臃肿、效率低下、资源严重浪费，政府面临着严重的管理危机和公众信任危机。与此同时，理论界也出现了新右派体系，力主减少政府干预，采用管理私人部门的管理哲学及管理方法，用企业家精神重塑政府。公共部门绩效管理侧重点是经济和效率，追求投入产出比的最大化。到了90年代，绩效管理与评估达到鼎盛时期。其过程也更加规范化、系统化，绩效评估的侧重点是公共服务的质量和效益。英国、美国是西方国家公共部门绩效管理历史演进的典型代表。

英国从20世纪60年代开始对公共部门生产力进行测定，当时的英国王室土地监督局、国内税务总局以及就业局开始发布各部门的整体生产率指数，并拟定各种绩效示标用以衡量下级部门的工作。但是，在 20 世纪 80 年代以前，绩效评估局限于输入和产出易于识别和调整的执行功能。从 80 年代开始，在中央各部门进行持续数年的大规模的“雷纳评审”，在此基础上建立起较成熟完善的绩效评估与管理机制，这一机制被广泛应用于中央、地方各层级的政府部门和其他如学校、国民保健等公共部门。1979 年，撒切尔政府开展了著名的雷纳评审。雷纳评审“是对政府部门工作特定方面的调查、研究、审视和评价活动，其目的是提高组织的经济和效率水平”①。其性质是“‘以解决问题为导向’的‘经验式调查’，调查的起点是‘人们已经了解的东西而非不了解的东西’。正是针对那些人们相当熟悉并似乎司空见惯的东西，评审者提出问题和质疑，以便发现存在的问题”②。雷纳评审的重点是经济和效率，目的是通过提高效率来降低公共部门的开支和运营成本。从这一点看，雷纳评审取得了巨大的成就，“比如，雷纳评审提出了改进国内税务总局沟通机制的具体建议 26 项，结果是大大减少了发文数量，提高了质量和效果。又如对国防部与工业界关系的多学科综合评审导致了 800 个人员的节省；国防部内部审计工作的评审结果使得巡视员和审计员减少了 30%”③。

1980 年，英国环境大臣赫塞尔廷在环境事务部建立了“部长管理信息系统”（management information system for ministers，MISM）。部长管理信息系统是“融合目标管理、绩效评估等现代管理方法和技术而设计的信息收集和处理系统，是一个管理工具”④。它体现了目标责任制度，以目标进行资源配置和调整、绩效评估、全面信息反馈等。

1982 年，英国财政部颁发了“财务管理新方案”(financial management initiative，FMI)，标志着公共部门绩效评估的正式推行。财务管理新方案的目的是“使各部门、各层级的负责人能明确自己的目标和测定产出与绩效的标准和方法；了解可利用的资源和自己在充分利用这些资源方面负有的责任；获得有效履行职责所需要的信息、技能训练和专家咨询等”⑤。财务管理新方案主要包括高层管理系统、目标陈述、绩效评估、分权与权力下放等内容，要求政府各部门树立“绩效意识”，把经济、效率、效益分化为大量的绩效示标，并运用现代技术和方法对绩效示标数据进行整合分析，得出特定单位的总体绩效指数，并以此作为制订计划和决策的基础。

1983 年，英国卫生与社会保障部提出了较为系统的绩效评估方案，设立了 140 个绩效指标，应用于卫生管理部门和卫生服务系统的绩效评估。负责监督绩效评估实施的中央财政部，在 1989 年的一份报告中指出，在 34 个中央部门中已有 26 个建立了较满意的绩效评估机制，政府各部门拟出的绩效评估指标也不断翻新，1989 年总数就已达到 2 327。

1988 年，英国政府实施“下一步行动方案”，这是英国政府全面转换管理和责任机制的重大努力。1991 年，梅杰政府开展“公民宪章”（The Citizen's Charter）运动和“竞争

---

① 周志忍：《当代国外行政改革比较研究》，56 页。
② 同上书，59 页。
③ 同上书，75 页。
④ 同上书，84 页。
⑤ 同上书，86 页。

求质量”（Competing for Quality）运动。（梅杰政府要求各公共服务机构和部门在制定宪章时要遵循六个原则——明确的服务标准、透明度、顾客选择、礼貌服务、完善的监督机制、资金的价值。）这些改革都推动了绩效管理的广泛应用和方法与技术的成熟。

1997 年，工党领袖布莱尔作为英国新首相上台执政。新工党并没有改变保守党的改革方向，而是继续强调公共服务的效率、资金的价值和顾客导向。布莱尔政府积极引进基准比较技术，将“公民宪章”更名为“服务第一”，并设立了公民评审小组；还在地方政府层面上推行“最优价值”（Best Value）实践。

英国审计委员会曾按照 1999 年《地方政府法》和 2001 年《政府白皮书》，在原有的最优价值体系及地方政府公共服务协议的基础上，为单一制议会和郡议会、区议会、消防和救援机构等公共部门，设计了一个综合绩效评估体系（comprehensive performance assessment，CPA），以推进政府绩效评估在实践中的应用和发展。该体系主要包括独立评价、综合评价和评价结果公布三个方面的内容。2006 年，英国审计委员会又根据具体的实施情况，对这一体系进行了大幅度的修订和完善，从而形成了新的 CPA 框架体系。①

美国是世界上最早推行绩效评估的国家（虽然以“雷纳评审”起步的英国政府绩效评估实践具有后来者居上之势）。美国政府提高其生产力的努力可以追溯到 20 世纪初期，那时，美国地方政府开始了对好政府的追求并且以效率为核心对政府的运作进行了测量与评估。随着时间的推移，美国绩效管理的主题、内容和形式不断发生变化。我们可以将美国公共部门绩效管理的发展过程划分为五个主要阶段，依次强调效率、预算、管理、民营化和政府再造。②

效率阶段（1900—1940 年）。这一时期的动机是追求高效廉洁的政府。公共部门绩效管理运动始于市政及其研究。1906 年，纽约市成立了市政研究局，其目的是探索提高城市政府效率的途径。1928 年成立“全国市政标准委员会”，这可以认为是美国公共部门绩效管理的开端。美国联邦政府在 1912 年成立“经济与效率委员会”。在这个时期，效率成为政府管理的万能钥匙。

预算阶段（1940—1970 年）。这一时期的动机主要是控制成本。支出控制是政府生产力最基本的动因，因此这一时期公共行政人员关注的重点是公共预算。1965 年，《初级与中级教育法》（Elementary and Secondary Education Act）对促进教育项目的评估发挥了很大的作用。

管理阶段（1970—1980 年）。这一时期的动机是追求公共管理的效率与有效性。20 世纪 70 年代是美国政府测量、评估以及提高公共生产力的重要时期。1970 年，尼克松政府成立“国家生产力委员会”，后发展成为“国家生产力与工作质量中心”。1978 年，成立“生产力公共管理中心”，后发展成为“国家公共生产力中心”，主要研究各级政府生产力状况。1973 年，尼克松政府颁布了《联邦政府生产率测定方案》，使公共部门绩效评估系统化、规范化。1976 年，美国科罗拉多州通过了第一个《日落法》（Sunset Legislation），

---

① 参见张玉亮：《政府绩效评估研究：理论回顾、观点梳理及发展前瞻》，载《理论与现代化》，2008（4）。

② 参见［美］尼古拉斯·亨利：《公共行政与公共事务》（第 8 版），285 页。

规定“除非立法机构另有特别立法或授权，否则公共项目或机构即应于一定期间（例如5～10 年）之后终止或撤销”①，立法机关要定期审查各机构和方案，以消除或改造重叠的机构和效率低下的方案。到 1981 年，有 36 个州通过该法。政府绩效评估步入法制化的轨道。

民营化阶段（1980—1992 年）。这一时期的目标是减少财政赤字、减少赋税、削减政府支出，并减少联邦政府的规模与权力。这一时期的绩效管理和评估过程出现了新的内容，即私有化，将政府服务承包给私人部门。

政府再造阶段（1992 年开始）。这一时期的目标是减少政府支出，提高公共责任、效率、有效性以及回应性，授权于公共行政人员。1993 年美国政府成立“国家绩效评估委员会”，目标在于“使整个联邦政府花费更少、效率更高、更有进取心和更有能力，改掉自以为是的高高在上的官僚文化”②。1998 年，该委员会更名为“政府再造全国伙伴关系联盟”。1993 年颁布的《政府绩效与结果法》，可以说是政府绩效评估达到高潮的标志。《政府绩效与结果法》要求将绩效评估制度在联邦政府层级制度化，要求联邦机构制定其如何为美国人民提供高质量产品和服务的战略规划和绩效评估制度，所有的联邦机构发展和使用绩效评估技术并向民众报告自己的绩效状况。《政府绩效与结果法》还要求 1999 年在政府广泛施行该法案前先进行项目试点以取得经验，国家审计总署和预算局要在 1994 年向议会报告这些试点项目的经验。

其后，在美国整个政府部门都实施各种以结果为导向的绩效管理战略，把管理制度与导向相结合，持续监控并向利益相关者公开报告结果。1993 年，行政管理与预算局通知联邦各部门，预算要求必须伴有绩效评估。美国联邦政府 1998 财政年度要求所有机构都要做绩效报告。1996 年，美国政府提出“要把尽可能多的联邦机构转变为‘以绩效为基础的组织’（the performance-based organizations）”，“以绩效为基础的组织是由那些签订合约的公共行政人员来管理，该合约要求他们为提供可测量的结果承担责任；作为回报他们拥有更大的管理灵活性，薪资以及工作保障直接与机构的绩效挂钩”③。

根据经合组织的统计，20 世纪 90 年代以来，除了美国和英国外，公共部门绩效评估在加拿大、丹麦、芬兰、挪威、德国、法国、新西兰、荷兰、澳大利亚等国都得到了广泛应用。1990 年，荷兰政府把其进行的改革命名为“大效率运作”，荷兰学者瓦尔特・基克特在总结该国行政现代化进程时指出，“改革可以说具有管理主义的特点，改革的主要目标是提高政府组织和运作的绩效与效率”④。因此，有西方学者认为“评估性国家”或“审计性国家”正在西方出现。

公共部门绩效管理的兴起与发展和社会的发展密切相关。绩效管理在理论和实践上受到广泛研究与推行，与多种因素有关。

---

① 参见［美］尼古拉斯・亨利：《公共行政与公共事务》（第 8 版），373 页。

② Al Gore, “From Red Tape to Results: Creating a Government That Works Better and Costs Less”, Report of the National Performance Review (Washington, DC: U. S. Superintendent of Documents, 1993), p. 1.

③ ［美］尼古拉斯・亨利：《公共行政与公共事务》（第 8 版），306 页。

④ ［荷兰］瓦尔特・基克特：《荷兰的行政改革与公共部门管理》，见国家行政学院国际合作交流部编译：《西方国家行政改革述评》，178 页。

第一，公共部门绩效管理的兴起与社会科学的发展紧密相关。第二次世界大战后，政治学、经济学、社会学、管理学等社会科学的理论和研究取得显著进展，新的数理统计方法的出现，计算机技术的应用，推动了公共部门绩效评估理论和方法的产生与发展。这当中，政策科学和发展经济学的形成起了重要的作用。诞生于二战后的政策科学，以政府公共政策及其过程为研究对象。作为公共政策具体化的绩效评估项目，政策科学从系统的、宏观的角度促进了其评估理论和方法的产生与发展。创立于二战后的发展经济学，提出市场机制、理性选择、资源的合理配置、国家间的平等关系等因素在经济发展中的作用，强调国民经济的持续发展需要保持宏观经济领域和微观经济领域的统一与协调，这些直接提供了公共部门绩效评估的理论与方法。

第二，财政压力是公共部门绩效管理兴起的重要原因。公共部门绩效管理制度发展最主要的推动力就是经济的压力造成的财政困境。“从历史上看，任何以提高效率为主要目的的行政改革运动，其直接动因都是经济状况不佳而造成的政府财政拮据、政府管理危机和公众对政府的信任危机。”[①] 20 世纪 70 年代末开始，西方各国普遍出现经济衰退、生产力下降的现象，公共财政持续出现赤字，各国政府纷纷拉开行政改革的帷幕，西方进入了行政改革的时代。行政改革国家所倡导的是结果导向的、关注绩效的政府。绩效管理作为一种测量政府绩效、推动政府提高绩效的主要技术工具，取代了以往的投入、官僚程序和规则，成为控制组织的手段。如美国的行政改革就是反对传统公共行政重遵守法律法规、轻绩效测定和评估的做法，主张放松严格的行政规制，而实现严明的绩效目标控制。美国自里根政府开始，就推动以绩效为基础的责任制来代替传统行政中的以规则为基础的责任制。

第三，新的管理理念是公共部门绩效管理兴起的理论基础。新公共管理主义是西方行政改革的理论基石。新公共管理强调私人部门的管理方法与公共部门的管理方法有相似之处，可以广泛运用于公共部门。主张引进私人部门的管理人员，借用私人部门的管理哲学、模式、原则和技术方法来重塑新的政府形象，如努力精简组织机构，大幅减少行政人员，推行目标管理、绩效管理、全面质量管理等，利用社会和市场力量实现公共服务社会化，在公共服务中引入强制性竞争投标机制，签订绩效合同，推行服务承诺制，实行分权化改革，放松管制等，强调优质服务——在追求节约、效率的同时更关注质量，强调结果为本的“讲究效果的政府”。特别是追求卓越和质量至上等私人部门的管理理念，在英国通过中央政府推行的许多变革，在公共部门得到强化，如顾客至上，发现顾客的需求，从而识别并满足不断变化的顾客需要和期望这一观点被普遍接受。公共部门的绩效评估正是在这种背景下被引入公共部门，为公共管理的新思维的实施提供了有力的技术支持。

一方面，新公共管理的新范式是分权管理和将管理决策移交给责任成本中心。而要实行分权管理，主管部门就必须明确目前各分权机构完成组织战略目标的责任义务范围，建立工作需求、结果产出方面的指标，包括确定绩效标准、设计具体程序和绩效测定方法对各工作人员和单位进行评估。分权化改革必然要以科学的绩效评估为技术上的

① 胡宁生主编：《中国政府形象战略》，1015 页，北京，中共中央党校出版社，1998。

保证。如英国、新西兰的分权改革中便广泛采用了绩效评估技术。另一方面，公共服务社会化常以公共业务合同出租形式体现，提供服务要求通过竞争性投标，这迫使政府对服务和管理的“绩效”做出清晰明确的定义，也必须对承包人提供的服务确定明确的绩效标准、指标，以此测定、监督、评估合同承包人的工作绩效。绩效评估技术能控制公共服务社会化不过于偏离正常轨道，确定合同的继续、中止、转移，并根据评估结果控制和改进不良绩效。

第四，竞争的挑战是公共部门绩效管理兴起的一个重要推动力。西方行政改革的特点之一便是在传统的垄断性公共服务部门引入竞争机制，各部门提供服务要通过竞争性投标，扩大服务对象的选择权。中央政府内部和地方权力机构内部，公共事业部门，如学校、医疗以及医疗系统内部的其他单位，都通过强制性竞争投标产生执行机构，创造出了新的市场环境。这使得公共部门更加关注业绩和业绩管理。如英国政府就鼓励私人部门参与那些传统上被认为是政府专属的领域，如城建、安全等。公共部门在那些无法引进公私竞争的工作领域，也建立起一些内部竞争机制，以提高公共服务的效益、质量。例如，英国在医疗系统内引进的内部市场与美国在中小学教育中实行“教育券”制度，实行客户竞争。“在竞争的市场条件下，顾客可以自由选择商品和服务，而他们的选择就是对商品和服务提供者绩效的最好评判。”① 这样便迫使公共部门竭力改善运作和提高服务的质量、效率，以“赢得更多的顾客”。对绩效评估的关注可以看作公共部门长期以来对提高生产力的探索和继续发展。竞争的挑战为公共部门测量绩效提供了强大的动力，使公共部门更关注提高绩效的问题。

第五，政府政策的推动和支持也促进了公共部门绩效管理的发展。公共部门管理理念的变化和绩效评估的推行有赖于政府政策的推动和支持。英国前首相撒切尔夫人坚信公共部门的管理亟须改革，而在改革中可以向最好的私人部门学得经验。她发动了大规模的对公共部门的组织和管理进行调查和改革的“雷纳评审”。美国公共政策对公共部门推行大规模的绩效评估的影响更为显著，里根政府和克林顿政府都曾任命专门委员会审查政府如何最佳履行职能以提高公共物品和服务供给的有效性。其中，两任委员会的领导人彼得·格雷斯和副总统戈尔都注重公共部门的企业化管理。著名的格雷斯委员会对私人部门的成本控制进行调查，以汲取经验使政府内部的浪费和滥用现象最小化；戈尔领导的国家绩效评估委员会指出，政府成本太高，应实行更好的制度、测量、评估、授权、分权，以产生一个具有变革性、更富反应力的政府。随后，美国的《政府绩效与结果法》进一步推动了公共部门绩效评估及绩效管理的发展。

12.1.2 绩效、绩效评估与绩效管理

1. 绩效

“绩效”一词，一般解释为成绩、成效，含有成绩和效益的意思。它最早用于社会经济管理领域，后来在人力资源管理领域又被广泛应用。该词用在社会经济管理领域，其意

① 于军编译：《英国地方行政改革研究》，123页。

思是指社会经济管理活动的结果及成效。工商管理中的绩效也就是这个含义。

绩效是指“从过程、产品和服务中得到的输出结果，并能用来进行评估和与目标、标准、过去结果以及其他组织的情况进行比较”①。绩效可通过财务和非财务的项目表示。绩效一般有三种类型：（1）以顾客为中心的绩效，包括产品和服务绩效。以顾客为中心的绩效是指关于顾客感觉、反应和行为的测量和指示物，以及相对于顾客的产品和服务特性的测量和指示物。如顾客保留、投诉、顾客调查结果、产品可靠性、准时交付、顾客经验的欠缺情况和服务反应时间。（2）财务与市场绩效，指的是关于成本、收入和市场地位的测量，包括资产利用、资产增产和市场份额。如包括投资回报、增加于每个雇员的价值、资产负债率、资产回报、运作利润、其他的营利性和流动性测量，以及市场增产。（3）运作绩效，指组织上、人力资源和供应商在有效性和效率方面的测量和指示物。如周期、生产率、浪费减少以及社区参与。它可以在工作单位水平、关键过程水平和组织水平上测量。

把“绩效”用于对政府行为效果的衡量，反映的是政府绩效，其含义更广一些，包含政府在社会经济管理活动中的业绩、效果和效率，是政府能力的基本体现。因此，政府绩效是指政府在社会经济管理活动中的结果、效益、效能，是政府在行使其功能、实现其意志过程中体现出的管理能力。政府绩效可以分为四个方面：

（1）政治绩效。在市场经济条件下，政治绩效最经常的表现为制度安排和制度创新。市场经济的游戏规则或社会秩序的供应是一种政府制度安排，这是政府核心能力之一。政府制度安排的能力越强，政治绩效就越容易体现。

（2）经济绩效。经济绩效表现在经济持续发展上，国民经济的增长不仅仅是指量上的扩张，更重要的是指在结构合理的前提下有质的提升，良好的经济绩效还包括经济可持续发展程度较高、政府能供应推进经济与社会协调发展的宏观经济政策。

（3）社会绩效。社会绩效是经济发展基础上的社会全面进步，是社会的稳定与发展。其中安全与犯罪、公平与正义、福利与贫困、稳定与动乱等指标是重要的参数。

（4）文化绩效。文化绩效主要指精英文化与大众文化的互补与渗透，以及文化的繁荣与整合。

2. 绩效评估

关于什么是绩效评估，目前国内外尚无普遍同意的定义。对绩效评估的研究广泛地分布于管理学、组织行为学、人力资源管理等学科中，学者们基于各自学科视角对绩效评估予以不同的理解和界定。在各种绩效评估的组织中，也没有一个一致的定义。在美国学者史密斯·穆飞看来，“绩效评估是组织对雇员价值秩序的决定”。另一个美国学者朗格斯纳认为：“绩效评估是基于事实，有组织地、客观地评估组织内每个人的特征、资格、习惯和态度的相对价值，确定其能力、业务状态和工作适应性的过程。”日本学者伊山吹太郎则说：“绩效评估是对雇员与职务有关的业绩、能力、业务态度、性格、业务适应性等诸方面进行评定与记录的过程。”② 美国 1993 年的《政府绩效与结果法》将政府绩效评估界

① 尤晓云编译：《绩效优异评估标准》，31 页，北京，中国标准出版社，2002。

② 转引自吴国存编著：《企业职业管理与雇员发展》，250 页，北京，经济管理出版社，1999。

定为一种评估方式，它通过客观的测量和系统的分析，确定联邦政府的项目是否达到预定目标的程度和方式。列举的这几个定义对绩效评估的理解有差异：从“过程”到“制度”到“方式”，从实际工作成就到影响工作成就的各种因素。这也意味着绩效评估包含着丰富的内容，不仅仅是“绩效”字面意义上的工作成绩、效果、贡献，还包括对雇员的特征、工作态度、工作适应性、能力、潜在能力的认定，这在一定程度上折射出对绩效评估认识的不断深化的过程。

对公共部门绩效评估的界定更为复杂，“因为政府的行为，即便是一种简单的服务，也是个复杂、多面的概念，在过去无法定义它已成为阻碍测评发展的关键所在之一”①。下面是几个有代表性的定义：

“绩效评估是一个适用于评价政府活动、增强为进展和结果负责的一切有系统的努力的术语。”②

“绩效评估是评价达到预定目标的过程，包括以下信息：资源转化为物品和服务（输出）的效率，输出的质量（提供给顾客的效果，顾客满意程度）和结果（与所期望目的相比，项目活动的结果），政府在对项目目标的特定贡献方面的有效性。”③

绩效评估指政府体系的产品在多大程度上满足社会公众的需要。④

美国审计总署关于公共部门绩效评估的定义也许是最具有代表性的，认为绩效评估“是便于公共决策者获取相关信息——比如，关于为解决或缓解某一问题所采用策略的相对有效性，关于特定方案的实际有效性——的一种方法”⑤。

综上所述，我们可以从三个方面来理解政府绩效评估的内涵：在微观层面上，绩效评估是对个人工作业绩、贡献的认定；在中观层面上，绩效评估便是对政府的各部门，包括事业单位、非营利组织如何履行其被授权的职能的测评，如政策制定执行的效果，项目管理实施的状况影响，给民众提供服务的数量、质量等；在宏观层面上，绩效评估是对整个公共部门尤其是政府绩效的测评，具体体现为政治的民主与稳定，经济的健康、稳定与快速发展，人们生活水平的持续提高，社会公正与平等，国家安全和社会秩序的改变，精神文明的提高等方面。

3. 绩效管理

成功的绩效评估不仅取决于评估本身，而且很大程度上取决于与绩效评估相关联的整个绩效管理过程。在工商管理中，绩效管理是指为了达到组织目标，通过持续开放的沟通过程，形成组织目标所预期的利益和产出，并推动组织和个人做出有利于目标达成的行为。美国学者罗伯特·巴克沃认为，绩效管理是一个持续交流的过程，该过程由员工和其直接主管之间达成的协议来保证完成，并在协议中对未来工作达成明确的目标和理解，并

---

① 于军编译：《英国地方行政改革研究》，168页。

② Sheldon Silver and Marty Luster，*Reinventing Government Series*：*Performance Measurement and Budgeting*，July 1995.

③ Al Gore，*Serving the American Public*：*Best Practices in Performance Management*，Washington，DC，National Performance Review，June 1997.

④ 参见胡宁生主编：《中国政府形象战略》，1078页。

⑤ Eleanor Chelinsky，“Evaluating Public Programs”，in James L. Perry（ed.），*Handbook of Public Administration*，San Francisco，CA：Jossey-Bass Publishers，1989，p. 259.

将可能受益的组织、管理者及员工都纳入绩效管理系统中来。①

绩效管理可以说是公共部门改革的重要策略。什么是公共部门绩效管理？沙夫里茨和卢塞尔认为，公共部门绩效管理是组织系统整合组织资源达成其目标的行为，公共部门绩效管理区别于其他方面纯粹管理之处在于它强调系统的整合，它包括了全方位控制、监测、评估组织所有方面的绩效。西方各国开展的政府再造，都把追求绩效作为首要的目标。美国国家绩效评估委员会的定义是：公共部门绩效管理是利用绩效信息协助设定同意的绩效目标，进行资源配置与优先顺序的安排，以告知管理者维持或者改变既定目标计划，并且报告成功符合目标的管理过程。

12.1.3 公共部门绩效评估的类型

随着公共部门绩效评估活动的开展和影响的深入，绩效评估也呈现出多样化的特点。从不同的角度，依据不同的标准，我们也可将多样化的绩效评估分为不同的种类。从评估机构的地位看，可分为内部评估和外部评估；从评估的对象看，可分为个人绩效评估和组织绩效评估；从评估的目标看，可分为管理与改进型评估、责任与控制型评估和节约开支型评估。

1. 内部评估和外部评估

内部评估是公共部门内部的评估者完成的评估。每个组织都应该做自我评估，“有效的内部评估对管理者提供必不可少的支持”②。内部评估最大的优点在于评估的主体本身就是公共部门内部的决策者、管理者和工作人员，“他们对该组织有更详尽的了解，他们在持续性的长期的方案评估中可能更有优势”③。但是要求公共部门对自己的行为做出客观的评价实非易事。这是因为：首先，评估往往会附着一些自利行为，如避免暴露缺陷，只强调取得成就的一面；如果某服务资金投入太多，未达到或只是较小程度达到目标，内部评估的主体很可能找出种种理由对其项目的失败进行辩护。其次，评估往往代表着某一部门的局部利益，这使内部评估容易走向片面性并带有浓厚的主观色彩。最后，绩效评估是一项复杂而细致的工作，需要评估者系统地掌握有关的理论知识，并熟悉某些专门的方法和技术。因此，公共部门内部是否拥有从事绩效评估能力的专家，就成为绩效评估的先决条件，很多组织绩效评估之所以失败，便是因为缺乏熟悉这方面的专家。

外部评估是由公共部门外部的评估者完成的评估。它可以是由公共部门委托营利性或非营利性的研究机构、学术团体，专业性的咨询公司，乃至大专院校的专家学者进行的，也可以是由投资或立法机构组织的，或由报纸、电视、社会团体等其他各种外部评估者自己组织的。外部评估同内部评估相比，其优点在于外部评估者“更为客观；他们

---

① 参见［美］罗伯特·巴克沃：《绩效管理：如何考评员工表现》，4页，北京，中国标准出版社，2000。

② Evert Vedung, *Public Policy and Program Education*, New Brunswick and London: Transaction Publishers, 1997, p. 117.

③ Francis G. Caro, “Evaluation Research: An Overview”, in Francis G. Caro (ed.), *Readings in Evaluation Research*, New York: Russell Sage Foundation, 1971, p. 17.

更有可能质疑组织的基本前提；客观性使得他们容易成为有效的调停者；他们对手头研究的问题会花费更多的时间”①。目前，由外部评估主体来评估公共部门绩效被广泛应用，如英国负责绩效测量的审计委员会和美国的审计总署。但是外部评估也存在获取资料困难等问题。

从以上分析可以看出，内部评估和外部评估各有其利弊。在实践中，我们应把内外评估结合起来，取长补短，以提高评估质量。

2. 个人绩效评估和组织绩效评估

个人绩效评估是指基于事实，有组织地、客观地对公共部门的雇员的特性、资格、能力、业务态度、工作适应性及对组织的贡献所做出的评估。个人绩效评估不但有利于管理层与雇员沟通组织的目标和目的，而且还能激发雇员的工作潜力、责任感和紧迫感。公共部门传统上一般偏重的都是对个人绩效的衡量，其历史源远流长。因而，个人绩效评估无论是在方法、技术上，还是在流程设计、指标建构方面都比较完善。

组织绩效评估是指对公共部门的产品在多大程度上满足社会公众的需要而进行的评估。在微观层面上，组织绩效评估便是对政府的各部门，包括事业单位、非营利组织如何履行被授权的职能的测评，如政策制定执行的效果、项目管理实施的状况影响等；在宏观层面上，组织绩效评估便是对整个公共部门的绩效的评估，具体体现为政治的民主与稳定、经济的健康与快速发展、人们生活水平的持续提高、国家安全和社会秩序的改变、文化的发展和精神文明的提高等方面。由于公共部门的组织行为较之雇员个人行为具有复杂、多面与难以界定等特点，因而，组织绩效评估相对难度较大，其在科学化、规范化、制度化方面还有待进一步发展。

传统的绩效评估大多以个人层面的绩效评估为核心，然而，在新的条件下，各行各业的竞争日趋激烈，组织的团队管理、团队合作不但在私人部门中被使用，而且推广到公共部门。虽然个人的绩效无论是对其本人还是对所在组织都是一个重要砝码，但组织的整体绩效更是残酷竞争中组织得以生存和发展的支柱。因此，绩效评估开始以组织绩效评估为核心，个人绩效的评估以促进整个组织的绩效为前提。

3. 管理与改进型评估、责任与控制型评估和节约开支型评估

以评估目标作为绩效评估类型的划分标准，目前已被经合组织成员国广泛采用。各成员国普遍认为：“如果绩效评估的三大目标（管理与改进、责任与控制和节约开支）决定了政治现代化进程的重大方面以及影响了绩效评估执行政策的选择的话，那么这三个目标还可以创造绩效评估的不同类型。”② 进行绩效评估的成员国通常都具有这三个目标，但由于受经济危机或严重财政赤字等外部因素的影响，各国对不同评估目标的重视程度会有所不同。因而，在具体实践中对绩效评估的不同类型也会产生不同偏好。例如：管理与改进型评估在澳大利亚、芬兰、瑞典受到较多关注，法国、新西兰、英国较强调责任与控制型评估，加拿大和美国则倾向于节约开支型评估。

---

① Francis G. Caro, “Evaluation Research: An Overview”, in Francis G. Caro (ed.), *Readings in Evaluation Research*, New York: Russell Sage Foundation, 1971, p. 17.

② OECD Publications, *In Search of Results: Performance Manage Practices*, 1998, p. 26.

管理与改进型评估在竞争的压力下需要更多地使用市场测试、竞争力与标杆管理等更加灵活的管理工具和技术。大量的绩效数据与资料必须传递给组织的内部管理者，同时，绩效评估信息系统应设计为复合体以适应不同层次的需要；如果有战略或竞争的因素介入，大部分绩效信息还应该是保密的。在此类评估中，绩效预算着重激励以结果为导向的产出；绩效会计突出成本意识的增长；绩效审计则在自我改进战略中用于自我评估；诱因机制在评估中得到大量运用，其目的在于激励和促进组织管理的改善；自下而上的评估模式在自愿的基础上可以使用，但还需要自上而下的模式加以补充。

责任与控制型评估只需要简单而透明的绩效评估信息系统，绩效指标与数据应是易于获得并被大众所熟悉与了解的。此类评估尤其重视绩效审计，内部审计与外部审计以及二者之间的紧密联系对优化责任与控制程序十分重要。只有在责任与控制机制事先明确的情况下，此类评估才会考虑运用诱因机制，如预算收益的分红、绩效报酬等。此外，自上而下的评估模式是可取的。

节约开支型评估主要关注公共部门的投入。绩效评估信息系统并不是评估的关键因素，而只是一个附属物，它在预算过程中着重强调开支与成本。只有在节约开支这一目标实现的时候，诱因机制才得以使用，用来奖励节约者。由于此类评估并非出自公共部门的自愿，因而，自下而上的评估模式难以得到大量使用。

管理与改进型评估和责任与控制型评估在某些方面相互得到了加强和补充，另外，从某种角度而言，二者又互相削弱。经合组织的绩效评估经历表明，由于评估目标的多样性和混合性，各国并不会单一使用一种评估类型，而往往会根据具体需要将不同类型的评估混合使用。实践中，复合式评估具有强化绩效评估的潜力。

12.1.4 公共部门绩效评估的意义

公共部门绩效评估作为政府再造的重要内容和根本性措施在政府公共管理实践中的广泛运用，开创了当代公共部门吸收、借鉴私人部门管理方法与经验的先例，为政府改革实践和公共管理理论研究提供了新的视角，并在相当程度上带来了西方国家政府管理效率的提高和管理能力的增强，各种社会危机和矛盾得到了相对缓和。公共部门绩效评估的重要理论意义和实践意义主要表现为：

1. 绩效评估是公共管理的必要手段

“公共管理人员能够对公共政策和项目的结果进行评估至关重要，否则，管理水平不可能得到提高，因而也不可能以高效的管理为公众服务。”[①] 对公共项目实施的实际状况进行了解、考察，分析实际效果与预期目标的偏离程度，进行绩效评估，总结公共政策及项目实施的经验教训，并将其反馈给有关公共管理部门，有助于对公共管理项目做出调整、修正，弥补公共管理项目的缺陷，为未来的公共决策及实施积累经验，完善和提高公共管理水平。

---

① Felix A. Nigro and Lioyd G. Nigro, *Modern Public Administration*, New York: Harper and Row Publishers, 1989, p. 194.

2. 绩效评估是提高公共部门绩效的动力机制

作为技术层面的绩效评估本身不是目的，它只是为获得更高的业绩水平而使用的手段，是有效提高政府绩效的动力机制。首先，绩效评估有助于实现和落实政府的责任。公共部门至少应在以下三个方面对公民负主要责任：“一是政府的支出必须获得公民的同意并按正当程序支出；二是资源必须有效率地利用；三是资源必须用于达成预期的结果。”① 与此同时，公众期望政治家能为自己做出的决定负责。这就要求有某种评价绩效的方式。

其次，绩效评估有助于提高公共服务供给的质量和效率。在市场化条件下，根据社会的发展要求和社会公众的需要提供公共服务成为政府最重要、最广泛的职能和根本性任务，政府公共部门成为公共服务的供给者，而不再是高高在上的官僚机构。对政府职能范围内管理活动的绩效进行评定，也就是要对政府确定公共服务供给的质量和价格标准、抓好绩效管理、把好市场准入以保证供给者无法利用提供公共服务的机会牟取不正当的利益、保障社会公平、增加顾客选择的机会、更好地满足顾客需要等活动的绩效进行评定。这就需要打破原有政府对公共事务管理与公共服务供给的垄断，采用合同出租和非国有化等多种形式，把原先由政府垄断的部分职能市场化，由企业主体通过竞争来提供，或者通过合同与政府采购等形式，以竞争招标方式交由社会承担。这样，政府绩效评估为公共服务供给部门（包括政府公共部门、私人部门和非营利部门）之间展开竞争、创造市场动力、利用市场机制解决政府管理低效率问题提供了有效途径，从而有利于提高公共服务的质量和效率。

最后，绩效评估有助于改进政府公共部门与社会公众之间的关系。随着政府角色和职能的重新界定，政府公共管理所隐含的政府部门的基本运行方式、政府与市场和社会公众之间的关系发生了变化。政府公共部门与社会公众之间的关系由治理者与被治理者的关系变为公共服务的提供者与消费者、顾客之间的关系。政府公共部门行使公共权力主要是为了实现公共利益和主动为社会公众谋福利。政府绩效评估贯彻和体现的是上升为国家意志的广大公民的意志，评估过程中公共财政的分配与使用、公共服务项目的划分、绩效目标的确定都是这种意志的体现。政府绩效评估巧妙地将这种意志通过公共责任和顾客至上的管理理念表现出来，从而在政治上加强与维护了现有的基本社会秩序，建立和发展了社会公众对公共部门的信任，增强了政府公共部门的号召力和社会公众的凝聚力。

3. 绩效评估有利于政府信誉和形象的提高

绩效评估实际上是一种信息活动，其特点是评估过程的透明和信息的公开，把政府在各方面的表现情况做出全面、科学的描述并公之于众，无疑有助于广大群众了解、监督和参与政府的工作。一方面，绩效评估不但可以用以证明政府开支的合理性，而且通过评估可向公众展示政府业绩和政府部门为提高绩效所做的不懈努力，有助于政府合法性和合理性的巩固强化。同时，政府绩效评估并不只是展示成功，它也暴露政府的不足和失败，这并不一定损害政府部门的信誉，相反，政府向公众公开所面临的困难和问题，有利于克服公众对政府的偏见，建立和巩固公众对政府的信任。另一方面，具有影响力的绩效评估结果对政府公共部门来说起着重大的监督作用，能够为政策制定者、政府公共部门及其全体

---

① Flynn Norman，*Public Sector Management*（3rd ed.），New York：Prentice Hall，1997，p. 166.

职员改进绩效提供有价值的信息和反馈，也为社会公众对不同的政府部门及其所提供的服务进行选择提供了依据和参考。社会公众就是通过这种选择来控制和监督公共服务供给的。这也是政府由“暗箱操作”到“阳光行政”的重要途径。

4. 绩效评估是一种有效的管理工具

从实践来看，绩效评估作为一种有效的管理工具在当代公共管理中有下列意义：第一，绩效评估可以用作一种诱因机制。任何管理，包括公共组织的管理，都需要某种诱因机制的存在，这样才能激发人的工作热情和动力。组织诱因机制中最重要的莫过于将绩效与奖惩相联系。通过绩效评估，使组织的激励约束机制有了依据；建立在绩效评估基础上的奖惩，强化了组织的激励机制。

第二，绩效评估作为一个管理工具最重要的意义在于在政府运作和管理上增加了成本—收益的考虑，改变了政府公共部门的浪费。从某种意义上说，它是公共部门进行有效资源配置的一个重要手段。

第三，绩效评估是诊断组织发展的一个有力措施。作为管理决策的基础，绩效评估不但能为组织提供有关组织活动进度、物质损耗、工作协调等方面的信息，以适时调整组织的战略目标、人员物资分配等，还能够在组织中营造一种注重业绩的组织文化，使雇员以绩效为目标，时刻校准自己的行为，并为每个雇员发挥积极性、创造性提供基础。此外，绩效评估及其措施在公共行政实践中的运用，极大地推动了公共管理方法与技能的改进和发展，促使倾听顾客声音、提高服务质量、项目评估、管理信息系统、电子政务等公共管理方法应运而生，为政府公共管理开拓了新的视野。

12.2 公共部门绩效评估的要素

公共部门绩效评估的要素包括绩效评估的目标、途径、制度安排和信息系统。要进行绩效评估，就首先要确定评估的目标。由于绩效改进的目标不同，评估的目标也不同。绩效评估可以通过不同的途径来实现：自上而下与自下而上的途径、激进式与渐进式的途径、个别与系统的途径等。绩效评估的制度安排主要涉及的是确定由哪一个部门负责绩效评估管理和指导，以及建立相应的配套制度以保证绩效评估的顺利实现。绩效评估的信息系统一般包括绩效评估体系（如完成的工作、产出、结果、质量等），绩效评估信息的审核与评价制度（年度报告、预算报告、合作计划），绩效评估信息的使用机制（绩效合同、绩效预算及绩效相关的报酬）。

12.2.1 绩效评估的目标

绩效评估最根本的目的是评价公共部门的行为活动和运营状况，审查公共组织对资源的利用及所取得的成绩，以期向公众证明公共资金得到合理和富有效率与效力的使用，从而维护公共部门存在的合法性。“政府不能用边际利率向纳税人证明自己存在的理由。因此，政府在实施其方案时，必须用更复杂的概念为自己正名，如效率、效力和社会价值。”① 根据评估的侧重点不同，评估具有以下三种目标：

1. 提高绩效

通过绩效评估，促进公共部门组织内部的功能发挥，以达到持续提高组织绩效的目标。提高组织的运行效率和所提供的服务质量意味着对组织的结构、功能不断进行审查，对各种制度及制度间的相互作用进行反思。这就需要建立以绩效为导向的信息系统，采用灵活的管理工具和管理技术。

2. 明确责任

通过绩效评估，确定资源在公共部门与私人部门之间的分配，并进一步明确两者相应的责任和建立相应的外部监控机制。新公共管理运动的兴起，使得公共部门不再是公共物品和公共服务的唯一提供者，越来越多的私人部门及非营利组织通过合同或其他方式参与公共物品的生产和提供，公共组织和私人组织在公共服务上已建立起合作伙伴的关系。在确定谁是最有效的公共服务提供者和实现公共资源的最优配置时，绩效评估的结果自然成为最重要的参考标准之一。

3. 增收节支

通过绩效评估，缩减公共组织不必要的活动和开支，以实现增收节支的目标。由于社会事务日益复杂，现代政府的规模也日趋庞大，政府和公共部门的开支占GDP的比重越来越大。而与此相矛盾的是，财政收入的增长速度赶不上政府开支增长的速度，各国政府都面临着削减预算赤字的重任。绩效评估的一个很重要作用就是通过衡量并比较政府和公共部门的组织绩效（效率、效力、质量等），借鉴有效的管理制度、程序和方法，摒弃不必要的活动，从而实现节约成本、增加收益的目标。

要实现这些绩效评估的目标，则需要制定步骤清晰的计划时间表，建立绩效追踪和控制系统，设计出能有效评价成功与否的评估指标体系，并且要不断地对组织绩效进行评价和分析。此外，绩效目标的实现也依赖于组织所采用的各项措施和战略间的协调一致。

美国学者韦斯（Carol H. Weiss）认为，绩效评估在公共行政中起着“启蒙”的作用。韦斯认为，绩效评估的真正效用在于它是一种社会批评的形态。“启蒙模型并不把共同的价值观作为有用的研究的必要条件。它意味着，研究不一定要适合今天的可行性操作，它提供了观念、方向和经验性概括的理论背景，为决策做好准备。当新的概念和数据出现的时候，其逐渐累加的效应就可以改变决策者所遵循的传统，并且重新调整实际政策的目标与轻重缓急。”② 按照这一观点，绩效评估能让决策者变得敏感。

12.2.2 绩效评估的途径

实现绩效评估可以自上而下或自下而上进行，也可以激进式推进或渐进式推进。

---

① ［美］尼古拉斯·亨利：《公共行政与公共事务》（第8版），198页。

② 同上书，197～198页。

是采用自上而下的途径还是采用自下而上的途径的问题涉及绩效评估的合法性与评估的有效性之间的折中与平衡。如果目标会大幅度地影响预算，那么一般都会采用自上而下的途径。自上而下的评估途径往往使用实验性的方法，即先从个别开始然后扩展至整个组织。此外，自上而下的评估模式侧重于评估技术的有效性、可靠性和同质性，因而这种评估方式往往要使评估要素标准化，并预先制定好评估的机制。自上而下的评估途径也有缺点，那就是评估可能得不到下级机构的支持，从而降低评估的合法性。

自下而上的评估途径更多强调协调与合作。这种途径的优点在于评估得到机构的更多支持，从而提高评估的有效性。在自下而上的评估模式中，组织内部机构一起参与讨论评估的指标设计。

评估途径的选择与文化和制度因素有关。自上而下的途径带有较强烈的命令色彩，它所带来的变化会更广泛，而自下而上的途径有较大的自主性，更易于在个别方面产生绩效变化。

12.2.3 绩效评估的制度安排

制度安排涉及评估中各部门的地位和角色的安排。一般说来，财政和预算部门在指导评估的过程中起着重要作用。有些国家的财政部门中分别设有绩效评估管理机构和预算机构。如果财政部门中没有绩效管理机构，那么在财政部门中设立专门机构以进行绩效管理和评估也是常见的做法。财政部长有时候甚至对绩效管理和绩效评估直接负责。

除了财政部门以外，中央其他部门和地方部门也能对与绩效相关的一些事情负责任。例如，芬兰和挪威的内政部长就有权指导当地和地区政府的绩效改革和评估工作。法国负责公共服务的部长、新西兰的国家服务委员会和英国的公共服务办公室都负有促进和执行绩效管理改革的重任。

当然也要考虑到，传统的政府部门并不总是支持绩效管理和绩效评估。这时，在现有部门内部建立专家管理机构来帮助开展绩效管理和绩效评估是十分必要的。专家管理机构主要是起思想库的作用，而不是作为各部门的竞争对手出现。这种责任的划分对于促进绩效的持续改善十分重要。

此外，培训员工，获得员工对绩效管理和绩效评估的支持，创造以绩效为导向的文化氛围也是有效绩效评估和绩效管理的重要因素。因而建立相关的培训制度，帮助组织成员转变观念态度，也成为制度安排的必要内容。

12.2.4 绩效评估的信息系统

绩效评估的信息系统包括绩效评估体系的内容、绩效评估信息的审核与评价制度、绩效评估信息的使用机制。

1. 绩效评估体系的内容

绩效评估体系的内容一般包括产出、效益、财政结果、预先制定的衡量内容或服务质量、顾客满意程度等。由于被评估的组织的性质不同，评估的侧重点也有所不同。但单一地强调某一重点，会有许多缺点。例如，以产出为焦点的评估虽然比较容易实施，但也可能会导致不符合要求的公共产品或服务的高效产出。以效益为导向的评估一方面很难界定效益；另一方面，组织的效益与组织活动之间的因果关系不容易确定。评估指标设定的范围越是狭窄，评估难以发挥有效作用的可能性就越大。评估指标应涵盖组织的所有活动内容和支出项目。

绩效评估内容不是一成不变的，它随着管理的需要而不断地变化。例如，提高服务质量在有的国家是作为绩效管理和评估的整体战略目标，而在有的国家，服务质量只是更广泛的绩效管理战略的一个部分。

此外，组织提供服务的性质决定了评估的内容要素。对实实在在能感触到的服务比较容易评估和衡量，与个人相关的服务也比较容易评估和衡量，最不容易评估的服务是诸如政策建议或咨询之类的无形服务。现在有些国家正尝试着用一些可衡量的指标将这些无形的服务转化成可感触的服务，比如对于政策质量的衡量，可以通过实际采用的数量、覆盖范围、政策的及时性、政策成本等指标和列出质量标准检查清单等方法使质量评估更易于操作。

2. 绩效评估信息的审核与评价制度

对与绩效相关的信息或资料进行审核是产生有效绩效评估的关键步骤。审核可以应用于绩效评估的每一阶段，例如，可以审核指标体系选择的适当性和有效性，资料收集和加工的可靠性，资料信息的准确性和完整性，用于评判的标准、对结果的解释和评估信息与决策的相关程度等。绩效资料和信息的审核一般需要专门的机构来管理。例如，在新西兰，1989 年的公共财政方案规定必须有一份包括对服务绩效进行陈述的审计报告。审计办公室使用的是短期审计报告以说明信息是否得以“公正的提供”。审计意见包括信息的准确性和完整性，但不包括指标的适当性和有效性。在英国，财政报告是由国家审计办公室审计的。公共部门的机构绩效评估总结果在每年由政府出版的《续阶行动回顾》中公布。在英国的地方政府中，审计委员会对绩效信息和评估主要指标的解释进行总结。在澳大利亚，议会中的财政和公共行政常务委员会经常对绩效信息质量提出中肯建议，澳大利亚国家审计办公室会对绩效评估信息是否影响决策做出评价。在加拿大，总审计长负责与绩效评估信息相关的工作。

3. 绩效评估信息的使用机制

对绩效进行比较和对结果进行评价是绩效评估的关键步骤，使评估更有意义。绩效评估信息可以在三个方面使用：使用绩效评估信息检验组织是否达到原先设定的目标；利用绩效信息来进行绩效预算的操作；在组织和个人层面上，利用绩效评估的信息对个人和组织进行绩效激励。

在西方国家的政府再造运动中，有序竞争是很重要的手段之一。任何能够对其绩效进行测量的组织都可以使用竞争性杠杆，这是一种能够比较组织绩效的工具。通过绩效评估结果的比较，可以帮助选择服务的竞争签约者，并且可以取代或者处罚绩效欠佳者。在签约中往往会采用绩效合同的方式。绩效合同要求管理者及其组织承担绩效风险，增加奖励与惩罚条款。

绩效预算是将所要求的绩效水准写进预算文件之中。在行政部门准备和立法部门通过预算时，规定所付资金要购买的产品和结果。绩效预算是将绩效测量与标杆相结合的一种改进组织绩效的元工具，它把长远结果目标转换为项目结果目标和政府各部门及机构的具体产品目标。

提高组织绩效的手段之一，是让政府雇员都能意识到结果意味着什么，当达到这样的结果时，就可以获得奖励。戴维·奥斯本等认为可以采用以下激励手段①：

绩效奖励，即对雇员的成就提供非财政的认可。让员工知道自己的绩效已经得到欣赏、尊重和重视。

精神补偿，即为雇员和组织提供准财政激励，如带薪休假。

奖金，即工资之外的一次性现金奖励。奖给那些已经达到规定绩效目标的个人或组织。

增益分享，即为雇员提供组织所达到财政节余的保证部分，条件是达到规定的服务水准和质量。

共享节余，即组织的增益分享。允许组织保留在财政年度所结余的部分资金，以备将来使用。这样增加了组织结余的动机。

绩效工资，也称为“功绩工资”，它创新传统的补偿机制并使雇员工资的主要部分与绩效联系起来。同时，它将工资表、工资提升与绩效联系起来，而不是提供财政比例附加，如奖金和增益分享等。

效率红利，即逐年以小比例减少组织的行政预算，但要求组织保持其产品水准，以促使机构提高生产率，或至少可以弥补流失的收入。

绩效的财政激励必须使用客观的绩效评估数据如生产率来提高顾客满意度等，而不是管理者的主观判断。只有将绩效激励与显而易见的绩效改进数据联系起来，才能真正激发提高绩效的动力。

12.3 公共部门绩效评估的程序与方法和技术

12.3.1 绩效评估的程序

绩效评估实际是一个循环的流动过程。在评估开始之前，先要对评估做出整体的规划，解决好四个前提，即确定决策者的需要、明确问题的性质与范围、制定有效目标和制定全面的考核办法。然后做好评估的技术准备，包括评估指标体系的确定、评估方法的选用等。在此基础上，根据评估的内容和范围收集评估所需要的资料和信息。上述过程完成后，就需要采取步骤实施评估。这些步骤包括制订详尽的研究计划、设立评估研究小组、建立联系渠道、选用方法对收集的资料进行评估。研究计划应该对问题有清楚

① 参见［美］戴维·奥斯本等：《摒弃官僚制：政府再造的五项战略》，147～148页。

的描述，对内在的限制条件和可能运用的假设做出说明，写出使用方法，列出要运用的各种资源，编写进度报告，确定修正计划的特定程序、完成研究主题部分框架的时间，最后还应说明如何使用评估结果程序，也就是说评估结果应该让人知晓。因而，也应详细说明评估报告的性质和呈阅对象。绩效评估结果的反馈是有效的绩效评估不可缺少的步骤，因为绩效评估不仅仅是测量组织的绩效状况，还要解释为什么没有达到预期的目标，以发现妨碍绩效提高的原因，重新设定评估目标和侧重点。由此可见，评估是持续的、周期性的过程，通过不断的反馈和运用结果来实现提高组织绩效的目的。简单地说，评估就是由确定目标、实施评估方案、审查评估结果、修订目标和实施方案四个步骤形成循环周期。

1. 绩效评估的整体规划

（1）确定决策者的需要。绩效评估的目的之一就是为决策提供相关信息。了解和确定决策者的需要，对于有的放矢的评估是非常必要的。因而在评估前与决策者充分沟通，了解他们是如何理解问题的，他们将如何使用评估信息，都是指导评估规划的前提。

（2）明确项目问题的性质和范围。了解为什么要对该项目的绩效问题进行研究、评估的结果会被哪些人使用、立法机构对该问题的报告等都有助于明确问题的性质和范围。

（3）制定被评估项目的有效目标。目标可以定义为项目实施后应达到的理想状态的广泛的、一般性的陈述。一个组织必须把其目标具体化以使他们所取得的成效的质量和程度能够测量。理性的评估模式的第一步就是明确目标，然后将绩效与目标相比较。

（4）制定全面的考核方法。全面的考核方法包括效力考核（量化方案各项目实现程度）、无形考核（把握后果质量）、副作用考核（量化非预期后果）、分配考核（对受益者和费用承担者之间的影响差异的比较）等。

2. 确定有效评估的标准①

（1）有效性/准确性。评估是否有效，是否评估了应该评估的内容，都是评估和资料收集程序要考虑的问题。评估不要求很准确，但至少应该是相对准确。此外，如果评估非常准确但收集的资料却无效，那评估也没有任何意义。

（2）可理解性。评估能被政府官员理解吗？一般来说，包含太多专业因素或包含很多复杂因素的评估因为只能被少数人理解，它起到的作用也就不大。可以将深奥的专业评估转化成通俗易懂的表述。例如，空气污染指数最初是用专业术语来描述，后来转换成对人体的危害等级。这样，官员和普通公民都能使用。

（3）时效性。及时收集相关资料和信息以供评估和官员使用。当然，有些项目的结果要过很多年后才会产生，如教育和社会服务项目。随着时间的推移，有些信息可能就没有利用价值了。

（4）不鼓励与目标相悖的行为的潜在性。要考虑到评估是否会鼓励与组织目标相悖的行为。例如，衡量“警察每年开出的罚单数”就极有可能是对公民不利的行为。

① Harry P. Hatry, “Performance Measurement Principles and Techniques: An Overview for Local Government”, *Public Productivity Review*, 1980 (4), pp. 312-339.

(5) 唯一性。一项评估是否揭示了绩效中其他评估没有揭示的重要方面。这个标准实际就是要求减少重复评估。多方面评估有时对于政府来说是不可避免和必需的，但太多的评估很快会造成收集的资料和信息过多，反而造成浪费。

(6) 资料收集的成本。这可能是绩效评估中的最大限制。绩效评估成本是否合理的判断，最终是要通过是否有助于决策、减少和避免服务成本、提高服务效力或改善服务管理来衡量。但是，绩效评估体系只能对这些社会收益的价值做粗略的评估。

(7) 可控制性。在多大程度上绩效能够被正在被评估的机构所控制。这个问题在个人绩效评估中有很大的争议，特别是在衡量效力时。在其他条件相同的情况下，政府管理者对绩效控制的部分越多，机构负的责任越大。但实际上政府对大多数的绩效结果只能做到部分控制。例如，街道的清洁问题，不仅仅与公共部门的努力有关，还与公众是否随意扔东西有关。

(8) 广博性。绩效评估是否包含了组织功能的所有方面。如果不是，被省去的内容应解释清楚，或重新设计评估指标体系以包括所有方面。

3. 绩效评估的评价标准和说明性指标

绩效评估中最重要的是建立指标体系。从理论上讲，可使用一个包括下面四个方面的模式：输入（提高服务所需的资源、人员、物力、财力）、过程（传送服务的路径）、输出（组织活动或提供的服务）、结果（每一个产出或服务产生的影响）。这种模式虽然可以反映一个组织的绩效，但更为常用的指标模式是用具体的概念来构建。如有学者将它们概括为4E标准(部分内容见表12-1)，具体说明如下：

表12-1　绩效评估的评价标准和说明性指标

标准类型	问题	说明性的指标
效益	绩效结果是否有价值	服务的单位数
效率	为得到这个有价值的结果付出了多大的代价	单位成本、净利益、成本—收益比
公平性	成本和效益在不同集团之间是否等量分配	帕累托标准、罗尔斯标准、卡尔多-希克斯标准
回应性	绩效结果是否符合特定集团的需要、偏好或价值观念	与民意测验的一致性

资料来源：[美] 威廉·N. 邓恩：《公共政策分析导论》，437页，北京，中国人民大学出版社，2002。

经济（economic）/成本标准。这种衡量只是说明花去了多少钱，或是不是按程序花钱。当然，成本衡量能很好地体现出预算和实际成本之间的差距。然而，成本本身并不能衡量服务效率和效果。因而单一使用成本衡量不能满足绩效评估的要求。

效益（effectiveness）/质量标准。效益衡量是看“情况是否得到改善”，即用来衡量提供服务的影响和质量，看服务是否达到预期目的，它关心的是目标和结果。效益可分为两类：一是改变现状的程度，二是行为改变的幅度。每一项服务都有明确或含糊的指向顾客的目标。这些目标可作为界定效益衡量的基础。效益与技术理性密切相关，常常按照产品或服务的数量或它们的货币价值来计量。如：核电站比太阳能设备产生更多的能量，核电站就被认为是更有效的，因为它产生了更多的有价值的东西。效益衡量应该将可能的负面影响，或至少是能事先明确的负面影响包括在内，例如交通系统的环境污染影响。对于效益是什么虽然没有一致的意见，但下列一些例子提供了可供参考的建议：对于娱乐和图书馆服务，可使用顾客满意和设施及服务使用的指标来衡量。对于就业、健康和社会服务部门，可衡量顾客就业率、收入的提高、健康等情况。对于街道的清洁，可使用街道的清洁度的指标来衡量。对于消防部门，可衡量在第一辆消防车到达后火势的控制情况。对于后勤支援性的服务机构如采购、数据处理和车辆维护，可使用所提供服务的时效和质量指标来衡量。所提供的服务质量应包括以下方面：时效、可获得性、礼貌和公平。质量衡量阐述了服务是如何提供的。此外，回应时间的衡量在很多项目的效益评估中使用，例如，衡量修理路灯的时间、对公民投诉处理的时间、履行采购订单的时间，还有警察、消防部门接警、出警的时间。

效率（efficiency）/生产力（productivity）标准。效率指为产生特定水平的效益所付出努力的数量。简单地说就是投入与产出的关系。产出与投入的比率被称为“生产力”。反过来，投入与产出的比率被称为“效率”或“单位成本”。其实它们是同一概念。效率与经济理性同义，它关心的是手段问题，而且这种手段是以货币形式加以表达与比较的。效率的计量方法有单位产品成本和服务成本（如每次医疗检查的成本），或者单位成本能提供的产品和服务的数量（如花费 100 美元可做 50 次医疗检查）。最低成本实现最大效益就是有效率的。①

公平（equity）标准。公平标准指的是效果（如服务的数量或货币化的收益）和努力（如货币成本）在社会群体中的不同分配，它与法律和社会理性密切联系。公平作为衡量指标时，关心的是“接受服务的团体或个人是否都受到公平的待遇，需要特别照顾的弱势群体是否能够享受到更多的服务”。公平无法在市场机制中加以界定，因而公平很难衡量。但是，下列的原则可以指导公平性的衡量。一是帕累托标准：使一个人的境况变好的同时，不能使其他人的境况变坏。帕累托标准的目的是保障最低福利。二是卡尔多-希克斯标准：在效益上的净受益者能补偿受损者。该标准的目的是保证净福利的最大化。三是约翰·罗尔斯提出的再分配标准：使条件恶化的社会成员的收益增加，则是正义的行为。该标准强调再分配福利最大化。②

此外，回应性也是非常重要的评价标准。回应性指的是效益、效率和公平标准是否真实反映了特定群体的需要、偏好和价值观。例如，一项娱乐方案可能实现了设施的公平分配，但对特定群体（如老人）的需要却没有及时回应。③

根据上述评价标准可设立如下一些衡量指标：

(1) 工作量完成的指标。这种衡量方法是最经常使用的。但工作量完成的情况根本不能反映出活动的效益。如果不与以产出为目的而进行投入的资源数量联系起来的话，工作量的完成情况也反映不了活动质量和效力水平。因而工作量完成的衡量比较适合于内部的管理目的。应当尽量避免为提高工作量而提高，而不考虑是否需要提高。如果工作量的衡量仅仅是作为应达到的或应超过的标准，而又不与成本相联系或不考虑完成工作的性质，

---

① 参见［美］威廉·N. 邓恩：《公共政策分析导论》，306 页。

② 参见上书，310 页。

③ 参见上书，312 页。

那么对工作量的衡量反而会鼓励与目标相悖的行为。

（2）实际的单位成本与工作标准的比率指标。这是效果衡量的一种特殊形式。工作标准，或是某项活动所需要的标准时间量，首先被确定下来。机构应该确定产出的数量和得到这些产出要花的总的时间。计算出每个单位的实际平均时间，然后将其与每单位的工作标准时间相比较。得到的比率就是实际完成的工作与以工作标准为基础的目标的比较。系统性的、可靠的工作标准应通过时间和动作的仔细研究而得出。为得出合理的工作标准，可遵循下列步骤：首先检查和确定得出好结果的程序，然后通过系统的目标方法确定完成这些程序所需的时间。随着新技术、新方法、新要求的出现，工作标准应随之定期更新。当然，工作标准的使用范围有限，它比较适用于有固定程序和标准产出的重复性工作，如数据处理、键盘输入、事务性工作、街道维修、车辆维护、公园和建筑物的维护与各种各样的检查等。

（3）效率衡量和效果、质量相结合的指标。这种衡量方法主要是用来弥补工作量完成衡量法的不足。如果不考虑工作质量而片面强调工作量的完成，则会鼓励雇员牺牲工作质量而只顾去完成一定的工作量。有三种方法可以解决这个问题：1）在计算产出时引入质量衡量，而不仅仅是衡量完成了多少工作量。例如，就业、精神健康和社会服务部门在计算产出时就不要使用服务顾客的数目，而是采用实际得到帮助的顾客的数目，其效果衡量描述为“每单位美元得到帮助的顾客数”。当然，这就需要使用可靠的程序和方法以评估顾客是否真正得到帮助。公园和娱乐部门就可以使用“每年使用娱乐设施的每个家庭的开支和他们的满意程度”来衡量其产出。2）将质量控制引入算作产出的工作量计算中。只有那些符合事先设定的质量标准的工作才能被算作产出，而有缺陷的工作不能被计算在内。例如，街面的修理如果不能通过质量检查，或在规定的时间前就破损了，这种情况应被排除在产出计算之外。3）如果上述两种方法都不适用，那么可以将效果—质量衡量与投入产出比率一起使用，以说明效率变化时，效果如何变化。例如，如果发现单位成本上升了，而效果、质量却在这一时期下降了，这就可能是以牺牲效果为代价来提高效率。这时，就应采取措施使效率和效果同步。

（4）资源利用指标。这种指标是指生产服务的过程中可提供的或可获得的人员和设施时间利用比。总的生产时间要包括设备和人员的停工时间。对于个人来说，需要衡量的是花在生产活动上的时间（而不是花在等待原材料和设备上的时间）占总生产时间的百分比。另外，资源利用衡量还可以衡量在岗的平均人员数和“未被利用的能力”（例如公共运输车辆的装载因素，进入供水系统但又由于泄漏未被利用的水量）。这些衡量可以说明执行问题和资源的低效利用。资源利用衡量的目的在于增加利用资源价值的潜力。这种衡量并不直接反映效益，但能指出提高效益的潜在能力在什么地方。

（5）生产力指标。该指标能反映出某段时间内绩效与设定的基础绩效（作为比较对象的基础时间内的绩效）相比较所发生的相对变化。某一时间的绩效如果被用作基础绩效，则其绩效指数设定为100。下一年的指数就是实际绩效与基础绩效年的绩效相比较得出的比率。例如，下一年的绩效比基础年的绩效高出7个百分点，则下一年的绩效指数为107。单个服务活动的不同指数，甚至是不同的服务活动的指数，还可以联合使用以反映出指数的整体情况。例如，某项服务活动需要花去一年雇佣时间中的25%，而第二项服务活动则要花去一年雇佣时间中的 50%，在计算整体生产力指数中，第二项活动的指数是第一项的两倍。

(6) 成本—收益比指标。经济学家们比较推崇这种衡量方法。成本—收益比率一般要求将产出转换成货币单位。如果成本—收益比是 1∶2，则说明每一美元的成本，会得到两美元的收益。只要收益超过成本，项目就值得投资。然而，问题在于大多数的政府服务产出并不能完全转换为有意义的货币价值。例如，如何确定清洁的价值、人们感到满意的价值、优质水的价值？成本—收益比适用于专门的课题研究，而不适合政府的日常绩效衡量。

(7) 综合性的绩效指标。上述的单个衡量方法似乎都有些不足，在实际生活中，人们趋向于使用综合性的绩效指标。其中，有一种衡量方法叫作全面绩效衡量（TMP）。全面绩效衡量将以工作量为导向的单位成本衡量、质量衡量、雇员态度衡量等多方面的信息综合起来。雇员态度的调查目的是界定为提高生产力而必须扫除的潜在的困难和障碍，而不是衡量雇员的满意程度。①

12.3.2 绩效评估的方法和技术

评估涉及绩效的两个方面：获得绩效的实际运行结果；应用某种价值观念来确定这些结果的价值。换句话说，绩效评估含有事实和价值两个前提。因而在绩效评估的方法和技术的采用中，也应该考虑这两方面的因素。表 12-2 列出了根据评估的假设标准而划分的三种评估模式及其目标、假设及相应的方法和技术。

表 12-2　评估模式、方法和技术

模式	目标	假设	方法	技术
伪评估模式	采用描述性方法获取绩效的运行结果方面的有效信息	价值尺度是不证自明或不容置疑的	社会系统核算 标杆比较法	图示法 表格法 指数法 间断时间序列分析 可控时间序列分析
正式评估模式	采用描述性方法获取绩效的运行结果方面的有效信息。这些运行结果已经被正式宣布为计划目标	被宣布的目标是对价值的恰当衡量	发展性评估 实验性评估 回顾性过程评估 回顾性结果评估	目标图形化法 价值澄清 价值评论 交互影响分析 折扣法
决策理论评估模式	采用描述性方法获取绩效的运行结果方面的有效信息。这些运行结果已经被多个利益相关者明确评估过	利益相关者的潜在和正式宣布的目标，是对价值的恰当衡量	评价力估计 多重效用分析	头脑风暴法 辩论分析法 德尔菲法 用户调查分析

资料来源：[美] 威廉·N. 邓恩：《公共政策分析导论》，438 页。

① 关于其他测量指标的设立参见 Harry P. Hatry，“Performance Measurement Principles and Techniques：An Overview for Local Government”，*Public Productivity Review*，1980 (4)，pp. 312-339。

1. 伪评估模式及其适用的方法和技术

伪评估是采用描述性方法获取关于绩效运行结果方面的可靠而有效信息的一种评估模式，它不用去怀疑这些运行结果对个人、团体和整个社会的价值，即它假设价值尺度是不证自明或者是不容置疑的。在伪评估中，采用问卷调查、随机抽样、统计技术等方法获取绩效信息，然后使用社会系统核算或标杆比较的方法来评价绩效。

社会系统核算是对主客观社会状况进行监测的一种方法，它的主要分析因素是社会指标。社会指标的含义是："衡量总体各部分社会状况及其随时间变化的统计量。这里的社会状况是指在一个既定社会里人类存在的外在的（社会和自然的）以及内在的（主观和感觉的）的环境。"表 12－3 列举的是美国有代表性的社会指标。

表 12－3　美国典型的社会指标

研究领域	指标
健康和疾病	州精神病院的人数
公共安全	害怕夜间单独行走的人数
教育	25 岁及以上的高中毕业生
就业	妇女就业率
收入	处于贫困线以下的人口百分比
住房	住房条件低于法定标准的家庭数
休闲和娱乐	制造业职工年均带薪假期
人口	计划人口数和实际人口数
政府和政治	公共管理的质量
公众价值取向和态度	对生活的总的满意程度和陌生感
社会流动性	父辈职业的变迁
自然环境	空气污染指数
科学和技术	科学发现

资料来源：［美］威廉·N. 邓恩：《公共政策分析导论》，374 页。

使用社会指标的优点是：首先，开发适宜的社会指标的努力可以提醒我们注意那些信息不充分的领域。例如，许多关于市政服务的信息大多是衡量产出的，即服务的数量和类型。而关于市政服务对市民影响的信息，如环境卫生状况的满意程度、交通状况的满意程度等大多数情况下是不充分的。其次，当社会指标提供关于绩效对目标群体影响方面可靠的信息时，分析绩效的高低并提出改进绩效意见就成为可能。当然社会指标也有缺陷，表现在某些指标的选择反映了特定的社会价值观念，并可能带有政治偏见。另外，社会指标以可获得的关于客观社会状况的数据为基础，而可能忽略了主观状况的信息。贫困家庭的数量可能减少，但对生活质量的感受可能没有任何大的变化。

社会系统核算评估出的结果可以用图示法、表格法、指数法、间断时间序列分析和可控时间序列分析来表达。①

标杆比较法。标杆定义为"寻求达成卓越表现所需的最佳经营方法、创新概念及高效率操作程序的一套系统过程"②。标杆比较法是追求卓越的管理模式，并将之学习转化，以提高组织绩效的方法。标杆向组织提供了改进组织绩效的信息。适用于公共部门的标杆

① 参见［美］威廉·N. 邓恩：《公共政策分析导论》，385～415 页。

② 张成福、党秀云：《公共管理学》，277～278 页。

比较模式是：决定哪个单位或流程将会是比较的标的物；找出衡量成本、品质及效率的指标；针对每个标杆，找出表现最好的其他单位；衡量这些表现最好的单位的表现；衡量或界定自己的组织和最好的表现者之绩效落差；决定缩短落差的行动方案；执行方案并追踪考核。

2. 正式评估模式及其适用的方法和技术

正式评估与伪评估一样，也是采用描述性的方法获取绩效运行结果方面的可靠而有效的信息，但对结果的评价是建立在已被正式宣布的目标或目的的基础之上。它的假设是：正式宣布的目的或目标是对价值的恰当衡量。正式评估中使用的方法与伪评估中使用的方法相同，目标也相同。不同之处在于，正式评估采用法律、计划文书来鉴别、界定和指明正式的目的和目标。这些正式的目标的适宜性是不容置疑的。因而正式评估中常用的评价标准是效率标准和效益标准。

根据对组织行为的控制和绩效产生的过程定位，正式绩效评估又可分为四种类型，如表 12－4 所示。

表 12－4　正式评估的类型

对组织行为的控制	绩效过程定位	
	形成性	总结性
直接的 间接的	发展性评估 回顾性过程评估	实验性评估 回顾性结果评估

资料来源：[美] 威廉・N. 邓恩：《公共政策分析导论》，440 页。

发展性评估用于满足组织日常需要的评价活动，对于更正组织行为中的缺点和错误更为适用。例如，企业常常利用这种评价来配置、检测和取消新产品。在公共部门中，发展性评估已经被用于公共教育以检验新教学方法和材料的有效性。

回顾性过程评估指对组织方案在执行一段时间之后所取得的成效进行的评价，它主要聚焦与集中在方案执行过程中遇到的困难上。回顾性过程评估是对活动开展后进行回顾性的描述，这些描述与绩效相关。回顾性过程评估要求有一个完善的可以连续提供相关信息的内部报告系统（如接受服务的目标群体数目、提供服务的类型等）。

实验性评估是指在对组织行为直接控制的条件下对绩效进行评价，目的是找出影响绩效产生的关键因素。这种评估要求所有可能影响绩效的因素都被控制保持不变或当作备选（竞争性）假设。采用实验性评估的项目有：犯罪团体疗法实验、收入补助实验、预防巡逻实验、教学成绩契约化实验等。

回顾性结果评估强调对绩效结果的比较。回顾性结果评估有两种主要形式：横向比较和纵向比较。横向比较要求在同一时间点对多个组织的绩效进行评价，目的是弄清组织间绩效的差异，并找出形成差异的原因。纵向评估是对两个或两个以上时间点的绩效进行比较，如果不同时间点上的绩效有差异，那么分析出其原因。

对于正式评估的结果分析可以采用目标图形化法、价值澄清、价值评论、交互影响分析、折扣法等技术手段。①

① 参见［美］威廉・N. 邓恩：《公共政策分析导论》，328～343 页。

3. 决策理论评估模式及其适用的方法和技术

决策理论评估同样也是采用描述性方法获取绩效结果的可靠而有效的信息，但对这些结果进行评价的标准不仅仅是被正式宣布的目标，其他利益各方的目标都应考虑在内。换句话说，就是将利益相关者宣称的潜在的目的和目标明确化。决策理论的假设是：利益相关者的潜在和正式宣布的目标是对价值的恰当衡量。它的主要评估形式是评价力评估和多重效用分析。

评价力评估假定可以从绩效信息中获得帮助并且可以澄清衡量绩效所必需的目的、目标和假定。评价力的基本问题是被评估的内容是否可以评价。多重性效用分析承认绩效评估中存在相互冲突的多个目标，它考虑到了利益相关者对绩效做出的主观价值判断，并认为所有受影响的利益相关者都是绩效评估的积极参与者，从用户的角度来看，它提供了更为有用的绩效信息。

决策理论评价常用的技术有头脑风暴法、辩论分析法、德尔菲法和用户调查分析。①

12.4 公共部门绩效评估的改革与发展

12.4.1 公共部门绩效评估面临的困难

从历史发展的角度来看，对绩效评估与管理的重视，早 20 世纪初便已开始。20 世纪 80 年代以后，实施绩效评估，追求高绩效的公共部门成为公民和政府一致的目标。然而，公共组织的绩效评估实属不易。学者林奇和戴伊研究美国公共部门的绩效评估时，认为“绩效不易衡量为公共组织之特征，政府绩效评估在实际中常常存在多种限制，如内部无能、政府绩效的因果关系难以确认、公共部门组织很少能控制环境因素等”②。进行公共部门绩效评估的确十分困难。具体而言，有如下五个方面的问题：

1. 公共部门的产出难以量化

绩效评估的一个重要前提就是必须将所有绩效都以量化的形式呈现，再据此进行绩效评估。此项做法在私人部门基本不构成问题，因为私人部门的服务是可以出售的，并且可以用金钱价值衡量。公共部门的绩效评估远比私人部门复杂，因为它要面临如何将公共服务量化的问题。首先，由于行政组织是一种特殊的公共权力组织，其所生产出来的产品或服务是一些“非商品性”的产出，它们进入市场的交易体系不可能形成一个反映其生产机会成本的货币价格，这就带来对其数量进行正确测量的技术上的难度。③ 其次，公共部门缺乏提供同样服务的竞争单位，因此就无法取得可比较的成本与收益数据。最后，即使绩效可以量化，以量化形式表现绩效是否适宜？如美国警察部门曾以警车行程里数作为一个

---

① 参见［美］威廉·N. 邓恩：《公共政策分析导论》，244～274 页。

② Thomas Lynch and Susan Day，“Public Sector Performance Measurement”，*Public Administration Quarterly*，1996，pp. 409-419.

③ 参见马骏：《公共行政中的“生产理论”》，载《武汉大学学报》（哲学社会科学版），1997（3）。

指标去评估警察业绩，结果便导致被评估者驾车高速巡行于高速公路，而根本不去理会车窗外是否正有犯罪行为发生。

2. 公共部门目标缺乏准确性

公共部门目标缺乏准确性是绩效评估实践中的一大难题。一是公共部门绝大多数体制中存在着多重的甚至相互冲突的目标。对于这些多重目标的选择和权重排序往往受到权力因素的干扰而难以取得共识。随着领导人的更迭，绩效的侧重点随之转移，原定的目标可能就要重新排序，其稳定性较差，易于影响绩效评估的效果。二是公共部门所设定的目标经常具有抽象性和笼统性。公共部门的管理者出于政治上的需要，或是不愿受明确目标的限制，或是希望获取更多的支持，往往故意把目标表述得模糊不清。比如，提高公民素质、促进社会合作、改善居住环境等公共目标就不甚明确，这就给评估测度标准的选择带来困难，增加了衡量和评估公共部门目标实现程度的难度。三是有些公共服务的目标过大过高，不仅难以达到意欲实现的绩效目标，也使评估人员的实际操作更加困难。

3. 公共部门绩效标准指标难以确定

绩效评估是依据一定的标准进行价值判断的活动，评估指标的选择是绩效评估的基本前提。在实际操作中，绩效标准的难以确定和不可度量性正是制约公共部门绩效评估发展的一大瓶颈。第一，难以制定与品质有关的指标仍是绩效评估的主要限制。政府的服务绩效有三个基本面向——经济、效率、效果，而服务产出的品质也是一个关键之处。服务不仅要关注效率、效果，也要关注品质。问题是大多数公共服务的品质好坏很难用客观具体的标准来衡量。第二，功能相同的公共组织有地区性的差异，其规模、大小亦不一样，以同样的绩效指标来衡量它们之间的绩效并不公平。第三，评估标准指标难以摆脱主观判断的片面性。公共服务产生的效果与影响既有长期的，又有短期的，有些是有形的，有些是无形的，甚至有些可能是相互矛盾和冲突的，很难找到一种社会全体成员都认同的、准确的计算方法。选择和采用何种评估指标来衡量这些效果与影响不可避免地受评估者的主观判断倾向，特别是那些明确以价值为取向的社会发展指标和政治性指标的影响。

4. 评估信息系统的不健全

绩效评估的过程，从信息论的角度来看，是一个信息的筛选、加工、输出、反馈的过程，评估的有效性在很大程度上取决于信息本身及其传输的质量。目前，公共部门尚未建立健全的评估信息系统，严重影响了评估活动的开展，这集中体现在两个方面：一是信息搜集的困难。由于全面、系统地搜集评估材料是一项相当麻烦而琐碎的工作，需要花费大量的人力、物力、财力和时间，这就为信息的获取带来一定的难度，进而影响了绩效信息资料的真实性、客观性、全面性。由此得出的评估结论也就不能准确、客观、全面地反映公共部门的管理绩效、社会效果和公共管理过程中所存在的问题。二是信息沟通的障碍。信息交流与沟通是公共部门绩效评估特征的重要体现，因为社会公众只有充分了解政府及其活动，才能做出客观的评定；政府只有充分了解社会公众，才能提供他们所需要的服务。然而，公众要表达自己的意愿常常受制于信息传递渠道，而得不到及时、准确、畅通的表达，这显然不利于公众与政府之间的沟通和了解，大大降低了绩效评估的质量。

5. 管理者与评估者的对立

由于绩效评估者常常扮演社会和政治的角色，这可能使得评估者同承担一线指挥职能的管理者之间存在紧张的关系。因为管理者将评估者看成自以为是的预言家，对管理者解决长期存在的实际社会问题的努力妄加评判。在某种程度上，评估者确实有不同于一线管理者的眼光、意图和价值观，这往往使管理者感受到了一种威胁，冲突肯定会发生，如：学术知识与实践经验的对立（事实上，评估者通常是学者，管理者认为他们没有实践经验，意识不到预算有限和人力资源之类的实际问题），维持现状与进行变革的对立（实践型的行政官员可能试图遮掩管理不善的方案，抵制任何他们认为可能有破坏性的改变，而学究式的评估者注定要夸大行政官员的不足之处）。① 尽管评估者对研究极为看重，但毕竟只是建议者，决策者不一定要接受评估者的建议，往往导致评估研究的结果不能及时运用到近期的决策中。此外，本来就缺乏的工作人员被重新分配去从事收集绩效评估数据等工作，而这可能并不是高层行政官员最需要的，因而易于引起对评估的抱怨，这无疑又加大了评估的难度。

12.4.2 改进公共部门绩效评估的策略

公共部门绩效评估面临重重困难，其中有些困难是我们无法通过努力就改变的，如产出的特殊性和目标的多重性，但这并不意味着我们就束手无策。许多公司、政府机关绩效评估的成就就是明显的例证。我们可以在其他很多方面做些尝试。

1. 引入公民参与机制

改善公共部门绩效评估的一个有效途径是引入公民参与机制。公共部门绩效评估的最好选择是将决定权交给公众，让给公共服务的对象，以“人民满意不满意，人民答应不答应，人民赞成不赞成”为最高准则。虽然公众的评判有种种缺陷，如缺乏评估的专门技术、知识，缺乏必要的、准确的信息或存有短视、自利动机，但公共部门本身就是为民众而存在的，政府绩效评估本身就蕴含着服务和顾客至上的管理理念，政府绩效就应以顾客为中心，以顾客的需要为导向，树立公民取向的绩效观。因此，改进公共部门绩效评估必须取得民众的关注与参与，民众的关注与参与必定能有效地改进公共部门绩效评估。

首先，公民参与意味着公民可以以社会的主人和服务对象的角色对政府绩效提出要求，协助和监督政府机构对它们的开支负责、对它们的行动负责、对它们的承诺负责，去衡量并让公众知道它们到底完成了什么，是否为公众提供了高质量的服务，是否使其真正受益并得到满足。这样的绩效评估不但能帮助公共部门以民众的需求目标为运作和努力的导向，还能使政府运作像“玻璃缸里的金鱼”。

其次，公民参与意味着我们要重新定位公民的作用，他们不再仅仅是传统意义上的投票人、纳税人、服务的接受者，而是公共部门的问题架构者。充当问题架构者的公民能积极参与公共事务，帮助政府机构界定重要问题，提出解决方案，判断目的是否达成。

最后，公民参与意味着由公民选择、界定应评估的对象。在公共服务设计中引入“使用者介入”机制，通过公民的参与可将事实（硬件资料数据）与价值取向（公民偏好）结

① Francis G. Caro, “Evaluation Research: An Overview”, in Francis G. Caro (ed.), *Readings in Evaluation Research*, New York: Russell Sage Foudation, 1971, pp. 13-15.

合起来，增加指标体系的社会相关性，选择那些最需要监控又最能体现对公民负责的重要项目，以保证公共服务的提供机制符合公民的偏好。得到公民理解和支持的绩效评估，成功实施的概率也就更高。

2. 争取高层的支持

公共部门管理理念的变化和绩效评估的最初推行在很大程度上得益于高层领导人的支持，如英国前首相撒切尔夫人便坚信公共部门的管理亟须改革，而在改革中可以向最好的私人部门学得经验，于是发动了大规模的对公共组织和管理进行调查和改革的“雷纳评审”。美国审计总署1983年对许多公司和地方政府实施绩效评估的做法进行调查后发现，高层的支持和承诺同样是公共部门绩效评估改进的重要因素。这并不意味着行政首长仅仅阐述绩效评估的重要性，更重要的是，要求高层管理者定期地审查组织以及组织管理的绩效，培养组织成员的绩效意识，并促使组织成员参与绩效评估改进的进程。此外，公共部门的高层决策者和管理者还控制着相当一部分评估资源，如评估数据、评估经费及评估人员（甚至包括他们自身的价值取向、个人偏好）等，没有他们的合作和重视，评估工作难以展开。因而，明确的高层认同和支持可以使绩效评估具有更高的合法性和有效性。

3. 建立绩效评估信息系统

完备的评估资料和数据是开展公共部门绩效评估的基础。公共部门绩效评估所需要的信息量大，涉及的部门多，信息来源渠道广泛，不但包括直接来源于公共部门、社会公众及评估者等的原始资料和数据，而且还需要其他来源的间接材料。若只是在具体开展绩效评估时临时去收集，是十分困难的，对于某些资料和数据，临时收集有时甚至是不可能的。比如社会发展指标、衡量民主化程度的政治性指标等，由于涉及不同地区和国家的复杂情况，临时确定的评判标准很难具有代表性，而必须由权威机构进行界定。为使公共部门绩效评估有准确、完整的评估材料以及有效的反馈、扩散机制，建立高效的绩效评估信息系统是很有必要的。首先，应组织专门力量，收集国家有关政治、经济、社会文化、军事等各个方面的信息，进行必要的统计、归纳、整理和加工，并视不同时期的不同情况，及时予以调整、充实，为评估工作对有关材料的收集与查询提供方便。其次，应建立评估信息的传递网络，把公共部门绩效评估的结果尽快反馈和扩散给有关各方，使评估信息得到广泛的使用。最后，要充分利用电子计算机和现代通信技术，实现评估信息系统的现代化，评估信息传递的网络化。

4. 充分利用电子政府的新载体

电子政府并非现代政府的代名词，它只是现代政府有效行使职能的强有力的工具。它之所以令众多有远见的政治家怦然心动，主要是因为它带来的开放性大大增强了政治行政的透明度和民主化程度，为公共部门绩效评估提供了可资利用的载体。一方面，电子政府的信息网络使得行政信息的传递更为迅速及时，反馈渠道更为畅通。对公共部门内部而言，电子政府打破了传统的政府金字塔式的管理层级结构，使政府的组织结构出现扁平化趋势，加强了操作执行层与高层决策层的直接沟通，有利于组织成员全面了解情况，从而切实推动绩效评估活动的开展；对社会公众而言，电子政府为公民广泛、深入、普遍的行政参与开辟了道路，它鼓励公民积极地参与政府管理生活，为每个公民、集团、组织、机构提供了直接的、普遍交互式的表达意愿、传递信息、商议、咨询、监督、审核、建议、表决的机会。如前所述，公众参与本身就是公共部门绩效评估改进的强大动力。另一方面，电子政府为公共部门绩效评估朝科学化、标准化、制度化的方向发展提供了多方面支持。电子政府的组织结构主要由实体要素、支撑要素、目标要素和人员要素构成。实体要素包括硬件环境、软件环境及其信息资源库；支撑要素是保证电子政府顺利运作的法律制度，包括法律规范、共享信息的范围和参与者的身份确认机制；目标要素指电子政府所要达到的目标，包括电子公文、电子商务、电子税务、电子民主等内容；人员要素是维系电子政府良好运行的人员素质保证，包括对系统的维护和数据的采集、处理。这些要素不但为绩效评估体系的建立提供了所需信息、技术、人员上的支持，而且还为整个绩效评估活动的开展创造了良好的物质基础和制度环境。

12.4.3 推进我国的绩效管理事业

我国的公共部门绩效评估发端于 20 世纪 80 年代中后期公共部门实行的目标责任制（目标管理技术在我国应用的一个名称）与效能监察（即对党政机关和国有企事业单位管理和经营的效率、效果、效益、质量等的监督检查），进入 90 年代，政府绩效评估日益受到政界和学界的普遍关注，各级党政机关尤其是地方政府采用多种方式来展开政府绩效评估实践，探索有中国特色的政府绩效评估与管理模式。进入 21 世纪，我国政府的施政理念和治理方式发生了新的变化，推动了评估的理念、模式、实施机制、评估指标体系及其重心和覆盖范围的变化，如“科学发展评价”“小康社会评价指标”“绿色 GDP”“公共服务质量指数”“幸福指数”等指标体系的出现。特别是近几年，“国家治理现代化”的提出以及国务院实施的政策督查及第三方评估，对推进政府绩效评估与管理具有十分重要的意义。

20 多年来，我国进行了初步的公共部门绩效评估实践探索，这种实践有各种表现形式，包括目标责任制考核、公民评议政府、行政效能评估、第三方评估和欧盟的通用绩效评估框架等。中国行政管理学会联合课题组将目前我国的绩效评估实践探索分为如下三种类型或形式，即以目标责任制、效能监察、行风评议等为代表的普适性的政府机关绩效评估；以卫生部、教育部等对各自所属企事业单位进行的组织绩效的定期评估为代表的行业组织绩效评估；以珠海市“万人评政府”、深圳市“企业评政府”等为代表的专项绩效评估。[①] 蓝志勇和胡税根认为中国政府绩效评估实践基本模式有如下四种[②]：

（1）青岛模式：目标责任制。青岛市把以“科学民主的目标化决策机制、责任制衡的刚性化执行机制、督查考核的制度化监督机制、奖惩兑现的导向化激励机制”为核心目标的绩效评估体系作为政府目标管理的典范而受到广泛关注。

（2）福建模式：综合性效能建设。成立机关效能建设领导小组，设立专门办公室，负责绩效评估的组织实施、协调指导和综合反馈；省直各部门和各设区市都成立了工作小

---

① 参见中国行政管理学会联合课题组：《关于政府机关工作效率标准的研究报告》，载《中国行政管理》，2003（3）。

② 参见蓝志勇、胡税根：《中国政府绩效评估：理论与实践》，载《政治学研究》，2008（3）。

组，形成了绩效评估工作的组织体系；建立奖惩机制，把绩效评估结果作为评价政府、部门及其领导人工作实绩的重要依据。

（3）杭州模式：公民导向。其特点一是整合了“自上而下”和“自下而上”两种评估模式，体现了公民满意原则；二是推进绩效评估从重结果向过程与结果并重的转化；三是考评维度体现创新创优。

（4）甘肃模式：第三方评估。从2004年开始，甘肃省将全省14个市、州政府及省政府39个职能部门的绩效评价工作，委托给兰州大学中国地方政府绩效评价中心具体负责组织实施，完善了评价方式，拓宽了评价主体范围，开创了政府绩效外部评价的新形式。

经过20多年的探索，我国的绩效评估事业开始起步，在绩效评估的理论和实践两方面都取得了显著进展及经验。一是绩效评估及管理在公共管理特别是政府管理中的重要性已被人们所认识，并逐步成为日常管理的基本内容；开展政府绩效评估的社会环境业已形成。二是绩效评估及管理的制度、程序，评估方式方法，以及评估的框架与指标体系日趋完善。例如，包括平衡计分卡、质量管理、标杆管理等在内的国外先进的评估方法和技术被引进和应用；国家行政学院课题组以欧盟的通用绩效评估框架为基础，构建了有中国特色的通用绩效评估框架。三是评估组织方面，已出现大量的专门评估机构，包括政府内部的和外部的，特别是高校及科研机构成立了不少的公共部门（或政府）绩效评估中心或研究所。四是绩效评估日益变成一种重要的管理工具，评估的结果被广泛用于改进公共部门特别是政府管理的质量与效益。

周志忍曾这样评价我国绩效评估所取得的进展：“作为一种需求导致的活动，绩效评估是任何组织都无法回避的，差别只在于评估的科学性和合理性程度。从仅关注公务人员的个人业绩考评到以组织为对象的绩效评估，从经验式的主观评判到客观评价体系的建立，从领导者自上而下的评价到组织绩效评估中的公民参与，我国的政府绩效评估从无到有，在许多方面取得了明显的进展，为建立精干高效、运转协调、行为规范的行政管理体制做出了自己的贡献。”①

但是，我国政府绩效评估无论在观念转变、制度构建还是具体操作方面都还需要不断完善。绩效评估在公共管理过程中具有重要地位，客观、系统、全面的评估是公共管理不可缺少的基本环节。在谈到我国绩效评估存在的问题时，周志忍说：“与发达国家的实践相比，我国公共组织绩效评估的规范化程度明显不足，缺乏统一规划和指导，评估活动分散在多种管理机制中，由此带来了评估内容和侧重点上差别大、评估标准不统一、评估程序和方法不一致等问题，影响了评估在实践中的效果。”②

作为首个“中国政府绩效评估报告”课题主持人的桑助来认为，中国目前的各种政府绩效评估体系的运行存在五个方面的问题：一是政府绩效评估发展不平衡，许多地方政府考评依然采用传统的方式，以公务员个人总结代替部门考核，以年度会议代替绩效目标制定，以单项评比检查代替综合绩效评估。二是政府绩效评估缺乏统一的政策指导和法规保障，我国政府绩效评估一直处于自发状态，工作的启动和开展主要取决于领导人对这项工作的认识程度。三是政府绩效评估体系不健全，有片面追求GDP倾向。四是政府绩效评

①② 周志忍：《政府绩效管理研究：问题、责任与方向》，载《中国行政管理》，2006（12）。

估方式开放度不高，评估的主体主要是上级机关，社会公众参与少，造成重工作过程的评估，尚未深入对工作最终效果的测评；评估方式多为“运动式”“评比式”，随意性大，持续性、规范性不强；政府绩效评估的封闭性、神秘性、主观性较强，透明度、公开化和客观性还不够，缺乏必要的社会监督和制约。五是绩效评估理论基础薄弱，理论对实践的引导力度不够，中国特色的政府绩效评估理论体系尚未建成。① 在蔡立辉看来，我国政府绩效评估存在的主要问题有缺乏制度和法律做保障以及系统的理论做指导，缺乏评估主体的制度建构，绩效评估的内容不全面，没有建立科学、综合的评估指标体系，评估程序没有规范化、程序化，存在随意性，评估过程具有封闭性、神秘性，缺乏透明、公开与应有的监督，评估方法缺乏科学性，评估方法单一，忽视了持续性评估等方面的问题。②

的确，我国的绩效评估还存在理念、制度和技术等各个层面的问题，如绩效评价主体选择不合理、法律保障不足、程序不太合理、指标体系不完整、信息收集不及时、绩效评价方法使用不恰当、绩效结果应用不全面等。

（1）公共评估项目本身存在的问题。首先，缺乏系统理论指导，实践中具有盲目性。不是把评估作为提高管理水平的正面措施，而是作为绩效预防的手段——当某一方面问题成堆，社会反映强烈时，才采取诸如大检查、转向调查、大评比等方式谋求改进，因而总陷于被动。其次，手段与效果缺乏逻辑性。绩效评估，意在确定公共项目与实际社会效果之间的因果逻辑关系，即表明社会公共问题的解决、情况的改变是由于公共项目实施所致。但是，实际上要确立手段与效果之间的清晰逻辑关系是困难的。因为一项公共项目的效果和影响，可能是多方面因素作用的结果，甚至可能是偶然因素所致。

（2）公共管理部门内部存在的问题。首先，绩效评估是对政府的管理绩效、社会效果和公共管理过程中所存在的问题的衡量，自然也就涉及对公共部门决策者和管理人员的能力高低的鉴别。这种鉴别使决策者和管理人员感到威胁，因而抵制评估。其次，绩效评估是一个消费资源的过程，需要投入相当数量的人力、物力、财力和时间，由于评估工作及其价值尚未引起足够的重视和认同，国家没有单独的评估经费拨款，评估费用大都是摊入具体的公共项目中，致使评估的资金投入不足。公共管理部门对例行公事的处理优先于绩效评估，往往不愿将有限的资源用于评估工作，以免影响其推行公共项目，这也造成评估工作的困难。最后，评估常常意味并伴随着批评和改革，在评估日益成为一种公共部门公共管理监督手段的今天，这种作用更加明显。公共管理部门由于利益主体意识，总是试图表明公共项目的积极效果，极力维护和提高其地位和权威，不愿接受来自外部的批评指正，即使公共项目的效果不佳，也会千方百计地寻找各种客观理由。

（3）绩效评估技术上的问题。绩效评估在我国是个新兴领域，仍然处于起步阶段，尚未形成规范化、制度化的评估体系，这就给开展具体评估工作带来许多技术上的困难。第一，由于对绩效评估的概念认识不一，对绩效评估的内容范围界定不清，无法建立一套完善的公共部门绩效评估的指标体系和方法。第二，开展绩效评估所必需的相关配套措施不完备，如评估资料不足、缺乏评估的专门人才、缺少评估的管理保障体系等等。第三，评

① 参见《政府绩效评估报告首度发布，将推动政府改革》，载《中国青年报》，2009-04-27。

② 参见蔡立辉：《政府绩效评估：现状与发展前景》，载《中山大学学报》（社会科学版），2007（5）。

估方法单一。目前我国绩效评估所采用的评估手段、方法并没有超出经济学的范围。成本—收益分析是最广泛采用的评估方法，关心的只是公共项目的直接投入和产出，很少深入社会效果和影响的因果推定，而对于伦理道德、价值理性、个人偏好更是无能为力。

当前，探索绩效评估的发展途径，建立起完整规范的全国性绩效评估体系，推进绩效评估事业，这是推进国家治理现代化的客观要求。

——提高认识。必须加强绩效评估的研究和宣传，让全社会尤其是公共管理部门充分认识绩效评估的重要意义和作用。绩效评估是公共部门公共管理过程必不可少的一个环节，它不仅有助于指导社会宏观发展战略目标的实现，有助于改善公共项目的未来决策，增强公共项目的后续能力，提高公共管理效能，而且有助于公共管理部门明确责任并由此增强部门间的学习和合作，从而提高公共管理水平。应通过对绩效评估的意义和作用的认识和了解，使人们在思想上达成共识，改变对绩效评估的消极、抵触态度，正确对待评估工作，在各方面对评估工作予以配合和支持，推动评估事业的发展。改善政府绩效评估现状，重要的是转换观念，树立公民取向的绩效观，即评价政府绩效的参照系是公民而不是政府及其工作人员。政府管理所追求的经济、效率、效益、服务质量、公民满意程度等，都是从公民的立场和角度来看待政府绩效的。民本主义的绩效观是有效开展政府绩效评估的必要条件。

——加强立法。立法保障是开展政府绩效评估的前提和基础。制度化也是当前国际上评估活动的趋势之一。应借鉴先进国家的经验和做法，通过完善政策和立法使我国政府绩效评估走上制度化、规范化和经常化的道路。一是要从立法上确立绩效评估的地位，保证绩效评估成为公共部门公共管理的基本环节，促使公共管理部门开展评估工作，以提高公共管理水平。二是从法律上树立绩效评估的权威性，绩效评估机构在公共部门中应具有相应的地位，享有调查、评估有关公共部门活动的权利，不受任何行政、公共组织或个人的干扰；评估结论能够得到有效传递和反馈，切实用于改进公共部门公共管理；评估活动能引起公众的关注，有充分的可信度和透明度。三是颁布绩效评估工作的制度和规范，对公共管理过程中的哪些项目应该进行评估、开展什么形式的评估、评估应注意的事项等问题做出详细规定，使评估工作有法可依、有规可循，把绩效评估纳入一个正常发展的轨道。

——完善体制。建立健全合理有效的评估体制是推进评估事业发展的关键。公共管理部门内部的评估机构主要是负责协调公共项目的管理，通过对公共项目实施的检查、回顾和总结，发现问题，吸取经验和教训，为改进未来决策提供依据和建议。可以借鉴世界各国的有益评估经验，在各级公共部门内部建立完善的绩效评估机构（或评估管理机构），对公共部门实施的各种公共项目进行评估，充分发挥公共管理部门内部评估的功能，提高公共部门公共管理水平。立法、审计部门的评估机构主要是进行公共项目实施的审计和监察，向立法机关、政府以及公众公布评估结果。在全国各级人大机关建立必要的评估机构，评价和监督公共部门的公共政策、规划、方案、计划等的实施过程及其效果，把评估作为监督公共部门管理的有效手段，促进我国公共管理的民主化。

——培育机构。借助政府购买社会服务及倡导第三方评估的东风，培育和发展社会中介评估组织。社会评估组织的出现有助于绩效评估事业的发展。由于中介评估组织独立于公共项目的利益关系之外，有助于保证评估的公正和客观。而且，政府部门、立法机关的评估工作可委托社会中介评估组织来完成，以节省大量的公共资源。

——培养人才。我国绩效评估事业起步较晚，相应的评估人才培养工作也比较薄弱，至今没有一套完善的评估人才培养计划、制度，全国性的评估人才培养体系尚未形成。要加强绩效评估人才的培养，形成比较完善的评估人才培养体系，造就大批合格人才，为我国公共管理部门绩效评估事业的发展奠定坚实的基础。建立比较灵活的评估人才培养机制，提高评估人员的素质，以适应当前绩效评估工作急需人才的状况。从长远考虑，为全面推进和不断提高绩效评估水平，需要制订我国评估后备人才的培养计划。

——建立信息系统。绩效评估过程其实就是信息的流动过程，即信息的收集、加工、处理和输出过程。要加快绩效评估的信息系统或网络建设，顺应网络化、数据化和智能化时代的潮流，充分利用大数据化、云计算及智能化技术，及时收集、存储、管理和应用评估信息，打破信息壁垒及信息孤岛，实现信息的互联互通。大数据及智能化的信息系统可以让我们更快更全面地了解真实情况，带来更为开放、透明和负责的政府，可以从数据共享、内部竞争、细分服务、智能决策、创新驱动等方面改进政府绩效。

第 13 章

公共管理伦理

伦理关注什么是公正、公平、正义或善以及我们应该做什么的问题。管理伦理属于管理文化的范畴，公共管理伦理体现的是公共精神。在理论上，行政伦理一直是传统公共行政学的一个基本主题领域，而从行政伦理（学）到公共伦理（学）是该领域发生的一次深刻变化。① 而在实践上，公共管理伦理在公共管理中占有极其重要的地位，构成公共管理的一个核心内容或实现行政责任的基本途径。因为任何公共管理行为都必须具有为之服务的公共管理伦理及公共责任制度。本章探讨公共管理伦理的基本理论及实践问题。

13.1 公共管理伦理概述

公共管理伦理或行政道德是以“责、权、利”的统一为基础，以协调个人、组织与社会的关系为核心的公共管理行为准则和规范系统。也有学者认为公共管理伦理是指公共管理领域基本伦理维度、公共管理行为的基本道德规范，以及通过公共管理行为与公共事务所集中体现出来的社会公共伦理精神，是为了维持公共管理之“公共性”而必须坚持的伦理标准和要求。② 没有相应的公共管理伦理，公共管理就不能担负起它的应有作用。

① 例如，张康之在《公共管理伦理学（修订版）》（中国人民大学出版社，2009）一书的“前言”中认为，正如传统的行政管理学已经无法容纳公共管理学的全部内容一样，行政伦理学也无法容纳公共管理伦理学的全部内容了。从这一点来看，提出公共管理伦理学的概念，开拓出这样一个研究领域，已是势所必然；公共管理伦理学对行政伦理学有着替代性的意义，公共管理伦理学把行政伦理学研究的论题和成果都纳入自身的学科体系建设中来了，它基本上能够以一门完整的、相对独立的学科而存在。

② 参见万俊人主编：《现代公共管理伦理导论》，“导论”，北京，人民出版社，2005。

13.1.1 伦理与公共管理伦理

公共管理伦理不仅包括作为社会行为基本规范的伦理的一般规定性，而且公共管理所固有的特殊性质和地位，决定了它必然在伦理上有自己的特殊要求和内在规定性。

1. 伦理

伦理问题就是关注什么是公正、公平、正义或善，关注我们应该做什么，思考哪些行为应从人们的实际生活中被消除。

伦理是一种特殊的社会意识形态，是依靠社会舆论、传统习俗和人们内心的信念来维系的，表现为善恶对立的心理意识、原则规范和行为活动的总和。伦理是社会的产物，它的产生根源于社会物质资料的生产。人类为了生存就必须生产，要生产就必定结成一定的生产关系，也就必然形成个人与个人、个人与集体和社会的各种关系与矛盾，产生如何处理这些关系、解决这些矛盾的态度和行为，以及对这些态度和行为的看法与评价，从而产生一系列伦理规范。

伦理具有广泛社会性，遍及社会各个领域，渗透于各种社会关系中。伦理体系包括作为社会行为基本规范的伦理和作为特殊领域规范的伦理。作为社会行为基本规范的伦理，就是普通公民要遵循的公德。这是社会公民人人应当遵循的最为基本的价值准则和行为规范，具有普遍性。作为特殊领域规范的伦理，比较集中地表现于职业伦理方面。各行各业都有与本行业和岗位的社会责任、功能、权利和义务相一致的伦理准则和行为规范，是与人的职业角色和职业行为相联系的一种高度社会化的角色伦理。

2. 公共管理伦理

公共管理伦理就是特殊领域中的角色伦理，公共管理伦理或者以公共管理系统为主体，或者以公共管理者为主体，是针对公共管理行为和政治活动的社会化角色的伦理原则和规范。无论是公共管理系统还是公共管理者，均具有作为伦理主体的客观依据，或者说均具有伦理行为能力。第一，公共管理主体是社会化角色，具有合乎公共管理行为规范所要求的权利能力，公共管理职能的履行就是这种能力的体现。第二，公共管理主体具有接受伦理约束的特殊必要，这是由公共管理在社会生活中的特殊地位及巨大影响力决定的。如果行政决策失误，就有可能使国家和人民遭受灾难。因此，公共管理受责任、义务、伦理规范的约束是十分必要的。第三，具有为自己的行为承担后果的责任能力，只有具备履行公共管理义务和承担公共管理责任行为能力的主体，才能成为公共管理伦理的主体。

公共管理作为一种生产关系和公共组织形式以及活动，本身就包含一定的伦理基础和根据，所以它与伦理之间有着不可分割的内在联系。公共管理所固有的特殊性质和地位，决定了必然在伦理上有自己的特殊要求和内在的规定性。公共管理伦理与个人伦理原则是不同的：(1) 主体不同。一为公共管理系统或公共管理者，一为个人；公共管理系统虽是人建立的，公共管理者也是人，但本身却是非人格化的，它代表的不是个人的意志动机，公共管理伦理的动机糅合了多种人的动机，是“多种合力”的产物，它代表的是社会的利益和政府的利益。(2) 影响不同。个人伦理是一个人和其他人、与社会发生关系，实际受其行为影响的只是少数人；而公共管理伦理与所有人或社会的所有成员发生关系，它的一举一动对整个社会所有人都关系甚大。(3) 约束方式、依靠力量不同。个人伦理主要是通过良知和舆论起作用；而公共管理伦理除了舆论和内心信念起作用外，制度的约束作用也是必不可少的。(4) 评价标准不同。公共管理伦理与个人伦理处在不同的领域，对公共管理伦理的评价，主要是看这一公共管理系统的实际功能和作用，看它实际指向什么基本价值，遵循什么正义原则，实际上在禁止什么，提倡什么，保护什么。

3. 公共管理伦理的构成

公共管理伦理是一个有机的整体，具有诸多层面的要素。

(1) 观念形态。也就是伦理意识，包括指导我们做出行为选择的价值观。公共管理伦理意识包含伦理准则意识、伦理责任意识和伦理目标意识。准则意识是指对公共管理的原则立场和根本态度，通过对伦理主体的调控，达到由内及外的目的和理想；责任意识是指如何看待公共管理的责、权、利，是公共管理伦理认识的核心，认识不同，对公共管理活动的精神和态度就不一样，从而表现出行政主体自我调控的特质；目标意识的核心是公共管理理想，是激励人们进取的精神力量，人们在公共管理这一岗位上追求什么样的目标和理想，选择什么样的社会价值和自我价值，对公共管理系统起着调节、内驱和导向的作用。

(2) 实践形态。公共管理伦理实践指的是以一定的伦理原则为指导的公共管理行为，涉及的是如何将价值观和我们所承担的义务以及这些义务所导向的最终目标统一起来。公共管理伦理意识和规范要通过公共管理实践来实现。公共管理伦理实践通过行政活动、行政关系、行政态度、行政作风、行政效果等表现出来。一般来说，行政行为与公共管理伦理要与地位、职责、权利和义务相一致。

(3) 准则评估形态。伦理准则评估作为观念与实践的结合形态或中介，以检测正确性、公平性和合理性为核心。公共管理伦理评价与教育是人们在社会政治生活中依据一定的历史标准和公共管理伦理标准，通过社会舆论、传统习惯和内心信念的作用，对公共管理者行为以及对整个公共管理系统的现状进行价值判断的活动。评价效用是衡量道德约束力强弱的尺度之一。公共管理伦理评价的前提是确立评价标准。社会舆论、传统习惯、政治信念是道德评价的三种主要形式。社会舆论反映整个社会对行政行为的监督，具有明显的行为约束的优势。它表现着社会发展对行政行为的客观要求，表达着社会和集体中绝大多数人的愿望和意志。传统习惯是在社会政治生活中长期形成的，由于重复或沿袭而巩固下来，是和民族情绪、社会心理交织在一起的，具有稳定性的特点。政治信念是人们对行政行为进行善恶评价的精神力量，是伦理评价中最重要的力量。

公共管理伦理必须通过公共管理行为得到落实和体现，重在实践。但是，行为和实践是受思想观念支配的，而合理的、科学的公共管理伦理观念又依赖于科学的、先进的公共管理价值评价标准的确立和贯彻。价值观与世界观和人生观有着密切的联系。特别是人生观，对于公共管理人员的公共管理行为和公共管理伦理，有着极大的影响和指导作用。公共管理者确立了什么样的世界观和人生观，也就从根本方向和态度上，决定了公共管理选择的方向和道路。

13.1.2 公共管理伦理的思考方式和类型

公共管理伦理重在实践，在公共管理实践中，我们必须努力弄清什么是正确的和什么是应该做的，对所面临的具体伦理问题如何做出决策，这是必须思考的问题。

1. 一个思考框架

库珀在《行政伦理学：实现行政责任的途径》中，将人们进行伦理思考的方式界分为四个区别明显的层次。[①]

（1）情感表达层次。在日常的公共管理行为中，自发的、未经思考的情感表达也许是价值判断的最常见的形式，它仅仅对“善”的东西和对某人“应当”做什么等做出情感表达，而很少在面临伦理问题时，就基本的世界观做出长时间的艰苦的思索。这些情感表达既不想引起回应，又不想劝阻别人；既不提供有关事态的证据，又不提供详细的事态描述。

（2）道德规则层次。这是严肃提出问题并予以严肃回答的第一个层次：我们指出与问题相关的恰当的行为方式并开始评估各种可能的办法及其后果；我们根据某些被我们奉为道德指导准则的规则、格言、谚语来思考这些行为过程及其可能的后果。当你权衡各种可能的方法及其后果时，各种不同的道德规则和格言会作为参考观点出现在你的脑海中以帮助你做出决策。

（3）伦理分析层次。当可利用的道德规则无助于解决具体问题时，当它们互相冲突时，就需要对我们的道德规则进行基本的再思考。在常规的行政角色行为中，我们不需要承担这种基本的再思考。然而，有时候问题太复杂或者其后果影响面太大，以至于我们只能重新审查我们的常规行为标准中隐含的伦理准则。

准则给行为提供一般的法律和规则指导。伦理准则指的是为实现某一价值所必须具有的行为方式或政体形式，它明确地将一种价值和一种行为方式联系在一起。例如，公正可能被视为一种重要的价值，但即使我们将公正包括在我们的价值系统中，这一术语本身也没能告诉我们该采取什么样的行为规则或社会政体形式。我们需要一个公正的准则用以向我们明示什么样的行为方式才能将公正体现为价值。公正准则的一般形式是“一视同仁”，我们可以这样理解它的含义：如果所有的成年公民在政治上是平等的，他们就应该都拥有同样的政治权利和义务；如果一个成年公民拥有选举权，所有的成年公民都必须拥有选举权。

有几种方法可以用来训练人们澄清价值观和准则之间的区别的能力，并可用来培养按照准则进行思考的技巧。方法之一就是给参与学习的人开列一个价值观清单，或者让他们自己整理补充出一个价值观清单，然后将这些价值观陈述为准则。另一种方法是花时间将准则应用到确定伦理问题界限的实践中，让参与学习者指认出案例中的对抗性价值观，然后要求他们将每一个价值观陈述为相应的准则并写下来。

安排你应该优先考虑的事。公共管理必须承担的基本准则——为公共利益服务的义

① 参见［美］特里·L. 库珀：《行政伦理学：实现行政责任的途径》，8～16页，北京，中国人民大学出版社，2001。

务。所有其他的义务和价值观都必须服从于这一基本准则带来的责任。如果维护公共利益是你的基本主导准则，你就必须权衡每一种可能的办法会给公众带来什么样的影响。你如果得不出这些准则和可替代的办法的步骤，就有必要求助于下一个伦理层次。

（4）后伦理层次。"为什么我应该遵守道德规范"这一问题是后伦理层次的例证。大多数行政人员都不会到达这一最为基本的哲学思考层次。在这一层次里的努力就是为了找到一些在伦理分析层次界定出来的我们所珍视的东西的基础。例如，为什么正直重要，为什么诚实重要，为什么安全、忠诚和别人的福利都很重要，等等。

只有在抛弃了实践中的犹豫不决的时候，这一层次的任务才算完成了。它要求培养和巩固建立在哲学之上的世界观。当我们确认自己"遵守道德游戏规则"的充足理由时，后伦理层次的任务就完成了。

这个由四个层次构成的分析框架，应该被视为一个高度动态的系统。在公共管理实践中，当我们在努力弄清什么是正确的和什么是应该做的时，各个层次并没有明确的前后顺序。

公共管理是一个历史的范畴，公共管理伦理作为反映人们政治关系和调节人们行政行为的一种社会意识和范畴，当然也随着政治关系的变化而变化。公共管理伦理应当内在地显示时代的本质和历史发展趋势。如果公共管理伦理不能反映出社会主流，与时代步伐一致，那么它就是虚假的伦理精神，不会被人们认同。因此，永恒不变的、抽象的、适用于一切时代的公共管理伦理是不存在的。

2. 公共管理伦理的类型

公共管理伦理是一个有机的体系，主要包括体制伦理、公共政策伦理和公务员职业伦理三种类型。

（1）体制伦理。通常人们有意无意地将伦理范畴看作个体道德的代名词，看作纯粹个人观念的范畴。其实，公共管理伦理首先应该体现在体制伦理方面。美国学者约翰·罗尔斯指出："社会正义的原则的基本主题是社会基本结构。"① 其实，体制伦理范畴也隐含于马克思的《资本论》中。马克思在《资本论》中对于资本家（阶级）的批判总是与整个资本主义生产关系、社会结构结合起来，把资本家理解为资本的人格化来进行的，并始终把资本的社会关系理解为批判的主要指向，他指出：社会经济形态的发展是一种自然历史过程。"不管个人在主观上怎样超脱各种关系，他在社会意义上总是这些关系的产物。"② 因此，在重视个体伦理的同时应该重视体制伦理的建设。

行政体制伦理是相对于行政管理者个体道德而言的，它由行政体制内在的一系列分配权利和义务的原则、规范所构成，并通过社会结构关系，一系列的政策、法规、条例和成文的或不成文的制度等环节表现出来。体制伦理依附于体制而存在，与个体道德相比较，体制伦理对于维系社会秩序、规范人们的社会行为具有优先地位。

特定的社会体制在伦理上有多大的合法性，主要不是通过这个体制下个体道德体系显示出来并得以确证的，而是通过体制自身的伦理性显示出来的，是通过不同体制的比较来

① ［美］约翰·罗尔斯：《正义论》，59页，上海，上海译文出版社，1991。
② 《马克思恩格斯选集》，2版，第2卷，102页，北京，人民出版社，1995。

评判的。比如，我们批判资本主义、颂扬社会主义，在伦理的层次上，主要并不是因为资本家个人的贪婪，而在于资本雇佣劳动制度，颠倒了劳动在整个社会生产过程中的“主体地位”，破坏了体现劳动与财富分配的关系——多劳多得、少劳少得、不劳不得的道德准则；反之，社会主义确立了劳动者的主体性和自主性，推行按劳分配制度，从而显示出体制的伦理进步性。

（2）公共政策伦理。公共政策伦理作为公共管理伦理的一种建构，有两层含义：其一是指维护某种公共秩序所需的伦理规范，是由政府或其他社会权威机构设计、制定和推广的；其二是指对于政府倡导的这些公共领域的伦理规范，除了用社会舆论、良心自律等软约束手段支持外，还要为其配置政策化的硬约束手段，使这些伦理规范真正成为公众在这一公共领域中的普遍行为方式。如反不正当竞争，这本来仅仅是伦理的要求，公共政策以强制性的方式给予规定，谁不遵守将受到相应的惩罚，就成了公共政策伦理问题。公共政策伦理不仅包括用惩罚手段禁止不道德行为，也包括用奖赏手段鼓励高尚的行为，例如设立见义勇为奖励基金、行政部门的承诺制，实际上也是伦理的政策化。

（3）公务员职业伦理。公共管理者既要具备社会成员的一般伦理，又要具备作为政治角色的职业伦理。职业伦理是相对于社会群体的关系以及特别事项而言的，职业道德实质上就是责任与义务的表现。责任就是对国家权力主体负责，通过自身职责的履行来为国民谋利益。对国民负责，从国民的利益着想，实质就是“公仆责任”。责任也是一种义务，即为其服务对象尽责尽职、谋取利益的义务。对行政管理者来说，行政活动过程是一个承担为国民尽义务的过程。崇高的人生目的（或职业目的）赋予责任意义，而责任也可看作目的的一部分。实现责任伦理，必须具备两方面的基础：一是指导行为的行政良心；二是实现职业功能的能力。

行政良心是公务员在履行行政职责过程中逐步形成的一种伦理意识。行政良心是公务员意识中的一种强烈的行政责任感和自我评价的能力；行政良心养成过程是公务员在深刻理解国家、政府及行政机构制定的法律、法规、政策与伦理原则的基础上，以高度负责的态度，对自身行政行为的善恶价值进行自我评价和自我修养的过程；行政良心是多种行政道德心理要素在行政人员意识中有机结合、相互作用的结果。

国家行政活动范围和权限的日益扩大，在客观上要求行政人员提高为国家权力主体服务的自觉性、积极性，增强工作责任感，提高行政能力，以高尚的职业伦理观在纷繁的行政活动中，自觉地对国家权力主体负责。

体制伦理、公共政策伦理和公务员职业伦理是公共管理伦理的有机统一体，体制和政策是由人制定的，人归根结底是受制于体制和政策的，因此，行政系统中行政人员与行政系统的关系，如同“乐手”与“乐队”的关系。从公共管理伦理意义方面讲，这意味着每一个乐手都必须遵守乐队演奏的基本规则，服从乐队的统一指挥，乐队演奏出和谐的旋律要靠每个乐手的协调配合。当然，作为一个伦理共同体，行政系统和行政官员不可能把行政过程变成纯规范操作行为。人的心理、情感和信念是人类生活中永远无法完全消除的非理性因素。这决定了它们永远不可能被完全规则化、条理化。但是，这种规则化、条理化、程序化对于现代行政来说是十分必要的。

13.1.3　公共管理伦理的功能

公共管理伦理是产生于一定社会经济基础，并反映一定社会经济关系的上层建筑，它一经产生便对一定的社会政治经济关系起到能动的反作用。公共管理伦理在社会政治生活中的作用是巨大的，2 000 年以前亚里士多德就说过，它是“国家中人们的黏合剂”，现代英国学者沃拉斯声称，它“能够影响政治力量的倾向”。

1. 引导功能

公共管理伦理使行政系统中的群体有明确的正义目标，大家同心同德为这一目标努力奋斗；公共管理伦理为理论与实践、理想与现实相结合提供了一种有效的具体形式。

公共管理伦理是现实社会的主体道德，内容具有社会的公共性和示范性。因为所依据的是国家和社会公认的、共同的道德观念和理想，因此，公共管理伦理的共同原则和基本精神具有社会普遍性。又因为行政系统掌握着一定的社会政治资源并处于特殊地位，其行为和风貌不仅为社会大众所关注，而且渗透到社会生活的各个方面，形成巨大的影响，直接对社会大众起示范效应和导向作用，并影响民德和民风，“上行下效，捷于影响”（《四书章句集注·大学章句》）。所以，公共管理伦理具有公共示范性。

2. 规范功能

公共管理伦理是以一定的概念、范畴和一系列的伦理规范反映并作用于行政过程和行政行为的存在的。这种规范的特点就在于：以善恶来认识、评价和把握行政过程中行政角色的行政行为，通过外在的舆论评价和内心信念的体验以及一定的制度约束，形成强大的规范场，引导和约束行政系统的运行和行政管理者的行政行为，即通过伦理规范限定行政活动的范围、行为模式，使行政过程趋于程序化、规范化。

作为公共管理伦理核心的道德规范本身就是对当权者行为的种种界定和约束，而权力角色自身的道德意识和人格追求又直接对其自律品质的形成起指导、监督和自我评价的作用。在实施行政行为过程中，公共管理伦理对于符合公共管理伦理要求的情感、信念和行政行为，予以激励和强化；对于不符合公共管理伦理要求的情感、欲念则予以纠正或弱化，特别是当出现认识错误、方式或方法失当时，能够纠正行为者某种自私欲念和偏颇情感，改变自己行为的方向和方式，以避免产生违背行政责任要求的后果。公共管理伦理对于行政行为的进行起着检察官的作用。

3. 维系功能

公共管理伦理是赢得民心和民意的重要砝码，从某种程度上它直接影响着统治的稳固和国家的治乱兴衰。因为公共管理伦理是整个社会道德的表率，其伦理取向昭示着社会的伦理导向。行政人员作为社会政治、经济、文化等各项事业的行政管理者，职业伦理势必成为全社会关注的焦点。早在 2 000 多年前，孔子就指出：“为政以德，譬如北辰，居其所而众星拱之。”（《论语·为政》）当然，我们今天所追求的德与孔夫子所说的德的内涵已经完全不同了，但“为政以德”仍然是兴国安邦的重要一环，是关系到党和政府形象的头等大事，也是改善党风政风的关键。当政者“其身正，不令而行；其身不正，虽令不从”

（《四书章句集注·大学章句》）。如果真正从社会价值导向上倡导“领导就是服务”“服务就是奉献”的为官道德，行政领导能够对人民负责，对人民的利益负责，为人民群众忘我地办实事，就一定会得到人民的拥护；如果行政官员都能克己奉公、秉公办事，也许所有的社会问题都能得到根本性治理。公共管理伦理使行政系统中的个人与个人之间有一种广泛的信任关系，公共管理伦理在行政主体与行政对象之间形成沟通的桥梁，使全国上下同心同德，形成凝聚力。

4. 选择功能

所谓伦理选择，是指行政主体在一定伦理意识支配下，根据某一伦理标准，在不同的价值或善恶冲突之间做出的自觉自愿的抉择，是指存在几种行为方案时，确定采取何种行为方案以实现伦理目标的过程。在发生行政行为之前，总是要从某种动机出发，进行行政选择，并依据公共责任的伦理要求，对行政行为动机进行检查。在行政选择中，选择的动因问题占据着核心位置。从根本上讲，利益和利益关系是影响行政主体行政选择的决定性因素，并成为一切公共管理伦理现象的基础。具体地说，行政认知、行政责任、行政良心、行政价值目标等，是实际影响行政选择的基本环节。

13.2 公共责任与官员问责制

公共管理伦理与公共责任是紧密联系、内在统一的，从某种意义上说，公共责任是公共管理伦理的具体化。公共责任只要与一定的责任意识相联系，就是公共管理伦理问题，可能表现为有利于或有害于政府和人民利益的行政行为，也就同时成为公共管理伦理责任。任何政府为了实现其统治效能，都必须具有为之服务的公共责任制度。现代公共责任在整个公共管理中占有不可忽视的地位。同时，源于西方政治的问责制（government accountability），如今在中国已成为现实，正在推行。为了正确理解官员问责制，对于英文“accountability”的初始含义以及“责任”“公共责任”等相关概念的考察也很有必要。

13.2.1 “责任”和“公共责任”概念

英文“ accountability ”和“responsibility ”翻译成中文都叫“责任”，但实际上它们的意思是不同的。按《朗文英汉双解词典》的解释，“accountable”的含义是：（1）负有责任的（responsible）；（2）有义务解释的（having to give an explanation）。而“responsibility”的含义是：（1）责任、义务（the condition of being responsible）；（2）可靠性，责任重大（the quality of being responsible）；（3）职责（something for which one is responsible）。按《牛津高阶英汉双解词典》的解释，“accountable”的含义是：（1）对自己的行为等应做解说（required or expected to give an explanation for one's actions , etc.）；（2）负责（responsible）。而“responsibility”的含义是：（1）责任、负责（being responsible or accountable），负实际的、很大的、

主要的等责任（a position of real，great，major，etc responsibility）；（2）职责、任务、义务（commitment or duty for which a person is responsible）。

从以上两部字典的释义可知："accountability"是有做解释、说明的责任义务，尤其是对自己的行为有向外界做出说明的责任义务等，它强调外部压力的结果；而"responsibility"是职责、义务、重大实际责任，通常是主体处于某种身份而应该自然承担的责任，它强调主体主观性。

塞曼斯·米勒认为，"responsibility"是"根据自己的意图，在理性的基础上履行这一行为的"。有时，我们说某人应该"对某事负责"，是指"某人在某种制度结构中承担了一定的角色，制度赋予他某种特定的权利和义务，以决定应该做什么"。当行为者履行"解释的义务"时，"accountability"具有主动为自己的行为负责的意思。行为者的"解释"试图证明自己的行为是合理的，为自己的行为进行道德辩护，这赋予"accountability"道德选择的自主特性。当辩解缺乏合理依据时，就要遭到人们的谴责，行为者就会蒙羞，他们就会自责、后悔、内疚，以至于感到失望，"accountability"在这种自我"惩罚"的回应中，要求行为者对自身行为负责任，因此"accountability"概念"包含着惩罚"。

郭夏娟在《公共行政伦理学》一书中认为，"responsibility"和"accountability"是两个既相关又相异的概念，在公共伦理学中，两者不完全等同。她根据塞曼斯·米勒的观点，视"responsibility"为"责任"，视"accountability"为"职责"。"责任"与特定制度结构中个人的角色相应，与个人在某种组织结构中承担的使命相关。个人承担什么样的角色，他就应该负怎样的责任。"职责"是一个主体性很强的复合概念。如果一个人对某事或某行为要"负责任"，那他至少对此事"有解释的义务"（accountable）。如果说某人对行为负有解释的义务，那就意味着他（她）的某些行为能够也应该接受公众的责问，因为他们的行为与角色承担的职务直接相关，并得到制度的认可与授权。许多情况下，职责导致责任，有什么样的职责，就会有什么样的责任。通过比较，郭夏娟教授认为：组织制度界定各种具体的"职责"，这种"职责"确定个人特定角色，为确认行为的"责任"设定了主体性前提；"责任"是对履行职责的行为后果做出的回应。①

我们认为，郭夏娟对塞曼斯·米勒观点的诠释是从行为主体的视角出发的，她得出两个词之间的时间逻辑关系，认为"accountability"设定了主体性前提，而"responsibility"则是鉴于这一主体性而做出的回应。在这一分析中，仿佛"responsibility"是依附于"accountability"而存在的，这种理解让"responsibility"成为对结果的被动回应。而米勒对"responsibility"的理解体现的是一种行为主体的主观性，即在"理性的基础上"认为应具有的责任心，这是行为主体对他（她）自身的要求。而当他（她）试图解释说明自己的行为时，这就是他（她）承担的"accountability"，当然这种"responsibility"和"accountability"都会根据个人所处的角色不同而有所不同。所以这里米勒并没有做出"accountability"在先，而"responsibility"在后的逻辑推断，而是指出两词所适用的不同情境。

---

① 参见郭夏娟：《公共行政伦理学》，174～175 页，杭州，浙江大学出版社，2003。

弗雷德里克·莫舍（Frederick Mosher）把责任这一概念界定为两个主要方面：主观责任（subject responsibility）和客观责任（object responsibility）。库珀在《行政伦理学：实现行政责任的途径》一书中指出：客观责任与从外部强加的可能事物相关；而主观责任则与那些我们自己认为应该为之负责的事物相关。库珀所讨论的客观责任有两个具体的形式，即“accountability”和“imposed obligation”。所有的客观责任都包括对某人或某集体负责，也包括对某一任务、下属员工人事管理和实现某一目标负责，即对某人负责和对某事负责，前者是“accountability”，而后者是“imposed obligation”。①

在这里，莫舍和库珀从行政意义上对责任的定义，为我们区别两者提供了一个新视角。根据他们两个人的理解，“responsibility”是总的概念，而“accountability”是“responsibility”的亚层次——客观责任的一个方面。这么说，仅客观的“responsibility”就包含“accountability”之义，并且“accountability”就是指对某人（集体）负责。这里的“对某人负责”可以分为两个方面，即指在行政组织中某人在完成行政任务的过程中，既对他（她）的上级有“accountability”又对其下属的任务完成有“accountability”，而这些仅仅是客观的“responsibility”的一方面，这就是行政意义上的区别与联系。

综上所述，我们认为“accountability”和“responsibility”两者的区别如下：从字义上讲，“accountability”是“有义务做解释，有所交代”之义，而“responsibility”指责任、义务和任务。从理性角度讲，“accountability”有主动为自己的行为负责，为自己的行为解释；“responsibility”则是主体对自身的要求，要求在“理性的基础上履行这一行为”。从行政管理的意义方面讲，“accountability”是主动向某人（集体）——行政系统的上级和下级——有交代，而“responsibility”则是外界强加的，与自身的要求有关。从逻辑关系方面讲，“accountability”是一种事后的责任追究，并且是主动对自己的行为做出交代、解释，并承担责任，这种责任的承担主要是针对结果；而“responsibility”则是针对事件的整个过程，与特定制度结构中责任主体担任的角色相对应，这种“责任”是贯穿整个行为过程始终，而非某一个阶段。就纯粹的意义来说，“responsibility”是责任心，与一个人的良知和自省、志向抱负和内在的道德要求相关；“accountability”是与得到组织或制度认可后应承担的义务有关，正如艾略特·奎杰士在《必不可少的组织》中所说：“‘accountability’与人和人之间的具体义务有关，这种义务以相互之间做出的承诺为基础。”

但是仅仅对“accountability”和“responsibility”做一简单区别对我们理解“accountability”的含义是远远不够的，要进一步把握“accountability”的含义，就有必要弄清汉语“责任”一词的内涵。

在古代汉语中，“责任”是一个复合词，现代汉语中的“责任”是从古代汉语中的“责”发展而来的。“责”在古代汉语中是一个多义的概念，至少有六种含义：一是求、索取；二是诘斥、非难、谴责；三是要求、督促；四是处罚、处理；五是义务、责任、负责；六是债。张文显在《法学基本范畴研究》一书中对“责任”这个概念进行考证，认为其在现代汉语中的基本含义有三层：其一，分内应做的事，即角色义务，如“岗位责任”

---

① 参见［美］特里·L. 库珀：《行政伦理学：实现行政责任的途径》，62～63页。

“尽职尽责”等；其二，特定的人对特定的事项的发生、发展、变化及其成果负有积极的助长义务，如“担保责任”；其三，没有做好分内之事或没有履行助长义务而应承担的不利后果或强制性义务，如“违约责任”。冯军在对日常用语进行大量分析的基础上也指出“责任”在现代汉语中有三层含义：其一，表示义务；其二，表示过错、谴责；其三，表示处罚、后果。《汉语大词典》认为，汉语中“责任”有三重含义：其一，使人担当起某种职务和职责；其二，分内应做之事；其三，做不好分内应做的事，因而应承担的过失。

由此可见，从字面意义来讲，无论是古代汉语还是现代汉语中的“责任”一词都含有这两层意思：一是分内应做之事；二是做不好分内应做的事，而应承担的过失。而这两层含义也映射出了“accountability”与“responsibility”两个不同英文单词的主要释义。这也难怪许多英汉译著中对这两词都不做区别，统一译为“责任”。尽管汉语“责任”一词含义丰富，但是在不同的学科领域，其含义还是不尽相同的。

张贤明在《论政治责任——民主理论的一个视角》一书中指出：责任意谓分内应做之事与未做好分内之事所应受的谴责和制裁两方面的含义。而这两个层次之间还有一个中间环节——责任主体，对二者进行评价。因此，责任包括三个有机组成部分：第一，责任主体的分内之事；第二，责任主体没有做好分内之事时应受的谴责和制裁；第三，对责任主体行为的评价。这三部分都与责任主体的社会角色相关。① 张贤明从政治领域对“责任”一词的内涵进行结构剖析。其独到之外是提出“对责任主体行为的评价”，这是从字面意义上难以得出的分析角度。因为它把责任与社会角色联系在一起，不同的角色有不同的“分内之事”，没完成“分内之事”所受的谴责和制裁也应根据所承担的角色的不同而不同，“分内之事”的完成情况的标准、角度和没完成应受的处罚的程度也不同。明确责任主体的评价者对在现实生活中认清责任的性质、责任追究的对象不无现实意义。

张康之在《公共管理伦理学》一书中认为，责任义务属同一概念。从本质上看，它们是统一的，都是人与他人、与社会的一种特殊关系，只是在人类社会历史发展的一些特定的阶段，才出现了分离。他认为，在人类社会历史发展的高级阶段中，责任和义务将会重新统一。具体说，当人们之间的实质性平等关系确立之后，责任和义务之间就会实现完全的统一。张康之还认为，责任义务体系中包含行政责任义务、法律责任义务和道德责任义务这样三重内容。其中：法律责任义务基本上属于一种客观性的责任义务；行政责任义务在社会治理的制度框架下也应当属于客观责任义务的范畴，可是由于要通过人来对行政责任结果做出评价，因此还带有主观性；而道德责任基本上属于一种主观性的责任义务。②

在这里，张康之的“责任义务同属同一概念”的独特视角，有助于我们从另一个层面来认识“责任”的发展历程。同时，他对责任体系的建构对现阶段责任尤其是公共责任框架的搭建也有启发。而且，他强调了“平等”在现阶段“责任”中的重要地位。这是真正

① 参见张贤明：《论政治责任——民主理论的一个视角》，1～3页，长春，吉林大学出版社，2000。
② 参见张康之主编：《公共管理伦理学》，196页，北京，中国人民大学出版社，2003。

达到“责任是有义务的责任，义务是有责任的义务”的前提和基础，“平等”本身就是责任的题中应有之义，而且这也是现阶段实现公共责任的要求之一。

库珀把客观责任放在公共行政角色的组织和政治背景中分析，认为主要有以下三种责任关系：一是由公共组织结构中上下级关系决定的责任。“公共行政人员最为直接地对他们组织的上级负责，贯彻上级的指示或相互之间业已达成一致的目标任务，也要为他们的下属的行为负责。”二是“对民选官员负责，把他们的意志当作公共政策的具体表现来贯彻”。这是公共行政人员的更为基本的职责。民选官员的行政活动从根本上说体现了公共意志，而公共行政人员按照公众的意志履行自己的职责，对民选官员负责，也就是对公众意志负责。三是“对公民负责，洞察、理解和权衡他们的喜好、要求和其他利益”。这是最基本的职责，因为公民是主权委托人，行政人员是受托人，所以维持公正的立场，维护普遍的公共利益是行政人员的基本立场。①

库珀对客观责任在行政组织领域的特殊背景下的分析为我们厘清现阶段公共领域的责任关系提供了借鉴，尤其是我国还处于实施官员问责制的适应期，还处在对责任体系的理论与实践的探索期，正确地分析现阶段中国政治和行政体系中的责任关系是我们正确认识和实施官员问责制的必要环节。

综上所述，“责任”一词的词源久远，来自不同学科领域的解释更增加了其含义的多样性。“责任”在汉语中的丰富含义使它既有责任主体（responsibility）之义，也有责任主体有义务对所履行的分内之事做汇报、说明和没有做好分内之事时应受的谴责与制裁之义。也许在汉语中找不到可以直接替代“accountability”的精确词汇，但事实上，中国历史上早有“accountability”的词义。如《三国演义》中的诸葛亮斩马谡：马谡奉命守街亭，在军师帐前立下军令状，后因失街亭而被斩。在这里，我们可以看出“responsi-bility”是马谡奉命守街亭，这与马谡承担的角色相关，即分内之事、职责、任务；“account-ability”指马谡失街亭而对他责任的追究，即责任主体没有做好分内之事时应受的谴责和制裁。具体说，马谡由于所处的社会角色，对其责任的追究，最直接的是来自组织内部的行政责任的追究，还有间接的来自组织外部的政治责任，当然可能还有自责的因素。

13.2.2 公共责任的内容

广义的公共责任是指国家公共管理部门的行政人员在工作中必须对国家权力主体负责，必须切实履行自身职责来为国民谋利益。狭义的公共责任是指国家的公务人员违反行政组织及其管理工作的规定，违反行政法规所规定的义务和职责时所必须承担的责任；而这一责任具有复杂的表现形式和多样化的层次结构，一项责任可能既是经济责任、法律责任，又是伦理责任，或者既是政治责任，又是伦理责任。

这里给出了公共责任的内容范围，它是发生在国家公共管理领域，实现公共利益（国民利益）的责任。公共责任广义上是指实现公共利益责任的履行，而狭义上是指履行职责

① 参见［美］特里·L.库珀：《行政伦理学：实现行政责任的途径》，68～69页。

失败后所要承担的责任。从广义与狭义的区分上可知:"accountability"多指狭义范围上要承担的公共责任,而且根据公共责任多种表现形式和多层次结构的特点,狭义的公共责任既包括经济责任、法律责任,又包括伦理责任,或既包括政治责任,又包括伦理责任。

张康之在《公共管理伦理学》一书中认为,在公共管理活动中,行政责任义务、法律责任义务和道德责任义务,都会通过公共管理活动的岗位而在公共管理者那里整合成一个统一的职能总体。① 这说明公共管理时期的公共责任,其实现过程是法律责任义务与行政责任义务向道德责任义务转化的过程。虽然张康之没有给出"公共责任"的具体释义,但是却道出了发展到公共管理时期"公共责任"的特点。公共管理时期的"公共责任"不是由孤立的行政责任义务、法律责任义务与道德责任义务三部分组成,而是在将行政的和法律的这些外加的责任义务内化为自身的道德责任义务的过程中形成的。对这一特点的把握有助于我们了解公共责任的发展时期。

张贤明在《论政治责任——民主理论的一个视角》一书中认为,"政治责任"是政治官员履行制定符合民意的公共政策,推动符合民意的公共政策执行的职责,以及没有履行好这些职责时所应承担的谴责和制裁。前者是积极意义上的政治责任,后者是消极意义上的政治责任。他认为,这两者必须结合,且要把握两者之间的中间环节:应该由谁来评价积极责任的履行和应当由谁来承担消极意义上的责任,是区分民主政治与专制政治的重要标志,它决定政治责任的指向,也决定着政治责任是否能够真正实现。② 尽管张贤明对政治责任做了性质上的区分,但是政治责任是公共责任的主要组成部分,因而公共责任的性质也可以从积极意义与消极意义两方面来认识。那么,从性质上看,"accountability"应该属于消极意义上的公共责任。值得一提的是,他对两种性质政治责任的中间环节——评价者——的重视,提醒我们认识公共责任的实现与评价者的密切的关系。谁来决定公共责任的履行与否,谁来确定其应当承担的责任,表明责任主体在对谁负责。在现阶段民主国家里,人民是国家的主人,公共管理要对人民负责,那么就应该由人民来评价其不能履行应当承担的责任及公共责任的履行水平,评价的标准与指标都由人民来决定,这才能真正保证公共责任的实现。

毛寿龙在接受《瞭望新闻周刊》记者的采访时说,官员承担的公共责任有四个层面的内容:一是承担道义上的责任,向受害者和公众负责;二是承担政治上的责任,也就是向党和政府负责;三是承担民主的责任,向选举自己的人民代表和选民负责;四是承担法律的责任,向相关法律规定负责,看是否有渎职的情形存在。③

上面我们对英文中的"accountability"一词的含义做出了说明,并分析了"公共责任"一词的内涵及其特征。那么,在西方,实践中的"accountability"("官员问责制")到底有哪些基本内容呢?

"官员问责制"是西方政治的产物,它体现的是所谓"责任政府"的学说。李强认为,从学理上说,责任政府有两个基本内涵:一是在道义上的责任政府;二是作为宪政制度的

---

① 参见张康之主编:《公共管理伦理学》,200~202页。

② 参见张贤明:《论政治责任——民主理论的一个视角》,22~25页。

③ 参见李松:《官员"刚性问责"之失》,载《瞭望新闻周刊》,2009(10)。

责任政府。所谓道义上的责任政府，体现的是政治民主与政治公开的原则［有人把这种责任政府表述为政府应对人民有所交代（accountable）的原则］，人民可以对政府施政提出批评，政府必须对人民的批评做出说明。其实施结果要接受人民的评估，以体现对人民负责的精神。宪政制度的责任政府，其最典型的形式是英国式的责任内阁制。其基本出发点是议会主权，政府向议会负责。在这种制度下，政府的组成需经议会同意，政府的重大政策需由议会通过，政府成员对施政不当及违法行为需承担责任，包括政府的部分阁员甚至全部阁员在无法得到议会信任时需辞职。①

根据学者们对中西方公共管理实践中的“公共责任”含义的诠释，我们认为可以从“公共权力”的动态使用过程来把握“accountability”。公共责任是每一位在职公共管理人员的职业责任，这里的职业责任就是他们在行使公共权力之前就明白的职责和义务，即实现公共利益，为人民服务；在行使公共权力时，公共责任就是要接受赋予你权力的人民的监督，并主动向其（代理机构——政府、人民代表大会等）汇报、解释、说明原因、反映情况和提供相关信息，做到公开行使公共权力；在行使公共权力之后，公共责任就是接受评判（由人民评价，通常是一些代表人民利益的组织做出），并对不当使用公共权力或使用产生的不当后果承担责任，接受惩罚，并对损失进行赔偿。

通过以上对“公共责任”不同角度的分析，具体到现阶段我国政府的“公共责任”内涵，我们认为应涉及以下几方面：一是职业责任，政府始终要明确自己的职责和义务——追求公共利益，为委托于它权力的人民服务；二是政治责任，政府对其失职、渎职行为向权力机关人民代表大会负责，接受人大的处置，这是由我国的政治制度所决定的；三是行政责任，从行政组织构架上看，政府官员对其失职、渎职行为向系统内部负责，接受行政责任的追究；四是法律责任，政府对其失职、渎职行为所承担的法律法规责任的追究，包括刑事责任、民事责任和经济责任；五是道义责任，由于下属工作失职或错误，老百姓不满意，基于道义，领导主动辞去职务；六是道德责任，政府官员对其失职、渎职行为的道德自省，受到良心的谴责，自己惩罚自己。

鉴于我国人民代表大会的民主政治体制还处在不断完善之中，我国公共责任的另一个重要内容就是要完善我国的人民代表大会制度，使之真正成为人民行使权力、表达意见的组织，真正成为公共责任履行的评估者。这是民众做出评价的前提条件。

13.2.3 官员问责制

责任政府是依法治国及依法行政的必然选择。我国现阶段推行官员问责制，本质上是建立一个有责任心的政府、为人民利益负责的政府。责任政府要靠公务员来履职，根据宪法和法律，政府及其公务员必须承担应由其承担的责任（道义责任、政治责任和法律责任等），并接受内、外部的监督，以保证责任的实现。“问责”就是责任追究，政府要为公众负责。而是否是有责任的政府，是否为人民服务，要由人民来评价。因此，评价的指标和价值与人们心目中追求的目标息息相关。

① 参见曲力秋：《关于政府官员引咎辞职的讨论——中国试水引咎辞职》，载《新民周刊》，2004（2）。

1. 官员问责的价值尺度

在当代中国，民主、公开、效率和公平既是人民评价政府的价值尺度，也是官员问责制的内容所指。

(1) 民主。民主是每个行使人民权力的政府所必须拥有的素质。政府的权力来自人民的授权，权力在民，政府只是行使管理国家的权力的代理机构，而不能替民做主。如果政府不清楚自己的位置，而是凌驾于人民之上，它就会失去存在的合法性，被人民推翻，所以政府要始终维护人民权益，按人民的意愿行使权力。我国实行的是人民代表大会的政治制度，人民当家作主，人民参政议政。但在实践中，人民代表大会制度还在不断完善中，由于制度、技术等方面的原因，人民表达意见的渠道不是很通畅，所以参政议政的程度受到限制。民主是现阶段人民追求的目标之一，也是官员问责制的内容之一。

(2) 公开。实现民主的前提就是政治公开。只有保证人民的知情权，人民真正知道政府应该做什么、正在做什么、没有做什么，把政府及官员置于公众监督之下，才能对他们的工作做出评价。因此，目前在我国，全面推行政务公开，实行“阳光行政”，不断提高施政的透明度，完善来自人民的监督渠道，是现阶段官员问责制的第二个内容，也是人民评价政府工作的第二个指标。

(3) 效率。人民评价政府工作的第三个指标是效率。没有任何纳税人愿意请一个办事效率极低的政府来为他做事。人人都希望用最少的钱买到最好的服务，这就需要我们的公务员最好是精兵强将，人数要少，战斗力要强，并且要不断加强训练提高作战能力，以满足人民的需求。这是官员问责的又一要义。

(4) 公平。与效率相对应的就是公平，这是人民评价政府工作的第四个指标。公平与效率是辩证统一的，虽然在一定程度上追求公平会影响效率，但公平是效率的基础，公平带来效率。在社会主义市场经济条件下，政府一定要保证经济规则的公平，只有做到了公平，经济才会正常运行，才会有效率，物质生产才能丰富，人民才能满意。

2. 官员问责的责任体系

依照“公共责任”的内涵，从理论上看，我国的官员问责制的责任体系应由如下几个方面构成：

(1) 在其位，谋其职，并主动接受外部的监督。政府官员应明确自己的身份，对其施政纲领与所执行的政策向人民汇报、解释说明。这也是我国推行“民主政府”“透明政府”的题中应有之义。政府作为委托者有按照民意实施政策及纲领，完成受托任务，以及向人民（委托者）做出汇报或说明的义务，这是政府应该履行的责任。

(2) 政府官员在没有履行好他分内的职责义务时，要承担政治上的责任。政府官员要对人民代表大会负责，接受人民代表大会的问责，也就是接受民众的问责。民众的问责是我国问责制最为根本的内容。但目前由于诸多原因只能间接问责，这就弱化了问责的力度。因此，民众问责也是我国成功推进高官问责的最为关键的内容。

(3) 承担来自政府系统内部的问责。依据宪法和相关法律，我国的行政机关实行的是行政首长负责制，各级政府乃至部、委、厅、局，均由相应的行政正职即“一把手”负责。这种问责姑且称为行政问责，即行政官员要对上级负责，为其过失或违法乱纪行为承担行政责任，主要表现为上级对其任命的下级的行政处分或责令辞职。

（4）来自法律法规的问责，即对失职、渎职的违法犯罪行为要承担的法律责任，包括刑事责任、民事责任、经济责任等。了解问责制的这一含义，对于在推行问责制的起始阶段，避免一些官员打着“引咎辞职”的幌子而逃避其责任的情况有着积极的意义。我国的问责制刚刚实行，必须警惕其在一开始就“扭曲变形”，防止高官问责成为官员们的庇护伞。

（5）来自自身的问责。这是官员出于道德上的责任义务而做出的一种“自问”，是官员本人的自省，它直接表现为引咎辞职。这种主动问责的机制，是官员因自觉对其职责义务履行不力或自认对所发生的问题负有责任而自动请辞，以表内心的愧疚，完全是官员的自愿行为。“完全自愿”的特点告诉我们，引咎辞职是官员内部的道德自觉所致。所以，它不属于外在的制度责任的追究，而是制度责任内化为道德责任的反映。可见，问责制这一层面的含义对维护政府信誉，加强公务员道德文化建设具有非常重大的意义。

与西方的官员问责制相比，我国推行官员问责制的主体范围要广泛得多，这是由我国特殊国情决定的。我国实行的是社会主义制度，除了政府机关之外，还有大量的国有企业和事业单位，国有企业财产属人民所有，事业单位大多是全民所有或集体所有。因此，其管理人员也要接受人民问责，属官员问责制的对象范畴。随着中国公用事业市场化、国有企业市场化，乃至于政府管理向第三部门转移，公共权力的行使方式正发生着变化，这会导致出现新的责任要求，也将促使获得公共管理职能的企业、公司、中介组织等主体的多元化。总之，我们必须注意我国官员问责制主体的多元化和问责内容多样化的发展趋势，促进官员问责制的健康发展。

3. 实践中的官员问责制

“问责制”并非完全是西方的“舶来品”，中国自古有之（如挪用救灾物资要被处以极刑的严厉规定）。中国共产党在革命战争年代就有‘问责制’（如黄克功案等）。新中国成立特别是改革开放以来，“从传统的‘同体问责’到现代的‘异体问责’，我国的干部人事管理体制应时代变化，积极创新，先后形成了一系列重要法律法规，对官员的‘问责’也逐渐系统化、制度化”①。

我国官员问责的系统化、制度化建设始于21世纪初。十几年来，相关机构出台了多个相关的法律法规与党内文件，初步形成了官员问责制的制度框架。

2002年7月中共中央印发了《党政领导干部选拔任用工作条例》，其中的第56、第59、第60条分别对“实行党政领导干部辞职制度”“引咎辞职”“责令辞职”做出了规定。值得一提的是，这一年的7月1日，香港特别行政区正式开始实行官员问责制，规定主要官员在履行公职时，如个人利益可能会影响或被视为会影响他们的判断，均须向行政长官报告。这被认为是首次对官员问责概念的解释。

2003年12月31日，中共中央印发了《中国共产党党内监督条例（试行）》，重点是

① 薛应军：《官员“问责制”蝶变》，载《民主与法制时报》，2015-08-16。

监督党的各级领导机关和领导干部，特别是各级领导班子主要负责人；同时颁布实施《中国共产党纪律处分条例》，对党员干部的失职、渎职行为的直接责任人，负主要领导责任、重要领导责任的党员干部给予相应处分等做出了具体的规定。

2003 年的"非典"是推动官员问责制建设的重要契机。"非典"带动"问责风暴年"，官员问责制逐渐在实践中展开，并进入公众视野。时任卫生部部长张文康、北京市市长孟学农两名省部级官员，因隐瞒疫情、防治不力而被问责与查处。由于涉及部级官员辞职，社会影响大，推动了官员问责制的理论与实践探索。

2004 年在我国官员问责制发展中是重要的一年。这一年，"问责"一词成为流行语。2004 年的"两会"，温家宝总理所做的《政府工作报告》强调突出了官员的"责任"和"监督"问题，说"只有人民监督政府，政府才不会懈怠"，"有权必有责、用权受监督、侵权要赔偿"。多位全国人大代表和全国政协委员强烈呼吁建立领导干部问责制度。

2004 年 3 月 22 日，国务院印发了《全面推进依法行政实施纲要》，提出建立公开、公平、公正的评议考核制和执法过错或者错案责任追究制。4 月 8 日，中共中央办公厅印发了《党政领导干部辞职暂行规定》，在"引咎辞职"一章中，第 15 条具体规定了应该引咎辞职的九个方面的内容。

2005 年 4 月 27 日，全国人大常委会通过了《公务员法》，再次明确对公务员的责任追究制度及具体的处分规定。《公务员法》与党内法规相辅相成、互为补充，成为我国官员问责制的雏形。

2009 年 6 月 30 日，中共中央办公厅、国务院办公厅印发《关于实行党政领导干部问责的暂行规定》。这是我国官员问责制系统化的一个重要文件，该文件将对党政领导干部"问责"的情形具体列为"决策严重失误""工作失职""监督不力"等七种。

2015 年 7 月 28 日，中共中央印发了《推进领导干部能上能下若干规定（试行）》，新提出五类"问责"情形。新修订的《中国共产党纪律处分条例》(2016 年 1 月 1 日起施行）与《中国共产党廉洁自律准则》站在从严治党的高度，对党员及党员干部违纪和违法的问责做出了具体而严格的规定。

另外，各地根据本地的实际，出台了一些问责制的实施办法。例如，2011 年北京市人民政府出台了《北京市实施〈关于实行党政领导干部问责的暂行规定〉办法》，明确规定：凡是"引咎辞职、责令辞职、免职的党政领导干部……两年内不得提拔"，一年后"如果担任与其原任职务相当的领导职务"，必须书面正式征求上一级党委组织部门的意见。① 又如，2012 年深圳市发布《关于廉洁城市创建中诚信建设若干问题的决定（征求意见稿)》，规定公务行为实行终身负责制，公务行为出现过错的，责任追究不因行为主体的职务变动、岗位调整而分离。②

在看到我国官员问责制的进展及成效的同时，也要看到目前存在的问题。有评论员文章称：从近十年的社会反馈来看，目前推行的官员问责制到了需要反思的阶段。近年来，

① 参见杜珂、常红晓：《官员问责制还缺什么》，见财新网，2011-03-24。

② 参见张玮、张仁望：《深圳拟建公务员诚信档案　公务行为实施终身负责制》，见人民网，2012-03-13。

不论是在责任事故中还是在腐败丑闻中，由于问责机制的不透明、不规范，问责措施常被视作堵住舆论嘴巴的权宜之计，目前的官员问责制基本上是事后补救，在问题没有暴露之前，权力缺乏有效监督，依然按照其本身的逻辑运行。①

如何发展与完善我国的官员问责制？《瞭望新闻周刊》的记者曾就此采访了多位专家，专家们认为应重点设置责任追究制的范围和方式，将国家现行的多种责任追究制链条有机地联结在一起，使官员问责制更具有系统性和可操作性。李成言教授指出，我国官员问责制还处在粗放型阶段，仅在技术上完善行政性问责还不够，关键要从行政性问责走向程序性问责。齐善鸿教授认为，应抓紧制定有关政治和道义层面的问责制度，以此弥补纪律和法律追究的空当或不足。尹韵公研究员说，仅强调行政问责还不够，要把范围扩大到一切掌握公权力的机关单位，包括党政机关、司法机关和公共事业管理单位等。杜立元律师表示人大应当充分发挥对官员问责的监督作用。同时，应当充分保障对官员问责自下而上的群众监督和新闻媒体的舆论监督。②

《官员“问责制”蝶变》一文也引用了多位学者的看法。例如，石伟称，未来我国的干部“问责制”将更加系统化、常态化。白智立则表示，对官员问责的制度还应该再细化，应针对不同级别干部出台不同“问责”规定，且不能和《公务员法》相抵触。“应区别对待一般公务员和经人大任命领导干部的‘问责’。一般公务员的‘问责’应以《公务员法》为准，同时把外部的人大、人民问责纳入内部问责，让民众广泛认可。”③

13.3 公共管理伦理建设的路径

对于当前中国的公共管理伦理建设来说，如果要设计和建构一套“合理的”或“合乎理性的”伦理规范体系并将其输入现实的公共管理系统之中，就首先必须分析我国当前公共管理伦理赖以存在的经济关系和政治生活究竟具有哪些特征，存在什么问题，以及它对我国的社会伦理已经产生和正产生着何种影响，建构与环境相适应的伦理体系，才能使公共管理系统起到“抑恶扬善”的作用。

13.3.1 负责任行为的构成要素

将道德和价值观融合进法律、规则、制度和官僚机构当中，是建构公共管理伦理的可能途径。符合道德规范的行为是不可能在孤立的情况下形成并得以有效维持的。由个人道德品质所表现出来的内部控制必须在总体上与组织结构、组织文化和社会期待相一致。这些是设计符合道德规范的行为的环境支持的关键因素。我们可以借鉴库珀关于负责任行为

① 参见顾燕：《官员问责制到了需要反思的阶段》，见中国共产党新闻，2012-03-19。

② 参见李松：《官员“刚性问责”之失》，载《瞭望新闻周刊》，2009（10）。

③ 薛应军：《官员“问责制”蝶变》，载《民主与法制时报》，2015-08-16。

的构成要素的构想（见图 13－1）。①

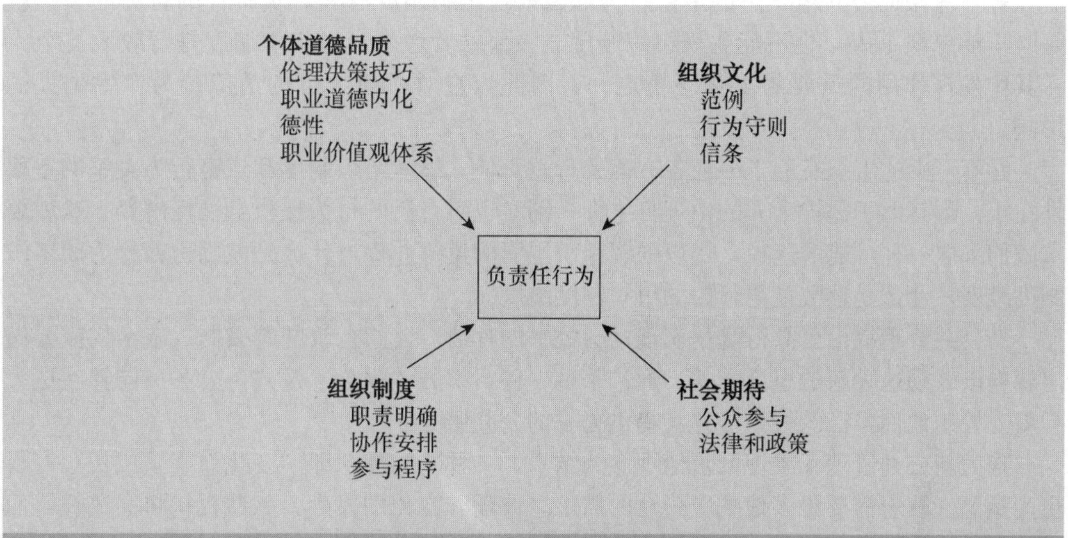

图 13－1　负责任行为的构成要素

资料来源：［美］特里·L. 库伯：《行政伦理学：实施行政责任的途径》，156 页。

1. 个体道德品质

个体道德品质包括：伦理决策技巧、职业道德内化、德性以及职业价值观体系。

（1）伦理决策技巧。培养伦理决策技巧，一个典型的方法就是学会将决策模式应用到案例研究中。清楚地认识他们所面临的伦理问题，然后以行为决策的方式得出解决问题的答案。

（2）职业道德内化。这里的理论预设是：只有将伦理法规中所体现的伦理准则与公共行政人员的工作实践联系起来加以讨论，行政人员才能找到适宜的行为守则。我们对职业道德的理性理解加以内化，并获得了一些伦理决策技巧，但这并不意味着我们的行为就一定能符合道德规范。问题的实质在于：我们总是倾向于去做我们理解为符合伦理规范的行为，即我们有一套伦理态度，而且还有一种合乎伦理的行为意愿的使命感。

（3）德性。德性是个人保持符合道德规范的行为所必备的道德品质，这一点越来越明确了，但如何界定和选择具有德性的人来当公务员以及如何培养那些已经在职的公务员的德性，这是公共管理伦理学必须研究的。

（4）职业价值观体系。价值观是关于行为和目标的信仰，它们与关于什么是想要的和什么是不想要的观念联系更为紧密。

只有被深深内化的一系列个人道德品质才能够保证既与组织目标保持和谐，又能与民主社会中的公民义务保持一致，这些个人道德品质还是官僚机构有效运转的必备条件。

① 参见［美］特里·L. 库珀：《行政论理学：实现行政责任的途径》，156～178 页。

2. 组织制度

另一种保证公共组织中的道德行为的因素与组织制度有关。负责任的行为的关键就是既不能忽视个人，也不能忽视组织制度。在公共管理领域，组织制度是行政人员个人在其中发挥作用的重要的工作环境之一，因此，它对行政人员的道德行为产生重大的影响。

必不可少的组织有助于形成各方面的行政责任。思考组织制度和道德行为关系的重要性在于：既有助于保护个人的伦理自主性，同时也对自己的行为提供合法性解释。这就要求我们采取一种可能的途径，用以强调组织层面的道德并探讨什么是鼓励道德行为的组织制度维度，什么是挫败道德行为的组织制度维度。

新公共管理提出公共行政是实现社会公平的阵地。公共行政的等级制权威结构需要做出调整以鼓励这种新的思维方式。通过采纳一种组织的“联合”模式，公务员能够在更大程度上控制他们自己的行为，并且提供公平的公共服务。

作为新公共管理新出现的价值观念的结果，一种新的理念即“变化而不是成长”变得更为重要。政府需要更多地响应公众的需求。伴随着变化的发生，一些机构将会成长，而另一些机构将不再必要。变化被看作有效性的重要方面并成为评估政府业绩的一项标准。为了使政府响应公众，就必须理解公众需求什么。

3. 组织文化

保持公共组织中的道德行为的第三个因素与组织文化相关。组织文化对组织成员的行为具有很大的影响力。

在组织文化中，组织领导是最明显的伦理角色模范。负责任的行政领导应该能够根据自己所信奉的价值观而采取行动，并让行动与价值观相一致。负责任的领导树立积极的组织伦理准则，树立职员对其领导的信任。

看得见的对道德行为的明显奖赏是领导们参与和塑造其组织文化的另一种方式。一些奖赏的意义不在奖励本身，还有更多的意义。它们提供了双重的角色模范：颁奖的人和受奖的人都给组织的道德行为提供了榜样。受奖的人是某一具体组织里的伦理德性楷模，颁奖人的行为也鼓励了其他人员向获奖者学习。这也是组织文化形成的形式之一。公开实施奖赏的行为揭示了组织的价值观，并使之在组织成员中得到再次强调和加强。

4. 社会期待

负责任的行政行为的最后一个因素与社会对公务员的期待有关。这是最难以处理的因素，也是组织领导最不容易把握的因素。社会期待在这里指的是人们在不同的方面对于那些工作在政府中的人员所寄予的希望。

首先，公众参与。在现代社会公众多元化和公共程序越来越复杂的情况下，行政人员必须仔细计划和系统安排公众参与的机会，运用多种技术和方法来搞清楚公众的观点。

在行政责任履行过程中，公众参与起到了两个关键作用：其一，它保证公共行政人员的脑子里有公众意识，保证了政府是人民的政府（即民享政府）这一首要原则；其二，公众参与还有助于澄清和明确法律和政策的意图。

其次，公共管理必须在广义的法律和公共政策的框架之内进行，因为这些广义的法律和公共政策代表了更为一般和持久的公众意愿。在行政责任中，法律和政策是一种对行政人员的行为进行外部控制的力量，即它们界定了行政自由裁量权的最大范围。

新公共管理提供了在公共事务中广泛程度的公民与公务员参与。它寻求增加在组织机构事务和公共政策形成过程中所有公共部门员工的参与，这种参与通过新公共行政的联合模型和冲突模型来实现。它鼓励公民以个体或集体的形式广泛地参与公共行政，从而使公共行政更响应公众呼声和以顾客为中心。

新公共管理重视社会公平、代表性、响应、参与及社会责任感。它支持公民更多地参与公共政策（及公共服务）的发展、管理与评估，以确保更高程度的社会公平。

如果要获得负责任的行政行为，就必须考虑在某种程度上处理好以上这四个方面的因素。有必要设计一种方法将这四种因素结合起来，通过这种方法打造出一个环境，以利于四种因素的互相促进、共同发展。

在这一方法中，民主政治最基本的关系是社会期盼与其他三种因素之间的关系。也就是说，要维护民主价值观和程序，就要承认公民权的首要性。公共行政人员的个人品质必须有助于对民主制度下的公众负责，其途径是让公民参与和尊重法律，组织制度必须为公民参与提供渠道，组织文化必须建立在这样的伦理准则基础上，即引导公共组织的成员遵守法律并帮助公众参与管理过程。

13.3.2 公共管理伦理建设的途径

市场经济在中国的确立，确确实实是中国的一次意义重大的行政体制的价值选择。这个选择无疑会对整个行政体制、道德观念体系产生重大的影响。经济体制转换，必然会引起社会利益关系的变动，即影响不同利益主体在利益关系中的相对地位：一部分利益主体的地位上升，一部分利益主体的地位下降。中国选择市场经济主要是基于发展生产力的考虑，事实证明这也确实是发展生产力的有效工具，发展生产力本身就是体制伦理性的主要标志。

1. 现阶段公共管理伦理失范的表现

社会主义市场经济体制的伦理性不等于现实的公共管理伦理。在经济体制转轨过程中，旧的体制的作用削弱了，新的体制还在建立过程中。因此，公共管理伦理存在的问题是相当严重的，表现形式是多种多样的。主要有以下类型：

（1）权权交易。权力交易是权力再分配过程中的以权换权，即谋求权力的最大化。政治腐败和司法腐败就常常表现为权力的滥用和非法交易。

（2）渎职失责。渎职是指国家工作人员利用职务上的便利滥用职权或者不尽职责，失责是掌握一定权力的人对自身应负的责任和义务的一种无视和糟蹋。在现实中，有的公共管理人员对自己应当履行的职责敷衍塞责、玩忽职守、徒有虚名、实有其利、不尽其责等现象，使国家和人民利益受到重大损失。

（3）权钱交易。在我国，社会主义市场经济尚处于形成和发育时期。体制不完善，经济腐败、寻租行为的存在，严重破坏了市场经济秩序的建立和经济建设的健康发展。

以权谋私、渎职犯罪等行为，是行政运作过程中缺乏最基本的公共管理伦理规范和法制秩序的典型反映。义务和责任是公共管理的表征。服务意识、责任意识是公共管理伦理的核心。忘记或放弃责任，就会恣意妄为。掌权者的德性如何，是权力是否会腐败的重要因素。知耻是个人的道德自我意识的一种表现，是一个人对自己的行为过失进行自责的一种认知，具体表现为羞耻感。知耻具有深刻的道德评价意义，而且是抵制不道德行为的强有力的“抗毒剂”。“有耻且格”是一个人道德成熟的标志。腐败者无视自身人格，任“原我”自由放任，缺乏人生的理性原则。许多恶行的产生，并非由于当事人不懂事理，而是因为他们丧失了良心，没有羞耻感。做一个道德健康的人，做一个高尚的人，是做好领导者的基础。一个连人都做不好的人，哪有资格去履行领导者的职权，又怎么可能全心全意为人民服务呢？时代呼唤“为公为民”的官德！

可见，现阶段存在公共管理伦理建设滞后的问题，关于公务员道德建设的方针是明确的，但在具体落实上没有跟上去，缺乏切实可行的操作性措施，这使得公务员的道德建设呈现出道德要求虚拟化、道德约束随意化、道德越轨无惩治机制的状况。同时，在客观环境方面，新旧体制并存，为一些公务员道德行为的弱化提供了可能条件。新体制的运行，各种配套法规、章程、制度的建设需要一个过程，造成管理上的“真空”地带，成为产生公共管理伦理失范的隐患。美国政治学家克利特加德在研究了大量的反腐败案例的基础上，用一个公式表达了腐败行为产生的动机：腐败动机＝贿赂－道德损失－被发现和制裁的机会×所受处罚＞薪金＋廉洁的道德满足感。可见，反腐败，就要加强行政官员的职业道德教育和法制建设。

2. 加强公共管理伦理建设的途径

公共管理伦理建设是一个由政治、经济、法律、文化、道德等诸多方面综合作用的系统工程。只有从实际出发，各种措施协调配合，才能达到预期的目的。加强公共管理伦理建设的措施和途径是多种多样的，要根据中国的实际情况和现阶段存在的问题有针对性地加以实施。这里仅从以下三方面做一些分析：

（1）强化公共管理伦理教育。

良好的公共管理伦理，有赖于正确的行政价值观的确立，行政意识、行政理论、行政认知、行政情感、行政态度等行政文化的诸多要素，构成了行政模式取向，直接决定着公共管理伦理的状况。因此，要加强行政文化建设，使行政系统各层级人员树立正确的公共管理伦理观，形成内在的约束机制。党的十八大首次以“富强、民主、文明、和谐，自由、平等、公正、法治，爱国、敬业、诚信、友善”这 24 个字来高度概括社会主义核心价值观。当前要结合社会主义核心价值观的学习与实践来推进公共管理伦理教育。

行政文化建设要通过政治社会化的过程，也就是学习、教育、培训的过程。一是加大公共管理伦理建设的力度，提高公务员对公共管理伦理的认知水平，使公务员认识到良好的公共管理伦理是为政之本。二是加强公务员的思想政治教育。教育公务员树立科学的世界观、人生观、价值观，树立共产主义的理想信念，并把共产主义理想信念和现阶段的历史任务与本职的行政工作结合起来。三是强化公务员的道德自律意识。道德是他律和自律的统一。自律是内在的约束机制，只有提高自律意识，才能将外在的强制变为内在的自觉，形成良好的道德习惯。四是公共管理伦理教育的内容应当体现时代精神，把握时代的脉搏，内在地显示时代的本质和历史发展趋势。如果公共管理伦理不能反映出社会主流，不能与时代步伐一致，就不会被人们所认同。同时，公共管理伦理精神又要汲取本民族的文化传统的优秀成分，体现民族特征，改造和健全公共管理伦理教育系统，创造一种把法制教育、文化知识教育和道德教育整合贯通、协调互补的新教育机制，防止把伦理教育泛化为政治教育，防止形式主义的道德灌输，防止以政治性的宣传代替多层面、多方式的伦理教育本身。

(2) 加快公共管理伦理立法。

公共管理伦理立法，是把伦理行为上升为法律行为，使伦理具有与上层建筑的政治、法律同等的地位。道德良心作为软件只有通过政治法律等硬件系统的功能才能很好地发挥作用，如果没有相应的硬件设施，再好的道德体系也很难对社会产生实际的影响。因为人的道德品质的不完善性和认识客观事物的局限性，不能保证行政人员永远正确地行使权力而不发生失误和偏差。倘若权力落到了道德恶劣者手中，就极易变成牟取私利的工具。“当人们处于从恶中能得到好处的制度之下，要劝人从善是徒劳的。”① 所以，需要有一种外在的力量来制约行政权力运行过程中的负效应和被滥用的现象。

在现代国家中，越来越多的伦理规范被纳入社会的法律规则体系之中。文明发达、法制完善健全的国家，法律几乎已成了一部伦理规则的汇编。如果没有法律这样的赏罚机制，就很难保证伦理规范不被大量地破坏。具体来说，应制定类似“中华人民共和国党政干部道德法”“公务员伦理行为准则”等法律，成立从中央到地方各级道德仲裁委员会或道德法监督局、廉政伦理行为督导办公室等执法、监督机构。对于这些道德执法、监督机构，国家政府应赋予调查、质询、听证、配合检察机关对不法行为者提起公诉和追究法律责任等特权。

奥地利生态行为学家、诺贝尔奖得主洛伦兹说过，在决定个体行为方面，“道德只是一种力量非常有限的补偿机能”。因此，为了保障公共管理伦理，还必须对权力进行有效的监督和控制，通过以法制权、以权制权、以民制权、以德制权，从而使权力变成相对的权力、可以监控的权力。

(3) 加强新时期的官德建设。

这是当下我国公共管理伦理建设的一项重要内容。什么是官德？用习近平同志的话说：“所谓官德，也就是从政道德，是为官当政者从政德行的综合反映，包括思想政治和品德作风等方面的素养。”官德是一种特殊的职业道德，基于一般的社会道德规范，又高于一般的社会道德规范。当官用权讲官德，这是党员领导干部的基本素质、立身之本，也是行为规范和纪律要求。

习近平同志高度重视党员干部的“德”。早在 2004 年，他在担任中共浙江省委书记、省人大常委会主任时就在《求是》杂志发表了《用权讲官德，交往有原则》一文，指出我们党强调法治与德治的有机统一和紧密结合，提出了与时俱进的治国方略和执政理念，已

① [美] 萨拜因：《政治学说史》(下册)，633 页，北京，商务印书馆，1986。

经成为党领导人民建设中国特色社会主义的一条重要的基本经验，这对于当今各级领导干部官德修养具有重要的指导意义。他强调领导干部要做到“权为民所用”，就必须法德并举，既要依法用权，又要以德用权，归根到底用权要讲官德。①

什么是新时期领导干部的“德”？习近平同志将之概括为五个修养：理论修养、政治修养、道德修养、纪律修养和作风修养。他在2011年12月的全国组织部长会议上提出考察官德的八方面指标，强调指出领导干部加强思想政治修养，要善于辨别、正确处理四组关系——是与非、公与私、真与假、实与虚。在系列重要讲话中，习近平同志也一再强调政德问题，认为治党治国之要在于“筑起思想道德和党纪国法两道防线”。他还用“修其心治其身，而后可以为政于天下”“廉不言贫，勤不道苦”“当官之法，惟有三事：曰清、曰慎、曰勤”等典故来说明官德。这些言简意赅、意蕴深远的话语，从各个侧面回答了“什么是官德”“为何要官德”“怎么有官德”的问题。②

习近平同志的这些重要论述，明确了“官德”或“政德”的内涵与外延，为领导干部确立了思想遵循、行动指南。各级党员领导干部要牢记为官之道——“常修为政之德，常思贪欲之害，常怀律己之心”，记取落网贪官的最深刻的教训——官德败坏，强化官德的修养与实践。

（4）发展社会对行政活动的干预和监督。

政府活动的两个基本方面是政府工作与政府行为。所谓政府工作，是指政府作为公共政治生活以及一般公共生活的组织者与服务者的活动，这方面的基本问题是政府工作的效率与质量的问题，即政府“是不是把该做的事做好了”的问题。所谓政府行为，则是与政府作为公共政治生活及一般公共生活的组织者与服务者的活动有关，其基本问题是政府是否能获得广大民众的基本信任的问题，它包括两层相互联系的含义：一是指政府“所做的事是不是该做”；二是指“该做的事是不是做了”。

在民主政治中，行政人员的公务活动应当面向整个社会而不是一部分与自己“有关系”的人，发展这种公共政治传统是消除公共生活中私人化倾向和无契约、无承诺、无准则的行为倾向的基本方法。促进社会成员对公共决策的干预和参与，加强公民的政府责任意识，就应强化行政系统的输入方面，民众不仅仅是行政系统输出方面的被动接收器，而且应该在输入与输出双向都是积极的参与者。社会应当创造出更多的途径和机会，如社区与团体的讨论以及公共媒体上的讨论等，鼓励社会成员关心并参与有关重要的公共管理的讨论，从而对重大的公共决策产生影响和进行民主的干预和监督。

要特别注重发挥社会舆论的监督作用。社会舆论反映整个社会对人们行为的一种监督，具有明显的行为约束的优势。正确的舆论表达着社会和集体中绝大多数人的愿望和意志；社会舆论主要通过对某一行政行为的褒贬向有关成员传达社会反应，指明行为准则，引导行为方向，从而起到规范行政行为方式的作用，它作为一种“看不见、摸不着的人类精神力量”，促使行政人员遵循最起码的行政道德秩序。

① 参见习近平：《用权讲官德，交往有原则》，载《求是》，2004（19）。

② 参见人民日报评论部：《习近平用典》，立德篇，55～78页，北京，人民日报出版社，2015。

13.3.3 合理有效的公共管理伦理体系的形成

社会的经济转型要求公共管理伦理转型与之同步，而这种转型的脱节现在也未能真正克服。现代公共管理伦理的操作程序建设是我国现行公共管理伦理实践和制度伦理理论建设中的一个薄弱环节。我们要努力探讨市场经济条件下公共管理伦理建设的内容、形式、特点和规律，使公共管理伦理建设具有较强的针对性和可操作性。

1. 公共管理伦理的制度规范与公共管理伦理的理想信念的协调互补

现代社会是高度法制化、规范化的社会，制度建设是根本性的，但制度作为一种硬约束也是有局限性的，它只有与相应的行政人员的伦理信念这一“软件”的配合，其作用才能得到充分发挥。伦理规范与伦理信念的协调互补，可谓“理”与“情”或“规范伦理”与“美德伦理”的协调互补。要使公共管理伦理规则尽可能得到社会的广泛认同和接受，并成为所有公务员的基本行为准则和内心的自觉。因此，使行政人员确立正确美好的伦理理想目标并引导其树立正确的伦理信念和价值观，成为现代公共管理伦理建设的一个重要内容。应重视伦理制度的管理和约束，把伦理理论和伦理教育变为具有法律效力和作用的伦理制度；把外在的伦理约束和内在的道德自觉相结合，监督或强制行政人员在行政过程中自觉履行伦理义务、责任和使命。公共管理伦理制度、规范的他律与公共管理伦理信念、良心的自律共同构成公共管理伦理体系，二者相互配合、相辅相成，形成合理有效的公共管理伦理体系。

2. 确定公共管理伦理的最低要求和公共管理伦理的理想追求

公共管理伦理的最低要求就是行政行为的正当性和合法性要求，也就是公共管理伦理的制度化与规范化要求。它的基本内容是，建立一套广泛可行的最起码的公共管理伦理规范体系。公共管理伦理规范体系的制定和完善，不是从某种抽象的原则或理论设想出发的人为设置，而必须从中国的实际出发。所谓最低要求的公共管理伦理，也就是具有现代社会条件下最广泛的可行性或可接受性的公共管理伦理，如每一个行政人员应该是充分享有正当权利并同时承诺相应责任义务的；应该以理性的态度参与行政合作并正当地践行自己的行政角色，自觉遵守基本行政道德规则，维护合理的公共管理伦理秩序，履行自己所应当担负的行政责任，平等地对待和尊重他人同样的权利，等等。这一层次的公共管理伦理是对每一个行政人员的起码要求，这是保证现代行政系统正常运行的最起码的伦理条件和伦理要求。

然而，仅仅停留在这种最低要求的层面是不够的，要保持道德理想人格的先进性和社会道德境界的层次感，现代公共管理伦理基本建设还应该包括行政道德的“最高要求”或“公共管理伦理的理想层面”。“最低”与“最高”是相对而言的。如果说前者代表着广泛可行性和普遍可接受性的话，那么后者则代表着现代社会行政道德的一种理想价值追求；如果说前者的要求是“做正当合理的行为”“做起码合格的公务员”的话，那么后者则指向更高的道德境界，它不仅要求人们成为正当合格的公务员，而且希望人们成为高尚道德的模范，因而完善自我、“追求至真至善至美”便是它的根本伦理意义，尽管现实生活中可能或实际达到这一境界的人只能是一部分，甚至只能是很少一部分。

道德模范往往是社会道德的表率。他们的道德品质的社会现实化程度并不是也不可能是高度普遍化的，但这种现实化程度的限制并不意味着他们是没有意义的。由于他们代表的是一种有现实可能的道德理想，因而他们具有了某种深远的道德吸引力和感召力。同时，人类的道德理想往往包含着人生终极关切的意味，这也使其具有一种目的性意义，使人类社会的道德生活（无论是个体的还是整体的）具有一种永久的理想性质。

"做一个合格的公务员"是义务要求，可以通过规章制度等强制手段来保证落实。义务要求既是伦理要求，又是政治、法律要求；"义务"概念既是伦理概念，同时又是政治、法律概念。就是说最低要求是基本的公共管理伦理要求，行政行为如果不符合这个要求，行为者不仅会受到舆论的谴责，而且要受到行政处罚。道德模范是高层次的道德要求，如果行为符合这个要求，行为者就会得到社会舆论的赞赏，获得一种伦理自豪感和成就感。

3. 把公共管理伦理作为公务员任职、职务升降、奖惩的必要条件

在公务员的任免、职务升降等行为中引入道德赏罚机制，是公共管理伦理得以发挥其规导作用的重要保证。它是社会对行政主体行为责任或道德品质高低的一种特殊的道德评价和调控方式。对于公务员来说，职务的升降是其最关注的利益函数。在用人机制上赏善罚恶，即对那些道德模范者，给予重用和提拔，对那些品行不端、道德不良者，不予提拔重用，从而形成用人机制的道德赏罚导向。赏为公务员的道德行为提供了内在吸引力，罚又为其施加了外在的压力。这样，倡导和禁止并用，内引与外压结合，形成行政行为趋善避恶的强大动力。当公务员因其高尚的行政行为或品质而受到重用或提拔时，就会激励和推动其向更高的道德阶梯攀登。同时，这一赏罚机制又会形成一个健康的道德场，对其他人产生磁吸效应。当公务员因其不道德行为或恶劣的品质而受到降级或处罚时，这一处罚作为强大的外部压力迫使行为主体不得不慎重考虑自己的行为后果，并基于这一利害权衡而弃恶从善。在公务员任免、职务升降中引入道德赏罚机制，使善恶与利害产生恒常联系，逐渐形成行政人员的道德心理沉淀和道德经验，并在此基础上感受、理解和把握公共管理伦理的必然性，进而将其转化为个体的内驱力，形成你追我赶、争当先进、奋发向上的公共管理伦理风尚，使公共管理伦理真正起到抑恶扬善的作用。

总之，阐述公共管理伦理理论，强调伦理实践，不断提高公务员的伦理意识和伦理实践能力，是现代公共管理的重要组成部分。转轨时期公共管理伦理建设显得尤为重要，必须把伦理规范渗透到行政过程的各项行政活动中，对行政主体的伦理行为进行严格的管理、奖惩和评价，增强公共管理伦理的权威性，为社会主义市场经济运行的制度化、规范化、秩序化提供伦理的保证，使公共管理伦理既作为观念意识形态，又作为相对独立的制度，同经济制度、政治制度在整个社会有机体结构中相互制约、协调和平衡。

参考文献

马克思恩格斯选集．2 版．第 1～4 卷．北京：人民出版社，1995

列宁选集．3 版．第 1～4 卷．北京：人民出版社，1995

毛泽东选集．2 版．第 1～4 卷．北京：人民出版社，1991

邓小平文选．2 版．第 1～2 卷．北京：人民出版社，1994

邓小平文选．1 版．第 3 卷．北京：人民出版社，1993

江泽民．全面建设小康社会，开创中国特色社会主义事业新局面．北京：人民出版社，2002

胡锦涛．在中央人口资源环境工作座谈会上的讲话．人民日报，2004-04-05

温家宝．政府工作报告：2007 年 3 月 5 日在第十届全国人民代表大会第五次会议上．光明日报，2007-03-18

温家宝．深化行政管理体制改革，加快实现政府管理创新：在国家行政学院省部级干部政府管理创新与电子政务专题研究班上的讲话．国家行政学院学报，2004（1）

习近平谈治国理政．北京：外文出版社，2014

人民日报评论部．习近平用典．北京：人民日报出版社，2015

薄一波．若干重大决策与事件的回顾（上下卷）．北京：中共中央党校出版社，1991、1993

十三大以来重要文献选编．北京：人民出版社，1991

十四大以来重要文献选编．北京：人民出版社，1996

三中全会以来的重大决策．北京：中央文献出版社，1994

中央宣传部．习近平总书记系列重要讲话读本．北京：学习出版社、人民出版社，2014

中共中央关于全面深化改革若干重大问题的决定．北京：人民出版社，2013

中共中央关于全面推进依法治国若干重大问题的决定．北京：人民出版社，2014

中共中央国务院关于分类推进事业单位改革的指导意见．人民日报，2012-04-17

中共中央关于加强党的执政能力建设的决定．新华网，2004-09-27

中华人民共和国公务员法．北京：人民出版社，2005

中华人民共和国行政许可法．北京：中国法制出版社，2005

［美］赫伯特·A. 西蒙．管理行为．北京：北京经济学院出版社，1986

［美］赫伯特·A. 西蒙．现代决策理论的基石．北京：北京经济学院出版社，1989

［美］赫伯特·A. 西蒙．管理决策新科学．北京：中国社会科学出版社，1982

［美］文森特·奥斯特罗姆．美国公共行政的思想危机．上海：上海三联书店，1999

［美］V. 奥斯特罗姆．美国行政管理危机．北京：北京工业大学出版社，1994

［美］查尔斯·沃尔夫．市场或政府：权衡两种不完善的选择．北京：中国发展出版社，1994

［美］F. J. 古德诺．政治与行政．北京：华夏出版社，1987

［美］理查德·J. 斯蒂尔曼二世编．公共行政学：概念与案例．北京：中国人民大学出版社，2004

［美］乔治·弗雷德里克森．公共行政的精神．北京：中国人民大学出版社，2003

［美］尼古拉斯·亨利．公共行政与公共事务（第 8 版）．北京：中国人民大学出版社，2002

［美］戴维·H. 罗森布鲁姆等．公共行政学：管理、政治和法律的途径．北京：中国人民大学出版社，2002

［英］简·莱恩．新公共管理．北京：中国青年出版社，2004

［英］简·埃里克·莱恩．公共部门：概念、模型与途径（第 3 版）．北京：经济科学出版社，2004

［英］诺曼·弗林．公共部门管理．北京：中国青年出版社，2004

［美］詹姆斯·W. 费斯勒，唐纳德·F. 凯特尔．行政过程的政治（第 2 版）．北京：中国人民大学出版社，2002

［美］查尔斯·J. 福克斯，休·T. 米勒．后现代公共行政．北京：中国人民大学出版社，2002

［美］O. C. 麦克斯怀特．公共行政的合法性．北京：中国人民大学出版社，2002

［美］戴维·约翰·法默尔．公共行政的语言．北京：中国人民大学出版社，2005

［美］全钟燮．公共行政的社会建构：解释与批判．北京：北京大学出版社，2008

［美］杰伊·D. 怀特，盖·B. 亚当斯主编．公共行政研究：对理论与实践的反思．北京：清华大学出版社，2005

［美］Tony Hey，Stewart Tansley，Kristin Tolle．第四范式：数据密集型科学发现．北京：科学出版社，2012

［美］艾伯特-拉斯洛·巴拉巴西．爆发：大数据时代预见未来的新思维．北京：中国人民大学出版社，2012

［美］阿莱克斯·彭特兰．智慧社会：大数据与社会物理学．杭州：浙江人民出版社，2015

［美］保罗·C. 纳特，罗伯特·W. 巴可夫．公共和第三部门组织的战略管理：领导手册．北京：中国人民大学出版社，2001

［美］海尔·G. 瑞尼. 理解与管理公共组织. 北京：清华大学出版社，2002

［美］罗伯特·B. 登哈特. 公共组织理论. 北京：中国人民大学出版社，2003

［美］珍妮特·V. 登哈特，罗伯特·B. 登哈特. 新公共服务：服务而不是掌舵. 北京：中国人民大学出版社，2004

［美］乔纳森·R. 汤普金斯. 公共管理学说史：组织理论与公共管理. 上海：上海译文出版社，2010

［美］雅米尔·吉瑞赛特. 公共组织管理：理论和实践的演进. 上海：上海译文出版社，2003

［美］托马斯·卡明斯等. 组织发展与变革精要. 北京：清华大学出版社，2003

［美］理查德·L. 达夫特. 组织理论与设计精要. 北京：机械工业出版社，1999

［美］丹尼尔·A. 雷恩. 管理思想的演变. 北京：中国社会科学出版社，2000

［美］弗莱蒙特·E. 卡斯特，詹姆斯·E. 罗森茨韦克. 组织与管理：系统方法与权变方法（第4版）. 北京：中国社会科学出版社，2000

［美］特里·L. 库珀. 行政伦理学：实现行政责任的途径. 北京：中国人民大学出版社，2001

［美］戴维·赫尔德等. 全球大变革：全球化时代的政治、经济和文化. 北京：社会科学文献出版社，2001

［美］麦克尔·巴泽雷. 突破官僚制：政府管理的新愿景. 北京：中国人民大学出版社，2002

［美］B. 盖伊·彼得斯. 政府未来的治理模式. 北京：中国人民大学出版社，2001

［英］克里斯托弗·波利特，［比］海尔特·鲍克尔特. 公共管理改革：比较分析. 上海：上海译文出版社，2003

［英］汤姆·克里斯滕森等编. 新公共管理：观念与实践的转变. 郑州：河南人民出版社，2003

［美］戴维·奥斯本、特德·盖布勒. 改革政府：企业精神如何改革着公营部门. 上海：上海译文出版社，1996

［美］戴维·奥斯本等. 摈弃官僚制：政府再造的五项战略. 北京：中国人民大学出版社，2002

［美］戴维·奥斯本等. 政府改革手册：战略与工具. 北京：中国人民大学出版社，2004

［英］乔治·伯恩等. 公共管理改革评价：理论与实践. 北京：清华大学出版社，2008

［美］菲利普·库珀. 合同制治理：公共管理者面临的挑战. 上海：复旦大学出版社，2007

［美］E.S. 萨瓦斯. 民营化与公私部门的伙伴关系. 北京：中国人民大学出版社，2002

［美］保罗·C. 莱特. 持续创新：打造自发创新的政府和非营利组织. 北京：中国人民大学出版社，2004

［美］莱斯特·M. 萨拉蒙. 公共服务中的伙伴. 北京：商务印书馆，2008

［美］安瓦·沙主编. 公共服务提供. 北京：清华大学出版社，2009

［英］菲利普·海恩斯. 公共服务管理的复杂性. 北京：清华大学出版社，2008

［美］拉塞尔·M. 林登. 无缝隙政府：公共部门再造指南. 北京：中国人民大学出版社，2002

［美］约翰·克莱顿·托马斯. 公共决策中的公民参与. 北京：中国人民大学出版社，2005

［美］理查德·C. 博克斯. 公民治理：引领21世纪的美国社区. 北京：中国人民大学出版社，2004

［美］李侃如. 治理中国：从革命到改革. 北京：中国社会科学出版社，2010

［德］乌尔里希·贝克. 风险社会. 南京：译林出版社，2003

［英］谢尔顿·克里姆斯基等. 风险的社会理论学说. 北京：北京出版社，2005

［美］查尔斯·T. 葛德塞尔. 为官僚制正名：一场公共行政的辩论（第4版）. 上海：复旦大学出版社，2007

［美］斯蒂芬·戈德史密斯等. 网络化治理：公共部门的新形态. 北京：北京大学出版社，2008

［美］尤金·巴达赫. 跨部门合作：管理“巧匠”的理论与实践. 北京：北京大学出版社，2011

［美］唐纳德·凯特尔. 权力共享：公共治理与私人市场. 北京：北京大学出版社，2009

［英］塞缪尔·E. 芬纳. 统治史（全三卷）. 上海：华东师范大学出版社，2014

［英］卡尔·波兰尼. 大转型：我们时代的政治与经济起源. 杭州：浙江人民出版社，2007

［美］安瓦·沙主编. 发展中国家的地方治理. 北京：清华大学出版社，2010

［美］安瓦·沙主编. 工业国家的地方治理. 北京：清华大学出版社，2010

［新加坡］梁文松、曾玉凤. 动态治理：新加坡政府的经验. 北京：中信出版社，2011

［美］罗伯特·阿格拉诺夫，迈克尔·麦圭尔. 协作性公共管理：地方政府新战略. 北京：北京大学出版社，2007

［英］戴维·威尔逊，克里斯·盖姆. 英国地方政府. 北京：北京大学出版社，2009

［澳］布赖恩·多莱里等. 重塑澳大利亚地方政府：财政、治理与改革. 北京：北京大学出版社，2008

［加］罗伯特·比什，埃里克·克莱蒙斯. 加拿大不列颠哥伦比亚省地方政府（第3版）. 北京：北京大学出版社，2006

［英］斯蒂芬·贝利. 地方政府经济学：理论与实践. 北京：北京大学出版社，2006

［德］赫尔穆特·沃尔曼. 德国地方政府. 北京：北京大学出版社，2005

［加］理查德·廷德尔. 加拿大地方政府（第6版）. 北京：北京大学出版社，2005

［丹］艾里克·阿尔贝克. 北欧地方政府：战后发展趋势与改革. 北京：北京大学出版社，2005

［以］柴姆·卡西姆. 民主制中的以色列地方权力. 北京：北京大学出版社，2005

［挪威］埃里克·阿姆纳. 趋向地方自治的新理念：比较视角下的新近地方政府立法.

北京：北京大学出版社，2005

万鹏飞，白智立．日本地方政府法选编．北京：北京大学出版社，2008

［美］罗纳德·J.奥克森．治理地方公共经济．北京：北京大学出版社，2005

［德］赫尔穆特·沃尔德．比较英德公共部门改革：主要传统与现代化的趋势．北京：北京大学出版社，2004

［美］文森特·奥斯特罗姆等．美国地方政府．北京：北京大学出版社，2004

［美］杰伊·M.谢夫利兹等．政府人事管理．北京：中共中央党校出版社，1997

［美］卡尔·帕顿，大卫·沙维奇．政策分析和规划的初步方法．北京：华夏出版社，2001

［美］威廉·N.邓恩．公共政策分析导论．北京：中国人民大学出版社，2002

［美］戴维·L.韦默，［加］艾丹·R.维宁．政策分析：理论与实践．上海：上海译文出版社，2003

［美］托马斯·R.戴伊．理解公共政策．北京：华夏出版社，2004

［美］约翰·W.金登．议程、备选方案与公共政策．北京：中国人民大学出版社，2004

［美］彼得·罗希等．项目评估：方法与技术．北京：华夏出版社，2002

［美］弗兰克·费希尔．公共政策评估．北京：中国人民大学出版社，2003

［美］保罗·A.萨巴蒂尔编．政策过程理论．北京：清华大学出版社，2004

［美］米切尔·黑尧．现代国家的政策过程．北京：中国青年出版社，2004

［美］林布隆．政策制定过程．北京：华夏出版社，1988

［美］那格尔编著．政策研究百科全书．北京：科学技术文献出版社，1990

［美］詹姆斯·E.安德森．公共决策．北京：华夏出版社，1990

［美］克朗．系统分析和政策科学．北京：商务印书馆，1985

［美］凯尔曼．制定公共政策．北京：商务印书馆，1990

［以］叶海卡·德洛尔．逆境中的政策制定．上海：上海远东出版社，1996

［美］普拉诺等．政治学分析辞典．北京：中国社会科学出版社，1986

［美］斯蒂格利茨．经济学．北京：中国人民大学出版社，1997

［美］凯恩斯．就业、利息和货币通论．北京：商务印书馆，1963

［美］林德布洛姆．政治与市场：世界的政治—经济制度．上海：上海三联书店，1994

［美］詹姆斯·M.布坎南．自由、市场和国家．北京：北京经济学院出版社，1988

［美］丹尼斯·C.缪勒．公共选择理论．北京：中国社会科学出版社，1999

［美］詹姆斯·M.布坎南，戈登·塔洛克．同意的计算：立宪民主的逻辑基础．北京：中国社会科学出版社，2000

［美］詹姆斯·M.布坎南．民主过程中的财政．上海：上海三联书店，1992

［澳］杰佛瑞·布伦南，［美］詹姆斯·M.布坎南．宪政经济学．北京：中国社会科学出版社，2004

［美］戈登·塔洛克．寻租：对寻租活动的经济学分析．成都：西南财经大学出版

社，2001

［美］威廉姆·A. 尼斯坎南. 官僚制与公共经济学. 北京：中国青年出版社，2004

［美］丹尼斯·缪勒. 公共选择. 北京：商务印书馆，1992

［美］曼瑟尔·奥尔森. 集体行动的逻辑. 上海：上海三联书店，上海人民出版社，1995

［美］道格拉斯·诺思，罗伯特·托马斯. 西方世界的兴起. 北京：华夏出版社，1989

［美］道格拉斯·诺思. 经济史中的结构与变迁. 上海：上海三联书店，1991

［美］奥斯特罗姆等. 制度分析与发展的反思. 北京：商务印书馆，1996

［新西兰］穆雷·霍恩. 公共管理的政治经济学. 北京：中国青年出版社，2004

［美］加里·S. 贝克尔. 人力资本. 北京：北京大学出版社，1987

［美］加里·S. 贝克尔. 人类行为的经济分析. 上海：上海三联书店，上海人民出版社，1993

［美］舒尔茨. 人力投资. 北京：华夏出版社，1990

［美］E. 麦克纳，N. 比奇. 人力资源管理. 北京：中信出版社，美国西蒙与舒斯特国际出版公司，1998

［美］G. J. 施蒂格勒. 产业组织与政府管制. 上海：上海三联书店，上海人民出版社，1996

［美］丹尼尔·W. 布罗姆利. 经济利益与经济制度. 上海：上海人民出版社，1996

［美］理查德·A. 马斯格雷夫. 比较财政分析. 上海：上海三联书店，上海人民出版社，1995

［美］R. 科斯等. 财产权利与制度变迁. 上海：上海三联书店，上海人民出版社，1994

［美］杰克·瑞宾等. 国家预算与财政管理. 北京：中国财政经济出版社，1990

［英］锡德里克·桑福德主编. 成功税制改革的经验与问题（3 卷）. 北京：中国人民大学出版社，2001

［美］萨尔瓦托雷·斯基亚沃-坎波，丹尼尔·托马西. 公共支出管理. 北京：中国财政经济出版社，2001

［美］艾伦·希克. 当代公共支出管理方法. 北京：经济管理出版社，2000

［美］罗纳德·费雪. 州和地方财政学. 北京：中国人民大学出版社，2000

［美］H. 孔茨、H. 韦里克. 管理学（第 9 版）. 北京：经济科学出版社，1993

［美］詹姆斯·Q. 威尔逊. 美国官僚政治. 北京：中国社会科学出版社，1995

［美］理查德·D. 宾厄姆等. 美国地方政府的管理. 北京：北京大学出版社，1997

［美］希尔斯曼. 美国是如何治理的. 北京：商务印书馆，1986

［美］加布里埃尔·A. 阿尔蒙德等. 比较政治学. 上海：上海译文出版社，1987

［美］费勒尔·海迪. 比较公共行政. 北京：中国人民大学出版社，2007

［英］罗德·黑格，马丁·哈罗普. 比较政府与政治. 北京：中国人民大学出版社，2007

［美］詹姆斯·麦格雷戈·伯恩斯．民治政府：美国政府与政治（第 20 版）．北京：中国人民大学出版社，2007

［美］托马斯·戴伊等．民主的嘲讽．北京：世界知识出版社，1991

潘恩选集．北京：商务印书馆，1981

［美］塞缪尔·P. 亨廷顿．变化社会中的政治秩序．上海：上海三联书店，1989

［美］约翰·罗尔斯．正义论．上海：上海译文出版社，1991

［美］科恩．论民主．北京：商务印书馆，1994

［美］格林斯坦，波尔斯比编．政治学手册精选（上下卷）．北京：商务印书馆，1996

［美］奥勒姆．政治社会学导论．杭州：浙江人民出版社，1989

［美］萨托利．民主新论．北京：东方出版社，1993

［美］伊斯顿．政治体系：政治学状况研究．北京：商务印书馆，1993

［美］罗伯特·A. 达尔．多元主义民主的困境．北京：求实出版社，1989

［美］戴伊．谁掌管美国．北京：世界知识出版社，1980

［美］明茨伯格等．战略历程：纵览战略管理学派．北京：机械工业出版社，2002

［美］芝加哥大学商学院等联合编辑．把握战略：MBA 战略精英．北京：北京大学出版社，2003

［美］夏普，雷吉斯特，格里米斯．社会问题的经济学（第 13 版）．北京：中国人民大学出版社，2000

［美］保罗·A. 萨缪尔森，威廉·D. 诺德豪斯．经济学（上册）．北京：北京经济学院出版社，1996

［美］曼昆．经济学原理（第 3 版），上册．北京：机械工业出版社，2003

［美］林德布洛姆．决策过程．上海：上海译文出版社，1988

［美］埃莉诺·奥斯特罗姆．公共事物的治理之道．上海：上海三联书店，2000

［美］迈克尔·麦金尼斯主编．多中心体制与地方公共经济．上海：上海三联书店，2000

［美］迈克尔·麦金尼斯主编．多中心治道与发展．上海：上海三联书店，2000

［美］奥斯特罗姆，帕克斯，惠特克．公共服务的制度建构．上海：上海三联书店，2000

［美］詹姆斯· N. 罗泽瑙．没有政府的治理：世界政治中的秩序与变革．南昌：江西人民出版社，2001

［美］加里斯·摩根．驾御变革的浪潮：开发动荡时代的管理潜能．北京：中国人民大学出版社，2002

［美］莱斯特·M. 萨拉蒙等．全球公民社会：非营利部门视界．北京：社会科学文献出版社，2002

［美］帕特里夏·基利等．公共部门标杆管理．北京：中国人民大学出版社，2002

［英］沙克尔顿，洛克斯利编著．当代十二位经济学家．北京：商务印书馆，1992

［英］亚当·斯密．国民财富的性质和原因的研究（上下卷）．北京：商务印书馆，1972，1974

[英] 格林伍德，威尔逊. 英国行政管理. 北京：商务印书馆，1991

[英] 安东尼·吉登斯. 第三条道路：社会民主主义的复兴. 北京：北京大学出版社，三联书店，2000

[英] 梅尼，赖特主编. 西欧国家中央与地方的关系. 北京：春秋出版社，1989

[英] 米德. 国际经济政策理论（第1卷）. 北京：商务印书馆，1990

[英] L. 罗宾斯. 过去和现在的政治经济学. 北京：商务印书馆，1997

[英] 史蒂文·卢克斯. 个人主义. 南京：江苏人民出版社，2001

[英] 英国海外开发署编译. 发展中国家项目评估. 北京：中国计划出版社，1996

[法] 孟德斯鸠. 论法的精神. 北京：商务印书馆，1989

[法] 卢梭. 社会契约论. 北京：商务印书馆，1980

[法] 洛克. 政府论（上下册）. 北京：商务印书馆，1981

[法] 托克维尔. 论美国的民主（下卷）. 北京：商务印书馆，1988

[法] 勒帕日. 美国新自由主义经济学. 北京：北京大学出版社，1985

[德] 尤尔根·哈贝马斯. 合法化危机. 上海：上海人民出版社，2000

[奥] 凯尔森. 法与国家的一般理论. 北京：中国大百科全书出版社，1996

[荷] 汉斯·范登·德尔，本·范·韦尔瑟芬. 民主与福利经济学. 北京：中国社会科学出版社，1999

[荷] 丁伯根. 经济政策：原理与设计. 北京：商务印书馆，1988

[澳] 欧文·E. 休斯. 公共管理导论（第2版）. 北京：中国人民大学出版社，2001

[澳] 休·史卓顿，莱昂内尔·奥查德. 公共物品、公共企业和公共选择. 北京：经济科学出版社，2000

[挪] A. J. 伊萨克森等. 理解市场经济. 北京：商务印书馆，1996

[冰] 思拉恩·埃格特森. 新制度经济学. 北京：商务印书馆，1996

[日] 猪口孝. 国家与社会. 北京：经济日报出版社，1989

[日] 大岳秀夫. 政策过程. 北京：经济日报出版社，1992

[日] 药师寺泰藏. 公共政策. 北京：经济日报出版社，1991

[日] 小林良彰. 公共选择. 北京：经济日报出版社，1989

[日] 村松岐夫. 地方自治. 北京：经济日报出版社，1989

[日] 吉元国生. 面对西方的挑战——日本经济战功之道. 北京：中国城市出版社，1991

[日] 长谷川启之等. 经济政策的理论基础. 北京：中国计划出版社，1995

[美] 托马斯·R. 戴伊. 自上而下的政策制定. 北京：中国人民大学出版社，2002

[澳] 迈克尔·豪利特，M. 拉米什. 公共政策研究：政策循环与政策子系统. 北京：三联书店，2006

[美] 海伦·英格兰姆，斯蒂文·R. 史密斯. 新公共政策. 上海：上海交通大学出版社，2005

[美] 盖伊·彼得斯等主编. 公共政策工具：对公共管理工具的评价. 北京：中国人民大学出版社，2007

［美］德博拉·斯通．政策悖论：政治决策中的艺术．北京：中国人民大学出版社，2006

［美］拉雷·N. 格斯顿．公共政策的制定：程序和原理．重庆：重庆出版社，2001

［英］迈克·希尔，［荷］彼特·休普．执行公共政策．北京：商务印书馆，2011

［美］保罗·A. 萨巴蒂尔，汉克·C. 詹金斯-史密斯．政策变迁与学习：一种倡议联盟途径．北京：北京大学出版社，2011

［美］罗伯特·海涅曼等．政策分析师的世界：理性、价值观念和政治（第3版）．北京：北京大学出版社，2011

［美］小约翰·B. 科布．后现代公共政策．北京：社会科学文献出版社，2003

［美］肯尼思·约瑟夫·阿罗．社会选择：个性与多准则．北京：首都经济贸易大学出版社，2000

［韩］吴锡泓，金荣枰编著．政策学的主要理论．上海：复旦大学出版社，2005

中国社会科学院公共政策研究中心等编．中国公共政策分析（2001—2013年卷）．北京：中国社会科学出版社，2001～2013

经济合作与发展组织．分散化公共治理——代理机构、权力主体和其他政府实体．北京：中信出版社，2004

世界银行．1991年世界发展报告：发展面临的挑战．北京：中国财政经济出版社，1991

世界银行．1994年世界发展报告：为发展提供基础设施．北京：中国财政经济出版社，1994

世界银行编．东亚奇迹：经济增长与公共政策．北京：中国财政经济出版社，1995

世界银行．1997年世界发展报告：变革世界中的政府．北京：中国财政经济出版社，1997

世界银行东亚与太平洋地区减贫与经济管理局．中国：深化事业单位改革　改善公共服务提供．北京：中信出版社，2005

国际货币基金组织编著．财政透明度．北京：人民出版社，2001

经济合作与发展组织编著．比较预算．北京：人民出版社，2001

［英］米勒，波格丹诺编．布莱克维尔政治学百科全书．北京：中国政法大学出版社，1992

彭和平等编译．国外公共行政理论精选．北京：中共中央党校出版社，1997

张成福，党秀云．公共管理学．北京：中国人民大学出版社，2001

魏娜，张璋主编．公共管理中的方法与技术．北京：中国人民大学出版社，1999

黄达强，刘怡昌主编．行政学．北京：中国人民大学出版社，1988

夏书章主编．行政管理学．太原：山西人民出版社，1985

夏书章主编．行政效率研究．广州：中山大学出版社，1996

张金鉴．行政学典范．台北：三民书局，1979

江明修．公共行政学．台北：五南图书出版有限公司，1997

张文寿主编．中国行政管理体制改革．北京：当代中国出版社，1994

张志坚主编. 中国行政管理体制和机构改革. 北京：中国大百科全书出版社，1994

张成福. 大变革——中国行政改革的目标与行为选择. 北京：改革出版社，1993

刘怡昌等主编. 中国行政科学发展. 北京：中国人事出版社，1996

徐理明，徐颂陶主编. 神圣的天职——中国现代人事管理. 北京：中国人事出版社，1996

谢庆奎等. 中国政府体制分析. 北京：中国广播电视出版社，1995

谢庆奎等. 中国地方政府体制概论. 北京：中国广播电视出版社，1998

刘智峰主编. 第七次革命. 北京：中国社会科学出版社，2003

范恒山主编. 行政体制改革：全面深化改革和提高对外开放水平的关键. 北京：经济科学出版社，2007

中国（海南）改革发展研究院编. 政府转型：中国改革的下一步. 北京：中国财政经济出版社，2004

厉以宁. 中国经济的双重转型之路. 北京：中国人民大学出版社，2014

胡鞍钢等. 中国国家治理现代化. 北京：中国人民大学出版社，2014

胡鞍钢. 中国集体领导体制. 北京：中国人民大学出版社，2013

唐铁汉，袁曙宏主编. 公共服务创新. 北京：国家行政学院出版社，2007

俞可平主编. 和谐社会与政府创新. 北京：社会科学文献出版社，2008

俞可平主编. 中国治理变迁 30 年（1978—2008）. 北京：社会科学文献出版社，2008

周天勇等. 中国行政体制改革 30 年. 上海：格致出版社，上海人民出版社，2008

余晖，秦虹主编. 公私合作制的中国试验. 上海：上海人民出版社，2005

马骏，牛美丽编译. 公民参与. 北京：中国人民大学出版社，2009

李景鹏. 权力政治学. 哈尔滨：黑龙江教育出版社，1995

邓正来. 国家与社会. 成都：四川人民出版社，1997

蔡定剑. 中国人大制度. 北京：社会科学文献出版社，1992

吴大英等. 西方国家政治制度剖析. 北京：经济管理出版社，1996

吴大英，沈蕴英. 西方国家政府制度比较研究. 北京：社会科学文献出版社，1995

张明澍等. 中国“政治人”——中国公民素质调查报告. 北京：中国社会科学出版社，1994

苏长和. 全球公共问题与国际合作：一种制度的分析. 上海：上海人民出版社，2000

北京大学中国经济研究中心编. 经济学与中国经济改革. 上海：上海人民出版社，1995

盛洪主编. 中国的过渡经济学. 上海：上海三联书店，上海人民出版社，1994

魏杰，杜朝辉. 政府应该干什么. 北京：人民出版社，1995

马洪主编. 什么是社会主义市场经济. 北京：中国发展出版社，1994

胡家勇. 政府干预理论的研究. 大连：东北财经大学出版社，1996

吴敬琏等. 渐进与激进：中国改革道路的选择. 北京：经济科学出版社，1996

王绍光，樊鹏. 中国式共识型决策：“开门”与“磨合”. 北京：中国人民大学出版社，2013

罗豪才主编. 行政法学. 北京：北京大学出版社，1996

伍启元．公共政策．香港：商务印书馆，1989
林水波，张世贤．公共政策．台北：五南图书出版公司，1982
朱志宏．公共政策．台北：三民书局，1995
张世贤．公共政策析论．台北：五南图书出版公司，1986
陈振明主编．政治学：概念、理论和方法（第2版）．北京：中国社会科学出版社，2004
陈振明．国家治理转型的逻辑．厦门：厦门大学出版社，2016
陈振明．理解公共事务．北京：北京大学出版社，2007
陈振明等．政府工具导论．北京：北京大学出版社，2009
陈振明等．公共服务导论．北京：北京大学出版社，2011
陈振明主编．政策科学．北京：中国人民大学出版社，2003
陈振明编著．公共政策学．北京：中国人民大学出版社，2004
陈振明等．竞争型政府：市场竞争机制和工商管理技术在公共部门管理中的应用．北京：中国人民大学出版社，2006
陈振明等．社会管理：理论、实践及案例．北京：中国人民大学出版社，2012
陈振明主编．公共部门战略管理．北京：中国人民大学出版社，2004
陈振明等．政府改革与治理：基于地方层面的思考．北京：中国人民大学出版社，2013
陈振明，［加］安德鲁·桑克顿主编．地方治理中的公民参与．中国与加拿大比较研究视角．北京：中国人民大学出版社，2016
陈振明，黄新华主编．新政治经济学导论．北京：中国人民大学出版社，2004，2010
陈振明，孟华主编．公共组织理论．上海：上海人民出版社，2006
朱崇实，陈振明主编．公共政策．北京：中国人民大学出版社，1999
陈庆云编著．公共政策分析．北京：中国经济出版社，1996
王满船．公共政策制定：择优过程与机制．北京：中国经济出版社，2004
杨胜群，田松年主编．共和国重大决策的来龙去脉．南京：江苏人民出版社，1994
国家计委投资研究所等编．投资项目社会评价方法．北京：经济管理出版社，1993
国家计委投资研究所等编．投资项目社会评价指南．北京：经济管理出版社，1997
王绍光，胡鞍钢．中国国家能力报告．沈阳：辽宁人民出版社，1993
马国贤．政府经济学．北京：中国财经出版社，1995
华民．转型经济中的政府．太原：山西经济出版社，1998
赵永茂．府际关系论．台北：元照出版公司，2001
董辅礽等．集权与分权：中央与地方关系的构建．北京：经济科学出版社，1996
林尚立．国内政府间关系．杭州：浙江人民出版社，1998
薄贵利．中央与地方关系研究．长春：吉林大学出版社，1991
薄贵利．集权分权与国家兴衰．北京：经济科学出版社，2001
辛向阳．大国诸侯：中央与地方关系之结．北京：中国社会出版社，1995
杨宏山．府际关系论．北京：中国社会科学出版社，2005
寇铁军．中央与地方财政关系研究．沈阳：东北财经大学出版社，1996
中国财政学会编．中央与地方财经改革探索．北京：经济科学出版社，1999

沈立人．地方政府的经济职能和经济行为．上海：上海远东出版社，1998
林涛．国民经济区域调控：中心城市调控模式研究．上海：复旦大学出版社，2000
张可云．区域大战与区域经济关系．北京：民主与建设出版社，2001
刘君德等编著．中外行政区划比较研究．上海：华东师范大学出版社，2002
浦善新．中国行政区划改革研究．北京：商务印书馆，2002
周振鹤主编．中国行政区划通史．上海：复旦大学出版社，2007
李青，叶裕民等．政府职能转变过程中的区域经济管理模式．北京：经济管理出版社，2001
薄庆玖编著．地方政府与自治．台北：五南图书出版公司，2001
陈小京等．中国地方政府体制结构．北京：中国广播电视出版社，2001
何清涟．现代化的陷阱．北京：今日中国出版社，1998
毛寿龙等．西方政府的治道变革．北京：中国人民大学出版社，1998
毛寿龙．中国政府功能的经济分析．北京：中国广播电视出版社，1996
国家行政学院国际合作交流部编译．西方国家行政改革述评．北京：国家行政学院出版社，2000
马骏，叶娟丽．西方公共行政学理论前沿．北京：中国社会科学出版社，2004
戴黍，牛美丽编译．公共行政学中的批判理论．北京：中国人民大学出版社，2008
周志忍．当代国外行政改革比较研究．北京：国家行政学院出版社，1999
宋世明．美国行政改革研究．北京：国家行政学院出版社，1999
于军编译．英国地方行政改革研究．北京：国家行政学院出版社，1999
袁晖，曹现强主编．当代西方行政管理体制．济南：山东人民出版社，2000
杨冠琼．政府治理体系创新．北京：经济管理出版社，2000
俞可平主编．治理与善治．北京：社会科学文献出版社，2000
李晓．东亚奇迹与强政府．北京：经济科学出版社，1996
孙冶方．社会主义经济若干理论问题．北京：人民出版社，1979
樊纲．市场机制与经济效率．上海：上海三联书店，上海人民出版社，1995
樊纲．渐进改革的政治经济学分析．上海：上海远东出版社，1996
胡代光，周安军．当代国外学者论市场经济．北京：商务印书馆，1996
高尚全等主编．中国走向市场经济的理论与现实．北京：新华出版社，1995
孙海鸣，刘乃全．企业战略高级教程．上海：上海人民出版社，2002
王德中编著．企业战略管理．成都：西南财经大学出版社，1999
甘亚平．现代企业战略管理．北京：经济科学出版社，1999
文理等编著．企业战略管理：原理、实例、分析．合肥：中国科技大学出版社，2001
金占明．战略管理：超竞争环境下的选择．北京：清华大学出版社．1999
孙来详．规范经济学与社会选择论．北京：北京大学出版社，1990
张曙光主编．中国制度变迁的案例研究．上海：上海人民出版社，1996
周小川等．中国财税体制的问题与出路．天津：天津人民出版社，1992
邓子基．财政学原理．北京：经济科学出版社，1997

马海涛．财政学概论．北京：北京经济学院出版社，1996
马骏，郑康彬主编．西方财政实践．北京：中国财政经济出版社，1997
张馨主编．财政学．北京：人民出版社，2002
叶振鹏，张馨．公共财政论．北京：经济科学出版社，1999
高培勇主编．公共财政：经济学界如是说．北京：经济科学出版社，2000
刘军宁等编．市场逻辑与国家观念．北京：三联书店，1995
邓正来等．国家与市民社会——一种社会理论的研究途径．北京：中央编译出版社，1999
徐勇．中国农村社会资本与社会发展．北京：社会科学文献出版社，2000
王世刚主编．中国社团史．合肥：安徽人民出版社，1994
李亚平，于海编选．第三域的兴起——西方志愿工作及志愿组织理论文选．上海：复旦大学出版社，1998
赵黎青．非政府组织与可持续发展．北京：经济科学出版社，1998
赵黎青等主编．非营利部门与中国发展．香港：香港社会科学出版社，2001
王绍光．多元与统一——第三部门国际比较研究．杭州：浙江人民出版社，1999
邓国胜．非营利组织评估．北京：社会科学文献出版社，2001
吴锦良．政府改革与第三部门发展．北京：中国社会科学出版社，2001
王名，刘国翰，何建宇．中国社团改革——从政府选择到社会选择．北京：社会科学文献出版社，2001
范恒山主编．事业单位改革：国际经验与中国探索．北京：中国财政经济出版社，2004
张贤明．论政治责任——民主理论的一个视角．长春：吉林大学出版社，2000
张康之．寻找公共行政的伦理视角．北京：中国人民大学出版社，2002
张康之主编．公共管理伦理学．北京：中国人民大学出版社，2003
万俊人主编．现代公共管理伦理导论．北京：人民出版社，2005
郭夏娟．公共行政伦理学．杭州：浙江大学出版社，2003
张成福，唐钧，谢一帆．公共危机管理：理论与实务．北京：中国人民大学出版社，2009
薛澜，张强，钟开斌．危机管理．北京：清华大学出版社，2003
刘子富．新群体事件观：贵州瓮安“6·28”事件的启示．北京：新华出版社，2009
Jay M. Shafritz，Albert C. Hyde（eds.）．*Classics of Public Administration*．Oak Park，Illinois：Moore Publishing Company Inc.，1978
James G. March，Herbert A. Simon．*Organizations*（2nd ed.）．Cambridge，Massachusetts：Blackwell Publishers，1993
Falix A. Nigro，Floyd G. Nigro．*Modern Public Administration*（7th ed.）．New York：Haper & Row Publishers Inc.，1989
Frederick S. Lane．*Current Issues in Public Administration*．New York：St. Martin's Press，1982

Theodore J. Lowei etc. *American Government* (2nd ed.). New York: W. W. Norton & Company, 1992

Richard J. Stigllman II. *Public Administration: Concepts & Cases* (4th ed.). Boston: Houghton Mifflin Company, 1988

Joseph A. Uveyes Jr. *The Dimensions of Public Administration*. Boston: Holbrook Press Inc., 1975

Mitchell S. Novit. *Essentials of Personnel Management* (2nd ed.). Englewood Cliffs, New Jersey: Prentice Hall Inc., 1986

G. David Garson, J. Oliver Williams. *Public Administration: Concepts, Readings, Skills*. Boston: Allyn and Bacon Inc., 1982

George T. Milkovich, John W. Boudreau. *Human Resource Management* (6th ed.). Boston: Richard D. Irwin Inc., 1991

Richard M. Hodgetts, K. Galen Kroeok. *Personnel and Human Resource Management*. Harcourt Brace Jovanovich: The Dryden Press, 1992

Daniel Lerner, Harold D. Lasswell. *The Policy Sciences: Recent Development in Scope and Method*. Standford, CA: Standford University Press, 1951

Harold D. Lasswell. *A Preview of Policy Sciences*. New York: American Elsevier, 1971

Yehezke Dror. *Public Policymaking Reexamined*. Scranton, Pennsyvania: Chandler, 1968

Yehezke Dror. *Ventures in Policy Sciences: Concepts and Application*. New York: American Elsevier, 1971

Yehezke Dror. *Design for Policy Sciences*. New York: American Elsevier, 1971

Yehezke Dror. *Policymaking under Adversity*. New Jersey: Trasaction Inc., 1986

Stuart S. Nagel, Miriam K. Mills. *Professional Development in Policy Sciences*. Westport, Connecticut: Green Wood Press, 1993

William N. Dunn. *Public Policy Analysis: An Introduction* (2nd ed.). Englewood Cliffs, New Jersey: Prentice Hall Inc., 1994

J. Anderson. *Public Policymaking* (4th ed.). Boston: Houghton Mifflin, 2000

William N. Dunn, Rita Mae Kelly (eds.). *Advances in Policy Studies Since 1950* (Vol. 10 of Policy Studies Review Annual). New Brunswick, NJ: Transaction Books, 1992

Charles E. Lindblom. *The Policy Making Process*. Englewood Cliffs, NY: Prentice Hall Inc., 1968

Thomas Dye. *Understanding Public Policy* (6th ed.). Englewood Cliffs, New Jersey: Prentice Hall Inc., 1987

Edward S. Quade. *Analysis for Public Decision* (3rd ed.). New York: American Elsvier, 1989

David L. Weimer, Aidan R. Vining. *Policy Analysis: Concepts and Practice* (2nd ed.). Englewood Cliffs, New Jersey: Prentice Hall Inc., 1992

Charles O. Jones. *An Introduction to the Study of Public Policy* (3rd ed.). Monterey, California: Brooks/Cole Publishing Company, 1984

Carl V. Patton, David S. Sawicki. *Basic Methods of Policy Analysis and Planning*. Englewood Cliffs, NJ: Prentice Hall Publishers, 1986

Aaron Wildavsky. *Speaking Truth to Power: The Art and Craft of Policy Analysis*. New Brunswick: Transaction Publishers, 1993

Richard H. Leftwich, Ansel M. Sharp. *Economics of Social Issues* (5th ed.). Plano, Texas: Business Publication Inc., 1982

Edwin Mansfield. *Managerial Economics and Operations Research: Techniques, Application, Cases* (5th ed.). New York: W. W. Norton & Company, 1987

R. C. Amacher etc. (eds.). *The Economic Approach to Public Policy* (*Selected Reading*). Ithaca, NY: Cornell University Press, 1976

Dennis C. Mueller. *Public Choice Ⅱ*. Cambridge: Cambridge University Press, 1989

W. A. Niskanen. *Bureaucracy and Representative Government*. Chicago: Aldine Atherton, 1971

D. Easton, *The Political System*. New York: Kropf, 1953

H. D. Lasswell, A. Kaplan. *Power and Society*, New Haven, CT: Yale University Press, 1970

Andrew Dunsire. *Administration: The World and the Science*. London: Martin Robertson, 1973

Derek French, Heather Saward. *Dictionary of Management* (2nd ed.). Aldershot: Gower, 1983

William Byrt (ed.). *Management Education: An International Survey*. London: Routledge, 1989

Christopher Pollitt. *Managerialism and the Public Service: Cuts or Cultural Change in the 1990s* (2nd ed.). Oxford: Basil Blackwell, 1993

James L. Perry, Kenneth L. Kraemer. *Public Management: Public and Private Perspectives*. Palo Alto, CA: Mayfield, 1983

Luther H. Gulick, Lydall Urwick. *Papers on the Science of Administration*, New York: Institute of Public Administration, 1937

Barry Bozeman (ed.). *Public Management: The State of the Art*. San Francisco: Jossey-Bass Publishers, 1993

Donald F. Kettl, H. Brinton Milward (eds). *The State of Public Management*. Baltimore: The Johns Hopkins University Press, 1996

Jeffrey L. Pressman, Aaron Wildavsky. *Implementation*. Berkeley: University of

California Press，1973

L. E. Lynn. *Managing Publics Business*，New York：Basic Books，1981

Barry Bozeman，Jeffrey D. Straussman. *Public Management Strategies*. San Francisco：Jossey-Bass Publishers，1990

Laurence E. Lynn. *Public Management as Art*，*Science and Profession*. New Jersey：Chatham House Publishers，1996

Owen E. Hughes. *Public Management and Administration*：*An Introduction* (2nd ed.). New York：St. Martin's Press Inc.，1998

David H. Rosenbloom et al. *Public Administration*：*Understanding Management*，*Politics and Law in the Public Sector*. The McGraw-Hill Companies Inc.，1998

J. Steven Ott，Albert C. Hyde and Jay M. Shafritz (eds). *Public Management*：*The Essential Reading*. Chicago：Lyceum books/Nelson Hall，1991

G. David Garson，E. Samuel Overman. *Public Management Research in the Unite States*. New York：Praeger，1983

Walter J. M. Kickert，Erik-Hans Klijn and Joop F. M. Koppenjan. *Managing Complex Networks*：*Strategies for the Public Sector*. London：Sage Publications，1997

Robert Leach，Janie Percy-Smith. *Local Governance in Britain*. New York：Palgrave，2001

Peter Bogason. *Public Policy and Local Governance*：*Institutions in Postmodern Society*. Cheltenham，UK：Edward Elgar Publishing，2000

Deil S. Wright. *Understanding Intergovernmental Relations* (1st ed.). Belmont，CA：Duxbury，1978

Giorgio Brosio. Reform：Intergovernmental Relations，*International Journal of Public Adinistration*，2000，23 (2/3)：345－365

Hendy Peter. Intergovernmental Relations：Ensuring Informed Cooperation in Strategic Policy Development，*Australian Journal of Public Administration*，Mar.，1996，Vol. 55 Issue 1

Qian Yingyi，Roland. Federalism and the Soft-Budget Constraint，*American Economic Review*，1998 (10)：1143－1162

Robert Agranoff，Michael McGuire. A Jurisdiction-based Model of Intergovernmental Management in U. S. Cities，*Publius*，Philandelphia，Fall 1998

Wallace E. Oates. An Essay on Federalism，*Journal of Economic Literature*，1999 (Sept)：1120－1149

Keeok Park. Friends and Competitors：Policy Interactions between Local Governments in Metropolitan Areas，*Political Research Quarterly*，Dec.，1997

Jack Koteen. *Strategic Management in Public and Nonprofit Organizations*. London：Praeger Publishers，1997

Mark H. Moore. *Creating Public Value*：*Strategic Management in Government*.

London：Harvard University Press，1995

John M. Bryson. *Strategic Planning for Public and Nonprofit Organizations*. San Francisco：Jossey-Bass Publishers，1995

B. J. Reed，John W. Swain. *Public Finance Administration* (2nd ed.). Thousand Oaks，CA：Sage. 1997

Alan W. Steiss. *Financial Management in Public Organization*. CA：Books/Cole，1988

Robert Leach，Janie Percy-Smith. *Local Governance in Britain*. New York：Palgrave，2001

Gilles Paquet. *Governance through Social Learning*. Ottawa：University Of Ottawa Press，1999

Steven A. Rosell. *Renewing Governance：Governance by Learning in Information Society*. New York：Oxford University Press，1999

Peter Bogason. *Public Policy and Local Governance：Institutions in Postmodern Society*. Edward Elgar Publishing，2000

Martin Hewson，Timothy J. Sindair. *Approaches to Global Governance Theory*. State University of New York Press，1999

D. Kettle. *Sharing Power：Public Governance and Private Markets*. Washington，D. C.：Brookings Institution，1993

R. Rhodes. The New Governance：Governing Without Government，*Political Studies*，XLIV，1996

Robert Axelrod. *The Evolution of Cooperation*，New York：Basic Books，1984

Beate Kohler，Rainer Eising. *The Transformation of Governance in The European Union*. London：Routledge，1999

C. Hood. A Public Management for all Seasons? *Public Administration*，69 (Spring)，1991

C. Hood. *The Tools of Government*. London：Macmillan，1983

Christopher C. Hood，Helen Z. Margetts. *The Tools of Government in the Digital Age*. London，Palgrave Macmillan，2007

B. Guy Peter. *Public Policy Instruments：Evaluating the Tools of Public Administration*. Edward Elgar Publishing，1998

B. Guy Peters. *The Future of Governing：Four Emerging Models*. Kansas：University Press of Kansas，1996

G. Peters. Policy Instruments and Public Management：Bridging the Gap，*Journal of Public Administration Review and Theory*，2000 (1)

B. Guy Peters，Frans K. M. Van Nispen (eds.). *Public Policy Instruments：Evaluating the Tools of Public Administration*. Cheltenham，UK：Edward Elgar，1998

Steven Cohen，William Eimick. *Tools for Innovators：Creative Strategies for Man-*

aging Public Sector Organizations. San Francisco: Jossey-Bass Publishers, 1998

Van Nispen, et al. *On Instrument and Instrumentality: A Critical Assessment*, *Public Policy Instrument*, Cheltenham, UK: Edward Elgar, 1998

R. Rist. *Choosing the Right Policy Instrument at the Right Time: The Contextual Challenges of Selection and Implementation*, *Policy Instruments & Their Evaluation*, New Brunswick, NJ: Transaction, 1998

T. Lowi. Four Systems of Policy, Politics and Choice, *Public Administration Review*, 32 (4), 1972

E. Vedung. *Policy Instruments: Typologies and Theories*, *Policy Instruments & Their Evaluation*, New Brunswick, NJ: Transaction, 1998

A. Schneider, H. Ingram. *Policy Design for Democracy*. Lawrence: KS: University Press of Kansas, 1997

K. Woodside. *The Acceptability and Visibility of Policy Instruments*, *Public Policy Instrument*, Cheltenham, UK: Edward Elgar, 1998

Martin Minogue, Charles Polidano and David Hulme. *Beyond the New Public Management: Changing Ideas and Practices in Governance*, Edward Elgar Publishing, 1998

World Bank. *Governance and Development*. Washington, D. C.: World Bank, 1992

E. Ferlie, L. Ashburner, L. Fitzgerald and A. Pittigrew. *The New Management in Action*. Oxford: Oxford University Press, 1996

J. Greenwood and D. Wilson. *Public Adminisration in Britain Today*. London: Unwin Hyman. 1989.

Kenneth J. Arrow. *Social Choice and Individual Value*. New York: John Wiley & Sons Inc., 1951

R. A. Musgrave. *The Theory of Public Finance*. New York: McGraw-Hill, 1959

Steven Cohen and William Eimick. *Tools for Innovators: Creative Strategies for Managing Public Sector Organizations*. San Francisco: Jossey-Bass Publishers, 1998

Lester M. Salamon, and Odus V. Elliot. *Tools of Government: A Guide to the New Governance*. New York: Oxford University Press, 2002

Michael Howlett, M. Ramesh. *Studying Public Policy: Policy Cycles and Policy Subsystems* (2nd ed.). Oxford: Oxford University Press, 2003

Graham Allison, Philip Zelikow. *Essence of Decision: Explaining the Cuban Missile Crisis* (2nd ed.). New York: Addison-Wesley Educational Publishers Inc., 1999

Jeffrey L. Pressman, Aaron Wildavsky. *Implementation: How Great Expectations in Washington Are Dashed in Oakland* (3rd ed.). Berkeley: University of California Press, 1984

Michalel Morgan, Matin Rein, Robert E. Goodin (eds.). *The Oxford Handbook of Public Policy*. Oxford University Press, 2006

Walter J. M. Kickert, Erik-Hans Klijin. *Managing Complex Networks: Strategies for the Public Sector*. London: Sage Publications, 1997

David Marsh. *Comparing Policy Networks*. Buckingham: Open University Press, 1998

Warden, Frans. Dimensions and Types of Policy Networks, *European Journal of Political Research*, 21. 1-2 (1992): 29-52

Dowding, Keith. Model or Metaphor? A Critical Review of the Policy Network Approach. *Political Studies* , 43. 1 (1995): 136-158

Damgaard, Bodil. Do Policy Networks Lead to Network Governing? *Public Administration*, 84. 3 (2006): 673-691

Börzel, Tanja A. Networks: Reified Metaphor or Governance Panacea? *Public Administration*, 89. 1 (2011): 49-63

Blanco, Ismael, Vivien Lowndes, and Lawrence Pratchett. Policy Networks and Governance Networks: Towards Greater Conceptual Clarity, *Political Studies Review*, 9. 3 (2011): 297-308

Martin Hewson, Timothy J. Sindair. *Approaches to Global Governance Theory*. State University of New York Press, Albany, 1999

Roderick Arthur William Rhodes. The New Governance: Governing Without Governmental, *Political Studies*, 1996, 44 (4): 652-667

R. A. W. Rhodes. Understanding Governance: Ten Years on, *Organization Studies*, 2007, 28 (8): 1243-1264

Mark Bevir, R. A. W. Rhodes, Patrick Weller. Traditions of Governance: Interpreting the Changing Role of the Public Sector, *Public Administration*, 2003, 81 (1): 1-17

Mark Bevir, R. A. W. Rhodes, Patrick Weller. Comparative Governance: Prospects and Lessons, *Public Administration*, 2003, 81 (1): 191-210

MarkBevir, R. A. W. Rhodes. Decentering Tradition Interpreting British Government, *Administration & Society*, 2001, 33 (2): 107-132

A. Wildavasky. Political Implications of Budgetary Reform, *Public Administration Review*, 1961 (4): 183-190

A. Wildavasky. *The Politics of the Budget Reform*. Harper-Collins Publishers, 1988

Beate Kohler, Rainer Eising. *The Transformation of Governance in the European Union*. London: Routledge, 1999

后　记

进入新世纪尤其是近十年来，随着全球化、信息化的推进以及网络化、数据化和智能化时代的来临，全球公共管理的理论与实践——公共部门管理的实践模式、研究范式、知识体系正在发生深刻的变化，我国公共管理学科也迅速发展，学科建设和人才培养取得了长足的进步。而当前我国改革开放和现代化建设，尤其是国家治理转型急需公共管理的创新研究与教学改革以及教材内容的更新。在这一大背景下，本教材的修订就显得非常必要且迫切。修订的目的在于既保留经得起时间检验的学科基本原理的论述，又吸收新的研究与教学成果，以更好地反映公共管理理论与实践及教学的新发展新变化新趋势。

这次修订的任务还是由我自己完成。修订的主要内容有：一是对每一章的内容做了不同程度的增删、扩展、更新或改写，全书新增内容超过 1/3。特别是第 1、3、4、6、9、10 章变动较大，新增内容较多。二是进一步梳理本书的内容结构及顺序。例如，将“绩效管理”由第 7 章改为第 12 章等，这些调整使各主题的逻辑联系更清晰。三是调整或更新部分章节目的主题名称及内容。例如，将现在的第 9 章的标题从“公共财政管理”改为“公共预算与财政”，并突出公共预算改革的内容，更体现公共管理视角和主题。又如，对“第三部门管理”一章（第 10 章）的节和目及其内容做了较大的调整，包括调整了对国内公共部门发展的论述，增加了“第三部门与政府的伙伴关系”的新主题，并将“事业单位改革”单列一节。

本书是团队多年合作的成果，前版的作者们对这个新版有贡献。他们承担了相关章节原稿的编写或合写任务，部分内容被修改及扩充之后保留在这个新版之中。这些作者分别是：李刚（第 2 章），蔡全胜（第 3 章第 1 节），黄秀兰（第 4 章，合作者），徐晓丹（第 8 章第 3 节），朱芳芳（第 9 章第 2 节），黄骏、张涛（第 10 章），梁建东（第 11 章，合作者），林倩、夏军、李红霞（第 12 章），江秀平（第 13 章第 1、2 节），陈芳（第 13 章第 2 节），研究生张娜参加第 5 章第 2 节及另一目初稿的写作。另外，陈文博为这个新版专门撰写了第 9 章第 3 节。除了参与者所承担的这些内容之外，其余部分的编写任务及主编的工作由我自己承担。

《公共管理学原理》出版后，被广泛使用，在学界产生了较大影响，并被推荐为全国公共管理硕士（MPA）核心课程“公共管理”的建议教材。许多高校和行政学院将本书指定为课程教材或考研用书。这次虽经修订，也仍然存在诸多不足和缺陷。教材的完善是一个没有止境的事业，随时间推移，需要不断修订。

由衷感谢所有对本书的出版给予支持和帮助的机构及责任编辑，感谢使用本书的同行专家、师生及读者朋友们！诚望大家一如既往对本书提出批评，以便作者今后进一步改进与完善。

陈振明

2017 年 1 月

人大版公共管理类教材

公共管理类专业教材——学科基础课教材

书名	作者
现代管理学原理（第三版）（“十一五”国家级规划教材）	娄成武　魏淑艳
一般管理学原理（第四版）	张康之　周　军
管理学基础（第三版）	方振邦
政治学原理（第三版）	景跃进　张小劲
现代政治学原理（第四版）	石永义　刘玉萼　张　璋
公共管理学（第二版）	陈振明
公共管理学——一种不同于传统行政学的研究途径（第二版）	陈振明
公共管理学（第三版）（数字教材版）（“十二五”国家级规划教材）	蔡立辉　王乐夫
公共管理学（精编版）	王乐夫　蔡立辉
公共管理学（第二版）	张康之　郑家昊
公共管理概论（第二版）	朱立言　谢　明
公共政策导论（第六版）（数字教材版）	谢　明
公共政策概论（第二版）	谢　明
公共政策学——政策分析的理论、方法和技术（“十一五”国家级规划教材）	陈振明
公共政策学（第二版）	杨宏山
政策科学——公共政策分析导论（第二版）	陈振明
公共经济学（第三版）（“十二五”国家级规划教材）	高培勇
公共经济学教程	秦立建
政府经济学（第四版）（“十一五”国家级规划教材）	郭小聪
政府经济学（第四版）	潘明星　韩丽华

公共管理类专业教材——方法课教材

书名	作者
公共管理研究方法	何兰萍　张俊艳
行政学研究方法与应用案例	萧鸣政　等
管理定量分析：方法与技术（第三版）	刘兰剑

公共管理类专业教材——行政管理、公共事业管理专业教材

书名	作者
行政法学导论	姜晓萍
公共部门人力资源管理（第四版）	孙柏瑛　祁凡骅
公共部门人力资源开发与管理（第五版）（“十二五”国家级规划教材）	孙柏瑛　祁凡骅
公共部门人力资源管理（第三版）	滕玉成　于　萍
公共部门人力资源管理概论（第二版）	方振邦
公共部门人力资源管理案例	周均旭
行政管理学（第五版）（数字教材版）	郭小聪
公共行政学（第五版）	彭和平
公共行政学（第二版）	张康之　张乾友
行政学导论（第三版）	齐明山

书名	作者
行政管理学导引与案例	陈季修
管理心理学（第三版）	范逢春
公共组织行为学（第三版）（“十一五”国家级规划教材）	孙　萍　张　平
公共组织学（第四版）	李传军
行政组织学（第二版）	张　昕　李　泉
公共组织理论	陆明远　冯　楠
公共事业管理概论（第三版）	朱仁显
公共组织财务管理（第三版）（“十一五”国家级规划教材）	王为民
国家公务员制度（第五版）（数字教材版）（“十二五”国家级规划教材）	舒　放　贾自欣
国家公务员制度概论（第二版）	刘碧强　郗永勤
公务员制度概论	李如海
公务员制度	温志强　王彦平　郝雅立
当代国家公务员制度：理论与实践	胡春艳
行政领导学（第三版）	朱立言　李国梁
领导学（第五版）	邱霈恩
领导学	孙　健
现代市政学（第五版）（数字教材版）	王佃利
市政管理学（第五版）（“十一五”国家级规划教材）	杨宏山
社区管理（第四版）	汪大海　魏　娜　郇建立
社区管理原理与案例	魏　娜
电子政务教程（第三版）（“十一五”国家级规划教材）	赵国俊
电子政府与电子政务（第二版）（“十一五”国家级规划教材）	张锐昕
行政伦理学教程（第四版）（“十二五”国家级规划教材）	张康之　李传军
公共危机管理概论（第二版）	王宏伟
公共危机管理	唐　钧
当代中国政府与政治（第二版）	景跃进　陈明明　肖　滨
当代中国政府与行政（第三版）	魏　娜　吴爱明
地方政府学概论（第二版）	方　雷
地方政府管理（第二版）	陈瑞莲　张紧跟
管理秘书实务（第三版）	赵锁龙
行政秘书学	唐　钧
公文写作与处理	赵国俊
机关管理的原理与方法（第三版）	赵国俊　陈幽泓
公共部门绩效管理（第二版）	方振邦
政府绩效管理（第二版）	方振邦　葛蕾蕾
政府绩效评估	蔡立辉
政府公共关系（第二版）（“十一五”国家级规划教材）	廖为建　张　宁
西方行政学理论概要（第二版）（“十一五”国家级规划教材）	丁　煌
公共行政学史（第二版）	何艳玲
西方公共管理名著导读	汪大海
文化管理学（第三版）（“十二五”国家级规划教材）	孙　萍
文化创意产业导论	魏鹏举
卫生事业管理（第二版）（“十一五”国家级规划教材）	李　鲁
现代公用事业管理	崔运武

公共管理类专业教材——劳动与社会保障专业教材

书名	作者
社会保障概论（第七版）	孙光德　董克用
社会保障学	戴卫东
劳动经济学（“十一五”国家级规划教材）	董克用　刘　昕
劳动法与社会保障法	黎建飞
社会保险学（第四版）	孙树菡　朱丽敏
社会保障基金管理	李春根
社会保障国际比较	仇雨临

公共管理类专业教材——土地资源管理专业教材

书名	作者
土地经济学（第八版）（“十一五”国家级规划教材）	毕宝德
土地法学（中国人民大学“十三五”规划教材）	严金明
土地资源学	张正峰　赵文武
土地资源管理学（第二版）	张正峰
国土空间规划学	张占录　张正峰
不动产估价（第二版）（“十一五”国家级规划教材）	叶剑平　曲卫东
土地信息系统	曲卫东　韩　琼
地籍管理（第五版）（“十一五”国家级规划教材）	谭　峻　林增杰

公共管理类专业教材——城市管理专业教材

书名	作者
城市管理学（第四版）	杨宏山
城市管理学：公共视角	陆　军　等
城市管理法	王丛虎
城市总体规划原理	郐艳丽　田　莉

公共管理类教材——应急管理专业教材

书名	作者
应急管理导论：原理与案例	李燕凌　朱正威 张海波　章文光
应急管理概论	王宏伟
应急管理理论与实践	唐　钧
突发事件风险管理	张小明
应急管理新论	王宏伟
新媒体时代的应急管理与危机公关	唐　钧
公共安全风险治理	唐　钧

公共管理硕士（MPA）教材——核心课教材

书名	作者
全国公共管理硕士（MPA）核心课程教学指导纲要	全国公共管理专业学位 研究生教育指导委员会
社会主义建设理论与实践（第三版）	李景治　蒲国良
公共管理英语（修订版）	顾建光

书名	作者
学术规范和论文写作	胡宏伟
公共管理学（第三版）（全国优秀教材二等奖）	张成福　党秀云
公共管理学原理（修订版）	陈振明
公共管理导论	竺乾威　朱春奎　李瑞昌
公共政策分析	陈振明
公共政策分析导论	陈振明
公共政策分析概论（修订版）	谢　明
公共部门经济学（第三版）	高培勇　崔　军
公共经济学	唐任伍
行政法学（修订版）	皮纯协　张成福
行政法学概论（第三版）	胡锦光
非营利组织管理概论（修订版）	王　名
非营利组织管理	王　名　王　超
公共管理伦理学（修订版）	张康之
社会研究方法	陈振明
电子政务理论与方法（第五版）	金江军
公文写作概论	高永贵

公共管理硕士（MPA）教材——专业方向必修课、选修课教材

书名	作者
公务员制度教程（第六版）	舒　放　王克良
比较政府与政治（修订版）	卓　越
当代中国政府与政治（第三版）	吴爱明　朱国斌　林　震
公共部门人力资源管理及案例教程（第三版）	陈天祥
公共部门绩效评估（修订版）	卓　越
公共部门危机管理（第三版）	张小明
应急管理通论（第二版）	李雪峰
公共部门战略管理（修订版）	陈振明
MPA 学位论文写作指南	汪大海

图书在版编目（CIP）数据

公共管理学原理/陈振明等著. —2版（修订本）.—北京：中国人民大学出版社，2017.3
公共管理硕士（MPA）系列教材
ISBN 978-7-300-23894-4

Ⅰ.①公… Ⅱ.①陈… Ⅲ.①公共管理-研究生-教材 Ⅳ.①D035-0

中国版本图书馆CIP数据核字（2017）第008824号

公共管理硕士（MPA）系列教材
公共管理学原理（修订版）
陈振明 等 著
Gonggong Guanlixue Yuanli

出版发行	中国人民大学出版社		
社　　址	北京中关村大街31号	**邮政编码**	100080
电　　话	010－62511242（总编室）		010－62511770（质管部）
	010－82501766（邮购部）		010－62514148（门市部）
	010－62515195（发行公司）		010－62515275（盗版举报）
网　　址	http://www.crup.com.cn		
经　　销	新华书店		
印　　刷	北京密兴印刷有限公司	**版　　次**	2003年11月第1版
开　　本	787 mm×1092 mm　1/16		2017年3月第2版
印　　张	27.75	**印　　次**	2024年11月第10次印刷
字　　数	642 000	**定　　价**	69.80元

中国人民大学出版社　管理分社

教师教学服务说明

中国人民大学出版社管理分社以出版工商管理和公共管理类精品图书为宗旨。为更好地服务一线教师，我们着力建设了一批数字化、立体化的网络教学资源。教师可以通过以下方式获得免费下载教学资源的权限：

★ 在中国人民大学出版社网站 www.crup.com.cn 进行注册，注册后进入“会员中心”，在左侧点击“我的教师认证”，填写相关信息，提交后等待审核。我们将在一个工作日内为您开通相关资源的下载权限。

★ 如您急需教学资源或需要其他帮助，请加入教师 QQ 群或在工作时间与我们联络。

中国人民大学出版社　管理分社

教师 QQ 群：648333426（工商管理）　114970332（财会）　648117133（公共管理）
教师群仅限教师加入，入群请备注（学校＋姓名）

联系电话：010-62515735，62515987，62515782，82501048，62514760

电子邮箱：glcbfs@crup.com.cn

通讯地址：北京市海淀区中关村大街甲 59 号文化大厦 1501 室（100872）

管理书社　　人大社财会　　公共管理与政治学悦读坊